主　编：苏晓云

副主编：谭徽在　段　超　马尚云

编　委：柏贵喜　吕学锋　李俊杰

社会转型与
土家族社会文化发展

苏晓云　主编

民族出版社

前　言

开创土家族文化研究的新局面[①]

苏晓云

生活在湘鄂渝黔交界地区的土家族是一个勤劳勇敢的民族，在漫长的历史发展过程中，土家族人民用聪明才智创造了绚丽多彩的民族文化，极大地丰富了中华文化的内涵。土家族人民艰苦奋斗，用辛勤的汗水开发生活的土地，建设美好家园，使昔日荒芜的土地，变成今天美丽的沃野。土家族人民热爱祖国，心系国家，每当外敌入侵、民族危亡之时，他们前仆后继，英勇杀敌，保家卫国，谱写了一曲曲感天动地的壮歌。为了中华民族的解放，土家族人民跟随中国共产党，抛头颅，洒热血，为中华人民共和国的成立作出了重要贡献。

新中国成立后，特别是改革开放以来，在党和政府的领导下，土家族人民改天换地，建设美好家园，土家族地区经济社会得到全面发展，人民生活水平不断提高，土家族地区发生了翻天覆地的变化。在经济大发展、社会大变革中，土家族传统文化发生变迁。在传统文化的继承创新中，在大力吸收先进文化基础上，土家族文化

① 此为苏晓云先生在社会转型与土家族社会文化发展全国学术研讨会上的致辞，代前言，标题为编者所加。

不断向前发展。梳理土家族传统优秀文化保护模式，总结土家族地区文化建设成就，研究新时期土家族文化创新发展对策，对于促进土家族和土家族地区文化大发展、大繁荣，掀起社会主义文化建设新高潮，有着十分重要的意义。

在新的时期，要进一步推进土家族文化研究，必须坚持以下几点。

一是要坚持以马克思主义作为指导思想，保证土家族研究的正确方向。土家族文化研究必须坚持正确的政治方向，要坚持马克思列宁主义、毛泽东思想、邓小平理论和“三个代表”重要思想，深入贯彻落实科学发展观。在研究过程中，要坚持辩证唯物主义与历史唯物主义，用马克思主义的立场、观点和方法分析问题。只有这样，众多土家族文化现象才能得到科学解释，土家族文化具体问题的研究才会得出正确结论。与此同时，我们也要吸收人类社会的一切文明成果，借鉴有关学科的理论和方法，丰富土家族文化研究的理论和方法，促进土家族文化研究向前推进。

二是土家族文化研究要为促进土家族团结进步服务。著名社会学家费孝通教授在谈到中华民族的形成时，提出了“中华民族一体多元”的思想，这是对中华民族形成过程的科学总结。土家族在形成发展过程中，也是“多元一体”的。土家族是古代廪君蛮、板楯蛮、濮人、僚人、乌蛮、土著等多族群融合形成的共同体。不同区域的土家族有自己的一些文化特点，但土家族是一个整体，拥有共同的文化和心理素质。土家族文化研究要坚持土家族“多元一体”的基本事实，通过研究，加强土家族的团结，促进土家族与其他民族的团结，实现各民族共同团结进步，共同繁荣发展。

三是要将土家族文化放在整个中华民族文化发展的大环境中去研究，拓展土家族文化研究的视域。土家族的发展是在中华民族发展的大背景下进行的，中华民族的发展与命运决定包括土家族在内的各个民族的发展和命运。土家族研究要走向深入，必须走出就土家族谈土家族的狭隘路径，将土家族文化研究与中华民族文化研究结合起来。与此同时，土家族的发展与同区域的苗族、侗族、瑶族、汉族等民族有着密不可分的关系，只有将土家族研究与同区域这些民族的研究结合起来，才能对土家族文化发展有更加科学的认识。

四是要将历史问题研究与现实问题研究结合起来。观今宜鉴古，无古不成今。要重视对土家族历史问题的研究，历史问题研究、历史现象剖析有助于我们更好地认识当今土家族社会，历史经验为当今土家族建设和发展提供借鉴。同时必须认识到，当今社会形势发生了重大变化，土家族和土家族地区发展面临许多新问题，认真研究这些新的问题是土家族和土家族地区科学发展的关键。因此，要在历史文化研究的基础上，着力加强对土家族文化发展重大现实问题的研究，促进土家族和土家族地区的文化大发展、大繁荣。

我相信，在广大研究者的共同努力下，土家族文化研究一定能够取得更加丰硕的成果，土家族和土家族地区文化一定能够实现又好又快的发展，土家族人民一定能够为中华文化的发展、为人类文化的进步作出新贡献！

（苏晓云，男，土家族，现为湖北省人大常委会党组书记、常务副主任，时任湖北省委常委、省委统战部部长）

中国民族学学会贺信

“社会转型与土家族社会文化发展”全国学术研讨会筹备委员会：

欣闻“社会转型与土家族社会文化发展”全国学术研讨会于2010年8月21—23日在湖北省长阳土家族自治县召开，谨在此表示最热烈的祝贺。

建国后，特别是20世纪80年代以来，在潘光旦、刘孝瑜、王炬堡、彭英明、李绍明等老一辈民族学家的带领下，在一大批中青年学者的共同努力下，土家族历史与文化的研究取得了丰硕的成果，其研究领域的广度与深度均走在全国各少数民族研究的前列，为中国民族研究作出了突出贡献。

中南民族大学是全国土家族研究的重镇，聚集了许多土家族研究的专家学者，是推动全国土家族研究的一支十分重要的力量。湖北省民委和长阳土家族自治县长期以来注重土家族历史与文化研究，在土家族地区经济社会发展方面做了大量卓有成效的工作。今天，中南民族大学与湖北省民委、长阳土家族自治县联合在长阳土家族自治县召开全国土家族学术研讨会，汇聚全国100余位专家、学者就土家族历史与文化的相关问题进行学术研讨。我们相信研讨会将会对土家族的学术研究乃至全国民族研究，对土家族传统文化的保护和土家族地区经济社会发展起到积极的推动作用。

预祝研讨会圆满成功。

中国民族学学会

2010年8月21日

陈理先生贺信

长阳全国土家族学术研讨会组委会：

欣悉“社会转型与土家族社会文化发展”全国学术研讨会于2010年8月21—23日在长阳隆重举行，这是土家族研究和学术繁荣发展的一件大事、喜事、盛事，特致信祝贺。

土家族是中华民族大家庭中的一员，学术界对土家族的关注由来已久。近年来，对土家族的研究在学术界正逐渐成为一个新的学术热点。我相信，通过理论自觉意识与学术创新意识的倡导，土家族的研究必将呈现出一个崭新的局面。

我愿意与热衷于土家族研究的专家、学者一道，坚持先进文化方向，继承传统、紧跟时代、注重现实，不断推进土家族学术研究的繁荣发展！

因我本人近来诸事缠身，无法分身赴会，谨致歉意，并代表中央民族大学恭祝会议取得圆满成功！

（陈理，中央民族大学校长、教授）

2010年8月21日

郑大发先生贺信

尊敬的大会组委会暨各位与会同道：

在土家族研究日益取得丰硕成果的收获季节，为更好地传播土家族文化、传承土家族文明、传递土家族地区发展信息，科学全面总结土家族研究的各项成就和社会发展经验，开拓土家族研究与发展的领域，推动土家族研究向纵深发展，你们在美丽的清江画廊、巴人曾经的祖居地长阳土家族自治县召开“社会转型与土家族社会文化发展”学术研讨会，深入研究土家族历史，科学解读土家族文化传统，比较探讨土家族人民的母亲河——酉水流域、清江流域、乌江流域等土家族区域文化的共殊关系，谋划土家族地区和谐社会建设、新农村建设与社会文化发展，借以推动土家族区域变迁与社会转型，并特别探讨具有高度文化自觉与高效文化利用的“长阳模式”，是一件具有重大理论意义与实践意义的盛事，在此，我谨代表中国社会科学院中国近代思想研究中心并以我本人的名义，向大会的如期、顺利、隆重召开，表示最热烈的祝贺。

作为土家族的一员，我深知，土家族虽然深居祖国腹地，但却一直与祖国同呼吸、共命运，早在殷末周初，我们的祖先就曾协助周武王讨伐无道的殷纣王，在牧野之战中，他们士气高昂，兵锋凌厉，向敌军进攻时载歌载舞，使敌军前列的士兵因气馁心惊而倒戈反走，为周人击灭殷朝的决战立下了头功；后来，在汉王刘邦的部队里，我们的祖先屡膺前驱重任，冲锋陷阵，加快了汉朝统一中国的步伐；在保卫祖国海疆的斗争中，我们的祖先不辞往返万里，甘作殊死之战，成为抗倭的劲旅，屡破顽敌，叠建奇勋，尤其是在鸦片战争、中法战争、抗击八国联军战争、抗日战争等伟大的民族战争中，走出了陈连生、陈景星、孙开华、罗荣光、廖汉生等一大批民族英雄。

我们的祖先还文武兼修，在文化上也为中华民族文化贡献良多:《后汉书·南蛮西南夷列传》所载刘邦观看了我们祖先的“武王伐纣之歌”，“乃命乐人习之”；宋玉《对楚王问》中所记巴人“《下里》、《巴人》，国中属而和者数千人”，表明峻岭幽谷的巴歌已传播于平原广泽的楚都，成为流行歌曲；唐代兴起的《竹枝词》，实为巴人俗文化与汉人雅文化交融的结晶；……直到现在，土家族文人黄永玉还进入中国“国家形象”的宣传片中……

过去的成就宣示的是我们当代的责任，中南民族大学、湖北省民族宗教事务委员会、湖北省长阳土家族自治县人民政府等组织召开“社会转型与土家族社会文化发展”学术研讨会，各位同道积极研究、撰文与会，集聚成百余万字的论文集，本身即是在履行这种责任，同时也是在做开拓创新的榜样。我虽因公务在身，未能与会，但我心依旧，永远与你们同在。

有土家族谚语说“秉烛求明，读书求理”，又说“树高千丈总有根，水流万里总有源”，让我们与800多万土家族人民一道，牢记民族光荣历史，光大民族文化传统，奋力开拓民族未来。

最后，衷心祝愿大会取得圆满成功!

（郑大发，中国社会科学院中国近代

思想研究中心主任、研究员，博士生导师）

2010年8月21日

田心桃女士贺信

欣悉“社会转型与土家族社会文化发展”学术研讨会，由中南民族大学、湖北省民族宗教事务委员会、长阳土家族自治县人民政府主办，在长阳召开。我因年逾八旬又三，不能参加盛会，深感遗憾！

土家族被中央人民政府确认以来，湖北省的民族研究工作硕果累累，在土家族发展的历史长河中，涌现了一批先进人物，也出现了一批反映土家族生活的优秀作品，这是我们跻身于世界民族之林的本钱和财富。

拥有800万人口的土家族，需要培养一批优秀的政治家、理论家、艺术家、企业家、社会活动家，以及一大批能流芳百世、产生重大社会影响的优秀作品。因此，在社会转型期，湖北省组织召开土家族学术会议，宣传我们这个民族的尖子和优秀作品，是我们每个人都应自觉为此竭尽全力的。同时，我们应该发扬“梯子精神”、“蜡烛精神”、无私奉献精神，团结拼搏，和谐共处，为我们民族多出作品与多出人才作贡献，这是我的建议，不当之处请批评指正。

祝大会取得圆满成功！祝同志们身体健康！

（田心桃，河南师范大学教师）

2010年8月8日

马尚云先生致辞

尊敬的陈校长、尊敬的苏部长，尊敬的各位领导、各位专家，朋友们：

悠悠夷水，巍巍佷山。在这阳光灿烂、激情飞扬的八月，我们十分高兴地迎来了各级领导和各位专家、学者莅临长阳，举行“社会转型与土家族社会文化发展”学术研讨会。在此，我谨代表中共长阳土家族自治县县委、县人大、县政府、县政协和全县 42 万人民，向前来参加此次研讨会的各位领导、各位专家学者、各位朋友表示热烈的欢迎和诚挚的问候！

4000 多年前，土家族的人文始祖廪君带领古代巴人自强不息，艰苦创业，足迹广布鄂、渝、湘、黔等地，开创了古代巴文明的先河。几千年来，土家人以其特有的文化品质书写着巴土史诗，又以特有的历史内涵打造着土家族独具魅力的文化，为中华民族文化融合与发展作出了卓越贡献。土家族所具备的开拓创新、艰苦奋斗、英勇果敢、智慧忠诚等优秀品质，已成为推动土家族地区经济社会发展的力量源泉。

长阳作为土家族的发祥地，对土家族社会文化发展有着示范引领的作用。特别是在改革发展的新时期，长阳在各级领导、专家、学者和社会各界朋友的鼎力支持下，牢固树立科学发展观，始终坚持“项目强县”理念不动摇，大力实施“双百工程”，积极推进“全民创业”，着力培育壮大市场主体，打造百万亩木本油料产业大县和“中国魔芋之乡”、“中国优质绿茶之乡”、“中国药用木瓜之乡”，积极开展清江画廊创 5A 工作，形成了特色农业势头强劲、新型工业高速发展、生态文化旅游业形势喜人的良好局面，县域经济实力和发展后劲显著增强。与此同时，社会文化事业全面发展，深入实施了助学启智工程、新型农村合作医疗工程、民福工程、民族民间文化抢救与保护工程、城乡贫困救助工程、大病关爱工程和科技富民计划、一村一品发展计划，民生得到全面改善。长阳先后荣获“全国新型农村合作医疗先进县”、“全国文化先进县”、“全国高山蔬菜第一县”、“全国民族团结进步模范集体”、“全国推进就业创业劳务输出大县”、“全国发展民族教育先进县”、“中国民间艺术之乡”、“全省计划生育优质服务先进县”、“湖北旅游强县”等荣誉称号。

当前，整个社会结构的转换、机制的转轨和观念的转变，给社会文化发展带来了极其深远的影响，对土家族等少数民族传统文化也带来了前所未有的冲击。面对这一严峻的挑战，各位领导、专家和学者本着对历史负责、对未来负责的严谨态度，积极开展土家族文化研究，广泛传播优秀传统文化，努力为新时期土家族文化的发扬光大开拓新路，为我们少数民族地区的干部和群众带来了莫大的鼓舞。我们深信，由省民宗委、中南民族大学、长阳土家族自治县人民政府共同举办的“社会转型与土家族社会文化发展”学术研讨会的成功举行，必将进一步强化文化自觉意识，推动土家族社会文化发展研究的深入开展，充分发掘、利用土家族丰富的文化资源，大力开发、培育具有民族特色的文化产业，丰富土家族文化内涵，打造土家族文化品牌，不断增强优秀传统文化的认同感和归宿感，形成团结奋斗、攻坚克难的强大精神力量，促进民族地区经济社会更好更快发展。

各位领导、各位专家学者、各位朋友，长阳是一方充满魅力的热土，处处焕发着无限的生机和活力。我们热忱欢迎大家走进长阳、了解长阳、宣传长阳、开发长阳，共同把长阳建设成为中国最美丽的山水画廊、最具浓郁巴土风情的文化名疆、经济充满活力的财富宝地、中外游客心驰神往的梦境家园、人民幸福指数不断提升的和谐社会！

最后，衷心祝愿各位领导、各位专家学者、各位朋友在长阳度过一段愉快美好的时光！预祝“社会转型与土家族社会文化发展”学术研讨会取得圆满成功！

（马尚云，中共长阳土家族自治县委书记、县人大常委会主任）

谭徽在先生致辞

尊敬的苏部长，尊敬的各位专家学者，女士们，先生们：

首先，请允许我代表本次学术研讨会的主办单位之一——省民宗委，向与会的各位领导、各位专家、学者和各位来宾莅临本次研讨会表示热烈欢迎！

本次会议的隆重召开，得到了省委常委、省委统战部部长苏晓云同志的高度重视，得到了中共长阳土家族自治县县委、县人民政府的大力配合，得到了各主办单位、各位专家学者的大力支持。我再次提议，让我们以热烈的掌声，向为本次会议的召开给予高度重视、大力支持的各位领导、各个单位和付出辛勤劳动的全体会务人员表示衷心的感谢！

本次研讨会的主题是“社会转型与土家族社会文化发展”。确定这样的主题进行深入研究，是时代发展的必然要求。随着改革开放的不断深入和世界经济社会的日益发展，工业化、信息化、市场化、城镇化、国际化已成为不可逆转的社会潮流，中国正处在社会转型的重要时期。土家族和土家族社会文化作为重要的社会族群和社会文化形态，正以磅礴的力量融入时代发展的大潮。今天，来自全国各地的130多位民族研究领域的专家学者齐聚一堂，共同探讨社会转型时期如何更好地传播土家族文化，传承土家族文明，传递土家族发展信息，共同总结土家族研究成果，推动土家族研究向纵深发展，其意义重大而深远。我相信，通过对社会转型与土家族社会文化发展的深入研讨，必将引起更多的专家学者对土家族社会文化发展取向问题的深入思考，不断丰富土家族文化的时代内涵，进一步提升土家族文化的传统品位，推动土家族优秀思想文化的弘扬光大，必将激起更加广泛的社会力量关注土家族文化生存发展问题，以更加关切的目光重视土家族优秀传统文化的继承与发展。这次研讨会所形成的研究成果，也必将转化为推动土家族和其他少数民族发展的动力，从而促进土家族和其他少数民族的繁荣进步。

湖北省民族宗教事务委员会作为省政府主管民族事务的职能部门，担负着维护民族和谐、促进民族繁荣进步的重要职责。研究和推进少数民族社会文化事业发展是民族工作部门的重要责任。在这里，我愿意从民族工作的角度出发，就社会转型少数民族和土家族社会文化发展提出如下问题，以期引起各位专家学者的关注：

第一，在社会转型中，如何有效推动民族经济与民族文化协调发展，充分发挥民族文化在推动少数民族繁荣进步中的思想引领、心灵净化、理念导向作用，为民族经济的协调健康发展提供坚强有力的精神支撑。

第二，在社会转型中，土家族和其他少数民族如何立足自身又面向世界，继承传统又面向未来，使土家族和其他少数民族更好地实现与各民族的交往、交流、交融，更好地适应和谐社会建设的需要，更好地适应时代前进的要求。

第三，在社会转型中，如何发挥民族文化的力量，促进平等、团结、互助、和谐社会主义民族关系的巩固和发展。

第四，如何采取有效机制和措施，抢救和保护少数民族特有的传统文化资源，为繁荣发展少数民族文化不断注入新的活力。

这次研讨会的召开，正值全国推广湖北省对口支援民族地区发展经验交流会闭幕之际。8 月 14 日—15 日，经党中央、国务院批准同意，中央统战部、国家民委联合召开的全国推广湖北省对口支援民族地区发展经验交流会在恩施和武汉隆重举行。来自全国各省、直辖市、自治区的党政领导和民族工作部门的负责人莅临湖北，共同总结湖北省在民族地区实施“616”对口支援工程的工作经验，“616”对口支援工程的工作经验推广全国。以“616”为主体的对口支援民族地区发展工程是湖北省委、省政府贯彻党的民族政策、大力推进民族团结进步事业的重要举措，受到中央政治局常委、全国政协主席贾庆林、国务院副总理回良玉、全国政协副主席、中央统战部部长杜青林等中央领导同志的充分肯定。“616”工程自2007年实施以来，帮助少数民族地区落实对口支援项目619个，资金32亿多元，带动投资106亿元，为推动少数民族地区建设发展产生了重大作用。中南民族大学作为实施“616”工程对口支援长阳自治县的单位之一，积极响应省委、省政府的号召，充分发挥人才培养、科学研究和服务社会的职能优势，为促进长阳经济社会发展发挥了重要作用。本次会议在长阳召开，也是中南民族大学落实对口支援的又一行动。这次会议所形成的研究成果，将使长阳直接受惠，为促进长阳民族经济文化社会事业的发展产生多方面的影响。

长阳作为至今为止有史可考的土家族发祥地，文化灿烂，人文丰厚，素来享有“八百里清江美如画，三百里长阳是画廊”、“清江天下秀，长阳歌舞乡”的美誉。改革开放以来，长阳自治县县委、县政府带领全县人民聚精会神抓经济，一心一意谋发展，与此同时，从提高文化软实力的战略高度，坚持文化先导发展战略，创新文化建设理念，探索文化发展模式，积极推进民族文化的保护与弘扬，带动全县经济社会跨越式发展，创造了在全国有影响的文化工作经验。长阳文化之所以不断创新进步，一个重要的原因，就是他们十分注重与高校和科研院所的合作，这使长阳民族文化的建设发展始终站在理论与实践相结合的前沿，始终保持了旺盛的发展活力。中南民族大学与长阳携手共同探索和推进民族文化发展的经验值得认真总结推广。

这次学术研讨会中南民族大学和长阳土家族自治县做了大量富有成效的准备工作，各位专家学者为研讨会提供了高水平的研究论著论文。我相信，这次研讨会在省委常委、省委统战部苏晓云部长的亲切关怀下，通过大家的共同努力，一定能够取得多方面的丰硕成果。

最后，祝各位领导、各位专家、学者在鄂活动工作期间心情愉快，身体健康。祝“社会转型与土家族社会文化发展”学术研讨会圆满成功！

谢谢大家！

（谭徽在，湖北省民族宗教事务委员会主任）

目 录

向达、潘光旦和土家族调查

潘乃穆①

向达先生和我父亲潘光旦在抗日战争时期曾同任教于西南联大。过去未见他们之间有多少个人交往。20 世纪 50 年代中期，他们因为土家族的研究而走到一起，并因此而同被错划为“右派分子”。80 年代以后，我由于重新了解父亲研究土家族的情况，接触到了有关向先生的资料。本文所涉及的事情主要根据我所见到的书面资料，而不是亲身见闻。

“土家”这个称呼早就存在，并不是大家都不知道。例如，1938 年西南联大的前身长沙临时大学的学生徒步行军迁往云南昆明，路过湘西、黔东的时候就见到过土家族人，并曾在他们写的书中加以描述。但是在新中国成立之初，大家对土家族的状况还不清楚。1950 年国庆节时，他们的代表是以苗族的身份到北京参加国庆观礼的。田心桃代表当时向中央政府反映了承认土家族是一个单一民族的要求。1952 年中南民委湘西工作队队长严学窘教授在筹建湘西苗族自治州期间开始调查，认为土家族是一个单一民族，中央民委和中南民委有关负责人同意他的观点，但因湖南省地方领导

① 潘乃穆，女，北京大学社会学系教授。

对此有不同意见而搁置。其后，严学窘的调查报告上交中央民委。1953年3月中央民委把土家族民族识别的任务交给了中央民族学院（现为中央民族大学），潘光旦时任该校研究部中南民族研究室主任，接受了这个任务。1953年7月中央民族学院研究部写出《关于湘西土家是不是一个民族问题的意见》。当年9月民院派出了调查组，由汪明瑀副教授负责，后来写出调查报告（中央民院研究部推迟至1956年5月印发）。潘光旦因腿残不便行走，领导未同意他参加此次实地调查的要求，他主要根据汉文文献进行研究，1955年11月写出论文《湘西北的“土家”与古代的巴人》发表于《民族研究集刊》第4辑。同辑还载有王静如的《关于湘西土家语言的初步意见》、汪明瑀的《湘西土家概况》。这组论文从历史、语言、风俗习惯信仰、社会经济状况各方面分析研究，为国家承认土家族为单一民族提供了科学依据。潘的论文从中华民族总体的历史背景下探讨了土家的族源，土家与周边民族的相互关系和本身的民族特点。据邓锐龄先生最近告知：潘先生把他的论文寄天津请郑天挺先生（时任南开大学历史系主任）阅，郑先生回信说：很多年没有看到这样好的论文了。

潘光旦在土家族研究中和向达先生的联系，大约始于1954年。他留存的一张资料卡片上写着说：“向觉明语：刘先主卒于白帝城；刘、关、张三结义亦白、赤、黑三面色。与白帝天王殆有关系。”这条资料没有年月日的记载。白帝天王是土家族信仰的神，三座神像面部分别为白、红、黑三种颜色。关于刘备和白帝、白帝天王信仰的关系问题，潘光旦在1955年的那篇论文中已经写到了。他们曾约定同去土家族地区访问，1956年5月下旬得以实现，二人同往湘西土家族地区进行视察。记者赵宏庆后来采访潘光旦，潘说：“我离京时，和向达先生同车，我对他说，根据我的研究，他可能就是‘土家’。向先生也说很可能。”在长沙停留期间，他们曾同访韶山毛泽东故居，留存摄影一张。

向先生于1956年6月29日写出了《视察湖南省工作的报告》（载全国政协《1956年上半年视察报告》第12辑）。首先说明视察地点的选择和行程。他说：“我是湖南湘西溆浦人。1939年离开湖南，到现在一转眼已经是18年了。整个国家起了根本的变化，湖南，特别是湘西，也出现了一个崭新的面貌。因此，我要求到湘西苗族自治州去视察。”“我这次到湖南视察，于5月20日晨由京南下，同行的还有全国人民代表大会代表田汉、翦伯赞两位先生，全国政协委员周凤九、李祖荫和潘光旦三位先生。到了长沙以后，决定去湘西苗族自治州的只有潘光旦先生和我两人，因于25日由湖南省民族事务委员会给我们作一个关于苗族自治州的介绍，在座的还有湖南省省委会统战部部长兼民委会主任谢华先生。5月29日到吉首，30日由地委会和州人民委员会介绍了自治州的一些情况。6月4日到溆浦，当天晚上溆浦县县委张书记和杨、贺两位县长和我谈了一次话，由贺副县长介绍了溆浦的一些情况。6日麻阳水乡舒乡长又向我介绍了麻阳水乡高级社的情况。8日到怀化，怀化李副县长和农林水利局童副局长也介绍了怀化的一般情况。9日到晃县，10日到安江”，“由安江取道邵阳、湘潭，回到长沙；在湘西兜了一个大圈子”。下面还有“湘西的新气象”和“在视察中所看到的一些问题”两部分，其中涉及土家族部分谨摘录于下：

我这次和潘光旦先生到湘西苗族自治州去视察，潘先生是有他的科学研究的目的的——了解龙山一带“土族”的问题，我只是观光而已。但是我自己对于“土族”问题也有兴趣。我是湘西人，我们这一族是湘西土著，历史上如不属于苗族，就属于“土族”。今天当然都已汉化了，并且久已著籍为汉人，而对于过去的历史，仍然是关心的。龙山以及鄂西的来凤、恩施有一大批自称为“土族”的人，湖南省民族事务委员会和苗族自治州领导方面如何看待这个问题，我和潘先生一样，也急于想知道。我们在长沙听了民委会的介绍，在吉首听了地委会的介绍，后来中央民委会的谢司长又作了详细的报告。把这些介绍报告综合起来，看出从省到州，都认为“土族”问题只是本地几个在外的知识分子闹起来的，这几个知识分子的阶级出身还成问题云云。我们以为省民委会和州地委会这样简单化地去看问题，似乎有点主观和片面。潘先生对于“土族”问题，研究了好几年，掌握了丰富的历史文献，是“土族”问题的专家，我只是一知半解。所遗憾的我们都未能有机会和有关方面平心静气的，从科学的角度来讨论一下这个问题！

说到知识分子，我记得临离开北京时，政协秘书处也要我们顺便了解一下各地统战的工作。我在湘西各处访问，觉得统一战线工作中的团结知识分子特别是高级知识分子的工作，各处还是可以百尺竿头更进一步的。我这一次到晃县，访问了晃县中学的教师陈寄生先生。陈先生已经60多岁了，研究湘西各民族的历史和语言，写了7本书，都有他独特的见解。如关于“土族”，他从“土族”的语言研究上提出“土族”与彝族相近的意见，和中央民族学院以及科学院语言研究所一些专家的初步结论不谋而合。这一位先生是一位很正直而严肃的人，解放后遭受若干误会，闹了不小也不大的情绪。像这样在少数民族历史的研究工作上有一定成就的老先生，湘西并找不出几位，可以算入“野有遗贤”之列。在长沙征得统战部谢华部长的同意，于是抽空去看一看，应该感谢他的好意。

潘光旦在1956年7月25日写出了《访问湘西北“土家”报告》（载《政协会刊》第15期，1956年11月15日）。关于这次访问的“缘起”，他说：“1956年5、6月间的这一次视察，经中央发出号召以后，我就选定了湖南省西北角上的‘土家’地区。我作此选择，有四个理由：（一）中央号召这一次视察可以结合到民族团结的工作，到少数民族地区或有些民族问题的地区去。（二）全国政协在5月间新成立了一个民族组，作为组中负责的一人，我对民族工作，应当取得一些实践的认识。（三）我在中央民族学院研究部搞民族历史的研究工作，想把视察和日常业务结合一下。（四）‘土家’是湘西北及附近地区的一群人，可能是一个民族，可能不是，问题的提出至今快6年了，中央民委把问题交给中央民族学院研究部调查研究也已有3年多了，我们获得初步的研究结果也快3年了，最近又把各篇有关的论文作为‘内部刊物’印了出来，但问题截至今日还悬搁着。可供作出决定的科学资料是有了，分量也似乎够了，‘土家’人的要求，从他们经过我们的手送给中央的许多信件看来，是一天比一天急迫，为什么这问题还得不到解决呢？此行也想在这方面摸索一下。”

潘光旦此行一共访问了湘西苗族自治州的7个县：吉首、凤凰、花垣、古丈、保靖、永顺、龙山。潘在《访问报告》中，重点说明了对“土家”人的自称、人口与其聚居程度、语言与其使用程度、汉土关系、“土家”人的民族要求等方面的进一步了解。专有一节说明湖南省、湘西苗族自治州和州里一部分县的领导对问题的看法与对要求的态度是倾向于否定一面的，分析了他们在认识上的错误。最后提出了两点意见。他说：（一）关于“土家”的民族成分的问题。“无论从民族理论、民族政策、客观条件、主观要求等方面的哪一方面来说，‘土家’应该被接受为一个兄弟民族，不应再有拖延，拖延便有损党与政府的威信”。（二）关于如何说服地方领导的问题。“在明令承认‘土家’为一少数民族之前，中央必须对湖南省与湘西苗族自治州的领导同志进行教育与说服工作。”据说潘等回京后的“视察汇报”曾“受到领导的称赞”。

从上述二人的《报告》看来，潘和向先生共同访问活动到1956年6月4日，此后分手。但潘在自注“1956年6月实地访问所得”的卡片记载中有几处涉及向达先生。关于土家的冉、严姓，他说：“1956年6月保、永、龙、来之行发现：1. 冉在此数县虽不如田、向之大，但亦不弱。2. 严当从冉出，因冉在当地往往读如

‘严’上声，犹吴音口语之说‘染’布也。是则：（1）严为土家姓无疑。（2）作《苗防备览》之严如熤原亦土家人，与同属土家之向达家有姻连。”谈到土家的朴、扶、符姓，他说：“1956年6月8日，行经永顺龙山交界之牛鼻川，地亦名永龙桥，遇扶姓人两家……谓地有扶姓四五家，自溆浦移来已四五代，已不能作土家话，并不知其为土家人，盖与溆浦向姓相同，汉化亦已久矣。”关于土家的移徙，他说：“沅陵之说——向达家谱系作此说。尚有其他。此自可信，但意义不大。大抵土家自川鄂来，先曾以今沅陵为集中地，再由此向东南、东、南移动。沅陵只是一站头而已。”

与此同时，1956年5月由中央派出以民委谢鹤筹为组长、有中央民院教师参加的中央土家族识别调查组，“调查组的任务除进一步深入调查土家的历史与现状外，更重要的是通过交流而统一中央与地方有关部门对土家族民族成分识别的认识与意见”。调查组到湖南后，与省委统战部长谢华、秘书长钟汉九等共同组成联合调查组，进行了3个月的调查讨论，在省委书记周小舟亲自召集的汇报会上，双方各抒己见，反复辩论，渐趋一致，最终由周小舟书记作出决定，同意中央调查组的意见，确认土家为单一的民族。1956年10月，中央通知湖南省委，中央已同意土家族为单一民族，虽还没有正式公布，在当地已加以宣告。然后由地方写请示报告，中央批准文件正式完成于1957年1月3日。1957年3月15日《光明日报》在《我国的少数民族简介》栏中公开介绍了土家族，全文出自汪明瑀之手。

1956年冬，潘光旦又去鄂西南、川东南的土家族地区调查两个月，访问了武汉、宜昌、长阳、奉节、重庆、綦江、武隆、彭水、酉阳、秀山、黔江、恩施、利川、宣恩、咸丰、来凤、建始、巴东18个县市。

1957年3月18日向达、潘光旦在政协第二届全国委员会第三次全体会议上联合发言，题为《湘西北、鄂西南、川东南的一个兄弟民族——土家》（载《人民日报》1957年3月24日，附二人合影）。发言中结合在上述地区调查的实际情况，提出建议，涉及民族政策的宣传教育问题、成立“土家”自治区的问题、“土家”与“土家”自治区域应有的正式名称问题、“土家”地区的进一步调查问题。全文占报纸大半个版面。全国政协会议之后，中央统战部召集了一次关于湘西北土家区域自治问题座谈会，由李维汉部长主持，向、潘二人都参加了。

土家被接受为一个单一民族，接着实现区域自治的权利，是在中央的统一领导下，众多专家学者、民族工作者、有关的各族干部和群众共同努力的结果。对向、潘二位学者来说，无论从学术研究方面，或者从解决现实问题、向政府反映情况、提供建议方面，都完成了任务，作出了自己的一份贡献。他们的意见，既符合党的民族政策，也符合土家族地区的实际，和后续的各级政府部门在土家族地区的工作步调也基本一致。

1957年3月湖南省邀请有关人士，包括土家族人士协商土家自治问题，并吸收彭泊为省政协委员。在多数代表同意省里主张“联合”自治后，召开了省政协一届三次全体会议，组织了湘西土家族访问团，5月21日至7月21日在湘西访问，深入听取了不同的意见，对与苗族联合建州还是单独建州两种方案，经过充分的比较讨论，土家族人民大多数同意“联合”自治。8月6日湖南省人民委员会召开第21次委员（扩大）会，决定成立湘西土家族苗族自治州，报国务院批准。8月7日省人委在长沙成立了湘西土家族苗族自治州筹备委员会。

反右派斗争的来临，使事情骤变。先是在1957年4月16日，潘光旦收到《政协会刊》编委会转来龙再宇《对潘光旦教授〈访问湘西北“土家”报告〉的几点意见》，提出激烈的批评。4月20日，潘光旦复信《政协会刊》编辑委员会，全文如下：

谢谢你们把龙再宇同志的这篇稿件让我得到先读为快的机会

（这稿件是4月16日交到我手里的）。

我想你们一定会把再宇同志的这篇稿件在《会刊》上登出来。这是应当的，也是必要的。我把在湘西所视察到的有关“土家”问题的种种写成报告，是我的任务。再宇同志对我的报告提出不同的意见，是他的权利。

我不准备对再宇同志所提出的各个不同意见作答复。“有则改之，无则加勉”，我是用这两句话的精神来读再宇同志的这篇稿件的；我希望再宇同志也用这两句话的精神来看我的报告。

再宇同志这篇稿件是充满着感情的。这很好。我想我充分理解到这种感情。不同的意见固然应当取得发表的机会，我认为陪同着这种意见的感情也同样的有这种权利。编辑委员会对一切来稿虽有删改之权，但在这些地方我认为不应当加以改变。再宇同志的稿件应当完全照原文登出来。

潘光旦以正常的批评自我批评的原则对待这个问题。他认为不同意见应该有发表的机会，而且应当原文照登。至于对自己的批评则采取有则改之、无则加勉的态度。

6月25日，《政协会刊》1957年第3期刊登了潘光旦的《重点视察与专题视察》一文，又在《问题讨论》栏中加“编者按”同时刊载湘西苗族自治州副州长龙再宇《对潘光旦教授〈访问湘西北“土家”报告〉的几点意见》和《潘光旦委员致本刊编辑委员会的信》。此时反右派斗争已经开始。

潘光旦于4月下旬即去浙赣两省访问畲民，直到写完访问报告，于6月30日返京。回来的当天，就出席了民盟中央整风小组召开的第二次会议，其内容是批判揭发罗隆基。此后潘本人也因所谓“罗隆基小集团”问题被批判。

7月17日《新湖南报》头版头条“本报吉首讯”，报道《省湘西土家族访问团圆满结束访问工作苗族土家一致要求联合自治》，副标题《各族人民对右派分子潘光旦等的挑拨阴谋表示愤怒》，率先在土家族问题上高调批判潘光旦。8月3日《新湖南报》以整版（第6版）篇幅批判潘光旦，大标题《在党的领导下，巩固各族人民的团结粉碎右派分子潘光旦的恶毒阴谋》。其下有三篇批判文字：梧刚、见初、松亭《右派分子潘光旦在湘西挑拨党与土家关系破坏民族团结永顺等县土家族人民纷纷揭露其罪恶活动》、彭武刚《右派分子潘光旦利用土家民族问题向党和人民放出的毒箭》、向兴泽《我揭发右派分子潘光旦的无耻欺骗》。8月8日《新湖南报》报道8月6日《省人民委员会第21次会议（扩大）决议提请建立湘西土家族苗族自治州》，副标题《会议上揭发和批判了彭泊（省政协委员）挑拨土家族苗族人民之间和土家族人民内部的团结以及破坏党和政府威信的恶劣行为》。在同日的社论中，再次批判“右派分子潘光旦等人处心积虑地利用民族问题进行反党反人民的阴谋活动”。

8月30日《人民日报》转载8月3日《新湖南报》彭武刚文《潘光旦利用土家民族问题放出的毒箭》。《光明日报》刊出《利用土家族问题向党猖狂进攻潘光旦和彭泊狼狈为奸》（新华社长沙28日电）文，开始了在中央报刊上因土家问题对潘光旦的点名批判。9月15日，湘西土家族苗族自治州第一届人民代表大会第一次会议召开，中央民族事务委员会副主任刘春在讲话中对潘光旦、彭泊进行了批判。9月16日、17日，中央民族学院举行批判大会。《光明日报》于9月18日报道中央民族学院批判大会经过，题为《在湘西少数民族地区到处点火潘光旦阴谋活动进一步被揭露》。9月24—27日，全国人民代表大会民族委员会少数民族社会历史调查工作汇报会议扩大会议举行4天大会批判费孝通、潘光旦。报纸报导说：“会上还对右派分子潘光旦在民族工作中的反动阴谋活动进行了揭发和批判，他在1956年夏冬两季以政协代表名义到湘西土家地区‘视察工作’，进行了一系列的挑拨活动，挑拨土家族和党的关系、土家族和苗族的关系、土家族内部关系、中央和地方的关系。(《光明日报》1957年9月28日《费孝通等阴谋复辟资产阶级民族学》)

对向达先生的公开点名批判，则从10月中旬开始:“据新华社16日讯中国科学院哲学社会科学部在11日到14日举行了三天座谈会，批判史学界右派分子向达、雷海宗、荣孟源和陈梦家的反共反社会主义活动，捍卫历史科学中的马克思列宁主义路线。参加座谈会的有北京、天津的史学工作者近三百人。……据会上揭露，中国科学院历史研究所第二所副所长、北京大学历史系教授向达进行了一系列的反共反社会主义的活动。从去年起，他就利用湘西建立苗族和土族联合自治州问题，与右派分子潘光旦、湘西土族右派分子彭泊等勾结，破坏民族团结，进行反共阴谋活动……”(《光明日报》1957年10月17日《科学院集会批判史学界右派分子揭露向达破坏民族团结的政治阴谋》)11月12日,《光明日报》刊出熊寿祺（中央民族学院副院长)《向达在土家族问题上的反党和破坏民族团结的活动》说:“在土家族的民族识别和民族区域自治问题上，向达勾结章罗联盟的反共老将、右派分子潘光旦和土家族右派分子彭泊等，进行反党和破坏民族团结的罪恶活动。”

批判告一段落后，1958年1月，潘光旦被错误地定案处理为“右派分子”，他的右派罪状共四条，其中之一就是“破坏民族关系”，说他“鼓动土家族知识分子和群众找中央要求自治”。向达先生也被错定为右派，土家问题成为他的主要罪状。两位先生本来是响应政府的号召，接受政府分派的任务，到少数民族地区视察、访问，结合业务工作进行调查，认真负责地向政府反映情况、提出建议，结果却在反右派运动中被“无限上纲”，戴上反党反社会主义的右派帽子。

“文化大革命”期间，两先生又再次被批为“反动学术权威”，遭到非人道的待遇，均因患尿毒症不治而相继谢世。向先生先去世于1966年11月30日，潘继去世于1967年6月10日。他们二人平素身体尚属健康，如非“文化大革命”的摧残，则能得以尽其天年，应可在学术上作出更多贡献。1979—1980年间，“文化大革命”时期一切不实之词均被推倒，错划右派问题也都得到改正，恢复名誉，但此时两先生墓木已拱矣。

反右派运动中对土家问题一案的批判处理，绝不仅限于我们熟知的这两位学者。1956年随潘同去湘西访问的中央民院研究部实习研究员刘振乾也被错划为右派分子，开除公职，劳动改造多年。20世纪90年代当我得知此案上挂下连，被批判处理的土家族干部、教师、学生等共达300多人时，心中深感震撼。其中彭泊，原在广西民族学院任教，湖南省政协委员，因在省政协会议上发言《联合不反对，主张唯单独，中央决定，绝对服从》，坚持了单独建自治州的个人意见，而被定为极右分子，押到保靖、龙山、永顺等县轮流批斗，后果悲惨。又如彭秀枢，原为永顺中学语文教员，错划为右派后劳动改造，在永顺扫街，后因写批判江青的文字，又判刑坐牢，“四人帮”倒台后出狱，后到吉首大学任教。一批曾主张过“单独”自治的土家族干部、知识分子被批判或错划为右派分子。1979年进行民族政策再教育时，一些干部和知识分子对1957年反右派和1959年反右倾运动中，因民族问题受到批判和处分，还心存余悸，不愿谈民族问题。直到1980年6—9月间，田荆贵（自治州政协副主席）先后向中共自治州委、湖南省委、中央办公厅反映意见，终于引起重视，中共自治州委办公室、州委统战部、州委落实政策办公室组成联合调查组进行了调查，于11月写出《关于1957年反右派和1959年反右倾中遗留的民族问题调查报告》。《报告》认为1957年对土家族的自治形式，提出两种不同的主张是正常的。主张“单独”自治者提出的“联合不反对，主张唯单独，中央决定，绝对服从”的意见，不论从政治上，还是组织上，都不存在错误。在“反右派”“反右倾”和“文化大革命”中，把主张

“单独”自治的意见作为“右派”言论进行批判，违反了党的民族政策，伤害了一批少数民族干部，挫伤了民族干部的社会主义积极性，这种做法是错误的。《报告》对解决这个“遗留”问题，提出了进行彻底平反的六条建议。中共自治州委批准了这个《报告》，并向湖南省委写了专题报告，随即在全州范围内贯彻落实。

自从反右派运动之后，土家族问题几乎成为禁区。原本为土家族而尚未登记申报土家民族成分的人不敢再申报，原本为土家族聚居的地方不再考虑民族成分、区域自治等问题。停顿20年之后，重新解决遗留问题。1979年从湖北恩施地区开始，其后鄂西南、川东南、黔东北陆续进行土家族民族成分登记，组织区域自治的工作。到1987年贵州印江土家族苗族自治县成立为止，土家族普遍实现区域自治。在土家族居住的33个县市中，有25个县实行了区域自治。其中，有两个土家族苗族自治州（共辖16个县），5个土家族苗族自治县，4个土家族自治县。

土家族的人口总数，当年在向达、潘光旦联合发言中还只能估计为100万人的，到1990年第四次全国人口普查为止，全国土家族人口共计570万多。1992年湘西北解决民族成分遗留问题，慈利县又恢复土家民族成分人口33万多人，石门县恢复土家民族成分人口34万多人。到2000年第五次全国人口普查为止，土家族人口共802万多人。

20世纪90年代，土家族和全国各兄弟民族一样，早已进入新的历史时期，无论政治、经济、文化各方面都有了很大的发展。我四妹潘乃谷（北京大学社会学人类学研究所研究员）曾到土家族地区进行调查研究。见到土家族的朋友时，他们表示了对向、潘两位学者的深切的怀念和衷心的敬意。他们以平实的语言说出了深刻的道理，“土家族的被承认，没有党的政策不行，没有专家的论证也不行。”向、潘被打成右派时，他们流了泪。土家族老百姓说二位学者为土家人受了大罪。

一个民族自治县践行科学发展观的探索

马尚云　吕学锋[①]

素有“巴人故里”、“土家族摇篮”之称的长阳土家族自治县位于鄂西山区，是国家扶贫开发重点县，既面临着改善民生的难题，同时面临着加快县域经济发展的难题。近年来，我们坚持以民生促发展、以发展惠民生，从解决民生难题入手，创造性地实施了一系列民生工程，不仅有效解决了人民群众最现实、最迫切、最关心的增收难、就业难、上学难、就医难、行路难等突出问题，而且有力推动了县域经济的高速发展，探索出了一条改善民生与经济发展互相促进、互相推动的科学发展之路。长阳先后被表彰为“全国推进就业创业劳务输出大县”、“全国新型农村合作医疗先进县”、“全国文化先进县”、“全国高山蔬菜第一县”、“全国发展民族教育先进县”、“全国民族团结进步模范集体”。2009 年，全县国内生产总值达到 54.75 亿元，比 2006 年增长 1.9 倍。其中，农林牧渔业总产值 23.14 亿元，增长 1.8 倍，县属工业总产值 25 亿元，增长 2.94 倍，旅游综合收入 5.8 亿元，增长 1.9 倍，全县实现财政收入

① 马尚云，中共长阳土家族自治县委书记、县人大常委会主任。吕学锋，长阳土家族自治县县长。

3.93亿元，增长82.8%，人均财政一般预算收入位居湖北省同类山区县、贫困县前列。

一、着力破解增收难，探索特色产业发展之路

发展是民生之源。坚持把发展县域经济，促进农民增收致富作为最大的民生工程来抓，大力发展特色产业，变资源优势为产业优势，变产业优势为经济优势，群众收入大幅增长。2009年，全县城镇居民人均可支配收入10 839元，农民人均纯收入3282元，比2006年增长1.32倍和1.43倍。

实施“一村一品”计划，发展特色农业促增收。我们坚持特色农业大县发展战略，充分发挥特色农业资源优势，不断培植壮大高山蔬菜、清江鱼、清江椪柑、木本油、魔芋、茶叶、木瓜、马铃薯等特色农业支柱产业，全县特色农业产业基地已达80多万亩，使全县人均增收2500元以上。我们针对中山地区农民致富难问题，创造性地实施“中山突围”，打造以核桃、油茶为主的百万亩木本油料产业大县，争创“中国魔芋之乡”和“中国优质绿茶之乡”。百万亩木本油料产业基地建成后，可使全县人均增收4000元以上。

推进“双百工程”，发展新型工业促增收。我们坚持新型工业强县发展战略，立足生物、矿产、水电等资源优势，实施以重点建设100个项目，择优扶持100家企业为主要内容的“双百工程”，狠抓招商引资和项目建设促增收。先后引资近10亿元兴建了招徕河、东流溪、长沙头等一批水电站，全县水电装机容量140万千瓦，水电产业年实现税收近亿元。引资10亿元建成了全国最大、年产7万吨、税收过亿元的电解金属锰企业，引资5亿元兴建了宜昌市最大、年产220万吨的三源水泥项目，引资80亿元兴建了火烧坪铁矿开发、税收过亿的新首钢“铁业旗舰”。2009年，全县实现人均工业产值5952元，比2006年增长1.8倍。

倾力清江画廊创“5A”，发展文化旅游业促增收。我们坚持生

态文化旅游名县发展战略，扬巴土文化优势，引进建设了北纬30°岛、清江画廊度假村、清江古城等一批投资过亿的重点旅游项目，打造了“三峡大坝—清江画廊”世界级品牌旅游目的地，构建了清江百里生态文化旅游产业带。2010年，鄂西生态文化旅游圈投资公司还投入巨资控股清江画廊，全力打造国家5A级景区和上市公司。2009年，全县实现人均旅游收入1200元，比2006年增长0.5倍。

二、着力破解就业难，探索全民创业推进之路

就业是民生之本。我们通过实施“劳动力转移工程”，以发展劳务经济为突破口，大力推进全民创业,. 着力培育市场主体，以创业带动就业。大规模组织开展农村劳动力转移技能培训，在华东、华南、华北建立了劳务输出基地，并对留守家庭建立了130多个帮工队和40多家“保育居”，努力做到“务工有方向，培训有地方，困难有帮扶，权益有保障”。2009年，全县外出务工人员达13.2万人，实现劳务收入9.6亿元，农民人均劳务收入2200元，占农民人均纯收入的80%以上。同时，我们在全省率先成立了返乡农民工创业就业咨询指导中心和高校毕业生创业就业咨询指导中心，掀起了全民创业热潮，有力地促进了群众就业。2009年全县新增企业114家，农民合作社103家，个体工商户2032户，个体工商户注册资本4.2亿元。全年城镇新增就业人员4036人，新增农村劳动力转移8550人。

三、着力破解上学难，探索新型农民培育之路

教育是民生之基，文化是民生之魂。针对孩子因贫困而失学致使农村贫困人口增加的实际情况，我们通过启动实施“助学启智工程”和“民族民间文化抢救与保护工程”，积极争创文化强县，不断提升群众的知识水平和致富技能，着力培育新型农民。2004年，

我们作出了“要让长阳的每一个学生不因贫困辍学，建立助学启智工程”的决定，每年给贫困高中生每月发100元生活费，为贫困大学生提供无息贷款4000元。通过政府带动，社会各界人士多方响应，让一大批贫困学子完成学业。6年来该工程共筹集助学资金8900多万元，救助贫困学生30多万人。我们坚持文化资源和文化服务下移，自2001年启动“民族民间文化抢救与保护工程”以来，出台了《民族民间文化保护条例》，建立了民族民间文化保护中心，先后有“撒叶儿嗬”、“长阳南曲”、“长阳山歌”、“都镇湾故事”被列为全国非物质文化遗产名录。大力开展群众性文化节庆活动，培育了“中国高山蔬菜节”、“清江椪柑文化节”、“奇石文化节”等一批品牌文化节庆活动。

四、着力破解就医难，探索基本医疗保障之路

就医是民生之急。为解决群众就医难，我们实施了“新型农村合作医疗工程”、“计划生育民福工程”和“大病关爱工程”，建立基本医疗服务全覆盖，使群众“难有所救，病有所医，困有所帮”。长阳是农村合作医疗的发源地。2005年，我们积极争取并抓好全国新型农村合作医疗试点县工作，颁布实施了全国第一部县级新型农村合作医疗单行条例，每年投入3000万元给老百姓看病。目前，参合人数达32万人，实现了全员参合。试点县建设以来，全国新型农村合作医疗现场会在长阳召开，新型农村合作医疗“长阳模式”得到了一致好评。我们每年还筹资600多万元启动“大病关爱工程”，较好地解决了群众因病返贫的问题。针对计生家庭医疗保障问题，我们实施的“计划生育民福工程”，对农村独生子女家庭实行奖励政策、对计生手术后遗症实行免费治疗、对避孕节育者实行免费手术、对妇女生殖疾病患者实行检查治疗、对独生子女死亡家庭实行困难救助，使全县9万多名育龄群众享受了生殖健康免费优质服务。

五、着力破解行路难，探索生产生活改善之路

交通是民生之要。民族贫困山区由于受自然条件制约，基础设施建设所需投入远远大于平原发达地区，基础设施建设相对滞后，行路难成为群众反映最普遍的问题。我们坚持把破解行路难作为改善生产生活条件的突破口来抓，全力实施“通村公路硬化工程”，在财力非常困难的情况下，配套出台了每公里 3 万元的通村公路硬化激励政策；同时，各公路沿线的企业、个体老板纷纷以“反哺农村”为己任，捐资额在 1000 万元以上；广大农民踊跃参与公路硬化建设，投工不讲价、占地无怨言，自发捐款修路。2006 年以来，全县筹资 3 亿多元，兴修村级水泥路 1815 公里，建设速度和规模位居湖北省各县市前列。“晴天一身灰、雨天一身泥”的现象得到根本性扭转，群众出行变得更加方便。

探索没有止境，发展没有穷尽。我们在实施一系列民生工程的实践探索中，县域经济社会呈现出了又好又快发展的喜人态势，进一步振奋了精神，促进了民族团结，全县各族群众正在为把长阳建成中国最美丽的山水画廊、最具浓郁巴土风情的文化名疆、经济充满活力的财富宝地、中外游客心驰神往的梦境家园、人民幸福指数不断提升的和谐社会而不懈努力。

文化自觉与文化发展的“长阳模式”

——巴土文化的民族传承与时代弘扬

王功平　李茂清[①]

长阳模式内涵：科学发展观引领下的巴土民族文化自觉

“文化自觉”是我国著名社会学家费孝通先生首先提出的命题和概念：“文化自觉是当今时代的要求，它是生活在一定文化中的人对其文化有自知之明，并且对其发展历程和未来有充分的认识，自知之明是为了加强文化转型的自主能力，取得决定适应新环境、新时代文化选择的自主地位。正因为如此，对先进文化有一种自觉的追求，并具有自觉进行文化创新、文化开拓、文化建设和文化传播的能力。”这一理论得到海内外学者的普遍认同和高度重视，现已进一步升华为我党的执政理念之一。党的十七大作出推动社会主义文化大发展大繁荣的战略部署，同时也向全党提出了高度的文化自觉的要求，要求各级各部门党委、政府“更加自觉、更加主动地推动文化大发展大繁荣”。

---

① 王功平，中共长阳土家族自治县委办公室主任。李茂清，县委办公室副主任。

长阳历史悠久、文化灿烂，是长江流域古文明的重要发源地，著名的“长阳人”的故乡、巴人故里和土家族的发祥地。19 万年前，“长阳人”已在此繁衍生息；新石器晚期，长阳全境已遍布原始人群的足迹；4000 年前，土家族先祖巴人廪君浮舟西征，开创了巴国文明；长阳设县始于西汉，唐朝时正式定名为长阳县；4000 年来，巴土儿女生生不息，在这块古老的土地上，创造了灿烂文化。长阳素有“歌舞之乡”之称，山歌、南曲、巴山舞被誉为“长阳文化三件宝”。

以民族精神的传承和时代特征的弘扬为基本特征的巴土文化大发展、大繁荣，就是在科学发展观引领下，以高度的文化自觉为重要前提的文化发展模式。长阳历届县委、县政府长期坚持“保护为主，抢救第一，合理利用，传承发展”的方针，紧紧围绕建设“文化长阳”的目标，牢固树立“以抢救性保护，增强文化自觉意识为前提，以群众性传承、把握巴土民族精神为基础，以创新性弘扬、增强鲜明时代特征为关键”的工作理念，形成了“一个统领、五个并重”的巴土文化发展“长阳模式”：以科学发展观为统领，做到保护理念、措施、成效并重，巴土文化普及、交流、创新并重，文化传承人老、中、青并重，巴土文化氛围、成果、产业并重，县域经济借力巴土文化的优化结构、提升品质、扩大效益并重。科学发展观引领下的巴土民族文化自觉的“长阳模式”，引起了省内外领导、专家和学者的广泛关注。

长阳模式的形成：“1 + 5”
——牢牢把握正确方向的全面推进

长阳位于巴、楚、蜀文化的交汇地带，是一片见证了人类远古至现代文化的沃土。在长期的历史变化进程中，以其独特的生产生活方式和海纳百川、兼容并蓄的精神，创造了丰富多彩的民族民间文化。截至目前，全县通过普查，收集和整理的民族民间传统文化共有16个类别，包括民间故事、歌谣、谚语、谜语等口述文学，长阳南曲、山歌、薅草锣鼓等传统音乐，撒叶儿嗬、花鼓子等传统舞蹈，渔猎、农耕、婚嫁、丧葬等生产生活中的传统习俗和礼仪，节庆、游艺、体育等传统活动，西兰卡普、刺绣、雕刻等传统工艺和制作技艺；白虎神、向王天子、自然崇拜等民族信仰和与上述传统文化表现形式相关的代表性原始资料、实物、场所等等。面对如此深厚的文化底蕴，多年来，长阳县委、县政府牢牢把握正确方向，以科学发展观为统领，实行五个并重，全面推进。在工作过程中，以政府为主导、以文化传承人为骨干、以群众为主体，传承文化传统基因，保护整体文化生态，大力推进创新，推进民族文化繁荣。

一、增强文化自觉意识，实行保护理念、措施、成效并重，巴土文化原生态在抢救中有效保护，长阳被文化部表彰为“全国文化先进县”

长阳巴土文化原生态的形成是几千年文化的积淀和结晶，全县人民在历届县委、政府的领导下，清醒认识巴土文化产生、发展的历史进程，准确把握巴土文化丰富、独特的精神内核，科学引领巴土文化传承、创新的发展方向，脚踏实地，不懈努力，做到保护理念、保护措施、保护成效并重。

（一）明确的保护理念

县委、县政府贯彻落实“抢救第一，保护为主，合理利用，传承发展”的方针，紧紧围绕建设“文化长阳”的目标，出台《长阳土家族自治县民族民间传统传统文化保护条例》、《县委、县政府关于建设湖北文化强县的决定》、《长阳土家族传统文化生态保护区总体规划》等重要文件，采取得力措施，对濒临灭绝的巴土文化遗产和年事已高的巴土文化传承人进行了抢救性保护；对巴土文化各种艺术门类在全县普及和培养新人的过程中传承和推广，对经典艺术形式，在继承的基础上，大胆创新，大力发展文化产业，把文化大县建成文化强县和文化名县。

（二）得力的保护措施

一是建立健全规章。县人大出台《长阳土家族自治县民族民间传统文化保护条例》，成立了县长任主任的“民族民间传统文化保护委员会”，编制了《长阳土家族传统文化生态保护区总体规划》，配备了资源数字化储存设备，全县已形成建立了县、乡、村三级保护网络。二是组建保护机构。长阳成立了“全县民族民间传统文化保护中心”，“撒叶儿嗬”被列为全国首批非物质文化遗产名录，“长阳南曲”、“长阳山歌”、“长阳吹打乐”、“都镇湾故事”被列为湖北省第一批非物质文化遗产名录，出版了200万字的《巴土文化系列丛书》，建立了民族民间传统文化保护库。三是建立了“土家族传统文化生态保护区”。长阳在资丘、榔坪等近10个乡（镇）率先建立了“巴土传统文化生态保护区”，唱南曲、喊山歌、跳撒叶儿嗬、吹唢呐、跳花鼓子等10多种原生态的古风民俗得到有效保护。特别是土家族舞蹈“撒叶儿嗬”被列入首批国家级非物质文化遗产名录后，长阳资丘镇正式挂牌创办了中国第一个土家族“撒叶儿嗬传习基地”，聘请了当地资深撒叶儿嗬民间艺人担任辅导老师，常年开展免费培训活动。特别是巴土传统文化生态保护区的学校，是理所当然的传习基地，现在已有4000余名师生学会了跳撒叶儿嗬、唱长阳南曲等土家族传统民间艺术。四是建立了“民族民间传统文化活动艺术节”。各乡镇开展“一乡一节，一年一届”的文化节，全县总计已举行180多届次，特别是榔坪镇以山歌为主、资丘镇的以撒叶儿嗬和南曲为主、贺家坪镇以薅草锣鼓为主的文化节，数十年经久不衰，截至2009年，榔坪和资丘镇已连续举办30

届和28届民族文化节。

（三）显著的保护效果

一是文化传承人有档案可查。目前，全县已登记在册的山歌、南曲、吹打乐、花鼓子、撒叶儿嗬、薅草锣鼓、民间故事、绘画、书法等近20个艺术类别的民间艺人3000多人，并为40多名县级以上优秀传承人和200多位重点民间艺人建立了个人档案。其中，年龄最大的有80多岁，如全国著名的土家族民间故事大王——孙家香，年龄最小的只有20岁，如家住资丘镇桃山村的长阳南曲、撒叶儿嗬和土家吹打乐的优秀传承人——覃远新等。二是文化保护项目有声像资料可视听。为了使优秀的民族民间文化艺术得以保护、传承和发展，对各种民间文化艺术形式采用录音录像的方式进行分类搜集，制作成资料片进行推介和保存，实行数字化存储和管理，可随调随听。已录制完成了《土家族女民间故事家孙家香》、《长阳山歌》、《长阳南曲》、《土家吹打乐》、《十五溪故事》、《土家族撒叶儿嗬》、《长阳花鼓子》、《长阳情歌》及《土家风情》等民间艺术电视专题片。三是经典曲目有基地表演可看。县内既有专业的民族歌舞剧团，也有能歌善舞的农民组成的“民俗文化村”和数以千计的农民文化专业户，长年在县内外为广大观众演出。他们先后为中共中央政治局常委、全国政协主席贾庆林、全国人大常委会副委员长桑国卫等以及傅志寰、陆佑眉、李双江、李谷一、赵忠祥等专家、学者、艺术家和国内外游客演出1000多场次，观众10多万人次，其中美国、英国、法国、日本、葡萄牙等50多个国家的近千名游客观看后赞赏有加。

二、传承巴土文化精髓，实行文化普及、交流、创新并重，长阳农民表演的巴山舞、撒叶儿嗬参加“全国广场舞蹈大赛”，先后获得文化部金奖

优秀民族民间传统文化的保护，既需要以普及为基础的推广，也需要以交流为核心的传承，更需要以创新为原动力的推动，做到普及、交流和创新并重。

（一）通过中小学校教育进行传承，注重普及

一是编写传承土家文化的地方教材。县文化和教育主管部门广泛搜集、深入研究、全面整理，按照义务教育各阶段儿童年龄特征，编写出版了传承巴土文化的地方教材《清江清，长阳长》。二是开设传承巴土文化的地方课。聘请优秀民间艺人给中小学生传授巴土文化艺术课，在资丘、榔坪等乡镇有近2万多名学生会喊山歌、唱南曲、跳巴山舞，培养了一大批优秀民间艺术爱好者和传承人。三是开展传承优秀土家文化的竞赛活动。各中小学举办唱南曲、喊山歌、跳撒叶儿嗬、跳花鼓子和巴山舞比赛活动，举办民族艺术形式丰富多彩的中小学生文艺汇演，推动土家文化深入普及。

（二）运用现代媒体推广进行传承，注重交流

一是立足本地传媒，挖掘土家文化资源。长阳县电视台在黄金时间开播巴土文化专栏《长阳故事》、《清江美文》和《都镇湾故事》，推介巴土文化。特别是《长阳故事》推出的《萧国松寓言集》，现已由中国文联出版社正式出版发行。全书近50万字，编选寓言1001篇，是我国目前出版的寓言作品中最长的寓言集。华中师范大学教授、中国故事学会副主席刘守华先生为该书作序。韩致中教授称萧国松的寓言是“写的是动物百态，说的是人间万象”，认为他的寓言具有鲜明的土家族特色，并把他的寓言带进大学中文

系课堂。新华社、中央电视台、湖北日报等多家知名媒体对他的寓言进行了介绍。二是联合省内传媒，展示土家文化魅力。2006 年与全省各地市、州、县近 40 家电视台联合举办聚集“清江画廊”大型异地采访，对土家文化进行深度采访报道。特别是武钢电视台拍摄的《长阳·中国土家族摇篮》、潜江电视台拍摄的《欢乐毕兹卡》、随州电视台拍摄的《浓缩巴人历史的奇观》、恩施电视台拍摄的《巴国古都的别样感受》和丹江口电视台拍摄的《19 万年前的非常记忆》等近 50 部专题片，在全省各地市州电视台联合展播。特别是武钢电视台以武落钟离山为背景拍摄的《长阳·中国土家族摇篮》，荣获全省地市州电视台大型异地采访节目摄制一等奖，连续五届参加湖北广播电视总台“春满楚天”地方新春文艺晚会展播，2007 年“长阳春节联欢晚会”获得省一等奖，全省颁奖典礼暨经验交流会在长阳举行，湖北卫视向全省现场直播。三是借助国家传媒，扩大了土家文化影响。1986 年与《西游记》的总导演杨洁联合拍摄由长阳籍作家萧国松编著、反映在长阳组建的红六军大型故事片《土家第一军》，并在全国公映；2004 年争取西安电影制片厂以充分展示巴土文化为背景，在长阳实地选景拍摄故事片《村官》；2006 年在长阳拍摄由梁家辉、秦海璐主演的《我的教师生涯》，并在海峡两岸四地上映；2007 年 10 月与中央电视台联合举办“山歌好比清江水”大型户外文化演出活动，30 多个地地道道的农民出身的巴土文化传承人与李双江、李谷一等 10 多位名家同台演出，创下央视“新视听”节目收视率和一期节目央视播出次数之最的纪录。

（三）开展文化展示活动进行传承，注重创新

一是扎下根，在广泛的群众文化活动中传承民族文化。长阳持之以恒坚持每五年一届全县农村文艺汇演和三个“每两年一次”的文化活动：全县中小学生文艺展演、全县电视歌手大奖赛、全县中

小学生书法美术大赛。举办了土家歌王擂台赛，在全县选出了10名“土家歌王”和10名土家优秀歌手；各乡镇每年举办一届乡镇文化节，目前已举办乡镇文化节180多届次，全县坚持最好的资丘镇已连续举办了34届乡镇文化节。特别是在廪君掷剑争王、以土为船的清江，开展连续五届的“张健纵渡清江画廊挑战赛”，对长阳巴土文化中的体育竞技传承创新。二是请进来，努力推动巴土文化的发展。长阳召开“长阳南曲研讨会”、“清江笔会”等巴土文化传播活动，省委宣传部、省文联等50多个单位数百名领导、专家和学者先后光临长阳，出席民族民间文化传承各种交流活动。特别是为把巴土文化推向全国，长阳县委、县政府与《文化报》社、华中师大联合举办了全国著名作家“清江画廊中秋笔会”，省作协主席王先霈，著名作家刘富道、管用和、周翼南以及《北京晨报》、《北京晚报》、《天津晚报》、《温州晚报》、《青岛晚报》等40多名作家参加了笔会，对清江画廊优美的自然风光和长阳丰富的巴土传统文化给予了很高的评价。不仅如此，省作家协会、省舞蹈家协会和华中师范大学等先后选定长阳为创作、培训和实习基地。三是走出去，积极推介土家文化成果。不仅“民俗文化村”和县歌舞团长年在省内外巡回演出，而且政府还组织“武汉土家文化周”和“毕兹卡歌舞香港行”等大型展演活动。尤其是1997年香港回归前夕，长阳“毕兹卡歌舞香港行”如期在香港大浦、沙田、港大、九龙等地演出，引起强烈反响，香港媒体如凤凰卫视、香港《文汇报》、《香港商报》等纷纷作了报道。自此后巴土原生态文化走进高校、走进国际大都市，走出了一条民族民间传统文化传承与发展的新路。

三、突出文化核心要素，实行文化传承人老、中、青并重，巴土文化人才在传承中培养，长阳农民兄弟参加全国青歌大赛，双双夺得原生态组金奖

对先进文化有一种自觉的追求，是一个民族文化长盛不衰的根本所在。农民兄弟王爱民等参加全国青歌大赛一夜成名并非偶然，这是长阳在巴土文化保护、传承过程中，突出文化发展核心要素，长期致力民族文化人才培养的必然结果。

（一）双管齐下，促使老年文化传承人老树新花

一是保护文化传承人的身体健康。长阳有民族民间文化人才3000多人，其中骨干文化人才近600人。长阳将民族民间传统文化保护经费纳入同级财政预算，建立县级领导联系民族民间文化人才工作制度，采取走访、慰问等形式，听取意见和建议，保护老年文化传承人的身体健康，让他们为文化传承作出更多贡献。如把能讲出300多个民间故事而被誉为“我国第一位土家族杰出女故事家”的孙家香等一批年近80岁的文化传承人，安置到县福利院，改善他们的生活条件，安度晚年；又如建立“高龄优秀民间艺人生活补贴基金”制度，为70岁以上、从业40年以上的优秀民间艺人发放生活补贴，每人每月享受津贴60元，保护他们身体健康，使之健康长寿。二是努力为文化传承人挖掘整理传统文化提供条件。县委、县政府以及文化主管部门为一大批文化传承人整理弥足珍贵的民族文化遗产提供条件。田玉成是保护民族民间文化“原生态”理论的最先倡导者之一。县委十分重视田玉成的建议，当年就支持他在资丘镇建起了中国首家“土家族传统文化生态保护区”；2003年7月，县委、县政府又推荐他所在的资丘镇文化站列为上报国家“抢保中心”的综合试点单位，不仅如此，还提拔田玉成为县文联副主席，大大改善他的工作和生活条件。田玉成先后在省级以上刊

物发表学术论文10多篇，并出版了《白虎寨》、《长阳南曲》和《长阳土家族传统民间艺术精粹》等3本著作。三是为文化传承人弘扬巴土文化搭建平台。长阳先后为文化传承人搜集整理文化遗产搭建平台，先后出版了数十万字的民间故事、歌谣等民间文学书籍，形成了《萧国松寓言集》、《孙家香故事》、《都镇湾故事》、《山歌系列》、《花鼓子系列》等一批珍贵的民族文化资料。尤其是帮助土家族女民间故事家、国家级非物质文化遗产代表性项目传承人、中国民间文化杰出传承人孙家香整理出版了《孙家香故事》一书，《光明日报》、《人民日报》海外版、香港《大公报》等近十家新闻单位作了报道，华中师大文学院把孙家香老人作为“我国第一位杰出女故事家”列入国家级课题《民间故事传承人》的重要研究对象。

（二）多措并举，激励中年文化传承人事业有成

一是激励立足岗位出成绩。长阳县每三年一次重金表彰优秀民族民间文化传承人，颁发“老艺人带徒传艺奖”和“青年人学艺有成奖”。已先后命名表彰了两批40名优秀民间文化传承人，每人发给了1000元奖金。80多人获得了“带徒传艺奖”和“学艺有成奖”，有10和100人分别获得“土家歌王”和“土家优秀歌手”。二是送出深造增强本领。长阳把一大批潜质极佳、前途远大的年轻人，送进院校深造，增长才干。笛子演奏家邓邦国，原系长阳民族歌舞团国家二级演奏员，后离职外出学习深造，师从笛子演奏家、教育家李协勤副教授，并得到过著名笛子大师孔建华先生的指导，现任长江大学艺术系教授，并成为乐器制造专家、笛子教育及演奏家，曾应邀赴德国进行国际文化交流演出，他精彩的演奏赢得了柏林观众经久不息的掌声，他改革创制的笛子曾荣获湖北省科技进步奖。三是支持走出长阳闯世界。对于有才华有抱负的文化能人，以开明和开放的态度，支持他们走出去既博采众长，丰富和完善自

己，又传播和推广本民族的艺术精华，如旅美歌唱家付祖光、省歌舞团女歌唱家王丹萍先后从长阳歌舞团走出去，分别成长为我国长江中上游流域特有的民族声乐男高音的代表人物和湖北省有突出贡献中青年专家，他们从长阳走出去功成名就，享誉省内外。

（三）形成合力，培养未来文化传承人迅速成长

一是举办竞赛活动，大面积选拔新苗子。长阳乡乡寨寨举办文化节，开展文化活动，既是民族习惯，更是传承文化传统、培养文化人才的需要，仅资丘镇先后举办了七届撒叶儿嗬大赛、五届民间艺人师徒大赛。2009 年先后有 18 支代表队、470 多人参加了比赛，其中年龄最大的 88 岁，最小的 10 岁，同台演出的有夫妻、有母女、有爷孙，甚至有一家四代同台演出。在激烈的比赛中，各种民族艺术形式的新人脱颖而出。二是长期定人跟踪，培养一批好苗子。首先是学校从事艺术教学的老师在教学中长期跟踪培养，如榔坪镇乐园村、八角庙村是长阳的著名山歌之乡，该镇的秀峰桥中心学校、榔坪中学十分注意发现其中的民族文化传承人，进行培养。其次是乡镇文化站负责人长期在文化活动中跟踪辅导，如渔峡口镇是长阳花鼓子舞的发源地，无论男女老少都会跳，镇文化站在各学校广泛开展文化传承活动的同时，对优秀学生重点辅导，并选送到县以上参加各种比赛和展演活动。最后是县文化馆相关专业人员在县以上各种竞赛评比过程中长期跟踪、关注指导，促使其健康地顺利成长。三是制订培养计划，重点培养一批俏苗子。每年在高中二年级分流时，把具有民族体育特长和民族艺术特长的学生单独编成特长班，不仅有一大批特长生考入高等院校，而且在民族体育盛会上佳绩不断。长阳先后在湖北省第二届民运会上，获拔腰带 55 公斤级银牌。在湖北省第四届民运会上，获得 3 金、5 银、1 铜，总分第 4 名。特别是 2006 年，在湖北省十二届运动会上获得陀螺项目男子团体金牌、女子团体铜牌；在湖北省第六届民运会上，获得

陀螺项目男子团体银牌，拔腰带项目获得80公斤级银牌、70公斤级第三名，押加项目获得85公斤级第二名，蹴球项目获得男子双打第三名，团体总分在全部29个参赛代表团中名列第五。

四、加快文化创新步伐，实行文化氛围、成果、产业并重，增强巴土文化发展实力，长阳大型民俗舞蹈剧《土里巴人》，获国家“五个一工程奖”

加快民族文化创新步伐，增强巴土文化发展实力，民族丰富民族文化成果，壮大民族文化产业，既需要文化传承人和广大文化工作者忘我的辛勤耕耘，更需要全社会各方面长期不懈的热情关怀和大力支持，不断加强文化转型的自主能力，对取得决定适应新环境、新时代文化选择的自主地位有清醒而且理性的“自知之明”。

（一）积极营造弘扬优秀巴土文化艺术的浓厚氛围

一是重视民族文化工作。长阳县出台了《关于进一步加强文化工作的意见》，为民族文化遗产的抢救保护，发展和繁荣本民族优秀的传统文化提供了政策保障；2009年县委、县政府又出台了《关于进一步加强文化长阳建设，着力打造湖北文化强县的意见》。几十年来，历届县委、县政府坚持工作思路和措施的连续性，做到县委、政府领导换届，但对重视民族文化工作的态度始终不变。二是充分尊重文化工作者。县委、县政府十分尊重文化工作者和他们的辛勤劳动，特别是举办“陈民洪同志从艺40周年暨60周岁座谈会”，以表彰他创作《土里巴人》获得“五个一工程奖”的贡献，同时鼓舞更多的人为文化大繁荣贡献聪明才智。三是为民族文化工作者提供宽松环境。建立并坚持实行县“四大家”领导联系优秀文化工作者和著名民间艺术传承人制度，既为他们雪中送炭，排忧解难，又为民族民间文化的保护和繁荣创造良好的社会环境。

县委、县政府尽一切可能满足文化发展的需求。一是要人给人。先后选拔十多名优秀人才进艺术院校深造，对回县工作的优秀演员落户进编；对热爱民族艺术并有特长但工作在其他部门的人员调进文化对口单位，为增强文化软实力打造一支势力强劲的团队。二是要钱给钱。投资近100万元购置了数字一体化设备，建起了“文化保护数据库”；投入100多万元，打造展示土家文化的大型舞台艺术——《梦幻土家》。在投资数百万元建立图书馆、文化馆和博物馆的基础上，又投资1000多万元，建立民族文化体育馆。三是要物给物。县委、县政府将县人大近2000平方米的原独门独院四层办公楼，无偿划拨给文化体育局使用，以充分满足抢救、保护和传承优秀土家文化的需要。

（二）已经推出弘扬优秀巴土文化艺术的系列成果

滴水穿石，铁杵成针。多年的辛勤汗水终于浇灌出弘扬巴土文化的丰硕成果。一是成果覆盖领域宽。全县在全国公开出版发行的40多种近800万字的图书和参加省以上比赛获奖的作品，覆盖了戏剧、小说、诗歌、散文、歌曲、器乐等10多个艺术门类，作者200余人，其中不少是民族文化爱好者和优秀民族民间文化传承人。二是获奖作品数量多。近30年来，全县各种民族文化艺术获得省以上奖项共259个，其中获得国家级奖项48个，获得省级奖项211个。特别是2003年以来，全县民族文化艺术创作进入丰产期，在省级以上获奖占改革开放30年来获奖总量的60%。三是获奖作品层次高。因为巴土文化的艺术熏陶，生活积淀的积铢累寸，艺术创作的精心打磨，所以大量巴土艺术作品获奖：刘小平诗集《鄂西倒影》获首届湖北文学奖；陈孝荣中篇小说《农委主任》和萧国松的《萧国松寓言集》分别获省第二届少数民族文学奖；杜小一油画《嘱咐》获省第六届美术作品展览银奖；彭成岩竹笛演奏《欢乐的土家》获全国民族器乐作品大赛铜奖；周立荣《清江河》获中央电视台“西部放歌”新歌大赛一等奖；农民表演的巴山舞和撒叶儿嗬参加“全国广场舞蹈大赛”分别荣获金奖；农民兄弟王爱华、王爱民参加全国第十三届青歌大赛，双双荣获原生态组金奖；陈民洪的《土里巴人》，荣获中宣部五个一工程奖和文化部文华大奖。

（三）正在形成优秀巴土文化艺术催生的文化产业

长阳人民在县委、县政府领导下，在保护传承民族文化的基础上，对先进文化有一种自觉的追求，并具有自觉培养文化创新、文化开拓的能力，进而极大地繁荣巴土文化，正在形成优秀巴土文化艺术催生的文化产业。一是图书出版产品不断涌现。长阳几千年来就有着读书、写书、藏书的传统，特别是改革开放30年来，图书出版不仅成为传承巴土文化的重要载体，而且成为促进县域经济发展的重要因素之一。据不完全统计，全县出版发行并进入市场销售且业绩良好的图书共有30多类一百多种近百万册。其中不仅有研究巴土长阳历史的典籍《香炉石——我国早期巴土文化遗址的发掘与研究》，而且有研究收存几千年巴土文化的大型丛书《巴土文化丛书》。特别是以巴土风情为背景的文学艺术作品更是数不胜数：既有传承不衰的曲谱《土家吹打乐》，也有获得国家五个一工程奖的舞蹈剧本《土里巴人》，既有专业作家的长篇小说《英雄无壮举》，也有业余作者的散文集《梦在远方》，既有《长江万里清江风情画卷》，也有摄影集《文化长阳》，凡此种种，不一而足。二是影像视听产品层出不穷。长阳的巴土艺术瑰宝在数百名新老文化传承人和影视专业工作者共同抢救挖掘保护的过程中，形成了大量的影视作品。现在全县从事巴土文化影视事业的各类人士近千人，仅县城音影工作室就达30多家，形成的艺术产品达10多类50多种的DVD（CD）和录像带近十万片（盘）。如民歌欣赏类《长阳情歌》、舞蹈欣赏类《长阳巴土舞》、器乐实录类《土家吹打乐》、故事欣赏类《都镇湾故事》、民俗实录类《下里巴人》、活动纪实类《毕兹卡歌舞香港行纪实》、展演实录类《山歌好比清江水——

央视“新视听”长阳行实录》等，无所不包。三是文化演出团体方兴未艾。长阳人对于巴土文化有着天然的灵性，无论是男人还是女人，也无论是老人还是孩童，唱山歌、跳丧舞，吹唢呐、弹三弦，讲故事、写段子，能者无所不会，次之也通二三。改革开放以来，大量的新老文化传承人组建演出团队在景区景点长期演出，全县演出团体如县民俗文化村等有10多个，参加县内外各种演出团体的文化传承人有千人之多。这些纯农民出身的巴土文化传承人，身怀绝技，告别土地，走上舞台，展示原生态的文化艺术，每年每人演出收入就达万元乃至数万元不等。特别是王爱民、王爱华在会唱400多首民歌的父亲王纯成带领下，先后为100多万名中外游人演唱，被称为三峡地区山歌歌王，2008年与苗族姑娘一道，参加全国青年歌手大奖赛，夺得原生态组金奖，成为长阳巴土文化创新历程中的标志性人物和里程碑事件。

五、彰显巴土文化魅力，拓展文化业态，县域经济借力巴土文化实行优化结构、提升品质、扩大效益并重，打造清江百里生态文化旅游产业带，清江画廊将成国家5A风景区

把握先进文化的前进方向，在增强文化软实力的同时，将文化的软实力变成推动县域经济发展的硬实力，这是长阳强化文化自觉意识，将巴土民族文化与清江秀美山水密切融合，弘扬巴土文化精神，丰富旅游内涵，把长阳建设成为中国旅游强县的真正动因。目前清江百里生态文化旅游产业带正在形成，清江画廊将打造成国家5A景区，长阳生态文化旅游成为支柱产业，其经济规模和效益与特色农业、新型工业三分天下必有其一，成为鄂西生态文化旅游圈战略支点。

彰显巴土歌舞文化魅力，巴土文化元素与旅游景区有机结合，让巴土文化之魂在清江百里生态文化产业带无处不在，县域经济结构得以优化。长阳巴土文化形式多样，唱、跳，吹、弹，讲、写，纺、绣，无所不有。尤其是巴土歌舞是承载巴土先民精神内核的文化之魂，在清江百里生态文化产业带展现这些民族文化艺术，不仅增强清江画廊风景区的无穷魅力，而且使生态文化旅游业与新型工业、特色农业三足鼎立，县域经济结构不断优化。一是投资百万打造了一台大型民俗歌舞，观众反响热烈。为了充分展示巴土文化节的魅力，县委、县政府投资一百多万元，聘请顶级导演和作曲，打造类似《丽水金沙》的大型土家歌舞《梦幻土家》。这台大型民族风情歌舞是土家族历史上最恢弘的一次歌舞盛宴，它以全新的理念构思、全新的视听创意、全新的设计制作，运用声、光、电等现代特色技术手段，生动地展示出悠扬的山歌、铿锵的劳作号子、情意缠绵的情歌、传统婚嫁习俗以及异彩纷呈的土家歌舞，将观众带进土家族民间艺术的殿堂。目前《梦幻土家》已经公演，获得旅游市场的积极响应和一片好评。二是推出了一批旅游文化产品，赢得市场欢迎。文化是旅游区的灵魂。搜集整理出版的山歌、南曲、巴山舞、撒叶儿嗬、民间故事等出版物如《巴土文化丛书》、系列影音制品《山歌好比清江水》等和西兰卡普等土家纺织工艺制品，与清江鱼、清江茶并列，成为广大游客青睐的旅游纪念品。巴土文化产品成为数以百万计的游客来到长阳、感受清江、认知土家、领略巴土文化的首选，它成为最吸引旅游者成为回头客、让游客成为长阳的积极推介者的重要诱因。三是景区景点广泛融入巴土文化元素，深受业内好评。把土家文化元素巧妙地渗透到景区、景点每个层面，是长阳深度开发旅游的法宝。在各大酒店、土家风情街、隔河岩大坝隧道牌楼以及武落钟离山白虎堂等楼台亭榭，悬挂名家书写的“中国土家族摇篮”、“神秘长阳、梦幻土家”、“清江天下秀，长阳歌舞乡”等匾额；在宾馆、饭店、书店、音响店、旅游纪念品商店、豪华旅游船、旅行车以及景区景点播放山歌、南曲、巴山舞DVD以及长阳风光宣传推介片；在亲水平台已修建“诗画长阳”碑林，展示廖汉生、邓垦、李尔重、贺敬之、邵华泽、启功、李铎、贾兰坡、汪国新等人的书画、诗词两百多幅；在景区景点摆放根雕、清江奇石、盆景，悬挂贺敬之、邵华泽、李铎、叶楠等名人名家在长阳留下的手迹，丰富了游客的观赏内容，提高了景区景点的品位。

彰显巴土建筑文化魅力，巴土文化符号与旅游景点有机结合，让巴土文化之根在清江百里生态文化产业带无处不在，县域经济品质得以提升。巴土建筑文化，从结构到工艺，都具有独特性和创造性，它是几千年来巴土先民用勤劳和智慧在这块赖以生存的土地上扎下的生命之根，在鄂西生态文化旅游圈中独树一帜，旅游经济品质的提升，带来滚滚客流。一是切实保护了部分尚存的土家吊脚楼等原始建筑。特别是在渔峡口的枝柘坪、资丘的黄柏山、榔坪的乐园等偏远地方，尚有存世不多的古吊脚楼，并有修建木质结构吊脚楼的习俗，县文化部门会同当地党委、政府，采取得力措施，一边保护尚存实物，一边倡导农民在新建房屋时仿建土家吊脚楼。二是新建了许多纪念和祭祀巴土祖先的民族建筑。长阳纪念和祭祀巴土祖先的民族建筑遗存较多，为了增强吸引游客的亮点，提高景点文化品位，县委、县政府又先后修建了渔峡口镇白虎垄廪君陵、武落钟离山巴人文化广场、白虎堂、隔河岩牌楼、风雨长廊、清江古城风雨桥、土家步行街“夷水巴风”牌楼、长阳广场五姓柱、大型浮雕、群雕。三是规划了在清江两岸大批复建和续建吊脚楼土家民居。县委、县政府决策建设生态文化旅游名县，并在“十一五”规划中新建清江古城，在“十二五”规划中拟复建佷山古镇、资丘古镇和巴国古都，让游人在“中国土家族摇篮”看得见并能亲自入住土家吊脚楼，亲身感受吊脚楼的别样和神奇，让游客领略清江画廊过程中能感受到在丽江古城、凤凰古城和平遥古城难以享受到的别样精神愉悦。

彰显用得上的巴土服饰文化魅力，巴土文化品牌与旅游产品有机结合，让巴土文化之神在清江百里生态文化产业带无处不在，县域经济效益得以扩大。巴土先民的智慧不仅表现在歌舞和建筑文化，独特的服饰文化也巴土先民表达精神世界的传神之作，它是巴土先民告别蒙昧走向文明的重要标志，是巴土文化的瑰丽品牌。因此，巴土服饰被众多专家誉为“土家族的华丽史诗”。一是极大丰富民族服饰博物馆藏并丰富景区文化内涵。土家服饰无论是在政府主管部门，还是在民间寻常百姓家里随处可见，不仅县博物馆收藏有大量的土家服饰，如宽袖对襟套装土司王服、大襟布衫和收腰裤等，而且长阳被冠名为“全国首家私立土家族民俗陈列馆”。资丘镇土家族农民田昌杰，历经数十年收藏土家服饰，是目前土家族服饰第一大收藏家，2000年6月，他带着68件展品，参加了在云南昆明举办的首届中国民族服饰博览会，引起了轰动，《昆明日报》、香港《文汇报》等十余家新闻单位争相采访和报道田昌杰及其展品，土家服饰藏品赢得了博览会最佳设计奖、优秀陈列奖、优秀展品奖三块奖牌。现在他扩充了馆藏藏品，包括土家服装、服饰、石器、木雕、石刻、陶瓷、铜器、古书、兵器、贝币、宗教用具、生产生活用具和巴人首领廪君的重要文献资料等，各种藏品已达1800多件，成为旅游景区景点的最大亮点。二是努力倡导旅游从业人员身着民族服饰并充分展示文化亮点。土家服饰经历了形成阶段（宋代之前）、发展阶段（元明至清初土司时期）、演变阶段（改土归流至20世纪80年代），形成斑斓的色彩、独特的风格，即使到了土司时期，受汉族服饰的影响也不大。如何传承和发展土家族服饰，在衣着打扮中保留我们民族的历史遗存？长阳在民族文化节中充分展示土家服饰的同时，大量制作了土家族的日常生活服装、旅游导游服装、民族学校服装、旅店服务员装、的士司机服装、农家乐服装、民族节日盛装等8种服装。特别是各级干部参加民族纪念活动和代表本民族出席省级和国家级会议时，一律着民族装，不仅彰显民族特色，展示民族精神，而且形成品牌，成为市场青睐的旅游精品。三是积极创新民族服饰使之成为旅游俏销产品。土家族服饰历经变革发展，巴土文化元素丰富，民族文化张力强劲，既充分展示了土家族文化内涵，又进一步提高了旅游产品文化品位。根据土家姑娘心灵手巧的特点，主推了通过采用通经断纬、反面挑纹的传统服饰工艺方法织成的土家族服饰精品——土家织锦西兰卡普；根据土家姑娘爱美尚美的特点，推出斑斓绣花绣土家男女成人服装，如滚边无领襟衣、花边衣、花边裤、绣花鞋、青布绣花围腰，充分展示土家族审美追求的延伸和创造美的文化拓展力量；根据巴土“避邪壮威”的民族习俗特点，推出了期盼孩童吉祥如意、健康成长的饰帽：鸡冠帽、狗头帽、鱼尾帽等。越是民族的，越是世界的，巴土服饰广为游客喜好，不仅增加长阳旅游亮点，而且成为长阳旅游经济新的增长点，长阳的县域经济与特色农业、新型工业、生态文化旅游业相得益彰、并驾齐驱，长阳的县域经济综合实力和可持续增长发展能力正向跻身全省山区县前列和全国民族自治县前列目前奋进。

长阳模式的思考：对先进文化的自觉追求是民族文化繁荣的必然选择

当今世界，各国、各民族之间的经济和文化交流盛况空前，人类文化进入到一个前所未有的大融合时代。鲁迅先生在《文化偏至论》中早就告诫我们：“明哲之士，必洞达世界之大势，权衡较量，去其偏颇，得其神明，施之国中，翕合无间。外之既不后于世界之思潮，内之仍弗失固有之血脉，取今复古，别立新宗！”因此，民族文化的传承、发展、创新不可能还只是在自己的传统中延续，任何一种文化的发展都意味着走在世界化和民族化的双重轨道之中。长阳巴土文化的发展模式在此大背景下形成，至少有四点体会。

体会一：坚持文化自觉，以理性的方式坚守民族文化传统。民族文化创新的根基在于属于本民族自己的文化基因，如何进行民族文化创新的重要问题，就是文化自觉，清醒了解、认识巴土文化形成的渊源、轨迹和规律。当代巴土文化至少有三个阶段：一是古代原创的巴文化，二是历经楚汉文化影响的土家文化，三是接受时代洗礼的当今巴土文化。长阳的做法表明：传统民族文化的保护、传承是今天民族文化创新的基础。以鲁迅先生在《灯下漫笔》中的告诫为训：“凡有来到中国的，倘能疾首蹙厄而憎恶中国，我敢诚意地奉献我的感谢”，而那些“故意称赞中国的旧物”的人，先生认为“此辈当得到永远的诅咒”。因此，长阳的做法表明：对传统应该持积极主动的反省态度，深入地整理、研究传统，发掘传统文化中优秀、健康的精神遗产，加以创新性的现代改造，这是一种建立在高度警省基础上的文化自觉。

体会二：把握正确方向，以科学的态度传承民族文化遗存。民族文化的保护、传承和发展创新，不能将传统的重塑变成对自己民族的历史、文化传统、价值观念等文化符号全盘的肯定与盲目的认同，如果只要是“我们的”就必须珍惜、值得宣扬，哪怕是陈腐的、落后的，都冠之以民族特色加以奉行，采取敝帚自珍式的“文化自恋”行为，是十分错误的。长阳的做法表明：在理性与自觉的态度中重新审视民族文化遗存的同时，必须克服注重文化同质化，忽略文化异质化的现象。文化呼唤并保留差异与多元，文化同质化和生态单一化的结果是一样的，都是灾难性的后果。因此，文化的民族化、多样化是保持世界文化生态的重要基础。

体会三：更加解放思想，以开放的胸怀吸收外来文化精华。在民族文化经受世界文化融合洗礼，发展巴土文化的过程中，我们既不奉行“拿来主义”，走跨入所谓文化现代化的捷径，也不采取“民族唯我主义”，拒绝外来文化，其思路是实行纯而又纯的本土化。长阳的做法表明：更加解放思想，以开放的胸怀和时代视野，在坚守民族文化内核，扎实民族文化之根的前提下，探寻传统文化的现代转换，在文化的交流与融合中实现文化繁荣，从而进行伟大而复杂的文化创新工程。因此，文化不在其历史性、民族性的界限，重要的是文化有着先进与落后、健康与腐朽、积极与消极的文化价值的区别。

体会四：切实与时俱进，以先进的理念定位民族文化创新。在经济全球化时代，有着悠久历史的巴土文化理应创造属于自己民族的新文化，这是民族文化自强之路。民族自新，最根本的是文化自新。那么，如何定位民族文化创新？长阳的做法表明：民族文化自觉与创新应该一边吸取先进文化的一切优秀精神遗产，在世界的视野中走有自己特色的民族文化创新之路，一边应该大力倡导积极向世界宣传、展示优秀的民族文化成果，加强一切空间的“文明对话”，让世界了解巴土文化，展示当代巴土文化的历史风貌与现代精神，使巴土文化在历史的长河中奔腾不息。

资源资本化：构筑特困民族地区经济社会内源式发展的长效机制①

——以湖北长阳土家族自治县为例

潘泽江②

一、特困民族地区反贫困任重道远与资源资本化理念提出的意义

（一）特困民族地区反贫困任务仍然异常严峻

经历了32年多阶段的扶贫工作，我国反贫困斗争取得了举世瞩目的成就，然而，以恩施土家族地区为代表的特困民族地区的反贫困任务却仍然异常严峻：其一是贫困覆盖面大，特困民族地区绝对贫困人口分别占全国和民族地区绝对贫困人口的13.4%和30%；其二是贫困发生率高，特困民族地区中8240个扶贫攻坚重点村的平均贫困发生率高达23.9%；其三是贫困顽固性强，多数贫困农户

① 基金项目：本文是国家社科基金项目“特困民族地区特殊扶贫政策创新研究”的前期研究成果之一。

② 潘泽江（1972—），男，瑶族，中南民族大学副教授。

均为脱贫后又返贫。解决特困民族地区农村贫困问题已成为当前反贫困斗争的“重中之重”，2004年4月13日温家宝总理明确批示：“赞成把特困少数民族地区作为扶贫重点，在政策和资金上加大支持力度。”2010年中央一号文件提出，“对特殊类型贫困地区进行综合治理”，充分表明这一问题已得到了党中央和国务院的高度重视。

（二）资源资本化理念提出的意义

发展经济学认为，不发达国家或地区的发展过程，实质上是资源资本化的过程。始于20世纪80年代以来的中国经济的持续高速增长，在一定程度上也可归因于资源资本化的功效。国内著名农经学者温铁军（2007）指出：“县域经济的差别，可以说是各县资本量的差别。东中西部的差别，收入差别仅仅是表象，本质上是资本量及其资本收益的差别，也就是资源资本化程度的差别。”根据联合国开发计划署、香港乐施会等机构的研究报告，我国的资源与资本的空间分布异常不均衡，超过70%的资本分布在东部地区，而超过70%的资源却分布在中西部地区。这种“畸形”空间结构，日益制约着我国经济社会的均衡和可持续发展，直接导致该地区与其他地区的发展差距成持续扩大之势。

地处中西部地区的我国特困民族地区，是我国当前反贫困斗争的“主战场”，遭遇的是被凯恩斯和萨缪尔森戏称的“丰裕中的贫困”：一方面，由于自然、地理、历史、社会等层面的原因，该地区成为正常经济增长难以带动、常规扶贫政策难以奏效，农户生计异常脆弱，区域经济发展缺乏后劲，经济社会发展深陷“贫困陷阱”不能自拔；另一方面，特困民族地区经济发展主要依赖于自然环境，主要优势为丰富的自然环境资本，包括宜林的气候条件、特色农林业产品和丰富的少数民族文化，劣势主要为金融资本、社会资本、人力资本和物质资本匮乏。长期以来，各级政府为此采取了一系列特殊的扶贫政策。这些政策的实施在促进特困民族地区脱贫进程的同时，也存在“主体性、系统性与时效性”缺乏等诸多问题，使得特困民族地区与其他地区经济社会发展差距持续拉大，直接妨碍各民族共同繁荣和科学发展观战略的实现。

因而，特困民族地区要实现“后发优势”与“赶超战略”，必须做好“自然环境资源资本化”、“少数民族文化资源资本化”这篇文章，以此拉动“人力资源资本化”，优化当地资本结构，共享资源资本化的收益，扭转该地区在区域经济分配格局中的不利地位，消除陷入“贫困陷阱”不能自拔的根源，促进该地区经济社会长足发展，形成经济社会发展的长效机制。

基于此，本文将资源资本化理论引入特困民族地区的贫困分析中，为特困民族地区经济社会内源式可持续发展构筑了一种长效机制，从而丰富发展了民族地区反贫困理论，为民族地区反贫困找到新的理论支持，具有一定的理论价值；同时，推进资源资本化进程，将为特困民族地区提升反贫困绩效、创新扶贫方式提供政策参考，具有非常强的实践意义。

二、资源资本化：理论梳理及运用于特困民族地区实践的思考

（一）国内外关于资源资本化的相关研究

国外关于资源资本化可追溯到威廉·配第的价值论，他在《财富论》中的经典论断为——“劳动是财富之父，土地是财富之母”。马克思是这一领域内的集大成者，他指出“资本化的地租表现为土地价格或价值”、“真正的地租是使用土地本身而支付的，不管这种土地是处在自然状态，还是被开垦”、“地租表现为任何一定的货币收入都可以资本化，也就是说，都可以看做一个想象的资本化的利息”。价值论为资源的资本化打下了坚实的理论基础。资源资本化另两个重要理论基础分别是外部性理论和产权理论：20 世

纪初，庇古在研究当时英国的空气污染时发现，工厂自由排放污染物会引发私人成本和社会成本之间的差额。庇古认为，这一差额不能在市场上靠“看不见的手”自行消除，必须通过征收庇古税将污染的外部成本内部化。外部性理论是解释市场失灵的重要工具，也是公认资源资本化的一个理论基础。1960 年，科斯发表了著名的《社会成本问题》的文章，他指出，假定交易成本为零，只要产权是明晰的，市场机制便可以实现资源配置的帕累托最优。紧接着科斯又指出，当交易费用为正且较小时，可以通过合法权利的初始界定来提高资源配置效率，实现外部效应内部化。依照科斯的理论，要解决资源资本化的外部性问题，必须明确产权。

美国著名发展经济学家阿德尔曼（1974，1975，1978）指出，发展中国家经济发展并没有产生“向下涓滴效应”，相反却产生了“向上涓敛效应”和“回波效应”。一个地方的经济发展过程，不过是资源向资本转化的过程。这个过程中所形成的制度，只能产生于不同的利益主体中的强势集团在资源向资本转化的过程中占有或者分享资本增值收益的需求。资源富集而资本稀缺的欠发达地区或国家，其开发过程的实质就是资源转化为资本的过程，即通过经济的不断“货币化”来促进资源进入可交换的市场，因而，资源资本化被称为欠发达地区或国家经济增长的“基本动因”。在资源资本化过程中及其派生的交易中，会产生资本增量与增值效益。

国内关于资源资本化研究主要凝聚于四大领域：

(1) 欠发达地区资源资本化。温铁军（1997，2002，2008）指出，发展主要是资源转化为资本的过程，拥有丰富资源的中西部地区如果自己不能转化自己的资源，而让东部区转化，那么结果就会东部占有资本收益，中西部承担生态环保的责任。许多中西部的官员热衷于招商引资，在区域经济发展上尚存在普遍的误区——以为将东部地区甚至海外的资金引入进来就能解决中西部贫困问题。现在中西部地区最为紧要的就是，利用国家统筹协调、均衡发展的战略，抓紧形成自我资源资本化的制度与创新。邓大才（2004）认为农村资产资源相当丰富，缺少的是开发这些资源的机制。农村产权资本化是搞活农村资产资源的重要方式，即资产资源的所有者或者控制者将产权作为资本经营。邹富良（2009）从失地农民的社会保障视角透析了土地资源商品化与土地资源资本化的差别，在失地农民参与程度、所提供的社会保障其可持续发展水平、提供保障的支持能力、村集体经济组织获得的发展机遇、对地方财政造成的负担等方面土地资本化较商品化都具有更好的社会保障效果。黄华（2010）分析了从产权、市场和制度三个层面分析了现阶段农村资源资本化的现实困境，提出了准确界定农村资产资源产权归属、创造良好的市场环境和建立良好交易体系等政策主张。

（2）生态环境资源资本化。作为可持续发展理论的核心，1987年布伦特兰委员会开创性地提出："把环境当做生态资本看待，认为环境和生物圈是一种最基本的生态资本。"由于生态资本这一概念提出的时间较短，现行生态资本理论研究主要集中在基本概念、属性、价值等方面，对生态资本演化过程涉及很少。国内该领域研究的代表人物是严立冬教授（2009），他指出，庇古税、污染许可证和生态补偿等相关的制度，并没有真正解决环境污染问题，不能保证生态资源的可持续利用。只有将生态资源通过市场货币化，其价值充分体现出来，才能有效地解决环境污染，实现生态资源的可持续利用。生态资源是社会经济发展的基础，生态资源资本化的价值实现需经过生态资源—生态资产—生态资本等两个环节。另外，他还对绿色农业生态资本运营机理进行了探讨（2009）。

（3）少数民族文化资源资本化。少数民族文化资源资本化是近年来比较热的一个问题，如何传承、抢救少数民族文化与发展地区经济，资源资本化是一条现实路径，各民族地区都在探索新的民族文化资本化的途径；同时，将此问题上升到理论层面进行研究的成果也渐多。李富强（2003）指出，民族文化的资本化运营是西部大开发中弘扬民族文化的重要途径。陈庆德（2004）深入阐释了民族文化资本化：资本的一般化诉求与民族文化的特殊性之间存在根本的话语差异，提出不同民族从被排拒的边缘参与主流经济的条件和必要性问题以及文化或制度的融合与创新的问题。并从民族文化资本化论题的一般理论意义，研究了普遍的权利要求背后是特殊的集体意志的存在，提出了重新认识普遍性的相对性或不完全性的问题。吕俊彪（2008）认为："只有理清民族文化资本运作中的产权关系，进一步明确经济资本的社会责任，激发民族文化资本化的内生活力，促进民族地区经济与文化的协调发展，才能确保民族文化资本化的可持续发展。"马仲炜（2001，2004）认为民族经济与民族文化是嵌合在一起的，民族文化资本化的实践活动是民族发展可资利用的一种方式。通过民族文化资本化去获得经济利益是可能的也是必要的，而更为重要的意义就在于对人类多种可能的生活方式的寻求。

（4）人力资源资本化。在现代经济中，人力资源成为经济增长的"引擎"。自从舒尔茨提出人力资本概念以来，国内外对人力资源资本化展开过大量富有成效的研究，20 世纪 90 年代以来，国内关于民族地区人力资源资本化也持续升温：张小宁（2001）认为，物质资源的资本化过程，是一个间接定价的过程，是一个得到收益权的过程，是物质资源付出与收益权相互交易的过程。其前提是对风险和收益的判断，其后续是承担风险和获得收益，而物质资源的资本化过程与人力资源的资本化过程在学理上和逻辑上是一致的。郑长德（1998）指出，民族地区的总体人力资本水平还很低，通过制度创新，加强人力投资强度，改革人力资本投资结构，加快民族地区劳动力市场建设，促进劳动者的自由流动，改革人才配置制度，就能有效地促使民族地区人力资源的资本化和人力资本的积累。国家民委教科司（2007）等机构或学者也对我国民族地区展开过科技人力资源的现状和存在问题的实地调研。

（二）关于资源资本化理论在特困民族地区运用的思考

从以上国内外关于资源资本化相关研究的评析中，我们不难得到以下基本结论：

（1）特困民族地区还没有完成资本的原始积累，还没有进入工业化阶段，实现跨越式发展的关键是资源资本化，因而，“资源资本化”理论分析框架是特困民族地区经济起飞必须借鉴的理论。

（2）资源资本化是特困民族地区发展的一个难题，涉及利益相关者之间的超额利润分配权博弈，涉及资源产权归属的界定、市场交易体系完善和相关的制度创新，“资源资本化”理论尚有待来自特困民族地区的实证检验。

（3）在已有研究中，对特困民族地区资源资本化的认知现状、现实障碍、模式探索、资源资本化视角下特殊扶贫政策等问题尚缺乏深入性和针对性研究。

三、长阳土家族自治县推进资源资本化进程的现实路径

长阳土家族自治县位于鄂西南山区、清江中下游，是长江流域古文明的发源地，是“长阳人”故乡、巴人故里和土家族发祥地。全县总人口 41 万，其中土家族约占 51%，是湖北省唯一的一个集“老、少、山、穷、库”于一体的典型国家级贫困县。改革开放 32 年以来，长阳县各方面的建设取得了骄人成就。然而，交通等基础设施发展严重滞后、经济增长对资源性产业的高度依赖、主导产业竞争力不强、农户生计异常脆弱、土家族文化日渐式微等问题日益制约着该县经济社会可持续发展，随着国务院最近通过的《全国主体功能区规划》的实施开展和武陵山区建设规划的逐步推进，实施资源资本化战略将日益成为该县走内源式发展之路的必然选择。下面，我们从长阳的县情出发，提出该县推进资源资本化进程的四条现实路径：

（一）以采矿权出让和BOT模式运用助推交通等基础设施建设

1. 美国西部开发中“采矿权出让”经验的借鉴

美国在实施开发西部时把路两侧的采矿权赋予出资兴建铁路的公司，成功地把未来的收益转化成现实的资本，从而收到了“一箭双雕”的良好功效：一方面，有效解决了“要想富，先修路”难题；另一方面，改进了政府作为投资基础设施唯一出资人的做法，切实增强了企业和社会大众对投资西部铁路等基础设施的正向激励。相较美国，我国在土地和矿产资源资本化这一块却做得并不好，土地、矿产资源本来是国家、全民的财富或称潜在资产，理应服务于国家的经济社会发展和当地民生的改善。然而，一方面，绝大部分矿产资源被低价甚至无偿划拨，国家为此付出沉重代价；另一方面，当地居民尤其是少数民族农户却并不能从资源的开发中受益，即“富饶中的贫困”。

根据地质勘探的资料，截至2005年底，长阳境内已发现的矿产有煤、铁、锰、铅、锌、铝、金、银、铜、磷、汞、铅土、硒、地热、钒、硫铁、硅灰石、方解石、重晶石、冰洲石、电气石、石灰岩、白云岩、石英岩、砂岩、页岩、黏土、大理石、泥炭、矿泉水、高岭土、陶瓷土、膨润土、芒硝，共计35种。其中尤以煤矿（1亿吨以上）、锰矿（1000多万吨）、铁矿（3.5万吨）、石灰岩矿（10亿吨）、页岩矿（15亿吨）、铅锌矿（7万吨）、矿硅灰石（2亿吨）、汞矿（1500万吨）、白云岩（10亿吨）、方解石（70万吨）、重晶石（350万吨）、矿泉水（葫芦洞矿泉水日出水量74.3~100立方米，富含锶、偏硅酸、氟、锌、硒等多种微量元素）、钒矿（600万吨）等17种储量巨大，品位较高，开发利用的前景广阔。

长阳矿产资源具有两大鲜明特征，一是矿产资源种类和储量丰富，二是分布较广，35 种矿产资源分布在全县 11 个乡镇的 187 处矿产地。这两大特征为出让采矿权与破解当地交通等基础设施瓶颈进行耦合创造了天然的条件。借鉴美国西部开发经验，给予矿产资源资本化这一办法、路径、方略以足够的重视、认真的策划、有力地践行，将矿产资源的未来收益转化为基础设施尤其是农村道路建设现实的资本，破解民族地区基础设施建设的资金瓶颈，通过基础设施的改善拉动当地经济社会发展，使当地居民和农户共享资源开发带来的利润增进。同时，按照市场运行法则，减少自然资源配置的随意性，杜绝暗箱操作，从而遏制由私相授受引起的行贿受贿和对公众权益的侵犯。

2. BOT 模式的成功运用

BOT 是英文 Build - Operate - Transfer 的缩写，直译为“建设—经营—转让”。其实质是基础设施投资、建设和经营的一种方式，以政府和私人机构之间达成协议为前提，由政府向私人机构颁布特许，允许其在一定时期内筹集资金建设某一基础设施并管理和经营该设施及其相应的产品与服务。政府对该机构提供的公共产品或服务的数量和价格可以有所限制，但保证私人资本具有获取利润的机会。整个过程中的风险由政府和私人机构分担。当特许期限结束时，私人机构按约定将该设施移交给政府部门，转由政府指定部门经营和管理。

BOT 模式的创新之处在于对私人资本投资公共产品的正向激励，其实质也是资源资本化的问题。我国和其他发展中国家成功运用 BOT 模式不乏其例：如一些高速公路由私人资本建设，政府核准其一定年限的过路收费权，重要桥梁建设中的“贷款修桥，收费还贷”等私人资本运作，桥梁名称和广场名称的标卖等。

长阳作为我国典型的内陆山区少数民族自治县，交通等基础设施建设薄弱是制约其经济社会跨越式发展的主要“短板”，而当地长期发展滞后的经济难以提供足够的财力来支撑基础设施的投资，因而，科学运用BOT模式，成功借助外力，将是当前该县发展基础设施的明智选择。在实践中，该县在运用BOT模式上将大有可为，一是实施BOT的范围很大，前景广阔；二是可以结合具体县情和工程项目不断创新BOT实践模式，如BOOT（建设—拥有—运营—移交）、BOO（建设—拥有—运营）、BOOST（建设—拥有—运营—补贴—移交）、BLT（建设—租赁—移交）、BT（建设—移交）、BTO（建设—移交—运营）、IOT（投资—运营—移交）、ROO（移交—运营—拥有）等。

（二）以农户土地和劳动力入股促进特色农业产业化

独特的地形气候条件、肥沃的土地资源、优质的水生（物）资源、悠久的种养传统和丰富的土家族民族文化内涵等为长阳特色农业的发展创造了得天独厚的优势条件。为充分利用这一条件，真正将该县的资源优势转化为农业竞争优势，该县县委、县政府及相关职能部门相继出台了一系列“组合拳”式政策和措施（如制定合理的规划、强化政策扶持、实行板块推进等），切实发展和壮大该县特色农业产业。表1显示了该县特色农业产业化基地和龙头企业情况，火烧坪高山蔬菜、清江椪柑、一致魔芋、清江鮰鱼等品牌已经具有一定市场知名度和美誉度，嘉禾绿色产业公司、长阳清江椪柑有限责任公司、宜昌一致魔芋生物科技有限公司等业界龙头企业具备一定影响力，特色农业产业化基地也初步具备了一定规模。

表1　长阳特色农业产业化基地与龙头企业

特色农产品	代表乡镇	主要产区（村）	面积（万亩）	主要龙头企业
高山蔬菜	火烧坪、资丘	火烧坪、资丘	20	嘉禾绿色产业公司

续表

特色农产品	代表乡镇	主要产区（村）	面积（万亩）	主要龙头企业
清江椪柑	渔峡口	岩松坪村	8.5	长阳清江椪柑有限责任公司
魔芋	资丘	杨家桥、对舞溪	—	宜昌一致魔芋生物科技有限公司
清江鮰鱼	龙舟坪、都湾镇	清江库区	—	宜昌凯雄渔业开发有限公司
茶叶	都湾镇、贺家坪	山村	4.6	清江茶叶有限责任公司
栀果	都湾镇、鸭子口	金福村	3.2	夷水色素厂
木瓜	资丘、榔坪镇	榔坪村	3.2	长阳隐龙山绿色食品开发有限责任公司
脱毒马铃薯	大堰乡	大堰村	5.0	长兴马铃薯公司

资料来源：长阳经济开发区

然而，长阳特色农业产业化发展仍然面临诸多现实问题：（1）龙头企业规模不大，市场知名度和市场占有份额亟需提升，其辐射带动能力不强；（2）基地规模不大，基地内的农田水利设施、土地平整、通村通组公路及机耕道等基础设施建设落后，农户生产决策仍然是各自为政；（3）龙头企业与农户之间经济利润分享不均衡，二者之间的联系松散，龙头企业不断抱怨农户素质不高，农户常常怨恨龙头企业倚强凌弱；（4）特色农业的产业链太短，龙头企业对农户的产前、产中、产后的技术服务和信息提供非常有限；（5）农村专业化经济合作组织发展滞后；（6）农产品标准化体系建设滞后，产品品质和食品安全难以有效保证等。

上述种种现实困境归结为一点，就是农地资源资本化、农村人力资源资本化进程严重滞后，龙头企业与农户之间没有结成紧密型利益共同体，相互之间各自为政，短期化决策趋向明显，农业产业化发展难以积聚合力。在当前的情形下，龙头企业缺乏进一步做大的发展资金，农户为了减少生计的脆弱性从而兼业化趋势明显，特色农业产业化面临着发展的瓶颈。纵观国内农业产业化发展领先的案例，如南街村、华西村等，无不是在农地资源资本化、农村人力资源资本化走在全国的前列。因而，切实推进农地资源资本化、农村人力资源资本化，实施土地入股、人力资本入股，实行农业股份制和股份合作制，变松散型利益链为紧密型，将是长阳特色农业产业化发展的必然选择。在具体实践中，建议长阳县率先在火烧坪高山反季节蔬菜发展与清江椪柑产业发展两个项目先行试点，总结经验以后，逐步推广到其他特色农业产业化项目。

（三）以生态补偿力促产业结构升级换代

2010年6月12日温家宝总理主持的国务院常务会原则上通过了《全国主体功能区规划》，依据该规划，长阳自治县属于生态屏障区，因而，生态补偿和转变经济增长方式提上该县的议事日程。生态补偿（Eco-compensation）是以保护和可持续利用生态系统服务为目的，以经济手段为主调节相关者利益关系的制度安排。生态补偿的实质是指利用经济规则消除外部性，也就是使生态影响的责任者承担破坏环境的经济损失，对生态环境保护、建设者和生态环境质量降低的受害者进行补偿的一种生态经济机制。对长阳具体而言，就是对个人或区域保护生态系统和环境的投入或放弃发展机会损失的经济补偿，其补偿依据是保护者为改善生态服务功能所付出的额外的保护与相关建设成本和为此而牺牲的发展机会成本。用当地人的话来说，就是“守着青山绿水，过着一穷二白的日子”，必须要对他们进行适当的补偿，这也符合经济学和伦理学的公平原则。

随着主体功能区规划的实施和武陵山区国家层面发展战略的推进，长阳县有的区域将被列入禁止开发区或限制开发区，对这些区域实施退耕还林承担生态保护功能，因而，必须做好生态补偿这篇大文章，以生态补偿力促产业结构升级换代。长阳县工业发展模式应转变为以资源为依托、以创新为核心的文化与生态共生的科学发展模式。具体的产业结构调整思路：“优先发展水电工业，重点发展矿产业，着力发展以医药、食品加工、造纸为主的轻工业”，立足资源优势，坚持大小结合，重点引进一批科技环保型、劳动密集型、辐射带动型项目，拉长产业链条，扩大优势产业集群规模，尽快把资源优势转化为经济优势。

在生态补偿的支持下，大力发展无污染、低能耗、高效益的环保工业。在化工、冶金、建材、造纸等行业大力推广节能降耗，综合利用新技术、新工艺、新设备、新材料，加大工业污染治理力度，全面推行清洁生产，保护生态环境，大力提倡发展循环经济和高科技，不断提高该县工业经济的可持续发展能力。大力发展循环经济，坚持保护与开发并重，合理开发和有效保护锰矿、铁矿等各类宝贵资源，形成低投入、低消耗、低排放和高效率的节约型增长方式。

（四）以土家族文化的资本化加速民族风情旅游业发展

最先正式提出“文化资本”理论是布迪厄（1997），“文化资本有三种存在形式：（1）具体的形式，即以精神或肉体的持久的“性情”的形式存在；（2）客观的形式，即以文化产品的形式（如图片、图书、辞典、工具、机械等）存在，这些产品是理论的现实或客体化，也可以是某些理论、问题的批判，等等；（3）体制的形式，即以一种客观化的、必须加以区别对待的形式存在”。布迪厄文化资本概念确立的基础，致力于建立经济价值与文化价值之间的内在联结，用于指导和规范生产经营活动的可持续。长阳历史悠久，文化灿烂，布迪厄所指的三类文化资本都存在。长阳是长江流域古文明的重要发源地，著名的“长阳人”的故乡、巴人故里和土家族的发祥地，自古就有“佷阳古地，夷水名疆”之称。千百年来，勤劳智慧的长阳人民在生产生活中创造了丰富多彩的民间文化，积累了深厚的巴文化底蕴，有“歌舞之乡”之美誉。域内民风淳朴，习俗奇特，以歌舞祭奠亡灵的跳丧舞、哭泣庆贺婚嫁的哭嫁歌为代表的民俗文化独具魅力。

当前，随着经济全球化向纵深发展和城镇化的提速，少数民族文化的日渐式微，如何传承发展少数民族文化这是当前全球面临的共同难题，长阳也不例外。伴随着社会转型和当地生产生活方式转变，外来文化对当地丰富的土家文化冲击日益强烈。当前唯一的出路就是——以土家族文化的资本化加速民族风情旅游业发展。具体步骤有三：（1）立足于当地丰富的土家文化资源，大力实施抢救、挖掘、整理与创新。（2）将长阳山歌、南曲、巴山等土家文化资源开发成群众喜闻乐见的旅游产品，发展壮大土家文化民族风情游产业，形成相应的产业体系和产业链。对待土家族文化传承，既不能束之高阁、曲高和寡（博物馆式保护），也不能完全商品化、完全迎合旅游者喜好，关键是要融保护和开发于一体。（3）正确处理好土家族文化资本化与发展民族风情旅游业之间关系。当前主要面临的是三大现实问题：一是土家族村寨保护的利益分享机制构建，二是土家族歌舞表演业的人力资本开发，三是民族风情旅游业发展与农户生计的惠及。

综上，我们提出了“资源资本化——构筑特困民族地区经济社会内源式发展的长效机制”这一学术理念，并以长阳土家族自治县为例进行了初步的探讨。当前，特困民族地区的资源资本化还面临着诸多制度性障碍和现实性阻力，比如怎样突破土地资源、矿产资源等产权不清晰、如何实施碳税和碳交易、如何处理少数民族文化资源开发与传承之间的矛盾、怎样使少数民族文化资源开发、民族风情及少数民族群众的生计三者平衡发展等，这些都将成为该领域内的重大现实课题，亟需各位专家、学者作出深入研究。

浅论民族地区传统文化保护中政府与民间的互动

——以长阳土家族自治县为例

杨　艳[①]

民族传统文化并不是静止的，而是由人类在生活实践中创造着，同时又在历史进程中变化着，如何对待传统文化不单是个文化问题，而是人类如何对待发展的问题，其目的不是要恢复传统的生活方式，而是要从中获得合理的发展观念，探索蕴含合理发展理念的传统精神。

一、政府与民间互动下民族民间文化的抢救与保护

民族文化是一定经济、政治的反映。文化的地域性是区域的物质环境与社会结构交相作用的结果。在副热带季风气候特征的作用下，长阳气候温和、雨量充沛、森林繁茂、动物物种繁多，受地理和气候的影响使长阳土家族的生产方式不仅拥有江汉平原汉人的农业，还产生了畜牧、狩猎业，从而使这里的民族具有既有游牧文化的刚毅、粗犷，又具农耕文化的谦和、刚柔相济的特点。长阳县传

① 杨艳（1977－），女，河南南阳人，硕士，南阳师范学院讲师。

统民间文化的抢救和保护是政府与民间互动下的抢救和保护。

为了确保民族文化的发展地位，县委、县政府做了四件大事：(1) 财政措施上，认真落实了宣传文化部门经营的利税返还政策，建立了县乡两级宣传文化发展专项基金，近三年来文化事业费拨付增幅每年达30%以上，超过了财政收入的增长幅度；(2) 立法上，长阳县根据《长阳土家族自治县土家族传统文化保护条例》(修改稿) 规定将长阳土家族丰富的非物质文化分为八类，条例于2005年5月起草，定于2006年7月1日起施行；(3) 机构建设上，1999年，在省、市、县民委的支持下，在资丘镇建起了长阳县第一个民间艺人活动中心，并开全国之先河建立了首家“中国土家族传统文化生态保护区”，由政府牵头还创办了民俗村和民俗博物馆；(4) 教育上，让民族民间艺术走进了校园和课堂，在全县的中学小学设立固定的“民间艺术课”，请优秀的民间艺人进行民族民间艺术教学，在学生课间操期间推广巴山舞，县教委还编写了土家族历史风俗读物，小学六年每个学年配备一册，帮助土家族少年儿童了解自己民族的历史文化传统。

民间文化传承的外在扶持始终是外因，如果缺乏来自民族内部的文化自我保护意识的呼应，民族文化迟早会消失，民族传统文化的保护不能脱离它的原生土壤去保护，它更需要自身赖以生存的土壤——民族成员为其提供养料，任何外力也阻隔不了民众日常生活同民间文化的血肉联系。如果文化的传承人具有强烈的文化维护和延续的要求，政府机构的文化保护事业就会事半功倍。

二、政府与民间互动下民族民间文化的发展

首先，立足政府与民间的互动改编传统民间文艺。为了继承和弘扬本民族的文化特色，从中汲取精华，长阳县政府投入了大量人力、物力、财力对宝贵的民族文化遗产进行了发掘整理。长阳山歌作为中外和平友谊的使者，登上了日本和东南亚各国的舞台；优美

的长阳南曲从土家人的吊脚楼、火垅边登上了大雅之堂，被誉为“一束郁香的山花”；覃发池改编的长阳巴山舞更是长阳的一个知名文化品牌，它直接创作于土家族具有几千年历史的“跳丧舞”，使传统的“跳丧舞”从亡者的灵堂前走出来，经过整理加工，成为当地最具广泛性的群众性舞蹈。

其次，立足政府与民间的互动举办地方特色的文化节。长阳全县的16个乡镇都有自己的文化节，政府主办，全民参与，已成为植根文化、经济、体育、科技、商贸、旅游为一体的新型文化节日。

最后，立足于政府与民间的互动使民俗村成为土家族的歌舞活动中心、民风民俗的展示中心、民间文艺人才的培训中心、以西兰卡普为首的民族产业的开发中心。民俗村正在成为一个民族文化学习、传承和创新的基地。

三、政府与民间互动下民族民间文化保护中存在的困惑和建议

（一）民族民间文化的传承问题

其一，政府对传承人的保护，如发放生活补贴、准备办医疗保险等虽然在很大程度上确保了文化能通过传承人原生态的传承，但是这些代表主干力量的民间艺人大多都已在60～80岁之间，而传承的接受者——年轻的一代对山歌、南曲、撒叶儿嗬这些民族民间的东西却大都不太感兴趣。渔峡口镇的花鼓子艺人李永喜说：“这些年轻人都喜欢去舞厅跳现代舞唱流行歌，根本对这些民间艺术不感兴趣，学都不学，就算强迫他们学有什么意思呢?”年轻人是民族文化将来的载体，他们的选择将直接影响传统文化及其精神的传承。其二，传承在教育中的保护方式也存在不足。比如，南曲在中小学推广中总是《渔家乐》一个段子打天下，要知道南曲的段子加上北调的《悲秋》共有110多个。另外，花鼓子的歌词全都是口头

传承，除了李永喜老人家里还留有录音磁带保存外，现在还没有人将其系统整理，曾经有国内记者和韩国的有关学者来录音录像，只也是录下一小段保存，有些学者出于个人喜好也学了一两个段子，但是短时间内根本无法领略其精髓和文化内涵。其三，外来因素对文化传承的不利影响。一种民间文艺的传承靠的是传承人大半辈子的努力和琢磨，有些外来研究者仅仅只是一知半解就走，虽然从本意上是为了弘扬、研究以便更好传承传统文化，但这种现象多了，反而引起了当地民间艺人的不满和抵触情绪，他们有的甚至不肯再花时间接触外来研究者。这也是除了当地人本体的传承困难外，由外来的甚至是因为我们在研究过程中没有意识到的给传承带来的不利因素。所以，针对在传承上的这些困难，除了唤起本地民众的传承意识，我们是否可以做到：一是让南曲等走进大专院校，让师生们在体验多元、精彩民族民间文化的同时，促进民间艺术的传承，这样，进行学习的人地域更广人数更多，并且具有主体选择的能力。二是对民间艺人实行编制化管理。民间艺人在地方文化馆有国家正式编制，会吸引更多的艺人加入到民间文化艺术的传承中，并为他们将之做为一生的事业提供保障。三是研究者在研究过程中要注意研究的连续性和深入性，不要走马观花，这是最基本的学术素养，也是对地方民族民间传统文化的尊重。

（二）澄清民俗村是保护民族文化还是毁灭民族文化的困惑

我们到民族地区旅游时，最爱说的一句话就是要“原汁原味”，但事实上任何一个旅游地都不可能把自己的原生文化“和盘托出”。对于民俗村在民族民间文化保护中的作用，大家的意见褒贬不一。有些同志认为比如跳丧和南曲，本来就是在特定的环境下的一种娱乐方式，把跳丧和南曲搬上舞台进行商业表演，在舞台上的它们很大程度上已经失去了其传统上的意义和价值。笔者也同意其原汁原味的民间味道的确无法完整地在舞台上体现，这在某种程度上会对原本淳朴的"后台真实"产生影响，从而削弱其真实性的内涵。但是，我们同时也应该看到，民俗村的表演本来就只是一种表演，"舞台真实"作为一种表演源于现实生活，却并不等于原生文化本身，它只是通过艺术的加工提炼使原生文化显得更加真实。"舞台真实"的象征意义还体现在通过这样的形式使传统文化得以保护。关键问题在于它的合理性和真实的度，它必须通过合理的设计和复制，使"真实性"获得"可持续性的发展"。并且，不同的旅游者对"舞台真实"的欣赏角度是不一样的，所以不能以学者的角度来一概而论。因此，笔者认为不必将文化商品当做毁灭民族文化的洪水猛兽，它对民族地区的文化在短期内可能会有负面影响，但是却起到了筹集资金保护濒临灭绝的文化内容，吸收外界文明的先进部分，从内涵向外延发展的作用。当然，现实中还存在着一系列不可忽视的问题，比如，因为政策操作不当，地方政府把文化遗产的保护权直接交给开发商，或无法规可循的情况下交给旅游部门，致使经济利益驱动下的"旅游开发"破坏传统文化，以致付出惨重的代价。所以这些理论、观点还都要投入到实践中反复论证，从学术、政策等各个角度进行实践的操作和谨慎的分析，做到保护和开发的和谐进行、和谐发展，做到开发旅游资源时对游客进行适当的控制，做到从长远目标着手，加强民族文化管理和保护工作，避免造成旅游文化对当地弱势文化的负面影响。

四、结　语

保护和弘扬民族文化是人类尊重自身、协调不同文化和谐发展的一种人文主义体现。我国现阶段的民族民间传统文化的保护工作，虽然在具体实施过程中还存在着一些不足，但大体上已经形成了官方和民间的良性互动。近几年，国家在保护民族民间传统文化，特别是保护非物质文化遗产方面投入了大量的人力和物力，并出台了一系列的政策、措施，提出了"保护为主、抢救第一、合理利用、传承发展”的工作方针。在这种良好的宏观环境下，作为文化保护的主体，除了当地基层政府的大力扶持，我们更应该重视的是基层群众、民间组织的社会参与，不难发现，被专家们认为是主要保护主体的传承人却始终是各类文化保护论坛的缺席者。所以文化保护主体包括社区民众、民间艺人和民间文化保护精英分子的合力大小将决定我们贯彻国家文化保护政策、做好当地文化保护工作的大致走向和结果。政府主导、社会参与、科学保护不仅缺一不可，而且要力量均衡。传统文化是一个民族的根，是一个民族最重要的标志，它具有不可再生性，正如宋蜀华先生所说：“保护民族民间文化，尤其是人数少的群体的文化迫在眉睫。”

长阳非物质文化遗产保护模式探讨

谭志国①

长阳是土家族先民巴人的栖息地，是土家文化的发祥地。在历史的长河中，勤劳智慧的土家人民创造了丰富灿烂的土家文化，延续至今，我们依然可以从中追寻先民的智慧和印迹，一些生产生活习俗已经成为土家族身份的特有标志。长阳是1998年被文化部命名表彰的全国文化先进县。2009年在第二次全国文化先进县复查中，长阳土家族自治县复查合格，继续保留“全国文化先进县”荣誉称号。长阳土家族自治县是文化部指定的三个全国性民族民间文化抢救工程综合试点宜昌市的辖县之一，武落钟离山是土家族的发源地，为古代巴楚文化交汇之地，境内蕴含丰富非物质文化遗产资源。土家族非物质文化遗产是中华民族智慧和文明的结晶，是连接土家族本民族同胞、土家族与其他民族间民族感情的纽带。

一、丰富的非物质文化遗产资源

尽管非物质文化遗产更多的是表现为无形性和非物质性，但是

---

① 谭志国（1977—），男，湖北巴东人，土家族，湖北经济学院讲师，中南民族大学博士研究生。

大多数非物质文化遗产都有承附的物质载体，从土家族保留下来的民俗文化、传统建筑艺术等最具代表性的载体和表现形式，就可以领略到长阳土家族非物质文化遗产的独特魅力和利用价值。

长阳山歌、南曲、巴山舞被誉为土家文化“三件宝”。长阳山歌在三千多年前就被称为“蛮歌巴舞”、“下里巴人”。清代长阳著名诗人彭秋潭在《长阳竹枝词》中写道：“换工男女上山坡，处处歌声应鼓锣，但汝唱歌莫轻薄，那山听见这山歌。”在县境内的地名中留下了不少痕迹，如“对舞溪”、“歌唱坪”、“锣鼓淌”、“发歌岑”等等。长阳南曲是流行于湖北省长阳土家族自治县清江流域的一种曲艺，曲调舒缓轻柔、文辞雅致脱俗。传统的长阳南曲具有三个鲜明特点，一是文词高雅，但雅俗共赏，二是唱腔优美，动人心弦，三是自弹自唱，以唱为主，少有夹白。由于土家人继承发展，世代相袭，它与地方语言和民间音乐相结合，形成具有浓厚的民族民间艺术特色。巴山舞是20世纪80年代兴起的一种新型的群众自娱性的集体舞蹈。它是由土家人喜闻乐见的民间古老的“跳丧”活动，经长阳县覃发池等民间舞蹈工作者收集整理，改革创新而发展起来。它一经问世便深受青睐，被誉为土家族“迪斯科”。

建筑艺术——吊脚楼。吊脚楼为土家人居住生活的场所，多依山傍水顺势而建，是典型的干栏式建筑，源于古代的巢居，具有悠久的历史。吊脚楼多由正屋、厢房和木楼三部分组成，造型上分一字、撮箕口、四合院等。吊脚楼这种土家独特的建筑向世人展示的不只是它独特的造型和便捷的特性，它蕴涵的是一个古老民族在滚滚历史长河中发展而来的生息繁衍的文化底蕴，它透露的是土家人民聪慧的才智、大胆的想法和勤劳的创造成果。在一幢幢新的楼房涌现，吊脚楼日渐稀少的今天，保护吊脚楼这种土家居住建筑的技艺，保护它所蕴涵的土家文化底蕴是一件十分迫切的工程。

婚嫁习俗——哭嫁。婚嫁是人类的人生大事，每一个民族的婚嫁特点又是非常的不同。长阳土家族的婚嫁特点体现在“哭嫁”这个独特的风俗上。哭嫁以歌代哭，叙说别离之情、养育之恩。清代土家诗人彭秋潭有诗云："十姊妹歌歌太悲，别娘顿足泪沾衣。宁山地近巫山峡，犹似巴娘唱竹枝。"哭嫁歌内容丰富，内涵深厚，包涵着深刻的人生哲理，被誉为土家婚俗的奇葩和土家女儿的绝唱。哭嫁习俗包含的文化底蕴是非常丰富的，婚嫁是一个女儿生命中最值得高兴和庆祝的事情，与其他民族喜庆的场面和欢乐的气氛不同，土家族的婚嫁采用"哭"和"唱"的形式，可以说是用自己珍贵的泪水和饱含深情的歌声来诠释关爱、离别以及对幸福的向往和追求。

土家丧俗文化纷繁复杂，跳丧是其最灿烂的一朵奇葩，它的本质体现在对生的一种执著，它将有利于表现自己人生观的东西全部融合在一起。跳丧本身引发主体全身心的投入，把对亡人的思念和缅怀统统纳入未来的命运关怀中，能从遥远的古代延续到高度文明的今天，说明了土家跳丧活动展现的一种生命力极其顽强的生存智慧和一种极其乐观的人生态度。它不仅仅是一种民族习俗的体现，更是一种民族文化和信仰的展现，是一种文化的再现。它包含着的深刻浑厚的文化底蕴是不可忽视的，更是它作为土家族最具代表性的一种非物质文化遗产的价值所在。

饮食"三绝"——腊肉、咂酒、罐罐茶。土家族居住的是山区环境，主要出产苞谷、洋芋、红苕，杂以豆麦，物质条件一直比较艰苦。平常居家过日子非常简朴，"吃不过面饭懒豆腐，穿不过草鞋家机布"。但土家族一直是非常好客的民族，若遇贵客或红白喜事，则是尽物尽情款待，表现得十分热情大方。在长期的生产生活中形成了浓郁的民族饮食文化，土家腊肉、咂酒和罐罐茶号称饮食"三绝"。

二、长阳非物质文化遗产保护模式探讨

（一）坚持以政府部门为主导

在我国比较特殊的国情状态下，政府的重视显得尤为重要。从中央到地方非物质文化遗产保护中心纷纷建立，政府主要负责人担任直接领导，为非物质文化遗产的保护和研究提供了坚强的政治保障。长阳土家族自治县成立了以县长挂帅的非物质文化遗产保护中心，机构独立，有专业人员从事整理、研究、开发。各个乡镇也成立了民族民间传统文化保护小组，有专人负责非物质文化遗产的收集、整理和保护工作。文化建设是个长期的工作，长阳非物质文化遗产保护工作取得成绩也不是某一个领导、某一届班子作出的成绩，而是自治县成立以来，长期坚持不懈，不断创新的结果。长阳模式的形成还得益于各届领导班子不但重视非物质文化遗产，而且还在工作的过程中注重政策的连贯性，善于将成熟的经验用文件、条例的形式保留下来。所以领导班子换了十几届，但长阳非物质文化遗产的保护工作却始终保持自己的方向不断进步。

政府主导的作用还表现在资金的支持与非物质文化遗产保护传承场所的建立。长阳土家族自治县是集老、少、山、穷、库于一体的特殊县份，尽管财政力量薄弱，但每年对非物质文化遗产的保护资金得到了最大程度的保障。1994 年投资兴建了毕兹卡民俗文化村，它已成为长阳县非物质文化遗产代表性项目的宣传窗口和展示中心，是长阳县民族民间传统文化传习的培训基地、创新基地、研究基地，同时也是长阳县优秀传统文化对外交流的平台。15 年来共接待了 50 多个国家和地区 200 多万友好人士和游客，展示演出 6000 余场；近千名民间文化传人在这里培训后，走向旅游景区从事演艺、导游，进入中小学校开展民间文化教学，成为民族民间文化传播的使者。他们先后到北京、香港、杭州等地开展文化交流，

演出200多场次。基地注重传统文化的创新与发展，创编的广场舞蹈“长阳巴山舞”、“土家族撒叶儿嗬”，分别荣获文化部第十届和第十四届群星奖金奖。

（二）培育民众良好的文化意识

非物质文化遗产产生于乡土，来源于民众，非物质文化遗产保护的主体自然就是广大民众。长阳为古人类发源地之一，长阳人为早期智人，香炉山遗址文化堆积丰富。本土文化历史悠久，持续性和完整性表现得非常突出。民众的文化意识强烈，参与文化建设的积极性高。长阳资丘镇农民田昌杰自幼钟爱民俗文化并长期搜集民间民俗文物，收集民族服饰、雕刻、古书、兵器、绣品、瓷器等土家民俗文物1600多件，他选送的40件土家服饰在昆明首届中国民族服饰博览会上获“最佳陈列奖”、“最佳展品奖”和“最佳设计奖”三项奖励。但同时也要看到在市场经济和不法商人利诱下，普通民众往往容易失去保护意识，看不到非物质文化遗传的特殊意义和对本民族身份彰显的重要性，一旦有利可图便随意地开发、转让、毁坏等现象层出不穷，带来恢复和保护难度增大。因此，通过正确引导，继续大力培育民众良好的文化意识也非常重要。长阳通过新闻传播媒体、法律法规、各种保护活动等，使得非物质文化遗产保护意识深入人心，并形成自发、自觉的保护意识。以资丘镇为例，这个镇在镇民族文化馆的组织下，成立民间艺人协会，网罗会员100多人，登记全镇民间艺人1500多人。民间艺人协会常年组织开展活动，使各种形式的非物质文化遗产得以演绎、传承和发展。

（三）永不知足、不断学习进取的精神

长阳的领导班子从来就没有迷失在全国先进文化县的光环下，而是不断地寻求进步。长阳丰富的文化遗迹为文化工作者提供了广

阔的天地。2009 年 6 月，长阳“非遗”普查组来到都镇湾镇城五河村普查。在拍摄传统舞蹈“土家撒叶儿嗬”过程中，发现其中一舞段跳法与众不同，经询问才知该舞段在当地名叫“金鸡喝水”，唱词为七言二句，动作为每跳一个半圆，就做一次金鸡喝水的动作。据“长阳巴山舞创始人”覃发池、原县民族民间传统文化保护中心主任戴曾群介绍，此舞段在“土家撒叶儿嗬”流行的一些地区从未出现过，这在“土家撒叶儿嗬”民间文化传承中可以说是一个新的发现。2010 年 1 月，在湖北长阳土家族自治县资丘镇一座隐藏在深山里的古墓石碑上，人们惊奇地发现一幅古代南曲艺人的浮雕。此石雕人物身着长衫，神态自然，端坐椅上，手持三弦正在忘情地弹唱南曲，与现代资丘南曲艺人弹唱南曲时的姿态完全一样，无分毫差异。

1. 请进来

2007 年 9 月 10 日，由中国文联副主席、中国舞蹈家协会主席白淑湘等组成的国家舞台艺术精品评审专家组来长阳县考察土家民族文化，在清江画廊风景区，专家组观看了南曲、土家吹打乐和撒叶儿嗬，还与民间艺人一起跳起了撒叶儿嗬。2009 年 11 月 8 日，由中央统战部机关党委专职副书记乔健领队全国少数民族代表人士考察团一行来长阳土家族自治县考察指导工作。考察团组成人员中有白族、苗族、朝鲜族、蒙古族、满族、回族、达斡尔族、壮族、藏族、布依族、珞巴族、锡伯族等多个少数民族，他们分别来自云南、江西、江苏、河北、山西、内蒙古、上海、北京、广西、贵州、西藏、陕西、新疆等地。2010 年 6 月 15 日，全国政协副主席、前澳门特别行政区行政长官何厚铧在出席湖北省宜昌市秭归县举行的“2010 年屈原故里端午文化节暨海峡两岸屈原文化论坛”开幕式前夕，在省、市、县各级领导的陪同下视察了长阳非物质文化遗产传承基地——毕兹卡民俗文化村。游览了清江画廊之后，在毕兹卡民俗文化村里观看了一场具有土家特色的民俗表演，演员们精彩的表演赢得何主席一行的阵阵掌声。在最后的观众参与的巴山舞上，何主席也上台和演员们一道跳起了欢快的巴山舞。演出结束后，何主席高兴地与演员合影留念，并为长阳非物质文化遗产传承基地签名留念。2009 年 3 月，长阳县举行了非物质文化遗产资源普查培训班，县文体局全体领导班子、文体系统二级单位班子成员、县保护中心和县文化馆全体人员近 50 人参加了开班仪式和业务培训。通过学习，大大提高了领导及工作人员的业务水准。2009 年 8 月 29 日，由长阳县委常委、宣传部长、统战部长李云达带队，乡镇和县直文化部门 22 人组成的文化强县考察团从长阳出发，开始了文化考察之旅。在为期 6 天的考察活动中，先后考察了鄞州区的图书馆、艺术馆、新农村建设及文化中心建设，苏州工业园区建设，江西三清山、无锡梵宫等旅游文化建设。本次活动让从事宣传文化工作的同志们大开眼界，拓宽了思路，先进的文化理念让他们受益匪浅。

近年来，传承基地积极与大专院校和相关机构联合开展非物质文化遗产项目的研究，先后成为华中师范大学、武汉音乐学院、中南民族大学、长江大学、三峡大学、湖北舞蹈家协会的教学实践基地和创作基地。

2. 走出去

2009 年 12 月 29 日到 1 月 1 日，中央电视台、香港电视台记者一行五人在市文化局人员的陪同下，来到资丘镇，采访了国家级非物质文化遗产“土家撒叶儿嗬”代表性传承人张言科，拍摄制作的专题片在香港卫视《乡土文化》栏目中播出，全片介绍张言科长期致力于民族民间文化传承与保护情况，片长 26 分钟。2009 年 12 月 3 日上午，从中央电视台国际部传出消息：由长阳电视台拍摄选送的大型纪录片《巴山撒叶儿嗬》在意大利国家电视台播出，引起强烈反响。此后这部纪录片还将在欧美等十多个国家电视台陆续播出。这部由长阳电视台总编辑刘宗琳、湖北电视台朱杰拍摄完成的纪录片刚刚在广东台山第六届中国纪录片国际选片会上荣膺十大纪录片金奖。在2007年11月19日第八届中国艺术节全国群星奖颁奖仪式上，由长阳土家族自治县人民政府组织编排的广场舞蹈《长阳土家族撒叶儿嗬》，荣膺中国群众文化政府最高奖——第十四届全国群星奖广场舞蹈比赛“群星奖”。这是继2000年《长阳巴山舞》获得第十届广场舞群星奖之后再次荣获中国群众文化政府最高奖。也是长阳土家族民间舞蹈撒叶儿嗬2006年进入全国首批非物质文化遗产保护名录后，又一次在保护利用和创新发展上取得的丰硕成果。2007年11月5日，中国八艺节（宜昌闭幕式）宜昌市非物质文化遗产保护成果展在市博物馆展出。市委书记李佑才，县委书记、县人大主任王新祝，县委副书记、县长马尚云，县委常委、宣传部长、统战部长李伦华等参观了长阳展厅。长阳厅以图片、文字、实物、现场表演等丰富多彩的形式充分展示出了长阳民族民间传统文化保护成果，内容包括长阳土家撒叶儿嗬、长阳山歌、长阳吹打乐、长阳南曲、长阳巴山舞、长阳薅草锣鼓、都镇湾故事、土家族服饰、西兰卡普等珍贵的民族民间文化遗产。展出期间，县毕兹卡民俗文化村表演了原生态民族民间文化，深受广大观众喜爱。2005年8月，从国家体育总局传来消息，在全国优秀全民健身项目评选活动中，由湖北省体育局选送的“长阳巴山舞”健身项目荣获一等奖。2004年5月由国家体育总局主办的全国优秀全民健身项目评选活动，集中了全国民族民间全民健身运动的精华项目，经过3年时间的评选，全国共有69个项目获得奖励，我省有包括“长阳巴山舞”在内的3个项目获得一等奖。由国家社会体育管理中心主办、省社会体育中心承办的首期长阳巴山舞培训班在武汉举行。来自四川、江西、山东、河南、重庆等省、市共80多人参加培训。所有参训人员必须考试合格后，方可获得国家体育总局颁发的长阳巴山舞教师资格证书。长阳派出了以巴山舞的创始人覃发池为首的三人教练组，覃发池对巴山舞进行了专题理论讲座。

（四）加强法制建设，依法保护

长阳土家族自治县制定的《长阳土家族自治县民族民间传统文化保护条例》已经获得县人大审议通过并于2006年6月10日实施，是全国第一部县级民族文化保护条例。该条例从保护的重要性、原则、指导思想、内容、处罚等全方位给予了明确详细的规定，成为很有影响力的代表性的地方法规。增强实施的力度和保护的力度，加大对不法现象的制止、处罚和法律制裁是土家族非物质文化遗产的法制保障。

长阳采取七项措施保护民族文化优秀传承人。为了加强对民族传统文化的保护，长阳县委、县人民政府从源头上抓起，采取多项措施保护民族民间文化优秀传承人。第一，营造尊重和保护民族民间文化优秀传承人的环境和氛围；第二，树立全社会的民族民间传统文化保护意识，特别是对民族民间文化传承人的保护意识；第三，录制民族民间文化传承人资料片；第四，积极向上推荐民族民间文化优秀传承人；第五，对有特殊贡献的老民间艺人实行特殊保护；第六，为民族民间文化优秀传承人提供传承展示的平台；第七，为民族民间文化优秀传承人评职称。

长阳采取八项措施保护非物质文化遗产。长阳土家族自治县收集整理的民族民间传统文化（主要为非物质文化遗产）共有16个类别，几十种民间文艺形式，县委、县政府对保护好民族民间传统文化高度重视，在全县实施了“民族民间传统文化抢救与保护工程”，采取了八项抢救与保护措施，收到了比较明显的效果。一是举办民间艺术比赛；二是举办民间艺术展演；三是组队参加市级民间艺术大赛；四是举办“武汉土家文化周”大型宣传活动，让土家原生态文化走进都市、走进高校，走出一条民族民间传统文化传承与发展的新路，受到了省委、省政府及各界人士的充分肯定；五是建立民族民间传统文化保护区；六是与高校联姻挖掘研究民族民间文化；七是整理出版民族文化丛书；八是切实做好“申遗”工作。

综上所述，长阳土家族自治县非物质文化遗产的有效保护源于政府主导有方，专班工作得力，群众参与积极。保护工作常抓不懈，政策前后连贯，资金保障到位是长阳非物质文化遗产保护的有效手段，立体式宣传、与时俱进是长阳非物质文化遗产保护的制胜法宝。

土家族族源问题的新思考①

瞿州莲　瞿宏洲　郭　靖②

关于土家族的族源问题，至今在学术界一直争议不断，众说纷纭。目前，对土家族族源问题的看法，尚未取得一致的观点，主要有“巴人后裔说”、“江西迁入说”、“乌蛮之后说”、“土著居民说”、“羌人后裔说”，其中以“巴人后裔说”较为普遍。造成土家族族源难趋一致的原因在于，一是，由于文献记载的缺失，造成古今民族演变时序上存在诸多缺漏；二是，由于学者们对族源这个术语理解的不同和使用的不一致。土家族的族源问题，是土家族史研究领域中的一项基础性工程，加强对土家族族属问题的研究，对于恢复本民族的历史具有重要的学术价值和现实意义。笔者依据对族源的基本定义，对上述土家族族源的几种说法一一进行分析，提出了自己的认识，希望能对土家族研究起到一些推进作用。

---

① 基金项目：湖南省教育厅重点课题：“湘西土家族地区家族村社与民族地区新农村建设研究”（08A058）

② 瞿州莲（1968—），女，土家族，湖南永顺人，教授，博士。瞿宏州（1969—），男，土家族，湖南永顺人，硕士，讲师。郭靖（1983—），女，汉族，湖南湘潭人，硕士，讲师。

一、土家族族称在汉文典籍中的演化脉络

西南地区是一个多民族聚居地，历史上不同的民族在此荟萃，这些民族在相互交流中不断地发生分化、同化或融合。长期以来，因为众多少数民族由于只有民族语言而无民族文字，无法确切详尽地记录本民族的历史，因而对其历史的考证大多只能依据汉文典籍的记载，而这些汉文典籍，或因作者囿于闻见，或因受民族偏见的影响，或因籍载不详，或因指称歧异，或因传说不确及其他原因，造成古今民族演变时序上存在诸多缺漏，使族属渊源流变之迹，往往难寻。因此，开展族属研究在西南民族研究中是一个比较重要而为许多人所关注的课题。

土家族有语言而无文字，其早期历史全赖汉文典籍得以保存，而不同时代典籍中对土家族的称法各异，因此，探讨土家族的族源，首先得弄清不同时代对土家族的称谓。据史书记载，秦汉之际对土家族的称谓就有如下几种：鉴于该地区山深林茂，交通不便，风俗各异等因素，其统治并未深入，处于“自相君长”的部落割据之中，于是以土家族的首领之名，称之为“廪君蛮”。秦灭巴后，在原巴人居住地区设置巴郡、南郡和黔中郡等行政建制，该地的土家族人被称为“巴郡蛮、南郡蛮”。西汉时，在土家族地区设置了武陵郡，因而又将土家族称之为“武陵蛮”。此外，汉文典籍中还给土家族赋予了另外一些名称，如据他们作战时的武器为板楯，常以木板代盾，因而称他们为“板楯蛮”。秦汉时，又因他们不交纳其他赋税，仅交賨布，将他们称为“賨人”。东汉时上述各土家族称谓继续使用，同时，又根据土家族不同的分布，赋予了新的称谓，如“澧中蛮”就是一例。三国两晋南北朝时期的典籍，对土家文化有了较为系统的记载，其中记载最为详细的首推《华阳国志》，该书较为系统地记载了土家族称谓演化的沿革线索。

隋唐时期，土家族聚居区普遍推行羁縻州制度，羁縻州长官都

是由土家大姓首领充任，他们只要携带贡品派出代表到京城朝贡表示归顺，就可以被委任为所在地的州刺史，于是，当时的典籍中往往用这些州的州名去称呼相关地区的土家族，比如“夔州蛮”、“信州蛮”、“施州蛮”、“辰州蛮”、“溪州蛮”、“天赐蛮”等，值得注意的是这些称谓并不是真正的土家族的族称，而是土家族内的地方群体名称。两宋时，一贯执行以减少少数民族势力朝贡往来的政策，很多西南各族地方势力与中央王朝的朝贡关系降到了最低限度，但土家族是个例外，这是因为土家族的分布区距离汉族的腹心分布区太近，宋廷在该地区设置“溪峒”作为基层行政单位加强管辖，加之土家族的分布区位于五溪地带，因而，宋廷将这一地带设置为溪州、辰州、夔州等，这些州都是延续隋唐旧制，全部属于羁縻州，所谓“溪峒”建置中的“溪”指的就是土家族的分布带。同时，宋廷出于巩固边防的需要，不得不收编土家族的地方武装，替宋廷守边，因而，土家族的地方武装在《宋史》中获得相应的专称，出现了“土兵”、“土丁”、“土人”等称谓，这些称谓属于宋代四等军制中的藩兵，其地位低于禁军、厢军、乡兵，是由少数民族充任的军队，专职就地戍边的军种。

值得注意的是将土家族的藩军称为“土兵”、“土丁”、“土人”，这些称谓中的“土”即来自于土家族自称，这些称谓的出现标志着土家族的族称在汉文典籍中已初步定型，同时也标志着当时的汉人对土家族和土家语有了初步的了解，承认土家族是这一地区的世居民族。从宋廷在土家族地区设置州，《宋史》中对土家族分布区的各州记载较为详实，并提到了很多土家族地方首领的人名来看，标志着土家族与宋廷的关系较为密切，土家族对汉文化有较高的了解。

元明清时在土家族地区推行土司制度，土司制度在土家族地区的确立，标志着中央王朝可以直接通过各级土司，对土家族地区实施有效统治，于是汉族对土家族的了解更趋深入和准确，反映到汉文典籍中对土家族的称谓，表现为土家族的族称最终的定型化，这一时期的汉文典籍称土家族为“土民”、“土蛮”、“土人”等。其中“土人”和“土民”都是从土家族自称“毕兹卡”意译而来，至于“土蛮”则是在意译的基础上加上一个对少数民族泛称“蛮”，这与侗族称为“侗蛮”，苗族称为“苗蛮”同属一个命名类型。据此可知，在秦汉以来的汉文典籍中，土家族一贯被认定为一个单一民族。

民国初年，国民党政府出于政治的考虑拒绝承认我国是一个多民族的国家，宣称中国是一个单一民族的国家，而将我国的各少数民族一律视为汉族的一个宗支。在这样的历史背景下，由于土家族居民中绝大部分人会说汉语，因而将土家族居民视为汉人，致使土家族的民族成分被人为地模糊起来，给日后的民族识别工作造成了很多的困难和障碍。建国后，经过反复多次的调查论证，1956 年 10 月，经国务院批准，确认土家族为单一民族，正式法定统称为土家族。①

综上所述，我们必须看到在汉文典籍中，土家族的专有称谓一脉相承，这与对苗族、侗族的称谓并无二致，将土家族居民视为汉族，完全是因为出于政治的需要而造成的混乱。

二、“族源”内涵的理解

土家族是西南众多民族中的一员，至今对其族属问题还无定论。纵观土家族的族称在汉文典籍中的演化脉络，我们注意到有关土家族族源各种观点的分歧，问题出在对族源这个术语理解的不同和使用的不一致。正如黄伯权先生所指出的那样：“在讨论土家族族源问题的时候，不少人把‘源’和‘流’混为一谈，于是出现了一些混乱，给研究蒙上了一层迷雾。从民族产生发展的规律看，

① 黄光学：《中国的民族识别》，187～192 页，北京，民族出版社，1955。

世界上没有纯而又纯的民族，各民族其产生发展的历史过程中都或多或少地融入了其他民族，但任何民族都有自己的源头，也有发展进程中的支流。”① 其实，我们已经注意到了在过去的土家族族源问题的讨论中之所以出现一些分歧，主要是因为混淆了两个概念的区别，一是混淆了族源与文化渊源，二是混淆了民族与血缘关系。泰勒指出：“文化，就其在民族志中的广义而论，是个复合的整体，它包含知识、信仰、艺术、道德、法律、习俗和个人作为社会成员所必需的其他能力及习惯”② 因而，“文化是人类为维系各个具体的社会集团（这里是指民族）的生存与发展，经由该集团所有在世代延续中以渐次积累和约定俗成的方式建立起来，并由后天而加以延续与丰富的一个相对稳定而又独立完整的社会规范总和”。“民族是靠文化维系着的人们聚合体，或称人们共同体”③。

首先，族源与文化渊源不同。一个民族的文化是由众多的文化因子所构成，因而我们在说民族文化渊源时是指文化构成要素即文化因子在历史上的最早起点，它不涉及作为文化载体的民族本身，也就是说文化渊源是就文化的组成部分而言，它不涉及文化整体面貌。但是，族源不同，它是就民族这个文化维系的载体即人们共同体而言，因而族源应该是指该种民族文化的完整形成为起点。因此，在族源研究中，就只能是对该民族的文化因子的文化整体进行溯源，否则，单就某些文化因子的历史进行追溯，在族源认定上是没有实际价值的。譬如，侗族、傣族与土家族都有干栏式建筑，能否就认为他们都有同一族源呢？如果这样就会得出众族同源的结论。

① 黄伯权：《土家族族源研究综论》，载《贵州民族研究》1999（2），90页。

② E. B. Tylor. *The Origins of Culture*〔M〕. New York：Harper and Brothers Publishers，1958. p1.

③ 杨庭硕、罗康隆：《民族文化与生境》，2~3页，贵阳，贵州人民出版社，1992。

其次，民族与血缘不同。我们知道血缘是生物学的概念，而民族却是社会学的概念，它们有着本质上的差别。譬如，同血缘的不一定同民族，同民族的不一定同血缘。因而民族不是简单的血缘相承，以血缘去追踪族源是没有意义的，像土家族的“江西迁来说”就犯了这样的错误。

关于族源的确定问题，笔者比较赞同杨庭硕的观点，他认为：“‘族源’对一个民族来说，应该是具体而完整的实体。这是因为民族是文化的聚合体，民族的形成就应当以该族相应的文化形成为起点。要确认文献中某个人们共同体是今天某个民族的族源，一定得在汉文献资料中，或少数民族自己历史资料中，全面界定该人们共同体的整体文化面貌，只有当界定的结果与今天相应的某个民族的文化整体面貌相似或相近，而且又有连贯的历史记载足以判定两者之间有文化前后直线承袭关系时，才能认定该共同体为这个民族的族源。”①

土家族族源研究中众说纷纭的观点出现，主要在于过去中外学者对土家族族源进行研究时，或主文化标准，或主语言标准，或主社会形态，或无所范畴而“以地名族”，即就该民族文化的某些文化因子进行阐述，而没有对这些文化因子所依托的文化整体进行全面界定，更没有就该文化因子在该文化中的地位和功能进行系统阐述，也没将这个民族共有的本质的东西加以系统周密的研究，这样就不可能复原文化的整体面貌，从而也就不可能对作为该文化载体的民族族源作出确认。由于对问题的看法有所偏执，从而导致土家族的族属问题悬而难决。因此研究土家族源，就得从寻找土家族民族文化业已确立的起点上下工夫，即该文化的起点如果在地域分布、经济生活、语言、习俗、知识与技能、信仰与道德等基本要素与当今土家族大致相同，我们才能说它是土家族的族源，否则它只

① 杨庭硕、罗康隆：《西南与中原》，90页，昆明，云南教育出版社，1992。

能算作土家族的流而不是源。现在在族属研究中，仅凭某一方面的论据而遽下结论的做法已为学者们所自觉摒弃。越来越多的学者日益注意综合运用史料学、语言学、民族学、考古学、体质人类学、民俗学、宗教学等多学科的知识、理论与方法，正如马长寿先生所倡导一种新方法，主张综合考虑体质和文化两种标准，文化包括语言、宗教、衣饰，并认为最要者尤当追溯其民族历史之演变。[①] 笔者认为只有从理论与方法上进行更新，才能使族属研究取得新进展。

三、对土家族族源几种观点的分析

笔者依据上述对族源定义的基本理解，就土家族族源研究中比较流行的几种说法，谈谈自己的研究心得，有不当之处，敬请各位专家批评指正。

“江西迁入说”：向泽新的《湘西土家族来源于江西》，彭继清的《彭士愁来自江西考》等文章，主要依据在湘西的民族调查、地方志及家谱文献的相关资料，论证了湘西彭氏土司来自江西的理由。譬如，向泽新在文中说：“从永、保、龙、桑各县彭氏宗谱及《世忠堂铭文》来看，彭氏皆来源于江西。”[②] 彭继清指出：“江西彭氏入主五溪说，可从历史资料《永顺县志》、《龙山县志》里看到。古代遗留的文物《复溪州铜柱记》，《世忠堂铭文》，永、保、龙、桑、古等彭氏家谱都说明了这一点。”[③] 笔者认为其论述中出现了两个误解，一是将族源确认当成了血缘的追踪，二是曲解了源

① 马长寿：《中国西南民族分类》，见《马长寿民族学论文集》，49～82页，北京，人民出版社，2003。

② 向泽新：《湘西土家族来源于江西》，见《土家族历史讨论会论文集》，425页，湘西土家族苗族自治州民族事务委员会编，1983。

③ 彭继清：《彭士愁来自江西考》，见《土家族历史讨论会论文集》，428页，湘西土家族苗族自治州民族事务委员会编，1983。

和流的差异。文章仅仅依据土家族中确实有一部分居民的远祖来自江西的汉族移民，就认定土家族来源于江西，这种观点是根本站不住脚的，因为据湘西地区的考古发现证实，在这批汉族的移民进入土家族地区前，当地早已有人定居了，这批汉族移民是被“土家化”以后才成为土家族的，从整个土家族的发展历史来看，他们仅是土家族一个支流的来源，决不能据此将这批迁入的汉人视为土家族的族源。在讨论土家族族源时必须严格区分源与流的差异，土家族的族源只能是指土家人形成时的最早的称呼及与其相关的文化，至于土家族在发展中是否融入其他民族的成分或者融入了哪个民族的成分，却只能是流，而不是源，不能混入土家族族源的讨论中去。可见，从江西迁来的彭氏，只能是土家族的流，而不可能是土家族的源。

“乌蛮说”：王忠在《历史研究》1958 年第 1 期发表了《驳向达、潘光旦关于土家族历史的谬论》一文，最早系统、成文地提出此说。后来支持这种观点的主要代表作是王承尧的《古代乌蛮与今天的土家族》、罗维庆的《土家族源于乌蛮考》。王承尧在文中说：“根据史书记载，研究一下古代的乌蛮与今天的土家族，可以得出这样的结论：土家族和乌蛮有着渊源的关系。土家族应该是隋唐时期进入土家族地域乌蛮的一支，融合土著居民和巴人一部分而形成的人们共同体。”[①] 罗维庆在文中对乌蛮说作了进一步的考证，他依据正史、地方志、家谱以及土家族语言、风俗习惯，认为土家族来源于“巴人”的观点不能说服于人，他在文章中接着说：“我们认为土家族中虽有‘巴人’的成分，但‘巴人’不是形成土家族的主体，土家族是乌蛮的一支，自黔西北进入湘鄂川黔边融合一些

① 王承尧：《古代乌蛮与今天的土家族》，见《土家族历史讨论会论文集》，115 页，湘西土家族苗族自治州民族事务委员会编，1983。

其他民族而形成的。”① 笔者认为，上述土家族来源于乌蛮的说法，则是将古代羌族的一个族类的源头，当做土家族的族源去看，这不符合族源探讨的基本原则。众所周知，乌蛮指的是彝族，而非土家族，土家族与彝族即使在文化上有渊源关系，但有文化渊源关系不等于可以相互被等为族源。举例说，我国有几十个汉藏系统的民族，它们之间都存在着文化渊源关系，但我们决不能说汉族起源于古羌族，更不能说现代的羌族起源于古代的华族。

“氐羌说”：最早注意到巴人与氐羌关系是潘光旦先生，他在《湘西北的“土家”与古代的巴人》一文中已经注意到《山海经》里记载：“西南有巴国，太皞生咸鸟，咸鸟生乘釐，乘釐生后照，后照是始为巴人。”② 在此潘光旦提到巴人源于西北，只是点到为止，未作进一步探究。最先提出“氐羌说”的是彭官章先生，他在1981年写成的《从语言学角度谈土家族源的问题》一文，强调在研究民族起源时必须重视民族语言的起源，他通过考察土家语与古羌人氐族部落方言——巴语的关系，指出：“土家语是古羌人氐族部落方言—巴语的基础上发展起来的。土家是以古羌人的一支——巴人为主体的，又融合了他民族成分的混合体，土家是古羌人的后裔。”③ 后来刘尧汉、何光岳、彭武文等学者写文章支持这种观点，氐羌说实际上与巴人说有密切联系，只是，氐羌说对巴人的来历进行了一番追根溯源，对土家族源进行了更深的发掘和清理。从正史、土家语、宗教信仰、建筑以及葬俗等方面论述了氐羌与土家族的渊源关系。其实说土家族起源于羌人同样不妥当，羌这个族名在汉文典籍出现的时间虽然早至商代，但当时汉文典籍中的羌指的是

① 罗维庆：《土家族源于乌蛮考》，见《土家族历史讨论会论文集》，162页，湘西土家族苗族自治州民族事务委员会编，1983。

② 郭璞注：《山海经》，《海内经》，119页，上海，上海古籍出版社，1989。

③ 彭官章：《从语言学角度谈土家族源问题》，见《土家族历史讨论会论文集》，101~102页，湘西土家族苗族自治州民族事务委员会编，1983。

古羌族，在后来的历史发展中古羌族陆续分化为我国西南地区众多的少数民族，如彝族、土家族、哈尼族、羌族等。讨论族源时，若这样去处理的话，上述各民族都可以说自己的民族是古羌族。这样一来，就混淆了古今民族的差异，出现了众族同源的结果。这样推演我们就无法去辨清具体每一个民族到底形成于何时，形成时的文化面貌到底是什么模样，这样的讨论也就失去了意义。因此，土家族的族源只能是这个民族已经形成的那个起点，而不能是指它的文化最早渊源，故说土家族起源于羌并没有回答土家族族源是什么这样一个根本问题。

“土家族土著说”：谭其骧先生在《近代湖南人中之蛮族血统》[①] 一文中，根据大量的地方志和家谱材料，认为永顺、保靖的彭氏土司是土生土长的“蛮人”血统，在此他最早提出土著先民说。20 世纪 80 年代后，湘西不少研究者提出土著先民说，此说主要在《湘西土家族》中得以系统论证，其论据：第一，据考古材料证实早在远古之时湘西地区就有人类居住，这些古人类中的一部分就是现今湘西土家族的古老先民；第二，湘西的土地上至今留有土家族用语言记录的遗迹，如龙山里耶，即“辟地”之意，从这些地名可明显地看出这里是土家族的世居之地；第三，从土家族的叙事史诗“摆手歌”内容来看，湘西土家族在迁徙中没有经过大江大河，长途跋涉，仅在湘西酉水流域回旋。为此，该专刊在文章开头就说：“在探讨湘西土家族的族源过程中，我们发现，湘西土家族的先民是居住在湘西的古代土著人。因此，我们认为，就湘西土家族这个民族的主体来说，是古代湘西地区土著人的后裔，用土家群众的话来说就叫‘毕兹卡’，也就是‘本地人’。”[②] 后来彭秀枢、

① 谭其骧：《近代湖南人中之蛮族血统》，见《长水集（上）》，361 ~ 392 页，北京，人民出版社，1987。

② 《湘西土家族》编写组：《湘西土家族》，载《吉首大学学报》，1981（2），《民族问题专刊》，2 页。

彭勃、叶德书等学者写文章从不同的角度论述并强化了这种观点。彭勃先生指出："我认为土家族祖先就是从古以来就定居于湘鄂川黔边境的土著先民，或者说以土著先民为主体，融合了一些部族的先民，形成了今天的土家族。"① 笔者认为"土家族土著说"则是一个毫无意义的提法，因为任何一个民族都有自己特定的分布区域，对于这个区域而言它肯定是土著居民。土家族是土著居民，这是不言自明的事实，这种不言自明的事实，根本与族源讨论无关，比如说，古汉族对中原地区来说是土著居民，我们决不能据此说古汉族的族源是土著居民，这样说同样没有回答什么是汉族的族源。因此，仅仅因为土家族的自称含有本地居民的意思，就把土著居民拿去充当该民族的族源，同样是混淆了族源的基本概念，族源只能指一种文化定型的起点，而不是追究它是土著还是移民，不管它是土著还是移民，都得以该种文化定型为转移。因而，土家族"土著说"同样没有回答它的族源问题，只是回答了它的族称含义问题。

有鉴于此，笔者认为上述几种说法，都混淆了族源的概念。土家族的族源只能是指在典籍中查到的与该民族最早称谓相关的文化，凭借上文对土家族称谓演变的溯源探讨，笔者比较赞同潘光旦先生的观点，土家族的最早族源是"巴人"，首先，因为自巴这个名称在汉文典籍中出现后，其名称的更替在汉文典籍中一脉相承，在历代文人眼中，一直把土家族当做一个单一的民族对待，只是随着时代的不同，称谓有所区别罢了；其次，从文化的内涵看，巴人的文化特征有很多带本质性的文化要素，一直有序地传承于今天的土家族中，这表明土家文化的形成起源于巴人。这不仅是今天的人们才这样去认识，历代汉文典籍，也明确地记载不同时代的土家人，都认可巴人是他们的远祖。因此，我们认为土家族的族源只有

① 彭勃：《土家族的祖先就是从古以来聚居于湘鄂川黔边区的土著先民》，见《土家族历史讨论会论文集》，20页，湘西土家族苗族自治州民族事务委员会编，1983。

一个，即古代的巴人。

土家族已经被确认了半个多世纪，土家族研究经过几十年的历程已经取得丰硕的成果，然而我们在肯定其成绩的同时，也应指出其研究的偏差与失误。同时不断地更新研究理论和方法，只有这样我们才能在前人研究的基础上求得新的突破。

文化国土的建构与证明

——基于“佷山”、“柳山”与“三里城”之争的文化阐释

萧洪恩　萧　菁①

近年来，“领土”的内涵日益扩大，由原来的“陆地领土”、“海洋领土”、“空间领土”扩大到了“文化领土”，因而“领土”之争在国际国内并有展开。在国际上，以中国同韩国为例，在自然领土之外，“文化领土”之争已涉及民族风俗如节日、历史名人、文化事象（汉字、中医、技术发明）等；至于国内的文化之争，更是日益剧烈，有学者已初步统计，计有陕西、河南、甘肃等地的伏羲故里之争，湖北、河北、甘肃、山西、河南等地的女娲故里之争，陕西、河南、甘肃等地的黄帝故里之争，陕西、河南、湖北、湖南等地的炎帝故里之争，山西、山东、河南、湖南等地的舜帝故里之争，四川、河南、青海等地的大禹故里之争，山东、安徽、江苏、河南等地的姜尚故里之争，江苏、四川等地的彭祖故里之争，河南、安徽等地的老子故里之争，山东、河南、安徽等地的庄子故里之争，广饶、惠民等地的孙子故里之争，诸暨、萧山等地的西施

---

① 萧洪恩（1961—），男，土家族，湖北咸丰人，教授，博士。萧菁，重庆工商大学文学与新闻学院传播学专业，2009 级硕士研究生。

故里之争，山东、河南等地的墨子故里之争，湖北、河南等地的诸葛亮“躬耕地”之争，河南、安徽等地的曹操与华佗故里之争，正定、临城等地的赵云故里之争，宁夏、甘肃等地的皇甫谧故里之争，常州、镇江等地的南朝齐梁萧氏故里之争，河南、湖北、安徽等地的花木兰故里之争，四川、湖北等地的李白故里之争，安徽、江西等地的朱熹故里之争，江苏、安徽等地的朱元璋“出生地”之争，辽宁、河北、江西等地的曹雪芹出生地之争……这些争论，一方面说明“文化”的日益重要，另一方面也说明人们的背后动机。与近年的这种“文化”之争不同的是，发生在土家族文化史上的“佷山”、“柳山”与“三里城”之争却似乎更有深意，笔者结合史实进行社会学讨论，或许有助于争论的深化。

一、佷山、柳山：从政治经济文化到学术

“佷山”与“柳山”之争基于“武落钟离山”所指，其基本问题在于：作为巴人起源之地的“武落钟离山”究竟在何处？历史上是诸说并存，以长阳故县治所而论，有县西“七十八里说”与“二百余里”说；以地理关系而论，有夷水（清江、盐水）、武落钟离山、难留山（城）、赤黑二穴等相关关系不同论；从社会而论，有五姓所居的时空关系……应该说，这是一个系统的历史关系。

随着改革开放与国家民族政策的落实，土家族群众的民族成分恢复与自治的意愿得到不断强化，并获得了适当的释放。在这一背景下，长阳的张希周先生被委以“负责宣传”的重任，其中必须落实的如“土司制度问题，民族语言问题，风俗习惯问题，等等”情况，成为他们必须解决的问题，《试论古代巴人发源于湖北长阳佷山》等文，即其中的解决问题的代表作，这些文章的基本前提是：土家族是古代巴人后裔，史书记载巴人“皆出于武落钟离山”，而长阳的历史地理区划又有历史调整，周边的五峰、恩施等地也都在各自论证境域的“巴人”问题，于是形成了各自的一批“政论性”

民族研究文献，正是这些文献，为土家族人民实现民族区域自治作出了重要贡献。因此，对于这类文献，我们应思考的不“仅”是其学术贡献，而“要”思考的是其政治责任，于是我们看到了两个极端的倾向，甚至都是“正确”的。一是在学术上，否认张先生的“佷山说”，先后形成了“龙角山说”、“榨洞说”、“柳山说”、“钟离山说”、“钟岭山说”、“广狭义说”、“三里城说”等多种说法，且各自有自己的证明与驳论；二是在政治上，肯定张先生的“佷山说”，因为20世纪80年代初，长阳向国务院申请土家族自治县，认定长阳是巴人的发祥地，佷山是巴人圣山，已得到国务院的认可，并且成为其成功申请民族自治县的条件之一。

问题在于，长阳县委、县政府在获得这一哪怕是建构起来的荣誉以后，所做的卓有成效的工作，即立即把政治荣誉转化为经济、文化荣誉，并从而转化为发展荣誉：“长阳在全国率先出台了民族民间传统文化保护条例，率先提出并建设了文化生态保护区，率先对高龄困难传承人实行特殊保护和传承补贴，率先建立了优秀民间艺人档案，率先在全省建立了民俗博物馆，全县形成了强大的民族文化研究和保护网络。一大批文化研究成果应运而生。全国文化先进县、中国民间艺术之乡等称号接踵而至，山歌、南曲、巴山舞享誉全国，50多种1300多万字的文化丛书陆续出版，长阳土家族撒叶儿嗬获全国第十四届广场舞蹈群星奖金奖并率先进入全国第一批非物质文化遗产名录，都镇湾故事、长阳山歌随后进入全国第二批非物质文化遗产名录。”

笔者曾在一次研究生论文答辩时强调长阳的五条经验：一是明晰文化的政府所有权，真正把保护与发展文化当成是政府的事；二是明晰文人的事业发展权，坚持政府养好他们，使他们无发展的后顾之忧；三是明晰国土的文化领土权，始终把文化关注放在政治、经济、社会发展的同等重要地位；四是明晰文化的社会保障权，通过各种措施促成文化发展；五是发展的文化主体权，即长阳一大批文化人明确自己发展长阳文化的主体权利，争取领导、争取支持、争取交流、争取贡献。基于以上的认知，长阳学人开始了艰苦的文化论证工作，“50 多种 1300 多万字的文化丛书陆续出版”即是其例。从这个意义上说，长阳开创了一种文化从建构向证明的新路，是一条值得充分认可的新路。后来的学术研究，若忘记了这一大背景，特别是忘记了这一“研究”的初始阶段的大背景来纠缠其中的“学术”问题，至少有点不很厚道。

二、诸说评议：学术之争的发展归因

20 世纪 80 年代以后，随着民族区域自治政策的逐渐落实，土家族的论证工作在形式上业已完成，于是开始了清理与反思工作。加上各行各业及个体各自都在谋求“发展”，于是各自依据自身所有文献资料、经验事实、社会体验，甚至在一定程度上还包括一点政治责任、民族情感、家乡观念，甚至也不排除一些人的学术“野心”，从而提出了各自的学理主张，在实现自身发展的基础上，推动了整体的发展，仅“武落钟离山”说而论，即形成了多种“学”说。

（一）学说类型：佷山说

文献依据：北宋《太平寰宇记·峡州》记载：“武落山，一名难留山，在（长阳）县西七十八里，本廪君所出处也。”

基本立论：佷山的总方位和绝对距离（水路）完全相符；武落山即五座山，由北向南排列，佷山即五落山，“‘五’与‘武’同音，后来又写成了‘武落山’”；山上有“巴人居住遗址及遗物”，包括石斧、尖状器、虎钮錞于及各种瓦、疏、杯等。

主要驳论：“难留山”一名“武落山”，按《水经注》当在清江北岸，而佷山在江南，方位不同；按《水经注》所叙之地貌特征，佷山无温泉；“阴阳石”不实；赤、黑二穴空间不够；史无记载；五个山头，数字有误。或者说：对山名的解释过于牵强附会；假山的方位、面积不像是武落钟离山；“赤黑二穴”与“阴阳石”没有说服力；假山本身没有发现文化遗址与文物。

笔者认为，从学理上说，上述诸驳论是信而有据的。笔者曾于2006年、2009年两次上“假山”，也核对过长阳的几种地方志，客观上说，“假山说”于学理上很难成立。尽管当时它作出了贡献，也尽管它获得了国家的承认。

（二）学说类型：龙角山说

文献依据：（1）南宋郑樵《通志》的两种说法之一：一是“难留城山在县（长阳）西北二百余里，交施南建始界。一名武落钟离山”。（2）《太平寰宇记》载“县西北七十八里”（水路）。（3）《水经注》：“夷水东经难留城南”。

基本立论：武落钟离山的大体方位为清江北岸龙角山，具体位置在“州衙坪村北3公里，海拔953米”。

主要驳论：历史记载的不确定，即《水经注》、《太平寰宇记》采用“两说并存”方法，将龙角山“定”为武落钟离山，将今柳山一带“定”为难留山。并在“难留山”后附上一句：“一名武落钟离山。”

笔者看到，此说在整体上影响不是很大，上述驳论也自有道理。

（三）学说类型：榨洞说、柳山说

文献依据：清代《长阳县志》；武汉大学线装书库中查出一张长阳古地图。

基本立论：该洞地貌有三个特征；赤、黑二穴在长阳县西部的柳山，清江岸边、柳山南麓的榨洞是赤穴，招徕河边、柳山东北麓的虎洞是黑穴。

主要驳论：引用文献有误，选择文献不当，现实与历史对照不当等。另：邓祥龙（邓和平）先生在《巴地域研究》中列证进行批驳。

笔者认为，与后面的“三里城说”及前面的“佷山说”比，这是获得较为充分论证与较为充分驳论的一个观点，据笔者手边的资料，论证该观点的，除历史文献外，金翔先生的《湖北长阳县佷山即武落钟离山存疑》，宫哲兵先生的《廪君巴人“武落钟离山”新考》、《廪君巴人发源地“武落钟离山”新考——兼论“赤、黑二穴”在长阳柳山》、《寻找巴人发源地的人类学考察》、《巴人“赤、黑二穴”考》、《廪君巴人发源地“武落钟离山”新考——兼论“赤、黑二穴”在长阳柳山》、《人类学考察：寻找巴人“赤、黑二穴”》等等，都是运用多种方法研究得出的结论，形成了系列论文。从驳论的角度来看，习明山：《柳山即武落钟离山辩——兼与宫哲兵教授商榷》，邓祥龙的《巴地域研究》等驳论充分。在笔者看来，有这些驳论，榨洞说、柳山说除在学里上算是一家之言外，很难说还立得住。其中邓祥龙列出十条加以驳论，依次是“重要引文查无实处，基础不牢大厦倾”；“广义狭义混为一谈，不加区别含义浊”；“山名根据又撰新说，据言定论不可信”；“以今代古二处合一，割舍之嫌留痕迹”；“运用奇想驳人奇想，解释山名难服众”；“有意揣测史籍记载，‘设置’内容不太妥”；“以广驳狭节外生枝，指地否‘穴’太逼人”；“赤黑二穴本为泛指，排斥他居存疑义”；“图腾神灵概念不同，二者不可相混淆”；“虎洞险峻迎北避南，只宜避险难定居”……这些驳论，有些自可商榷，但也的确指出了该说中一些重要的妄断与依据的根本错误，因此，榨洞说、柳山说若想成立，还需进一步论证。

（四）学说类型：钟离山说

文献依据：清代《恩施县志·地理志·沿革》：“县西一独山

有石穴，有二大石并立穴中，相去可一丈，俗名为阴阳石”。又载“椅子山”亦名叫“州基山”，“俗称旧州城，讹呼柳州城”；“钟离山在城西”。

基本立论：“当时建国的夷城，当亦与今恩施相去不远”，“总的说来，将巴人的发源地（武落钟离山）定在湖北的西南部，可能是比较符合事实的”。

主要驳论：可见前面诸说立论。

（五）学说类型：钟岭山说

文献依据：《荆州记点注》“廪君”：“廪君，传说为古代巴族首领。巴氏名务相，号廪君。武落钟离人（今长阳县西，一说湖北利川钟岭山人）。”《利川县志》注释“此地广大，鱼盐所出”时云：“县西南二百九十里盐水溪，旧产盐。”

基本立论：据此历史记载，不仅反映了巴人从氏族联盟向部落转变过程的脉络，同时也说明清江流域上游，早有土著居民在勤劳开拓。

主要驳论：可见前面诸说立论。

笔者认为，前面两说既可找到文献依据，也可找到考古论据，但其作用也都主要是在落实政策过程中显现的，后来的影响并不大。

（六）学说类型：广狭义说

文献依据：综合运用以上史料。

基本立论：武落钟离山，广义是指长阳县城以西直至交施南建始界的大片山区。一是巴族所出之处，应是一定区域，而不是一座小的山体；二是武落钟离山系多山组成，古今论者看法趋于一致；三是古今学者在讨论武落钟离山之位置时，提出有钟岭山、钟离山、龙角山（即龙角坝）、柳山、榨洞、佷山等，这些均属广义的武落钟离山之范围。狭义的武落山，是巴族最早的活动中心，应为其首领的居住之所。

主要驳论：可见前面诸说立论。

笔者认为，该说的出现，一个重要的背景是为了“佷山说”的自圆其说及协调与以上诸说，其中特别是与榨洞说、柳山说的矛盾。尽管作者并不承认自己是“和事佬”，但事实上是这样，用广义与狭义，皆大欢喜。但笔者同时认为，若注意人类的流动性与人类发展的历史性、过程性，则可以看到现在中国地名中会不断出现同名地名的情况，这样，同一地名在不同的文献中指出不同的地域，就是很正常的事。因此，清江流域的同类地名，只能看成是巴人的历史流动性，是巴人活动中心转移的历史记忆。

（七）学说类型：三里城说

文献依据：王善才《香炉石——我国早期巴文化遗址的发现与研究》：“武落钟离山应是现今长阳温泉（盐阳）以西的某座山才是合符历史事实的。”根据《宜昌府志》卷二疆域志：“难留城山，县西二百余里，一名武落钟离山，交施南建始界……自盐水西北行五十余里，有一山，独立峻绝，名为难留城。”“盐井寺下即盐水，温泉在焉。”《水经注》卷三十七（夷水）相关“东南过佷山县南”一节。

基本立论：综合分析，盐水温泉是一个重要地理坐标，根据清江自西向东注入长江的客观事实得出结论：难留城山位于盐池温泉以西，并且从难留城山向东到盐池温泉之间还有一个洞口向南从岩洞中流出的巨大瀑布，这也是位于难留城山与盐池温泉之间的标志性景观。这一景观位于三里城与盐池温泉之间处于水布垭镇围龙坝下的白水溪，加之其地貌特征与史志记载难留城山的地望相符，所以笔者认为三里城即难留城，亦武落钟离山，从而与《水经注》卷三十七（夷水）记载完全吻合。

主要驳论：没有文物支撑；国家认可的是假山。

笔者认为，从学理上说，没有文物支撑与国家认可的是假山等都不具有绝对性。从逻辑上讲，目前围绕“武落钟离山”的所有学说都是“相似”或“相类”论证，都不具绝对性，而且，现在没有考古资料，并不等于以后没有，历史上的这类先例很多，如《鹖冠子》曾因考古材料局限而被认为是伪书、老子曾因考古材料局限而被认为是孔墨以后的人等，都可作为证明。而且更为重要的是，作者强调说三里城应是难留城理由，“山形似城”、“盐水”与城的关系、清江的流经方位、《水经注·夷水》的描述、地貌特征与史志记载的吻合等，也的确难以推翻，故王善才对郑国晋《武落钟离山应是巴东县水布垭镇境内的三里城》一文的看法即是：“我认为他这篇考评文章写得很好，观点非常明确，论据比较充分，论证比较有力，也比较合乎情理。”

三、研究开发：“人道是”原则与拿证据来

文化活动的产业化开发，不同于纯粹的学术研究。一般来说，学术研究要严谨求实，从这个意义上说，目前关于“武落钟离山”与“巴文化”的研究虽然取得了不少成绩，但不尽如人意的地方仍然不少，上述诸说都有这方面的问题。在这方面，笔者曾读过一本土家族研究的书，在引文方面即极不慎重，如引同治版《来凤县志》，一是注释体例不统一，有标“同治:《来凤县志》卷＊”的，有标“同治:《来凤县志》”而不标卷的，有标“同治五年《来凤县志·风俗》”的，由此可见，体例的混乱。二是引文错误甚多，总共引用 14 条，有 10 条有错字，达 71.4%；即使除去 2 条重复的，也有 57.1%。而且，重复引用的 2 条本身也不统一。三是标点有不很合理的地方，如“大旱或召巫祷于洞神，巫戴杨枝于首，执兕吹角，跳跃而往，众鸣钲击鼓随之，名曰‘打洞’”。此见同治本《来凤县志》1981 年重印本第 252 页，原书 81 页引用，据“打

洞”，则“神”应与后“巫”连读；“靛、棓”二字虽可分读，但结合前应连读，表明“靛”由“靛”出。四是张冠李代，如“有大兴作，百工皆觅之远方”标为同治《来凤县志》卷13，实应是卷28。五是曲解原意，如“或祷于邑之佛潭，沿溪毒鱼，名曰‘闹佛潭’，以潭底有灵鱼，能出云为风雨也”。把“灵鱼”强解为“龙”。六是至于其他因误引而不解其意的则也不少，如胡引文为“从以金鼓，遍舞田间。以祀之，迹迎猎祭之，祭虎之遗风也”。原本应为“从以金鼓，遍舞田间，以禳之，亦迎猫祭虎之遗风也。”原引“油然而生，且能志徒上进”。实应为“油然而生，且能志图上进”。其他如引《咸丰县志》等方志，引《容美纪游》等文献，也都有这类错误。就是在对“武落钟离山”问题的研究中，引文谬误、内容重复发表等也多有发生，让人却得有某种“投机”性，这就从态度、方法，甚至是人格方面反映出了研究中的问题，更不用说真正地拿出证据来了。

然而，从文化资本化、产业化的角度看，不应去太多地关注“史实”，而应重点放在“史影”上，如关于“女娲”，全国已有多个地方据“史影”而打其文化品牌；桃花源，全国也已有多个地方据“史影”而打桃花源的文化品牌；神农、黄帝等，都有不同的地方据“史影”而打相应的文化品牌。所谓据“史影”，并不是说不要依据基本的史迹，而是依据“人道是”的原则，就像苏轼认同“东坡赤壁”一样，那不就是“人道是，三国周郎赤壁”吗？所以，我们认为，在对民族文化活动的文化开发过程中，应坚持“人道是”的开放开发态度与对策。

笔者认为，在对民族民间文化活动进行开放开发的过程中，应正确地认识和处理四大矛盾：一是对老百姓来说，要认识和处理好传统文化的保护与现代生活方式追求的矛盾，为此，可以像郎德上寨开发文化旅游那样，使民族文化的传承与保护成为一种职业，坚持职业化取向，并通过职业化使民族文化传承与保护成为行为主体谋生与发展的手段，从而很好地解决矛盾；二是对各级政府来说，应正确认识和处理硬实力发展与软实力发展的关系，为此，必须使民族民间文化活动产业化，产业文化化，使第一、二、三产业都可以通过民族民间文化活动实现有机结合，并谋求通过产业化使当地成为一个新的发展极，而产业化的基本路径应是民族民间文化活动的各种文化现象实现功能转化与形式转型，如原有的祭祀活动转化为表演活动，原有的神秘用具转化为旅游产品，原有的跳舞活动等转化为健身艺术、竞技体育，原有的演出场所转化为旅游景观等；三是对不同地区来说，应正确认识和处理区域性开发与文化统一性的关系，不要人为地争夺文化资源以破坏民族民间文化活动的整体性，而应着眼于不同地区或整个土家族地区的文化协调发展，做到合理布局，整合优化；四是对于政府、企业、大众、学者、文化艺术团体等不同主体来说，要正确处理好严肃研究与产业革命的关系，在实现民族民间文化活动诸文化现象资本化方面，要取得决定性的进展，这里应强调的是，学术研究要严谨，但文化开发则可以只据“史影”，当然，开发的项目本身应是科学的、有益的。

为了有效地促进民族民间文化活动的产业化发展，一要树立大文化观、大旅游观、大产业观，围绕“民族文化生态旅游产业”对全部资源进行重新定位，当前特别是要进行专题研究，对民族民间文化活动进行“形象”定位、“主题”定位；二要挖掘民族文化、生态文化的原生资源，进行研究、整理，形成“人无我有、人有我优”的优势资源品牌；三要把握当代旅游发展的两种趋势——点、线、面、网的趋势与单独点状旅游的趋势，对整个民族民间文化活动区域发展进行规划，并且以“旅游”为主线，整合所有第一、二、三产业，进行区域规划；四是要结合武陵地区旅游的整体发展与湖北民族地区旅游在整个湖北旅游发展中的定位进行双向的政策争取，第一步是要启动湖北民族地区的民族风情旅游规划，形成湖北民族地区的中心地位；五要强调民族民间文化活动地区的城市建设、城镇建设特色，不仅要争取现代化，但更重要的是民族化，转变城市建设观念，建出特色，建成品牌。

综上所述，根据全球性现代化运动的文化转向，根据全球性现代化建设中的发展观的演变，应凸显民族民间文化活动发展中的文化发展观，应根据科学发展观的要求，实现民族文化活动的产业化，应按照“人道是”的原则，加大民族民间文化活动文化现象的挖掘力度、开发力度。

论明代金石碑刻所见土家族土司的“中华情结”

成臻铭[①]

整整一个世纪的土司研究，基本上形成一条否定性评价道路。这些评价最初起于叛乱时期和“改土归流”时期对土司的种种认识，评价取向无外乎是土司因循守旧、守土有余、思想反动、道德水准低下等等。20世纪80年代开始的土家族土司专题研究较大程度受到这种评价的影响，尤其受到清朝前期“改土归流”理论倾向的影响。清朝前期地方大员针对土司的舆论，将土司及其政治文化上升到全盘否定层次。之所以如此，是因为以前的研究纯粹依赖于官方文献，无法进入土司的心灵世界，从而对土司的观念、情感乃意象缺乏应有的研究。基于此，笔者从土家族土司区入手，也无意参加针对土家族土司及其政治文化的价值评判，仅对目前所能见到的金石碑刻及其各层次的书写者进行艰苦的甄别，收集60块具有历史现场特点的明代土司碑刻，拟以明朝早中晚期和南明时期历史为背景，对土家族土司的观念世界、情感世界和意象世界作出系统研究，以期从土司内心深处破解影响明清地方政局的明代土家族土

① 成臻铭（1963—），男，吉首大学中国土司历史文化研究中心教授。

司的“中华情结”，并把握其变化。不当之处，期望各方面专家学者不吝指正，以推进土家学与土司学研究。

一、多民族交错杂居的明代土家族土司区

明代土家族土司活动于一卫、一州、三宣慰司、六府地区，具体是湖广行省的施州卫、岳州、永顺宣慰司、保靖州宣慰司，贵州行省的铜仁府、思南府、石阡府、思州府、镇远府，四川行省的重庆府（重庆卫）、播州宣慰司等地区。这些地区是土人与客家、苗民、峒人、仡佬、倮倮、白人等多民族交错杂居之地，分布着巴族、汉族、苗瑶、百越和氐羌等五个族系的民族。

明时期巴族族系的民族称为“土”、“土人”、“土蛮”、“土夷”。具体是湖广行省辰州以北地区的称为“土”，有“土蛮”、“土夷”之别，分别为“板楯蛮”和“廪君种”的后嗣。其中，“土蛮”主要分布于今永顺、保靖以及鹤峰、沿河、德江[①]以及恩施、利川、咸丰、来凤、宣恩、鹤峰、长乐一带，“土夷”则分布于今石柱一带。[②] 这些地方民族交错杂居明显：永顺宣慰司是“诸峒又连汉地，苗土杂居”；[③] 铜仁一带是僚人、仡佬、洞人、苗人与土人交错杂居，[④] 那些僚人称为“蛮僚”、“夷僚”和“南客”，有“九溪诸蛮僚”，[⑤] 施州“民杂夷僚”，[⑥] 黔江“皆夷僚所居，故黔之民半夷”，[⑦] 酉阳和秀山“土僚号南客”[⑧] 之说。土家族土司在

① （同治）《巴东县志》，卷一五；（嘉靖）《思南府志》，卷一；（嘉庆）《苗防备览》，卷九、卷一七。

② 《天下郡国利病书》，卷七一。

③ （乾隆）《永顺府志》，卷一。

④ 《大明一统志》，卷一一四。

⑤ （嘉庆）《澧志举要》，卷一。

⑥ 《大明一统志》，卷六六。

⑦ （明）刘球：《黔江县学记》。

⑧ 《寰宇通志》，卷七七。僚人从贵州北迁到酉阳和秀山，故称为“南客”。

各民族交错杂居格局下，如同“竿子坪长官司羁縻四十八寨苗僚”、[1]“五寨长官司辖上下五寨土民”[2]一样，有效地控制着其他民族。为了贯彻中央王朝“蛮汉分治”政策，他们设立关隘，禁止蛮汉人口互动。如鄂西南地区，就形成了一条由关隘连接而成的东起珍珠寨，经山寨、百年关、渔阳关、小城寨、风火寨、红崖寨、菩提隘、梭草关、旧关堡、野三关，西抵建始县石乳关的蛮汉分界线。线以西以南为土司区，以东以北则为汉蛮杂居区。[3]

明代汉族自称“客家”。明后期，受“江西填湖广”和“湖广填四川”移民之风影响，大量汉民从江西、辰州、沅州迁入湖广土司区，自称“客家”。[4]明末清初，那些“客家人”即使“居住三五十年至二、三代者，皆自称客家”。[5]他们最初迁入时，有的入山搭棚居住，靠借种子为生，被称为“棚民”；[6]有的则是从桃源、蒲圻、辰州等地迁来的木匠、石匠、铜匠、铁匠、篾匠、裁缝、机匠，[7]其“技艺较土人为巧”。[8]由于土司及其自署职官执行“客家不当土差”、[9]只是逢年过节收纳食米、鸡鸭肉肘、食盐等“节礼”[10]的鼓励工商政策，因而有的客家人仅十余年间就“累资巨万”，广置田庐，[11]迅速致富。

明代苗瑶族系的民族称为“苗”、“苗蛮”、“苗民”，由于政治

---

① 《大明一统志》。

② （乾隆）《辰州府志》，卷一二。

③ 参见朱圣钟：《明清鄂西南土家族地区民族的分布与变迁》，载《湖北民族学院学报》，2001（3）。

④ 曾继梧等编：《湖南各县调查笔记》，176页，民国铅印本。

⑤ （乾隆）《永顺府志》，卷一六。

⑥ 《宋志》；（嘉庆）《恩施县志》。

⑦ （同治）《桑植县志》，卷三；《永顺县志》，卷六；《保靖县志》，卷四。

⑧ （同治）《永顺县志》卷六。

⑨ （乾隆）《永顺府志》卷一一，袁承宠：《详革土司积弊略》。

⑩ （乾隆）《永顺府志》，卷一一。

⑪ （乾隆）《永顺府志》，卷一六。

文化的浸染而区分为生苗、熟苗。按行政划分，生熟苗概念摆动于野人、民村和城镇之间，具体说距离民村和城镇近者且与土人、仡佬交错杂居者，称为熟苗，反之则为生苗。具体史料，如“镇竿苗”,[①]“竿子坪等三十五寨生苗”,[②]“永绥、乾州本上下十里苗地，乾州为下四里，明洪武中编当差，上六里则从来不通声教。明初设崇山卫，施复中废，故常以野人相摈”,[③]“与永、保邻者，地稍辽阔，而土、仡、熟苗杂处，不尽民村也”,[④]“小凤凰营鸡公寨各处，熟苗土民错杂居住，风俗与黔苗相类”,[⑤]“乾州……自厅城外西北，皆生苗寨落，边墙内民村稀少，视苗寨仅十分之三四，杂以土人、仡佬”[⑥]等等交织而成的历史图景，就是明证。另外，按有无君长区分，苗蛮之间存在差异。“无君长不相统属之谓苗，各长其部割据一方之谓蛮”。[⑦]这就是说苗蛮与生熟苗之间是共通的，其根本区别在于苗与生苗区无土司，而蛮与熟苗区则有土司。由于今凤凰县竿子坪、五寨和今花垣县在明代受湖广行省保靖宣慰司直接管控，存在多民族交错杂居局面，因而说这里绝大部分地区为熟苗区毫不为过。

明代“峒人”和“仡佬”属于百越族系的民族。峒人即今天的侗族，属于“僚”的一支。明朝初年，今贵州铜仁一带的蛮僚长官司就管辖着洞民,[⑧]他们在明中后期散居于贵州播州以及湖广潕

① 《辰州府志》，卷一三。

② 《明史·湖广土司》。

③ 《苗防备览》，卷二。

④ 《苗防备览》，卷三。

⑤ 《苗防备览》，卷八。

⑥ 《苗防备览》，卷九。

⑦ 赵尔巽主编:《清史稿》。

⑧ 《辰州府志》卷一二载:“（洪武）三年，……辰州卫指挥刘宣招降诸峒，帝命潭溪、古州、新化、湖耳、亮寨、欧阳诸峒长仍为蛮僚长官司，以辖洞民。”

溪、辰州、沅州一带。[①]再就是仡佬，他们在明代有“僚”、“仡僚”、“蛮僚”、“夷僚”、“南客”和“章人”之称，正从“僚”中剥离出来，在清代甚至有了服色上的区分。据清人描述，“永、保、三厅之间曰苗、曰土蛮、曰仡佬，无傜也。芷江西溪土民称之曰傜，而实为峒苗，详见明史中。思州、镇远，苗民外，有黑仡、白仡各种，大约与泸溪下五都同俗”。[②]分布于永绥、凤凰、乾州、泸溪、古丈坪等原土司区的仡佬具有“章人”专称，[③]他们在“三厅五溪旧地，蛮僚杂居”。[④]

明时期的土家族土司区有“倮倮”和“白人”，他们属于氐羌族系民族，分别是今天的彝族和白族。只是我们目前无法确认明代“倮倮”在土家族土司区的分布情况，仅知其往往与“苗”连称为“倮倮苗”，进入了苗民“十六堂苗鬼（夔）”的祖先认同系统，被称为“黑彝倮倮土相公”（黔首）；“土人”的土语也与“倮倮”语十分接近。至于明时期的“白人”，他们聚居于桑植宣慰司东南部的边缘地带，受到当时向氏土舍、舍把的控制，是南宋末年蒙古军都元帅兀良合台和大理王段兴智叔父段福从大理带入两湖地区的“寸白军”一支。

二、明代土家族土司碑刻的多元文化书写

在土人与客家、苗民、峒人、仡佬、倮倮、白人交错杂居的明代土家族地区，土司及其家庭成为时人关注的焦点。笔者对这批涉及土司及其家庭的60块碑刻，进行初步分析。从书写者的身份来看，皇帝御赐或御书的有5块、“客家”知识精英书写的有22块、“客家”官员书写的有13块、土司及其代办和土舍题写的有20块。

① （嘉靖）《行边纪闻·蛮夷》。

② 《苗防备览》，卷九。

③ 参见《苗防备览》，卷一七；（光绪）《古丈坪厅志》，卷九。

④ 《辰州府志》，卷一四。

那些“客家”知识精英，均为科举中试者，有些肯定是中央和地方官员，但我们不具备细分其“官员”身份的资料条件，因而只能列为“客家”知识精英。从年代顺序来看，明早期有10块、明中期有40块、明晚期有9块、南明时期有1块。这里的明早期，是指洪武、永乐、正统、成化、弘治时期，具体时间段是1368—1505年；明中期是指正德、嘉靖、隆庆、万历时期，1506—1620年；明晚期是指天启、崇祯时期，1621—1644年；南明时期相当于清朝顺治时期和康熙元年，即1645—1662年。之所以区分书写者的身份及书写时间，是因为这样才能在多元文化视野之下反映土家族土司在王朝国家的表现，以及土司受重视程度和不同历史时期书碑之风盛行程度。

土家族地区的书碑之风早在宋元时期即已开始，只是到明时期书碑之风更盛。目前发现的宋元时期的碑刻，有湖北恩施市城郊七里坪旧州城的南宋咸淳五年（1269）由“朐山秦伯玉”撰写的《西瓜碑》，以及贵州遵义市元至治二年（1322）由“客家”知识精英撰写的《杨公神道碑铭》。进入明朝以后不同身份的人员书写了大量的土家族土司碑刻，具体是：

一是明朝历代皇帝御赐或御书的碑刻。它们是：洪武六年（1373）御赐给卯峒军民宣抚司（今湖北省恩施州来凤县百福司镇）宣抚使向贵什的碑坊2座，隆庆四年（1570）御赐给卯峒军民宣抚司宣抚使向明辅的碑坊1座，天启二年（1622）明熹宗御书石柱宣慰司（今重庆市石柱县城）宣慰使秦良玉的忠义可嘉匾额1块，崇祯二年（1629）御赐给容美宣抚司（今湖北省恩施州鹤峰县容美镇）宣抚使田楚产的奉天诰命碑1块。值得注意的是，从明早期到晚期，皇帝由御赐转为御书，足见对土家族土司的重视。

二是“客家”知识精英书写的碑刻。明早期有：洪武年间冯咏所撰的黔东北《蛮夷司上渡记》1块，永乐年间为施南宣抚司（今湖北省恩施州宣恩县椒园乡水田坝村）所撰的《施南土司石刻》1

块，正统六年（1441）赵琬为贵州宣慰司书写的《司学题名记》1块。明中期有：正德元年（1506）“江夏刘凤仪”、“阴阳正术南昌金玺”为永顺宣慰司（今湖南省湘西州永顺县灵溪镇老司城村）宣慰使彭世麒所作的《昭毅将军思垒彭侯故室淑人向氏墓志铭》，正德二年（1507）“扬华山黄廷兰”为永顺宣慰使彭显英题写的《故正斋次室淑人向氏墓志铭》，正德五年（1510）“湖广乡进士九溪木斋乔迁”为永顺宣慰司代办彭世麟撰写的《麦坡墓志铭》，正德十一年（1516）“戊午总晋莫诣戈记”为永顺宣慰司自署职官撰写的《彭金墓志铭》，嘉靖三年（1524）“在中人蒋大才、代笔引进人吕明亨”书写的黔东北《思南白云寺舍白碑》，嘉靖三十一年（1552）夏邦谟撰写的川东南《彭水县修城记》，万历六年（1578）李渭撰写的黔东北《修思南府学碑记》，万历九年（1581）帅机撰写的黔东北《重修印江县堂记》，万历十年（1582）“郡人李替初篆盖、李培初书丹”的黔东北《修观音阁碑记》，万历十三年（1585）鄂西《佛像题刻》（今湖北省恩施自治州咸丰县尖山乡唐崖司村），万历四十一年（1613）[1] 吴舆侍撰写的石柱宣慰司《明马千乘墓铭》，万历四十三年（1615）田用三撰写的黔东北《沿河洪渡〈军民禁约碑〉》，万历五十二年（万历只有四十八年，疑为天主启二年，即1622年）胡执恭撰写的黔东北《平播州颂》，万历年间陶望龄撰写的《西南平播碑记》，万历年间的《海龙屯骠骑将军示谕龙岩囤严禁碑》。明晚期有：天启元年（1621）任思永撰写的黔东北《印江文庙碑记》，李靳撰写的永顺宣慰司《翠窟晴岚》，崇祯三年（1630）田仰撰写的黔东北《重修庙碑记》。可见，“客家”知识精英为土司及其自署职官书写碑刻已蔚然成风，从身份上

① 吴舆侍撰写的《明马千乘墓铭》未记作于何年。但据《秦良玉史料集成》第86、88页史料显示，马千乘生于“隆庆六年十二月十八日未时”，“以开矿事忤内监邱乘云，乘云构之，逮下云阳县狱瘐死，年四十有一”。马千乘死时41岁，应为万历四十一年。其墓志铭当作于这一年。

来看有“乡进士”、“戊午总晋”、“郡人”，他们有的是土司的亲戚与故旧。

三是“客家”官员书写的碑刻。明早期有：成化十九年（1483）“赐进士及第、通议大夫、礼部右侍郎兼修玉牒、前翰林院学士豫章谢一夔”为播州宣慰司（今贵州遵义市）宣慰使杨辉题跋的《跋杨辉輓诗碑》。明中期有：嘉靖十一年（1532）“赐进士及出身、文口郎、翰林院皮会、武锅口匠沅福”为永顺宣慰司题刻的《彭世麒仁房夫人墓志铭》，嘉靖未年（1566）“赐进士出身、北京刑部主事、辰阳王世隆”为永顺宣慰司撰写的《明故彭淑人刘氏墓志铭》，嘉靖十五年（1536）“翰林院侍讲学士蒲圻廖道南”、“湖广巡按御史太原张续”为永顺宣慰使彭宗舜撰书的《昭勋碑》，永顺宣慰使彭宗舜的《中翁彭公德政碑》①，嘉靖二十三年（1544）“赐进士出身、中德大夫、贵州等处提刑按察副使、前兵部车驾司员外郎、辰郡大酉王世隆”为永顺宣慰使彭宗舜撰写的《明故怀远将军彭宗舜墓志铭》，嘉靖四十一年（1532）“赐三品服四品带、奉正大夫、修正□、尹□直、文□□、尚宝司卿、□□提督中书事、纂修宫闱惠畴”、“赐吉士第、奉正大夫、广西按察司佥事、前刑部山西司员外熊祥”、“赐进士第、中顺大夫、知重庆府事、前刑部郎中文赳”为永顺宣慰使彭世麒撰文、书丹、篆盖的《□阶昭毅将军思垒彭侯故室淑人向氏墓志铭》，隆庆二年（1568）“赐进士及第、特进上柱国金紫光禄大夫、建极殿大学士、少师无太子太师、吏部尚书、存齐徐阶”为永顺宣慰使彭翼南撰写的《皇明诰封昭毅将军授云南右布政使湖广永顺宣慰彭侯墓志铭》，万历十九年（1591）“文林郎、知四川重庆江津县、武陵洞街陈一能天全甫”为永顺宣慰司彭氏撰写的《彭氏祠堂碑》，万历三十九年（1601）“赐进士出身、□科给□中、翰林院庶吉士、□□孙羽□”为容美

① 此碑文已严重风化、破损，仅剩下四分之一的字迹勉强可辨认。

宣抚使撰写的《田九龙墓志》，万历戊午岁（四十六年即1570年）“赐进（士）第、北京户部郎中、李之彦”题写的《印江梵净山重建金顶序碑》。明晚期有：天启四年（1624）“钦差总督四川盖湖广荆岳郧襄陕西汉中等府军务、策缓总粮饷、巡抚四川等处四方、兵部侍郎、兼都察院乃佥都御使朱燮元为湖广唐崖司征西蜀升都司佥书兼宣抚司宣抚使覃鼎立”的《牌坊》1座，崇祯四年（1631）“文林郎、知黔江县事戴可彦”为酉阳宣抚司（今重庆市酉阳县城）宣抚使冉维屏撰写的《冉土司白夫人墓志》1块。不难看出，这些官员书写者的身份从“功名”来看，有“赐进士及第”、“赐进士及出身”、“赐进士出身”、“赐吉士第”，从散官称号来看有“通议大夫”、“文□郎”、“中德大夫”、“赐三品服四品带、奉正大夫”、“奉正大夫”、“中顺大夫”、“特进上柱国金紫光禄大夫”、“文林郎”，从官衔来看有“礼部右侍郎兼修玉牒”、“北京刑部主事”、“湖广巡按御史”、“贵州等处提刑按察副使、前兵部车驾司员外郎”、“修正□、尹□直、文□□、尚宝司卿、□□提督中书事、纂修官”、“广西按察司佥事、前刑部山西司员外”、“知重庆府事、前刑部郎中”、“少师无太子太师、吏部尚书”、“知四川重庆江津县”、“□科给□中”、“北京户部郎中”、“钦差总督四川盖湖广荆岳郧襄陕西汉中等府军务、策缓总粮饷、巡抚四川等处地方、兵部侍郎、兼都察院乃佥都御使”、“知黔江县事”，从学衔来看有“前翰林院学士”、“翰林院皮会”、“翰林院侍讲学士”、“建极殿大学士”、“翰林院庶吉士”，从籍贯来看有“豫章”、“武锅□”、“辰阳”、“蒲圻”、“太原”、“辰郡大酉”、“存齐”、“武陵洞街”等地的，从姓氏来看有谢氏、匠氏、王氏、廖氏、张氏、闹氏、熊氏、文氏、徐氏、陈氏、孙氏、李氏、朱氏、戴氏等姓氏。特别值得一提的是，明中期永顺宣慰司墓碑题写规格极高，如彭世麒墓的撰文、书丹和篆盖，彭宗舜墓碑的撰与书，均为高官；彭翼南墓碑则由吏部尚书徐阶亲自撰写。还有，明晚期唐崖宣慰司的碑坊竟然由地方一级大员亲自组织竖立。可见，明朝中晚期的土家族土司受到了朝廷的高度重视。

四是土司及其代办和土舍题写的碑刻。反映明早期的有：洪武年间高罗宣抚司（今湖南恩施州宣恩县高罗镇）宣慰使为其祖先田飞龙书写的《田飞龙墓碑》，弘治年间永顺宣慰使彭世麒题写《摩崖石刻（一）》和《摩崖石刻（二）》，光绪五年（1879）酉阳土舍的后裔、族首冉寿益撰书的《冉氏家庙碑序》。明中期有：正德元年（1506）永顺宣慰司代办彭世麟题写的《观音阁钟铭》，正德年间永顺宣慰使彭世麒第十二子彭明道书写《白竹山石刻》，正德三年（1508）永顺宣慰使彭世麒题写《夕铺摩崖石刻》、《摩崖石刻（三）》，正德年间永顺宣慰司代办彭世麟题写的《爽岩洞石刻》，嘉靖二年（1523）永顺宣慰司致仕宣慰使彭世麒及其弟彭世麟一行33人题刻的《钟灵山石刻》，嘉靖十年（1531）岁次辛卯永顺宣慰司恩官前致仕写慰使司彭世麒、恩官致仕宣慰使彭明辅、现任宣慰使彭宗舜、官舍等19人以及众多铸匠铸刻的《祖师殿大钟铸文》，万历十二年（1584）由“湖广永顺等处军事宣慰使司、署理印务前任宣慰使、钦升云南右布政使彭翼南正嫡彭氏”手书的、督工舍把7人、管工班头1人、石匠1人立的《翼南牌坊》，万历十五年（1587）永顺宣慰使彭元锦书写、铸造的《铜炉铭》和《铜钟铭》，万历三十六年（1608）大田所正千户“孝男蒋三善、策、畏”题刻的《覃氏墓志》，万历三十六年“湖广施州卫大田军民所世爵正千户”、“孝男田阶、袭爵承重孙田见龙、田起龙”所立的《田门覃氏墓志》，万历三十九年（1617）辛亥岁分别由“印官田夫人”、“峒主覃文杰同男覃文仲”题刻的《唐崖土司城石马》。明晚期有：崇祯三年（1630）庚午岁唐崖宣抚司“孝男印官覃宗尧”书写的《唐崖土司城田氏夫人墓碑》，崇祯十五年（1643）壬午岁“孝男世袭宣慰马万年万春”所立的《秦良玉子马祥麟墓碑》。反映南明时期的有：清顺治五年（1648）书写《明上柱国光禄大夫镇守四川等处地方提督汉官兵挂镇东将军都督府左都督太子太保忠贞侯贞素秦太君墓》联。这类碑刻和摩崖石刻的书写反映了明代土家族土司本身受到的儒化教育水平，就水平而言，明朝早中期永顺宣慰司最高，明万历以后、南明时期乃至清康雍时期，容美宣慰司后来居上。

总之，这批金石碑刻的原始内容是四类人群多元文化视野之下的对明代土家族土司最为直接的、现场的、近距离的观察与描述的结果，它与清代前期封疆大吏非现场的、间接的甚至是道听途说的、远距离的观察与叙说，以及改土归流后土司后嗣的非现场的间接性追述，有着本质区别。这是明代不同政治阶层聚焦于土家族土司多视角的观察，还原了一个个客观真实的土司及其家庭，包括他们的观念、情感与意象等。

三、明早期土家族土司“中华情结”的形成

明早期，土家族土司的观念主要由道德观念、政治观念和经济观念构成，其情感突出了以“争第一”为特色价值感，其意象是“列圣相承”而来的综合意象。具体表现是：

（一）传统政治道德观念的初步突显

明早期土家族土司的观念按照R. 笛卡尔的分类标准，应是“天赋的”和“外来的”观念，而非“虚构的”观念。这里既有单纯的道德观念，又有政治的、道德的与经济的综合观念。

道德观念体现在“孝”方面。高罗宣抚司的《田飞龙墓碑》称田飞龙为“大老爷”，其后嗣之所以要“纪其祖宗”是因为“木本水源之故”，培养“孝子慈孙”。它强调的是“孝慈”。“孝”是“忠”形成的基础，“移孝作忠”，最高境界是“忠”。

政治、道德与经济的综合观念在不同的土司表现不同。卯峒安抚使向贵什的道德观念是“忠”，政治观念是“勇、勤”；蛮夷司

强调“仁政”；播州宣慰使杨辉具有“孝、礼、恕”的道德观念，“勇、工、严、至、重”的政治观念，以及“厚、薄”的经济观念。具体而言，洪武六年（1371），明廷为卯峒安抚使向贵什竖立“忠勇绝伦坊”和“忠勤独著坊”两座碑坊，以强化其“忠、勇、勤”的国家观念。洪武年间的《蛮夷司上渡记》，专论“古者道路津梁，经历于执政而豫为之备”的道理，因而蛮夷司禁止“舟子利往来之繁人，索钱无算，行者苦之”行为发生，试图推行“仁政”。成化十九年（1483）“缙绅士夫”《跋杨辉挽诗碑》描述，昭勇将军、播州宣慰使杨辉“自弱冠袭父职，累受命征剿叛寇，兵所至如破竹，无或敢婴其锋，甚至有闻风归附，兵不血刃而境土以宁者，此其于武事也甚勇。诸经子史皆博览之，兴有所到，形之歌咏，得唐人音响。大书行草书，皆遒劲可爱，此其于文学也甚工。蚤失怙，事母夫人，恪尽礼意，此其共子职也甚孝。处宗族，和而有礼；抚卑幼，慈而有恕；治兵民，威而不猛，此其待人也甚恕。独居燕处，亦必以礼自防，而不肯少涉嬉慢，此其持已也甚严。修学校，延明师，以教育人才，而致文风日盛于前，此其崇儒术也甚至。输粟数千石以饱边戍，而荷朝廷旌异之典，比入觐，诏陪庆成宴于奉天殿，赐一品章服及金币诸物，此其获上之优待也甚厚。年财四十有一，即抗章求退，而替其职于其子，此其视功名也甚薄。虽在休致中，边陲有警，必诏君督兵讨平，此其见倚任于朝廷也甚重。若君，而人不可谓文武才行之兼资者欤?”正因为此，形成了缙绅士夫“模仿古《薤露》、《蒿里》之作”的哀挽诗，其“《薤露》、《蒿里》二诗，作于田横之门人故吏”。这就是用古旧诗体反映深远的文化传承以及极其复杂的观念。

（二）在勇争第一与寄情山水之间突显人生价值感

明早期土家族土司的“中华情感”，更多不是道德感而是价值感，具体表现在勇争“第一”与“将政事处理寄情于山水之中”。

施南宣抚使司在永乐年间的《石刻》中，认为自己是“经国世第”、“经国文章第一家”，“代传奇勋”，“分镇护守遂世家焉”。这就是强调勇争“第一”，从而能护住土司地方。

弘治年间，永顺宣慰使彭世麒在游历山水间留下古朴的书法作品两幅。作品为摩崖石刻，位于今湖南省湘西土家族苗族自治州永顺县麻岔乡上官村。一幅写道：“思垒同诸亲友游口，此细话改口，夕旦。”另一幅写道：“弘治已未岁仲夏，余邀同世亲冉西坡游此，得鱼甚多。其日，游者从者千余，俱乐醉而归。思垒记。”弘治十二年（1499）仲夏，思垒与酉阳宣抚使冉西坡，在游乐山水之中处理政事，表现了较高的土司政治驾驭能力。这种情感显然是一种“心境”，一种“个人情感”与“集体情感”的有机整合，它追求“真感”，强调“人尊与自尊”。

（三）初步形成“列圣相承”的中华意象

明早期土家族土司的中华意象，有多种来源，既直接来自童年时代开始的家庭感性生活，又间接来自学校与书本。据正统六年（1441）黔东北《司学题名记》描述，“贵州，古为南荒，椎髻卉裳之俗。虽唐虞三代之治，不能覃被。汉唐宋以来，不过羁縻而已。逮我国家，列圣相承，声教所暨，无间远迩，其人始循礼制，称臣奉贡”。礼有家礼国礼之分。这就道出了“中华”之本义是“列圣相承”，继承圣人遗教，中华之邦是“声教所暨”、“循礼制”的国家，同时强调了司学与礼制教育的关系。

总之，明早期的土司观念包括孝忠礼恕的道德内容、勇勤仁工严至重的政治内容和厚薄的经济内容，情感包括争第一和将政事处理寄情于山水之中的价值感，意象是“列圣相承”、“声教所暨”、“循礼制”的意象。这显然是中华传统的观念、情感与意象，它们共同构成了明早期的“中华情结”。土家族土司“中华情结”的初步形成，与明早期对土司大力推行儒化教育是密不可分的。据《大明一统志》载，洪武二十八年（1395），朱元璋诏令“诸土司皆立县学……培养土官及其子弟习文化”。弘治十四年（1501），明孝宗发出诏令，要求“土司应袭子弟，悉令入学，渐染风化，以格顽冥，如不入学者，不准承袭”。这些有关儒化教育的硬性规定将应袭土舍引入了学校，使之在观念、情感与意象方面发生改变。

四、明中期土家族土司“中华情结”的发展

明中期，土家族土司观念世界、情感世界和意象世界较之于明早期更为丰富，形成强劲有力的“中华情结”。主要是：

（一）形成了传统政治道德观念系统

在明中期土家族土司的观念世界里，从类型上看，道德观念内容更为丰富，不仅有土司的，还有土司夫人、土舍、土司代办、土司管家以及土司宗族的。除道德观念外，经济观念、法制观念的内容也十分丰富。土家族土司的观念世界，对于解读土司之所以持续八百年、在明清易代之际追随南明政权、不与他们在清初认为的“乱臣贼子”清朝和农民军为伍，无疑是极有帮助的。

第一，土司夫人的道德观念。从正德元年到嘉靖末年（1506—1566），以永顺宣慰司为代表的土家族土司之所以能够“勿以私家为重”、“力报家国恩，以保先业”、“精忠报国”，是因为土司夫人的德行。这些土司家庭的夫人群体，具有“仁（贤）礼惠雅孝节勤和”道德观念。具体而言，永顺宣慰司“家政”向凤英以包括惠勤雅贤在内的“仁惠”著称，淑人向授契注重信守孝礼节，仁房夫人彭德英重视礼贤仁节，淑人刘氏注重礼孝节。

正德元年（1506），“客家”官员围惠畴在为宣慰使彭世麒的长房“清房”、淑人向凤英书写的墓志铭中，道出催人泪下的土司夫人的道德形象。他记录道：“永顺宣慰使彭侯天祥，尝以文墨通予。今年仲春，忽遣冠带头目乔永福以手状告予曰：‘世麒长子明

辅之母向氏字凤英者，于弘治十八年乙丑仲冬月十四日寅时，不幸以疾卒于室，卜正德丙寅十二月二十二日附葬失茔之侧，敢借重一言以志墓。’按来状，向氏号清房者，腊惹洞长官向源之伯女也，年十五归于侯。其归也，以清房父祖乃侯姑祖之脉，侯之祖源寔清房姑祖之子，以姻缔亲，续世之好也。向性聪慧，知妇人法度，事侯甚得其礼，事侯母心色备至，有男子之所难者，故侯亦甚重之爱之。大凡妇人得夫君者，必乘其私之陈进谗行妒，鲜不傲上凌下以专宠。向氏独不然，所以与仁房彭氏德英者惟重，自静房彭氏銮英、宝房彭氏彦英、壮房覃氏贵英而下姬氏若干人，咸怀其恩惠，举无怨言。尝有忌之者，向知之，略不介意，而待之如常。侯知其素有量，姑试之，曰：‘某忌女有言如是，女可忍乎?’向但敛手关立，声气平咏，卒无一言讐之者。于是群小敬服日加。侯诸生男女共二十有四，……向能受之教之如己出：有读书者，向躬为指画，百方以佐其勤。向幼未及女学，又非出庭训，其子所读诗词歌赋，闻说即了大意。如《灵溪名例注》一书，闻讲颇久，辄人能成诵赏晚。至于辨珍玩、识奇货，虽老于游历者或无以过，岂得于天分然乎？向性清雅，其闺奁器具井井入人意，故名之曰‘清房’，所以纪其实也。勤能工巧，精于女织，又善处事，故以家政使总之。不惟治其门内，又助侯亲贤友善，及诸发号施令多所裨益。侯性傲刚严，每侯颜色进谏曰：‘世事无穷，火阴有限。此细微，尔何足过劳如是耶?’故临政时常使人观之，惟恐伤于侯而患及下也。侯性好书画，集之者充栋，向皆能保藏之。侯治颗砂别墅，向指画，多合意。尝得九连环，多未及解，向辄解之，能复连。其陪若此，真不多闻也。侯尝节奉王命，若弘治五年有施州银山岭之征，六年有贵州都请之征，加年有靖州及普安之征，十七年有广西思恩之征。每频行，向拳拳以公义，劝侯勿以私家为重。侯征恩恩时，行逝柳州，欲一诗稿，且念方恨忘于家也。忽报家书至，发视之，启积而妙合。有如此者。侯征回，病于劳，向竭力视疾，日夜左右，汤药不亲尝不进，不理容色者旬日。侯病已，向卒以勤劳臻疾又不忍使侯知之，尤力疾侍侯，燕会后，不自矜持，日见羸瘠，遂伏枕二月。侯多方救治，竟不起痊，与侯诀曰：‘愿夫君为氏事慎节圣心，事吾老姑，力报家国恩，以保先业。妾自恨命薄，不能百年侍巾栉’。语毕，涕泗横下，有顷而逝。视其始，生于成化丁酉三月初十申时，实得年二十九。于戏痛哉！先是，弘治丙辰以侯受诰封，向因让于彭，且曰：‘我虽总家政，而彭宽，失于我。此人伦也。’故彭受冠佩，而向益有贤声。今年，侯以宿疾作不能供职，请于朝。适彭无子，以向之子明辅当司职。则身虽让封于前，其子则受荫也，又尝进其来使。而审之，佥拜且泣曰：‘数司民黎被吾夫人之仁惠也众也，口莫能声其多，而状之所陈特其既焉者。故讣闻日，远近部落奔走号哭，声震于林木，茕然如丧考妣，哀声至今不绝。况吾主在董时，绰有贤异，宗族拜部下大姓皆叹其配，及夫人入门，仅见其言动有法，豁达无与，泣者内外咸喷喷，警喜曰：此善配也，此善配也’。”① 不难看出，土司夫人的知书达理、深明大义、孝敬老姑、相夫教子、“内助之有贤也”、与各房及远近部落关系和谐的“仁惠”形象，被突显出来。

正德二年（1507）题刻的《故正斋次室淑人向氏墓志铭》，讲述了桑植安抚使向宽与彭吕之女、宣慰使彭显英次室、淑人向授契的故事。向授契“自幼颖秀，志趣不凡，父母重之。年甫十三，归先宣使正斋、彭公次室。氏雄幼而谋望老成，奉盎馈之余尤能孝礼大人，群居诸姬间，一处阜和，少不拂逆其意。百凡使国中揽活，正斋马□尤深。弘治庚戌，正斋即世，氏才三十。诸后亲讽以更节，氏噬指，流血起天誓，只身为彭氏思此生足矣，讽者渐退。自是静居一室，寡谈接，无故不越问。今宣使思斋虽奉养备至，阜安其心而霜居一十八年，凛然一节，则又出于天性，而非人力可作

① 正德元年《昭毅将军思垒彭侯故室淑人向氏墓志铭》，中心拓片。

者，宜其为闽门之表表也”。[1] 向氏只是小妾，却注重和好各房妻妾关系，而且为死去的土司守节终生，从而赢得“佼美向氏，懿德寔仪，佐理内政”的好评。

嘉靖十一年（1532）题刻的《仁房夫人墓志铭》，讲述仁房夫人彭德英重视礼贤仁节的故事，说“彭侯甫冠，以礼聘娶两江口长官彭胜祖次女。年十三，归事彭门。事上以道，御下以恩，柔而不失之施，慎而不失之矫。及侍奉诰封太老夫人，亲膳问安，虔恭寅畏，虽寒暑不易其节。太老夫人孀居时，悲慕俞节。夫人彭氏劝思垒东创莞庄，西创摆以庄，性杀，核旅游，亲执筐稆，以供游客。有以慰亲之欢，妯娌间未尝有？毫厚薄，曰斯，曰端，曰信，曰兰，曰保，房辈咸乐，兴德而称慕之。凡综理干务，井井有条。彭侯累承檄命，精忠报国，亦夫人有以相之，可谓贤矣乎。噫，思垒以仁房命之者，所以表其德也。”[2] 这表明仁房夫人在治家及充当土司贤内助方面，极尽仁礼贤。

嘉靖末年（1566）的《淑人刘氏墓志铭》记载：“永顺彭慰使天祥，家法甚严，内□不出于外。……曰：‘是女他日得婿，必近乘龙真夫人之相也。’父母甚钟爱之。弘治甲寅岁，天祥始问名而纳采焉。既而归彭门，事姑有孝行。每修馈食，必极甘昔精洁，否则不敢进奉也。其事天祥也，无时无处而不敬戒，常自言曰：‘女子之嫁也，母命之性，之汝家必敬必戒，无违夫子。妾敢不敬戒百违我夫子乎。’尤谦早以礼，元嫡入云则入，坐云则坐，食云则食。嫡未之云则弗入、弗坐、弗食□。至于娌娣，尤能容蓄，而无嫉妒。其于□使□贱□，能周恤，非怙终所犯而轻詈责笞辱也。天祥服官政二十余年，其朝夕侍巾栉，示尝少懈。其退食，自公每撰，具未尝违误。天祥七年征讨□□，衣裳备粳粮款甲胄韦亏矣，而罔

---

① 正德二年《故正斋次室淑人向氏墓志铭》，中心拓片。

② 嘉靖十一年《彭世麒仁房夫人墓志铭》，中心拓片。

不书□□力。今天祥致政又二十余年，其侍休暇亦可谓能尽妇职矣。”[①] 刘淑人是彭世麒的三夫人，既讲妇德又尽妇职，在礼孝节方面尤其突出。

第二，土司代办具有孝恭义礼和等道德观念。正德五年（1510），土司代办彭世麟去世，之后有人对他“盖棺论定”，认为他“自幼实纯，天资过人。比长，粗小涉猎经史。正德庚午辛未岁，代司事，同目把彭朝、张虎、彭尚勇、彭胜等领兵征讨川陕、河南、湖贵诸丑，与树大功。孝于亲，恭于兄，安于义分，接往来士大夫以礼，处土著舍目以和，凡公门庶务罔不协力赞襄，事事就绪。上下咸知其为人，所以不负为今致仕使君、钦授龙虎将军、上护军、大兄恩斋公钟爱，荐至之难弟也。矧其为人慕道德、尚修养，居常以山水钓弋为娱，诗酒琴棋自遣，虽生膏梁，而能脱去纨绮之气，遇饥寒者辄周济之，见罹罪者辄申救之，无问贤愚皆知其德”。[②] 这就是说，土司代办不仅具备“孝恭义礼和”等道德修养，而且在理政方面具有土司彭世麒的风范。

第三，土司管家被称为“仁者”。正德十一年（1516），“总晋”莫诣戈在彭金墓志铭中，称彭金为“仁者”，说彭金“生于砚台，及长，上相有托，举以管家”。[③] “仁者”之说，可能与土司家庭的“学仁教育”有关。

第四，土司的综合观念。与明早期比较，明中期土司不仅具有政治、道德与经济的综合观念，而且更有法制观念。其道德观念是“忠、孝义、礼”，政治观念是“勇、勤、和、威德”，经济观念是“轻财乐施”，法制观念是奉行“祖宗之法”。

彭宗舜以“忠孝”和继承“祖宗之法”见长。嘉靖二十三年

① 嘉靖末年《明故彭淑人刘氏墓志铭》，中心拓片。

② 正德五年《麦坡墓志铭》。

③ 正德丙子年（十一年）《彭金墓志铭基本资料》，中心拓片。

(1544) 彭宗舜死后，其父彭明辅派人请与宗舜有“有师生之谊”的王世隆撰写铭文。王世隆写道：“氏中朝大夫，若东白白沙、东山其泉、阳明士生、闻山高吾、云巢诸名，公皆是礼厚币以求教，故一方典章文物，丕变庶？中，旧思察之力也。……余未岁，田州叛，上命阳明公率师征之，得轩与君适以师隶帐下，□□太守，人廿更出迭，入讲明良之学，盖闻所未闻。□此班师，阳明公火诗送之，曰：‘□□彭宗舜，生多战功，徒亲心已孝，报国音补志。’故君问字于余，余得字之曰：‘子孝而署其所居之室，曰忠轩盖志之也。’君拜，受命唯谨。嘉靖□，母得轩以疾，上允讫休，部为题诗□□，上可之。遂早君嗣职，寻以田州功，受□□赏，邦文荣之。嘉靖辛丑，九庙灾征才于楚蜀，君献大木二十章。……嘉靖癸卯，镇竿夷龙求儿寺寇抄为患，上遣大臣乎之，檄君帅师，兴敌相拒，凡百日，卒擒首恶献之，然亦劳备甚矣。捷闻，天子赏之，君遂以疾终于家。……呜呼！君果弗寿已乎？然生死常理，苟为人臣为人子，有以孝于家而忠于国，爱民仁与士信则生，生之理得矣，而何寿夭之足计耶？惟其生无益于时死无闻于后，则曰富、曰贵、曰老且不死。政如浮云、泡影、槁木、顽石等耳，向足为把玩耶？……生子男三人女一人，长翼云当嗣职，余议谓：翼云年少而有美质，当使之，从师力学而又日供侍其祖得轩君膝下，以沿袭政体。”① 可见，彭宗舜善于向名士学习，继承“祖宗之法”，养成了“忠、孝”道德。

彭翼南具备勤义礼和孝忠“六德”。隆庆二年（1568），吏部尚书徐阶为永顺宣慰使彭翼南撰写《墓志铭》，写道：“余初阳明先生游，闲论天下世族贵盛而悠远者，先生因及永顺彭氏可以当之。余曰：‘何征？’先生曰：‘迩者两役思、田，宣慰世麒、明辅、宗舜三世咸征，及和门，日待讲宅，吾见其敏而勤、富而义、

① 嘉靖二十三年《明故怀远将军彭宗舜墓志铭》，中心拓片。

贵而礼、严而和、入而孝、出而忠。夫学莫贵乎勤，利莫先于义，接人莫急于礼，驭众莫要于和，立身切于孝，报国莫大于忠。彭氏世有六德，恶得不贵盛而悠远乎?’”按“六德”标准，徐阶评价了彭翼南的一生。他认为彭翼南“儿时性颖敏，举动不凡；及少长，务学不倦，喜诵诗评史，延巨儒为师友，资如东廓、念奄、则远、宗之、道林、华峰，皆及门受学，刊阳明《遵诲诸集》以思贤，修司志、家谱诸书以传后，他如当路群贤曾侍侧者，罔不师法之，故多闻见，而不富学识，非敏而勤者乎？席祖父丰盈场，强盛而不侮邻，封不钤民庶。凡送迎，出予必裕，故士夫工贾胥得其欢心。军中饷犒，靡不分给，故士卒用命而所过不扰。广积布粟以赈饥寒，大施财木以修学梵，自备资粮采进大木，助建朝殿，直拟万金。至于自奉饮馔，未尝兼味，衣服不着锦绮，仪从惟尚简朴。尝获贼中美姬，督臣以充赏，侯即沉之江，其不心骄贵而迩声色。每如此，非富而义者乎？自继职加封，略无毫发骄肆态，和易以混俗，钤退以容物，敬慎以事上，温恭以下贤。士无显晦，问聘咸勤。宾无少长，款待必厚。间有不得于人，纵面毁，无温色。非贵而礼者若是乎？遇群下必庄必厉，居常则统纪有规，行师则部伍不紊，然其色威不猛，令肃而宽。虽圉卒仆夫，待若家人父子。故民聚不散，睦而不乖，鸡犬相闻，远近悦服。卒之日，众若丧厥考妣。非严而和者能然乎？侯早失怙，鞠于大父。大父得轩，余同门有道叟也，侯亦步亦趋，一语一默惟大父是效，政治禀命不敢行，人非旧役不敢任，晨昏之省，膳疾之侍，必亲必敬。及事孀母，咸亦如之。族尊长必加礼敬，卑幼多周恤之。若曰：此一吾父子，一体亲也，何如其孝耶？侯十九莅事，次年东征，其平望驿、王江泾、秋母亭、陆泾坝、胥口之大战，每身先士卒，多擒斩功，及寇复入，侯整旅载征，遂收平湖全捷，徐海授首，贼众靡有孑遗，至今岛夷绝迹，不敢为东南患者，皆侯之力。抚管镇竿，叛苗不复出没；征剿支罗土寇，黄中率服归降。除施散之暴侵，拯川湖之水火，察管内疾苦而向之，流移悉复均户口粮税而昔之，甫欠尽完。至朝觐贡献，岁无后期。故历任十三年，而膺钦奖宠锡者，五部院旌奖者三十，或进昭毅将军武阶，或升参政、布政文秩者，胥侯敷工之所致也，又何其忠耶？夫集众善，备是六德，能率乃祖攸行，为昭代勋阀，宜其福享贵盛而寿获悠远也。”[①] 可见，心学家王阳明和吏部尚书徐阶的“六德”标准，核心就是中华儒家传统中的于家尽孝和于国尽忠。由于永顺彭氏看重“六德”，因而成为“天下世族贵盛而悠远者”。

向明辅和马千乘以“忠勇勤”和“威德”见称。隆庆四年(1570)，卯峒安抚使向明辅荣获“忠勇勤劳坊”碑坊。[②] 这表明，明中期的朝廷仍然强调土司的“忠勇勤”道德和治家理政观念。万历四十一年（1613），石砫宣抚使马千乘短短64字的墓志铭中，有“将军威德”句，[③] 概括了马氏“于国有威、于民有德”的一生。

土司作为朝廷命官，其政府是自筹经费的政府，但某些土家族土司却具有“轻财乐施”的经济观念。嘉靖二年（1523）仲秋，永顺宣慰司致仕宣慰彭世麒率领三十余名土司官员来到其400余处庄田之一处的钟灵山一带（今永顺县龙寨乡把竹河村），“收粟1万秤”。[④] 土家族土司固然权倾一世富甲一方，但有的却具有儒家传统的“义利”观。彭世麒本人，就是“倜傥好义，轻财乐施”的土司。[⑤]

明代土家族具有法制观念。这种观念是通过“祖宗之法”的继承方式，达到地方安全稳定的目的。前述彭宗舜是如此，这里的彭明辅以及沿河洪渡军民也是如此。永顺宣慰使彭明辅理政，颇得其

① 隆庆二年《彭翼南墓志铭》。
② 隆庆四年《碑坊》。
③ 《明马千乘墓铭》。
④ 嘉靖二年《钟灵山石刻》。
⑤ 见嘉靖二十三年《明故怀远将军彭宗舜墓志铭》，中心拓片。

父彭世麒的风范。他“深沉简重，雅好文学，所接器端太正，士不接容□，尚扉鹿面，惟日以宽惠，抚绥其臣民以无事，地方安之。盖思□既作于前，而得轩惟有惟静以守之，迄张操纵之体，当如是也。……盖得轩仁厚者，成好贤礼士，百姓安之。苟多历年所以待其孙以成，不为彭氏之福，而边徼得人，惟藩惟垣，国家亦胥赖焉”。[①] 为了严禁因汉人拐卖人口导致夷人抢掳汉族人畜的地方安全事件发生，万历四十三年（1615），沿河洪渡刻石强调“蛮汉分治”政策。刻石规定：“一、汉人入夷勾引夷人入汉，酿起边衅，危害地方者，一律处斩；二、将汉人诱拐入夷转卖者，一律发边充军。汉人入夷，律有明禁。或逆命奸携家投夷，或本城汉人假借入夷生意。担挑货物为名，逆谋诱骗消息，探听往来缙绅商贾，携掠人畜，以致道路断绝，地方凋残，皆由此辈诱夷出去所为。今后，各该有司、府管，凡遇通夷关隘及夷贼出游，严加盘诘。”[②] 这就道出了中华传统“蛮汉分治”政策推行缘由与目的。

第五，土司宗族的“忠孝”道德观念。万历十九年（1591），永顺宣慰司《彭氏祠堂碑》历数彭氏勋业，表达了其“孝思于不匮”，“朝廷待开国元勋，生则侯封，死亦庙食，所以劝忠也”，“不失忠臣孝子之至情”，“睦邻仁族以结人心，由是可以兴孝”，“以忠孝殉国，今候以忠孝承先”道德观念。[③]

（二）价值感与道德感多重交织

明中期土家族土司的情感世界也较明早期的丰富，它不仅具有价值感，而且具有道德感。

土司及其自署职官的价值感，在钟情中华山水、超脱理政、世

① 嘉靖二十三年《明故怀远将军彭宗舜墓志铭》，中心拓片。

② 万历四十三年《沿河洪渡〈军民禁约碑〉》。

③ 万历十九年《彭氏祠堂碑》。

秉忠顺、争“正统”、讲究“门当户对”以及力求矢志不渝地“保国”之中得以突显。正德三年（1508），宣慰使彭世麒与其外嫁到酉阳宣抚司的妹妹泛舟夕铺（今永顺县麻岔乡上官村），留下还能反映司河水上涨幅度的摩崖石刻。刻石记载：“正德三年，余与嫁酉司妹同游。时水泛，故记。”[①] 彭世麒之所在以军政之余能享受闲逸的田园诗一般的生活，是因其将内政事务委之于其弟、土司代办彭世麟。这也给彭世麟增添了烦恼。正德年间，晚年的彭世麟与土司慕宾“二川彭飞”、“小崖胡静”等人在爽岩洞窟里，一度享受醉仙式的逍遥生活，留下了令人神往的“古洞爽开处，藏春别有天，百壶酬胜尝，一笑了清缘，偶与仙人游，邀我洞中宿，夜久月明孤，风吹岩下竹”的刻石。[②] 土司日常生活的洒脱与其走上战场，判若两人。嘉靖十五年（1536），彭世麒之孙、宣慰使彭宗舜与族舍亲彭九龄等一起，“世秉忠顺”，“以夷攻夷”，激战宁乡大伪山，成功平定叛乱，[③] 对永顺土兵的勇争“第一”进行实际行动的诠释。万历十二年（1584），宣慰使彭翼南之子彭永年建造“翼南牌坊”，上刻翼南生前所书“子孙永享”四字，以强化彭翼南“正嫡彭氏”地位的不可动摇，[④] 体现了土司强烈的“正统”意识。万历三十六年（1608），唐崖司覃氏和施南宣抚司属司忠路安抚司覃氏，分别将女子嫁给施州卫大田所正千户田门[⑤]和正千户蒋宏为妻。[⑥] 这是“门当户对”观念支配下的跨民族的“等级内婚”行为，打破了“蛮汉分治”的局限。万历三十九年（1611），容美宣抚司《田九龙墓墓志》叙述田九龙“壮年缵宣抚职，夙常为国征

① 正德三年《摩崖石刻（三）》，中心拓片。
② 正德年间彭飞《爽岩洞石刻》。
③ 嘉靖十五年《昭勋碑》。
④ 万历十二年《翼南牌坊》。
⑤ 万历三十六年《田门覃氏墓志》。
⑥ 万历三十六年《覃氏墓志》。

讨，大树奇勋，实为天朝倚重，屡膺当途，旌奖为西南之保障也。接……公生平一无他好，惟喜……六经……而好贤下士，卓有孟尝君风”。[①] 这反映了土司正统意识向土司自我中心意识的转化。万历后期，播州宣慰司坚决贯彻朝廷的“蛮汉分治”政策，其“侯国”被治理得如铁桶一般。在《严禁碑》碑文中，海龙屯骠骑将军借用《易经》中的话，说：“王公设险以守其国，吾先侯得之矣。今重缉之，以为子孙万代之基，保国之根本耳。然其地险要，非得其人则不可使守也……各给年貌号牌，稽考内无出关字样。倘如解取物件，或或告假下囤，赴总管厅乞牒照验，方许放行。其运送口粮帮户，给有年貌号票，各带在身，执照进出。”[②] 这说明土司称其领地为“侯国”，称设关严查为“保国”。然而，其矢志不渝“保国”的最终结果，是导致了“侯国”的消失。万历年间，朝廷调四川播州宣慰使杨应龙征辽，但随即改变主意，结果使生性多疑的杨应龙以为自已犯下罪行，转而起兵反明。平播之役后，一些“客家”知识精英却历数平播诸将的神勇以及杨应龙的罪有应得。在万历五十二年（应为天启二年，即 1622 年）的刻石中，作者胡执恭从“君/臣/国”角度讨论了中央、地方和家族村社关系的处理，认为“有德有威，惟用之宜，匪曰利之”，“君归臣功，臣赖国灵”。[③] 陶望龄甚至认为，杨应龙叛乱蓄谋已久，“夭椓姻党，遂延盱黎七姓五司”，万历帝“令吏召应龙置对，逋佚抵嫚，未竟厥理，用反戈于白石”。[④] 笔者认为，这些评价固然有其道理，但同时也忽略了土司对“蛮汉分治”政策的认真贯彻以及朝廷的调兵无方。

明中期土家族土司的道德感，通过报“四重深恩”以及景仰诸

---

① 万历三十九《田九龙墓志》。

② 万历《海龙屯骠骑将军示谕龙岩囤严禁碑》。

③ 万历五十二年《平播州颂》。

④ 万历《西南平播碑记》。

夏英雄得以体现。嘉靖十年（1531）岁次辛卯，湖广永顺等处军民宣慰使司的道教信士、宣慰司衙门各位官员一起铸造了祖师殿的“雄狮抱钟”，铸文表达了他们心怀道日、皇图、法轮、帝道等“四重深恩”。“上愿：皇风清穆，圣寿长更；祁：官长安荣，封疆永固；不父：众信均使，康宁俗美，岁丰民安，物阜谨意”，他们期望“道日增辉”、“皇图永固”、“法轮常转”、“帝道遐昌”，认为“四重深恩未报，没齿难忘”。[①] 这显然是一种期望国家安全、稳定和繁荣的集体情感。万历三十九年（1618）辛亥岁春夏，唐崖土司印官田夫人和“峒主覃杰同男覃文仲”，分别为张飞庙建造石马，[②] 以表达对诸夏英雄的景仰之情。这些均表达了爱我中华的深厚情感。

（三）形成了身家国命运与宗教关联的意象世界

明中期的土家族土司的中华意象，更多的是现实世界与宗教世界的关联，他们往往将个人命运、集体命运与国家命运有机地联系起来，从中获得合理的解释。这里有间接的意象，但更多的是直接的意象。

正德元年（1506），土司代办彭世麟作《观音阁铜钟铭》，以一个崇佛者的心态描写扣钟的玄妙感觉，表达自己“晨昏之节，永惟茂功”心愿，期望永顺宣慰司在晨昏交替之际建立“功勋”。[③] 正德年间的《白山石刻竹》表达了宣慰使彭世麒第十二子彭明道归隐山林后的心态，反映出其悟透宇宙万物的超脱心境。彭明道在刻石中写道：“泰山之固，盘石之坚，月楼为记，万古千年。山川共老，日月同悠，子修隐迹，不计春秋。崔巍翠壁，脉承昆仑，青葱

① 嘉靖十年岁次辛卯《祖师殿大钟铸文》，中心拓片。

② 万历辛亥岁（三十九年）《唐崖土司城石刻》。

③ 正德元年彭世麟《观音阁钟铭》。

郁郁，不磨天成，志士住此，十二彭君，以言其父，龙虎将军，月楼其号，明道其名，万代之后，瞻仰斯铭。楚山之祖，福石之宗，岧式峙立，翕然相从，上摩霄汉，下瞰溪流，前张后拥，中为月楼，子修高隐，明道成仙，何斯名贤，十二洞天。”① 这也是失意土舍对怀才不遇的现实抗争。然而回归现实世界，却是强调“学仁”与讲求“忠爱”。万历六年（1578）戊寅岁的刻石显示，思南府学原为“宣慰氏旧居”，隆庆辛未辟为思南府学，设置“明伦堂”，强化“孔学，学仁也”之教育宗旨。② 万历九年（1580）辛巳岁所刻碑文，说：“印江县邛土司，《郡志》莫详其始。孝皇御极之七载，始更置邑，迄今凡百把祀矣。……万历辛巳夏，莫令奉今上命莅印。甫旬日值大雨，河水泛滥田稼。令斋居，遍祷邑中神，水消落。令巡行四野，验冲伤漂没者，状白当辖。当辖动心，慨然欲题请蠲民祖，终成厥功矣。堂正厦三间，额其中曰‘忠爱’。前为揖厅，间加之。后旁为耳房，左右各一间。中为扰道接川堂。堂前后各一间，堂中置库房一间，迤东置粮仓。南北相面各三间，中为厅一间，大门为牙墙。邑院后并左右关为周遭通道。四城增重门，设刺板上下。街内外并置栅扃，锁严而启闭时，百祀来邑治，犁然整、焕然新诸班就绪者，不可胜纪。”③ 这就是说印江土司衙署虽标榜“忠爱”，但却要在非常时期依赖佛道之中的“邑中神”的力量弥补政务的缺失，换来辖地的新局面。它带来的，可能是土司城宗教建筑的大量兴建。万历十年的《修观音阁碑记》记载：“旧华严寺，宣司慰司祝寿所也，在中和山麓。黔山多奇胜，且在城中唯中和山云。予尝登阁引睇，见则锡帽护于后，万胜宾于东，三台、天马拱于右，二峰峙于左。德水西来，环抱东南，逶迤而

① 正德年间《白竹山石刻》。

② 万历戊寅《修思南府学碑记》。

③ 万历辛巳《重修印江县堂记》。

北。鹭州浮江，与鱼峡上下相望，相为首尾。中和则端耸卓出，与众山不类，若贤人正士安处群众之间，甲舍城堞皆在下目，一云奇览也。”① 显然，宣慰司祝寿之所观音阁周边的风水形胜，直接激化了时人的山水意象。万历十三年（1584），唐崖司留下“此处系观音庙”的佛像题刻。② 万历十五年（1586），永顺宣慰使彭元锦分别在铜炉、铜钟之上铸刻铭文。他在《铜炉铭》中，祁求祝融氏“惠我”、“少惠以成”，保佑老司城，“永荫佳城”。③ 在“铜钟铭”中，他提及一个奇梦，“梦帝赐予以大刀红马”，“又蒙神节降护持”，“又蒙赐予子嗣”。由于现实中他多次征战胜利且老年得子，因而他对“神武”、“帝”、“神”、“圣帝”深信不疑，祈求天神“镇我边庭，时和岁利，亿万斯年，彭氏永祀”。④ 可见，在现实与宗教彼岸世界、土家族彭氏与黄帝之系祝融氏、“帝”、“神”、“圣帝”的关联中，宣慰使彭元锦形成了玄妙的中华意象。尤其值得提及的是，现实与宗教世界的关联不独显现在土司区内部，而且还在跨土司区之间有所表现。万历四十六年（1617）戊午岁，户部郎中李之彦题写印江梵净山金顶刻石，首次记录了梵净山佛教盛典。这次参加梵净山佛教盛典人物，既有太后娘娘李、太府太师常乐、太监、国子监、礼部、户部、钦差巡抚贵州军门、巡按监察御使、钦差总镇都督、贵州布政使司、钦差分巡抚苗道、铜仁府、思州府、石阡府、思南府各官员，又有钦差平头守备、印江守备、印江知县、铜仁知县、赐进士乡官、朗溪司、提溪司、乌罗司、平头司、省溪司、平头把总、界牌把总、凯胜把总、凯文把总、滑石营把总、举人、各寺庙的“法徒”和“化主”、应天府居士、信善、头目。在刻石中，李之彦描述道：“有古佛道场名曰‘梵净山’者，

---

① 万历十年《修观音阁碑记》。

② 万历十三年《佛像题刻》。

③ 万历十五年彭元锦《铜炉铭》。

④ 万历十五年《铜钟铭》。

则又天下众名岳之宗也。旧说者以弥勒、释迦二祖分管世界，用金刀劈破红云顶，于是一山分为二山。是山也者，上之穹隆接天，而三十三天不为玄渺；下之厚重住地，而九十九凉不为幽蟉。……至若九十九溪一溪不知之说，尤见此山之广大。……盖自开辟迄今，海内信奉奔趋，不啻若云而若水。王公大人之钦谒，恒见月盛而日新。久已臣灵驰于两京，倾动于十三布政，劳均于抚按，频顾于道府，诸侯莫不期以魂交黄帝而梦接安期。……既自播乱以后，传闻四方，往来朝觐人稀，非复旧盛，倘亦佛老运数之厄使然。……蒙钦命抚按道府各衙门作兴允议，然而山连四府，当与国运俱隆，玉简金书竚见与人，又并灿山灵。……各方僧道、各府官长、各司土官、各洞里老、平民人等，一切诸人，起心不善坏吾此山，领受此愿：犯者即还承恩寺常住田米二石，……东南至平省司；天庆寺，东至乌罗司为界；朝天寺常住田七斗，西至提溪司为界；天林寺常住田八斗，北至朗溪司为界。”① 这表明梵净山的中国本土化佛教在儒释道三教合流之后，可以与明朝国运兴衰有机联系在一起，并形成更为恢宏的中华意象。

总之，与明早期比较，明中期土家族土司的观念世界更为丰富多彩，道德观念与法制观念尤为突出。尤其是道德观念涉及的人物之众和体现的内容之丰富，是空前绝后的。土家族土司的情感世界也更丰富，他们在钟情中华山水、超脱理政、世秉忠顺、争“正统”、讲究“门当户对”、矢志不渝地“保国”、报“四重深恩”以及景仰诸夏英雄的过程流露了复杂的真情实感。他们在现实世界与宗教世界的关联中，形成了从个人命运、集体命运与国家命运有机关联的系统而宏大的中华意象。这些观念、情感与意象的交织，已经完全扭成了难以解开、无法割断的“中华情结”。这个结，对明朝是“情结”，但对后来的清朝就是一个“症结”。

① 万历四十六年戊午岁《印江梵净山重建金顶序碑》。

五、明晚期及南明时期土家族土司“中华情结”的变化

明晚期及南明时期，土家族土司金石碑刻的数量急剧减少，内容简单。从碑刻内容看，更多的涉及以川东南为首的土司夫人的勋绩，土司男人差不多已缩居后台。

（一）“中华观念”的变化

明晚期及南明时期土司夫人与土司的观念世界，基本为道德观念和政治观念，也不乏经济观念。其道德观念主要体现忠仁义恭（礼）孝，政治观念体现勤廉威，经济观念体现勤俭。

就土司夫人而言，其观念世界包括忠义恭（礼）的道德成分和勤俭的经济成分。天启二年，天启帝亲自书赠“忠义可嘉”匾额送给石砫女宣慰使秦良玉，[①] 以表彰其忠义。崇祯二年（1629），也对家内充当“贤内助”的土司夫人也进行了表彰。《奉天诰命碑》称：“尔向氏，乃湖广容美宣抚使司宣抚使田玄之母，孕钟华胄作嫔名藩，率勤俭以持夫家，不私玩好，亲瀚濯而操井臼，恭尽频繁。相彼干城，不数搴旗之将卫，矛茅二力追，抱鼓之人，内助勤王，外御强侮，实叶凤鸣之卜，诞膺麟趾之祥，徽范如存，丝纶用贲是用，赠尔为恭人。”[②] 崇祯四年（1631），酉阳宣慰司白氏夫人去世。这是一位由相人从民间“选婚”而来的聪慧、儒雅、恭敬、文武双全的“灰姑娘”，一生在家“相夫教子”、为王朝国家屡建奇勋的女侠。她系“酉阳大江里人。父母早卒，幼依于异母兄嫂以居。兄嫂厌之，使职井臼浆洗。及长，学鍼芾，侦知兄会谢，默然潜习，不露声色，工夫娴熟。年及笄，逢十九世土司冉眉坡为子跃龙选婚。相人到宅，兄嫂令夫人勿出，则盛装己女姊妹供相，未

① 天启二年《忠义可嘉匾额》。

② 崇祯二年《奉天诰命碑》。

中，叹息怏怏，留相人宴，饮宴之间，夫人偶出厢门。相人见之，惊呼其貌，誉盖世之才。兄嫂惊恐，复着装引出，相人看中而去。未几，夫人被聘入署，进出以恭，谈吐温雅，公婆宠爱，夫君欢喜，原配夫人舒氏高兴。明万历四十七年（1618）援辽之役，夫弟见龙领兵以行，夫人率女兵殿其后。见龙战死浑河，夫人获胜归乡。天启二年（1622），奢崇明、安邦彦叛乱，明廷危急，白氏奉令率卒，与秦良玉部同赴征讨。奢、安兵叛，白氏因军功授封夫人，初谦辞不受。天启元年（1621），冉跃龙因东西赴调，效令有功，袭授酉阳二十世宣慰使司职。白夫人仍助夫练兵习武。跃龙薨，长子天麟袭职，时年九岁，夫人辅佐柄政，助子定位，选婚承祧，司政清明”。[①] 可见，明晚期时期川东南奇女子，开始显现巾帼不让须眉的雄风。

就土司而言，仍具有忠仁孝与勤廉威的政治道德观念。崇祯二年（1629），《奉天诰命碑》表彰田楚产：“尔田楚产，乃容美宣抚使司宣抚使玄之父，秉性忠勤，沉雄机略，操行廉洁以禵躬，延揽贤才而训子，驭众严肃兼威，惠以施仁，怀我恩荣，帅苗夷而向化，曩以奢安，二酋悖逆，尔能效顺尽忠，洒血誓师，以身报国，深可哀怜，既捐勇烈之躯，宜重崇褒之典是用，赠尔为宣武将军。”[②] 崇祯十五年（1642）壬午岁，石柱宣慰司孝男、世袭宣慰马万年、万春建造了“骠骑将军讳祥麟号瑞征府君之墓”，[③] 体现了土司后嗣之孝。

（二）“中华情感”的变化

明晚期及南明时期的土司及其夫人，情感世界变得极为现实，

① 崇祯四年《冉土司白夫人墓志》。

② 崇祯二年《奉天诰命碑》。

③ 崇祯壬午岁《秦良玉子马祥麟墓碑》。

颇具重视权位与封号的价值感。在此过程中，土司及其夫人的地位被朝廷迅速肯定。

唐崖宣抚司尤其看重这点。天启四年（1624），“钦差总督四川盖湖广荆岳郧襄陕西汉中等府军务策缓总粮饷巡抚四川等处四方兵部侍郎兼都察院乃佥都御使朱燮元”，亲自“为湖广唐崖司征西蜀升都司佥书兼宣抚司宣抚使覃鼎”立了一座牌坊，称唐崖宣抚司为“荆南雄镇，楚蜀屏翰”。[①] 崇祯三年（1630）庚午岁，唐崖宣抚司“孝男、印官覃宗尧”在“季春”时节为其父覃鼎建造“武略将军覃公讳鼎之墓”，直呼封号。

土司夫人或女土司强调官勋封号，同样不比男土司逊色。崇祯三年（1630）庚午岁“季夏”时节，唐崖宣抚司建造“明显妣诰封武略将军覃太夫人田氏之墓”，[②] 称覃氏为“诰封武略将军覃太夫人”。清顺治五年（1648）（南明时期）建造的“明上柱国光禄大夫镇守四川等处地方提督汉官兵挂镇东将军都督府左都督太子太保忠贞侯贞素秦太君墓”更是气势非凡：左刻“袭土服清懿，锦袍帛带仰官仪”，右刻“勤王有明祯，巾帼一人骁将略”，横刻“勋名奕世”，墓前石碑刻“明上柱国太子太保诰命一品夫人钦赐蟒玉援辽将军提督四川全省汉土官兵总兵官都督同知忠贞侯”，[③] 无不昭示明代川东南女土司秦良玉的勋仪。

（三）“中华意象”的变化

明晚期及南明时期土家族土司的意象世界，多为间接的意象，缺乏应有的直接意象，与明中期形成鲜明的对比。其间接意象来自儒化教育，其直接意象则表现为对土家族土司区美景的向往。天启

① 天启四年至崇祯庚午《唐崖土司城石刻》。

② 崇祯庚午岁（三年）《唐崖土司城石刻》。

③ 清顺治五年《明上柱国光禄大夫镇守四川等处地方提督汉官兵挂镇东将军都督府左都督太子太保忠贞侯贞素秦太君墓》。

元年（1621）的《印江文庙碑记》追述道：“印在国初为长官司，孝庙时始更设县，而士附郡痒校艺，险隔三江。又诸司合为一学，贤路稍壅，万历间侍御肖公疏请建学，既得旨，邑侯长公乃购地建先师庙，后为明伦堂，街竖二坊；刘、郑两侯相驎为戟门、为先贤祠；郡司李、杨公视篆时，为启圣祠。既内垣稍稍有度，未称完制也。”① 这表明印江长官司早在万历年间即已设置先师庙与明伦堂，重视儒化教育。崇祯十三年（1640），思南宣慰司甚至将文庙的修建追溯到永乐年间，说：“溯其初建自永乐时，迄今三百年所矣。”② 这固然表明儒化教育对土家族土司浸润之久远，但其在明晚期时期已失去了严格的间接意象。明晚期时期的直接意象，也只是来自“客家”知识精英对土司区美景的神往。天启、崇祯年间，李靳在《翠窟晴岚》诗中，描写永顺宣慰司区风景是“万仞崔巍壁立山”，“个中风景别人间”，“月薜葱茏凝翠霭”，表达了“何年得入灵溪郡，吟对樽前着意看”的美好心愿。③

总之，明晚期及南明时期土家族土司的心灵世界走向暗淡。其观念枯萎，情感淡漠，意象萎缩，人人变得极其现实与功利。好在朝廷屡屡直接封赠土司，极尽笼络之能事，因而尚能维系“中华情结”的延续。尽管如此，在明清易代之际，这一“明朝情结”仍为明末农民政权和清廷的“明朝症结”。富有现实功利思想的明末土司，他们以“明朝遗臣”自居，既不与他们认为的“乱臣贼子”明末农民起义军联合，又不与新王朝清朝配合，追随南明王朝，变成了一股不可小视的地方割据势力。

结　语

明代土家族地区是土人与客家、苗民、峒人、仡佬、倮倮、白

---

① 天启元年《印江文庙碑记》。

② 崇祯十三年《重修庙碑记》。

③ 李靳：《翠窟晴岚》。

人等多民族交错杂居之地。在这样的地区，作为“贵盛而悠远”的世族，土家族土司及其家庭受到了明代皇帝、“客家”知识精英和“客家”官员的多重关注，他们与土司及其代办和土舍一起书写了至少 60 块的金石碑刻。这些扎实的生者自由书写的和对死者盖棺定论的第一手材料，使我们可以走进明代土司的心灵世界，观察土家族土司观念、情感和意象世界在明早中晚期及南明时期的形成发展与变化，基本土家族土司一个个直观的“中华情结”的集聚及变化过程，进而也为土家学深层次解读明清易代之际土家族土司行为提供坚实的政治文化理论支撑。

明玉珍大夏国在土家族地区的行政建制

郭声波　刘兴亮[①]

土家族分布于鄂、湘、渝、黔等省市，其社会历史发展，在中南地区历史上有举足轻重的地位。学界关于土家族社会历史的研究，历来侧重于民族源流史、民族文化史、民族经济史方面。近20年来，又展开了对土家族土司史、古镇史、地名史的研究，拓展了研究广度，取得了初步成果。但是在历史地理研究方面，还比较薄弱，目前所见，仅有朱圣钟的博士论文《鄂湘渝黔土家族地区历史经济地理研究》（陕西师范大学，2002 年），至于土家族地区历史政治地理研究，基本上还是空白。无论在区域历史地理（如张步天的《洞庭地区历史地理》、蓝勇主编的《长江三峡历史地理》），还是通史性政治地理（如周振鹤主编的《中国行政区划通史》）著作中，都很难找到土家族地区政区建制这一专章。

我们在研究明玉珍大夏国政治地理时发现，其东部国境中的行政建置，基本上是以土家族土司为主。在土司史研究中，龚荫的专

① 郭声波（1959—），暨南大学历史地理研究中心主任、教授、博士生导师。刘兴亮（1985—），暨南大学历史地理研究中心博士生。

著《中国土司制度》（昆明，云南民族出版社，1992）列举了鄂、湘、川（渝）、黔地区的土司世系及其建置沿革、族属，但未全面反映元明之际各土司是否归属大夏。田敏的专著《土家族兴亡史》（北京，民族出版社，2000）专辟章节从民族史角度来论述元末土家族势力的增长及其与明玉珍的关系，提出元朝末年，国势衰微，湘西地区、鄂西地区的土家族土司乘机发生叛乱，扩张势力，明玉珍割据四川后，极力拉拢各地土司，以作国家的屏障。然而该著侧重土家族土司的发展历史，并未深入研究明玉珍大夏国在湘西、鄂西地区的行政建制。

国内对大夏国的研究专著仅有黎邦正的《明玉珍与大夏国》（成都，四川人民出版社，1985），该著指出明玉珍时期分四川为八道，但并未详述土家族地区的政区建制。陈世松主编的《四川通史》（成都，四川大学出版社，1993）第五册第一章中的《明玉珍与大夏政权》一节，在论及明玉珍大夏国地方机构时，基本沿袭了黎邦正的观点。

我们认为，大夏国的东部边疆包括湖北鄂西地区和湖南湘西地区一带。具体疆界可从明朝征讨大夏的军事行动中找到线索：

洪武四年（1371）二月，“汤和遣周德兴等进取蜀之龙伏隘，又进夺覃屋、温汤关”。[①] 龙伏隘，又称龙伏关，在永定卫（今张家界市）西北百二十里，“亦曰龙伏隘。明初伐蜀，别将周德兴取其龙伏隘是也”。[②] 覃屋，疑为覃垕，即覃寨，在慈利县西，顾祖禹云：“明初，覃垕作乱，命杨璟讨之，进抵覃垕寨。贼下山迎敌，败之，乘胜追至半山。山势险峻，其寨三面岩险，下俯江水，一面仅有一路，才通一人，乃回驻山下，攻围久之，贼遁入溪洞。璟引还，既而大兵取蜀，周德兴克其覃垕寨，即此。”温汤关，亦作温

① 高岱：《鸿猷录》，卷五，《夹攻西蜀》。

② 顾祖禹：《读史方舆纪要》，卷七七岳州府。

阳关，在慈利县西，“明洪武三年，蛮酋覃垕连构诸洞为乱，命周德兴讨之，至慈利，垕守险以拒，德兴出奇兵，破其数栅，直捣温阳关，拔之，贼遂溃。既而为伪夏所据。四年，命汤和等伐蜀，周德兴分兵取蜀之龙伏隘，进夺覃垕温阳关，和克归州，遣赵雄等取桑植容美洞，会德兴兵攻茅冈覃垕寨，克之”。[①] 对于此次军事行动，《明太祖实录》洪武四年（1371）四月条也有记载：“中山侯汤和师克归州李逢春烽火山寨，分遣南雄侯赵庸、宣宁侯曹良臣帅兵取桑植、容美洞，及会江夏侯周德兴合攻茅冈、覃垕寨，庸至中途而还，独良臣会德兴攻诸山寨，平之，和仍驻师归州。”而《鸿猷录》卷五则云：“汤和、廖永忠等合赵庸兵取夏桑林、芙蓉洞，覃垕、茅冈寨，又攻天门山，擒克夏将李逢春烽火山寨，乃进攻瞿塘。”两处所提及之茅冈寨，在永定卫东北，“东南去慈利县二百里，亦曰茅冈隘。明初伐蜀，周德兴引兵道此，克其隘”。《鸿猷录》记载的桑林，疑为桑植，芙蓉洞，疑为容美洞。天门山，在慈利县西南一百八十里。上述论及之地名，即为大夏与陈友谅和大明的边界线，由北至南分别为归州烽火山寨（今巴东县东北）、容美洞、桑植、温汤关、龙伏隘、茅冈寨、天门山。由此可见，大夏国的东部边疆基本上包括了土家族地区。

大夏国为有效管理辽阔国土，针对不同地区情况，实施了不同的行政制度，以加强对边疆少数民族地区的管理和控制。具体而言，大夏国在元代基础上继续在土家族地区推行土司制度，设置了宣慰司、宣抚司、安抚司、长官司、总管府、都元帅府、军民府、土州土县等行政机构。下面依鄂西、湘西、渝东南三区分别进行探讨。

---

① 顾祖禹：《读史方舆纪要》，卷七七岳州府。

一、大夏国在鄂西土家族地区的建制

鄂西乃明玉珍大夏国与陈友谅大汉国的交界地带，陈友谅败亡后，此处又成为大夏与明朝的战略前沿要地。为此，鄂西地区的建制在大夏国期间多有调整，不仅在此设立两宣慰司：即散毛沿边军民宣慰司和怀德军民宣慰司，而且对宣慰司内其他土司进行大刀阔斧的更置（如图 1）。

图 1　大夏国在鄂西土家族地区的行政

（一）散毛沿边军民宣慰司的建制

散毛沿边军民宣慰司在今来凤县境内。（万历）《湖广总志》卷六云：“至元三十一年，洞主覃顺入贡，始进散毛为府。至正六年，又更为散毛誓崖等处军民宣抚司，……至明玉珍而更为散毛沿边军民宣慰使司。洪武四年更为散毛沿边宣抚司。”散毛沿边军民宣慰司为鄂西地区首屈一指的大土司，是大夏国重点拉拢的对象。辖内土司主要有：

1. 容美等处军民五路总管府

在今鹤峰县境。《元史·顺帝本纪》载，至正十五年（1355）置容美洞军民总管府。洪武四年（1371）归附明朝，改为容美洞宣抚司。对于容美土司是否曾经归附大夏政权，诸说不一。道光《鹤峰州志》载，容美土司田思政曾于“元夏时袭容美等处军民五路总管府”，按此，容美土司在元末归降了明玉珍。但明太史严首升撰写的《田氏世家》又云：“田光宝，席祖宗之旧，识时知命，谨奉正朔，……容美疆土，逼处伪夏蚕食之交，自非卓然独见，不为浮名所惑，安能若是长保富贵乎？由此论之，公之不坠先业，克世其家，已无愧于前世，而其能识时择主，箕裘重新，则于先代为令嗣，于后裔实又为鼻祖也。”[①] 依此，明玉珍虽对容美土司进行招抚，只是田光宝识时务，择“明主”而事，未接受封大夏的封爵罢了。明玉珍于至正十七年（1357）就已攻占施州，全有施州之地，并且为抗衡陈友谅，还派重兵守护瞿塘关，容美地区正为双方对峙的前沿地带，“逼处伪夏蚕食之交”的容美土司未必能抵挡势头正劲的明玉珍，《田氏世家》所谓的“识时知命，谨奉正朔”不免有刻意修饰之嫌。事实上，容美土司确曾为大夏政权管辖，因为在洪武四年（1371）征讨大夏的东路军中，“中山侯汤和师克归州李逢春烽火山寨，分遣南雄侯赵庸、宣宁侯曹良臣帅兵取桑植、容美洞，及会江夏侯周德兴合攻茅冈覃垕寨”，[②] 可见容美是洪武四年（1371）才归明朝的。朱元璋本人也承认：“中山侯调遣率兵取桑植、容美洞，会江夏侯合攻覃垕寨。”[③] 洪武四年（1371）后，鄂

---

① 见鹤峰《田氏族谱》，引自《容美土司史料汇编》，84 页，鹤峰县委统战部等编，1984。

② 《明太祖实录》，卷六四，洪武四年四月。

③ 《明太祖实录》，卷七〇，洪武四年十二月。

西土司始纷纷归附明朝，“四川容美洞宣抚使田光宝子答谷什用等来朝贡方物，纳元所授金虎符”，[①] 而《明史·湖广土司》却说：“正德十五年，容美宣抚司同知田世瑛，奏获镇南军民府古印，为始祖田始进，开熙二年颁给。”开熙为明氏年号，可证容美土司归明前确在大夏统治之下，道光《鹤峰州志》所载不误，容美等处军民五路总管府所领之“五路”，很可能与明代容美宣抚司的建置是一样的，即别领石梁下峒长官司、五峰石宝长官司、椒山玛瑙长官司和水尽源通塔平长官司。

2. 五峰石宝安抚司

在今五峰县境。《明史·地理志》云五峰石宝长官司为明洪武七年（1374）十一月置，《读史方舆纪要》卷八二则记洪武六年（1373）置五峰石宝长官司。由此看来，五峰司是明代设置的。而清代容美宣慰使田舜年所著《容阳世述录》则云：“五峰司张友富者，为伊司之始祖，元夏时，容美之五峰石宝安抚也。”[②] 五峰石宝土司在元代就已经设立。嘉庆《重修一统志》亦曰：“石梁下峒长官司、五峰石宝长官司、椒山玛瑙长官司和水尽源通塔平长官司俱于元至正初年置。”今据《容阳世述录》，明玉珍于此设五峰石宝安抚司。

3. 石梁下洞长官司

在今五峰县境。《明史·地理志》、《纪要》均记载石梁下洞司始置于明洪武初年。但《容阳世述录》云：“梁唐光德者，黄册开云伊司一世祖，俱在元夏之间，本为石梁下洞长官。”按此，石梁下洞长官司为明玉珍新置。

4. 椒山玛瑙长官司

在今鹤峰县境。《明史·地理志》、《读史方舆纪要》云洪武初

① 《明太祖实录》，卷七〇，洪武四年十二月。

② （同治）《长乐县志》，卷一四，《土司》。

年设椒山玛瑙长官司，但《容阳世述录》在《石梁安抚司列传》中说，石梁司在元夏时为长官司，“非如椒山、五峰降职例也”。既然椒山土司和五峰石宝土司都在元末被降职，由此推测，椒山司和石梁下洞土司、五峰石宝土司一样，均在元夏时就已经设立。

5. 水尽源通塔平长官司

在今鹤峰县境。嘉庆《重修一统志》云：“水尽源通塔平长官司，元至正初年置。”鹤峰境内的椒山玛瑙司、五峰石宝司、石梁下洞司均为明玉珍所有，此司当不例外。明代杨慎指出水尽源通塔平司并非一个土司，而是三个。[①] 从明玉珍时期所设之容美等处军民五路总管府看，这种看法不无道理。

6. 东乡五路总管府

在今宣恩县境。《读史方舆纪要》记宋代置细沙寨，元仍旧，明玉珍改为东乡五路宣抚司。(同治)《宣恩县志》卷一亦云：“东乡安抚司，宋为细沙寨，属施州。元仍之，明玉珍置东乡五路宣抚司。”而《明史·地理志》和《明会典》俱记元代为东乡五路军民府，而成书较早的（万历）《湖广总志》则云：“明玉珍置东乡五路总管府”，今即依之。

7. 镇边五路总管府

在今咸丰县境。《读史方舆纪要》卷八二云：“元置金峒寨，属施州。明玉珍时改为镇边五路总管府。”《明史·地理志》云：“元置金峒安抚司，洪武四年改长官司。”（万历）《湖广总志》卷六：“至正十七年，金峒时为镇边五路总管府治所。”

8. 忠建军民都元帅府

在今来凤县境。(万历)《湖广总志》卷六云：“元初置为忠建军民都元帅府，明玉珍据蜀，仍为忠建都府。洪武四年内附，六年改为忠建宣抚司。”

---

① 杨慎：《丹铅摘录》，卷一三。

9. 忠孝宣抚司

在今利川县境。《读史方舆纪要》卷八二："元代置大奴管勾等峒长官司。至正十一年改为忠孝军民府，十五年又更为忠孝军民安抚司。明玉珍时更为宣抚司。洪武四年改为安抚司。"

10. 施南宣抚司

在今宣恩县境。《读史方舆纪要》载，元初置沿边溪峒招讨司，至正二年（1342）更为施南道宣慰使司，十七年（1358），为明玉珍占据，改为施南宣抚司。洪武四年（1371）归附，改为施南宣慰司。（同治）《宣恩县志》卷一记载与之相类似："施南宣抚司，元镇边万户总管府，至元十三年改忠义军民安抚司。至正二年叛，都元帅纽璘谕降之，改施南宣抚司，明玉珍据蜀，始更宣慰为施南宣抚司。洪武四年大军克瞿塘，中山侯遣使黄述招覃大富入朝，署施南长官司。"道光年间，农民曾发现大夏国时期的铜印，其中一枚铜印镌有"施南宣抚司狱司"字样，[①] 可证其说。

11. 龙潭宣抚司

在今咸丰县境。《读史方舆纪要》卷八二云："元置龙潭安抚司，明玉珍时为龙潭长官司。"（道光）《施南府志》的记载与之相同。而（嘉靖）《湖广总志》、（同治）《咸丰县志》两书则记载明玉珍时升龙潭安抚司为龙潭宣抚司。（嘉靖）《湖广总志》成书较早，应以龙潭宣抚司为是。

12. 大旺宣抚司

在今咸丰县境。《读史方舆纪要》卷八二记载：元时以大旺地大翁迦洞属师壁峒安抚司，明玉珍时置大旺宣抚司。洪武六年（1373）仍置大旺宣抚司。

13. 沿边溪峒宣抚司

在今来凤县境。（万历）《湖广总志》卷六云："元初以故顺州

---

① （同治）《恩施县志》，卷一二，《杂志》。

地置湖南镇边宣慰使司，明玉珍据蜀，更湖南镇边宣慰司为沿边溪峒宣抚司。明初废，永乐四年置忠峒安抚司。”（同治）《宣恩县志》卷一云：“忠峒安抚司，元湖南镇边宣慰司，明玉珍改沿边溪峒宣抚司。”

14. 镇南宣抚司

在今来凤县境。(万历)《湖广总志》卷六、《读史方舆纪要》卷八二云：“元初为毛岭峒。至正十五年置宣化镇南五路军民府，领提调军民镇抚所、蛮夷军民千户所，寻更为湖南镇边毛岭峒宣慰使司，而明玉珍复更为镇南宣抚司。洪武四年内附，后改为长官司。”

15. 唐崖宣抚司

在今咸丰县境。(万历)《湖广总志》卷六云：“元始置长官司，寻更为军民千户所。明玉珍更曰宣抚。明洪武六年改置长官司。”

16. 高罗安抚司

在今来凤县境。(万历)《湖广总志》卷六云：“元初以西高州置石溪峒长官，后又更为高罗寨长官司，寻又升为宣抚司，明玉珍时更宣抚司为安抚司。”（同治）《宣恩县志》亦云：“（宣恩县）西南有西溪高罗安抚司，明玉珍改安抚司，洪武六年废。”①

17. 木册长官司

在今咸丰县境。(万历)《湖广总志》卷六云：“木册，故元置安抚司，明玉珍更安抚司为长官司。”

18. 盘顺元帅府

《元史·顺帝本纪》云：元统二年（1334），四川大盘洞蛮谋谷什用遣男谋什用来贡方物，即其地立盘顺府。后叛，十一年（1343），师壁安抚司田驴什用、盘顺府上官墨奴什用出降，立长官

① （同治）《宣恩县志》，卷一，《疆域志》。

司四、巡检司七。至正十二年（1352），“四川未附生蛮向亚甲洞主墨得什用出降，立盘顺府”。十五年（1355），罢盘顺府，改立盘顺军民安抚司。《明太祖实录》卷七三云：“洪武三年三月，盘顺元帅墨梢什用遣其弟万户墨西什用来朝贡方物，纳元所授银印一，铜印六。”盘顺土司归附明朝时的官职为元帅，而至正十五年为军民安抚司。这可能是，时降时叛的盘顺在顺帝十五年之后自行改为都元帅府，或者是元帅之职受封于明玉珍。即便是自行改为元帅府，在明玉珍至正十七年就已占有鄂西地区的情况下，仍可将其视作大夏国的建置。

值得注意的是，《明太祖实录》记载，盘顺元帅府归附时，纳银印一，铜印六。银印，即为元帅府印，至于铜印，据《元史·百官志》元代所授铜印并非专指某官职而言。大夏政权归降朱元璋时，上交的官印就以银印和铜印为主。再有，大夏政权为网罗各地土司、官员，常常赐银印、铜印，以示重用，明昇就曾于开熙元年（1366）、二年先后两次赐给忠孝司、忠路司、施南司铜印。与之相邻的恩施县，据说在道光年间还出土了二枚铜印：“施州卫南一百里为今之宣恩县，明玉珍据蜀，设官统其地，洪武四年改属卫。道光二十二年，郡城南乡农人斸获二铜印，大者博二寸余，文‘施南万户府’，背镌‘大夏天统三年’。小者博二寸，文‘施南宣抚司狱司’，铜色斑斓，农人献于顾蔼亭太守。”[①] 从中可看出，明玉珍时期的铜印大抵为宣抚司、长官司等行政单位的官印。盘顺司上交六铜印，比之在元至正年间时领四长官司、七巡检司时势力有所增强。盘顺元帅府所领六宣抚司或长官司具体为何？史书未明确记载，俟考。

《明史·地理志》载：“盘顺司，洪武三年改为长官司，成化以后又改称安抚司，隶容美宣抚司。”故《大清一统志》卷二七三

① （同治）《恩施县志》，卷一二，《杂志》。

云："废盘顺安抚司，在鹤峰州境内，明成化末置。"但《明太祖实录》洪武十一年（1378）九月却说："置黔江守御千户所。时彭水县知县聂原济言：黔江地接散毛、盘顺、酉阳诸洞，蛮寇出没，屡为民患，宜设兵屯守。诏从其言，置千户所镇之。"与黔江区紧邻的有咸丰、来凤、酉阳、彭水和石柱县，散毛洞、酉阳洞分别在今来凤县和酉阳县境，均与黔江区接壤。从记载看，盘顺司的称谓有"施州盘顺"、"四川盘顺"、"湖广前盘顺"、"湖广施州卫盘顺"等，[①] 则盘顺司当在湖广与四川交界处，而容美宣抚司在今鹤峰县境，并不与四川交界。两说有所抵牾。向国平在其文《盘顺土司之研究》中，从向氏源流角度出发，考证出盘顺司即为后之卯峒土司（今来凤县南境），《来凤县民族志》也认为卯洞司经历了大盘峒、盘顺府、向亚甲峒、盘顺安抚司到卯洞安抚司的几个演变过程。[②] 笔者大致赞同此说，《明史·地理志》所谓洪武五年（1372）改盘顺军民安抚司为盘顺安抚司，隶于容美宣抚司下，可能是飞地，也可能如向国平所说，盘顺司并未被容美司兼并，而《明史》误载。

19. 师壁安抚司

《元史·顺帝本纪》：至正十一年（1351），师壁安抚司田驴什用、盘顺府上官墨奴什用出降，立长官司四。《元史·地理志》称之为"师壁洞安宣抚司"。

20. 东流、腊壁蛮夷司

在今咸丰县境。据（同治）《施南府志》卷二《地舆志》：二土司沿革皆同，原附大旺地径二百余里，大旺之分族也。东流自田铭始，腊壁自田大旺始。明玉珍设立大旺宣抚司，此二蛮夷司当为

---

① 向国平：《盘顺土司之研究》，载《白虎文丛（巴文化研究）》，308页，武汉，湖北人民出版社，2005。

② 向子钧等主编：《来凤县民族志》，20～21页，北京，民族出版社，2003。

其属地。

（二）怀德军民宣慰司的建置

怀德军民宣慰司在今宣恩县境内。《读史方舆纪要》卷八二载：上、下爱茶洞长官司，元为怀德府，至顺中升为宣抚司，至正中又尝升为军民宣慰司。《明史》卷三一〇《土司》记：“洪武十四年六月置怀德军民宣抚司，以向大旺为宣抚使。”元末明玉珍时期可能仍为怀德军民宣慰司。所领土司考证如下：

1. 又把洞司

在今宣恩县境。《纪要》卷八二云：元为又把洞，至元中曾置又把安抚司。此司即明初之摇把洞长官司。

2. 隆奉宣抚司

在今宣恩县境。《明史·地理志》记载：“隆奉蛮夷长官司，元为隆奉宣抚司，洪武四年改蛮夷官司。”由此推测，元末仍旧。

3. 忠路宣抚司

在今利川县境。“元为忠路寨，属施州，至正十七年为明玉珍所据，更忠路寨为忠路宣抚司，洪武四年归附明朝，改宣抚司为安抚司”。①

4. 龙渠洞宣抚司

在今万县境。《明太祖实录》卷八六：洪武六年十一月，四川龙渠洞宣抚使墨吾什遣其之墨备可宜来朝，纳元所授印。

5. 隆中路宣抚司

疑在今万县境。《明太祖实录》卷七〇载：洪武四年十二月，隆中路宣抚司同知南木什用，……来朝贡方物，纳元所授金虎符。以上两土司元末明初未见变化，因至正十七年明玉珍占有鄂西地区，此两司可视为大夏国内之土司。

① （光绪）《利川县志》，卷一，《沿革》。

综上，大夏国在鄂西地区设立的散毛沿边军民宣慰司和怀德军民宣慰司下面，有两个都元帅府：忠建军民都元帅府和盘顺元帅府，三个总管府：东乡五路总管府、容美等处军民五路总管府和镇边五路总管府，十个宣抚司：施南宣抚司、忠路宣抚司、忠孝宣抚司、龙潭宣抚司、大旺宣抚司、沿边溪峒宣抚司、镇南宣抚司、唐崖宣抚司、龙渠洞宣抚司、隆中路宣抚司，两个安抚司：高罗安抚司、五峰石宝安抚司，五个长官司：木册长官司、石梁下峒长官司、五峰石宝长官司、椒山玛瑙长官司、水尽源通塔平长官司，蛮夷司若干。

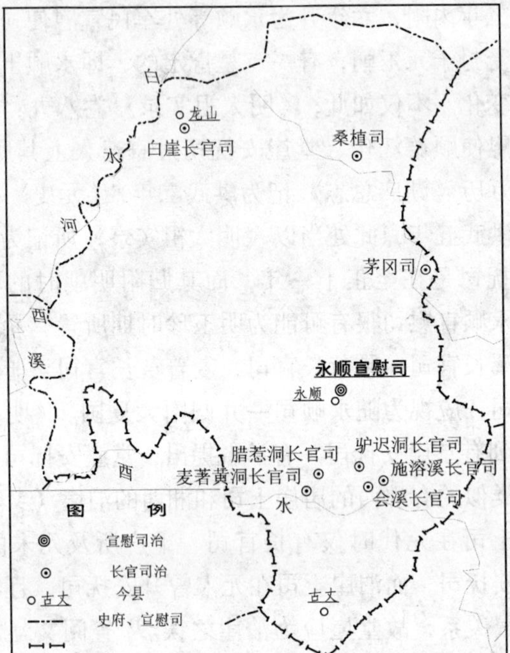

图2　大夏国在湘西土家族地区的建制

二、大夏国在湘西土家族地区的建制

湘西地区，即今湘西土家族苗族自治州大部、怀化市和张家界市等地。从历史文献看，明玉珍统治川蜀时期，湘西不少地方也是大夏政权的组成部分（如图2）。

永顺宣慰司的建制

《元史·顺帝本纪》：至正十一年四月，改永顺安抚司为宣抚司。万历《湖广总志》记：元彭万潜自改为永顺等处军民安抚司，彭天宝又改宣抚司，领长官司五：会溪、腊惹、麦着黄、驴迟、施溶溪。国朝二年内附，六年升为永顺等处军民宣慰使司。不管是自行更改还是受封于元王朝，有一点是肯定的，即永顺土司在元末都发生了巨大变化。不仅如此，《明太祖实录》卷八九：洪武七年五月，永顺宣慰使顺德汪伦、堂崖安抚司月直遣人上其所授伪夏印。归附时间，万历《湖广总志》记为洪武二年，《元史》则云永顺等司归降是在洪武五年，此处当以《明太祖实录》所记为准。永顺安抚司改成宣抚司是在至正十一年，而其归附明朝时的职衔为宣慰司，因此，永顺宣慰司很有可能为明玉珍时期所置。元顺帝至正年间永顺领会溪长官司、腊惹长官司、麦着黄长官司、驴迟长官司和施溶溪长官司，应视为随永顺司一并归附大夏国。《明史·湖广土司》中还提到有堂崖安抚司。有学者提出，堂崖安抚司，在土家族中，与之相类似的有鄂西的唐崖土司和湘西的泊崖（又作白崖）土司，但唐崖土司在元代时仅有长官司、千户所及元末的宣抚司等名，并未设安抚司，而泊崖土司在元末曾升安抚司，且与永顺土司很近并有隶属关系，故堂崖应为泊崖之误。① 查阅文献，只见记载有泊崖洞一名，并无泊崖安抚司，如《元史·刘国杰传》云：“至元三十年……泊崖洞田万顷、楠木洞孟在师犯辰州，朝廷尝讨降

① 田敏：《土家族土司兴亡史》，60页，北京，民族出版社，2001。

之。升泊崖为施溶州，以万顷知州事。”施溶州，在今永顺县东面，紧邻辰州路。而明代之白崖洞长官司在今永顺县北部，与元代泊崖洞相去甚远。因此，将泊崖洞等同白崖司，并认为堂崖即为白崖司是牵强的。堂崖安抚司的沿革、地望有待考究。

永顺宣慰司下辖诸土司之沿革为：

1. 施溶溪长官司

在永顺县东，汪氏世为土官。《元史·地理志》曰会溪施溶等处长官司，属思州军民安抚司。明朝仍为长官司，改属永顺宣慰使司。元末应仍为施溶溪长官司。

2. 驴迟峒长官司

在永顺县东南，同氏世为土官。《元史·地理志》曰驴迟峒，隶思州军民安抚司。明改为驴迟长官司，改属永顺宣慰使司。元末应仍为驴迟峒长官司。

3. 麦著黄洞长官司

在永顺县南，黄氏世为土官。元为麦著土村，置长官司隶思州军民安抚司。明为麦著黄洞，仍置长官司，改属永顺宣慰使司。

4. 腊惹峒长官司

在永顺县东南，向氏世为土官。《元史·地理志》称之为腊惹洞，隶思州军民安抚司。《明一统志》曰腊惹洞长官司，改属永顺宣慰使司。

5. 会溪长官司

即为《元史·地理志》中之会溪施溶等处长官司分划而来，万历《湖广总志》记为会溪长官司。

明玉珍时期，上述五司均为长官司，隶属于永顺宣慰司。

在湘西地区，桑植、茅冈、慈利等地的土司在元末均为陈友谅所有，陈友谅败亡后，上述土司既有归附朱元璋的，亦有割据自大的，当然，也有可能归附明玉珍的。《明太祖实录》卷之六十四云：“（洪武四年五夏四月）中山侯汤和师克归州李逢春烽火山寨，分遣南雄侯赵庸、宣宁侯曹良臣帅兵取桑植、容美洞，及会江夏侯周德兴合攻茅冈、覃垕寨，庸至中途而还，独良臣会德兴攻诸山寨，平之。”这是发生在平夏过程中的事情，恐与大夏国不无关系。从湘西地区的族谱中也能寻觅些许踪迹，如慈利《唐氏族谱》云：“洪武二年，夏明升余党为寇，丞相兵屯三江口。公统所隘军属投诚徐达、邓愈二公驾下，纳土归附，仍授原职，助粮佐征，平服十八土司。”因而笔者认为，明玉珍大夏国在湘西的设置并不仅仅是永顺土司，慈利、桑植等地的土司也有顺从大夏国的。

三、大夏国在渝东南土家族地区的建制

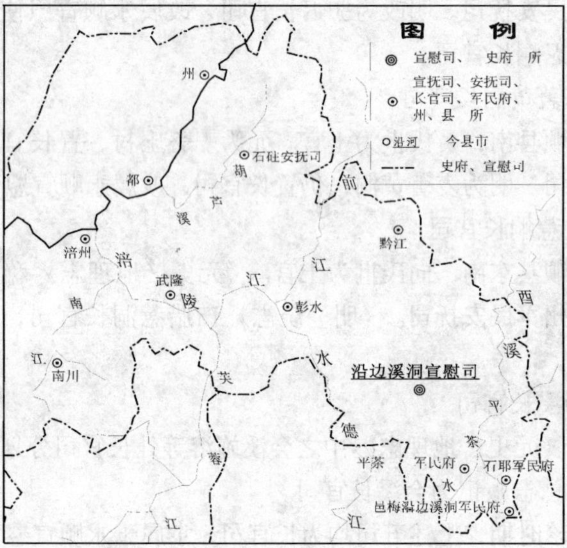

图3　大夏国在渝东南土家族地区的建制

渝东南地区，指的是今重庆市东南部地区，包括黔江区、武隆县、酉阳县、彭水县、石柱县和秀山县等地。元末，明玉珍据蜀，

建都重庆，国都屏障之地的渝东南地区自然为明玉珍所重视。建国伊始，就极力拉拢渝东南地区的土司，并对此地的行政建制做了调整（如图3）。具体如下：

沿边溪洞军民宣慰司的设置

（嘉靖）《四川总志》记载：元为酉阳州，明玉珍僭据，以酉阳州为沿边溪洞军民宣慰使司。洪武归附，仍为酉阳州。[①] 宣慰司以下的建置为：

1. 邑梅沿边溪洞军民府

在今秀山县境。（嘉靖）《四川总志》云："元为佛乡洞，明玉珍据蜀，以本洞置邑梅沿边洞军民府。"[②]《明史·地理志》亦云："元佛乡洞长官司，明玉珍改邑梅沿边溪洞军民府。"［光绪］《秀山县志》记载：至正十七年，杨正天为司主，明玉珍据蜀，杨正天投附，送款成都，（明玉珍）改佛乡洞为邑梅沿边溪洞军民府，授杨正天为土知府。[③]《杨氏家谱》曰：洪武初年，邑梅与石耶、平茶二司并纳土。朝议以迟缓，故削去杨正天土知府职。正天寻赴征西将军信国公处纳款，乃于洪武八年八月授邑梅洞长官司。

2. 石砫安抚司

在今石柱县境。（嘉靖）《四川总志》：元为石砫军民府，寻升石砫军民安抚使司，后又改升石砫军民宣抚使司。明玉珍僭蜀时，为先纳牌印，授石砫安抚司。[④] 石柱《马氏家乘》亦云："马克用，生元末，袭石柱安抚司，……全境内户口为十三族，大山外有陈、伍、高、崖、罗、向六族，山以内有谭、刘、奉、何、冉、江、白为七族。……无事尽力农亩，有警则各寨并起，以听指挥。……不数年，富庶为川东冠。忠路、酉阳、唐岩、沙溪等司皆以石柱为司

① （嘉靖）《四川总志》，卷一四，《酉阳宣抚司》。
② （嘉靖）《四川总志》，卷一四，《酉阳宣抚司》。
③ （光绪）《秀山县志》，卷一三，《土官志》。
④ （嘉靖）《四川总志》，卷一四，《酉阳宣抚司》。

长，音问不绝。”富甲川东的石砫土司在川东地区的社会、经济中有举足轻重的作用。

对于石柱土司归附明玉珍一事，《马氏家乘》予以否认，该家谱云：“时明玉珍据蜀，……惟我石柱安如磐石，贼兵不敢窥伺。公（马克用）当与众民约曰，今天纲瓦解，贼寇四起，我官民困守弹丸，以待有德，毋得私自附贼，敢有违者杀毋赦。……及前明定鼎，公率众投诚。”这并不符合当时实际情况，如《明史·湖广土司》、《天下郡国利弊书》、《读史方舆纪要》均记载石柱土司率先归附于明玉珍，为大夏政权守边。同时，石柱土司于洪武七年（1374）才纳土归降明王朝，归附时间比多数土司都要晚。另外，柯劭忞说：“石柱安抚司马克用叛降于玉珍，乃改设永宁宣慰司及邑梅溪峒军民府。”① 若依此，则明玉珍于石柱地区设立的是永宁宣慰司而非石柱安抚司。但这种说法并未见记载于其他文献。

3. 石耶军民府

在今秀山县境。元末在杨金龙治下，“元亡，伪夏据成都，建元天统。明太祖方有事河朔，未能致讨。石耶，故蜀徼，金龙虽未送款玉珍，然颇为所牵缀，及汤和平蜀，始获归附”②。这证明，石耶土司也是在明玉珍统治范围内。《读史方舆纪要》卷七三记：石耶土司，元置石耶军民府，明洪武初其酋杨金隆归附，改立长官司。因而，石耶土司在明玉珍时期的建置并未发生变化，仍为石耶军民府。

4. 平茶永化军民府

在今酉阳县境。元代为溶江芝子平茶等处长官司，隶思州安抚司。《明史》、《明一统志》、（嘉靖）《四川总志》及（同治）《增修酉阳直隶州总志》均未记载平茶土司归附明玉珍一事。如（光

① 柯劭忞：《新元史》，卷二五五，《明玉珍传》。

② （光绪）《秀山县志》，卷一三，《土官志》。

绪）《秀山县志》卷一三记载："再兴当元明鼎革之际，寇盗蜂起，明玉珍据蜀，酉阳宣慰使冉如彪、邑梅土知府杨正天并送款成都，再兴厉兵扞境，深拒伪命。"依此，平茶土司并未归附明玉珍，而且"厉兵捍境"，站在明玉珍的对立面上。笔者认为，《秀山县志》的记载并不符合当时实际，实力强劲的酉阳宣慰司既已归附，实力弱小之平茶土司岂能与明玉珍相抗衡？《新元史·明玉珍传》也认为平茶司当在明玉珍统治范围，"石柱安抚司马克用叛降于玉珍，乃改设永宁宣慰司及邑梅溪峒军民府。又立平茶永化军民府。"

研究土家族地区的政区建制，有助于深入探讨土家族历史。据以上研究，大夏国在对土家族地区的土司进行管理时，也授予土司印章、诰敕、虎符等信物。如恩施州发现有印信曰"圣旨颁降施南万户府镇抚司印，大夏开熙二年六月日造"。[①]《明太祖实录》卷八九亦云："洪武七年五月，永顺宣慰使顺德汪伦、堂崖安抚司月直遣人上其所授伪夏印。"酉阳《冉氏家谱》也有冉应显"负夏人伪敕與图银印，星夜奔驰，谒汤和于白帝城"的记载。[②]在恩施州发现的"圣旨颁降屯田万户府，大夏开熙元年四月日造"印信，则为大夏在鄂西地区屯田的有力证据。从上可知，大夏国的土司管理制度已经相当完善。

作为大夏的强邻，陈友谅的大汉国对少数民族地区的统治则有所不同。史载："溪洞深阻，……陈友谅据湖、湘间，啖以利，资其兵为用。诸苗亦为尽力，有乞兵旁寨为之驱使者，友谅以此益肆。"[③]众所周知，湘西、鄂西地区为陈友谅与明玉珍势力的交接地带，这些地区土司的态度很大程度上决定了双方边疆的稳定与否。明玉珍除了使用武力强制占有外，还采取温和的统治策略，对

① 林奇：《元末农民政权印章和义军遗址》，载《江汉考古》，1987（2）。

② 四川黔江地区民族事务委员会编：《川东南少数民族史料辑》，270页，成都，四川民族出版社，1995。

③ 《明史》，卷三一〇，《湖广土司传》。

鄂西、湘西等地土司提升其级别，如将散毛宣抚司提升为散毛沿边军民宣慰司，升忠孝安抚司为忠孝宣抚司、唐崖军民千户为唐崖宣抚司、东乡五路军民府升为东乡五路宣抚司、中峒安抚司升为镇边五路总管府、龙潭安抚司为龙潭宣抚司、大旺安抚司为大旺宣抚司，新设忠路宣抚司，改木册安抚司为木册长官司，高罗宣抚司为高罗安抚司，而未见有记载称陈友谅为拉拢湘西等地土司而提高其级别者。陈友谅与明玉珍政权在管理边疆民族地区策略上的差异，产生了两种截然不同的统治效果：陈友谅新占领之地与大汉政权之间的关系貌合神离，而大夏政权的疆土则要稳定许多。如酉阳土司，元代为酉阳州，明玉珍升为沿边溪峒军民宣慰使司，酋首之《冉氏家谱》称“受伪夏诰敕最多”。洪武四年，汤和等奉命征伐大夏，“康茂才取酉阳，领兵把守夔关。康茂才恃勇轻进踵关，竟死于冉氏兵卒之手”，这表明土家族土司是拥护大夏国的。

明清时期澧水流域卫所机构新论

史江洪　戴楚洲[①]

明清时期，封建王朝为加强对少数民族地区的统治，设置了卫所机构。清朝初年，朝廷在湖广省少数民族地区实施了“改土归流”政策，废除了澧水流域的土司机构和卫所机构，改建州、县，委派流官管理，以进一步加强对少数民族地区的控制。

一、九溪卫演变历程

元朝统一全国以后，对行政区域进行了重新划分。中央设中书省，地方设行中书省，这是我国行省制度的起源。元世祖至元十四年（1277），元朝在湖广行省置澧州路，领慈利等四县，还在今永定区茅岗置茅岗都元帅府。元成宗元贞元年（1295），升慈利县为慈利州，并“于境内蛮獠溪洞安置安定、柿溪（今桑植县廖家村镇）二州”。今桑植外半县属柿溪州，内半县属桑植安抚司，隶湖广行省新添葛蛮宣慰司。

在元末农民起义打击下，元朝统治土崩瓦解。元代至正二十年

---

① 史江洪（1957—），苗族，湖北民族学院民族研究所教授。戴楚洲（1963—），土家族，湖南慈利人，张家界市民族事务委员会纪检组长。

(1360)，陈友谅建立“大汉”政权，澧水流域各个土司为其驱使。朱元璋平陈理后，于元顺帝至正二十四年（1364），置湖广等处行中书省，改澧州路为澧阳府。同年六月，元代所授安定宣抚使向思明纳款归附，仍置安定、柿溪二宣抚司，命向思明及其弟向思胜领之。元末明初，慈利设置过靖安宣抚司、山羊宣抚司和茅冈宣慰司等土司机构。靖安宣抚司和山羊宣抚司的土官均为“巴人五姓”之一向氏，慈利一带有五代以来活动在湘西北的向宗彦、向思胜、向肇荣和向大雅、向大坤等“八耳锅”后裔。元代至正年间，向肇荣及其八子向大雅等分守靖安诸土司。元顺帝至正八年（1348），向肇荣为靖安都总管。至正十一年（1351），向大雅嗣袭了靖安隘故壤。慈利左师堂《向氏族谱》记载：“（向）大雅，字宜仁，公兄弟生当元末，举兵勤王。顺帝至正十七年丁酉十二月，随州人明玉珍袭据重庆，进陷成都。蜀中郡县相继降于（明）玉珍，公兄弟不能抗敌，最后亦降。统兵至龙潭坪，为八耳大锅。子三：良金、良银、良弼。（向）大望，字景仁，父既逃去，公与从弟（向）廷芳收寨兵，从征湘、汉有功……子三：彦才、彦奇、彦能，其后裔为山羊隘、桑植上洞、下洞各处。”后来，“八耳锅”之一向大雅长子向良金迁治至桑植西莲，设衙定居。明代洪武二年（1369），废靖安宣抚司置隘，并入麻寮隘丁千户所，旨授向良金为靖安隘土官百户。向大望长子向彦才于明代洪武二年（1369）任麻寮所山羊隘土官百户。

“慈利吴统志，元初因功授茅岗宣慰都元帅，世袭其职八十多年……元末爆发了全国农民起义，慈利安抚使覃垕以及夏克武、田大、八鼓皮等纷纷响应，一举推翻了元朝的统治和茅岗吴氏都元帅府，成为陈友谅起义军的一部分（大庸市民委编：《大庸土家族》，34页，1985）”。慈利县三让堂《吴氏族谱》记载了元末茅岗宣慰司的史实：“吴后避居荆襄，由汉及唐，支庶蕃衍，遍满天下宇之，有吴姓自兹始。及宋社既墟地失其守，有（吴）永贵之远孙吴统志，喜慈阳山水之胜，因（宋）建炎南渡而居焉。惠多谋，娶妻向氏，贞静且哲，同子吴毓领家丁往岳茅岗朝臣，保奏安诸土峒苗夷。有元受命，以功授茅岗宣慰都元帅，赐三台印。统志卒，毓立；毓卒，吴秀立；秀卒，（吴）恭立；恭卒，吴敬立；敬生五子，名遵、远、进、达、邀。四长俱儒，五子吴邀聪明，袭元帅职。八十九年，世袭其爵，控制诸夷，有声兹土。至元末，因覃垕作反，杀至土峒，（吴）邀弃官逃难，四兄及举族悉隐……十三世，吴子仁，首氏，生子仲孙，乏嗣。程氏，生四子：文、行、忠、信。（子）仁祖，明皇甲辰年，于澧州徐丞相下，归附本所，领先祖旧口总旗。自备器械，管军守（曲溪）隘。”另据《慈利吴氏族谱》记载：“吴子仁，元末土司官，旧谱称苗峒酋长，势大难制。吴元年甲辰冬，各蠢作乱，（吴）子仁牒云阳寨主唐涌分把隘口。”从民族古籍来看：茅岗宣慰司吴统志的第十三世孙吴子仁后为麻寮所曲溪隘土官副千户。

明太祖朱元璋称帝以后，于洪武九年（1376），在全国设置了十三个承宣布政使司，置左、右布政使各一人，主管全省民政和财政；另置都指挥使司管军队，设提刑按察使司管刑法。三者合称“三司”，互不统属，分别归属中央六部等有关部门管辖。承宣布政使司之下设置府、县二级地方政权。洪武初年，由大都督府的大都督节制中外诸军。1380 年，改大都督府为前、后、左、右、中五军都督府，分领在京各卫所和在外各都司。都督府所管仅是兵籍和军政，不能直接统率军队。军官的选授权在兵部，而军队的调遣和最高指挥权则在皇帝。在军队编制方面，于军事要地设置卫所机构，由行省都指挥使司管辖卫、所。每卫 5600 人，置卫指挥使统领；每卫下辖五个千户所，每千户所有兵 1120 人，指挥官称千户；千户所下辖 10 个百户所，每百户所有兵 120 人，指挥官称百户。百户所下辖二总旗，每总旗下又辖五小旗，一小旗有 10 名士兵。各卫隶属各省都指挥使司，各都指挥使司又分别统于中央五军都督府。明代，湖南地区隶属湖广省，省治设在武昌。省下设岳州、常德等 7 个府，共辖 56 个县；另设 12 个卫，辖 19 个千户所。明代，在土家人聚居区完善和发展了元代土司机构，在土家地区的边缘地带、土汉杂居地区设置卫所，驻守重兵，加强军事防御。在土家地区周围建立军事防御包围圈。各卫由朝廷直接派兵驻扎，开垦屯田，自征自食，且耕且守。千户所的千户、百户多为已经归顺的“土酋职官司（清《同治续修永定县志》卷五）”。划给土地归其所有。“官不请俸，职纪土官；军不支饷，名纪土军（清《康熙九溪卫志》）”，实行“以土防土”策略。这种严密的军事防御与林立的关隘，不仅可以防止土家人民反抗，实现“土蛮不许出境、汉人不许入洞”的限制，而且可以加强对土司的控制。清朝初年，沿袭明制。对投诚的各地土司、卫所准其袭职。直到雍正年间，各土司、卫所机构才“改土归流”。明清时期，由于湖广行省多为民族地区，其地之民政与军务有关，故澧水流域土家地区土司分别隶于卫所，使土司机构与卫所机构结合在一起。朝廷设立土司机构与卫所机构并存、土官与流官参用这样一套封建军政机构，其目的是为了有效地统治土家、苗族等少数民族。明清时期，慈利县一带设置了九溪卫，下辖麻寮、添平和安福三个千户所以及桑植安抚司，其演变历程及土官源流如下：

（一）九溪卫设置的历史背景

明朝建立以后，在土家地区建立了一套统治机构：在土家人聚居区保留土司机构；在土家地区边缘地带设置卫所机构，以土官为主、流官为辅；在比较进步的地区裁撤原来的土司，由中央派出流官担任知州、知县；并且废除敢于反抗朝廷的土司，改建卫所。慈利宣抚司等 4 个土司就是因为慈利一带土家人民反抗明朝封建统治而被改建卫所机构的。明初，慈利土家人民举行的三次农民起义促进了慈利土司机构的演变和卫所机构的建立。第一次是土家覃垕起义。朱元璋建立明王朝后，对湘西北土家人实行专制统治，使湘西北土家人产生了反抗情绪；另一方面，四川省明玉珍政权对酉阳、石柱、慈利、容美等地土司、土官授以印信，与明政权相对抗。由于各种因素影响，覃垕继续举起农民起义大旗。据慈利县高峰土家族乡《唐氏族谱》记载："洪武二年（1369），覃三舍人、荆州左卫正千户赴任，回籍取土军。覃垕不肯，土官谋杀本官。有军人聂万凤具奏地方谋杀长官。"覃垕见势不妙，被迫走上起兵反明道路，自称"覃垕王"。起义军攻克了慈利县城，占据了慈利等县。覃垕王带领土家人民揭开明代农民起义序幕以后，明太祖急命湖广行省平章杨璟率军抵达慈利县境，战斗首先在覃家城（今慈利县零阳镇永安村）展开。《明洪武实录》记载："初，（杨）璟兵攻覃垕寨，贼众下山迎敌。官兵击败之，乘胜追至半山。山势陡峻，视其寨，三面岩险而下俯江水。一面有路，仅通一人。官军不可上，乃回驻山下，而贼亦恃险阻自守。未几，以三千人下山挑战，官军又击败之。贼复遁入山，璟遂以兵逼之。"起义军被围后，"（覃）垕诈降，璟使部卒往报，为所执。太祖遣使让璟，璟督战士力攻，贼乃遁（《明史·杨璟传》）"。1370 年，覃垕又发动茅冈、温塘、索溪峪、容美等地土家人民反抗明朝统治。据明代《万历慈利县志》记载："庚戌（1370）……十月，（覃）垕及茅冈诸寨夷复出为寇。"明廷被迫在第二年再次派军征讨。《明史》记载："慈利土酋覃垕连茅冈诸寨为乱，长沙洞苗俱煽动。太祖命（周）德兴为征南将军，帅师讨平之……追数征蛮事，谓覃垕之役，杨璟不能克，赵庸中道返，功无与德兴比者。"① 这次征剿，明军在索溪峪百丈峡与起义军大战一场。据慈利县杉木桥镇《郑氏族谱》载："（洪武）四年，添平所龙溪隘土官百户郑权蒙总兵官调取，夹攻覃垕、田大于百丈峡，捕解回隘。"覃垕在索溪峪百丈峡受挫以后，仍然退守

① （清）张廷玉等撰：《明史》，卷一百三十，《周德兴传》。

在温塘、茅冈同明军作殊死斗争。著名学者顾炎武在《天下郡国利病书》中说："洪武中，山酋覃垕连构诸峒为乱，寻致荡平，獠夷率服。洪武三年冬，覃垕叛，以江夏侯、左丞周德兴率兵至慈州。垕恃巢穴险固，分党守其害。德兴命奇兵破其数栅，直捣温汤（塘）。垕犹率众守关，德兴拔其关，贼乃大溃。明年三月，擒垕以归。"[①] 周德兴利用覃垕女婿朱思济诱俘覃垕。《民国慈利县志》记载："龙岩寨（在今慈利县金岩土家族乡），明初朱思济诱覃垕处也。"覃垕被俘以后，于1371年阴历六月六日被剥皮致死。第二次起义是九溪起义。《明史·土司传》记载：洪武十八年（1385），"命楚王（朱）桢将征南将军汤和击斩九溪诸处蛮僚，俘获四万余人"。《民国九溪卫志》亦载："（洪武）十八年，九溪蛮作乱，楚王（朱）桢率征南将军汤和、副将周德兴平之。"第三次是安福千户所夏得忠起义。顾炎武在《天下郡国利病书》中说："洪武二十二年（1389）春，千户夏敬思（又名夏得忠）诱九溪洞蛮复叛。上乃命东川侯胡海讨平之，乃建九溪、永定二卫，以塞溪峒襟喉。"[②]《光绪湖南通志》也载："（洪武）二十二年二月，湖广千户夏得忠结九溪蛮作乱，靖宁侯叶升同胡海等讨之。潜兵出贼后掩击，擒得忠，斩之。置九溪、永定二卫。"朝廷为了防范土家人民再次起义，遂在慈利江垭的溇水河畔设置了九溪卫军民指挥使司（"九溪"指喝堡溪、索溪、输赢溪、斗溪、仁石溪、张马溪、冷水溪、野牛溪、湖鲁溪），归属湖广行省都指挥使司管辖。《明史》载："九溪卫，洪武二十三年（1390）六月置，有九渊、野牛、三江口、闸口四关。所属曰守御添平千户所，在卫北，洪武二年置。曰守御安福千户所，在卫西北，洪武二十三年九月置。曰守御麻寮千户所，在（九溪）卫北，洪武四年置。曰桑植安抚司，本桑植、

① （明）顾炎武撰：《天下郡国利病书》，卷七十三，《湖广》。

② （明）顾炎武撰：《天下郡国利病书》，卷七十三，《湖广》。

荒溪等处宣抚司，在卫西北，太祖丙午年二月置。后废，永乐四年十一月改置。”① 明代《万历慈利县志》又载：“九溪卫城，在县西北二十二都。旧无城，洪武乙巳，上命东川侯等讨夏得忠，唯立栅守御。次年，指挥吕成、韩忠等始筑之。周回千丈，计九里三十步，高一丈八尺……属湖广都司，领经历司一、镇抚司一、千户所四、百户所四，外辖安抚司一。峒一十有八，各有酋长帅之。卫置官无定员，今存者指挥使一十一人，同知一十人、佥事六人、镇抚二人，千户正一十人、副二十有二人、百户二十有九人。原额旗军二千八百六十人，户一千一百，新增操备、舍余五百五十又九人。”② 清代《康熙九溪卫志》还载：“九溪，古索口市也，在慈利县西北九十里、二十二都。明洪武中，命东川侯等讨夏得忠，立栅守御。其地扼要，为诸溪所汇，堪控制苗蛮。后因遍设卫所，遂于兹置卫，名九溪卫焉。至庚子，指挥吕成、韩忠始筑卫城。城内官置指挥、千（户）、百户，世职提防。军置四所，军卒轮流把守，官有俸，军有粮，一出本卫屯堡，自征自食；一出外属州邑，分解协济。”③ 明代景泰四年（1454），设“九永守备”，驻九溪卫城，控制桑植、永顺、保靖和容美诸土司。清代顺治十七年（1660），裁九永守备，设协镇一员、中军守备一员、两千总、两把总，统领官兵，驻防卫城。清代雍正八年（1730），裁撤九溪卫。位于今慈利县江垭镇九溪村的九溪卫古城残存南、北两门以及部分明代房屋，北门城墙及其壕沟大部尚存。九溪卫的设置对土家地区经济发展、文化繁荣具有积极的历史作用。

（二）麻寮隘丁千户所

九溪卫麻寮所与土司机构有渊源关系，是由土司机构演变而来

① （清）张廷玉等撰：《明史》，卷四十四，《地理五》。

② （明）陈光前撰：《万历慈利县志》，卷十六，《卫所》。

③ （清）董儒修纂辑：《康熙九溪卫志》，卷一。

的，具有土司、土官性质，正如《民国九溪卫志》所述：麻寮所“土官性质与其他职官不同，然亦朝廷命官也”。麻寮所与土司机构有继承关系。土司制度是指土司与土官两种统治制度而言，盛行元明清三朝。土司制度是在南方少数民族地区经济落后条件下，朝廷在政治招抚之后实行的特殊政治制度。元末明初，慈利一带曾设慈利宣抚司、麻寮长官司、梅梓长官司和靖安宣抚司等土司机构。后因爆发三次农民起义，麻寮长官司演变为九溪卫麻寮所，梅梓长官司演变为麻寮所梅梓隘，靖安宣抚司演变为麻寮所靖安隘，台宜长官司演变为九溪卫添平所。这毕竟是历史事实，不可埋没。因此，《民国九溪卫志》说明了这一史实：“添平、麻寮二所，初本土司，且设在卫所先。”而且麻寮所和添平所原来属于土司的实质性制度保留下来了：一是土官采用长子世袭制，还有朝廷薪俸。虽属九溪卫管辖，土官任职直达湖广都司。二是与汉官待遇不同，除自备钱粮外，还向官府交纳钱粮。三是按时朝贡，向朝廷领取回赐。正因大体照旧，朝廷自始至终把麻寮、添平二所当做土司对待。清代《康熙九溪卫志》说：清初，朝廷对九溪卫指挥、千户和百户等官作过调整，对麻寮所和添平所还是采用“所隘土司，节制仍旧”的办法。明代洪武二年（1369），麻寮土司王唐涌归附明王朝，置麻寮隘丁千户所，由唐涌任正千户，建衙署于所坪（在今湖北省鹤峰县走马镇所坪村），辖今慈利县西北部、桑植县东北部和鹤峰县东南部。明《万历慈利县志》载：“麻寮隘丁千户所，旧志洪武二年开设，地名樱桃隘。在县西北三百里、十七都。切邻边境，最为要害。因以土酋为千（户）、百户，土民为隘丁，兼以汉官协守，复以百户分戍诸隘，隶常德卫，后改隶九溪卫。厥官若兵皆自食其力，衣粮、器械不仰县官，唯幕职俸例于九溪（卫）支给。”① 明代《隆庆岳州府志》亦载：“麻寮守御千户所，在慈利西北、十七

① （明）陈光前撰：《万历慈利县志》，卷十六，《卫所》。

都。洪武时，以土酋为千（户）、百户，土人为隘丁，汉官协守，复以百户分戍诸隘，隶常德卫，后改九溪卫。其官兵悉自食其力，惟幕职禄给于九溪（卫），设官则土、汉杂用焉。”① 清代《嘉庆慈利县志》又载：“明洪武十三年，诸蛮初平，叛服无常。乃设所隘世职，以严守御。麻寮所一所、四厅、十隘，正副千（户）、百户共三十二员，其千户汉、土杂用，军一千一百二十名。自食其力，驻扎山洞。外捍蔽石、慈、九、永，内控容美、桑植、永顺一十八土司，俱属湖广都使司节制。”麻寮所唐氏是土著民族，因清《康熙九溪卫志》载：“麻寮所隘，肇自蜀汉延熙二年（239），投诚诸葛武侯，因受世袭土职。至明洪武二年，唐勇纳土投诚。敕赐铁券，驻扎山峒，永镇诸蛮，封武德将军。”② 慈利《唐氏族谱》记载了麻寮千户所首任土官正千户唐涌的生平事迹：“唐涌，（唐国）政长子，字南泉，号宁宇，别号景平。生于元泰定二年。于至正二十四年，系吴元年甲辰岁袭职，年已四十矣。时峒长齐乱，公设云阳寨主，为麻寮都督总管守御所。又以龙潭、天星岩为二大寨，分把诸路关隘，苗蛮靖氛。一日，宿于拦渡江下，闻九处猿啼，爱而乐之。又居舍于大路滩。翌日，游览属境，创立衙署，名曰南府。周围数十余里，筑堑掘壕，副员军丁守汛防御。以大岩关之内设靖安隘把总，把守虎把渡……明洪武元年闰七月，太祖高皇帝御宇一统。右丞相徐达讨剿岳、常、澧、安，公乃分土防御关隘，倡义起兵，且战且守。洪武二年，夏明升余党为寇，丞相兵屯三江口。公统所隘军属设诚徐达、邓愈二公驾下，纳土归附，仍授原职……蒙徐（达）丞相题奏，诰封武德将军，授麻寮都督总管守御所掌印正千户职，管辖四厅十隘，守御夷蛮诸峒，颁给铁券、方印。诰命其部下厅隘千（户）、百户职，同授爵秩，遇警听调。”其土官世袭

① （明）《隆庆岳州府志》，卷六，《军政考》。

② （清）董儒修纂辑：《康熙九溪卫志》，卷四，《麻寮所志》。

情况是：唐涌—唐贤—唐斌—唐盈—唐雄—唐冠—唐大全—唐大节—唐幸恩—唐幸爵—唐臣—唐仁—唐秉辅—唐国祯—唐宗韬—唐宗略—唐麟徽—唐德昌—唐仁爵—唐贤圣—唐维朝—唐世官—唐传玉。

明代嘉靖年间，日本倭寇侵扰我国东南沿海地区。明世宗任命尚书张经为总督大臣，征调湖广土兵抗倭。嘉靖三十三年（1554），保靖宣慰使彭荩臣率领土兵奔赴苏州一带抗倭，麻寮所土官千户唐仁亦率兵参战，取得了“王江泾大捷”。《民国九溪卫志》记载了这一战功：“嘉靖十三年，海寇猖獗，张经总督军务，大征各卫所土兵、狼兵协剿。（唐）仁檄率土兵往战，辄有功。”① 嘉靖三十五年（1556），永顺、麻寮等地土兵围困勾结倭寇的海盗徐海、陈东于沈家庄。《民国九溪卫志》记载了唐仁诱捕徐海的战略：“（总督）胡宗宪继总军务。（唐）仁请见，陈方略。宗宪奇之，延入幕，参赞军事。贼势方炽，八路交集，仁或亲督战士，或决策帷幄。时陈东、徐海有隙，宗宪要（徐）海降。令缚（陈）东及麻叶以献，又令东党攻海，海投水死。未几，复诱获汪直，诛之。仁实与谋焉。”② 嘉靖三十七年（1558），彭志显率领麻寮、大喇、镇溪、桑植六千土兵焚烧倭营，倭寇多被杀死，取得了“舟山之捷”。慈利《周氏族谱》载：“都司调本所督军正千户唐仁、本隘唐荣督率十隘官兵一千，周勇督领所部弓弩手十五名、枪刀手十名、铳手五名，随本所征浙江舟山所巢。腊月二十九日子时，放火烧巢。一鼓而擒，攻城而进，所获甚多，斩首数人”。嘉靖三十八年（1559），唐仁征杭州城，平贼有功，战死疆场。钦命浙江巡抚建立忠臣祠楼、石柱牌坊，赐书“海上知名”匾字。

明末清初，中国爆发了李自成、张献忠领导的农民起义，土家

---

① 陈宗瀛、羡邹甫纂：《民国九溪卫志》，卷三，《人物》。
② 陈宗瀛、羡邹甫纂：《民国九溪卫志》，卷三，《人物》。

先民奋起响应。崇祯十六年（1643），李自成部将马守应等攻陷澧州城，麻寮所千户唐国祯奉命率兵前往澧州城保护明宗室、华阳王朱敬一，而麻寮所署被起义军烧毁。“崇祯十六年（1643），袁（宗第）、塔（天保）、游、佘贼反澧，（唐）国祯公统隘员军丁至澧护王。贼诡退，公在澧未归，贼等潜突自北至所坪，烧毁二十八座官署。两所虽能对敌，决难取胜。请求于王，调九、永等卫兵同剿，贼始平。”① 明朝灭亡以后，麻寮所千户唐宗略率领土兵投诚了清王朝。清代顺治二年（1645），李自成侄儿李过与高必正率领农民起义军攻陷九溪卫城，占据慈利县城，九溪卫一带土家人民纷纷响应起义军，清代《康熙九溪卫志》记载了明末清初农民起义军攻陷九溪卫城的过程：“有高、李二贼至添平所。一年之后，贼复南行。既而袁、张、牛、马诸营驻扎宿师，始破卫城。贼数营乃居住西山，倚持险要，盘踞五载。”麻寮所千户唐宗略又奉清王朝之命，率领土兵前往镇压，遂在慈利县通津铺修建新所署。“大清顺治年间，九溪苗贼猖獗，（唐）宗略公奉旨调征，复迁通津铺而建署焉。”② 其所辖四厅十隘各署从慈利县十七都、十八都、十九都等处陆续迁到慈利县二十二都、二十三都、二十四都和二十五都等地（即今慈利县东北部和西北部）。慈利县苗市镇《唐氏族谱·所衙记》也记载了麻寮所迁署到今慈利县通津铺镇所坪村的史实：“（唐）涌公于（元代）至正年间立为云阳寨主。于洪武二年助粮佐征，荷蒙皇恩，封为武德将军。设立衙署于所坪，把守容、桑等处。大清顺治年间，因九溪苗贼猖狂，我祖（唐）宗略公奉旨调征，于是建署于通津铺。历经两朝而南北衙署巍然犹存，岂不盛与？厥后，雍正年间辞职，而官署稍朽。我（唐）世官公于道光二年重修。”清代雍正十三年（1735），麻寮所改土归流，其地大部

① 鹤峰县委统战部编：《容美土司史料汇编》，478页，1984。

② 鹤峰县委统战部编：《容美土司史料汇编》，478页，1984。

分改归慈利县，少部分改属鹤峰州。慈利县杉木桥镇发现了麻寮所土官千户唐德昌墓碑等民族文物。

麻寮所四厅、十隘三十二员正副千户、百户中，大部分是土官，其源流如下：

1. 麻寮所四厅

麻寮所清军厅首任土官副千户为唐清，佐贰厅首任土官副千户为唐才，管操厅首任土官副千户为卓文德。巡捕厅首任副千户为刚洪，清代“改土归流”时千户是刚应烈。

唐清是唐涌亲弟，据《唐氏族谱》载：“唐清，（唐国）政三子，字北泉，号胜宗，别号澄江。吴元甲辰年入籍慈姑州，今慈利十七都。驻扎天星寨，自卫一方，今黄莲蓬、李家坪、官屋场等处。洪武己酉二年，右丞相徐达征夏明升寇党，屯兵三江口。贼兵木石甚危，难以进兵。约吾祖（唐）胜宗统兵三万七千应援，剿灭。徐丞相奏准敕诏一道，封世袭延安侯，敕赐尚方宝剑一口，武德将军唐清准此。”清军厅土官副千户世袭情况是：唐清—唐永高—唐思旻—唐䄏—唐渊—唐明德—唐明善—唐夔—唐希皋—唐锵—唐之屏—唐嘉升—唐膺简—唐祚戎—唐开疆—唐鸿兆—唐业麟—唐弥光—唐岐峰。

佐贰厅土官副千户世袭情况是：唐才（唐涌次子）—唐之远—唐朝良—唐立政—唐用—唐惯—唐悦—唐鉴—唐嵩—唐玉—唐继斗—唐膺龙—唐宪高—唐安邦—唐世爵—唐代诰—唐启哲—唐文雅。

卓氏远祖为四川省巴县人。宋代靖康年间，高祖卓汝周因金人南侵，迁居大庸天门山。六传至卓成，迁到慈利九溪。始祖卓汝周七传至卓文德，于明代洪武二年，被封为麻寮所管操厅首任土官副千户。据慈利县西河堂《卓氏族谱》载：“（卓）文德公与弟文庠公，于元末至正甲辰年（1364），同唐涌等等倡义平苗。逮明洪武二年乙酉岁，合众投诚，同日授封正副千户、百户三十二员。吾文德公授麻寮所管操厅副千户，文庠公授麻寮所显信校尉镇抚司正百户，赐铁券。封文德公为武德将军，子孙承袭，世守其土。清沿其例，赏给方印、号纸，至雍正十三年乙卯，诸蛮向化，献土缴印，凡十五传，共三百六十七年。以祖宗之战功，为子孙之衣冠。嗣后改千户为千总、百户为把总，颁给敕书一道，札符一纸，令其子孙世袭。”慈利县杉木桥镇赵家铺村发现了麻寮所土官副千户卓文德墓碑。清代康熙年间，官操厅副千户卓启祥迁署至慈利县二十五都阳虎坪（在今慈利县东岳观镇枫坪村）。官操厅土官世系为：卓文德—卓槐—卓权—卓仁—卓景春—卓隆—卓思恭—卓荣政—卓大宝—卓世懋—卓嵩—卓之璠—卓自扬—卓自焕—卓启祥。

2. 梅梓隘

明清时期，梅梓隘土官正百户为赵氏，土官副百户为周氏。慈利县赵姓人是土家人。慈利《赵氏族谱》说出了是土著人的真话：“赵至宋，化家为国，俨然皇族。吾今日之赵氏岂其苗裔欤？然吾不高攀。大抵为土著，慈利是可断言。按旧谱：赵维兴，宋末人……宦湖南入籍大庸。生子龄，又徙慈利，生四子……赵禄，明洪武二年，征苗有功，封昭信校尉、麻寮所梅梓隘正百户。”《赵氏族谱》还有明太祖于洪武二年给麻寮所梅梓隘正百户的敕书。梅梓隘正百户衙署在慈利县二十三都赵家坪，在今慈利县通津铺镇。《赵氏族谱》还载：“我祖道臣公……生维兴、维观。兴公于宋季宦游湖南，爱山水之清丽，乐风俗之浑朴，遂宅古大庸天门山，生二子：遐、龄。龄公转徙慈姑州黑龙泉，生厂、禄、圻、煊四公。厂公于明初以明经出宰顺天府宛平县，解组归黑龙泉。禄公具文武才，征苗有功，封昭信校尉，镇守麻寮所梅梓隘，落业三语泉。”其土官正百户世袭情况是：赵禄—赵均宝—赵天林—赵诚—赵之任—赵彦椿—赵文见—赵朝盛—赵廷臣—赵之藩—赵如云—赵宪章。

梅梓隘首任土官副百户是周亮。慈利县至德堂《周氏族谱》载：“周亮，祖母吴氏，魁梧越众，膂力超群，有古将之风。因云南边寨苗寇侵疆，奉先朝朱太祖命，同所君唐随征剿有功，职授世袭百户……”其土官副百户世袭情况是：周亮—周永华—周元臣—周勇—周绍政—周流—周一国—周长爵—周汝杰。

3. 九女隘

九女隘土官千户向飞雄的祖先是定居本地的土家人。慈利县左师堂《向氏族谱》记载：“九女隘属慈邑西北古夷地也。向氏得守此土，始自汉章武年间。（向）明德以部长助武侯征服南蛮，封土官把守隘口，由晋而隋而唐、宋、元，代有伟人，详载县志。明初，（向）孟祥公协征倭寇，调讨海贼有功。洪武时赐敕札券、铜符，授千户职，永镇九女隘。既清雍正十三年，各土司均改土归流，缴印解职，复敕千总职衔，子孙世袭。”其土官千户世袭情况是：向飞雄—向文明—向大高—向汉宗—向海深—向永—向孟祥—向荣华—向斌—向世武—向世廉—向万忠—向万全—向廷位—向元承—向国忠—向紫宸。

4. 青山隘

土官正、副百户均为刘氏，宋为九溪部长，元为安抚司。明代，刘敬甫为麻寮所青山隘正百户。《民国九溪卫志》载：“青山隘土官百户。十二世（刘）世达以功授土官百户……二世（刘）朝将归清。”其土官世系为：刘敬甫—刘世达—刘志贵—刘得神—刘永华—刘广—刘名立—刘大海—刘良辅—刘尚德—刘安楚—刘朝将—刘应元—刘汉文。《民国九溪卫志》还载：“青山隘副百户……（刘）世贤为（刘）敬甫次子，以功授百户，至（刘）国政归清。”慈利《民国刘氏族谱》也载：“（刘）敬甫，（刘）印富长子。明洪武初，与麻寮土司唐涌等内附，改授公守御司，赐地青山。麻寮旋设所，青山遂名隘，属麻寮所。”其土官世系是：刘世贤—刘志温—刘志禹—刘得拳—刘得君—刘永保—刘宽—刘宰—刘名月—刘名照—刘大麟—刘良材—刘良臣—刘尚龙—刘安起—刘国政—刘国联。

5. 樱桃隘

樱桃隘正百户是邓氏，首任正百户邓梦友先在人潮溪创建衙署，其墓碑至今仍在桑植县白石乡南滩草场。后住杨柳坪，故慈利白石《光绪邓氏族谱》载有世家对联："樱桃署杨柳，奕奕簪缨宏世业；貔虎隶麻寮，洋洋干羽沐和风。"清代"改土归流"时，正百户是邓永爵。慈利《光绪邓氏族谱》还载："始祖（邓）梦友公于吴元甲辰（1364），由吴迁楚。率军纳附，编授麻寮所樱桃隘正百户职事，已（遂）家于兹土矣。逮洪武二年（1369），投诚徐丞相、征南将军邓愈，剿土酋覃垕有功，仍授原职，注（驻）防守御。又于二十二年（1389），奉东川侯胡海檄征土蛮夏德忠等，赏给功牌。越明年，复以调征西川，平服诸寇，颁赐方印。俾得外备石、慈，内控容美、桑植土司，并苗疆猺道，隶常澧常（德）府，后隶九溪卫。迨后三代祖邓道鉴公，奉总兵赵调征广西，功授前军督府，题请发号纸回营守边，代荫世职，而前朝之恩不已渥（峨）哉。躬逢大清圣朝定鼎，（邓）光先公于顺治八年（1651）统率军舍投诚归顺，蒙皇恩仍授原职。至十代祖（邓）师圣公，于康熙十八年（1680）年奉钦命宁南大将军、顺承王给委任事，抚招人民，著有劳绩，用加升赏。"樱桃隘首任土官副百户是黎志立。慈利土家学者吴恭亨曾经题词："黎于溇北，土著高门。"黎氏始祖黎天赐为土著人。慈利《黎氏族谱》记载："黎志立，字学礼。明洪武二年，充麻寮所唐勇总旗，获叛寇唐恭奴、夏得忠。丞相徐达题奏，论功颁给诰命一道，置樱桃隘宇边……尔麻寮所樱桃隘土官黎志立，质禀端方，膂力刚劲，素练兵机，久识地利。既率众以坚守，复助粮以佐证。宣此功能，允宜擢用。尔宜永御诸夷，益精武事。毋忘朕训，以建奇勋。"现存通津铺镇燕子村黎志立墓碑碑文也载："自我（黎志）立公与忠公、权公始生；生而沉毅，才兼文武。前明初奉徐丞相机，调征土叛蛮洞有功，实授樱桃隘百户职司。"樱桃隘土官副百户黎氏衙署设在黎家坪，在今慈利县通津铺镇。其土官副百户世袭情况是：黎志立—黎谦—黎广—黎永珊—黎甫—黎宪威—黎元佐—黎正亨—黎拱宸—黎之毅—黎拱垣—黎之屏—黎维纯—黎之俊—黎显福—黎文炳—黎定荣—黎成祖—黎邦献。

6. 在所隘

麻寮所在所隘土官百户为李氏，清代《嘉庆慈利县志》载有麻寮所在所隘正百户李世禄之名。另据慈利《观物李氏族谱》记载："李文广，父李侗，兄文道。于宋淳熙时，文道任武陵刺史。文广在任时，土蛮为患正烈。文广以同族之类，便用恩信招抚，蛮尽归服，故全境都得安宁。宋光宗绍熙授（李）文广为镇抚司、武德将军之职。俾令镇守斯土，赐业袭，遂占慈利十里、县北二十五都观物坪。坪初无名，因府君服官，以居故名。李干，为李嗣胤公次子、膺臣公嫡孙，为始迁祖李（文）广十三世孙，世袭（麻寮所）在所隘昭信侯。十八世（李）元圭房世袭在所隘百户也……慈利俗云：土著姓皆有分，唐氏以所，王氏以甲，卓氏以家，李氏则以房，李氏旧分三房。"其土官百户世袭情况是：李膺臣—李嗣胤—李干—李时用—李极—李梁—李世禄—李元圭—李长贤。

7. 曲溪隘

曲溪隘土官吴氏原为元末土司官，明为麻寮所曲溪隘土官副千户。明代洪武二年（1369），颁铁券，文曰："敕封吴子仁，驻扎山峒，永镇诸夷，与世同休。"慈利土家学者吴恭亨在《明土千户吴君墓表》中写道："自石门以西、慈利以北，蔓延渫、溇二流域，为土著五、六百年。一姓计口至十万者，明千户吴君子仁苗裔也。君祖（吴）道隆当元季寇扰，挈其（吴）道辅徙慈姑州，道隆居溇北，道辅在澧南，遂同焉著籍。吴元年甲辰，君与平苗乱，论功颁铁券，世戍曲溪、拦刀两隘。生四子，曰：文、行、忠、信。君即行也，宣德初袭职为千户，夫人唐氏、向氏、曾氏。"慈利县国太桥乡平溪村和杉木桥镇月亮村仍存麻寮所土官千户吴亮墓和吴大泽墓。其土官千户世袭情况是；吴子仁—吴行—吴亮—吴永端—吴大泽—吴廷用—吴宗尧—吴一极—吴国藩—吴长祚—吴长琏—吴汝楫。

8. 拦刀隘

拦刀隘土官千户亦为吴氏。明代正统三年（1438），曲溪隘土官百户吴亮驻拦刀隘。明代弘治六年（1493），其子吴永端驻慈利二十二都平溪（今慈利县国太桥乡），并且兼任拦刀隘百户。明代天启年间，吴一极次子吴国缙单独袭任拦刀隘土官百户。慈利《吴氏族谱》记载了清朝给拦刀隘土官正百户吴载韬的敕书。其土官百户世袭情况是：吴国缙—吴长琏—吴汝梁—吴载韬。

9. 山羊隘

山羊隘首任土官正百户向彦才为“八耳锅”之一向大望长子。据鹤峰《向氏族谱》载：“山羊隘，古夷地也。有明洪武年间平麻寮寨，爰设所隘，防御土、苗，遂改为麻寮所，下属十隘……山羊隘向。各有旗丁、军属，官不支俸，军不给粮，以本地之产膳。所隘军丁专以刀耕火种，所植惟秋粟、龙爪谷而已。赋税则有秋粮，牛角尖之外五隘免五征五，内五隘则有免七征三之例……今日之山羊司即古之山羊隘也。吾祖（向）彦才公自明洪武丙辰年为山羊隘百户。历两朝经四百余年，世袭十三辈。乾隆二年，诸土司向化，改设郡县，前各所隘职衔已为冗员，添平、麻寮两所二十隘正副千（户）、百户六十三员，一并裁汰。经总督部院迈（柱）题，请沿茅冈司世袭之例，复荷皇恩，准授以世袭千总、把总职衔，各给专敕一道。”明代洪武二年（1369），湖广平章杨璟移咨明军大都督府，题请授向彦才为山羊隘土官百户，子孙世袭，掌印守边。后驻慈利县十七都唐家坪，在今慈利县三合口乡。其土官百户世袭情况是：向彦才—向初文—向钧佐—向永斌—向辅—向大绍—向明表—向阳春—向维—向绍勋—向九锡—向文玉—向文明。

10. 靖安隘

靖安宣抚司原建治所在鹤峰县城东三里张爷庙。元末，靖安宣抚使向大雅卒，传长子向良金。后因容美土司强占辖地，遂迁治所于今桑植县西莲，设衙定居，辖今西莲至里溪。明代洪武二年，废靖安宣抚司，置靖安隘，并入麻寮隘丁千户所，旨授向良金为靖安隘土官正百户。向良金死后，传子向祥。明代洪武年间，朝廷颁发铁券："敕封向祥驻扎靖安隘，与镇诸蛮，与国同休。"其土官百户世袭情况是：向大雅—向良金—向祥—向拳甫—向永忠—向瑄—向世瑛—向昂—向廷辅—向汲—向元桐—向永爵—向日功—向九富—向子瑛—向庆历—向祚华。

11. 黄家隘

黄家隘土官正百户为唐氏，后住安家坪（今慈利县象市镇）；土官副百户为赵氏，后住黑龙泉（今慈利县杉木桥镇）。明清时期，黄家隘土官正百户世袭情况是：唐全（唐贤次子）—唐之华—唐朝龙—唐安宇—唐世雄—唐本忠—唐汉—唐一德—唐荣—唐如斗—唐思先—唐光爵—唐大戎—唐昌祚—唐文举—唐运兴。慈利《赵氏族谱》载："赵炘，洪武二年，随兄助阵立功，封忠显校尉、麻寮所黄家隘副百户。赵栖，洪武九年袭职。"其土官副百户世袭情况是：赵炘—赵栖—赵一亨—赵试秀—赵万里—赵思信—赵舟—赵胜宗—赵正忠—赵国用—赵良翰—赵琦—赵一元—赵一普—赵世铭—赵玺—赵景川—赵光典。

（三）添平隘丁千户所

北宋时期，石门设有台宜、天台、天平等寨。元代至元十二年（1347），土酋覃绪祖为行军总管，在邓坪富石堡台创建衙署。吴元年（1364），设立了台宜长官司。明代洪武二年（1369），土酋覃添顺被授予添平所土官正千户职，迁所署到刘家坪（在今石门县所街乡留驾坪）。明代《隆庆岳州府志》记载："添平所，即宋添平、台宜寨。甲辰归附，洪武改。元代，夏克武举土酋覃（添）顺为寨官。二年以今地为所，仍以覃添（顺）等土酋为千户，领土兵守之。后分百户十人驻各隘以备，隶常德卫，更隶九溪卫。其酋长、隘兵任其耕艺，无租税，幕职禄给于九溪。设官土、汉杂用，千户四员。覃文孙，父（覃）添顺，宋施州总管（覃）伯坚四世孙。其先徙居添平，及（覃）添顺拓地益广，所统益众。元季依台宜为寨，洪武归附，至（覃）文孙征容美、安福有功，奏添平所改隶九溪卫。”① 《明洪武实录》卷四十三载：洪武二年六月，“置天（添）平千户所，时隘丁寨土酋覃（添）顺归降，遂置千户所”。明代《万历慈利县志》亦载：“添平隘丁千户所，在县北一百五十里，乃古添平、台宜寨，甲辰年归附。洪武元年，土官夏克武举土酋覃（添）顺为寨官。二年肇设今地为所。仍以（覃添）顺等土酋为千（户）、百户，领土兵守之，复分百户十人住各隘操备，隶常德卫，后改隶九溪卫。其酋长、隘兵任其耕艺，无赋税，若幕职俸例于澧州慈利县支给。正德中，千户覃善教重修。隘十，曰：鱼洋隘、走避隘、细沙隘、遥望隘、鹞儿隘、中靖隘、磨冈隘、石磊隘、长梯隘、龙溪隘，以上各以百户一人领隘兵分戍。”② 清代《同治续修石门县志》记载了添平所土官千户覃添顺及其子覃文孙的生平事迹：“覃添顺，添平所土官正千户。洪武四年，调取夹攻覃垕、田大于永定百丈峡，捕获解官。五年，调征上、下酉州，擒获苗寇解官。十一年，调征上、下监厂铁门关苗寇，招抚筲谷聚种张鸭儿等，安民乐业，受赏，封武德将军，旧志作覃顺。覃文孙，添顺子，添平所土官正千户。洪武中，调征容美等峒，获苗唐大孙等官。二十二年，调征安福叛贼夏得忠，攻天火岭、石硝、柿溪、恶者等峒，又攻贺石关，屯驻永顺。八月，后攻桑木关、桑植等峒，擒获苗蛮百名，受赏。招抚溃散人户徐九长等八十九户、男妇二百八十九名。”添平所土官千户世袭情况是：覃添顺—覃文孙—

① （明）《隆庆岳州府志》，卷六，《军政考》。
② （明）陈光前撰：《万历慈利县志》，卷十六，《卫所》。

覃绳武—覃昊—覃禹元—覃毅恭—覃善政—覃世奇—覃继勋—覃宗藩—覃光国—覃祚昌—覃家彦—覃声振—覃庆永。

据清《光绪石门县志》记载：明朝初年，添平所首任土官千户、百户是：清军厅土官副千户柳世华，管操厅土官副千户王赵夔，巡捕厅副千户覃志兴；镇抚司唐胜孙；鹞儿隘土官百户唐武，长梯隘土官百户覃券，磨冈隘土官百户唐宗源，遥望隘土官百户曾伏孙，石磊隘土官百户宋天荣，忠靖隘土官百户陈祥，渔洋（阳）隘土官百户邓添礼，走避隘土官百户王添宝，细沙隘土官百户伍彦材，细沙隘副百户盛华，龙溪隘土官百户郑仁拳。

九溪卫添平所和麻寮所在官制、兵制、学制、赋制、贡制、征调等方面与湘鄂西各土司同制同俗，与其他“所”不同。但是，学术界有人忽视九溪卫添平所及麻寮所的土司性质。其实，顾炎武在《天下郡国利病书》卷七十八中早已阐明：九溪卫“苗獠出没，初立添平、麻寮以捍于东，其隘各十。添平、麻寮皆守御千户所，每所掌印土官千户一员……每隘各土官百户一员掌印，以防守容美夷寇，籍隶土军皆石门、慈利二县民充之……添平所土司放纵，据石门半境而不服徭役。”石门《覃氏族谱》记载的明朝万历皇帝处理石门县知县冯汝器夺添平所土官千户覃宗潘印引起纠纷的谕旨佐证了添平所土司性质及其民族类属。明神宗旨批：“土官世辖土军，此我祖宗‘以夷治夷’之深意也。今一旦改推选之制，夺土印而与汉官，彼上下素不相习，其肯帖然听命乎？地方官不识大体，轻变祖宗成法，生事起衅，渐不可长。”圣旨一下，吏部、兵部转发湖广衙门，遂将添平所印归还土官。可见，添平所是与其他地区卫所机构大相径庭的军政机构。清王朝建立后，添平所土官千户覃祚昌归附了清廷。据清《康熙九溪卫志》记载：“覃祚昌于顺治四年投诚。康熙十年，叨沐皇恩，颁给所印。照沿历朝旧制，管军守边。其本所地方，东抵澧州界，南抵九溪、慈利县界，西抵各土司界，北抵渔洋关、长阳、松滋县界。四至周围，千有数百余里，此形势之大略也。至于户口，原辖土军一千一百。”清代“改土归流”时，添平所大部分归属石门县，小部分改属鹤峰县。

（四）安福守御千户所

明代洪武四年（1371），朝廷在慈利县十六都地设置安福守御千户所，所城设在宋代“安福寨”遗址之上，即今桑植县澧源镇方家坪村。辖地十二处，其中，朱家台、杨公潭、新王塌在今桑植县。位于十九都的赵家岗在慈利县，康三峪、屯田坪在今永定区。安福守御千户所本来也是土官千户所，由土官夏克武任守御千户。后因其子夏得忠起义，遂废土官千户所，改由湖广都司委派千户，首任千户为李谯。明代洪武二十三年（1390），九溪卫左所千户李樵在酉水之南瓦窑岗（即今桑植县城所在地）修建安福所城。明代《嘉靖澧州志》记载：“安福守御千户所城，在慈利（县）西北二百九十里、十四都。周围三里四十步，高一丈七尺。洪武庚午，九溪（卫）左所千户李樵始筑之。有东、西、北三门，其南之前，阻山不通门，余各有楼及窝铺二十间，以宿司昏者……正德中，指挥常明重修，地并属慈利县。所治，洪武四年设在酉水之北，正当诸夷峒之口。以土官夏克武为千户，领土军守之，隶大庸卫。二十三年，其子得中叛，毁于兵火。既平，复以酉西地瓦窑洞更置。千户所设官垛军守御，改隶九溪卫，千户正、副十人，百户十人，领旗军隘丁二千二百四十人、户五百六十。”明代《隆庆岳州府志》详载：“安福守御千户所，洪武四年创于酉水之北，当诸夷峒口。以土官夏克武为千户，领土兵守之，隶大庸卫。洪武二十三年，子得中叛，调汉官守御，改隶九溪（卫），而九溪前所亦调此协守焉。所署毁于得中叛时。后兵既平，复以酉西地瓦窑冈创，为有吏目幕厅、军储仓。”明代《万历慈利县志》也载：“安福守御千户所城在县西北二百九十里、十四都。周围三里四十步，高一丈七尺。洪武庚午，九溪左所千户李樵始筑之。有东、西、北三门，其南之前，阻山不通门，余各有楼及窝铺二十间，以宿司昏者……（明）正德中，指挥常明重修，隶九溪卫。千户正、副十人，百户十人，领旗军隘丁二千二百四十人、户五百六十。今见在者一千一百八十有二，户三百有六十。”[①] 顾炎武在《天下郡国利病书》卷七十二中又说：“置安福所以控于西，其关有四。安福千户所防御桑植二峒夷寇，四关为九渊、闸口、野牛、三江口。每关旗甲一人，督同哨、獠人把守其所。”

二、永定卫设置始末

明朝初年，封建统治者镇压三次土家农民起义以后，在今张家界市城区设置了永定卫，辖大庸所及茅冈长官司，属湖广都指挥使司节制。

（一）永定卫的由来

明初，土家首领覃垕起义以后，明太祖派兵镇压。明代洪武二年（1369），常德卫指挥使黄常率兵至永顺羊峰山，兼署羊山卫事。洪武三年（1370），覃垕率众起义以后，迁徙卫城刻不容缓。明太祖召黄常至南京问方略。黄常请求迁卫城至澧水河畔，皇帝准奏。遂迁卫城至大溶溪之阳，初名大庸卫。清代《道光永定县志》记载：“改卫大庸者，或以大庸溪之近。”明代洪武四年（1371），朝廷另派常德卫指挥使张胜在“天门南峙、福德北盘”的军事重地修筑城堡。洪武九年（1376）大庸卫署迁到此处，故明《万历慈利县志》载：“大庸卫在永定城内，洪武九年开设。”明代洪武二十二年（1390），改大庸卫为永定卫。这年，土酋夏得忠率众起义，攻占慈利县。大庸卫官兵们希望永远安定，上奏皇帝，请求更大庸卫之名为永定卫，明太祖准奏。洪武二十三年（1390），永定卫治迁徙至永顺宣慰司之芋

① （明）陈光前撰：《万历慈利县志》，卷十六，《卫所》。

岸坪，仍名大庸卫。明代洪武三十一年（1398），卫治迁回永定城，恢复永定卫名，改大庸卫为大庸守御千户所。永定卫城设在慈利县西南部的十二都，即今张家界市政府所在地。卫署在卫城南隅，明洪武初创建。清代《康熙永定卫志》记载了永定卫设置的过程：“明洪武二年（1369）己酉，于永顺宣慰司境内置羊山卫，在今治西八十里。设排栅城，简沔阳、黄州、襄阳、安陆兵等为戍守。后（皇帝）以此地险远，运饷维艰，召指挥（使）黄常至南都，亲讯而然之。遂移今地，改卫名大庸。至（洪武）四年，常德卫指挥张胜筑城。（洪武）三十一年，更名永定（卫），领左、右、中、前、后及大庸守御六千户所，并黑松、后坪、金藏、桑溪、龙虎、茅岗六隘。指挥黄常环甃以砖，周二千一十丈有余，约九里百二十步，高二丈四尺。雉堞一千六百五十，高四尺。窝铺六十有二。门五：东朝阳，南朝天，西镇彝，北无名，各有楼。其小东门，指挥周铺、吉世英、丁贵创，无楼。”[①]《明史》亦载：“慈利……西南有永定卫，洪武中置。二十三年八月，徙于永顺宣慰司之芋岸坪。西北有龙伏关，东南有后平关、黑崇关，谓之永定三关。所属曰大庸守御千户所……曰茅冈长官司，在卫东北。”[②] 明代《万历慈利县志》又载：“永定卫城，在（慈利）县西南一百八十里、十二都，即大庸卫旧城，乃洪武辛亥常德卫指挥张胜始筑者……以后复建年次无考，属湖广都司。领经历司一、镇抚司一、千户所五：曰左、曰右、曰中、曰前、曰后，百户所五十。外辖大庸所并黑松、后坪、金藏、桑溪、龙虎、茅冈等关隘凡六处，置官无定员。今存者指挥使五人、同知六人、佥事九人、经历一人、镇抚一人、千户正四人副七人，百户一十九人。原额旗军五千六百人。”[③] 清代《同治续修永定县志》卷二还载：“明洪武二十六年，设

① （清）杨显德纂辑：《康熙永定卫志》，卷一。

② （清）张廷玉等撰：《明史》，卷四十四，《地理五》。

③ （明）陈光前撰：《万历慈利县志》，卷十六，《卫所》。

都使司，驻扎省城，辖各卫。永定卫本元所置，至是徙于永顺宣慰司之芋岸坪。其属曰大庸守御千户所，本大庸卫，在永定卫西。曰茅冈长官司，在卫东北。”现在，永定区除温塘、罗水、罗塔坪、青安坪、桥头和教字垭等乡（镇）为茅冈土司辖地外，其余均为卫所地区。清代雍正八年（1730），裁撤永定卫。雍正十三年（1735），拨慈利县十、十一、十二、十三都和八、九、十四都部分地置永定县。如清《道光永定县志》载：“（清雍正）十三年题请更设永定县，割慈利地三分之一，与安福附近永定卫地合而成之。”

（二）大庸所的改置

洪武二年（1369），设置羊山卫。清代《光绪永定县乡土志》载：“洪武二年，降慈利州为县，置羊山卫。”① 后迁卫治于澧水西岸，与大庸溪相距十多里。《明史·地理五》载：“大庸守御千户所，本大庸卫，在（永定）卫西。洪武九年四月置，（洪武）三十一年改为所。”明代《嘉靖澧州志》记载：“大庸守御千户所城在慈利县西南一百一十五里、十三都、永定卫西（三十里）。本大庸卫，洪武三十一年改为所，隶永定卫。周围二里二百八十步，有东、西、南、北四门，门上各有楼一。有故台二座，洪武戊寅，千户武才始筑之者，城外地皆属慈利县。”明代《弘治湖广岳州府志》卷十亦载：“大庸守御千户所，在（慈利）县西二百一十五里。（明）洪武初，名大庸卫，在今永定卫地。（洪武）三十一年，以大庸卫地设永定卫，统左、右、中、前、后五千户所。改大庸为守御千户所，隶永定卫，移置于（慈利）县西三百一十五里。”清代雍正七年（1729），废除大庸所，其地改属永定县。大庸所古城在慈利县十三都，即今永定区后坪镇武溪村，为宋代武口寨遗址。现存古城残墙500米，仍有东门、炮台、校场、会馆及关庙、大王

① （清）侯昌铭编纂：《光绪永定县乡土志》。

庙、永宁寺等古代建筑。城中青石板街道为明清时期大庸所军屯处，驻军千余人。城中仍有几条旧街，两旁木结构房屋未被拆废，城西武水河边还有古代武溪石桥。

南渭州土司研究

罗维庆[①]

2007—2009 年，湖南吉首大学历史文化学院连续三年在酉水流域进行了暑假田野调查，其间在对南渭州州治遗址和土司墓地实地考察时，征集到了一批碑刻、家谱等珍贵史料，通过实地考察和对这些实物史料的研究，我们发现，原来对南渭州土司的研究存在有一定错讹和遗漏之处，故撰写此文，以期在土家族土司研究中能起补缺于万一之作用。

一、南渭州历史地理概述

南渭州为明湖广行省所属永顺宣慰司辖下三土州之一，是永顺土司位于酉水的门户，与永顺土司相始终。南渭州历史较为久远，从后晋天福五年（940）所刻的“复溪州铜柱记”铭文中“知南州军州事彭光明”、“知渭州军州事覃允赟”题名可知，五代时在此地已有了南州、渭州的行政建制或地名称谓。北宋时南州与渭州仍并存，《武经总要》卷 21 在记载北江 36 州时，南州、渭州与上溪州、下溪州、永顺州、保静州等同列其中。乾隆《永顺府志》卷 8

① 罗维庆（1954—）男，土家族，湖南省吉首大学张家界学院副院长。

《名宦》载宋人张纶时曰："辰州溪洞彭城内寇，纶知辰州，抚谕酋长，修贡献之典，徙之渭州。"① 可知宋代该地沿袭了五代建制称为渭州，尚无南渭州之名。元代时，因所设行政区划辖地较宋时广阔，南州与渭州合二为一，"至元中，置南渭州安抚司，属葛蛮安抚司"。②《元史》卷63《地理6》在"八番顺元蛮夷官"条记载的行政建制中，麦着土村、会溪施容等处、腊惹洞、驴迟洞、南渭州等永顺司属的三州六洞长官司基本具备。

元以前南渭州历史仅散记于史志中，建制沿袭不清楚，历史人物极少，除上述所引人物外，在《宋史》中还有渭州知州彭思聪于哲宗元佑三年（1088）入贡的记录，但这些零星记录难以构成完整的历史。自明代始，南渭州史事才较完整地见之于史志。

南渭州位于今湖南省湘西土家族苗族自治州永顺县境内，地处酉水河北岸，现行政区划为永顺县泽家镇南渭村。南渭州位于酉水咽喉之地，地势较为特别。酉水自保靖由西而东流来，经钟灵山、梁子山两山间后，突然转向西南，未几又一近乎360度大拐弯，变为东西向，在此留下一半岛状陆地，半岛最西端是面临酉水的一个山头，自该山头向后约500米为低平地，然后地势呈扇形扩展逐渐上升，至半岛东端，恶作库和惹巴枯两座大山成环状围绕，其间形成拥有近千亩梯田和旱地的山湾。半岛两侧临河边各有一码头，南渭州州治一度设立于此。

南渭州地处永顺宣慰司和保靖宣慰司分界处，水陆交通均十分便利，是酉水流域一战略要地。自此沿酉水上溯四十余里，经龙溪塘、要坝等地即可达保靖宣慰司治迁陵镇，如渡过酉水河，经陆路过梁子洞、洞庭坡等地，仅20余里即抵迁陵镇。自南渭州沿水路

① 湖南省古籍办：《湖南地方志少数民族史料》（上），131页，长沙，岳麓书社，1991。

② 湖南省古籍办：《湖南地方志少数民族史料》（上），141页，长沙，岳麓书社，1991。

而下，经周家寨、可夫、他沙，即到白溪口。白溪口石壁插云，号称铁城墙。其下的三门滩与凤滩、茨滩、绕鸡笼、驼背滩齐名，为酉水5大险滩。《酉水船工号子》唱道："蚁槽脱水白溪关，悬崖高头好晴天。白溪关上打一望，兵马难过铁城墙。佘水孔，三转弯，生坏三门那条滩。"三门滩是进入南渭州难以逾越的天险。由白溪口再沿酉水而下经树西科、米岔枯、三百洞、马堰洞、钟家包、龙头山等地，约四十里至猛洞河口，被称为"八蛮洞口"的列夕即位为此。列夕地处蛮汉交界处，由于水路的便利，成为贸易山货的聚散地，渐成集市。乾隆《永顺县志》卷1《沿革·市村》记载："列夕在县西，离城八十里。自王村以上进猛峒小河，往来行舟多泊焉。民居罗列，商贩聚处。桐油、香油、杂油、棓子药材等货于此收买，亦要区也。"至今，当地人仍习惯称猛洞河为"司河"，酉水河为"官河"，明显留有当年划分土司与官府管辖地的痕迹。过列夕北上四十余里，就是永顺宣慰司所在地老司城。如保靖土司沿酉水而下侵犯永顺土司，必先经过南渭州这一战略要地，才能进入"八蛮洞口"列夕。可以说南渭州是永顺土司防御保靖土司的最前沿阵地，同时也是永顺土司位于酉水河的最重要港口。

二、南渭州州治的迁徙及遗址

在以往土家族土司研究中，对南渭州州治几乎都认定在今南渭村。但这次在列夕乡友和村芷州组考察时，我们发现了一块镶嵌在土司衙门础石墙上的碑铭，从碑文记载中，可知南渭州州治曾有过迁徙。其铭文为：

祉舍屋基原属旧治世业，扁在鄰境，弃荒多载，及先考公相其地可以营室，乃修葺之。甃石砌补，垒基使高，将为成堡，以备隣寇之不虞也。工已半，蒙主恩擢录总裁，遂住司，公冗未果，命舜等继理之。今舜等不敢忘先志，勉力趋事，始于岁之桂月告成。敢志诸石，以明继述意也。

皆　雍正四年八月朔穀旦　彭启舜　尧立　石匠　孙嗣光　宁

碑文“社舍屋基原属旧治世业”，即表明了该社原来是州治所在地。“扁在鄰境”显然是比较地处交通便利西水河边的南渭而言。“弃荒多载”应是指州治迁徙后房屋状况。“先考公”是14代土司彭宗国。“蒙主恩擢录总裁，遂住司”之句，指康熙三十九年(1700)，吴三桂部据辰龙关与清军对峙，彭宗国随父出征，攻克辰龙关，因功被永顺宣慰司授以凯旗旗长职，并驻司总理司事之事。“命舜等继理之”所言的“舜”是彭宗国次子彭启舜。因彭宗国需驻总司总理事务，其长子彭启尧显然要在南渭州主持日常事务，修复旧治之事只能交次子彭启舜担当。从碑文释读中可知，南渭州州治至少有两次迁徙：第一次是因为芷州地处偏僻，而迁往南渭州。第二次迁徙原因虽未记明，但实则是清王朝雍正四年（1726）改土归流的步步紧逼，南渭州土司在永顺宣慰司将司治内迁至颗砂之际，亦将州治内迁至芷州。芷州位于南渭州东北二十余里，现行政区划属永顺县列夕乡友和村芷州组。自南渭州去芷州路途艰难，其中以位于恶作库和惹巴枯两座大山之间的马杀坳最为险恶，峭壁之上仅一条山路通过，一夫当关，万夫莫开。显然，南渭州末代土司就想凭借这险要地势，远离西水交通要道，在大山深处延续其小王朝支脉。“甃石砌补，垒基使高，将为成堡，以备隣寇之不虞也”碑文，即表明了其备战之意。

两次搬迁使芷州、南渭州发生巨大变化。第一次从芷州迁南渭州，不仅使芷州“弃荒多载”，还因州治搬迁后仅设一哨卡而改称为芷哨，州治返回后才又称为芷州。第二次将州治从南渭州回迁芷州，又导致了南渭州的衰落。州治建筑逐渐损毁，现仅剩衙门坪一地名，据传这是当年土司衙门建于此而得名。原有敬土司王的三月堂、敬祖师菩萨的五月殿、敬观音菩萨的乌龙庵等几座庙宇，现今均仅存基石。河边土司彭应麒母亲坟墓，因风滩电站水库蓄水，已沉没水底。

芷州土司衙署修缮复建于雍正四年，即1726年，至今虽有280余年历史，但保存得较为完整。衙署依东低西高的山势而建，坐西朝东，顺山而上分为四个台层，十分壮观。衙署起步台阶朝南，自起步台阶上行数级，左边石墙上有一宽50厘米，高80厘米的石碑，上刻前文所记的铭文。再上数级有一青石平台，平台前方和右边为高约3米的石坎台沿，左侧为西边即是大门。地面大青石条门坎现仍保存完好，清晰可见四扇大门的轴洞。入门即为一条共有3级台地，每台5~6级石阶，长约7~8米不等，宽约6尺的青石板道直通衙门正厅。原来石板道两旁均为楼房，一台即为房屋一进，但现木建筑均毁。石板道尽头为一宽阔的石板坪，正厅坐落在坪后一个五级石阶的石台基上，给人第一印象是粗大的屋柱与不足3米的房高比例失调，令人有大材小用之感。但这正可能是房屋近300年还不倾斜，保存基本完好的原因。正厅系全木结构建造，五柱八祺六扇五间一字排开，构思奇妙的卯榫结构、造型独特的屋檐挑手、精雕细刻的青石柱础无不透露出当年的威严尊贵。正厅北侧石台基下，有一个30平方米左右的石砌小窟，当地人称之为地牢。

从风水学的角度来说，芷州土司衙门风水极佳，整个建筑位于半圆形太师椅地形之上，被自屋后顺山势而下的数条石脉奇妙地簇拥着，人称此石脉为龙脉。大门石台前为一圆形山塘，人称为青龙戏珠，据说土司统治时，此山塘春夏秋蓄水栽藕养鱼，冬天干涸则为摆手堂，供土民跳摆手舞之用。但如此好的风水仍没保住土司王位，雍正五年（1727），衙署落成仅一年余，南渭州土司便随永顺宣慰司一并改土归流了。

三、南渭州土司世系

2008年8月11日，我们在对芷州土司衙署旧址进行考察时，采访了永顺县列夕乡友和村芷州组71岁土家族老人彭延金，得以翻拍了他家藏的著于康熙年间，后世复抄的《芷州彭氏谱》（以下简称《芷谱》）一本，该谱共37页，虽然有一定残破，但基本记述完整。2008年8月12日，在对南渭州土司旧址进行考察时，采访了永顺县泽家镇南渭州村大坝组73岁土家族老人彭文德，翻拍到了亦是著于康熙年间，后世复抄的《南渭州彭氏谱》（以下简称《南谱》），该谱共42页，保存完整。两谱纸质均十分陈旧，尤其是《南渭州彭氏谱》，纸张是当地俗称的“联习纸”，这是早已失传多年手工生产的土纸。两谱书均用毛笔抄写，字迹较小，笔画潦草，辨认较费精力，对历代土司世系及事迹记载得较为清楚，在南渭州土司世系研究中极具参考价值。

研究南渭州土司世系，对世后影响较大的当推谢华先生的《湘西土司辑略》，在此书中，谢华先生以专章记述了南渭州土司世系（以下简称《谢谱》），但《谢谱》与《南谱》、《芷谱》有一定的差异。现将3个谱记世系分列于下：

《谢谱》：1代彭万金……→2代彭金胜……→3代彭什才……→彭律恕（金胜次子，什才弟）→4代彭可宜（律恕子）→5代彭始主俾清→6代彭惹即送→彭定（始主俾清次子，惹即送弟）→7代彭慨主俾（定子）→8代彭良臣→9代彭章→10代彭世忠→11代彭正→12代彭应麒→彭应麟（正次子，应麒弟）→13代彭凌高（应麟子）→14代彭宗国。

在彭宗国之后记曰：“雍正五年，随总司纳土。”《谢谱》对前三位土司为何人并不明确，所以以省略号表明，自彭律恕开始才肯定其世系。其世如从彭万金开始，到彭宗国纳土，南渭州土司共传14代17任。如从彭律恕开始，其世系仅传11代14任。

《芷谱》：1代彭万金→2代彭金胜→3代彭什才→4代彭律恕（字可宜）→5代彭始主俾→彭清（律恕可宜次子，始主俾弟，因兄无嗣袭职）→6代彭惹即送（清子）→彭定（清次子，惹即送弟，因兄无嗣袭职）→7 代彭慨主俾（定子）→8 代彭良成→彭白俾（慨主俾次子，良成弟，其兄有子章，因年幼白俾代袭）→9 代彭章（良成子）→10 代彭世忠→11 代彭正→12 代彭应麒→彭应麟（正次子，应麒弟，应麒殉难子幼暂袭）→13 代彭凌高（应麒子）→14 代彭宗国→15 代彭启尧。

以传至彭宗国止，《芷谱》所载南渭州土司世系为 14 代 18 任。

《南谱》：1 代彭万金→2 代彭金胜→3 代彭什才→4 代彭律恕可宜→5 代彭始主俾→彭清（律恕可宜次子，始主俾弟，因兄无嗣袭职）→6 代彭惹即送（清子）→彭定（清次子，惹即送弟，因兄无嗣袭职）→7 代彭慨主俾（定子）→8 代彭良成→彭白俾（慨主俾次子，良成弟，其兄有子章，因年幼白俾代袭）→9 代彭章（良成子）→10 代彭世忠→11 代彭正→12 代彭应麒→彭应麟（正次子，应麒弟，应麒殉难子幼暂袭）→13 代彭凌高（应麒子）→14 代彭宗国→15 代彭启尧→16 代彭胜翱→17 代彭宣斌→18 代彭树海→19 代彭兴邦→20 代彭楚南→21 代彭善玉→22 代彭延魁→23 代彭文定→24 代彭明烈。

以传至彭宗国止，《南谱》所载南渭州土司世系为 14 代 18 任，与《芷谱》同。

将三谱对照，可看出《谢谱》与《南谱》、《芷谱》的世系存在几点不同之处：

1.《谢谱》对前 3 任土司是不确定的，能确定的世系从彭律恕开始。其他两谱是肯定的。

2.《谢谱》中第 3 代 4 任土司彭律恕与第 4 代 5 任土司彭可宜是父子两人，而在其他两谱中第 4 代 4 任土司彭律恕可宜则为一人。

3.《谢谱》中第 5 代 6 任土司彭始主俾清是一人，但在其他两谱中第 5 代 5 任土司彭始主俾和第 5 代 6 任土司彭清则是两人。

4.《南谱》、《芷谱》中第 8 代 11 任土司是彭白俾，在《谢谱》中无彭白俾之人。

5.《谢谱》载13代土司彭凌高为彭应麟之子，在《南谱》、《芷谱》中则记彭凌高为彭应麒之子。

以上几点不同，我们可依据此次征集的文物、文献资料的记载、永顺宣慰司世系中所涉的南渭州彭氏世系、其他文献有关史料，逐一对比分析，试求其正。

其一，在《湘西土司辑略》中，谢华先生对南渭州世系前三任土司彭万金、彭金胜、彭什才的不肯定，源于明《土官底薄·湖广·南渭州知州》的记载："彭什才有祖父驴总可宜，原系土民头目归附，授本州知州，故。洪武三年令父彭万满袭，二十三年为夏得中等作耗，总兵官将本官擒获，在阵身故。什才年幼，已故宣慰司彭添将本州岛印信拘收掌管。三十四年，将印信与什才署事。若便将本州岛印信拘送，诚恐土民惊疑。如蒙将印信与人戶存留，仍令已故知州彭万满嫡长亲男彭什才承袭掌管，土民便益。永乐九年十一月奉圣旨，准他着彭什才做南渭州知州。"据此，南渭州前3任土司应为彭驴总可宜、彭万满、彭什才。所以谢华先生认为"什才之父不是金胜，而是万满；什才之祖不是万金，而是驴总可宜。其不同若此，未知谁是。"① 以存疑的形式记录南渭州前3任土司。但他亦曰："底薄系案牍之文，出于收发衙吏之手，摘由不清，故有许多讹误和不通顺之处。"② 因而在对前3任土司存疑的情况下，却又明确记载彭律恕为彭金胜次子，彭什才之弟。

《土官底簿》是明王朝在西南边疆推行土官统治的过程中产生的，是明代推行土司制度的产物。清乾隆四十二年（1777），纪昀将其编入《四库全书》。《土官底簿》所录土官，都属文职系统的土知府、土知州、土知县、土主簿、土巡检一类，实出自于吏部验

① 谢华：《谢华集》，258页，长沙，湖南人民出版社，1989。
② 谢华：《谢华集》，258页，长沙，湖南人民出版社，1989。

封司。方国瑜先生在《云南史料目录概说》中说："是书所载者为土官，而土司不在内，则出自吏部验封司案牍之文，即编缀土官袭职存档，以备稽查者，故名为底簿。"该书所录永顺宣慰司时仅记上溪、南渭、施溶三土州，证实了方先生"载者为土官，而土司不在内"的论断。《土官底簿》的记载确有讹误遗漏之处，如前文所引的宣慰司彭添，系彭添保之误。不仅在家谱中记为彭添保，在《明史·湖广土司》亦是这样记载："（洪武）九年，永顺宣慰彭添保遣其弟义保等贡马及方物。"但《土官底簿》所记南渭州前三任土司与家谱名字有区别，则不是错误，实则是原名与书名之区别，并非不是同一人。在《永顺彭氏家谱》所涉南渭州世系中，对前三任土司的记载是："彭万金：保靖宣慰使彭世雄次子，明洪武二年(1369)，彭万金作'驴总可宜'，偕其子内附。从明太祖征鄱阳有功，升南渭州知州。世隶永顺；彭金胜：万金子，土官底簿作万满，洪武三年（1370）袭知州。进马贡木及方物，奉给羽字二十七号印信一颗；彭什才：金胜子，洪武二十三年（1390）袭职。保靖宣慰使见其势强，以女妻之，别为逢氏。"明确了彭万金即"驴总可宜"，彭金胜即彭万满。该世系虽未明确彭什才为金胜次子，但《南谱》、《芷谱》所记彭什才之下都有"永乐年父殁子承兄终弟及"之语，应可证彭什才是"兄终弟及"袭职的。似可解《谢谱》有关前三任土司的存疑。

其二，《谢谱》中将第3代4任土司彭律恕与第4代5任土司彭可宜记为父子两人是错误的。在《南谱》、《芷谱》中，彭律恕之下记曰："字可宜，什才子"，即表明了可宜是彭律恕的字，并不是律恕、可宜为两人。但"可宜"作字解也不一定准确，"可宜"在土家族中是一个常见人名，如保靖宣慰司的"大虫可宜"、永顺宣慰司的"驴总可宜"、"律恕可宜"等，都用"可宜"作为后缀。这与"恶着冲"、"向达迪踵"、"彭福石宠"、"驴蹄什用"等类名字都有"冲"、"踵"、"宠"或"什用"为后缀相同。在土家语中，“冲”、“宠”、“踵”或“什用”等字，是“头领”、“王”的意思，与名连接称呼是对他的尊敬。“可宜”也应该是一种与名相连接的尊呼，虽然现已不明白其含意了，但决不能将其折开作为两个名字看待。

其三，《谢谱》中将第5代6任土司彭始主俾清作一个人看待是错误的，应以《南谱》、《芷谱》中第5代5任土司彭始主俾和第5代6任土司彭清两人为准。在土家族人名中，以“俾”作为后缀的名字亦为常见，如保靖司的“药哈俾”、容美司的“白俚俾”、永顺司的“彭白俾”、“彭慨主俾”等人名，都有一“俾”字，这与前文所用的名字后加以“冲、宠、什用”或“可宜”等方式如出一辙。虽然现在已不解“俾”的含义，但从习惯性来说，“彭始主俾”应是一个加以“俾”字后缀的名，不应再跟一个“清”字。《南谱》、《芷谱》的记载应是准确的。

其四，《谢谱》中无彭白俾之人，而《南谱》、《芷谱》中则明确记载第8代11任土司是彭白俾：“七代彭慨主俾：定子，袭任年岁殁葬失考，生二子良成、白俾；八代彭良成：慨主俾子，袭任事迹年岁失考，生一子章；彭白俾：慨主俾次子，生一子泰奇；九代彭章：良成子，袭任失考，生一子世忠。”从记载中可看出彭白俾是彭慨主俾次子，在其兄彭良成之后执掌了一段司职。彭白俾并没将司职传于自己的儿子泰奇，而是传给了兄子彭章，这应是在彭章尚未成年之时的代署司事。代署司职做为一任土司计算与否都不应视为错误，但如从尊重本族的意愿来说，应确认彭白俾为第8代11任土司。

其五，2008年8月12日，我们考查了南渭州土司墓地，该墓地位于永顺县泽家镇营扎村向家湾组，小地名叫九垅十八湾。该墓葬群除彭凌高墓因传说是以金头代首安葬，20世纪90年代招致盗挖而被整修外，其余都残破不堪。在彭凌高墓边一残墓旁，于杂草丛中有一仆地墓碑，碑园头长方形，沿边刻有花纹，高约50余厘米，宽约40余厘米。该碑体、碑面、花纹、字体等均古朴陈旧，应为原立之碑。碑面刻有“明诰封奉政大夫祖考彭公讳应麒字瑞生老大人墓”、“康熙庚寅岁季春月中浣吉旦”、“孝孙宗国玄孙启尧启舜”等字样。彭应麒据《南谱》、《芷谱》载“生天启癸亥，殁顺治丁亥十月”，即生活于天启三年（1623）至顺治四年（1647）间，《谢谱》亦载彭应麒死于1647年。碑中康熙庚寅年为康熙四十九年（1710），应为立碑时间，即该碑是在彭应麒死后63年所立。按当地风俗习惯，墓碑应刻孝子以下所有后代之名。但该墓碑仅刻孝孙与玄孙，而无孝子之名。该碑所在的墓紧邻彭凌高之墓，如彭凌高系彭应麒之子，不可能不刻其名字于其父墓碑之上。因此，彭凌高不是彭应麒之子，而是彭应麟儿子。《谢谱》记载应是可信的。

从以上考证可看出，《谢谱》、《南谱》、《芷谱》所记世系均有差错，应整理为：

1代彭万金→2代彭金胜→3代彭什才→4代彭律恕（字可宜）→5代彭始主俾→彭清（律恕可宜次子，始主俾弟，因兄无嗣袭职）→6代彭惹即送（清子）→彭定（清次子，惹即送弟，因兄无嗣袭职）→7代彭慨主俾（定子）→8代彭良成→彭白俾（慨主俾次子，良成弟，其兄有子章，因年幼白俾代袭）→9代彭章（良成子）→10代彭世忠→11代彭正→12代彭应麒→彭应麟（正次子，应麒弟，应麒殉难子幼袭）→13代彭凌高（应麟子）→14代彭宗国。

雍正五年（1727）彭宗国随永顺宣慰司改土归流，南渭州土司世袭为14代18任。

南渭州土司在土家族势力庞大的土司群中，仅是宣慰司下辖的一土州，但从彭宗国兼任永顺宣慰司凯旗旗长并总理永顺总司司务来看，其地位及所拥有的权限在永顺宣慰司中是极为重要的。在此次对该土司的田野考察中，发现并纠正了前人研究中所存在的一些问题，对于进一步深入研究土家族土司史是一个推进。我们认为，在土家族土司研究领域中还有许多尚未发现的问题，以及对一些已成定论的史实进一步探讨，田野考察应是予以重视的重要方式。

历史时期土家族地区农业的分布与变迁

朱圣钟[①]

农业有广义和狭义之分，广义农业包括农（耕）、林、牧、渔等生产门类，狭义农业主要指农耕，本文所讨论的是狭义的农业。关于土家族地区历史时期农业的发展情况，目前专论性研究成果不多，笔者曾对土家族地区的农业结构进行过尝试性探讨，[②] 但并未对农耕生产的空间分布进行深入讨论，本文则试图解决这一问题。

一、五代以前农业区的点状零星分布

五代以前，土家族地区农业经济以渔猎、采集为主，农耕生产的发展较为有限，只是在局部区域有零星的农耕生产发展。

早在新石器时代，在土家族地区已有人类在此生存繁衍，主要

---

① 朱圣钟（1973—），土家族，博士，西南大学历史文化学院历史地理研究所副教授。

② 朱圣钟：《西南土家族地区的农业结构》，载《中国历史地理论丛》，2000（2）；《历史时期土家族地区农业结构的演变》，载《湖北民族学院学报》（哲社版），2004（2）。

遗址有清江流域长阳县香炉石、[①] 桅杆坪、西寺坪、沙嘴、深潭湾，[②] 澧水流域石门县宝塔、桅岗，桑植县朱家台，鹤峰县江口、千户坪，酉水流域永顺县不二门、新田堡，保靖县喜鹊溪、柳树坪、大丘堡、长丘、瓦场、尚堡、团鱼背、大坪、芭蕉湾、大田、大田坎、枫香堡、庙堡、庙嘴、庄屋，龙山县尚家屋场、婆婆庙、湾潭、瓦场、金毕卡、龙洞湾、溪口，来凤县漫水葫芦堡、田家河、吊水河、牛摆尾等。[③] 近年来考古工作者在乌江下游一带新发现了一些新石器时代的遗址。从这些遗址出土的遗物来看，当时土家族地区居民的经济主要以渔猎经济为主，农耕的发展相对有限。

春秋战国时期，土家族地区可能农耕有所发展。在酉水河谷保靖县四方城遗址，考古工作者发现一战国时期粮窖，储存的粮食有稻谷、高粱、粟、豆类等，[④] 这说明当时土家族地区已有农耕生产，且已有了水（稻谷）旱（高粱、粟、豆类）作物的耕作；粮窖位于河谷地带城址附近，说明当时农耕生产主要集中于河谷地带城镇一带。到秦、两汉时期，土家族地区设置有涪陵县、酉阳县、迁陵县、零阳县、充县、佷山县等县，当时农耕生产大致分布于县治附近的河谷地带。[⑤]

南北朝时期土家族地区局部区域农耕有所发展，如澧州经过郭彦劝民耕稼后“民皆务本，家有余粮”，[⑥] 而五溪之地到南朝刘宋

---

① 王善才：《香炉石：我国早期巴文化遗址的发现与研究》，北京，科学出版社，2007。

② 湖北省清江隔河岩考古队、湖北省文物考古研究所编著，王善才主编：《清江考古》，34、81、149、157 页，北京，科学出版社，2004。

③ 邓辉：《土家族区域的考古文化》，98～102 页，北京，中央民族大学出版社，1999。

④ 邓辉：《土家族区域的考古文化》，149 页，北京，中央民族大学出版社，1999。

⑤ 朱圣钟：《历史时期土家族地区农业结构的演变》，载《湖北民族学院学报》（哲社版），2004（2）。

⑥ （唐）令狐德棻等：《周书》，北京，中华书局，1971。

元嘉年间也曾出现“蛮田大稔，集谷重崖”的景观，① 因此河谷地带农耕生产的分布范围有所扩大。

隋代在土家族地区设置6个郡17个县进行开发，其郡、县治所都位于清江、澧水、酉水、乌江岸边，而且县治的分布伸展到溪河上游一带，如清江中上游分别设置有清江、盐水和开夷等县，由此推测，土家族地区农业开发也应该随之扩展到溪河上游。

唐代土家族地区农耕生产分布地域又有所增加，但大多仍集中在州治所在的区域内。当时农耕生产已有所发展的澧州附近地区“人纳火田租”，思州在田氏入主后一部分土地也得到开垦，施州州治附近也是“重田畴辟”。

尽管自新石器时代至唐代，土家族地区的局部地点内农耕生产有所发展，农耕点有所增多，但总体上来说，土家族地区的农业经济仍以渔猎和采集生产为主，农耕只是渔猎经济的辅助性生产门类。②

二、五代两宋时期农业的零星块状分布

自五代以后，随着农耕生产的发展，在土家族地区逐渐形成规模不等的农耕区，在这个区域内农业经济基本上以农耕为主，而其他区域仍是以渔猎、采集为主，这样在土家族地区就形成了两类经济区：农耕经济区和传统农业经济区。

五代短祚，土家族地区农耕生产发展情况鲜于记载，因此这里谈到五代两宋时期土家族地区农耕生产的分布情况时以两宋时期为主进行讨论。宋代土家族地区农耕生产的发展主要有赖于屯田的发展，因此每一个屯田点基本上也就是当时土家族地区主要的农耕生产的分布点。

---

① （梁）沈约：《宋书》，北京，中华书局，1974。

② 朱圣钟：《历史时期土家族地区农业结构的演变》，载《湖北民族学院学报》（哲社版），2004（2）。

宋代朝廷为有效控制地方，在土家族地区设置军事砦堡，招募当地居民为士兵，“相险隘立堡寨，且耕且守”，“兵屯以大使臣主之”,[①] 砦堡兵丁既有驻防的军事职责，也有屯田的义务，屯田大多分布于军事砦堡附近，军事砦堡的分布，在一定程度上反映了当时屯田的分布情况。

宋代土家族地区各地所设置的军事砦堡分布情况如表1：

表1　宋代土家族地区砦堡分布简表

<table>
<tr><th colspan="2">州县名称</th><th>砦　堡</th><th>砦堡数量（处）</th></tr>
<tr><td>峡州</td><td>长阳县</td><td>新安、长杨（属长杨县，元丰五年废）</td><td>2</td></tr>
<tr><td>归州</td><td>巴东县</td><td>折叠砦</td><td>1</td></tr>
<tr><td rowspan="2">施州</td><td>清江县</td><td>歌罗、永宁（元丰三年废）、细沙、宁边、尖木、永兴（夷平）、行廊、安碓（俱元丰三年置）</td><td rowspan="2">9</td></tr>
<tr><td>建始县</td><td>连天</td></tr>
<tr><td rowspan="2">黔州（绍庆府）</td><td>彭水县</td><td>盐井、玉山、洋水、都濡、信宁、洪杜、小洞、界山、难溪</td><td rowspan="2">38</td></tr>
<tr><td>黔江县</td><td>白石、门阑、佐水、永安、安乐、双弘、射营、右水、蛮冢、浴水、潜平、鹿角、万就、六堡、白水、土溪、小溪、石柱、高望、木孔、东流、李昌、仆射、相阳、小村、石门、茆田、木栅、虎眼</td></tr>
<tr><td rowspan="2">澧州</td><td>石门县</td><td>台宜砦</td><td rowspan="2">6</td></tr>
<tr><td>慈利县</td><td>索口、安福、西牛、武口、澧川</td></tr>
<tr><td>辰州</td><td></td><td>镇溪（熙宁三年置）、黔安（熙宁八年置）</td><td>2</td></tr>
<tr><td colspan="2">总计</td><td></td><td>58</td></tr>
</table>

资料来源：《宋史·地理志》、《元丰九域志》。

① 《宋会要辑稿》，一五四册。

从表1统计的砦堡情况来看：黔州（绍庆府）有砦堡38处，其中黔江县29处，彭水县9处；施州共9处，清江县8处，建始县1处；澧州共6处，慈利县5处，石门县1处；峡州2处，均在长阳县境；归州巴东县1处；辰州2处。从数量的比较来看，以黔州、施州、澧州相对较多，尤以黔州为最多。这些砦堡的分布地大致也就是宋代的土家族地区军屯田的分布区域。

由于文献对这些砦堡大多只载其名而不详方位，所以现在只是知其大略的处所。峡州长杨、新安二砦大致在今湖北省长阳县境内；折叠砦在今湖北省巴东县境内；澧州台宜砦为土司时期的添平所，索口砦为九溪卫，安福砦为安福所，澧川从其名称来看应该在慈利县境的澧水岸边，西牛、武口位置不详；辰州镇溪砦即土司时期之镇溪所，黔安位于酉水茶滩南岸；施州清江县8砦中，歌罗砦位于今湖北省恩施市西南90里，唐宋时曾在此地设置歌罗驿，其他7砦无考；黔州彭水县9砦中盐井砦可能为当时伏牛山附近之盐井，玉山可能为郁山的同音异写，洋水砦为今重庆市彭水县西北50里之洋水坝，洪杜在洪杜溪，难溪位于今彭水县南90里，其他各砦无考；黔江县29砦中安乐砦位于今重庆市彭水县东北安乐坝，射营位于今重庆市黔江区李家营，浴水为可能为郁水的同音异写，鹿角为今彭水县南90里鹿角沱，万就为今彭水县万足，六堡为今黔江区保家楼，土溪为今黔江区大河，茆田为今彭水县东茅田，其他各砦无考。[①] 这些砦堡在土家族地区的分布相对较为零散。

从这些约略可知方位的军事砦堡分布来看，澧州砦堡多分布于澧水（安福、澧川）及其支流渫水（台宜）、溇水（索口）沿岸，辰州镇溪位于峒河岸边，黔安位于酉水岸边，黔州砦堡多分布于乌江（洋水、万足、鹿角、难溪、洪杜）、郁水（石门、茆田、安乐、土溪、六堡、郁水、盐井、玉山）沿岸，宋黔江县为今重庆市

① 参考资料为清代各府、州、县志。

黔江区县坝，其地位于唐崖河岸边，可能唐崖河沿岸也有砦堡分布，只是旧迹磨灭无存，施州清江县砦堡多位于县南，有迹可考的歌罗砦位于从施州至黔州的驿道上，其他各砦可能也分布在这条驿道沿线。因此大体上宋代土家族地区军事砦堡的分布特点是多位于交通道路沿线和河流沿岸，砦堡的设置与水陆交通的关系是很密切的。

与砦堡设置相对应，各地配备有一定数量的兵丁：黔州义军3900名，施州土丁、壮丁共1950人，澧州500人，辰州1000人。辰州、澧州到绍兴六年（1136）复设隘丁弓弩手时，辰州有3砦，土家族地区只有2处，按每处平均330人计算，辰州土家族地区2砦有660人；澧州共有7处，土家族地区有6处，按平均每处70人计算，则澧州有土家族地区6砦有420人。朝廷规定“每招士兵一名，给官田百亩”，[①] 以每人100亩计算，则黔州砦堡共屯田390 000亩，施州共195 000亩，澧州42 000亩，辰州66 000亩，黔、施、澧、辰四州总计耕地约有693 000亩，这个数据还只是上述四州的军屯田数，如果加上峡州、归州的军屯田数，估计当时土家族地区的军屯田数接近70万亩，这在此前农耕并不发达的土家族地区应该说是一个不小的数目。通过规模性的军屯，农耕所得“积聚皆可自给”，[②] 基本解决了军粮供给问题，不仅如此，还“出租赋如汉民”，[③] 和内地农民一样缴纳租赋，这说明军屯区农耕生产已接近了内地的水平。

除军屯外，土家族地区还有民屯。朝廷规定“以所余闲田募人耕作，岁收其租”，[④] 招募外地汉民入山耕垦，民屯“一夫授田百亩”，“凡授田五人为甲别给蔬地五亩为庐舍场圃”，“民屯以县令

---

① 《宋会要辑稿》，一七三册。

② 《宋史》，卷二八三，《丁谓传》。

③ 《宋史》，卷四九三，《蛮夷传》。

④ 《宋史》，卷四九三，《蛮夷传》。

主之”,[①] 这种募民垦殖政策的推行，对宋代土家族地区农耕的发展无疑是有推动作用的。不过宋代土家族地区民屯时断时续，当土家族首领与朝廷关系紧张时，朝廷规定土家族“不得与汉民交通，其地不得耕牧”,[②] 民屯随之中断；民族关系和缓时“民复耕莳”,[③] 又有汉人入境耕种，土家族大姓“占田多者须人耕垦，……诱说客户，或带领徒众举室搬徙”,[④] 或“诱胁汉户，不从者屠之，没入田产，往往投充客户”,[⑤] 许多汉人因各种原因进入土家族地区从事农耕生产。从事屯田的“旁户素役属豪民，皆相承数世”,[⑥] 客户对主户有很强的人身依附关系。经过民屯后，土家族地区农耕成果显著，如施、黔等州“岁获粟万余担”[⑦]；理宗开庆元年(1259)，施州知州谢昌元“自备缗钱百万，米麦千石，筑郡城”,[⑧] 宋代土家族基本不向官府缴纳租赋，因此知州谢昌元的“缗钱百万，米麦千石”，大部分应该是来自屯田汉民缴纳的租赋。关于民屯的地点史籍中并没有确切的记载，不过从军屯以所余田募民耕作来看，民屯田应该多分布于砦堡屯田附近，或是与军屯田地相间，从而与军屯田连成块状的屯田区，屯田区成为当时土家族地区的农耕经济区。

宋代尽管在土家族地区形成以军事砦堡为中心的块状农耕经济区，但农耕对生态环境的影响并不大。宋代黔江“水常湛然澈

① 《宋史》，卷一七六，《食货志》。

② 《宋史》，卷四九三，《蛮夷传》。

③ 《宋会要辑稿》，一九八册《番夷五》。

④ 《宋会要辑稿》，一五四册《食货》。

⑤ 《续资治通鉴长编》，卷二一九。

⑥ 《宋会要辑稿》，一六五册《刑法》。

⑦ 《宋史》，卷一七六，《食货志》。

⑧ 《宋史》，卷四四，《理宗本纪》。

底”,[①] 清江也是“水色清照十丈分沙”,[②] 水质清澈，说明河流中泥沙含量轻微，表明农耕生产区内自然植被覆盖良好，这也从侧面说明农耕区内农耕生产的强度并不大。

在农耕经济区以外的传统农业经济区，绝大多数区域内仍是“草木丛茂，居民鲜少”，“旷土遍地”的自然景观,[③] 农耕生产的发展极为有限。土家族地区土地本就瘠薄，再加上农耕生产中采用刀耕火种的耕作方式，使得土家族“终岁勤劳不得一饱”,[④] 农耕不能满足基本的食物需求，为解决温饱，当地居民不得不从事渔猎和采集生产，“猎取野兽，至烧龟蛇啖之”,[⑤] “每遇岁丰，民间尤不免食草木根实”,[⑥] 渔猎和采集在传统农业经济区中仍占据着十分重要的地位。

三、土司时期土家族地区农业区的块状分布

土司时期土家族地区的农耕经济区较宋代有所扩展，传统农业经济区则相应有所缩小。

元代土家族地区仍有屯田，也分为军屯和民屯。元成宗大德初年曾颁布诏令，招民到辰、澧接界处耕种旷土,[⑦] 在湘西地区进行民屯；同时在辰州、澧州地接土家族地区的区域内设砦堡立屯，“宋亡，（砦堡）皆废，（刘）国杰悉复其制”,[⑧] 后来刘国杰在湘西恢复军屯，使湘西军屯有所恢复。鄂西南施州也有屯田，元至正

---

① 《舆地纪胜》，卷一七四，《夔州路》。
② 《舆地纪胜》，卷七三，《荆湖北路》。
③ 湖北利川沙溪《何氏族谱》。
④ 《岭外代答》，卷四。
⑤ 《太平寰宇记》，补阙卷一一九。
⑥ 汪应辰：《文定集》，卷四。
⑦ 同治《永顺府志》，卷四，《户口》。
⑧ 《元史》，卷一六二，《刘国杰传》。

十八年（1281）朝廷“命诸蒙古、汉军三千余人戍施州”，[①] 既有蒙、汉驻军，则应该有屯田，出土于建始县的“屯田万户府印”，虽为明玉珍大夏政权开熙元年所颁发，[②] 其屯田万户府之设，估计应该是延续了元代在施州的屯田机构，府印出土于建始县，至少说明元代建始县有屯田分布。渝东南绍庆路有屯田，元世祖至元十九年（1282）在绍庆路签发当差民 23 户置屯田，次年又加入 32 户，二十六年（1289）再签彭水编民 16 户补充入民屯内，共有民屯田户 71 户，[③] 这些屯户从事屯田，农耕自然是其主要的职责，这对于延续宋代黔州农耕区内农耕生产的发展是有帮助的。

明代在土家族地区设立卫所，先后设有羊山、崇山、永定、九溪、施州 5 卫，大田、添平、麻寮、安福、大庸、酉水、镇溪、思南、思州、黔江等 10 所。各卫、所都领有一定数量的官兵，“军皆迁诸内地”，[④] 明朝政府规定，军人必须娶妻组成军户，[⑤] 卫所军户就构成了庞大的汉人群体。这些官兵在镇戍地方的同时，还承担屯田的责任，卫所军户就成为明代发展土家族地区农耕经济的一支劳动大军，由于他们的辛勤劳作，在卫所镇戍区内出现了以下成片的各个农耕区：

1. 羊山卫、大庸卫、永定卫、大庸所及其屯区

羊山卫设于明洪武三年（1370），卫治位于永顺县东八十里贺虎溪发源处，官兵多为襄阳、黄州、沔阳、安陆等地的汉人，[⑥] 次年卫治迁至大庸，改名大庸卫，即今湖南省张家界市，洪武三十一年（1398）废大庸卫为所，大庸所西迁至卫城西三十里桑汉关，改

① 《元史》，卷一五四，《石抹按只传》。

② 王晓宁：《湖北恩施发现的古代官印》，载《四川文物》，2000（2）。

③ 《黔江民族经济史略》，载《黔江文史资料》第 3 辑。

④ 万历《湖广总志》，卷三十，《兵防志》。

⑤ 《明世宗实录》，卷一一五。

⑥ （民国）《永顺县志》，卷七，《建置志》。

大庸卫为永定卫。[①] 永定卫初置于洪武二十三年（1390），卫治永顺司之芋岸坪，洪武三十一年（1398）迁至大庸卫址，改大庸卫为永定卫，[②] 领有前、后、左、中、右及大庸六所，黑松、后坪、金藏、桑溪、龙虎、茅冈等6隘，卫治今张家界市。永定卫原额军5600人，[③] 由于明政府规定，军人必须娶妻组成军户，5600名军人实际上就是5600户，如以每户5口人计算，则永定为共有人口28 000人，永定卫屯田约为800余顷，相当于80 000亩，[④] 则永定卫境人均耕地约2.86亩。"本境户口旧系军屯"，[⑤] 卫境军户人口即民户人口，则军屯区内的人均耕地数也就是永定卫境内的人均耕地数。大庸所领旗军2240人，户560，[⑥] 约有人口14 000人。经卫、所军民的屯垦，卫、所境内"田土沃衍，亦边境乐土"。[⑦]

2. 九溪卫及屯区

九溪卫始置于明洪武二十三年（1390），卫治位于慈利县西北90里二十一都，领安福、添平、麻寮三所。九溪卫原额旗军2860人，户1100，[⑧] 总计约有3960户，以每户5口计算，共有人口19 800人。九溪卫屯田约1802顷10亩，相当于180 210亩，[⑨] 九溪卫境人均耕地约9.10亩。

---

① （同治）《直隶澧州志》，卷二。
② （万历）《湖广总志》，卷一四。
③ （万历）《慈利县志》，卷一六，《卫所》。
④ （隆庆）《岳州府志》，卷六，《军政纪》。
⑤ （民国）《永定县乡土志》，卷三。
⑥ （万历）《慈利县志》，卷一六，《卫所》。
⑦ 《天下郡国利病书》，卷七六，《湖广》，四库全书本。
⑧ （万历）《慈利县志》，卷一六，《卫所》。
⑨ （隆庆）《岳州府志》，卷六，《军政纪》。

3. 安福守御千户所及屯区

安福守御千户所始设于明洪武四年（1371），所治瓦窑冈，辖区包括今湖南省桑植县朱家台、洋公潭、兴望塔等方圆50里地。明隆庆年间隘丁存360户，1182人。[①]“编民3里，并沔阳州、景陵县军人守城”，“屯田尽招慈利县民耕种”。[②]

4. 麻寮丁千户所及屯区

麻寮千户所始置于明洪武四年（1371），治所位于今湖南省慈利县西北300里，后拨入鹤峰州，[③]领有黄家（今象市镇）、九女（今杨柳铺乡）、青山（今江垭镇）、山羊（今三合乡）、梅梓（今通津铺乡）、曲溪（今国太桥乡）、拦刀（今国太桥乡）、樱桃（今通津铺乡）、靖安（今东岳观乡）、在所隘（今杨柳铺乡）等10隘。[④]设所之时将“各里百姓所收充土官隘军员役，坐隘守把，各军在彼开辟田地，起科纳粮当差”。[⑤]但因“地瘠山硗，刀耕火种，钱粮免七征三”，[⑥]田地本就瘠薄，耕作方式原始，虽有隘丁耕垦，麻寮所生境艰难，朝廷的赋税政策也作了相应的优惠性调整，征三留七，即便如此，所属“较添平稍贫”，[⑦]经济的总体水平低于添平所。

5. 添平隘丁千户所及其屯区

添平隘丁千户所始置于明洪武二年（1369），所治初在邓坪富石堡台，后迁至瓦店头寨坪、夏家溶，最后迁至刘家坪台宜，添平所地域包括今湖南省石门县泥沙区、苏家铺区、太平街区、磨岗隘

① （隆庆）《岳州府志》，卷六，《军政纪》。
② （同治）《永顺府志》，卷一二，《杂记》。
③ （同治）《续修慈利县志》，卷三，《城池》。
④ （万历）《慈利县志》，卷一六，《卫所》。
⑤ （万历）《慈利县志》，卷八，《田赋》。
⑥ （康熙）《九溪卫志》，卷三，《麻寮所志》。
⑦ （隆庆）《岳州府志》，卷七，《职方考》。

区、仙阳区、皂南市、新关镇区、今湖北省五峰县、鹤峰县等地的部分地区，领有渔洋、走避、细沙、遥望、鹞儿、中靖、磨冈、石磊、长梯、龙溪等 10 隘，[①] 明初注册兵丁 1100 名，[②] 约有人口 5500 人。

6. 崇山卫、镇溪所及屯区

崇山卫始置于明洪武初年，卫治在永绥厅东三里夜郎坪，洪武二十三年（1390）废卫为所，三十年（1397）废除崇山所置镇溪军民千户所。[③] 镇溪军民千户所建于洪武三十年（1397），所治位于乾州厅东北十里（今湖南省吉首市）。至清顺治十五年（1658）镇溪所统兵 1600 名，[④] 约有人口 8000 人。

7. 酉水守御千户所及其屯区

酉水守御千户所位于永顺县东北，[⑤] 其设置年代史籍无考。史籍中也没有关于该所官兵数量的记载，但据洪武年间所规定的“大率以 5600 人为一卫，1120 人为一千户所，112 人为百户所”[⑥]，酉水所官兵数量大概有 1120 名，约有人口 5600 人。

8. 施州卫、大田军民千户所、支罗百户所及屯区

施州卫始置于明洪武十四年（1381），治今湖北省恩施市，[⑦] 领有左、中、右三所及大田所。施州卫官兵 4679 名，[⑧] 即有军户 4679 户，以每户 5 口计，共有军户人口23 395口；施州卫屯田 206 顷 60 亩，[⑨] 相当于20 660亩，则施州卫军屯田区内人均耕地 0.88

① （万历）《慈利县志》，卷一六，《卫所》。
② （嘉庆）《石门县志》，卷十一，《关隘志》。
③ （同治）《永绥直隶厅志》，卷一，《地理门》。
④ （光绪）《乾州厅志》，卷五，《兵防志》。
⑤ （乾隆）《永顺府志》，卷一。
⑥ 《钦定续文献通考》，卷一二二，《兵考 2》。
⑦ 《明太祖实录》，卷一三七。
⑧ （雍正）《湖广通志》，卷二四，《军政志》。
⑨ （万历）《湖广总志》，卷二九，《兵防志》。

亩。施州卫屯区以卫治为中心，东连建始，西达利川的齐岳山麓，至今该区域内以屯、堡为名的地方大多为明代施州卫的屯戍地点，如恩施市的屯堡、利川县的团堡、珠砂（屯）村落就是在明代屯戍点的基础上发展起来的。明黄溥《劝农台》诗载施州卫及其附近地区“大儿扶犁小儿耙，新妇插禾阿姑馌，沾体涂足不为辱，但顾时和生事足，大麦垂黄小麦青，晚稻含华早稻熟”，[①] 描述的正是施州卫屯区内繁忙的农耕生产景象。大田所位于今湖北省咸丰县，大田所官兵3127名，[②] 约有军户3127户，人口15 635口；大田所屯田155顷60亩，[③] 相当于15 560亩，则大田所军屯区内人均耕地1.00亩。大田所屯区以治所为中心，沿龙潭河南岸，东北至小关与施州卫屯区相邻，西南延伸到今重庆市酉阳马喇湖。大田所屯区内“俗尚耕稼”，[④] 农业生产以农耕为主。支罗镇守百户所，治今湖北省利川县谋道镇境，“以百户二镇之，为支罗镇守百户所，今称上、下支罗也”，[⑤] 该地所产支罗米颇负盛名，为当地土司进献皇帝的贡品。施州卫、大田所辖区内“军民错居”，“军皆迁诸内地，令戍守，民则服属诸蛮”，[⑥] 卫所屯戍区内既有屯军又有外来移民，这些外来移民与屯军一起，共同推动了卫所屯戍区内农耕生产的发展。施州卫有九渡溪，“居民引其水溉田可数千顷”，[⑦] 都亭山下“多良田广园”，[⑧] 其中部分也属于屯田的范畴，施州卫辖区

① （同治）《施南府志》，卷二八，《艺文志》。
② （雍正）《湖广通志》，卷二四，《军政志》。
③ （万历）《湖广总志》，卷二九，《兵防志》。
④ （万历）《湖广总志》，卷三五，《风俗志》。
⑤ （光绪）《利川县志》，卷十。
⑥ 《天下郡国利病书》，卷七二，《湖广》，四部丛刊本。
⑦ （万历）《湖广总志》，卷三二，《水利》。
⑧ 《大清一统志》，卷三五一，《施南府》。

内仅今利川县境内就有屯田15处,[①] 大田所屯田36处。[②] 至康熙二十年（1681）施州卫民屯田地12 737亩，大田所民屯田地5708亩,[③] 耕地数较明代军屯田亩数大幅度减少。

9. 黔江守御千户及其屯区

黔江守御千户所始设于洪武十一年（1378），治今重庆市黔江区。明初有官兵1216名，约有军户人口6080人，“守军分饷以给屯，屯军分粮以给守，互相通济，分桃子、茶园、南沟等三屯，今三屯乡是也”。[④] 黔江所的屯区大致在渔滩、小江、大堆坝、上下庙溪、官村、谢家坝、泉门口、桐车坝、高碛口、两河口、桃子坝、城郊桃子坝、南沟、茶园等处。[⑤] 屯田区内使用牛耕，开渠引水灌溉，水车提水，龙骨车抽水灌溉田园，黔江千户所辖区内农耕生产水平要高于周围土司地区。

10. 思南守御千户所及屯区

思州千户所设于明洪武二十五年（1392），洪熙元年（1425）革去千百户，后又调平清威镇官军169名驻府防守。[⑥] 思南守御千户所，永乐十四年（1416）贵州左布政司蒋廷瓒奏文中称“思州、思南二府，旧有土军二千户，聚则为兵，散则为民”,[⑦] 说明在明永乐十四年（1416）以前已有思南所，洪熙元年思州、思南二所废止，“千户令归旧卫所，其本土头目仍属各长官司，后或用土兵令其率领”,[⑧] 所治位置史载不详，据洪熙元年（1425）拨兵赴府驻

---

① （光绪）《利川县志》，卷七，《户役志》。

② （同治）《咸丰县志》，卷一九，《艺文志》，（明）梅拱宸：《大田所舆图守御文册》。

③ （康熙）《湖广通志》，卷八，《兵防》。

④ （同治）《增修酉阳直隶州总志》，卷九，《武备志》。

⑤ 《黔江民族经济史略》，见《黔江文史资料》第三辑。

⑥ 《天下郡国利病书》，卷一一四，《贵州》，四部丛刊本。

⑦ 《明太宗实录》，卷一〇〇。

⑧ 《明宣宗实录》，卷八。

守的史实推断，思南所的治地大概应该与思南府同治。既为千户所，各所官兵数量估计在1120名左右，大约有人口5640人；贵州各旗军士屯田情况，每名士兵11亩，[①] 这个11亩可算作二所屯田区内的人均耕地数，由此计算，思州千户所、思南守御千户所共计约有屯田24 640亩。

卫所军屯始于明洪武年间建卫所之时，经永乐、宣德军屯鼎盛一时，土家族地区屯田也步入正轨，明中叶以后各卫所土地兼并之风盛行，卫所官员乘机变屯田为私产，随意盘剥，屯戍区军民出现逃匿到土司地区的情况，[②] 屯政渐废，屯田荒芜，屯田区内农耕生产趋于萎缩。

除卫所屯戍区外，开发较早的土家族地区边缘地带土司时期农耕生产也得到了较大发展，“流民入境者络绎道途”，甚至出现“客既胜而主人弱”，“尽山伐而焚之，播种其中”[③] 的情形。万历年间，长阳县田27 954亩，归州田43 960亩，巴东县72 045亩，石门县田180 993亩，慈利县田152 313亩，卢溪县田19 282亩[④]；万历年间长阳县人口6372口，归州4812口，巴东县8833口，石门县32 840口，慈利县48 632口，泸溪县14 741口，[⑤] 由此可计算出各地的人均耕地数分别约为：长阳县4.39亩，归州9.14亩，巴东县8.16亩，石门县5.51亩，慈利县3.31亩，泸溪县1.31亩。建始县正德年间田地26 440亩，[⑥] 人口3686口，[⑦] 人均耕地7.17亩。万历年间思南府水德司田地55 841亩，蛮夷司20 592，沿河司8734

① 《天下郡国利病书》，卷一一四，《贵州》，四部丛刊本。

② 《明穆宗实录》，卷五三。

③ （嘉靖）《思南府志》，卷七，《拾遗志》。

④ （万历）《湖广总志》，卷十，《田土志》。

⑤ （万历）《湖广总志》，卷一一，《户口志》。

⑥ （正德）《夔州府志》，卷四，《田地》。

⑦ （正德）《夔州府志》，卷四，《户口》。

亩，朗溪司8476亩，印江县18 747亩，务川县26 118亩；万历年间水德司6310，蛮夷司6310口，沿河司5878口，朗溪司2127口，务川县4055口，印江县3661口，① 据此可计算出各地人均耕地：水德司8.85亩，蛮夷司3.26亩，沿河司1.49亩，朗溪司3.98亩，务川县6.44亩，印江县5.12亩。万历年间铜仁府铜仁县田地30 194亩，提溪司8463亩，省溪司21 580亩，乌罗司13 280亩，平头司14 967亩；万历年间铜仁府属人口铜仁县3832口，提溪司627口，省溪司2600口，乌罗司1692口，平头司1557口，② 由此计算出各地的人均耕地：铜仁县7.88亩，提溪司13.50亩，省溪司8.3亩，乌罗司7.85亩，平头司9.61亩。

表2　明代土家族地区各地农耕生产情况

地区名	农耕人口数（人）	耕地数（亩）	人均耕地（亩/人）	地区名	农耕人口数（人）	耕地数（亩）	人均耕地（亩/人）
永定卫	28 000	80 000	2.86	大庸所	14 000	—	—
九溪卫	19 800	180 210	9.10	安福所	1182	—	—
麻寮所	—	—	—	添平所	5500	—	—
镇溪所	8000	—	—	酉水所	5640	—	—
施州卫	23 395	20 660	0.88	大田所	15 635	15 560	1.00
黔江所	6080	—	—	平茶所	—	—	—
思南所	5640	—	11	水德司	55 841	6310	8.85
蛮夷司	20 592	6310	3.26	沿河司	8734	5878	1.49
朗溪司	8476	2127	3.98	印江县	18747	3661	5.12
务川县	26 118	4055	6.44	铜仁县	30194	3832	7.88

① （万历）《黔记》，卷二〇，《贡赋志》。

② （万历）《黔记》，卷二〇，《贡赋志》。

续表

地区名	农耕人口数（人）	耕地数（亩）	人均耕地（亩/人）	地区名	农耕人口数（人）	耕地数（亩）	人均耕地（亩/人）
提溪司	8463	627	13.50	省溪司	21 580	2600	8.30
乌罗司	13 280	1692	7.85	平头司	14 967	1557	9.61
长阳县	6372	27 954	4.39	归州	43 960	4812	9.14
巴东县	72 045	8833	8.16	建始县	26 440	3686	7.17
石门县	180 993	32 840	5.51	慈利县	152 313	48 632	3.31
卢溪县	19 282	14 741	1.31				

备注："—"表示缺乏数据。

从上表各地人均耕地数据可看出，改土归流较早的黔东北各地人均耕地数较多，湖广设县地区人均耕地数次之，卫所屯田区人均耕地除九溪卫外普遍较少；人均耕地数多少也反映了农耕区农耕生产发展水平上存在一定的差异，比较而言，黔东北农耕生产发展水平较高，湖广沿边各县次之，卫所屯田区最低。

在农耕区内，军户人口和入境的流民推动了这些区域农耕生产的发展，农耕的发展还没有打破这些区域的生态平衡，如黔东北虽"草昧渐开辟，而山箐峭深"，① 施州卫境虽经屯垦，仍是"土广人稀，荒山未辟，畅茂蕃殖"景象，② 农业生态环境仍保持良好。

土家族聚居的广大土司区，基本上属于农耕不发达的传统农业经济区。在这个区域内，农耕的发展相对有限。在土司区内土司拥有辖区内所有平坦肥沃的田土，其余为舍把、头人分占，广大土民只有"零星犄角"的一点份地，③ 土司侵占田地使土家族百姓可耕

① 《天下郡国利病书》，卷一二〇，《贵州》，四部丛刊本。

② （同治）《施南府志》，卷一一，《食货志》。

③ （嘉庆）《湖广通志》，卷首。

种的土地有限；土司在其辖区内因“守险而戒敌”的需要，土司规定“峰尖岭畔准其耕种，平原处荆棘漫塞，不许开垦”，[①] 平坦之处即使荆棘丛生也不许开垦，当地百姓只能耕种峰尖岭畔的弃地，弃地地力瘠薄，刀耕火种的耕作方式下农耕不可能生产出更多的粮食，即使如此，土司“每年杂派类次，任意轻重”，[②] 因此收获不多的粮食还得用以缴纳租税，所以土家族民众终年辛苦，供自已食用的粮食所剩无几，为了谋生，大多数土家族民众不得不采集蕨、葛，“以葛粉、蕨粉和以盐豆，贮袋中，水溲食之”，[③] 主要粮食依靠采集所得蕨、葛。因此土司地区农耕生产发展滞缓和广大的下层民众依采集生产有其深刻的社会原因。土司地区渔猎仍是土家族主要的生产活动，土人“男不耕”，“以渔猎为生”，[④] 渔猎是比农耕更为重要的生产活动。

四、改土归流后土家族地区农业区片状分布

改流后大量外地的流民涌进土家族地区，给土家族地区补充了大量的农业劳动力，还给土家族地区带来了新的农作物品种和先进的生产技术，土家族地区各地的农耕生产都得到发展，在土司时期形成的块状农耕区逐渐连接成片，农耕区在土家族地区全面扩展，传统农业经济区则日渐萎缩。

鄂西南施南府改土归流以后“附近川、黔、两楚民人，或贪其土旷粮轻，携资置产，或籍以开山力作，搭厂垦荒，逐对成群，前后接踵”，[⑤] 大量流民进入施南府进行垦殖，以致“穷岩邃谷尽行

---

① （同治）《永顺府志》，卷一二，《杂记》。

② （同治）《桑植县志》，卷八。

③ 顾彩：《容美纪游》，《小方壶斋舆地丛钞》第六轶。

④ （嘉靖）《贵州通志》，卷三，《风俗》。

⑤ 《宫中档乾隆朝奏折》，乾隆十七年十二月二日。

耕垦”,[①] 农田面积迅速扩大。由于过度垦殖，“砂石之区土薄水浅，数十年后山水冲塌，半类石田”,[②] 出现了水土流失和石漠化等生态问题。在耕作技术上，普遍使用牛耕，“高低田地皆用牛犁”,[③] 牛耕技术提高了农耕生产的效率，有利于农耕的发展。“农民耕山锄岭，半皆仰给杂粮，即丰穰亦鲜蓄积，以遇凶荒，民饥乏食，草根木皮掘削殆尽，而山路崎岖，商贩梗绝，所以视他邑之饥馑为尤困”,[④] 农业垦殖虽然广泛，但耕作技术粗放落后，农耕所得有限，抗灾能力低下，农业经济总体水平不高。

恩施县在土司时期大部分属施州卫屯戍区，农耕生产本已有相当的基础，改流后“地日加辟，民日加聚，从前所弃为区脱者，今皆尽地垦种之，幽岩邃谷亦筑庐其下，绝壑穷巅亦播种其上”,[⑤] 改流后随着人口的增多，弃地、隙地、高山深谷都开辟成农田，农业垦殖的范围大为拓展。建始县在土司时期也是施州卫屯田区的组成部分，改流以后“流人麇至，穷岩邃谷，尽行耕垦，砂石之区，土薄水浅，数十年后，山水冲塌，半类石田”“深林幽谷，开辟无遗”,[⑥] 在经过全方位的垦殖后，大量的原始森林被开辟成农田，造成水土流失和石漠化的环境问题。咸丰县在土司时期为大田所屯戍区，当时已是“俗尚稼穑”，农耕已有所发展，改流后“外来各处民人，挈妻负子，接踵而至，愈迁愈甚，遍满乡邑”，他们“入山伐木，借粮耕种”,[⑦] 农田大量垦辟，耕地面积大增，仅咸丰县

① （同治）《施南府志》，卷一一，《食货志》。
② （同治）《施南府志》，卷一一，《食货志》。
③ （民国）《湖北通志》，卷二一，《舆地志》。
④ （同治）《施南府志》，卷二九，《艺文志》。
⑤ （同治）《恩施县志》，卷七，《风俗志》。
⑥ （同治）《建始县志》，卷四，《食货志》。
⑦ （同治）《咸丰县志》，卷七，《典礼志》。

城“郭外良田万顷多”。[①] 来凤县原为土司区，改流前“林深箐密”，[②] 森林密布，改流后大量流民入境垦荒，至道光年间“户口约倍于前，而山多田少，无荒可垦”，[③] 在低洼水湿之地，还倒树填淤造田，来凤县出土的阴沉木，即为从前造田填淤之木。利川县原为土司区，土司时期设有15屯，农耕有所发展，改流后“流人麇至，穷岩邃谷尽行耕垦”，[④] 农耕区有较大扩展，与农耕区扩展相对应，利川县土民“衣冠嗜好渐染华风”，[⑤] 土家人的生活习俗开始受到汉人的影响，但土家族传统经济模式仍有不小的市场。宣恩县原为土司区，改流后农耕发展情况与来凤县相似。总体来看，改流后施南府恩施县、建始县、咸丰县、利川县和来凤县的农耕生产分布区均有很大的扩展。

宜昌府自改流以后，“常德、澧州及外府之人入山承垦者甚众，老林初开”，[⑥] 大量的流民入境毁林开荒，从事农耕生产。由于过度垦殖，山林被毁之后，“肥土雨潦洗净，粪种亦不能多获”，[⑦] 水土流失加剧，地力也趋于贫瘠。

鹤峰州在改流之初，“民间有主荒土，到处尚多未开”，[⑧] 后经多年耕垦，就连“坡陀硗确之处皆种苞谷”，[⑨] 农耕在改流后的鹤峰州也有大范围的扩展，不过农垦的进程相对较慢，至同治年间鹤峰州境仍然“地广民稀，荒土甚多”。[⑩] 在开垦出来的荒地中，也

① （清）吴观乐：《咸丰即事》，见《历代诗人咏施州》，北京，民族出版社，2001。

② （同治）《来凤县志》，卷三，《地域志》。

③ （同治）《来凤县志》，卷三〇，《艺文志》。

④ （同治）《利川县志》，卷四，《食货志》。

⑤ （光绪）《利川县志》，卷一三，《艺文志》。

⑥ （同治）《宜昌府志》，卷一六，《杂载》。

⑦ （同治）《宜昌府志》，卷一六，《杂载》。

⑧ 毛德峻：《劝民告示》，见《容美土司史料汇编》，80页。

⑨ （道光）《鹤峰州志》，卷六，《风俗志》。

⑩ （同治）《宜昌府志》，卷一四，《艺文志》。

大多是“山石硗确，膏腴地稀，农人终岁辛苦所获无几”，[①]“山氓半赖蕨为粮”，[②]农耕生产总体水平不高。长乐县改流后“外来各处人民挈妻负子，佃地种田植包谷者，接踵而来”，[③]“耕种日久，粪土为雨潦洗净，土愈瘠，而收成益薄”，“乐岁犹以野菜、瓜、豆和饭充腹，一遇荒年则高山大岭无贩运之资，挖蕨捣粉，草根、树皮剥食为幸”，[④]改流后长乐县农耕区范围有所扩大，但农耕生产的水平还相当低下，农耕所获不能满足日常食粮需求。长阳县改流前许多地方仍是“林深密箐，熊虎之薮”，乾隆年间“劝民垦荒，土尽辟”，[⑤]县境“由津洋口下渔洋溪，溯溪而上，地稍平衍，两岸居民一桔槔灌田，田皆肥美，鸡犬桑麻，隐然桃源遗意”，[⑥]农耕的范围比之鹤峰州、长乐县要广，总体水平也比上述两地要高。巴东县、归州等地“水田甚少，居民开荒山，依地形凹凸垦做旱田，不能成亩，高山苦寒，晴则气暖，种物易生，低山少积水之处，地常苦燥，故时宜小雨润之，与他处高田苦旱，低田苦涝相反”，[⑦]巴东县境内自然条件对发展农耕生产并不是十分有利，不过仍有垦山之举。从上面的分析来看，改流后宜昌府属各土家族地区农耕区都有明显扩展，但就农业生产水平而言，长阳县农耕生产应较其他地区发达。

澧州直隶州所属各县中，石门县开发较早，因此农业的发展受改土归流的影响不大，“民多土著，食德服畴”，“勤耕桑”，[⑧]主要的农业经济活动本来就是农耕，改流后农耕在石门县的扩展区域主

---

① 《容美土司史料汇编》，1984年编印，414页。
② （同治）《宜昌府志》，卷一一，《风土志》。
③ 《甄氏族谱序》，见《容美土司史料汇编》，1984年编印。
④ （同治）《长乐县志》，卷一二，《杂记志》。
⑤ （乾隆）《长阳县志》，卷二，《地理志》。
⑥ （同治）《宜昌府志》，卷一四，《艺文志》。
⑦ （同治）《巴东县志》，卷一五，《艺文志》。
⑧ （嘉庆）《石门县志》，卷四，《食货志》。

要集中在县境西部土家族聚居区内，当时也有部分流民进入到这些地区从事农业垦殖。慈利县也是开发较早的区域，改流前有九溪卫屯田区，改流后随着农垦不断深入，出现“山日童”的情况，[①] 农耕的极致发展，导致森林大面积萎缩，森林植被的萎缩也说明县境农耕区的扩大。永定县改流前有永定卫屯田区，经多年耕垦后，至光绪年间“户无不业之民，地无不垦之土”，[②] 县境绝大多数区域基本上都可纳入农耕区的范围。从上面的分析来看，澧州所属石门县、慈利县、永定县农耕生产在各地分布较为普遍，农耕已成为这些区域内最主要的农事活动。

永顺府改流后大量外地流民入山垦殖，于是府境各地“种植日广”，[③] 农耕区迅速扩展。永顺县改流后“土司之官山任民垦种，……一无禁厉”，[④] 大量土司田土被开垦成农田。龙山县改流后虽经流民大力垦殖，但“林荒人迹少”之处仍有不少，[⑤] 农耕发展有限，许多地方仍为森林所覆盖。桑植县改流后“深林通透密箐除”，“牛羊满野稻满坡”，[⑥] 许多林地被辟为农田。保靖县改流后经大力垦殖，但“大峡、坪冲、坦夷坡畴尽有可耕之地，弃置于荆棘榛莽之中”，[⑦] 易耕之地多为森林所覆盖，可见农耕的发展有限。总体而言，改流后永顺府各地农耕生产都有所发展，农耕区的范围都有所扩展，其中尤以永顺、桑植二县境内农耕生产扩展较快，而龙山、保靖等地农耕的发展相对有限。

石柱厅改流后，农耕区也有大范围的扩展，尤以山地垦殖为

① （民国）《慈利县志》，卷六，《实业》。
② （民国）《永定县乡土志》，卷四。
③ （同治）《永顺府志》，卷一一，《檄示》。
④ （民国）《永顺县志》，卷三三。
⑤ （同治）《龙山县志》，卷一六，《艺文》，晏良冤：《过龙头岩》。
⑥ （同治）《桑植县志》，卷七，《艺文志》。
⑦ （同治）《保靖县志》，卷一二，《艺文志》。

甚，“山腰山脚绝无水泉可引，亦概围之为田，于高山峻岭上，随其高下曲折而垦之，围成稻田，远望若阶梯”，[①] 缘山开辟梯田，这在改流后土家族地区的农田垦殖中颇具特色，梯田技术的采用不仅扩大了农垦的范围，也有利于水土保持。土司的官山改流后也成为流民耕垦之地，“或削平开垦为田地，或乘隙作房屋园圃”，甚至出现“人稠土贵”的情形。[②] 总体说来，改流后石柱厅的山坡地，包括原土司的官山区农耕的扩展较为迅速。

酉阳州地方“巉岩峭壁，沃壤无多”，农垦条件有限，经改流后的移民垦殖后，“州之沃壤在泉孔场以至龙潭镇，平壤砥道百五十六里，虽横径只二三里，……稻田麦陇触目青葱，种豆芸苗四时不绝……其余方圆一二里、四五里平畴沃壤亦所在有之”，[③] 酉阳州境内出现了泉孔场至龙潭镇相对成片的农耕区，在地势低平之地还有小规模的块状农耕区。改流后酉阳州还有12处军屯田：中屯龙池铺、西筹场、皂木坝、玛瑙湖、两河口、火石丫、学堂坪、太极场、周家寨、铺子口、城子头，南腰界、让坪，共有屯兵537名，[④] 共计屯田2744亩，屯兵授田169亩，[⑤] 总计军屯田2913亩。黔江县“山多田少”，改流后“百姓终岁经营，无旷土”，[⑥]“无旷土”说明县境可耕垦的土地已尽行垦辟为农田。秀山县改流后“自贵图以迄县治，原隰奥衍，多稻田，产嘉谷”，而“平茶、地坝、南洞、月旗四里原隰平衍，堰水流通，夙称沃壤，余里滨河取水，引以筒车……山地则恃雨泽”，[⑦] 农田垦殖现象也非常普遍，并形

① （道光）《补辑石柱厅志》，卷六，《风俗志》。
② （道光）《补辑石柱厅志》，卷一〇，《艺文志》，王萦绪：《牒城隍庙神文》。
③ （同治）《增修酉阳直隶州总志》，卷一九，《物产志》。
④ （同治）《增修酉阳直隶州总志》，卷九，《武备志》。
⑤ （同治）《增秀酉阳直隶州总志》，卷一一，《武备志》。
⑥ （光绪）《黔江县志》，卷五，《风俗志》。
⑦ （同治）《增修酉阳直隶州总志》，卷一九，《物产志》。

成县境内贵图至县城、平茶、地坝、南洞、月旗等地成片的农耕区。彭水县情况大致与酉阳州相同。从上面的分析可知，改流后酉阳州辖区内形成了相对成片或成块的农耕区。

思南府在明初实行改流，是土家族地区改流较早的区域，不过由于改流不彻底，因此农耕生产虽有发展，但相对较慢。清代雍正年间改流之后，思南府一带又迎来了一次农业开发的高潮，“百年前尚有未垦之地，榛艿蒙密，灌莽纵横，今则山巅水沫殆无旷土，一易再易，而后华实被野，黍稷盈畴”，[①] 由道光年间上溯100年，时代大致在清雍正改流前后，也就是说，在雍正改流前后，土家族地区很多地方仍为原始森林覆盖状态，林地变为农田是改土归流后100年左右的事情，林地变农田本就是农耕扩展的结果。当时人们“垦田随山势之高下，或斜或长，或环而曲”，[②] 由于当时人们广泛采用广种薄收的耕作方式，因此常常是“家无一年之储，所恃年谷顺成乃足自给，一遇水旱，鸠形鹄立遍于四关，各乡之扶老挈幼远徙上游者踵相接”，[③] 尽管改流后农耕生产地域有所扩展，但农业产量有限，难有储粮以被灾荒。印江县民“刊木垦山”，“雨甚沙漂，岁恒无获”，[④] 大规模地毁林垦荒不仅导致了水土流失，也使土壤贫瘠化，进而影响到农田的收成。思南县原本“林深箐密，而开垦渐广，无蛮烟瘴毒之虞”，[⑤] 毁林垦殖促进农耕发展的同时，也改善了局部地区的瘴气环境。德江县自雍正年间改流后，新增农田主要分布于沿溪河一带。[⑥] 沿河县总体而言“田土稀少”，[⑦] 但改

---

① （道光）《思南府续志》，卷三，《食货志》。

② （道光）《思南府续志》，卷二，《地理门》。

③ （道光）《思南府续志》，卷一二，《艺文门》。

④ （道光）《印江县志》，卷一，《田赋志》。

⑤ （民国）《思南县志稿》，卷二，《营建志》。

⑥ （民国）《德江县志》，卷一，《地理志》。

⑦ （民国）《沿河县志》，卷一六，《艺文志》，王建中：《代地方绅耆拟上盐务禀》。

流后县境南部和东南部“以耕耘为事”,[①] 农耕有一定发展。从上面的分析可以看出，清代改流后思南府各地农耕都有所发展，而尤以思南、印江一带农耕生产的分布地域较广，德江、沿河等地相对较少，尽管农耕在地域上分布广，但农耕的总体水平却不高。

铜仁府“山多田少，鲜有平畴，每届播谷之后，若雨水稍多则高阜得济，而低洼之处未免浸损，若晴霁稍久则低下者正赖有秋，而高阜山田灌溉不足，……土多沙石，最为浅薄”,[②] 从地形、气候、土壤等因素来看，铜仁府发展农耕生产的先天条件不足，因而农耕生产水平普遍较低，即便是改土归流后，这种情况也没有多大改变。府境仅省溪、提溪、乌罗、平头等土司“输租纳税”,[③] 农耕生产相对较为发达。

土家族地区南部的苗族聚居区内，嘉庆年间征服苗民后，清政府实行赶苗拓业政策，“清复一处，即筑屯一区，拨壮丁给军器屯守”,[④] 以武力占据苗区后即进行屯田，屯丁“给牛具籽种，且耕且战”,[⑤] 这对苗区内农耕区范围的拓展有一定的推动作用。嘉庆年间凤凰厅（治今湖南凤凰县）苗区屯田30 000亩，乾州厅（治今湖南省吉首市）苗区屯田 3000 余亩，保靖县苗区屯田 1500 余亩，古丈坪厅（治今湖南省古丈县）苗区屯田 500 余亩，永绥厅（治今湖南省花垣县）苗区屯田10 000余亩,[⑥] 苗区中以凤凰厅屯田最多。凤凰厅原本“大雾弥漫”，后经屯垦，“开辟日久，阴霾颇开”,[⑦] 农耕区拓展的同时，多雾气候也随之改观。乾州厅农田在“深山穷

---

① （民国）《沿河县志》，卷一三，《风土志》。

② （道光）《铜仁府志》，卷八，《艺文》。

③ 《黔南职方纪略》，卷六。

④ 但湘良：《湖南苗防屯政考》，卷三。

⑤ 但湘良：《湖南苗防屯政考》，卷六。

⑥ 魏源：《圣武记》，卷七，《嘉庆湖贵征苗记》。

⑦ （道光）《凤凰厅志》，卷一一，《苗防志》。

谷中零星开辟"①，农田分布稀散。永绥厅"自内地民人徙居于此，……凿池浚浍，先后开农田数万亩"，② 在流民推动下农耕生产的分布范围极为广泛，以致耕地多达数万亩。松桃厅乌罗司所管13 峒、平头司管15 峒地"前明安插汉户"，故早有农田开辟；厅境的30 个汛堡各有数量不等的兵丁，其"家室屯住汛堡之内"，流民也附汛堡而居，③ 客民、汛堡军户多务农，从而推动了汛堡一带农耕生产的发展。

从上面对各地农耕的分布情况的梳理可看出，改流后土家族各地区的农耕生产均得到了发展，但农耕在各地的分布情况还是存在一定的差异。这种差异也可在农垦的相关数据上有所反映。改流后土家族各地区经乾隆年间的大力垦殖后，农耕生产发展迅速，自嘉庆以后，清王朝国势日衰，土家族地区农耕经济进入相对平缓的发展时期，所以嘉庆年间的农耕生产状况大致可代表改流后土家族地区的农耕生产的发展状况。根据嘉庆二十五年（1820）土家族地区各府州、厅的地域面积、耕地数、人口数，可计算出各地的农耕垦殖指数、人均占有耕地数，具体情况见表3：

---

① （光绪）《乾州厅志》，卷三，《田赋志》。

② （同治）《永绥直隶厅志》，卷一，《地理门》。

③ 《黔南职方纪略》，卷六。

表3　嘉庆二十五年（1820）土家族地区所属各府（厅、州）农耕垦殖简表

地区名	地域面积（平方公里/亩）	耕地数（亩）	人口数（人）	垦殖指数（‰）	人均耕地（亩）	人口密度（平方公里/人）
施南府	18 300 27 450 000	494 407	919 981	18	0. 54	51
宜昌府	20 100 30 150 000	1 888 434	733 625	63	2. 57	37
澧州直隶州	15 300 22 950 000	2 897 293	1 033 980	126	2. 80	68
永顺府	11400 17 100 000	107 819	643 095	6	0. 17	57
乾州直隶厅	1500 2 250 000	10 635	35 604	5	0. 30	24
永绥直隶厅	1100 1 650 000	54 237	23 596	3	2. 30	21
凤凰直隶厅	2100 3 150 000	61 131	74 755	19	0. 82	36
石柱直隶厅	3000 4 500 000	1880	93 569	0. 4	0. 02	31
酉阳直隶州	12 000 18 000 000	496 220	461 579	28	1. 08	39
思南府	12 300 18 450 000	114 367	335 882	6	0. 34	28
松桃直隶厅	2400 3 600 000	2003	115 453	6	0. 19	49
铜仁府	3000 4 500 000	55 786	131 261	12	0. 43	44

备注：1. 耕地数和人口数源自《大清一统志》；

2. 各府、厅、州的地域面积数源自梁方仲《清嘉庆二十五年各府州人口密度表》。

从上表的数据可看出：（1）从垦殖指数来看，澧直隶州、宜昌府的垦殖指数最高，分别为126‰和63‰；其次为酉阳直隶州，垦殖指数为28‰；再次为凤凰直隶厅、施南府、铜仁府，分别为19‰，18‰，12‰；垦殖指数最低的为永顺府、乾州直隶厅、思南府、松桃直隶厅，垦殖指数仅为6‰、5‰、6‰、6‰。

（2）从人均占有耕地排序，则依此为：澧州直隶州、宜昌府、永绥直隶厅、酉阳直隶州、凤凰直隶厅、施南府、铜仁府、思南府、乾州直隶厅、松桃直隶厅、永顺府、石柱直隶厅。

（3）改流后土家族地区农耕生产的区域发展并不均衡，相比较而言，澧州直隶州、宜昌府、施南府、酉阳直隶州、凤凰直隶厅等地农耕生产较为发达，而石柱厅、永顺府、思南府、铜仁府、乾州厅、松桃厅、永绥厅等地相对滞缓。

在农耕生产相对较为发达的澧州、宜昌府、施南府、酉阳直隶州、凤凰直隶厅等地，人们日常生活所需多来自农耕生产，食物来源相对稳定。在农耕生产发展滞缓的石柱厅、永顺府、思南府、铜仁府、乾州厅、松桃厅、永绥厅等地，农耕生产总体水平并不高，在风调雨顺的年岁里，农民辛勤劳作仅能糊口，“遇岁歉，则挖蕨捣粉并采可食野草和饭充饥”，人们日常生活所需还需要传统的生产方式作必要补充。

改流后移民对土家族地区山地的垦殖过程是跃进式的：初迁到一个地方，开拓出一片农耕区，此后一部分人向其他地点迁徙，又开拓出第二个、第三个甚至更多的农耕区，通过不断地迁徙和耕垦，农耕区越来越多，这种农耕区多分布于交通道路沿线。长阳县枝柘坪离光堂《覃氏族谱》对其祖先至长阳垦荒的过程就是如此：

“由清江而至佷山……由此以上，峰回路转，林壑尤美，地僻人静，膏腴亦多，三公闻之喜，乃越阻历险，至一处所，两山逼狭……林木阴翳，约复仍数里，两涧合沭，观其地，平坦开阔，仿佛桃源，三公卜宅居之，遂名地为两河口。开垦锄种五年，一日游至一区亦爱之，次年开泽七丘……越次年命明、宁二公各居一地，

（高祖）乃备行装，扳藤越岭至招徕河，循溪而上，径登峰巅，……兽虽多而不逼人，山虽高而有泉，驻足盘桓者久之，遂不禁低回不忍离去焉。”

覃氏祖先在长阳的垦荒就是沿道路以跃进式的方式进行的，其他地区入山耕垦的流民垦荒过程也有类似的情况。随着农耕的跃进式发展，农耕区的分布也有跃进式分布的特点，农耕区由交通道路连接在一起。

由于土家族山区地表崎岖，故而耕地的分布多呈碎块，分布不均匀，在现今的土家族地区，这种情况仍然存在。改流后农垦的发展最显著的变化就是农耕生产分布空间的扩大，“从前弃为区脱者，今皆尽地垦种之”，“绝壑穷巅亦播种其上”。[①] 改流后农耕生产发展的另一个变化就是农耕水平的缓慢提高，各地农业生产的水平有所提高，但变化并没有农耕区的拓展那么显著。

四、结　论

综上所述，大致有以下几点认识：

（1）历史时期土家族地区农耕生产的空间分布经历了四个阶段：五代以前点状零星分布、五代两宋时期零星块状分布、元明清土司时期块状分布和清代改土归流后的片状分布。先有零星的农耕点，后有零星的块状农耕区，再发展成更多的块状农耕区，再发展成成片的农耕区，农耕区在土家族地区的分布呈现出由点状→零星块状→块状→片状的发展历程。

（2）历史时期土家族地区农业经济区主要有农耕经济区和传统农业经济区两类，农业区的变化趋势是农耕经济区逐渐扩大，传统农业经济区逐渐缩小。农耕经济区以农耕为主，传统农业经济区则以渔猎和采集为主，仅有少量农耕生产。在农业区的变化中，农耕

① （同治）《恩施县志》，卷七，《风俗志》。

经济区的扩展和传统农业经济区的萎缩是主旋律，农耕经济区有取代传统农业经济区的趋势。

(3) 农耕区大多分布于交通道路沿线的河谷地带。宋、元、明时期的军事性屯田因为军事控制的需要，大多位于交通道路沿线便于耕作的河谷地带；改流后的流民垦殖，也是沿着交通道路进行的跃进式开发。

(4) 农耕区的扩展引发生态环境的变化。历史时期土家族地区农耕区的扩展总是通过毁林垦荒来实现的，农耕区的扩展也就意味着森林植被的萎缩，但在改土归流之前，土家族地区森林覆盖良好，未有水土流失现象，改土归流之后，伴随着农耕区的迅速扩展，大量的林地被辟为农田，森林大量消失，水土流失加剧，山地的石漠化现象加剧。土家族地区生态环境的恶化与历史时期农耕区的无限制扩展有着密切的联系。

(5) 历史时期外来移民推动了土家族地区农耕生产的发展与农耕区的扩展。土家族地区高山深谷交通不便，加之山地瘠薄，不适合发展农耕，因此当地居民形成以渔猎和采集为主，农耕为辅的传统农业经济模式，后来伴随着外来移民（包括军事性移民和民间的自发性移民）的进入，最终打破了传统农业经济独占鳌头的局面，农耕经济逐渐演变为土家族地区主要的农业经济活动，农耕区伴随着移民的阶段性涌入土家族地区而发生着阶段性的变化。历史时期土家族地区农耕经济的发展和农耕区的扩展与外来移民密不可分。

历史时期武陵地区的森林变迁初探①

黄权生②

本文探讨的大武陵地区森林变迁包括今湘、鄂、渝、黔边区及其周边的森林变迁。时间上以春秋战国时期到清末，而重点讨论森林变迁较大的明清时期，尤其重点讨论雍正"改土归流"后武陵移民的山地开发，造成森林变化剧烈的原因和影响，希望对今天的武陵山区的森林保护和复原有所裨益。

一、秦汉两晋前巴人渔猎的良好生态环境时期

夏商周到秦汉，武陵地区主要是巴人及苗蛮的活动区，《华阳国志》卷一《巴志》记载："厥贡璆、铁、银、镂、砮、磬、熊、罴、狐、狸、织皮。""其地，东至鱼复，西至僰道，北接汉中，南极黔涪。土植五谷，牲具六畜。桑、蚕、麻、苎，鱼、盐、铜、铁、丹、漆、茶、蜜，灵龟、巨犀、山鸡、白雉，黄润、鲜粉，皆纳贡之。其果实之珍者，树有荔枝，蔓有辛蒟，园有芳蒻、香茗，

① 资金项目：《国家社科项目：武陵民族走廊多元文化互动与和谐社会发展研究》（06BMZ028）；湖北省教育厅2010年人文社科青年项目："鄂西农村燃料更替与生态建设研究"（2010q018）。

② 黄权生（1977—），男，重庆巫山人，三峡大学武陵民族研究院专职研究员。

给客橙、葵。其药物之异者，有巴戟、天椒。竹木之贵者，有桃支、灵寿。其名山有涂籍、灵台、石书刊山。其民质直好义，土风敦厚，有先民之流。故其诗曰：‘川崖惟平，其稼多黍。旨酒嘉谷，可以养父。野惟阜丘，彼稷多有。嘉谷旨酒，可以养母。’”[①] 由此可见当时武陵地区生活的巴人，物产丰富，尤其多林业及副产品，故多贡品、兽皮、竹木、果实、漆茶等，能轻松供养父母，还有多余农产品来酿酒。这都是该地区良好的自然生态环境，给予巴人宽松的生产环境。巴人多在长江及支流的台地，以渔猎煮盐为生，整个武陵山区处于未开发的状态。该地区到处野兽出没、老虎成群。如《华阳国志》载：“秦昭襄王时，白虎为害，自黔、蜀、巴、汉患之。秦王乃重募国中：‘有能杀虎者，邑万家，金帛称之。’于是夷朐忍廖仲、药何、射虎、秦精等乃作白竹弩于高楼上，射虎。中头三节。白虎常从群虎，瞋恚，尽搏煞群虎，大呴而死……汉兴，亦从高祖定秦，有功。高祖因复之，专以射虎为事。户岁出賨钱口四十。故世号白虎复夷。一曰板楯蛮。今所谓弜头虎子者也。”[②] 可见当时巴人多渔猎，且山大林密，动物众多，老虎为害，其地在汉代“各有桑麻丹漆，布帛鱼池。盐铁足相供给”。[③] 经济生活消耗森林相对较少，所耗森林多为煮盐之地，耗损非常有限，这些都体现了当时武陵地区良好的生态环境。武陵地区良好的森林植被这可以从梵净山的孢粉分析中可以证明在该时期也是广布着大片的亚热带森林。[④]。

---

① 任乃强校注：《华阳国志校补图注》，卷一，《巴志》一，三，上海，上海古籍出版社，1987年10月，第1版。

② 任乃强校注：《华阳国志校补图注》，卷一，《巴志》，五，上海，上海古籍出版社，1987。

③ 任乃强校注：《华阳国志校补图注》，卷一，《巴志》，七，上海，上海古籍出版社，1987。

④ 中国科学院植物研究所古植被研究室徐仁、孔昭宸1975年提供资料，转引自《中国自然地理·历史自然地理》，北京，科学出版社，1982。

秦汉晋各代，统治者对武陵地区多怀柔羁縻政策，对武陵地区实行间接治理，中原的农耕文化对该地区影响甚微，而农耕区主要分别在武陵周边的长江河谷、川西平原、江汉、洞庭湖地区，而鄂西、湘西、黔及渝东南部等地区主要还是以采集渔猎为主。《水经注》记载武陵山北三峡“（两岸）绝巘多生柽（怪）柏，悬泉瀑布，飞漱其间，清荣峻茂，良多趣味。每至晴初霜旦，林寒涧肃，常有高猿长啸，属（屡）引凄异、空谷（岫）传响，哀转久绝，故渔者歌曰：‘巴东三峡巫峡长，猿鸣三声泪沾裳’”。[①] 又“林木高茂，略尽冬春，猿鸣至清，山谷传响，泠泠不绝，所谓三峡，此其一也”。[②] 这是人类活动频繁的武陵北部，渔者多，猿猴成群、林木高茂、柽柏遍山。而武陵腹心的森林植被当更为繁茂。

《后汉书》记载黔北一带有“牂牁地多雨潦……寡畜生，又无蚕桑，句町县有桄桹木，可以为面，百姓资之”。[③]“土宜五谷，不以牛耕，但为畬田，每岁易……散在山洞内，依树为层巢而居。”[④] 这些均表现出当时武陵及云贵山地少蚕桑，农业也可凭借森林极其充裕而实施广种薄收的刀耕火种农业生产方式，体现武陵地区森林茂密，多呈原始的生态景观。

武陵山地区适宜森林生长，在秦汉两晋和春秋战国森林植被覆盖当在80%以上，而秦汉在沿江地区、平坝及产盐地区有所开发，但森林耗损有限，森林覆盖率当在75%以上。

---

① 熊茂洽、曹诗图：《水经注疏·江水·校注补》，卷三四，《江水二》，109页，武汉，武汉水利电力大学出版社，1999。

② 熊茂洽、曹诗图：《水经注疏·江水·校注补》，卷三四，《江水二》，122页，武汉，武汉水利电力大学出版社，1999。

③《后汉书》，卷八六，《西南夷列传》。

④《旧唐书·南诏蛮》。

二、唐宋保持良好原始生态环境时期

唐宋时期武陵地区处于唐宋和南诏大理的缓冲带，中央对地方控制相对秦汉还要薄弱，故以汉族为主体的农业人口鲜有深入武陵山腹地开发的情况，故有“其俗刀耕火种，惟涪、梁、重庆郡稍有稻田”。[①] 武陵山区森林植被和秦汉变化应当不大，《十道志》描绘武夷山北面的开发较早的渝州的周边山地仍然是“林木郁茂”。[②] 武陵山周边地区森林植被良好，森林破坏也是极少数的地区，如武陵地区北部的武龙（隆）县盐泉：“北宋是时两边山木相接，薪蒸赡足，民未知烹煎之法。乃于忠州迁井灶户十余家，教以煮盐之法。未几，有四百于灶，由是两山林木芟薙，悉成童山。”[③] 煮盐造成个别地区山变秃山，但整个武陵地区由于人迹罕至，中央政府影响较小，森林植被整体还是非常原始的。唐德宗诗人权德舆《送人赴黔中》诗曰：“不识黔中路，今看遣使臣，猿随万里客，鸟似五溪人。地远官无法，山深俗易淳。须令荒徼外，亦解惧埋轮。”该诗描绘武陵在荒缴外，人迹罕至，山大林密。《唐诗纪事》描绘该地区是“猨狖窥脐林叶动，蛟龙闻呪浪花低”。山谷诗《答元明黔南赠别》：“尺五攀天天惨颜，盐烟溪瘴锁诸蛮。”[④] 体现的是树多蔓路，兽类当道，瘴气弥漫，人烟难觅，一片原始森林景观。

如《舆地纪胜》记载武陵：“《善歌录》云：‘武溪深复深，飞

---

① 宋王象之撰，李勇先点校：《舆地纪胜》，卷一七四，《涪州·风俗形胜》，成都，四川大学出版社，2005。

② 宋王象之撰，李勇先点校：《舆地纪胜》，卷一七五，《重庆府·景物上》，成都，四川大学出版社，2005。

③ 宋王象之撰，李勇先点校：《舆地纪胜》，卷一七四，《涪州·景物上》，成都，四川大学出版社，2005。

④ 宋王象之撰，李勇先点校：《舆地纪胜》，卷一七六，《黔州·诗》，成都，四川大学出版社，2005。

鸟不能渡，兽游不能临。’又曰‘下潦上雾看，飞鹫坠水中’”。[①]可见原始森林之茂密。沅陵大曲山“山多枯木”，此为树多无人问津，树老死山中。南平军一带，瀛山“林翳蓊郁”，[②]得胜山“形势艰险，林木郁茂”。最高山“林箐深密”，龙拳山“中多丛菁，每一岁一方樵采取舍于此山中”。[③]

黔州一带“草木少彫（雕或凋）……人户星居……多是蛮獠……少有蚕桑……钻木出火”。[④]《元和郡县志》记载萝缘山：“山多楠木，堪为大船。”[⑤]李频《黔中罢职泛江东》：“撑崖拄谷蝮蛇愁，入箐攀天猿掉头。”体现了山高林密，动物横行于道路，是一片原始森林状态。

沅州是“有明山，岗峦重复，朝抱郡城，飞云浓岚，望如屏图。武陵州接夜郎诸夷。溪山阻绝，非人迹所履”。[⑥]而这种道路阻绝与人迹罕至是武陵地区“木多杉柟，兽多熊貊”造成的。[⑦]

整个武陵山区唐宋时开发较晚，人口稀少，人类经济活动对自然生态影响十分小，而唐宋时武陵山区垦殖还主要局限于平坝地区，即使武陵的平坝区仍有一定野生林、经济林盘、民居林盘和寺

① 宋王象之撰，李勇先点校：《舆地纪胜》，卷一七五，《辰州·景物上》，成都，四川大学出版社，2005。

② 宋王象之撰，李勇先点校：《舆地纪胜》，卷一八〇，《南平军·景物上》，成都，四川大学出版社，2005。

③ 宋王象之撰，李勇先点校：《舆地纪胜》，卷一八〇，《南平军·景物下》，成都，四川大学出版社，2005。

④ 宋王象之撰，李勇先点校：《舆地纪胜》，卷一七六，《黔州·风俗形胜》，成都，四川大学出版社，2005。

⑤ 宋王象之撰，李勇先点校：《舆地纪胜》，卷一七六，《黔州·风俗形胜》，成都，四川大学出版社，2005。

⑥ 宋王象之撰，李勇先点校：《舆地纪胜》，卷一七一，《沅州·风俗形胜》，成都，四川大学出版社，2005。

⑦ 宋王象之撰，李勇先点校：《舆地纪胜》，卷一七一，《沅州·景物上》，引《寰宇记》，成都，四川大学出版社，2005。

观林，估计比川中丘陵地带的森林覆盖率高。蓝勇先生认为唐宋时长江上游地区总的森林覆盖率在65%以上，单以岷江以西和长江以南地区计，森林覆盖率又能会更高一些，可能在70%～80%之间。[①] 而武陵在长江之南，是“林木郁茂”渝州的南面，因此除贵州东部一些自然石山及少量草坡草甸子外，大都为森林所覆盖，武陵地区森林覆盖率仍在75%以上。

三、明代至清雍正“改土归流”森林植被继续保持良好时期

明清两代中央与地方一直存在“改土归流”的斗争，明政府在武陵地区有屯军与屯田，一些汉族也深入云贵及武陵山区，明清的云南、贵州、巴蜀、鄂西等的汉族总人口与少数民族逐渐持平，改变了整个武陵地区的人口结构，而少数民族地区受汉文化的影响，也部分实现了由游牧渔猎采集向农耕生产转化。明清对西南地区的皇木采集及地方建设对高大树木的需求对森林的耗损大大加剧。但在“改土归流”前由于没有大量农业人口垦殖的破坏，当时武陵地区整体森林植被仍然保持得非常良好。

1. 皇木采办是外界对武陵森林大规模破坏的开始

明清两代皇木采办（在雍乾才基本结束），对西南和武陵山区产生了非常大的影响。首先皇木用费巨大，如万历中采办三殿皇木，四川、湖广、贵州费银达930余万两，全“征诸民间”。[②] 其次采办及浪费的珍贵木材数量巨大，如明代《三峡通志》记载“夷陵江或浮大木蔽塞水面，土人谓之龙巢翻”[③] 这些大木可能就是皇木。嘉靖二十年（1541）采木，使“三（川鄂黔）省之民，

① 蓝勇：《历史时期西南经济开发与生态变迁》，29页，昆明，云南教育出版社，1992。

② 《明史》，卷八十二，《食货志》。

③ （明）吴守忠辑：《三峡通志》，卷五，《峡俗丛谈》。

暴露三年，无有休息”。[①] 而川鄂黔三省的大木（皇木）采办中，其中不少采自武陵山区。如铜仁府的在道光年间的楠木“旧出深山中，今已伐尽”。[②] 伐木后可以沿锦江，再下达辰水，交通方便，故伐木放漂方便，珍贵木材损耗严重。如康熙《贵州通志》记载楠木：“旧出深山中，今已伐尽”；杉：“旧产山间今已伐尽。”[③]

武陵山的湘西也曾为重要的大木及皇木采办地，如《同治永顺府志》记载楠木：“有白楠香楠，《明史》云：‘永顺各宣慰历次贡木’。《辰州府志》云：‘产于苗徼崇山广谷之中。又明时修辰州府署辰州府学，永保酉阳诸司皆献大楠木数百株。’《桑植县志》云：‘伐置山谷间俟山水发，始顺流下，然空灌蛀裂者多。今府属希有，积岁砍伐，良材尽矣。’”黄杨：“近皆不可多得。”[④]

在明清两代采木人员消耗十分巨大，四川民间有“入山一千，出山五百”之说法。[⑤] 万历时记载四川采木“十室九空，赤子委于沟渠，白骨暴于林莽”。[⑥] 故“楚蜀之人，谈及采木，莫不哽咽”，[⑦] 体现了采木之苦和皇木采办对森林的破坏。

2. 武陵山区整体森林覆盖率及植被仍然保持良好

皇木采办主要是损耗的大楠木、杉木等珍贵树木，对其他普通树木影响相对较小，所伐地区多为沿江地区与交通要道的森林。其他地区森林还是保持得比较良好。故清乾隆六年（1741）《贵州通志》仍然记载铜仁府天马山“山俱秀耸”。森岩山“峰峦高耸，林木蓊郁望之如云”。木耳坡“苍翠郁然”。[⑧] 而铜仁府“夜豹入民

① 清嘉庆《四川通志》，卷七一，《木政》。

② （道光）《铜仁府志》，卷四，《食货·土产》。

③ 清乾隆《贵州通志》，卷一五。

④ 清同治十二年《永顺府志》，卷十，《物产》。

⑤ 《明史》，卷一〇六，《吕坤传》。

⑥ 清嘉庆《四川通志》，卷七十一，《木政》。

⑦ 《明史》，卷一〇六，《吕坤传》。

⑧ 清乾隆六年《贵州通志》，卷五，《山川》。

室”“虎吼于东山”都反映黔北地区的森林植被之完好。铜仁近郊“其山尖秀如笔峰”，“峰峦秀丽，萧然端正”。[①] 故整个府城樵采就在城之西郊西岭，而樵采在“城之西郊，翘翘错薪，郭内人家皆取给于斯，每至薄暮，泳归后，先杂还听之可以娱耳”。[②] 府城周边有良好植被，其他地区植被更是树大林密。

武陵山区在雍正“改土归流”以前开发力度还是比较有限，加上统治阶级实行“汉不入峒，蛮不出境”的民族分化政策，大多数武陵地区与世隔绝，故《桃花扇》作者孔尚任曾言：“楚地之容美，在万山中。阻隔入境，即古桃源也。”而明末清初的战乱对武陵山区波及也较大，对当地人口还是有所耗损，如任乃强先生认为：“至顺治七年，蜀人大体已尽。惟嘉定峨嵋犍为惟一区最为丰足。叙泸涪万遵义与松茂雅州保宁一带，略有人迹而已。”[③] 故顾彩《容美记游》记载：“流寇入扰，民遂离散，今六十年，元气未复。”[④] 同治《长阳县志》载：“及我朝御宇相因勿替，惟是边邑遐陬，山岩险阻，奸宄窃发，继而西山寇起，势成燎原，前后蹂躏数十载，风鹤震恐，鸟奔兽散，城邑空虚，处处榛芜。葵卯年赖王师荡平，招徕复业，而返者寥寥，茅檐野处仅止百家，不可复振……”[⑤] 这些人口减少，也使曾经被人破坏的森林在战乱时期原始状况反而有所复原。

武陵山西部石阡府形胜是：“山谷峻险，江水萦纡，悬崖峭坂，林木蓊蘙……林峦环抱，水石清幽。”“林木蓊蘙，林峦环抱”，故山川更是多箐（原始森林）如：寒林箐：在府西，知府余志诗：

① 清道光四年《铜仁府志》，卷之二，《地理·山川》。

② 清道光四年《铜仁府志》，卷之二，《地理·山川》。

③ 任乃强：《张献忠屠蜀论》，111页，见《社会科学研究丛刊·张献忠在四川》，1981。

④ 高润身主笔：《容美纪游注释》，39页，天津，天津古籍出版社，1991。

⑤ （同治）《长阳县志》，《旧序一》。

“参天竹树画阴阴，常带浓烟锁翠岑。”另有杉木箐、爤（烂）沉箐、来临（林）箐、坪（胼或耕）箐、伯劳箐、崖头箐、葛蔓箐、深箐、黄蜡箐、隘头箐等箐……[①]箐：在大西南地区是大森（树）林的意思，如江安“方言凡竹木茂者，皆呼箐，竹曰竹箐，木曰木箐”。[②]明代时石阡府到处都是箐，可见武陵山区植被在明代保持得仍然比较原始的。这在其他武陵山周边地区可以印证，如彭水甘山是“茂树环郁”。[③]东面忠州鸣玉溪仍是“古木苍然”。[④]酉阳州酉阳山：“史情更有山林趣，绿树门前画戟双。”[⑤]

道光《思南府续志》中关于森林植被的记载府城城内中和山：“城内上建观音阁。……古柏四围，浓阴匝地，琳宫绀宇掩映参差，拾级寻幽，一郡胜境。”府城内有古柏，其府周植被更好，如城南翠屏山“山形峭削，古木蓊蔚”。初月山“下有泉多古柏”。香炉山“古树交荫”。县治西蜂岩“山势平坦，树木稠密，产黄柏、天冬”。县治北青龙岭“中有香楠百余株”。玉瓶山“树木繁阴，中产獐麂”。[⑥]

道光《铜仁府志》载森崖山“山高林密，蓊郁如云”。[⑦]黔东一带是“沿途松杉竹柳桐梓之属，青葱郁茂”。[⑧]而整个武陵地区山高箐密，大箐“周遭千余里……而林木接天”。[⑨]森林蓄积量非常大，而明清两代高山与森林一直是政府和少数民族斗争的彼此攻

① （明）沈庠修，赵瓒纂：《贵州图经新志》，卷之六。

② 民国十一年《江安县志》，卷一，《山川》，《周文安公言》。

③ 《寰宇通志》，卷六二，《重庆府》。

④ 《寰宇通志》，卷六二，《忠州》。

⑤ （清嘉庆）《四川通志》，卷二一，《舆地志·山川》，（明）《薛宣诗》。

⑥ 道光二十年修《思南府续志》，卷二，《山川》。

⑦ （道光）《铜仁府志》，卷二，《地理·山川》。

⑧ 杨怪曾：《使滇纪程》，《小方壶斋舆地丛钞》。

⑨ 贵州省文史研究馆校勘：《贵州通志前事志》，卷十五，第二册，贵阳，贵州人民出版社，1987。

防的屏障，明清武陵人口相对稀少的，而少数民族人民保护森林意识较其他地区要强，森林再生能力较其他地区要好一些。“飘子落处即生松秧，数载便可参天，千百成林”。[①] 武陵地区生态自然恢复能力是相当强的。

3. 明清的武陵的森林保护意识对森林的客观保护作用

武陵地区当地人（包括地方官员）有较强森林保护意识。如顾炎武《肇域志》载思州府十万囤：“上下住溪山，在治西三十里，产木，可供国用，封禁不得砍伐。”由此可见该地区森林受到国家监控，封禁不得砍伐，森林对政府是具有重要经济价值的，而当地人也充分认识到森林的作用。尤其少数民族地区广为流传着“古时敬神均在森林”，“天地之后神树林为大”的思想，对神林中的树木，少数民族人民一般不敢任意破坏。而地方政府官员形成了保护森林的社会风气。如清嘉庆《重修南岳山碑记》有：“乾隆年间，藩宪陈（布政使陈德荣）委员往江西买松、杉 3 万余株栽于此山……蓄护成林。”[②] 又如清人郑珍，广游黔北和黎平之后，悟出遵义垦山之弊、黎平兴林之利的道理，曾写下了著名的《黎平木诗》劝民植树，兴林致富，重树木，轻垦山，世世代代经营森林，是封建儒家林学思想指导实践的典范。其诗曰：“十年亦纤图，绿林长金钱。林成一旦富，仅忍十年苦。……勿拔千年根，贪取百日稻。送老垦山人，汝材看合抱。”[③]

因此在雍正“改土归流”前，武陵山区大木（如楠木）受到耗损，平坝开发加强，山地也略有开发，但是对整个森林覆盖损耗有限，武陵山区腹心地区在雍正“改土归流”前，迁入汉族移民人

---

① 道光二十六年修《贵阳府志》，卷四七，《食货略》，《木之属》。

② 贵阳市志编纂委员会编：《贵阳市志·农林水利蔬菜志》，240 页，贵阳，贵州人民出版社，1995。

③ 贵州省地方志编纂委员会编：《贵州省志·林业志》，13 ~ 14 页，贵阳，贵州人民出版社，1994。

口不多，垦殖力度不强，加上地方政府及人民对森林有保护意识，森林植被保持良好，整个森林覆盖率当还在65%以上。

四、雍正“改土归流”后移民开发对社会发展及森林的影响

魏源《湖广水利论》称：“当明之际，张贼屠蜀，民殆尽；楚次之，而江西少受其害。事定之后，江西人入楚，楚人入蜀。故有‘江西填湖广，湖广填四川’之谣。”① 但在雍正“改土归流”前，武陵山区迁入的人口相对有限，除受“汉不入峒，蛮不出境”政策影响外，也与武陵山区多土司政府，土司对中央政府及汉族人还是有一些排斥的作用。如顾彩《容美记游》记载：“其刑法重者，径斩……次宫刑，次断一指，次割耳……是以境内凛凛，无敢犯法，过客遗剑于道，拾者千里追还之。”② 在如此的土司统治下，外地汉人要想迁入必然有所忌惮。

但在雍正“改土归流”后，移民迁入武陵山区的政治障碍被扫除，而此时肥沃的巴蜀地区、湘鄂平原平坝地区已经基本被“康雍复垦”的移民瓜分，人们于是向山地进发，出现了“乾嘉续垦”。武陵山区成为“江西填湖广、湖广填四川”的最后的移民浪潮的瓜分蚕食最重要的蛋糕。这种移民是从黔中、巴蜀盆地、江汉平原、洞庭湖等武陵周边向武陵腹地进发，如长阳资丘天河坪：“相传清代乾隆年间，四川人向天河于此地落户，得名天河坪。”③ 此是四川有迁入长阳的移民，由此也可以看出清代“江西填湖广、湖广填

① 魏源：《魏源集》（上册），《湖广水利论》，388页，北京，中华书局，1976。

② 中共鹤峰县委统战部县史志编纂办公室：《容美土司史料汇编》，第三部分，《艺文》，《容美记游》，319页，1984。

③ 湖北长阳县地名领导小组办公室编：《长阳县地名志》（内部资料），256页，1982。

四川”并非单向流动，而是一个互动迁徙过程。而对于武陵山而言则是四周移民涌向武陵山区。鄂西、湘西是“江西填湖广”的移民接纳地，也是“湖广填四川”的中转站。而黔东及渝东南地区则是“湖广填四川”的接纳地。

1. 清中后期移民开发的社会大背景

（1）土地垦殖是首因。早在“改土归流”前就有一部分人迁入武陵地区，如《容美记游》记载：“（容美客）司中者，江、浙、秦、鲁人俱有，或以贸易至，或以技艺来，皆仰膳官厨，有岁久不愿去者，即分田授室愿为之臣，不敢复居客位。”① 如长阳地名大堰乡担子山：“1690—1700 年间，从公安县迁来龚王二户教民。”② 当然迁入初期，土地资源与人口的矛盾还不是十分突出，如酉阳上下百地：“据辰州人（湖南）迁此，当地人送给他一坡荒地开垦，称为百地。”③ 这就体现土地荒芜很多，大部分可以直接插占，即使“买卖”亦十分便宜，故以武陵山区、云贵高原在“改土归流”后对于外省的无地、少地的农民来讲就具有巨大的“吸引力”，也就是说武陵山区有可垦土地是大量人口迁入的首要原因。

（2）武陵山区丰富的林副资源是人们的趋利之所在。如同治《永顺府志》记载：“客户多辰沅民，江右闽广人亦贸易于此。”④ 各地愿意在武陵贸易，这与其地以林业为主的自然资源分不开的。道光《恩施县志》记载该县有良好生态环境下，故建材十分丰富。如木品：松、柏、樟、檀、栗、楸、杉、白杨、槐、椿、水红、马

① 中共鹤峰县委统战部县史志编纂办公室：《容美土司史料汇编》，第三部分，《艺文》，《容美记游》，316 页，1984。

② 湖北长阳县地名领导小组办公室编：《长阳县地名志》（内部资料），504 页，1982。

③ 四川省酉阳地名领导小组编：《四川省酉阳苗族土家族自治区地名录》（内部资料），1984 年 12 月编印。

④ 清同治十二年增刻乾隆本影印：《永顺府志》，卷十，《风俗续编》。

灵光、桐、棕、桑、乌桕、冻绿、棓子、皂角、黄杨、枫、阴沉木、楠木，竹品：筋竹、慈竹、斑竹、紫竹、箭竹、楠竹、水竹、苦竹，药品：薄荷、白芍、赤芍、当参、黄连、苦参、天冬、前胡、乾葛、山豆根、黄柏、厚朴、何首乌、杜仲、山药、仙茅、木通、白芨、南星、土茯苓、五家皮、独活、苍耳、金银花、天麻、麦冬等，各品（即山货）：白蜡、黄蜡、木蜡、漆蜡、茶、蜜、茶油、菜油、桐油、蓖麻油、槐米、红花茜、硝、磺、炭、纸，兽族（品）：独猪、虎、狗熊、豹、白面狸、豺、獐麂、九节狸、獭、野猪、豪猪、松鼠、竹鼠、鼯鼠、貂、野牛、羚羊。[①] 这些良好的自然资源，如木品、药品、兽皮及山货等为贸易的进行提供了市场，也为迁入武陵进行贸易的人们提供了谋生的手段。

（3）政府用汉人移民达到巩固统治目的。雍正“改土归流”（明代以及康熙也有改土归流但其影响、规模都没有此次彻底）后移民大量涌入，贵州人口增加，垦殖加强，对森林耗损加剧。鄂尔泰认为“欲安民必制夷，欲制夷必改土归流”。[②] 而鄂尔泰看到当时贵州许多地方是“田皆蒿莱，地尽荆棘，耕种不施，渔樵绝迹”，[③] 于是鄂尔泰到任后就“即通行各属劝民开垦”，[④] 故数年之内就见成效“黔省田土向来原有荒鞠，迩年人烟渐广，陆续首报开垦已多，公赴黔，目睹高低山坡俱已开挖成田，大道两旁空土，亦俱耕犁种植”。[⑤]“劝民开垦”自然达到制夷的效果。

（4）以玉米、马铃薯为代表的高产旱地作物的传入，加速武陵山地的开发。如道光《威远厅志》记载《云南督抚稽查流民奏》：“钦奉上谕，有人奏：‘云南地方辽阔，深山密箐未经开辟之区，多

① （同治）《恩施县志》，卷六，《物产》。

② 《清史稿》，《鄂尔泰传》，卷二八八。

③ 《朱批谕旨·鄂尔泰奏折》雍正四年十二月二十一日。

④ 《朱批谕旨·鄂尔泰奏折》雍正五年八月初十。

⑤ 《朱批谕旨·鄂尔泰奏折》雍正七年四月十五日。

有湖南、湖北、四川、贵州穷民往搭寮棚居住，砍树烧山，艺种包谷之类，此等流民于开化、广南、普洱三府为最多，请仿照保甲之例一体编查’等语。”[①] 而苞谷（玉米）在武陵种植非常普遍，“近时楚中遍艺之，凡土司新辟者，省民率人居，垦山为陇，列植相望岁收予揭米而炊，以充常食……水乡岁歉亦升斗易之以救荒，盖为利多矣”。[②] 道光《安平县志》“伐木山，在西堡六十里。山高而广，林深木蔚，斧声终日不绝。今皆垦种苞谷不闻叮叮之声，盖十数年于兹矣”。[③] 这种高产旱地作物的引入，加快了垦殖力度，使清中后期的武陵森林耗损速度成为最快的时期。

（5）全国人口的增加，是移民迁入武陵山区的外在动力。乾隆到道光年间是中国历史上前所未有的人口增长高峰期。人口数量的巨增，彻底打破了人口与土地的均衡状态，人口过剩的危机成为中国最基本的国情。[④] 卓秉恬《川陕楚老林亟宜区处疏》指出：“江、广、黔、楚、陕之无业者侨寓其中，以数百万计，依亲傍友，垦荒种地。今我国家修养生息垂二百年，生齿日以繁，荒芜日以辟，故凡有山林可以营生之处，势难禁其聚集。”[⑤] 清代康熙年间，国家稳定后，“人民蕃庶，食众田寡，地尽垦种”。[⑥] “国初定赋之时，多系未辟老林，故率从轻科”。[⑦] 而武陵地区“地广赋轻，开垦易于成业”。[⑧] 贵州《八寨县志稿》中关于移民垦殖的记载：“夫有清

① 道光《云南通志·关哨汛塘》《概说》，见方国瑜主编：《云南史料丛刊》第一卷，677～678页，昆明，云南大学出版社，2001。

② 乾隆二十三年《沅州府志》，卷二四，《物产》。

③ 道光《安平县志》，卷二，《山水》。

④ 田彤：《清代的人口危机及对近代社会经济的影响》，载《史学月刊》，1994（3）。

⑤ 民国二十年宋伯鲁等纂：《续修陕西省通志稿》，附录卓秉恬：《川陕楚老林亟宜区处疏》。

⑥ 《清圣祖实录》，卷二五九。

⑦ （清）严如熤辑：《三省边防备览》，卷一一。《策略》。

⑧ （清）严如熤辑：《三省边防备览》，卷八，《民食》。

雍乾之际，改土设流，其自湖广、江西而来，兹土者踵趾相接，虽绝涧荒山，咫崖拳阜，不见天日之深箐，终年霉雨之遐陬莫不诛茅斩棘以耕息于其间。”[①] 在如此背景下，武陵山区自然成为移民迁入的乐土。

2. 武陵山区开发对本地及湘鄂蜀（渝）黔周边社会发展的影响

（1）减轻了周边人口的压力。武陵山区开发减轻了康熙以来的“人民蕃庶，食众田寡，地尽垦种”的社会压力。[②] 仅仅清代到乾隆四十一年（1776）“湖广填四川”共达 623 万，其中迁自湖南的移民约为 158 万，湖北为 150 万，“湖广”为 38 万，广东为 144 万，江西 83 万，福建 20 万。[③] 而乾隆以后湘鄂的接受的“江西填湖广”移民也不在少数，武陵山区为主要移民人口消化区之一。雍正年间（1723—1735）改土归流后，武陵周边湘鄂蜀（渝）黔的人口快速增长，例如四川在 1661 年人口为958 196 人，1749 年为 2 506 780人增长 2 倍；湖南在 1661 年人口为2 920 116，1749 年为 8 672 433，增长约 3 倍，贵州在 1661 年人口为1 076 259，1749 年 8 672 433，增长约 8 倍，而非武陵山区的云南 1661 年人口为 1 189 930人，1 946 173人，增长不到 2 倍。[④] 云南相对武陵山区的省份人口增长缓慢得多，武陵山周省份这些人口有许多不是自然繁殖增长，而是人口迁移的结果。

“湖广填四川”是清政府在全国推行“垦荒令”的一部分，从顺治十六年（1659）起，一直绵延到同治以后，跨越了两个世纪。[⑤] 如宜昌县陈代坡：“相传过去‘调凡’时，剩下了一户姓陈

① 民国二十一年《八寨县志稿》，卷二一，《风俗》。

② 《清圣祖实录》，卷二五九。

③ 葛剑雄：《中国移民史》（第一卷），383 页，福州，福建人民出版社，1997。

④ 赵文林、谢淑君：《中国人口史》，北京，人民出版社，1988。

⑤ 田光炜：《“湖广填四川”的移民过程》，载《四川师院学报》，1981（2）。

的在此传了后代，故名陈代坡。”[①] 此‘调凡’可能是从湖北抽调人口填四川。另外“江西填湖广”对湖南、湖北的人口增长影响也是明显的，如巴东县拗马迁：“相传，清朝年间，‘江西填湖广’时，柳姓二兄弟各骑一匹马，行至此地，马咆哮长嘶，拗首不前，他二人只得改变方向，故名。”巴东县泗淌乡三房湾：“1781 年，谭氏兄弟来此落业，老三住此，故名。”另巴东县七房湾：“1781 年，谭氏兄弟来此落业，老七住此，故名。”[②] 而这些都是雍正后的移民“江西填湖广”的移民，移民多以砍伐森林垦殖为业，如富顺县柴坰：“据传湖广填川时，一插占者，于此山坰砍劈柴木修建住宅。”斑竹园：“据传，湖广填川时，该地一片斑竹砍伐后，发现此村，故名。”[③] 可见雍正“改土归流”后的武陵山区的移民垦殖无形中减轻了周边地区的人口压力。

（2）武陵地区移民开发促进了当地及周边地区的小农经济发展。移民迁入促进了武陵地区的社会发展，如乾隆《竹枝词》描述了当时人民“平畴搭斗响连声，午饷归来日正明。比户秋收晴更好，农民个个庆丰亨”。另“一年辛苦立冬多，才了田工又种坡。预祝表粮收更好，齐声争唱太平歌”，都反映了移民后的安居乐业的境况。在当时社会环境下，武陵移民农业垦殖开发还是有极大积极的社会作用的，大大提高了湘鄂蜀黔的粮食总产量，为“西粮东输”创造了条件。如清代四川产米居各省之冠，“各省米谷，惟四川所出最多，湖广江西次之”。[④] 故在今天四川、重庆由于有移民的辛勤劳动，“秋收之后，每日过夔关大小米船，或十余只至二十

① 宜昌县地名领导小组编印：《宜昌县地名志》，1982 年 10 月（内部资料）。

② 湖北省巴东县地名领导小组编印：《湖北省巴东县地名志》，1983 年 8 月（内部资料）。

③ 四川省富顺县地名领导小组编印：《四川省富顺县地名录》，1982 年 5 月（内部资料）。

④ 《雍正朱批谕旨》，雍正五年十二月初三日，《浙江总督李卫奏折》。

支不等，源源下楚”。故有：“江浙粮米历来都仰给于湖广，湖广又仰给于四川。”[①] 这也印证了清代的“两湖熟，天下足”的谚语。四川和湖广粮食产量居全国之最，在一定程度必有蜀渝黔湘鄂之间武陵山区腹地山地农垦经济和山货开发的功劳。“两湖熟，天下足”和“川米济楚”“实际上形成了长江为中心的川米贩运的交通路线，以四川居首，（湖广居中），江浙为尾，沟通了全国性的米粮流通网络”。[②]

（3）武陵地区移民开发促进了手工业蓬勃发展。农业的发展也是要以传统手工业的发展为支撑，同时农业也为手工业提供了农业产品。农业发展的同时，手工业也得到蓬勃发展。在传统小农经济社会，二者是相生相成的。[③] 如会东县老口乡菜园子：“传说，从前回族人在打银厂开矿时，曾在此种菜供应。故名。”[④] 另外武陵山区与外地自古就存在相互依赖的物质交换关系，如贵州的黔盐是在巴渝地区运输进去的，如云阳忠县等盐厂的灶户佣工商贩都在十万人左右[⑤]。楚盐在重庆卸载，从长江运至宜昌，运到贵州的由綦江运出，渠河涪万，涪边各岸之盐，则换木船装运[⑥]。整个物流是非常繁忙的，而山里则将其他手工业产品转输出去。如沐川县炭库乡炭库场：“早年此地为㭎炭收储转运场地，故名。”[⑦]

① 《雍正朱批谕旨》，雍正二年八月二十四日，《四川巡抚王景灏奏折》。

② 王笛：《跨出封闭的世界——长江上游区域社会研究》，207页，北京，中华书局，1993。

③ 黄权生：《“湖广填四川”社会经济与生态效应的控制》，载《中国农史》，2007（4）。

④ 四川省凉山彝族自治州会东县地名领导小组编印：《四川省凉山彝族自治州会东县地名录》，1986年6月（内部资料）。

⑤ 蓝勇、杨光华等编：《巴渝历史沿革》，121页，重庆，重庆出版社，2004。

⑥ 王笛：《跨出封闭的世界——长江上游区域社会研究》，203页，北京，中华书局，1993。

⑦ 四川省沐川县地名录领导小组编印：《四川沐川县地名录》，1982年9月（内部资料）。

清乾隆《兴义府志》记载杉："按杉，今府亲辖境，及普安、安南、贞丰皆产。郡人用为屋材。楮："普安县有楮树，其皮可为纸。"皂荚树："按府亲辖境及兴义县、贞丰、册亨、沿江诸地，……土人肩入城货者颇多。"柳："皆植之，为取材之资。"①也就是说森林为手工业之资，手工业都依赖森林资源，故严如熤《三省边防备览》记载纸厂要"择有树林青石近水处方可开设，有树则有柴，有石可烧（石）灰"。② 手工业必赖森林，如"炭厂，有树木之处皆有之，……红山、黑山，黑山为炭窑，须就老林砍伐烧成煽铁炭；而炭必近老林，故铁厂恒开老林之旁，如老林渐次开空，则虽有矿石不能煽出亦无用矣。纸厂：厂择有树林青石近水处方可开设。笋厂：于小满后十日采笋焙干发客……（山中）所产者木耳、香蕈、药材为多……木耳厂择山内八九年，五六年花栗、青㭎、梓树用之，不必过大，每年十月内将树伐倒，纵横山坡上，……香菌厂于秋冬砍伐花栗、青㭎、梓树、桫椤等木，山树必择大者"。③ 这些都体现传统手工业生产对森林的依赖性，而手工业的发展必然促进商业的发展。

（4）武陵地区移民开发促进了商业发展。以农林副为基础的农业生产及手工业的发展，促进了整个武陵山周边商业的发展，如武陵东边宜昌"商贾土著者什之六七，即士农亦必兼营，上而川滇，下而吴越，皆有往者"。④ 学者研究指出武陵北的峡路是四川（含渝黔滇）与外界交流最重要的通道，是川盐济楚，川米外销，转运滇铜、黔铅和四川山货的重要通道。峡路置有渝关和夔关征榷商

① 清乾隆二十九年《兴义府志》，卷四三，《物产》。

② 严如熤：《三省边防备览》，卷九，《山货》。

③ 严如熤：《三省边防备览》，卷九，《山货》。

④ （同治）《宜昌府治》，卷一一。

税，查验出入，如嘉庆时所征商税为全川的80%。[①] 奉节是“凡川货之通荆襄，达吴粤，与夫各省诸货之至蜀者，无不由此出入也”。[②] 重庆是“水陆交通，商务繁盛……皆以本境为中心，而转输上下游各埠”。[③] “吴越闽粤滇黔秦豫之贸迁来者，九门舟集如蚁，陆则受廛（集市），水则结舫”，以至于“商贾云集，百物萃聚……水迁运转，万里贸迁”。[④] 因此重庆的经济地位在清中期后日趋上升成为长江上游最大的转口贸易为主的商业性城市。当时出口的川丝、桐油、药材、夏布、山货多汇集于此转输，进口的土布原棉手工业品也转贩四川各地，商帮有25个，牙行150家。[⑤] 而这些桐油、药材、夏布、山货等产品，很多来自于以武陵山为中心的湘鄂蜀渝黔的山区，例如严如熤在《三省边防备览》描述移民开发是：“老林未辟之先，狐狸所居，豺狼所嗥，虎祸尤多，土著人少，所种者，十分一二。”（而后）“（移民）扶老携幼，千百为群，到处络绎不绝”，（致使）“山内营生之计开荒之外，有铁厂，木厂、纸厂、耳厂，各项一厂多者恒数百人，少者亦数十人”。[⑥] 而这些手工业工厂如雨后春笋的产生造就了清中期及民国初商业繁荣。

总的说来武陵山区移民开发对武陵及湘鄂蜀（渝）黔周边社会发展起到了积极的作用，但是“人类的经济开发活动是一柄双刃剑，既可征服自然，改造自然，为人类的经济获得更多的生存环境

① 蓝勇：《深谷回音——三峡经济开发的历史反思》，121页，成都，西南师范大学出版社，1994。

② 雍正《四川通志》，卷三四。

③ （光绪）《巴县乡土志》，卷下。

④ （乾隆）《巴县志》，卷三，卷二。

⑤ 黎小龙、蓝勇、赵毅：《交通贸易与西南开发》，199页，成都，西南师范大学出版社，1994。

⑥ 严如熠：《三省边防备览》，卷一二。

和满足日益增长的生活需求，但同时也对生态资源造成破坏乃至浩劫”。[①] 下面对武陵山区开发的负面影响给以探讨。

3. 清中后期武陵地区森林破坏的影响

古代损耗森林第一位的是毁林拓地，也就是我们前面讲到的农业垦殖，居第二位的是人民的生活生产的樵采，第三位为建筑用材。[②] 作为以山地为主的武陵山区，在“改土归流”大规模移民“依水吃水，靠山吃山”开发后，对武陵的以森林植被产生了极为严重的破坏，引起了一系列的社会问题。

（1）移民开发，森林植被耗损。“改土归流”后大规模移民开发，“民多垦山，山日童然”使武陵山区的森林减少。[③] 其中在人口众多情况下的刀耕火种，山林得不到时间休整复原就会严重破坏生态，如永顺府“四邑山多田少，农民刀耕火种，田畔种菽无隙地，自始耕至收成鲜片刻之暇”。[④] 又如《烧山说》：“乃秉楚人之炬，土亦为焦，纵介子之烟，山遂尽赤，慨扑灭之，不可玉石同焚，怅撤涂之难施，动植齐烬伤哉。”[⑤] 光绪秀山“垦辟皆尽，无复丰草长林”，[⑥] “山多田少，地多新垦，各省流徙之人，著籍其间，五方杂处”。另“旧时老林甚多，近已渐次开垦……”[⑦] 这是农业垦殖造成的森林耗损。大宁盐场后乡一带老山“嗣以人稠用广，斧斤频施，尽成童山矣”。[⑧] 这是煮盐为薪造成的森林耗损。

① 马强：《汉水上游与蜀道历史地理研究》，309页，成都，四川人民出版社，2004。

② 林鸿荣：《历史时期四川森林的变迁》，载《农业考古》，1986（1）。

③ 民国《慈利县志》，卷六，《实业》。

④ 清同治十二年增刻乾隆本影印：《永顺府志》，卷十，《风俗续编》。

⑤ （清）吴宗周修，欧阳曙纂：《湄潭县志》，卷八，《杂记》，中华民国六十三年据清光绪二十五年刊本影印。

⑥ （光绪）《秀山县志》，卷三。

⑦ 严如熤：《三省边防备览》，《险要》上。

⑧ （光绪）《大宁县志》，卷一。

而“炭厂有树之处皆有之……冬春之间籍烧炭贩炭营生者数千人”。[①] 这是烧（木）炭对森林的耗损。而生活樵采与建筑用材耗损森林也不少，以伐木直接为生的移民也不在少数，如天柱县摆洞江：“沿河山巅产杉木甚富，居民赖以资生计。”瓦窑江：“沿溪各山巅产杉木，居民砍伐乘春涨，顺流浮放出售。”[②] 故乾隆进士姚鼐《汉口竹枝词》有：“扬州锦绣越州醅，巨木如山写蜀材”之句的描写。如同治《建始县志》载：“香楠今少、黄杨今少。”[③] 对于以建材为生的人们因为森林减少必然受到生计的影响，而以森林为薪柴的手工业燃料因为森林破坏，可能出现停业的情况，故“铁厂恒开老林之旁，如老林渐次开空，则虽有矿石不能煽出亦无用矣。近日洵阳、骆家河、留坝光化山铁厂皆歇业，职是之故”。[④] 同时这些情况也说明，移民开发初期，是一种粗放性开发，对森林破坏也是比较严重的。

（2）森林减少，动物减少，林副业受损。森林耗损，以森林为家的动物也将减少，以之为业的渔猎及山货等产业必将受损。例如同治酉阳直隶州随着人类的垦殖等活动，森林减少，野兽也减少如百兽之王虎：“间有得之者”；犀：“山犀也，前代有之，（唐）黔州贡犀角，《宋史》云：‘雍熙四年有犀自黔南入涪州，民捕杀之。’（而清代无闻）”。貘：“食铁兽也，国初时州北小坝等地有之（今则无）。”[⑤] 事实上武陵山自古多猛兽，而古巴人有射虎为业者。到前代两千多年，由于森林植被保持良好，猛兽很多，如清初酉阳直隶州彭水在“顺治三年，彭邑虎昼攫人。顺治四年，彭水虎昼攫

① 严如熤：《三省边防备览》，卷九，《山货》。

② （光绪）《天柱县志》，卷二，《地理志·山川》。

③ 《同治建始县志》，卷四，《食货志·物产》。

④ （清）严如熤辑：《三省边防备览》，卷九，《山货》。

⑤ （同治）《增修酉阳直隶州总志》，卷一九，《物产志》。

人”。[①] 由此可见清代以前及清初老虎之多，而同治时期则只是“间或有之”。但是以动物存在为前提的渔猎及商贸的山货也因此受到重创。例如石柱古代山货之大宗是动物毛皮，但是在清中后期剩下的毛之属兽类有“狐、狸、豪猪、狼、猿、猴”。而“（过去）野禽兽皆居山，山中人渐多，虎、豹、熊、罴稀见矣”。[②] 人渐多，动物见稀，而皮毛则见贵而难觅。在“改土归流”后的大移民前，武陵山区森林覆盖率是非常好的，动物与人无争。如武陵山北缘奉节县高治乡青家塝：“此湾（塝）原森林密茂，传说林中有大青猴，故名。”合营乡老熊窝：“原为深山老林，曾有熊窝故名。”梅魁乡鹿子塝：“此塝很早以前是森林，传说人们在此见过鹿子而得名。”三桥乡鹿坑子：“过去森林多，常有鹿子出没，故名。”尖角乡猴山沟：“山沟里早年猴子多，因往常树林多。”[③] 原地名反映了当地原森林茂密，蔽日遮天，野兽众多，而如今因为森林毁坏，许多动物也就消失了。当然在武陵深处至清末一直到新中国成立初还是有一定的猛兽如虎、豹、熊的生存。如贵州在 20 世纪 50 年代还收购到虎皮 100 多张。[④] 只是“大跃进”、“大炼钢铁”与“文化大革命”期武陵山区森林遭到破坏，老虎才消失，而如今只能用年画老虎以慰藉人们一睹兽中之王的奢望。

（3）人兽争林

动物无森林躲藏及提供食物，在森林耗损初期，动物必然与人夺食、毁坏农作物时有发生，甚至危害人的安全。同治时期酉阳直隶州出现了狼患，产生的原因是“酉地皆山，先年故多野兽，承平

---

① （同治）《增修酉阳直隶州总志》，卷之末，《祥异》。

② 道光二十三年《（补辑）石柱厅新志》，《物产志》，第九。

③ 四川省奉节县地名领导小组编印：《四川省奉节县地名录》，1988 年 10 月（内部资料）。

④ 蓝勇：《古代交通生态研究与实地考察》，486 页，成都，四川人民出版社，1999。

日久深，深林穷谷，垦辟略尽，异类无所藏身，已非伊朝夕矣。嘉庆末年，倏出一种野兽似家狗……俗目之为狼又谓之豺狗，初时惟窃食鸡鸭及羊豕之属，且必俟夜乃出，既而族渐伙，山僻处往往白昼群行，噬牛马久，复噬人。李菊坪刺酉时岁伤人数十，李牧立赏格募猎户捕之，初得一狼给钱八千，竞捕者多，甚至一月之中献者接踵，力不能继，后祇一狼赏钱数百，捕者因以日懈，而是物之生又极繁衍，每胎七八子，少亦五六子，故痛断根株为难已……”① 由此可见人口增加，过度垦殖造成“深林穷谷，垦辟略尽，异类无所藏身”，必然与人争食，甚至“噬人”。动物与人夺食、毁坏农作物，如同治时有人做《野哭行》唱到：“妇子共力劳犁锄，岂料大荒多野物。禾穗未及半青黄，引类呼朋来食粟。男女分身陇畔巡，不间雨晴常露宿。朝荷长枪敌熊罴，暮挥短棍驱麋鹿。终岁计成止半收，每日两釜无饱腹。”② 动物与人夺食、毁坏农作物时有发生，甚至危害人的安全事情在清中后期武陵山区不在少数。这种动物与人的斗争必然以人的胜利告终，同时也将伴随着与人发生冲突的动物的消失。

（4）水土流失。森林减少加剧水土流失，武陵山区山高坡陡，森林一旦破坏就容易引起水土流失，对农业及人们生产生活造成严重的损害，如民国《续修遵义府志》中关于清代山洪坏田的记载：“光绪四年，……五月始雨，……月余，娄里、狮溪口等处冲坏田亩以万计。”③ 严如熤指出：“嘉庆六、七年后，生齿繁多，山民斩木作柴，垦土种田，山濯土松，每逢暴雨，沙石俱下，横塞河身，冲压田禾。”④ 山地难以修渠或者修塘，造成“又有并无杯水，池亦徒凿，惟收天雨犹作田者，大都斩山填壑，堋石载土，非百其功

① （同治）《增修酉阳直隶州总志》，卷之末，《杂事志・异物》。

② （同治）《增修酉阳直隶州总志》，卷二二，《艺文》。

③ （民国）《续修遵义府志》，卷一三，《祥异》。

④ （民国）宋伯鲁等纂：《续修陕西省通志稿》，卷六〇，《水利》。

弗成，山民勤劳，几无遗利，而害辄随之。冲崩淤塞垫，无岁不有，甚至一荡无遗，而伐垦仍不休”,① 以至于“每患雨水所冲，土坍石见，是以客民无所图”。② 道光《夔州府志》中有关于垦殖造成山土松滑肥美田地变为荒地的记载，巫山县县南岸五甲地名坪垅坝“周围三百余里……其初上中下三坝，田地肥美，共征条粮银三百余两，有龙王坝、白擂□二洞削水，水不能聚。自乾隆己亥年后，四山开垦，山土松滑，大雨时，行土随水下，洞塞田淹下坝中坝，汇为巨浸，人民流离转徙数十年于兹”。③ 造成“几无遗利”“客民无所图”“人民流离转徙”的直接原因就是森林破坏、水土流失，而武陵山区的地势又加剧了这种趋势。而道光《夔州府志》认为“广西、四川、贵州、云南四省，俱属边地，土壤硗瘠，民生艰苦”。④ 从“田地肥美”到“土壤硗瘠，民生艰苦”可以得出，在大量移民迁入前，人们还是安居乐业的，当人口大量迁入后，森林破坏，也影响其他生态系统，土地由于水土流失而硗瘠。这些历史事件是人们必须遵循老庄的“人法地，地法天，天法道，道法自然”以自然为尚的朴素哲学思想最好例证（教材）。

武陵山高坡陡水土流失严重时还容易形成山体滑坡，还危及人民的生命。贵州正安州“嘉庆十四年秋七月，……（州治小三甲罗干溪）……忽见山动石坠，……房屋倒塌，田土尽翻。……同治十三年，山复崩”。⑤ 而森林一旦破坏，水土流失便愈演愈烈，如瓮安县“道光十年，瓮里江界河大水，田禾被冲无存。道光二十六年三月，……四山崩裂。咸丰元年，六月初五日，瓮里磨坪坝山梁无故崩颓，压民土田数十亩。光绪二十六年四月，瓮里青菜坪一带大

① 民国二十年·宋伯鲁等纂：《续修陕西省通志稿》，卷六〇，《水利》。

② 道光二十七年《黔南职方记略》，卷五，《都匀府》。

③ （道光）《夔州府志》，卷七，《水利》。

④ 清道光七年《夔州府志》，卷十，《蠲政》。

⑤ 光绪三年《续修正安州志》，卷一，《祥异》。

冰雹，古木皆折，山土崩颓。光绪三十三年六月十三日，乾里平定营后山发蛟，沟水暴涨数丈，冲没田禾数百亩，城西甕安江一带碾房皆被冲坏”。[①] 这些都是雍正后移民武陵山里，农业垦殖及手工业生产过度消耗森林造成的恶果，而森林减少又必将阻碍农业与手工业的发展，甚至形成一定的社会危机。

（4）社会危机。正如古人所说“森者国之贵，天之所报，地之所载，人之所靠，四时引繁，固山河，安社稷，憾天地，发珍物。森兴上能厚土，下少洪灾，上下一道，其行安焉！利与其国，森之终也，富于其人，森之始也”。[②] 可见森林与人的关系十分密切，森林减少，水土流失加剧了，自然提高了农业及工商业的生产的成本，也使物价提高，并引起一系列的连锁反应，引起社会矛盾。因为“竹木用大而宫室棺椁，小而器用柴薪，皆一日不可少，古人云‘十年之计树木，用力少而成功多’，不可不留意也”。[③] 可见森林对传统产业生产的重要性。首先，森林减少又必将阻碍农业发展的情况，如严如熠指出：“自数十年来，老林开垦，山地挖松。每当夏秋之时，山水暴涨，挟沙拥石而行，各江河身渐次填高，其沙石往往灌入渠中，非冲坏渠堤，即壅塞渠口，稻田正含胎扬穗待泽甚殷，而挖渠之工所费不资，民颇病之。”[④] 其次，森林减少直接影响（威胁）人们的生活，如《永顺府志》记载炭“有黑白二种，今产者多黑炭，永顺之霸溪、桂竹园、桐木园……等处俱有客民或土民设厂筑窑烧贩他境，取用者多，山渐童，而薪亦渐桂（贵）矣”。[⑤] 薪柴的欠缺，无形造成了一系列的社会问题，柴是古

① 民国二年《甕安县志》，卷八，《祥异》。

② 转自张浩良：《绿色史料札记——巴山林木碑文集》，127 页，昆明，云南大学出版社，1990。

③ （乾隆）《屏山县志》，《舆地志·物产》。

④ （清）严如熠辑：《三省边防备览》，卷八，《民食》。

⑤ 清同治十二年增刻乾隆本影印《永顺府志》，卷十，《物产》。

代和今天农村过去城市日常生活必不可少重要的生活能源，“早晨开门七件事，柴米油盐酱醋茶”,[①]“人家每日不可缺者，柴、米、油、盐、酱、醋、酒、茶”。[②]生活中将“柴”放在第一位。“柴”成为传统农业及手工业生产能源（主要是燃料）的象征，有如今天的石油，是经济社会平稳的晴雨表，故过去将柴放在人类生活的首位是有其科学道理的。

因为在自然经济的农业、工商业等都是以良好的森林植被为前提，如古木藏菌、如房县香耳山：“山深老菌蠢丛生，形似耳，香馥可食”[③]；古木藏药材：如同治《建始县志》记载该县药山“出黄檗、黄连、木通、贝母诸药”；古木藏鸟兽：如建始禄山“山多鸟兽”。[④]可见当时该地区森林的茂密程度，而森林，动植物资源丰富，更多的是为当地人民提供了生活的物质条件，黎州安抚司便有土产牛黄、麝香和花椒，故“多笋益林木樵苏者，为衣食之源”之说。[⑤]森林为“衣食之源”更是揭示了人类与森林的生存关系，这在依山靠山的武陵山区的人们更是如此。如《兴义府志》记载“初建州时，山箐多，民爨咸资林木，近则人烟盛，樵采难洽，皆赖此山及把兰山所产梅”。[⑥]又如民国《婺川县备志》中关于采矿缺薪的记载：“距城东五里之二坡产铁，光绪初武生徐宾贤开採，略获微利，现在开采之处增多如大路坳、猫门、李家坝、铁厂沟、太平场均在开採，惟林木无多，将来恐贫于火耳。”[⑦]山林为人们“衣食之源”，而“人烟盛，樵采难洽”人们无所资赖。森林减少，

① 元剧《玉壶春》,《百花亭》,《杜柳翠》。

② （南宋）吴自牧：《梦粱录》。

③ 嘉庆二年《郧阳府志》，卷一，《地理·山川》。

④ （同治）《建始县志》，卷一，《方舆志·山川》。

⑤ 明正德《四川志》，卷二四，《黎州宣抚司》，《土产·山川》。

⑥ 清乾隆二十九年《兴义府志》，卷一一，《名山》。

⑦ 民国十一年婺川县修志局汇辑：《婺川县备志》，卷十，《经业·矿业》。

人们生活和生产有“燃眉之急”。

人口规模的扩大与缩小，工矿业规模的扩大与缩小都会影响到森林分布的变迁，进而影响生态环境。[①] 同时森林耗损，必将使传统手工业失去生产的燃料，影响社会经济的发展。在清中后期的自然经济生产中木厂、耳厂、炭厂、造纸等都是直接消耗森林的产业，煮盐、酿酒、矿石冶炼、铁器制作、陶瓷、制糖、烧窑等手工业都是需要森林木材为燃料的。[②] 森林减少必将阻碍当地的经济发展，成为制约发展的瓶颈。

4. 清中后期武陵地区森林破坏后武陵山区人们的应对

四川地区从明代开始使用煤炭作为煮盐燃料，但是直到清代仍未取代木材作为燃料的地位。[③] 整个武陵地区相对整个四川经济要落后一些，在清代森林破坏后武陵山区人们的应对能力是有限的，也是被动而局部的，时至今日都还没有彻底扭转局面。

（1）以煤代薪。面对森林的巨大破坏，寻找新的燃料应对缺薪之虞。例如薪柴渐贵，出现了以煤代薪的情况，如民国《续修筠连县志》载：“山麓采煤，掘洞生火。”[④] 酉阳直隶州有“石炭也，三县（彭黔酉）皆有之，酉阳向以柴薪易得，故烧煤者绝少，今则开辟殆遍，故木桶盖，巴罗、大白岩等地挖煤为业之人亦渐多亦”。[⑤] 柴薪易得，故武陵山区的人烧煤者绝少，但林地“开辟殆遍”自然资源森林消耗光后，人民不得不掘地取煤，是森林减少的反映。在一般情况下，森林植被十分丰富的情况下，生活用薪代薪，是在完

① 蓝勇、黄权生：《燃料换代历史与森林分布变迁——以近两千年长江上游为时空背景》，载《中国历史地理论丛》，2007（2）。

② 黄权生：《“湖广填四川”社会经济与生态效应的控制》，载《中国农史》，2007（4）。

③ 蓝勇：《历史时期中国西南井盐业开发与生态环境关系的思考》，见《史念海先生八十寿辰学术文集》，西安，陕西师大出版社，1996。

④ 民国三十七年《续修筠连县志》，卷一，《舆地志·山川》。

⑤ 同治三年《酉阳直隶州总志》，卷一九，《物产志·财货》。

不得已才掘地取煤炭的（工业则另论）。而当煤炭价昂后，人们又不得“以柴代炭”，如光绪《垫江县志》记载：“人家因价昂以柴代炭，而两山林木亦日见其濯濯焉。”① 可见武陵地区并非煤炭富集区，这也与工矿与民争煤有关系，到清末武陵及周边地区一些矿厂附近人民生活用薪已经十分困难，森林已经由过去“林木丰茂”变成为“民间爨薪，几同于桂”。② 这在武陵西北部的地区可以得到印证，如光绪二十年《永川县志》记载：“邑中大斡山皆出铁矿，故炉厂最多，流行远近州县。”

（2）水薪。清中后期出现在极其危险的情况下，人们在水中打捞水薪的奇特情况，因为在清末许多城市周边“数富有之山者，最坚近樵斧殆尽矣”。③ 离深山较远的城镇则必须想尽办法采薪。人们首先是在悬崖峭壁上找薪，如巴东县万流乡在森林耗尽后，在交通阻塞燃料短缺情况下将草皮草梗挖去当柴烧，据说在12年内在悬崖绝壁上砍柴被摔死乡民达127人之多。④ 而这种境况笔者亦有较多的亲历与耳闻。而与悬崖峭壁采薪柴同样危险的是在洪水暴涨的时候在江河捞取漂浮水面的水薪。因为清中期人口增加后，森林破坏严重，樵采困难。故乾隆《屏山县志》记载：“屏邑山高路险，樵采维艰，城市柴薪不敷，多有烧煤及草者，惟五六月间金沙泛涨，有枯木朽株，从各溪壑随涨而下男妇杂沓取之谓之水薪。”这是方志记载的缺薪的城市，故清嘉庆张曾敏《马湖竹枝词》写道：“深岩有木不知珍，老干枯枝积水滨。一夜涛声春涨下，江干人拾自来薪。”武陵山区东面的清江流域长阳也有有水薪，清乾隆彭淑《长阳竹枝词》描写到：“暴雨黄流浪拍天，漂流巨木满江

① 光绪二十六年《垫江县志》，卷三，《食货志》，六，《物产·煤炭》。

② （光绪）《东川府续志》，卷三，《轶事》。

③ （宣统）《广安州新志》，卷一二，《土产志》。

④ 蓝勇：《历史时期西南经济开发与生态变迁》，69页，昆明，云南教育出版社，1992。

边。爨桐薪桂知多少，不信年来草值钱。”从竹枝词看，清中及后期的森林损耗还不是毁灭性的，在武陵地区都是局部的。故能从上游冲出大木为薪。水薪在笔者家乡巫山马渡河、巫山大昌、巫溪大宁厂等地也存在，而在沅江、清江等武陵山区河流多有之，由于取水薪的时间必须在江河暴溢的时候，故非常危险，曾经有被水冲走的在河边取薪的村民，这也是人们为生存而搏斗的一道悲壮风景吧。

时至今日，武陵地区生态环境保护有利于维持西部森林资源和水资源的平衡，减少长江和乌江等流域的水土流失，保障国家水电能源的安全具有重要意义。今天武陵地区破坏森林的情况十分严重，武陵地区水土流失也十分严重。笔者调查发现在武陵山区还有使用白炭（木炭）的生活习俗，在湘西大量的复制木制吊脚楼，更为重要的是滥砍滥伐现象没有根本杜绝，而农村还是以树木为主要生产和生活燃料，鉴于武陵山区的森林破坏和武陵各干支流的水坝泥沙淤积问题，笔者认为除了要继续保持退耕还林禁止滥砍滥伐外的政策外，目前最为关键的就是实现燃料的更新换代，解决清中叶以来的以柴为主体的可再生植物燃料的危机问题。首先，使用沼气代薪、以电代薪，山区的电低价卖给农村烧柴的农民，这些都是可行的可再生能源的使用方式。其次，使用天然气、液化气、煤等不可再生资源，最后使用节柴灶，降低用“柴”的耗费。因此国家要加强这方面的资金补助和政策引导，实现整个长江上游及国家其他山区的燃料更替，将人们生活的“柴”放在保护森林及森林复原的第一要务。

家族化：土家族社会变迁的历史人类学调查

——以鹤峰平山为例

杨洪林[①]

宋明以来，我国民间社会受近代封建宗族制度的影响，走过了一段家族化历程。这一历程表现为纂修家族谱牒，订立族规、族训和字派，选取族长，置办族产，修建祠堂和祖墓。通过这些手段塑造家族的永久历史记忆，以提高本家族成员的认同感和归属感，显示家族在社区中的地位。家族化过程形成了我国民间社会特殊的基层社会组织，成为官方政权的重要补充。

目前，我国学者在研究家族化问题中，关注的重点在宗族制度的形成和变迁，以及家族在农村基层社会秩序建构中的作用等方面，缺少社区中家族形成过程的微观研究。“家族化”在管理学中指的是“内部管理权力‘近亲繁殖’，权力结构逐渐被企业高层家族成员垄断，财产资源逐渐被家族占有或者‘借用’”[②] 现象。民族学、人类学中“家族化”指的是家庭通过一定的制度规则整合为

---

① 杨洪林（1980－），土家族，湖北咸丰人，湖北民族学院南方少数民族研究中心研究员。

② 黄庭满：《关注企业“家族化”现象》，载《中华工商时报》，2004—1—17。

密切的社会组织的过程。家族化就本文所调查的鹤峰平山社区而言，指的是处在溪峒社会的土家族人民，参照宋明时期形成的宗法制度，建构家族组织的过程。

鹤峰平山村地处湖北省恩施土家族苗族自治州鹤峰县容美镇东北角，距离县城 12.5 公里，下辖 10 个村民小组，现有人口 1300 多人。平山村的地域呈陆上岛屿形状，四面悬崖，南北长 20 公里左右，东西宽不足 5 公里。元至大三年（1310），中央王朝在这里设立具有土司性质的地方政权，任命墨施什用为黄沙寨千户。清雍正十一年（1733）容美宣慰使田旻如迫于清朝改土归流的压力自缢而死，结束土司统治。400 多年的时间里，平山村都在土司政权的治理和统治下。容美土司时期，司城设在今鹤峰县城——容美镇，由于平山特殊的地理环境，易守难攻，素有征战经验的容美土司，自然不会放过这一天然屏障，他们曾把土司爵府建在平山。今天，平山还保存有多处土司时期建筑的遗址和土司活动的遗迹。

土司作为统治阶级的组成部分，是朝廷的命官，历代都实行世袭制，在“门第社会”的制度下运行，故土司上层很注重自身家族的构建，到改土归流前夕，土司的家族组织已经达相当完善。土司统治下的土家族人民，世代生活在溪峒社会中，经济、文化和家族化发展也较为缓慢，到改土归流前还没有形成家族社会组织。改土归流过程中，政权发生更替，基层社会治理方式发生改变，土家族人民的家族化过程得以推动，逐步形成家族社会体系。

一、家族化前的社会状况

土司统治时期，平山处在溪峒社会中，有一套与之相适应的基层社会组织和经济制度。古代史籍和方志中，以溪峒指代南方少数民族居住的地方，也以溪峒蛮指代南方的少数民族人群。古代南方社区中峒是一个行政单位“数寨或一个大寨子为一个行政单位称为峒，设有峒长”。[①] 关于平山溪峒社会的内部组织情况，我们可以从一些碑文和史籍中理出一些线索。平山2组有“屏山寨官”向遇春墓碑，清雍正四年（1726）十二月立，镌刻有向日芳“掌平茶下峒长官印”，向文胜“亲将营领阵守备”，向日旦“勋旗旗长”，向日祖“门子千总”。容阳堂《田氏族谱》中也有这样的记载“愚按土司，多以溪峒为名”。[②] 清康熙四十三年（1704），著名戏剧家孔尚任的好友顾彩游历了土司统治下的容美，根据自己的所见著有《容美纪游》存世。他记录了“旗下有守备、千总、百户，名虽官任，趋走如仆隶”。[③]“名虽官任，趋走如仆隶”说明土司任命的官员仍然生活在社区中，社会地位并不高。“旗各有长，管辖户口，分隶各州司，而统于总司，有事则调集为军，以备战斗，无事则散出为民，以习耕凿，”[④] 充分说明了土司对基础社会的支配方式，土司给旗长颁发印信，作为基层社会行使职权的凭证，但旗长始终没有摆脱其为民的根本属性。

土民的家族状况我们可以从容美改土归流时，首任知州毛峻德所颁布的文告中获知。“本州土俗，不知家礼，娶妻不论同姓，又异姓姑舅姊妹，罔顾服制，否则指云让亲，更有不凭媒妁”。[⑤]“查此土有男子三十而女未及笄者，又或女子二十、三十岁，而男尚勺象者”。[⑥] 可见，至清雍正年间改土归流时期，土家族人民受朱子

① 邓辉：《土家族区域土司时代社会性质初论》，载《湖北民族学院学报》，2004（3），37页。

② 邓辉：《土家族区域土司时代社会性质初论》，载《湖北民族学院学报》，2004（3），401页。

③ （清）顾彩：《容美纪游》，315页，武汉，湖北人民出版社，1999。

④ 严如熤：《苗防备览·村寨》，卷二。

⑤《鹤峰州志·文告》，乾隆本，68页，转引自《容美土司史料汇编》，鹤峰县史志办编印，1984。

⑥《鹤峰州志·文告》，乾隆本，69页，转引自《容美土司史料汇编》，鹤峰县史志办编印，1984。

家礼等的影响较小，姻亲集团比较狭窄。

“得容美旧日恶习，民间有不幸遭父母丧或妻病亡，而舅氏人等，称为后家名色，动挟平昔微嫌，借此纠集族党男、妇，攘袂持械，蜂拥丧家，口称棺殓菲薄，任意搜寻家私……稍有不遂，毁桌破椅，比满所欲，然后恣饮而返”。[①] “旧日土民妇女，以夫家贫寒，或以口角细故，背夫逃回。而女家父兄不加训诫，以女为是，收留经年累月，纵其所为”。[②] 虽然流官抨击土家族人民的“陋习”言辞过于激烈，但是我们可以从他的记录背后发现，“舅氏”以及“女家”的地位比较高，他们“恣意妄为”的基础是“夫家”家族组织尚不健全，宗族势力没有形成。

土司统治时期的土家族人民也还没有形成以血缘为基础的继嗣关系。“土民旧日无子，无论异姓，即立为子，有名系祖孙、父子，实二三姓者”。[③] “土民旧日无子，即以婿为子”。[④] “容美旧俗，凡子孙分出另居，即名分火。自分之后，好货财，私妻子，置祖父母、父母衣食于不顾”。[⑤]

二、家族化的过程

现在，居住在鹤峰平山的有田、李、向、易、张、王、徐、朱、宁、陈、方，鲁、周、庹、夏等姓人家。我们在调查的过程，

① 《鹤峰州志·文告》，乾隆本，71 页，转引自《容美土司史料汇编》，鹤峰县史志办编印，1984。

② 《鹤峰州志·文告》，乾隆本，78 页，转引自《容美土司史料汇编》，鹤峰县史志办编印，1984。

③ 《鹤峰州志·文告》，乾隆本，77 页，转引自《容美土司史料汇编》，鹤峰县史志办编印，1984。

④ 《鹤峰州志·文告》，乾隆本，78 页，转引自《容美土司史料汇编》，鹤峰县史志办编印，1984。

⑤ 《鹤峰州志·文告》，乾隆本，77 页，转引自《容美土司史料汇编》，鹤峰县史志办编印，1984。

通过访谈每姓人家对家族历史精通的老人，了解他们的家族口述史，再查看墓碑和家谱进行对比。将这些材料进行整理和研究后发现，在改土归流过程中，土家族人民的家族意识得以增强，通过以下几个方面进行家族建构。

1. 追溯祖先的来源，追认进山公公，订立家族字派

追溯祖先的来源，追认进山公公，订立家族字派是建构家族历史，创造家族理论依据的必要手段。家族史的建构是家族化的首要条件，是维系家族内部团结和确定家族边界的依据之一。追溯祖先来源在平山表现为描述家族祖先的迁徙路线。进山公公指的是迁徙到现在居住地的第一代族人。字派是“家族成员共同议定的为本家族成员取名所用的规定字序”。[①] 平山的土家族人民通过这三个方面的活动建构了家族的完整序列，形成自己家族的理论依据。

平山村5组，72岁的朱传志介绍：朱家到这里来了10代人，是从湖北空壳树祠堂来的，进山公公叫朱自扁。字派：自毕尔宏土祖传德泽胜。

平山4组，64岁的田远德介绍：田家在这里来哒（了）八九代人哒（了），从湖南来的，具体来了几代人有碑文，进山公公有碑。具体叫么子（什么）不清楚。从进山公公起（现在）有13户，分布在1组和8组，我们这里有5户，落是落在中平那个地方，在这里有四代人了，爷爷、父亲和我，还有我的下一代。过来的原因不清楚，原来没得（有）谱书，都是传说的一些派行，派行有三十几派。进山公公是田南贵，派行是：南廷如兴世泽、富远定空维，其他的记不清楚了。平山上头姓田的有三个派行，你们先看的那个碑是一个派行，他们有几十户，他们当保长的（家族中有人在国民党时期当过保长）。大概几十户。他们分布在1组、3组、4

① 孙秋云、钟年：《从新旧谱牒比较看鄂西土家族地区宗族组织的变迁》，载《贵州民族研究》，1999（3）。

组、9组。还有一支姓田的在10组、4组、1组有十几户，他们家有几代人做道师。

平山8组，74岁的田秀琴介绍：我们的派行是：中大定邦国、开列元正秀、文明传先序、倪泽永昌廷、诗书光建则、佑起福贤春、世代少来祖、积谷养前辉。据说这一支是从湖南来的，从十字路桥头来的。进山公公叫田中能，墓在三组庙坡上，雍正年间改土归流以前就到这里来了。

平山8组，59岁的张心民介绍：张家的派行是大启朝学正、传红德光明。我们是从湖南桃源大松树迁来的，在这里已经有十代人了，“大”字派最先到这里。进山公公是张大美，首先落在挂榜岩三组的。

平山2组，74岁的陈书街介绍：我们的进山公公是从湖南常德五里县大西门讨米讨过来的。太太搬来已经有100多年了，死在九峰桥汪家岭，汪家岭来平山有10多代人了，住在老屋场。石牌上有字派：“志仕德光大、宏邦传国家。”进山公公好像是叫陈志登、陈志梁。进山公公在汪家岭落户，死后修了两块碑，现在已经不在了。

平山4组，方竭诚介绍：方家是从湖南慈利文家坪来，进山公公来的只有一个人，起字派最先到的这里，和9组的是一个进山公公，字派有：起兮培德光银，具体已记不清楚。

朱、田、张、陈都是今天的平山土家族大姓，在他们的口述家族史中，都否认是土司时期的土著。虽然有的家族推测他们在改土归流前后来到这个地方，但不过十多代人，也仅仅200多年的历史。在“蛮不出峒、汉不入境”的土司统治时期，土司区和非土司区有严格的地理边界。鄂西地区在明朝有过规模比较大的卫所移民，但这些移民都被限定在卫所地区。改土归流过程中，迁徙到外地居住的主要是土司官员，所以平山必定有土司时期的土著后裔。他们的口述史选择了对土司时期生活的集体失忆。我们观察这些大姓的字派和进山公公，可以发现，进山公公都是字派中的第一派，而且这些人都安葬在平山。田远德的田姓家族我们能够见到的墓碑，最早建于嘉庆十年（1805），距雍正十一年（1733）不过几十年的时间。乾隆三十四年（1769）所建的向进生墓碑，显示田氏和向氏有姻亲关系。这些文献说明田氏是平山在土司时期遗留下来的土著居民。朱、田、张、陈、方这些家族的进山公公从名字体现的字派都是家族的第一派，说明这些姓氏是在平山完成的家族史建构。

我们还可以从尚姓的一块墓碑中来具体分析家族化的过程。这块碑文的文字如下：

来历序

今夫人之宗祖大矣后裔绳绳无非木之
本水之源子孙皆是祖之德宗之攻
想我祖西蜀之人也受居大梨树土地自
尚美三公落业鹤邑创造卒始祖之求由
未传某号某名后代之生晚不知谁宗谁
族嗟夫竟作无主之坟尽是他乡之鬼先
祖自此而废没后人祭祀无凭依且宗派
于兹以杂乱如是则遗传亦以大矣遐及
宗禹公向门为婿混乱向姓今复更尚原
以尊宗重祖之意耳思我伯父职受昌末
为人忠厚所娶三妻终无一子虽胞弟之
子承宗视如此儿但恐失烟祀祖名后学
前车是以合族集谪爰修竖宗牌后之人
祭祀有宗挂扫有所派行有序如是伯父
之德更亦夫　　派行并列
宗祖永开基　　荣华富贵齐

兴隆光万世　自有凤来仪

胞侄开松并题　著　派名万古不朽

尚氏堂上始祖高会祖考比之牌位

一世祖　尚美　妣　何氏

尚凤　妣　覃氏

尚亦凤　妣　覃氏

二世祖　尚承忠　妣　向氏

承武

承义

承琪

三世祖　尚阳　妣　向氏

尚福　妣　吴氏

尚寿　妣　田氏

尚贵

四世祖　尚宗禹　妣　向氏

尚宗文　妣　张氏

尚宗元

尚宗武

（注：原墓碑文字为竖排，由于墓碑遭到破坏，建造年月不详）

此“来历序”清晰地表明了建宗立派的目的，避免“混乱向姓”和“恐失烟祀”。姓氏是表示血缘关系的重要依据之一。在鹤峰方言中“向”和“尚”分辨不清，尚姓这样明确地标示自己的姓氏，是强化家族意识的一种手段。从序言、字派和名字的对比中，看出平山的尚姓原来没有字派。四世祖开始，按照字派取名字。碑文的题写者为开松，是“开”字派，四世祖为“宗”字派，据此可以推算，建造墓碑的时候，距一世祖“尚美三公”经历了7代人，一百多年的历史。在家族史没有文字记录的时候，这只能说明是人们凭借记忆能够追溯的极限。“西蜀之人”也有攀附之嫌。

2. 修建祖坟园

祖坟园，是家族成员去世以后集中安葬的地方。这是将家族历史有形化，同时，祖坟园也是家族的公共活动空间。通过这些有形的、物质的家族符号，来彰显家族的地位，增强家族的内部凝聚力。平山的田、方、张、尚姓都建有祖坟园，安葬各自家族先人。田远德家族的祖坟园位于平山 4 组，现存墓碑最早为嘉庆十年（1805）所建，最晚为民国末年。祖坟园中有墓碑的坟墓 20 余座。坟墓按照安葬的时间和在家族中的辈分有序排列，辈分最大的家族成员坟墓在右上角，依次排列成三行。田秀琴家族的田姓以及方姓、张姓祖坟园也保存有大量道光、咸丰、同治、光绪、宣统时期的墓碑。

3. 排斥同姓结婚

姓氏作为标示血缘关系的符号，在宋明以来的家族礼制中，同姓结婚视为不道德。鹤峰首任知州毛俊德颁布文告对土家族人民的同姓结婚现象进行禁止，这说明在改土归流以前，同姓结婚是普遍现象。从一些墓碑的记载中我们也可以看到，改土归流以后的一定历史时期，同姓结婚仍然存在。田远德家族的祖坟园中，从嘉庆十年（1805）至光绪八年（1822）所建的墓碑，每一座碑文上田姓和田姓通婚现象。田兴国母亲向氏墓，墓碑建于 1862 年 3 月，碑文中记录了 16 个后辈成婚，其中有 8 对是田姓与田姓结婚。田兴贵墓，墓碑建于光绪八年（1822），碑文中记载“孝外甥向开松媳向氏”。

清朝后期建立的墓碑，所能够见到的同姓结婚现象越来越少。民国时期所建造的墓碑，如果遇到同姓结婚的就不直接说明姓氏，而是用女性的家族堂号代替姓氏。如田姓同姓通婚家庭，把女性的姓氏标注为雁门氏，雁门是平山田氏的堂号。

今天，平山田姓土家族人民对田姓同姓通婚的解释是：“有些人本来不姓田，不姓田的人田土王（土司）要杀，别个（人）问姓么子（什么）的时候就说也姓田。”这就有了“家姓田”和“野姓田”之说，意在解释他们田姓通婚的并不是同一姓氏。但在平山的其他姓氏经常用调侃的语气对田姓人开玩笑：“姐姓田，郎姓田，请个媒人又姓田，牛栏立在田坎上，肥水不落外人田。”可见，不论是作为同姓通婚最多的田姓，还是整个平山社区都在排斥同姓通婚。

鹤峰平山土家族人民在进行家族化的过程中，受特殊自然环境和经济条件的制约，缺少经济基础的支持，各个家族没有族田，也没有建立家族祠堂。家族的公共活动空间由祖坟园代替。

三、家族化原因探析

1. 基层社会组织变迁

改土归流前，“民皆兵”，土司依靠旗长制治理，这一具有军事性质的统治方式，严密地控制着土家族人民的基层社会。改土归流后，清朝政府用保甲制代替旗长制，设立保长、甲长来控制土家族人民和维系基层社会的正常运行。保长、甲长在制度设计上是乡役，不是朝廷的命官。保甲制是具有自治性质的制度形式，往日土司下属的军事化组织已经不复存在，旗长所承担的事务缺位，需要基层社会的力量去补充。这些治理方式的变迁为平山土家族的家族化构建提供了制度基础。

2. 经济制度的变迁

土司统治时期，土地为土司所有下的土民公有，土民可以任意地开垦和耕种，实行的是游耕经济制度。改土归流后，清政府实行招垦政策，将土地与人民固定地联系在一起，实行土地的个体私有，按照土地面积纳税。“以出示晓谕之日为始，令业主自行赴官报认，立明姓名界址，如逾半年之限，无人赴认之土，即照无主官地，招民承垦，给照管业”。“设立州、县后，俟确查成熟田亩，照内地科则输粮。今鹤峰州成熟土地共六百五十四倾，应科条饷银一百六十七两”。[①] 土地固定，游耕经济失去基础，迫使土家族人民改变生产生活方式，也迫使他们参与到社区中竞争，去获取更多资源。联合家族的力量，是个体家庭在社区竞争中获取优势资源的捷径之一。

3. 流官的强力推行

改土归流时，流官用强力推行国家意志，对土民社会按照朱子家礼的规范进行改造。如毛俊德发布《禁乘丧讹诈》、《禁萧内外》、《禁端公邪术》等告示。他还颁布条约约定土民的生活习俗。“嗣后，即兄弟各居，祖父、父母之衣食稍有不给，子弟当供奉之。敢有执分火之说，以路人相视，访知之杖一百不怠”。[②]“嗣后有无子者，照律先立同胞子侄，次余嫡堂从堂，再从堂依序立侄为嗣，如无侄可立，方於远房及同姓中，照世次择立，承奉宗祀，传授产业。敢有异姓为子，及随母异姓之子为子者，事发定照例杖六十。以子与异姓者同罪”。[③]“今凡有招婿养老之家，如无子孙，仍按律於同宗继者，立一人为嗣，家产均分，不得以有婿不必另立，绝其宗祀。违者照乱宗律治罪。又律载止有一子者，不许出赘，违者法究”。[④] 从这些文告和条约中，我们不仅可以看到流官将朱子家礼推行到土民社会中，还可以看到推行力度。

4. 汉民的涌入

改土归流以后打破“蛮不出峒，汉不入境”的规定，大批汉民从外地迁来开发这一地区。人口突然增多，可供利用的自然资源有

---

① （同治）《宜昌府志》，卷十六，96页，转引自《容美土司史料汇编》，鹤峰县史志办编印，1984。

② 《鹤峰州志·文告》，乾隆本，77页，转引自《容美土司史料汇编》，鹤峰县史志办编印，1984。

③ 《鹤峰州志·文告》，乾隆本，78页，转引自《容美土司史料汇编》，鹤峰县史志办编印，1984。

④ 《鹤峰州志·文告》，乾隆本，78页，转引自《容美土司史料汇编》，鹤峰县史志办编印，1984。

限。外来移民带来水稻等作物品种，善于耕种河谷平坝土地肥沃的地带，作物产量高。在清政府的统一税收政策下，善于游耕的土家族人民明显处于劣势，迫使土家族人民学习外来移民生产生活方式。这些学习既有自觉学习，也有政府以政令的形式推动，如颁布《劝民蓄粪》推广中原的耕作方式。这些自觉与不自觉的学习过程中，造就了土民的移民情结，认为外面的人高明一些。今天的土家族人民仍然对外面的世界充满向往，流传着一句俗语“人不出门身不贵”。移民情结使得土司时代走过来的土家族人民，极力想摆脱自己的土著身份，仿照汉族的礼仪制度进行家族化，而且还要建构家族的移民史。

5. 当地儒生的推动

根据墓碑资料反映，清咸丰年间平山向姓通过科举考取一个职员，清同治年间田姓考取一个生员，方姓考取一职员。这些儒生即是来自家族血缘群体的一分子，又是通过科举成为社区中依附于官府的精英，他们还是儒学文化的重要载体。他们推动了家族化建设的进程。田远德家祖坟，田兴国母亲向氏墓，建有两座墓碑。第一座墓碑由于年代久远，碑文部分风化，看不清楚建造的时间。第二座墓碑建于 1862 年 3 月清明。两块碑文的区别是：第二座墓碑多了“职员向开槐”，可见儒生在家族和社区中的地位。儒生是家族、官府和乡里民众的重要沟通力量，他们牵头的家族可以成为官府利用和限制的民间组织。

鹤峰平山土家族人民在家族化的过程中，按照朱子家礼的内容进行家族构建，这是土家族人民国家认同表现之一。家族化过程中，也有不彻底的一面，比如，今天在鹤峰平山仍然有大量的赘婿、立异姓为子、子女分出另居现象。但是，今天的平山土家族人民在解释这些现象的时候，都试图运用朱子家礼的内容来进行说明。这是汉文化传播到土家族地区以后，与土家族文化调适的结果。文化的传播本身就是文化的变迁，传播中的变迁是与经济、文化、生态环境相互作用的结果。山区的自然环境不能承载世代共居大家族带来的生态压力，子女成婚以后必然要分家，部分子女到别的地方居住。赘婿、立异姓为子是为了解决养老问题。

历史记忆与清初土民社会转型

——对鹤峰平山社区口述史的解读

向　晶[①]

清雍正年间在土司地区大力推行的“改土归流”政策，将土司地区变为州县地区。这一变革不仅带来了土司地区社会制度的重大变革，也引起底层土民社会的急剧变化。本文通过对一个社区的口述史的解读来理解这一政策给土民社会所带来的影响。

平山村位于恩施土家族苗族自治州鹤峰县城容美镇的东北角，距县城12.5公里，总面积40平方公里，辖10个村民小组，360户，总人口1300多人。平山是容美土司的爵府所在地，是容美土司的最后天险。容美土司田舜年在《平山万全洞记》中写到：“平山，容阳一大保障也。昔文相国铁庵寓此有年，称不容口。其山四围峭壁，宽广纵横，可百里。东西南北有四关，所谓一夫当关，万夫莫往之地。”平山地势北高南低，南北长近20公里，中部东西宽不到5公里，境内最高海拔1911米，最低海拔550米，整体外形犹如一艘巨轮，有“东方诺亚方舟”之称。平山的四大险隘（南有铁索桥，北有七丈五，东有躲避峡，西有挂板岩）以及平山的“天然护城河”（雕崖峡谷和躲避峡峡谷），使得平山成为天险绝

① 向晶（1978—），女，湖北恩施人，湖北民族学院讲师。

境。清代文学家、戏剧家顾彩于康熙四十三年（1704）游历容美土司，历时五个月，在平山逗留长达两个月，在其著述的日记体游历《容美纪游》中认定容美宣慰司就是古桃园地。全村以土家族人口最多，其次还包括少量的汉族、蒙古族等。土家族姓氏主要有田、李、向、易、张、佘、陈、王。各家呈现聚集而居的格局，向家主要分布在第四村民小组，田家主要分布在第三村民小组，陈家主要分布在第二村民小组，易家主要分布在第一村民小组，王家主要在第四村民小组，第五村民小组和第六村民小组居住的村民多姓朱，张氏分布较广，在第八、第九、第三、第一村民小组均有分布。除此之外，平山居民的姓氏还包括宁、鲁、周，但人数较少。社区内亲情关系较为浓厚，各姓自古以来相互开亲，几乎熟人就是本家、亲戚，属于传统的“熟人社会”。由于地理天险，该社区长期处在较为封闭的状态，传统较完好地得到了保存。

一、记忆偏差：村民的口述史与文献记载的社区史

1. 村民的口述史

为了追寻平山社区形成的历史，在访谈中我们询问了有关的祖先传说。同时，当地较为完整地保存了墓碑资料，也有一些家族建立了族谱。通过这些资料，可以对平山社区形成的起点进行描绘。

当地村民对自己祖先的来源、世系普遍较为清晰。其中的共同点在于，他们都认为自己是来自外地。有的来自湖南，有的来自湖北，有的来自四川。如易家人在谈到自己的祖先时说他们是从湖南过来的，其祖宗是杨四郎的后代，到现在为止是十一代人，同时他们说易家的派行是续的金谱，是通过当时的皇帝，因为易家的祖宗易庚当时是在朝中做事，是通过皇帝允许的，是天下同派的。易家也是我们在平山调查中获得的唯一建立了家谱的家族。陈家始祖从湖南常德来，在平山居住已经有六、七代。张家的祖先是从湖南桃源大松树迁来的，在这里已经有十代人，进山公公是张大美。宁家

在平山住了200年，是湖南常德进山来的，第一代到这儿来的人叫“宁学官”。朱家祖先名叫朱自扁，到这里来了十代人，是从湖北空壳树祠堂来的。田家在平山有几支，当地人还有“真姓田、也姓田”之说，其中一支田家认为自己是雍正年间改土归流以前就到这里来，是从湖南十字路桥头来的，祖先叫田中能。

由于当地并没有普遍建立家谱，我们只能从当地广泛存在的墓碑中寻找证据来证明村民的记忆。我们找到的尚家的墓碑上记载“今夫人之宗祖大矣后裔绳绳无非木之本水之源子孙，皆是祖之德宗之攻，想我祖西蜀之人也，受局大梨树土地，自尚美三公落业鹤邑创造，卒始祖之求由未传某号某名，后代之生晚不知谁宗谁族，嗟夫竟作无主之坟尽是他乡之鬼，先祖自此而废没后人祭祀无凭依，且宗派于兹以杂乱，如是则遗传亦以大矣，避及宗禹公向门为婿混乱向姓，今复更尚原以尊宗重祖之意耳，思我伯父职受昌末为人忠厚，所娶三妻终无一子，虽胞弟之子承宗，视如此儿，但恐失烟祀祖名后学，前车是以合族集谪爰修竖宗牌后之人，祭祀有宗挂扫有所，派行有序如是，伯父之德更亦夫。派行并列：宗祖永开基　荣华富贵　齐兴隆光万世　自有凤来仪”。曹德聪老人的墓碑上记载：“祖居四川成都省夔府凤纪县人氏，后至平山茔耕芸勤俭，不意冥思无情终于刘家狮湾熊家，寿及告终。生于甲午年没于丁丑年七月廿一日庚时，人领首超度土地安埋爰移尸，修斋超度四日功果为上安埋。尽为超度之用陈意昭然下剩之，念孰知不任他乡鬼谁是远客为亲之序。”当地目前能清晰辨认字迹的墓碑是乾隆年间的墓碑，距今大约有300多年的历史。按照当地居民对世代的描述，以每代20年计，其祖先在此亦居住了两三百年的时间，这与口述史基本吻合。

2. 文献记载中的平山社区历史

根据文献记载，平山社区开发较早，历史悠久。平山爵府始建于明万历年间，主建土王田楚产（1575—1625年），因土王自称爵爷，故其行署命名为爵府。据顾彩（康熙四十三年二月初四至七月初五来容美游览，撰《容美纪游》流传于世）《容美纪游》载称："宣慰司行署在屏山街，其靠山曰上屏山，插入霄汉，此犹其屏山也。司署大街巨石铺砌，可行十马，西尽水砂坪，东至小昆仑，长六里，居民落落，多树桃柳。诸郎君读书处在槿树园。下坡为戏房，乃优人教歌处。其西街尽头下届陡壁深涧。恐行者失足，以竹笆插断，此司前之大略也。行署中有怪，君不恒居于内，就大堂西名《延春园》，以为书室，其楼曰'天兴'。初五日引乐饮宴于此。后街长二里，民居栉比，具以作粉为业，有织纫者。"从顾彩的记载来看，在改土归流前，平山即有大量的土民居住。

平山同时也是土司制度兴亡的历史见证。在平山东侧的悬崖间，有一洞名曰万全洞。该洞是土司田舜年于康熙二十二年至二十六年（1683—1687 年）构建，是平山爵府的重要组成部分。田舜年在万全洞修建竣工时撰写了《屏山万全洞记》，叙述了修建万全洞的经过及其意义。"屏山，容阳一大保障也。昔文相国铁庵寓此有年，称不容口。其山四围峭壁，宽广纵横，可百里。东西南北有四关，所谓一夫当关，万夫莫往之地……盖天泉小而屏山大，天泉数人可守，屏山非土军数百，莫能布置。而不知屏山之下有万全一洞也……而万全洞有屏山之为表，屏山得万全洞为之里，表里相依，而前人经始屏山之举，可以告成矣"。末代土司田旻如于雍正十一年（1733）十二月十一日自缢于万全洞中，也使得万全洞成为土司制度兴亡的历史见证。

比较平山社区村民的口述史和文献资料的记载，其中存在明显的偏差：从口述材料推算，当地乡民在平山居住的历史只有两三百年的时间。但是从文献资料来看，至少在清初当地就已经有居民居住在此，而且作为爵府所在地，该地土民的居住应当是稳固而持久的。两者之间显然存在偏差。

二、记忆忘却：对土司历史的忘却和妖魔化

由于平山是土司爵府所在地，在去平山进行田野调查前，我们期待能够在平山挖掘到有关土司历史及传说的口述资料，但在田野调查中我们发现，当地村民对这段历史普遍失忆，即使有所记忆也是一些妖魔化的传说。

关于容美土司的一些基本情况，严桂青老人谈到：土司就是田土王，他只住洞里，人户不住。住的有万人洞、万全洞。有些人不姓田，不姓田的人（土王）要杀，别个（人）问姓么子（什么）的时候就说也姓田。听老辈人传说，（田土王）缺德，别个（人）结媳妇他要先睡三夜，生了（小孩）他要先吃三天奶。姐姓田，郎姓田，请个媒人又姓田，牛栏立在田坎上，肥水不落外人田。宁廷贵也提到了这一传说：田土王是打猎为生，在屏山包山打猎，赶鹿进京，康熙皇帝有一个姑娘很丑，田土王给这个丑姑娘上厕所的时候站岗，只要看到过他姑娘丑的人都得杀，田土王一想，反正是要该杀的人，田土王就跑去把皇帝的丑姑娘给睡了，等下一个人去站岗的时候，发现田土王不见哒（了），就发现，出了问题，康熙皇帝知道后，就召见田土王，问道：你喜欢我姑娘啊？田土王说：是的。后来，康熙皇帝以招女婿为名把丑姑娘给了田土王，并给他划了平山这个地方，由他来管。从文献资料的记载来看，虽然在顾彩的《容美纪游》中记述了他所亲身经历的几件涉及容美土司礼制刑法的事情，但其中从未谈到过关于土司侵占他人妻子的情形。

关于容美土司消亡的情况，当地的老人们普遍谈到了一个传说，即田土王是被叶大熊吓死的，叶大熊有千百只羊子，在晚上的时候，每只羊子挂着个灯笼，而田土王以为是成千上万的人来杀他，所以就吓死了，他死后埋有48座坟，管后勤的人，在弄（做）饭吃的时候，下药把埋他的人全部毒死了。从文献记载的资料看，在容美土司改土归流的过程中确实有一位积极的推动者——冶大

雄，山东人，时任夷陵镇总兵。在清道光《鹤峰州志》及光绪《长乐县志》中记载了其与容美土司的仇怨。雍正十一年（1733）十月十八日，冶大雄《奏陈容美土司田旻如狂悖不法折》，请求将田旻如提拿，按法惩处。并且在奏折发出之时，即调动五营兵丁，向容美出发，对容美形成“大军压境之势”，并亲率大军向容美纵深挺进到菩提隘之御甲坪，与红沙堡之兵形成合围之势，从而加速了容美土司改土归流的进程。关于田旻如的死亡，文献中记载，在雍正十一年（1733）十二月初四，中府土民“私相传约，集聚平山”，力劝田旻如进京；初九田旻如出万全洞，是战是降，进退两难；十一日，田旻如乘间自缢而死。田旻如死后，雍正皇帝“特免田旻如戮尸，其妻妾子女父母兄弟并田畅如及阉人刘冒等，均免死，照例分发陕西、广东、河南三省安插，且均给家资，以资养赡，俾结斯案于不蔓不扰之中”。

在容美土司田旻如的统治期间，有一位亲信和助手——向日芳不得不提及。向日芳是向文宪第三子，深受田旻如的信任，雍正四年（1726）升任前锋营副总兵官，实际代土司掌握了容美土地的军事大权。他还兼任管大旗鼓事、贴堂经历司经历，同时执掌平茶下洞长官司印，负责管理爵府内外大小事务，兼管士兵南旗下军务多种军政职务，成为田旻如之外容美司最高军政官员之一。在“改土归流”中，向日芳与向虎等人率士兵、携家眷，拥随田旻如撤离爵府，进万全洞拒险固守。雍正十三年（1735）闰四月二十日的清朝《刑部咨开》以“逃避山泽，不服拘唤，拒敌官兵”的罪名，“拟斩”向日芳等人。最后又称向日芳等人为“协从牵连”，宣布“法外施恩”、“从宽免死”，将向日芳等六人一起抄没田产，由湖广总督迈柱决定，流放广西。死后，向氏后族将其遗骸移葬于平山爵府正堂之上。在进行田野调查时，我们在平山爵府遗址附近找到了向文宪、向日芳、向日英的墓碑。奇怪的是，这一支向氏从此便在平山销声匿迹。在调查时，有村民提到了这一问题。在爵府遗址附近居住的陈传香说：姓向的以前有，后头不晓得哪门（为什么）没得哒（了）。听别人说是么子（什么）坟里飞出白鹤就各人（自己）败哒（了）。原来还有一家姓向的，前几年修路被炸死哒（了）就各人（自己）没得哒（了）。平山上现有的向姓村民说他们是在新中国成立后才来到此地，与原来的向氏并无联系。

三、集体失忆的背后：国家权力下的社会转型

“记忆是一种集体社会行为，人们从社会中得到记忆，也在社会中拾回、重组这些记忆”，“每一种社会群体皆有其相应的集体记忆，借此该群体的以凝聚及延续”，“对于过去发生的事来说，记忆常常是选择性的、扭曲的或是错误的，因为每个社会群体都有一些特别的心理倾向，或是心灵的社会历史结构。回忆是基于此心理倾向上，是当前的经验印象合理化的一种对过去的建构”。

要探究平山社区的乡民为什么集体失忆，必须回溯历史。可以看到，他们的这种有选择性的、歪曲的记忆是与改土归流这一大的社会转型过程有关的，在这一剧烈的社会经济文化的整体颠覆性变革中，他们选择了放弃、忘却和重构。

清朝建立以后，在经历了康熙盛事后，国家得到了统一、内部经济获得了发展，对南方少数民族地区的政策也由于资源开发的驱动而由镇抚安定转为开发。而此时仍然在南方少数民族地区存在的治理模式——土司政权，一方面阻碍了资源的充分开发，另一方面逐渐失去了其原本具有的制蛮的军事作用。在雍正年间开始了大规模的改土归流。早在康熙四十五年（1780），就已经有朝廷大员提出了将容美“土地人民入我版图”的改土归流的议案。从雍正四年（1726）开始至雍正十三年（1735），容美土司周边诸土司有的呈请纳“土”，有的呈请纳“流”，有的直接“裁废”，先后进行了改土归流。此时作为鄂西土司中最强大的容美土司的改土归流已是历史所趋。雍正六年（1728）湖广总督迈柱上任后，与湖广和相邻四

川的地方官员合谋，罗列了当时容美土司田旻如的种种劣迹，参奏雍正。雍正十一年（1733），雍正令田旻如进京奏对，同时迈柱调动军队收缩包围，策动土司内部反叛，在内外交困中，田旻如自缢而亡。次年，雍正“谕允改土归流”，裁废容美土司。雍正十三年（1735），将原容美土司加大隘关以外近关50里之湖南省县属的山羊隘地和长阳县之渔阳关地，设一州一县，州钦定名为鹤峰，县钦定名长乐（后改名五峰），容美土司的“改土归流”宣告结束。

改土归流是全方位的。随着改土归流的完成，原土司地区的政治系统进行了整体置换。清政府废除了土司的世袭制，改土司区为州、县，中央王朝直接委派州县官员，加强军事管制，设兵防、建铺递，彻底取缔土司时期军政合一、兵农合一的旗长制度，分乡里、编保甲、查户口，在原土司统治地区建立了一整套完善的政权机构，将其纳入到帝国统一的政治体系中。此时的土民，不再是土司管辖下的土民，而成为国家政治体系中的边民。

改土归流也带来了土民的生产生活方式和经济制度的改变。在改土归流前，土民传统的耕作方式是山林游耕，山林土地实行土司所有名义下的社会公有，与此相适应的是游动性的生活方式及伦理制度和精神生活。改土归流后，对原来的土地所有权进行了全面的否定，土司的官田被全部没收，实行“报认升科”，对土地所有权进行重新认定，完成土地山林的私有化。同时官府解除了“汉不入境，蛮不出峒”的禁令，使大量汉族移民进入土家族地区。在这一过程中，毛峻德先后发布了系列文告，劝民蓄粪，以备沃土，提高农业收成；定耕凿六则，以加强农业生产；劝积贮，以备歉岁之用，使深耕、灌溉农业的生产模式进入土家族地区。

毛峻德到任后，还对该地进行了一系列的改革。第一，对婚姻礼节的重新规定。毛峻德认为：“本州土俗，不知家礼，娶妻不论同姓，又异性姑舅姊妹，罔顾服制，否则指云让亲。更有不凭媒妁，只以曾经一言议及，即称曰放话，执为左券者。又女家疏族外戚，亦得把持主婚。伤理悖律，莫此为甚，合行晓雍示禁，为此示仰土著居民人等知悉”。鉴于此，毛峻德详细地将合法的婚姻礼俗进行公告，要求土民进行遵守。第二，对丧礼习俗的重新规定。毛峻德认为，容美地区民间存在乘丧讹诈的习俗，而这一习俗“忍心害理，莫此为甚”。因此，他要求“敢有仍指称后家名邑，蜂拥扰害有父母丧及或妻丧之家者，……许即据实指报，以凭严拿，按律详究”。第三，禁端公邪术。“得容美改土归流，旧日恶习，俱经悛改，而端公马脚蛊惑愚民，为害最深，合行严禁为此示，仰州属土著居民人等知悉”。第四，禁肃内外。“乃州属向来土俗，无论亲疏，即外来行客，一至其家，辄入内室，甚而坐近卧榻，男女交谈，毫无避忌，诲盗诲淫，端自此始，合亟出示晓谕为此示，仰保甲人民知悉。嗣后务宜严肃内外，分别男女，即至亲内戚往来，非东主所邀，不得擅入内。至其疏亲外戚，及客商行旅之辈，只许中堂交接。”第五，除此之外，毛峻德还将以下他所认为的旧习恶俗加以禁止，包括：(1)“分火之说宜禁也”。所谓分火即子孙分出另居，分出之后，好货财、私妻子，置祖父母、父母之衣食于不问。(2)“乱宗恶俗宜禁也”，“旧日土民无子，无论异姓，即立为子。有名系祖孙，父子，实贰叁姓者，乱宗渎伦。莫此为甚”。(3)“养老之婿亦异姓也”。“旧日土民无子，即以婿为子”。(4)“闺阃之教宜先也”。“旧日民间子女，缘土弁任意取进学戏，男女混杂，廉耻罔顾，因相沿成俗。今已归流，父兄在家，亟宜振作”。(5)“背夫私逃之风宜禁也”。“旧日土民妇女，以夫家贫寒，或以口角细故，背夫逃回。而女家父兄不嫁训诫，以女为是，收留经年累月，纵其所为。甚至背义毁盟，妄称改嫁。此种恶习，可耻可恨”。第六，对土民进行教化。包括，设立义馆，以正学事。

在国家权力的强力作用下，平山社区的乡民被迫完成了从制度、身份到文化的全面转型。

四、忘却与重构

当地乡民通过祖先的记忆紧密地联系在一起，清楚地知道“我族”与“他族”的不同。在对家族的历史的重构中，将家族的祖先与历史上的名人之间进行联系，这在中国明清以后的修谱热潮中是一个普遍现象。而对于土司历史的集体性失忆反映出在面对国家权力系统对过去的系统进行剥夺时的选择性。为了使自己能够进入主流化社会，能够与大传统相适应，土民们选择了对以往历史的集体放弃，通过重构家族的合法历史来重新进行记忆。这充分反映了为了能够从边缘社会进入主流社会，乡民表现出了自己的生存逻辑。

而现在，当地正在进行旅游开发，有大量的研究人员进入该地区进行土司遗址调查及历史研究，当地人又开始或多或少的能够谈论一些那时期的历史了，甚至还有乡民主动为向文宪墓地的修复奔走。

语言与族群

——一个土家族社区的实证研究

陈心林[①]

语言对群体和谐一致的重要性在《圣经》著名的“巴别塔”故事里已予以无以复加的强调。[②] 语言是族群外显的一种文化特征，周振鹤先生指出：“最能表现文化特征的首先就是语言，语言（方言）的认同有时几乎就是文化的认同。”[③] 周建新博士也以深入的实证研究说明：“语言是一个民族深层文化模式的表现，是文化诸层面中最稳定的部分，可以说语言是一个民族最深层的价值观念的表现。”[④] 由于语言是族群文化最重要的内容和载体，故而语言也和族群身份直接相关，族群间文化差异最直接的表现方式通常是在

---

① 陈心林（1975—），男，湖北省安陆市人，人类学博士，湖北民族学院副教授、硕士生导师。

② 《创世纪》第二章——他们说：“来吧！我们要建一座城和一座塔，塔顶通天。”耶和华说：“他们成为一样的人民，都是一样的语言，如今既做起这事来，以后他们所要做的事就没有不成的了。我们下去，在那里变乱他们的口音，使他们的言语彼此不通。”最终，人类因为语言不通而支离破碎，通天塔没有建成。

③ 周振鹤：《中国历史文化区域研究》，5 页，上海，复旦大学出版社，1997。

④ 周建新：《中越中老跨国民族及其族群关系研究》，185 页，北京，民族出版社，2002。

语言方面，“语言和语言使用者的身份密不可分”。[①] 语言体现了族群在文化甚至经济、社会方面的共同性，是族群凝聚力的重要载体，也是认同我群与区分他群最为直观的、重要的指标。

本文田野调查点位于湖南省湘西土家族苗族自治州泸溪县潭溪镇。潭溪镇是目前土家语南部方言唯一的保存区，也是南部方言区土家族最集中的聚居区，《土家语简志》中土家语南部方言的调查点即在潭溪。[②] 潭溪社区历史上便存在多种语言或方言并存的情况，语言也成为相关族群认同与区分的重要方面。

一、多种“话”并存的地区

“语言”这个词汇是语言学术语，在民众的日常生活里，与之相对应的词汇是“话”。“话”既可能是语言学界按照语言谱系分类定位的某一种“语言”，也可能只是一种方言或次方言。“话”与“话”之间的差异可能很大，也可能很小。因为人类语言更多地呈现为一种链状分布状态，所谓科学的语言分类，往往是为了便于表述而作的抽象分析，与语言的实际情况可能不尽相符。在一个多种语言交互影响的区域，这种情况尤其明显。

潭溪土家族所处的区域一直存在多种“话”并存的状况，并成为区分不同族群的标志。光绪《古丈坪厅志》记载古丈坪地区“民之官音为客话，土之音为土话，异于民土而又异于章籍苗者，自为小客，乡音为客姓。章自有章语，苗自有苗语，辨于五族之语，则五族晰以辨矣”。[③] 即是说当时古丈坪地区的语言有客话、

① 原文为：The language spoken by somebody and his or her identity as a speaker of this language are inseparable. 见 Andree Tabouret-Keller. *Language and Identity*, in Florian Coulmas (ed.), The Handbook of Sociolinguistics, Blackwell Publishers Ltd., 1997, p. 315.

② 田德生、何天贞等：《土家语简志》，113 页，北京，民族出版社，1986。

③ （清）董鸿勋：《古丈坪厅志 · 卷九 · 民族上》，清光绪三十三年（1907），铅印本。

土话、小客话、章话、苗话之分，人民亦可依语言使用情况分为民人、土人、客人、章人和苗人。潭溪土家族地区与清代古丈坪地区毗邻，其语言使用和族群分类状况与之相仿，而且沿袭至今。

在潭溪，目前民众所说的“话”有大客话、小客话、土话、苗话、米话、乡话，且是尽人皆知的常识，如一位报道人说：

我们这地方也怪，话都没同，什么人讲什么话，别地方的人都讲我们聪明，什么话都会讲。有土话啦、苗话啦、大客话啦、小客话啦，还有米话，这么几种，都没同的。还有点把点（按，一点点）乡话，讲的人少，主要在浦市（浦市是泸溪县另一个镇），我们这里有，讲的人少。（报道者，大陂流村人，男，土家族，1964年出生，小学文化。）①

因为文化程度和生活经历的不同，民众对本地“话”种类的看法稍有不同，但一般成年人对于每一种“话”的感性认识则是比较清楚的。概而言之，以语言学知识分类，当地存在三种语言，即汉语、土家语和苗语，其中汉语又分为三种方言：大客话、小客话和乡话。米话是当地对小客话的另一种称呼，大客话和小客话一般统称为客话；乡话则是佤乡人讲的一种汉语方言，佤乡人以前因其语言特点要求政府承认其为苗族或独立的少数民族，但语言调查的结果认为“乡话”是古汉语的遗留，遂定其为汉族。②如上述报道材料所言，乡话在潭溪境内只有少数人讲，多是嫁进的妇女。客话、

① 本文引用的报道材料直接转自调查时的录音，只加上必要的连缀，使意思基本畅通。这样可以将被研究者的观点充分地呈现于文本之中，也可为他人的研究提供原始依据。本文遵循人类学的惯例隐去了报道人的姓名，只列出年龄、文化程度等背景资料；但文中的地名均是真实的，以方便后续的研究。

② 黄光学、施联朱：《中国的民族识别：56个民族的来源》，183～184页，北京，民族出版社，2005。

土话和苗话是三种不同的语言，在学者的研究和民众的日常生活里，其差异是非常明显的，而大客话和小客话的不同则主要体现在细节上，属于民众的“地方性知识”。如一位报道人认为：

大客话是普通话，是外地汉话，讲的人多，像吉首、长沙人讲的（按，吉首是湘西州首府），电视上讲的是大客话，你（按，指笔者）讲的就是大客话。小客话是潭溪、洗溪、上堡、武溪地方上的人讲的（按，此处所举四个地名都是当地的集镇），讲的范围小些。大客话上了书的，小客话不上书（按，“上书”即是说和书上的文字能够对应）。（报道者，婆落寨村人，男，土家族，1972 年出生，初中文化。）

另一位报道人讲道：

大客话是以前工作队干部讲的话，是老师上课教的，到处人都懂。小客话是场上做生意的人讲的，没按书本来，没出泸溪。（报道者，大陂流村人，男，土家族，1924 年出生，文盲。）

民众一般认为大客话就是普通话，是由学校教育和国家工作人员传播进来的；而小客话虽则也是汉话，但使用范围只限于本县境内，主要是做生意的汉人讲的。据笔者观察，大客话应是汉语西南方言，而小客话则是泸溪次方言，两者的区别只是一些语音的变异，下面略举几例：

汉字	大客话（汉语拼音）	小客话（汉语拼音）
水	shui	shu
辣	la	luo
饭	fan	fa
瓢	piao	xiao

碗	wan	wei
酸	suan	xue
筷	kuai	kua
肉	rou	you

实际上，当地民众习惯于根据某地方言语音特点称其为某某话，比如一位主要报道人讲：

我们这里还有一种“冇话”，一般人不晓得，是上堡人讲的，我六四年做水库时去过，我晓得。有什么特点？好比“冇有”哇，“冇得”哇，就是这么的。其他的没有什么，就喜欢讲“冇”。（报道者，下且已人，男，土家族，1936 年出生，读过三年私塾。）

目前，潭溪最主要的交际语言是汉语的两种地方方言：大客话和小客话，在笔者调查范围之内，只有在婆落寨和铺锄两个村子里土家语还在一定程度上是村寨和家庭内部的交际语，苗语作为交际语言也只存在于小陂流村、朱雀洞村、盘古岩村。考虑到婆落寨和铺锄是目前土家语南部方言保存最好的两个村落，后三个村子是潭溪镇苗语保存最好的村落，则实际上在潭溪范围内，土家语和苗语的使用范围是相当狭窄的。除了婆落寨一些学龄前儿童不能流利地用汉语交流以外，民众都能很好地用汉语交流；同时，还有一定数量的民众既会使用汉语，也会使用一种或两种民族语言，存在双语甚至多语现象。

汉语传入本地区的时间比较晚，民众皆认为在清朝后期或“四五代人以前”，两者互相印证，大致是吻合的。汉语传入的方式既有民众被动的接受，也有主动学习。如一位报道人讲道：

我老公公时（按，地方上称“爷爷”为公公，“老公公”指爷爷的父亲及辈分更长者）可能还不会打汉话（按，方言“打汉话”

意为“说汉语”），为么事（按，为什么）？我记事时，我公公还在，他只会句把句汉话，就是买个东西什么的。什么时候？那还是清朝皇帝的时候。为什么要学汉话？那（还）不是（因为）情况不同了！好比做生意的是客人（按，客人指讲客话的人），你不打汉话就要吃亏。上面来收粮收钱的都是做官的，你不晓得他的话，他不要哪门（怎样）整就哪门（怎样）整你？最早，是做生意的，车路边上的客人，他们把汉话七搞八搞带进来的。（报道者，大陂流村人，男，土家族，1956 年出生，小学文化。）

另一位报道人认为：

客话是慢慢学会的，学生在学校里，老师教的普通话；平时看电视、看电影也能学；再有就是现在年轻人出去打工，出去有个年把两年，回来一式（都是）讲客话，不要人教的。（报道者，铺锄人，男，土家族，1962 年出生，初中文化。）

民众兼通其他民族语主要是受通婚的影响，有两种情况，一是妻子转用丈夫家庭所在村寨的语言；二是妻子影响子代、孙代及丈夫，使之转用或兼用自己的语言。例如小陂流村在五代人以前还是以讲土家语为主，到解放前已全部转用汉语兼苗语，一位报道人解释道：

我们苗话主要是妇女带过来的，我们主要是和“讲苗”的人开亲，后山上，丹青啦，排吼啦，排绸啦（按，丹青、排吼、排绸是当地苗族聚居区），现在还是一口苗话。她一来，不会讲土话，屋里人啦（方言“屋里人”指配偶），公公婆婆就要和她拿苗话打交道。她有了细娃，就肯教苗话，这么地慢慢地影响，我们土话就打落了（方言“打落”意为“丢失”），就讲苗了。（报道者，小陂流村人，男，苗族，1942 年出生，文盲。）

在铺锄村情况则不同，主要是苗语向土家语转用，如下面一则报道材料：

我们讲土话，是土家族。土话易得学，嫁过来的妇女一年两年都会了，不要教的。我们也和苗里开亲，她们也学得好。我们不学苗话，各是各的嘛！土话是祖公祖婆传下来的，不能丢！我们不讲苗话。（报道者，铺锄村人，男，土家族，1939 年出生，文盲。）

表 1　样本语言使用情况简表　　　　单位：%

村寨	您在家里主要说					您在村里主要说					除了汉语，您还会说		
	土家语	苗语	汉语	汉语土家语	汉语苗语	土家语	苗语	汉语	汉语土家语	汉语苗语	土家语	苗语	土家语苗语
大陂流	2. 1	1. 4	86. 8	5. 6	4. 1	0	0	96. 5	3. 5	0	8. 3	9. 7	5. 6
小陂流	0	59. 3	19. 8	0	20. 9	0	57. 3	23. 9	0	18. 8	2. 1	66. 7	2. 1
铺锄	66. 7	3. 5	8. 7	8. 8	12. 3	73. 7	0	8. 8	8. 7	8. 8	87. 7	5. 2	1. 8
婆落寨	82. 1	5. 4	7. 2	3. 5	1. 8	78. 6	5. 4	8. 9	5. 4	1. 7	82. 1	3. 5	1. 8
合计	24. 6	18. 1	43. 3	4. 5	9. 3	24. 3	16. 4	49. 0	3. 7	6. 5	31. 2	23. 5	3. 4

二、语言与族群

在潭溪，目前主要存在三大族群，即土家族、苗族、汉族，民众更习惯于称之为土家、苗家、客家，三者最直观的区别即是“讲的话不同”，如下面一则调查材料：

我们是土家，就是打土话的，解放后才兴“民族”的，我们就是土家族；苗族，那就是讲苗话的嘛；客家就是讲客话的，大客话、小客话都是，就是汉族。这个不会乱的，各有各的语言，他一开口就晓得。（报道者，大陂流人，男，土家族，1956 年出生，小学文化。）

语言不仅是民众区分不同族群的标准，还有相当的族群凝聚功能，如一位报道人讲道：

我是讲土话的，这个是祖公祖婆传下来的，就觉得亲热些。好比来个生人，不晓得干什么的，他要是会打土话，我们首先就相信他，好酒好肉待他。现在还是这样，像我们婆落寨人到吉首去，听到铺锄人讲土话，都好喜欢的！就是这么几寨人嘛！（报道者，婆落寨人，男，土家族，1947 年出生，初中文化。）

目前，大多数土家族人已转用汉语，土家语使用范围日益萎缩，多数民众对此都能持一种顺其自然的态度。土家语退出民众生活的主要原因有两点。一是受汉语环境的挤压，其使用范围迅速萎缩，交际功能不断退化，用老百姓的话讲，就是“没得什么用!”如一位报道人所讲：

我认为土话不该讲了，现在都兴讲客话、普通话，哪个跟你打土话？这个没得什么用！我孙子就一口客话，学校里教的也是客话，打土话影响读书。现在世界不同了，土话不该讲了。（报道者，铺锄人，男，土家族，1941 年出生，初中文化。）

另一个原因是传承途径的断裂。如下面这则报道材料所说：

土话把我们这些老家伙过了，就要失传了。现在讲的人很少，年轻人不爱学，不爱听，这不是要失传了！（报道者，大陂流人，男，土家族，1932 年出生，读过私塾。）

表 2　样本中土家族对土家语的态度　　单位:%

（1）您认为在家中必须使用土家语吗？							
非常必要	0	必要	1.2	无所谓	9.7	不必要	89.1
（2）您希望后代讲土家语吗？							
非常希望	3.5	希望	3.9	无所谓	12.5	不希望	80.1
（3）您希望后代会讲客话吗？							
非常希望	20.6	希望	79.4	无所谓	0	不希望	0
（4）您认为有必要保护土家语吗？							
有必要	8.6	无所谓	61.9	不必要	29.5		
（5）您愿意学土家语吗？							
愿意	6.2	无所谓	12.8	不愿意	81.0		

注：对第一、第二、第四、第五个问题持肯定态度的民众主要是一些年长者，而且多为铺锄、婆落寨这两个土家语保存最好的村子的民众。

但还是有少数年纪较长者认为应该保留土家语，如一位报道人讲道：

我就骂那个学生伢，讲话讲到书本上去了，我作不得这么讲（按，方言“作不得”意为“无法容忍”），你讲土话的为什么改到客话呢？一代改几句，就改脱（没）了。一个族一种语言，最好是莫改比较好一点。因为开亲开来开去，语言就要搞失踪，搞复杂了。（报道者，铺锄人，男，土家族，1939 年出生，读过私塾。）

在这种情况下，语言的价值已不在于其交流功能，而在于其作为一种文化和族群的象征，作为维系族群认同的纽带。

在实地调查中，我们惊奇地发现民众对于土家语的作用有这样一种解释，即认为它是一种类似于“暗语”的交流工具，可以在特定的场合保护自己，算计对手。下面的报道材料是最典型的：

土话也有土话的好处。好比是这么的，我们两个人，你是客，我是土，要扯皮了（按，方言“扯皮”指发生纠纷），旁边还有一个人，讲土话的，我们就能用土话商量，你就不懂。我们到吉首去，碰到人不讲理，我们就可以商量，搞得过就动手，搞不过就算了。起码要有完全的把握，那是在别人的地方呀。土话失落了不好，出门不方便，不好欺骗人。像什么土话、苗话都是聪明人装出来的（按，方言“装”有“布置、谋划”之意）。我们这里年轻人打工，在浙江那里，打电话，一式（都是）土话，别人不知道说什么，勾通生意什么的最方便了。（报道者，铺锄人，男，土家族，1931 年出生，小学文化。）

这种说法在潭溪比较流行，主要在中老年人中流传，然而在此前有关土家族地区的调查材料中从未发现类似报道，可能是调查者为“土家语”避讳吧，因为这种解释与通常把语言与族群的象征与尊严联系起来的观点出入颇大；但不可否认的是，这种解释也真实地反映了语言在民众生活中的另一种面相。在潭溪地区，社会记忆中仍然保留着自清末以来社会的动荡不安，应该是产生这种社会记忆的主要情境。

结 语

在潭溪社区，语言的确构成了族群认同与区分的重要标志，与族群的历史与情感紧密相关。同时，语言之间的界限与语言学分类并非一致，有时只是语言习惯的细微差异，甚至是语言边界的主观建构，民众也因此达到了归属和分类的目的。另一方面，族群认同和语言使用之间形成了互动，共同的语言维系、强化了族群认同，认同的需要也提供了语言传承的机制和动力。随着社会的变迁，土家语已基本退出潭溪土家族的日常生活，语言的族群认同与凝聚功能也趋于消解。

值得注意的是，潭溪社区的实证研究也表明，语言和族群之间并非简单的对应关系，不同的族群可能会使用相同的语言，而使用同一种语言的群体却可能被划分为不同的族群。巫达先生对尔苏人的研究佐证了这种现象并非特例，“尔苏人个案的特别之处是他们使用相同的语言，却出现了两种族群认同表现。其中一些人认同藏族，愿意被归入藏族，但另一部分则不同意尔苏人是藏族的一部分，强调自己是不同于藏族的一个单一民族……在具体建构族群认同过程中，语言文字是表述分歧双方观点的工具而已”。①

① 巫达：《尔苏语言文字与尔苏人的族群认同》，载《中央民族大学学报》，2005(6)。

土家语现状调查研究的必要性和可行性

张伟权①

一、土家语现状调查研究的必要性

胡锦涛总书记在十七大报告中指出："加强对各民族文化的挖掘和保护，重视文物和非物质文化遗产保护，做好文化典籍整理工作。"这说明党和国家对民族文化的高度重视。土家语是土家族的重要民族文化表现形式。文化部2006年9月14日颁布的《国家"十一五"时期文化发展规划纲要》第三十一条指出："规范和保护国家、民族语言文字。"2007年5月8日新华网报道："为了抢救濒危少数民族语言，中国正在通过加强民汉双语教育、资助研究课题等保护措施，保护濒危少数民族语言。同世界许多国家一样，中国也有一些少数民族语言正处于濒危状态，如畲语、仡佬语、赫哲语、鄂伦春语、鄂温克语、裕固语、塔塔尔语、土家语、满语等。"国家民委把土家语正式列为我国濒危语言之一。这也说明土家语现状调查研究的紧迫性和必要性。

---

① 张伟权，土家族，大学文化，1954年生，三峡大学武陵民族研究院教授。

语言是人类特有的交际工具，人类社会的存在就离不开语言。世界上语言多种多样，语言是人类最重要的遗产。每一种语言都蕴藏着一个民族独特的文化智慧，任何一种语言的消亡都将是整个人类社会的损失。随着社会的进步，各族群间的接触、交流和交融，语言也不断地发展演变、融合、转用。在历史发展的长河中，大多数语言被时代浪潮冲蚀而从现实世界中消失。这种语言消失的现象在人类完全不自觉的情况下不断地重演。而在现代社会发展进程中，商业流通扩大、全球经济一体化，语言濒危、语言消亡日益突出。①

那些已经消亡和濒临消亡语言，并非自身存在缺陷，相反她有可能十分优美独特。从现代语言学观点来看，任何一种语言都是一种自足的自组织系统，本无高下优劣之分，她之所以未能得到广泛的开发和运用，是因为她所依存的民族文化未能得以充分发展。②土家语也是符合这一规律的。

从动态上看，语言随着社会发展而发展演变，语言发展演变包括语言功能演变和语言结构演变两个方面。语言功能指语言交际能力的强弱，使用范围的大小。语言功能的演变存在两个相反的方向：一是语言功能扩大，该语言在社会交际活动中作用越来越大，使用的人越来越多，使用的范围越来越广；一是语言功能缩小，该语言在社会交际活动中作用越来越小，使用的人越来越少，使用的范围越来越窄。语言功能缩小到极限，就出现了语言濒危。等到使用的人完全没有了，该语言也就消亡了。所以说，语言濒危的实质是语言功能的衰退。语言的濒危无疑会牵涉到“生态的语言”的问题。“生态的语言”能够表现和促进人类与自然健康、和谐、协同进化的语言系统和语言使用。在丹麦语言学者队伍中还有生态语言

① 熊英：《土家语的语言生态环境》，载《怀化学院学报》，2009（5）。

② 戴庆厦：《中国濒危语言个案研究》，1页，北京，民族出版社，2004。

学派，他们提出辩证生态语言学说。该学派认为，语言不能脱离环境而存在，任何语言学上的描写和规范也是对语言和对话环境含义的描写与规范。语言环境就包含意识—逻辑（the ideo-logical）环境、生物—逻辑（the bio-logical）环境、社会—逻辑（the socio - logical）环境三个结构层面的社会实践，是人类生物层面、精神层面和社会层面的环境复杂体。生态语言学研究语言在可能改善或解决生态环境问题中所起的作用；生态语言学家使用生态系统隐喻来描述语言世界系统，并借助生物生态学概念对其作出分析，在语言和言语层面对非生态的语言使用和语言系统中的人类中心主义现象进行分析批评，探讨语言和生物多样性之间的关系。甘博得（B. Gabbard）提出，生态语言学的目标是探讨语言在调整生态系统中可能产生的影响，以及在生态破坏或生态协调过程中所起的作用。总之，生态语言学把语言视为生态系统中不可分割的组成部分，语言系统是一个开放的生态系统，主张从语言与外部生态环境的相互依存关系和作用出发分析研究语言。①

土家族有语言无文字。土家语分北部方言和南部方言，土家语的生态环境很值得人们的关注，因为情况并不是很让人乐观。

2000 年第五次全国人口普查资料显示，全国共有土家族人口802 万人。操土家语的人口仅 3.9 万人。操土家语的人口仅占整个土家族人口的 0.0048%。从操土家语的地域和整个土家族居住地域的比例来看，土家族主要居住在武陵山及其周边地区：湖南省西部、湖北省西部、重庆市东南部及贵州省东北部共 36 个县市区。操土家语的地域只有湖南省的龙山县、保靖县、永顺县、古丈县和泸溪县的部分地方，仅占整个土家族居住县市区的 13.8%，即便这些操土家语的县市区，也只是极少部分地区的土家族人操土家语。目前以湖南省龙山县操土家语的人最多，全县共 49 个乡、镇，而

① 范俊军：《生态语言学研究述评》，载《外语教学与研究》，2005（3）。

操土家语的也只不过15个乡、镇。这15个乡、镇中也只有少数村土家族人操土家语。除坡脚乡外，再也找不出纯土家语的乡镇。土家语的消亡速度之快是令人震惊的。中国社会科学院民族学人类学研究所徐世璇认为，土家语在1900年有40万人使用，1950年使用人数降到20万人，当前的使用人数约在6.5万人左右。尽管6.5万人比一些小语言的群体总人口还多，但这是在短短的100年中从40万降下来的，前一个50年使用人数的下降率是50%，后一个50年的下降率超过了50%，这一急剧削减的比例和过程，显示了土家语衰变的严重状况，语言生态日趋恶化，因而使得土家语的消亡速度之快十分惊人。为抢救和保护土家语这一人类共同的文化遗产，土家语现状调查及变迁研究，对延缓土家语的消亡和土家语的实际运用是十分必要的。

从静态上看，人类语言功能的差异表现在使用人口的多少、使用范围的大小、使用程度和使用频率的高低上。目前世界上广泛使用的汉语、英语、西班牙语、印地语、俄语等等，这些使用人口众多、使用范围大、使用频率高的语言无疑是功能强大的语言。而也有不少语言的使用人口少则仅存最后一位老人，多则不过百人、几千人。据芭芭拉·格莱姆斯（Barbara Grimes）和约瑟夫·格莱坶斯（Joseph Grimes）2001年4月统计的最新资料，现在世界上使用人数只有1000人的语言有139种之多，使用人数不到1000人的语言有1603种，其中使用人数在999~500人之间的语言为397种，499~100人之间的语言为683种，99~10人之间的语言为306种，只有不到10人的语言为217种，其中有56种语言现在只剩下1人。[①] 土家语作为濒危语言，更值得让人引起高度重视。因为强势语言的使用面积广、范围宽，广泛应用于行政、司法、经济、文化、教育、卫生、新闻出版、媒体、信息、宗教、家庭等现代生活

① 见徐世璇：《濒危语言研究》，80~89页，北京，中央民族大学出版社，2001。

的各个领域。而土家语言一般只局限于偏僻村寨、家庭、宗教仪式等特殊领域或个别年龄较大的老人中间使用。在静态上综合表现为使用人口绝对数及其占民族总人口数的比例低，使用范围窄，使用程度不高，使用频率低等特点。因此，对土家语的现状调查就显得非常必要，在目前还有一定数量的人在操土家语的时候进行全方位的调查研究，然后制定一些减缓消亡的措施和政策，加强对土家语进行行之有效的保护，这样就能延缓土家语的濒危速度。

二、土家语现状调查研究的可行性

首先，近年来党中央和国务院对民族文化的保护和研究提上了议事日程，为我们进行土家语现状调查及变迁研究提供了理论基础和指导方向。

其次，土家语地区的党委、政府及民委对民族文化的建设十分关心和重视，给土家语现状调查研究创造了一种学术氛围。

再次，三峡大学把振兴文科的指导思想提到了前所未有的高度，尤其是成立武陵民族研究院为土家族语研究创造了良好的条件，并以研究和发掘武陵地区少数民族文化为主要任务，为实施土家语现状调查研究打造了一个良好的平台。

土家语地区存在可行性研究有以下几个因素：

1. 在湘西的一些土家族聚居的县还有很多乡镇有一定数量的人讲土家语，除了土家语南北方言外，在北部方言中还有几种土家语次方言的存在。在少数村寨还有只能讲土家语而不能讲汉语的人存在，这些是土家语现状调查研究坚实的基础。

2. 在土家族民间，还有一些热心人对土家语十分热爱，并尽自己的最大力量来研究和传承土家语，如龙山他砂乡的冉茂文，几十年如一日，探索出了土家语教学的一种新路子，比以往的土家语教学有了很大的发展。并且，还悉心搜集土家语单词，与高等院校的老师合作编写《土家语汉语词典》，目前正在审稿，不久将交出版社出版。永顺县青天坪镇的退休干部孟祥福，搜集近300首土家语歌谣，并一丝不苟地抄录成册，具有较高的参考价值。龙山县人民医院退休干部田禹顺与向卫华编写了《土家语汉语对译速记读本》，田禹顺自己编写了《土家语常用字词汉语对译花鼓词》，这对土家语现状调查研究提供了宝贵的资料。

3. 有一支热心于土家语研究的学术队伍。当今的土家语研究虽然还未能形成团队，但这些学者作为研究土家语的骨干力量，给土家语的现状调查研究提供了理论支持。

4. 三峡大学武陵民族研究院有实施土家语现状调查研究具备了先决条件。

（1）有土家语调查的基础。早在20世纪90年代，武陵民族研究院的黄柏权等，就在湘西土家语保存地区进行了多次的土家族文化调查，其中对土家语调查列为最重要的一项工作，对土家语的保存地区的状况十分了解。

（2）武陵民族研究院有掌握和熟悉土家语的专家。如张伟权是湘西龙山县人，其出生地拉西峒是一个典型的土家族村寨。他本人能讲一口流利的土家语，而且对土家语的特点和规律有较深层次的研究。

（3）武陵民族研究院有土家语研究的重大成果。该院张伟权在2002年出版了《土家语汉语词典》，2004年出版了37万字的土家语研究专著《土家语探微》，2006年又出版了《汉语土家语词典》。张伟权的这三部著作都是前人所没有做过的，是土家语研究方面填补空白的工程。同时，张伟权还发表了有关土家语研究的学术论文十余篇。

（4）武陵民族研究院有一支研究土家语年富力强的队伍。他们田野调查经验丰富。

5. 有土家族人民的大力支持，这是土家语调查研究的可靠保证。

（1）土家语保存地区迫切希望对土家语进行保护。湖南省龙山县是当今操土家语人口最多的县，县政府为了对土家语进行有效的保护，在该县的靛房、坡脚、他砂、捞车河流域建立了土家语保护区，出台了相关文件，作为地方法规对土家语进行相应的保护。

（2）土家语消失地区也迫切需要土家语在本地区传播，能使用土家族语言。这为土家语现状调查提供了有力的保证。

三、土家语现状调查研究的具体操作方法

土家语现状调查研究是一项复杂而系统的工程，首先要精心策划，细致安排。具体操作方法有如下诸种：

1. 大量查阅与土家语相关的史书、地方志和有关类书。认真研究以土家语为载体的有关古籍（如《摆手歌》、《梯玛歌》、《哭嫁歌》等）。

2. 搜集土家语的口传资料。对在土家语保存地区的“哭嫁歌”、“土家语山歌”、日常用的“仪式歌”进行认真搜集整理。

3. 召集热心研究土家语的民间人士座谈，要他们出谋划策，出一些金点子，使土家族语现状调查不走弯路或少走弯路。

4. 设计好《土家语田野调查提纲》和《土家语田野调查表》，要易于操作。

5. 在进行田野调查过程中，认真细致，把对土家语有关联的内在及外在因素都列入调查内容。

6. 在田野调查中必须弄清以下问题：

（1）弄清操土家语的地区（包括有多少省市、县、乡镇、村）；

（2）操土家语的总体人数；

（3）操土家语年龄状况；

（4）操土家语的程度；

（5）说纯土家语而不懂汉语的人数；

（6）熟练掌握土家语和汉语方言的人数；

（7）非土家族人群掌握和操土家语的情况；

（8）土家语受汉语中方言的影响情况；

（9）土家语受苗语影响的情况；

（10）当地汉语方言受土家语影响的情况；

（11）当地苗语受土家语影响的情况；

（12）操土家语、苗语和当地汉语方言三种语言的人数；

（13）不常用的土家语（即古土家语）残存情况；

（14）土家语的方言、次方言状况；

（15）土家语地名的详细调查；

（16）土家语的濒危状况（包括消亡速度和失去操土家语氛围的状况）；

（17）土家语语支的界定。

7. 在土家语现状调查中建立土家语传播基地，在土家族地区（如长阳、五峰）进行双语教学。

8. 在土家语现状调查中建立土家族地区旅游景点土家语培训班，对旅游管理人员和导游进行土家语培训。

9. 建立土家语数据库。

10. 时间安排：

（1）查阅历史资料 2 个月；

（2）田野调查 4 个月；

（3）写调研报告和论文 6 个月；

（4）建立土家语传播基地 2 个月；

（5）编纂《土家语现状调查实录》和《土家语类编》15 个月。

四、土家语现状调查研究的预期成果

土家语现状调查研究的预期成果是形成《土家语现状调查实

录》和《土家语类编》两大专著，前者是调查报告的形式，后者是集学术性资料性为一体的著作。

《土家语现状调查实录》是在土家语现状调查实践中形成的，该书预计 100 万字，内容包括：土家语现状的生态环境、社会环境、操土家语的实际人数、操土家语人对土家语的认识和态度以及土家语濒危的原因及对策等。

土家语现状调查后，形成研究成果是《土家语类编》，该书是一部全面记录土家语的著作，包括土家语历史、土家语现状、土家语研究状况、土家语词汇和语法、土家语检索（含双语词典）和土家语田野调查报告等内容。《土家语类编》融资料性和学术性为一体，全书 150 万字左右。拟以纸质文本和电子文本同时问世，《土家语类编》的编写与建立土家语数据库同时进行。

清江流域公民行为习惯法研究[①]

——以民谚为视角

冉瑞燕[②]

清江流域面积17 000平方公里，在地理位置上基本包括恩施土家族苗族自治州和长阳、五峰土家族自治县，是少数民族相对集中居住地，流域总人口457万人，其中，恩施2008年全州年末户籍总人口395万人，长阳、五峰总人口62万人。当地居民主要是以汉族、土家族、苗族为主体，包括侗族、白族、蒙古族、回族等多个少数民族在内，其中土家族最多，约占总人口的45%。

一、清江流域公民行为习惯法的主要内容

今天习惯法在清江流域直接从有形载体上很难看到，但是这并不意味着习惯法已经消亡。透过公民日常行为我们发现习惯法仍然起着重要作用，因为公民的日常行为是习惯法规范的主要内容。对公民日常行为规范最直接的是人们习惯的民谚。民谚作为习惯法的特殊载体，是生成并通行于大众行为中的普遍认知准则，也是习惯

① 基金项目：国家社科基金项目：《少数民族习惯法与国家法新型关系研究》(10BMZ036)；湖北民族学院南方少数民族研究中心课题《清江流域民族习惯法研究》的中期研究成果之一。

② 冉瑞燕（1965－），男，土家族，湖北省利川市人，中南民族大学副教授。

法在今天的特殊传播形式。人们在日常生活中自觉不自觉地按照民谚来规范自己的行为和评价他人的行为。清江流域民谚内容广泛，涉及公民行为习惯法的主要包括自身行为规范、家庭行为规范、社会交往规范、经济交往规范。[①]

1. 自身行为规范

人应该注意从小守纪，品行端正。民谚说："小时偷针、长大偷金"，"学好三年、学坏一时"，"树要根正、人要心正"，否则，"偷个鸡蛋吃不饱，一个臭名背到老"，因此，当地人很重视个人的品性培养。民间迄今仍保留有一种习俗，婴儿在刚出生的一个月里不穿衣服，无论炎夏还是寒冬，均要用布包裹手脚一个月，这样，长大后男女才会手脚干净，不小偷小摸。对有小偷小摸行为的人，一辈子在当地抬不起头，不为人信任，这种规范在今天仍然被人们视为金科玉律。笔者调查中发现，利川元堡乡某村20世纪80年代中期第一次公开海选村委会时，乡里推荐的村委会主任候选人精明能干，只因25年前当学生时曾有过一次偷窃行为，在选举当天首先遭到本家族村民公开反对，后无法当选。90年代中期，另一已当选的村委会会计在上任一年后，因被村民发现其在5年前读书时曾偷过同学大米而无法正常工作，被迫主动辞职。

人应该勤劳、自立、自强，有人格、有骨气。民谚说："人无志、刀无钢"，"人凭志气、虎凭威"，"手冷莫烤灯、人穷莫靠亲"，"穷要穷得干净、饿要饿得新鲜"。强调的就是人从小要自强不息、独立自主，贫贱不坠青云之志，要活得有尊严、有人格。当地人相信：人应该勤劳、节俭，只有勤劳节俭才是致富发家的根本。民谚说："勤是摇钱树，俭是聚宝盆"，"人不勤快一世穷"，

① 下面引用的民谚大部分出自四川民族出版社1991年出版的《鄂西谚语集》，谚语集中特别注明某一谚语来源于某地。经笔者2005—2008年7－8月在恩施土家族苗族自治州和长阳土家族自治县调查验证，很多谚语是在清江流域地区普遍通行，只是在个别文字表述上有差别，意思一致，故文中不一一注明出自某地。

“发家在于勤，败家在于淫”，“汗水流不干，力气用不完”，勤劳的两手双肩胜过皇天。从调研看，当地人独立性很强，年轻人成年后无论有无婚配，男孩分家单独生活较普遍，希望通过自己努力打开一片天地，因此，在外工作和打工能吃苦耐劳，社会信誉度较高。老年人无论有无子女，只要自己能劳动就要自食其力，从调查看，80%以上的老年人在生活能够自理时不与子女居住在一起，喜欢独立生活。在农村70、80岁的高龄老人下地干活很普遍，没有靠乞讨为生的老人，这反映了自强自立民事习惯在当地人心中的地位。

人应该谦虚谨慎，走正道，勇敢而不胆大妄为。民谚说：“会叫的鸟儿无肉、好吹的人无知”，“能大能小是条龙、只大不小是条虫”，所以，人应实事求是，学会忍辱负重、谦虚谨慎，少惹是非。但是，另一方面，也应该敢作敢为，不怕困难，敢于担当。民谚说：“走路不怕山、行船不怕浪”，“有事不可胆小、无事不可胆大”，“有事不怕事、无事莫惹事”，开弓没有回头箭，自己认准的事要不怕麻烦，敢于担当责任。从调研看，当地人的谨慎、守规矩，为人老实忠厚比较突出。但是另一方面，如果某事超过其承受范围，其反抗力度也是非凡的，民主革命时期湘鄂西革命根据地军民的长期坚持战斗即是明证。

人做事应该干净利落、有计划、有始有终。民谚说：“讲话不要枝枝杈杈，做事不要松松垮垮”，“急事架急桥，十有九不牢”，“吃饭吃饱，做事做了”。认为一个人应该言谈干脆、不拐弯抹角；做事前应早规划、早准备，做事时应快捷、完美，不拖泥带水留尾巴。

从上述可知，当地习惯法对个人而言，强调个人的主体意识、独立意识、责任意识。

2. 家庭、家族行为规范

婚恋关系很重要，应精挑细选，婚恋关系的建立强调平等、自愿。民谚说："讨坏一门亲，害了几代人"，"强迫不成买卖，捆绑不成夫妻"，因此，婚恋关系在当地比较自由平等，即使在封建时代的今恩施市石窑、大山顶等地，每年农历七月十二日就有自由婚恋的"女儿会"习俗，以歌为媒，自主择偶，结为终身伴侣，反对封建包办婚姻。现在女儿会是恩施州具有代表性的区域性民族传统节日之一，被誉为"土家情人节"，是当地青年以集体择偶为主要目的的节日盛会。从社会调研看，在清江流域各地，青年人婚恋基本上是自己做主，家长主要是参谋，很少直接干预。个别家长即使对一方不满意，但是只要男女双方私下满意，家长就无法控制，因为社会大环境支持。笔者老家所在的利川一个小山村，笔者曾亲见20世纪70年代和80年代先后发生过三起女方因家长反对而直接跑到男方家里，一年后小孩出生了，一家三口回娘家，受到娘家热烈欢迎的热闹场景。

在择偶标准上同姓不婚，重人品、德行、能力，不重门第。民谚说："同姓是一家"，"乱亲不乱族"；"会选的选人，不会选的选家"，男选女"不要一枝花，只要会持家"，"娶妻娶德不娶色"；女选男"会选的选儿郎，不会选的选家当"，"有女莫嫁赌钱人"。从问卷调查看：当今选择婚姻对象标准第一位：男生看重女生："人品"58.8%，"良好性格"14.4%，"容貌"15.5%。女生看重男生："人品"50.6%，"良好性格"15%，"能力"18%。婚姻对象标准第二位：男生："良好性格"的有37.9%，"人品"19%，"容貌"17%。女生："良好性格"的有34%，"能力"的有22%，"人品"的有20%。从以上数据可以看出对于"人品德行"、"良好性格"、"容貌"、"能力"等标准男女生在选择婚姻对象上都比较关注，具体上男生更注重对方的"人品德行"和"容貌"的选择，而女生更关注"能力"，对其他一些如"学历"、"经济状况"、"家庭条件”等也会有所考虑，但是不起决定作用。[①]

在夫妻关系上应平等互爱、相敬如宾、彼此忠诚。民谚说：“上床夫妻下床客”，“男以妻为室，女以夫为家”，“堂前教子，枕边教妻”，“好妻不骂夫，好夫不打妻”，“一家之计在于和”，“家中不团结，黄金变毛铁”。认为夫妻双方要互相尊重、爱护、齐心协力，在处理夫妻矛盾和分歧时应注意方式、方法，民谚说“忍嘴能少债，忍气家不败”，彼此给对方脸面与台阶，只有家庭团结才会兴旺发达。因此，夫妻不忠是家庭的最大障碍，民谚说：“野老公上床，家破人亡。”从问卷调查看：在农村“家庭关系和谐”的占55.5%，“过得去”的占36.5%，“很差”8%，离婚率1.5%。对于家庭中出现矛盾，实践中选择“争吵几句而已”的男性有41%，女性有60%。而选择“暴力对抗”的男性有7.5%，女性有5.6%。采用理性选择“忍让”的男性有41.2%，女性有34%。这说明民谚为当地人的行为所遵守，当地家庭中夫妻关系较平等，家庭关系和谐，呈良性状态运行。

在家庭内父子关系上强调亲情、尊老爱幼、团结和睦。其权利义务关系大体分为四阶段。第一阶段，子女未成年时父母是当然的当家人，对未成年子女父母应好好教育和爱护，家庭的大事小情由父母决定。民谚说：“儿女是接不来的客”，“养子要读书，养子不教如养猪”，“养子不教，长大不孝”，“小来不育，长大成弯木”，“好儿不在多，一个顶十个”。这些民谚今天仍然是他们行为的准则。在我们调查的家庭中，几乎100%的家庭认为把孩子教育成才，长大出人头地很重要。小孩的品行应从小抓起，民谚说“三岁看大，七岁看老”，“娇子如纵虎”，“小时偷针，长大偷金”。因此，当地人在教育上舍得投入，有70%的家庭的一半家庭收入用于孩子

① 以上调查数据材料，为笔者2005—2008年7—8月在恩施土家族苗族自治州和长阳土家族自治县调查的第一手材料。

的教育，绝大部分的家长非常渴望孩子能上到高中、大学。调查中，当问及孩子们的学习情况时，他们总说："俺孩子能上到哪，俺供到哪，就算砸锅卖铁也愿意。""只要是为了孩子上学吃再多的苦也值得，就是希望他们多学点东西。"第二阶段，儿女成年结婚后应独立生活，不能当"啃老族"，父母子女平等相处、相互关爱。民谚说："人大分家，树大分丫"，"苗不分不长，家不分不发"，"好儿不要爷田地，好女不穿嫁时衣"，"儿孙自有儿孙福，莫给儿孙挣满屋"，子女不能指望再得到父母的无条件资助，否则，会被人瞧不起。儿女成家后最重要的是婆媳关系，民谚说："家庭和不和，要有个好婆婆"，"要得家和顺，莫把媳妇当外人"，"新接的媳妇三年客"，认为婆媳关系关键是婆婆要把媳妇当女儿待，强调婆媳关系平等和相互关爱。从现在调查看，儿女成家后与父母同住的一般不超过半年，绝大部分是在结婚满一个月后分家独立居住和生活，父母一般会根据家庭实际经济状况来分配住房和财物，如家庭有共同债务也会按各自能力分一部分给儿女，因各自单独生活，所以，父子婆媳相处和谐。第三阶段，父母年老时赡养老人是每一个人的责任和义务，子女是老人的依靠。民谚说："七十不当家，八十不管事"，"养儿防老，积谷防饥"，"忤逆不孝遭雷打"，"家有一老，百事都好"。当地人以家中老人长寿、自己孝顺为荣，认为父母健在是儿女的福。从调查看，现在当地有一些特殊的行为体现尊老，如，父母满 60 岁和以后满整数时子女应为老人办寿酒。此后，在民俗节庆（主要是清明、端午、七月半、春节）和老人生日时应向老人送上一定礼物或现金以表孝心；视老人的健康和自己的经济能力尽早为老人准备好棺木是子女为人的基本道德。从调查看，尽管 80% 以上的老年人在生活能够自理时喜欢独立生活，但绝大多数老年人赞同家庭养老，视社会福利院养老为耻。在乡村 97% 的中年人在老人基本丧失生活自理能力后与老年人彼此和谐住在一起；79% 的老人在去世前有棺木。当地人认为善待老人天经地义，对那些没有子女的孤寡老人，其家族的侄男侄女也会主动自然地承担起养老送终的义务。第四阶段，父母去世后的安置与纪念。父母去世后子女要为逝者超度亡灵，晚上请歌师唱孝歌，办隆重的丧礼进行安葬。此后不管多少年，平时家中来亲戚或家庭聚会因置办了好吃的，应在未吃之前先祭祖，即由家长倒上酒，拿筷子在酒中、菜中、饭里点一下，口中大声念道："请去世的老人回来喝酒吃饭了！"然后全家人才能动筷子吃；在春节大年三十吃过团年饭后，傍晚时分要到去世老人坟前烧纸钱和放鞭炮，俗称"送粮"；在清明节时要挂清。[①] 这些祭祖活动就是要强化孝道，不忘父母养育之恩。

兄弟关系上强调兄长的表率和兄弟的团结。民谚说："当大的不正，当小的不敬"，"长哥当父、长嫂当母"，"打虎亲兄弟，上阵父子兵"，"兄弟不和外人欺，妯娌不和邻里欺"。哥嫂对弟妹有天然的权威，弟妹应尊重哥嫂，同时哥嫂也应起表率作用，在各方面严于律己，只有如此，兄弟、妯娌才会团结。从调查看，70%的家族兄弟较团结，当今社会即使各自成年分家单过，如有大事小情，兄弟间一定是互相支持，遇有事情分歧时老大说话仍然有一定权威，可以评定纷争。

亲族关系重于姻亲关系。民谚说："亲管三代、族管万年"，"遍上葛藤遍地根，一根马鞭发的人"，在当地人看来亲族关系比姻亲关系重要，族里是一家人，家族不因代际而疏远，因此，族内称谓一律按字派班辈，不论年龄，否则，被视为无家教，迄今未变。但是，姻亲关系不同，民谚说："不结亲是两家，结了亲是一家"，联姻的人存在就亲，"亲不过于郎舅"，但亲疏程度因姻亲关系的消失而递减，所谓"一代亲、二代疏、三代四代一笔勾"。姻亲往来

① 意为纪念亡人，即到故去老人坟前烧纸钱和放鞭炮，将已垮塌毁损的坟茔修复，用五色纸剪成古钱系于小竹枝上插于坟顶，民谚说"清明挂一钱，子孙发一千"。

有默认的规矩：要走动，但不能太勤。“不走不亲，勤走不亲”，“三年走一次亲不了，三天走一次放狗咬”。姻亲在经济上要独立，“亲戚不共财、朋友不共妻”。

3. 社会交往规范

社会交往的基本原则是平等、大度和爱心。民谚说：“逢强不捧、逢弱不欺”，“见善不欺、逢恶不怕”，“好汉不欺外乡人”，“大人不记小人过”，“吃亏不算傻、让人不算呆”，“石滑不撵狗，难中莫逼人”。强调的就是人格上的平等，为人的大度、宽容和爱心，反对以大欺小、乘人之危、以强凌弱、阿谀奉承，这体现了现代平等精神。从行为上看，传统的行走山路“礼规”很有代表性：路险时需要让路，是大让小，少让老，强让弱，挑担的轻让重，少让多。这些规矩至今仍然是当地人的习惯。

人应该互帮互助、积德行善，不乘人之危。民谚说：“一家有事、百家帮忙”，“修桥补路、添福添寿”，“宁搭十座桥、不抽一步梯”，“救人危难、理所当然”，“帮人帮难处、救人救急处”。在他人有危难时应伸出自己的援助之手，“土帮土成墙，人帮人成王”，“救人一命，多活十年”，“人死众家丧，大家来帮忙”，不乘人之难，要宽以待人，有仁爱之心，“撵人不上百步”，“难中莫逼人”。调查发现，当地人互助到现在仍然是一种习惯，在他人有不幸之事、大灾大难需要帮忙时，知道的人都会伸出援助之手。即使平时关系不好，也一定会不请主动前往帮助。在他人有嫁娶、添子、寿辰、建房等大喜之事，邻里成人只要被邀请，也会到场帮忙做事。而这些付出都是不计报酬、不讲回报的。在农忙季节需要换工，是以工换工，以工还工，不以实际付出劳力计算。

人在社会行为中应该品行端正、友善、是非分明。民谚说：“讨米无人笑，饿死不为盗”，“鸟惜羽，兽惜皮，为人时时惜名誉”；“宁交千个朋友、不结一个冤家”，“多看人长，少说人短”，强调的就是为人应该时时注重自己的德行、修养，坚持与人为善、与人友好，诚实守信，“能穿朋友衣、不沾朋友妻”，坚守是非道德底线。

人在社会交往中为人要厚道，言行一致，不能心存害人之心。要以自己的诚心去换取别人的真心，民谚说“要输得起自己，才赢得起别人”，“人说一次谎，到老人不信”，“人心无诚、求神不灵”，不要担心自己吃亏上当，“人无忠良、死无下场”，“老实人自有天照应”。“反指路，说谎话，二世投胎变哑巴。”真诚、老实在当地人心中占有很重的地位，是当地人判断一个人是否具备基本德行的重要标准，也是当地人行为的重要准则。如果一个人言行不一，口是心非，他在当地就会被孤立，不会有人愿意与之交往。

人在人情交往方面重情义、礼尚往来。民谚说：“人情大于债，还情如还债。”“赶的人情千日在，不愁人情不转来。”从调查看，当地人很重情义，即使现在只要是走亲访友都不能空手，须带水果、点心、乡土特产、自家产物等小礼物。主人对到家的客人很热情，民谚说“夜夜做贼不富，天天待客不穷”，“一回丢人冷板凳，二回鬼都不上门”，在客人离开时应送出家门，所谓“好接不如好送”。在他人有婚丧嫁娶、添子、寿辰、建房等大喜大悲之事，亲戚、家族要根据自身经济条件送财物和礼金 50 ~ 1000 元不等，邻里一般送礼金 20 ~ 100 元，家族和邻里成人要到场帮忙做事，乐人之乐，忧人之忧。

人在言谈举止上应态度谦和、热情，不说伤人的话，不在他人之间搬弄是非、挑拨离间。“轻言细语暖人心，冷言恶语伤人心”，“有话直说，好话多说，闲话少说”。“为人须说好、遇事搭浮桥”，“宁做三次中（媒介）、不打一次破（挑拨）”。

4. 经济交往规范

财产与经济交往上总的原则是权利明确，讲信用、重承诺，不贪他人小利。

涉及物权关系，民谚说“物各有主”，“田是主，人是客”，在山林河川、田土分界上，“山分梁子，水分泾”，“田管上，土管下”，山林田地产权关系明确，任何人不得随意侵占他人的物权。但山林、河流、田地在使用时为了更好发挥其功能，往往会涉及借用别人的物权问题；所以，对于山林、田地其处分权、主要使用权，主产林木、庄稼的所有权在当地人看来是主要权利，归所有人。而对于除此以外的权利则是次要权利，可以共用，民谚说“放牛割草不分疆界”，在他人的物权范围内通行、放养、割草、使用自然流水等不为侵犯他人物权。在共有房屋分房析产时，不因拆迁行为而影响他人房屋使用，民谚说“搬走一方要让三尺水”。

在债权债务关系上，民谚说“有借有还，再借不难”，“父债子还，天经地义”，“有钱钱交结，无钱话交结”，强调诚实守信。在买卖交易上强调公平交易，“喊价齐天，还价齐地”，“一分钱，一分货”，“小财不舍，大财不来”，“捡得的钱是药钱”，“不贪财，祸不来”，要货真价实，舍小利赚大钱，“买卖不成仁义在”，不能计较一时之利。

在合伙共事上，要同心同德，是非分明，账目清楚，“要得伙计长，天天算细账”。在承诺上要实事求是，“是耕牛就不要误人家的春”，做不到的事不能答应，“真就是真、假就是假，不要顺口打哇哇”，“人说一次谎，到老人不信”，不可坑蒙拐骗、自吹自擂，误他人大事。

二、清江流域公民行为习惯法的理法价值

从上述民谚体现的清江流域公民行为习惯法内容看，这些行为习惯法的核心价值是“情”、“理”、“和”。

“情”的内涵在当地人心中非常丰富，包括亲情、族情、友情、乡情及人情，相互呈递进关系。亲情包括姻亲和家亲之情；族情则是同宗同姓之情；友情是社会交往中志趣相投之情；乡情是地缘邻里之情。上述家庭行为和社会交往行为规范正是依情的主次轻重而为。“人情”则是超越亲情、族情、友情、乡情之外的“人”所具

有的不同于世间万物的一种特有情怀，是人之为人应有的普遍情怀。一是指人与人之间作为人本身应有的一种对他人生命个体尊重之情。如民谚说，“栽秧酒，割谷饭，过路君子有一半”，“有吃无吃，先给客吃”，“围山打猎，见者有份”，“救人危难、理所当然”，“人死众人丧，大家来帮忙”。这种原始的平均主义和互帮互助行为体现的就是对社会他人的尊重与情感。二是指人对与人类生存、繁衍、发展关联的自然万物应有感恩、敬畏之情。如，当地民俗认为蛇是祖先变的，进到家里只能赶走，不能打死。对死去的动物无论是家养的还是野生的都要埋葬，而不随意抛弃。不砍伐古树，认为古树有神灵；不打村寨周围的鸟，认为蜜蜂、燕子、喜鹊到家是喜事，即使是麻雀在年三十夜也不驱赶，民谚说“麻雀也有三十夜”。“四月八是耕牛节”，对为人类生存发展作出贡献的耕牛在农历四月初八这天要给它吃鸡蛋、米酒等各种平时人都舍不得吃的好东西，这是对动物之情。即使对自然之物也应心存感激，“莫把五谷抛撒，抛撒五谷遭雷打”，利川市团堡镇有距今135年历史的被当地村民称为“惜水碑”的清代石碑，100多年来，这里的村民一直按照惜水碑上的古训爱水、护水、节约用水。[①] 这里体现的是人对大自然的感激之情。可以说，“情”是当地人在思考问题、处理问题，规范自身行为和社会行为时的一个基本价值判断。

“理”的内涵在当地人心中包括公道（社会认可的公平正义、约定俗成的规矩、人的良知）、规律（人对自然、社会发展客观规律的认识）、经验（社会实践的认识），即理法，是人们为人处世、待人接物、安身立命的最简单、最朴素的道理。理的来源是实践、认识和社会大众的认可，是人性、是天理，民谚说“合不合理、众人心里有底”。理的实质是人对自然规律和社会规律的认识，是对

① 利川发现清代“惜水碑”，见利川新闻网，http：//www. lc-news. com/news-center/collection/othernews。

人生存、生命的尊重，是人本主义。民谚说“占田拱界，田在人不在”，“救人危难、理所当然”。理是人与人、与自然和谐相处的维度，是人的正直、正义和大度的人生情怀、人生境界，是人内在认可的规矩，是公平的象征，是社会心中的正义，“让人一寸、得理一尺”，“欺人是祸，饶人是福”，“以势服人口，以理服人心”，所以，理不是咄咄逼人的高高在上。“理”是人行为的最高准则和力量源泉，不容破坏。民谚说“理字没多重，万人抬不动”，“一时强弱在于身，千古胜负在于理”，“菜无盐无味，话无理无力”。因此，理是规范人行为的边界，是每一个人都必须遵守的准则。民谚说：“好汉只说有理的话”，“横人有理管、劣马有缰拴”；“有理走遍天下、无理寸步难行”；“天大的事逃不脱一个理字”。在情与理发生冲突时，舍情取理，以理为先，“认理不认人，帮理不帮亲”。理不是天外之物，是无处不在、无时不有、无事不涉，具有普适性，但并非不言自明。民谚说“灯不拨不亮，理不辩不明”，“山路是踩出来的，道理是评出来的”，理是通过说事实摆道理的争鸣与辩论程序来得到的。

“和”是“情”和“理”的归属，“情”是“和”的黏合剂，“理”是“和”的根基。没有“情”的“和”是冰冷的“和”，没有“和”的“情”是虚情；没有“理”无法实现真“和”，没有“和”的“理”则失去意义。“和”的目的是发展、兴旺、进步、和谐。“和”的内容和顺序，首先是家和。民谚说：“家吵必败，和气生财”；“家庭不和，老的受磨”。其次是族和。民谚说：“家庭不和外人欺，族里不和外姓欺”。再次是邻里和。民谚说：“远水难救近火，远亲不如近邻，近邻不如对门”。四是社会和。民谚说：“千个朋友不为多，一个冤家不为少。”他们从生活中认识到只有“和”才能形成集体的力量，人心齐，泰山移。只有“和”才能解决现实中个人无法解决的问题，“独木难引火，蓬柴火焰高”。只有“和”才能实现个人生活水平的提升，战胜各种自然困难和社会困难，民谚说："人多力量大，狗多咬死狼。"最后是人与自然和。民谚说"山管人，水管财"，"物命在人，人命在天"，"能人出于坟场，富贵出于屋场"，因此，当地人敬天畏神，建村寨、修房屋、安葬死者，都要看风水、敬土地、测吉日，讲究人的行为、居所与自然和谐，实现天时、地利、人安。这种人与自然之和表面看是愚昧落后的封建迷信，但是，其背后有一定的科学性，人类今天不尊重自然、肆意破坏自然已经在饱受自然的惩罚了。

"和"实现的方式，一是平等、大度、大气、包容。民谚说："要得家和顺，莫把媳妇当外人"，"有福同享，有难同当"，"有福不可享尽，有钱不可欺贫"，"好汉不欺外乡人"，这是平等；"亏人是祸，亏己是福"，"买卖不成仁义在"，这是大气；"仇人面前满斟酒"，"冤家宜解不宜结"，这是大度、包容。二是谦让、体谅他人，学会推己及人、换位思考，尊老爱幼，成人之美，急人所难。民谚说"行让路，坐让席"，"人敬我一尺，我敬人一丈"，"有福不可享尽，有钱不可欺贫"，"媳妇莫把老人磨，自己也要当婆婆"，"坏事情莫帮言，好事莫打破"，"石滑不撵狗，难中莫逼人"，"人死众人丧，大家来帮忙"。三是爱护环境，尊重自然，保护动植物，按自然规律办事，在居所周围广栽果树竹木，实现人与自然长久互利和谐。民谚说"山清水秀，山光水臭"，"人误地一时，地误人一世"，"长远富，多栽树"，"人养树百日，树养人百年"。

三、清江流域公民行为习惯法的生成机制

这种"情""理""和"的行为习惯法在该地区今天仍然为当地民众所信奉，成为当地民众的行为模式。其生成机理在于它的内生性，是人们在生产生活中自然而然为应对生活问题而内化出来的，它实现了与社会生活的沟通，具有明显的现实性、可行性、合理性、正当性，是人在现实生活中的交往理性总结，是当地人对自然和社会认知的产物，是经验路线和理性路线的结合，是相对自由

的交往关系与平等对话内容制度化的产物，是不同话语者“在不受强制的前提下达成共识这样一种核心经验，其中，不同的参与者克服掉了他们最初的那种纯粹主观的观念，同时，为了共同的合理信念而确立起了客观世界的同一性及其生活语境的主体间性”。①

从自然环境看，过去当地交通不便，生活环境差，人口分散，村民在长期的生产、生活实践中深刻认识到，只有“和”的力量才能战胜自然，才能提升生活的质量，才能解决现实中的生活困难。“和”是人生存保障的理性选择，具有明显的现实性、合理性。如，传统打猎中对猎获物的平均分配就是源于长期集体合作胜利的结果。族亲重于姻亲是因为家族大多聚族而居，是自然的团结力量，可解决现实生活中单个家庭无法解决的婚丧嫁娶、生产农忙、修房造屋等各种大事。社会发展到今天，当地交通虽然有所改善，经济生活也发生了巨大变化，但“情”、“理”、“和”的经济与社会基础并未发生根本变化，甚至在加强。如，今天大部分青年农民外出务工，乡村主要是“386199 部队”（即妇女、儿童和老人），市场经济的快速发展没有使政府来得及在农村同步建立社会养老和社会保障，个人的生活行为仍然离不开家族、邻里，所以，这种习惯行为模式今天仍然有效。当然，在市场经济冲击下，“情、理、和”的行为习惯模式在个别内容上会沾上物化恶习而发生变异，如，现在少数人利用当地人重人情而借机敛财。但是，只要能不让国家公职人员利用公权力寻租，国家能对地方黑恶势力及时打击，社会公民就能够按照平等与对等原则自我校正。因此，习惯法行为的选择是一种生活选择。

从社会环境看，我国历史上法制实践中的行为规范体系呈现三大板块：国家法运行于国家有效控制区；家族习惯法运行于农村；

① ［德］哈贝马斯著，曹卫东译：《交往行为理论：行为合理性与社会合理化》，10 页，上海，上海人民出版社，2004。

民族习惯法运行于少数民族地区，其间又有交叉依赖的情形。① 清江流域地区过去封建经济发育不完全，受封建等级制度影响较小，改土归流后封建官吏对当地民族习惯法，也不是一概禁绝，而是“因俗而治”，因此，在婚姻关系上不特别讲门第，在个别地区还保留传统的自由恋爱，如今天恩施州的民族节日“女儿会”就是传统自由恋爱的历史遗留物。但是，当时的统治者也在他们对社会的治理中极力推崇封建正统儒、道文化，使儒家文化中的中庸、礼、义、仁、信在当地得到了很好的传播，深入到当时的家规、族法和人们的行为观念中，今天的很多民谚从来源上可以从过去的地方官员发布的告令、家族族规、祖训和儒家经典中找到原文。现在，当地实行民族区域自治，按自治法规定，自治地方各民族都有保持或改革自己民俗习惯、行为模式的自由，自治机关应保障而不是干预。当地一些民间人士基于传统文化和社会现实需要，恢复和改造了过去禁止的一些民间组织和文化，一些传统的文化有了新的发展，如，好几个大姓家族现在续编了族谱、修订和制定了新的族规，力图在新的形势下既要强化家族力量，又要实现社会新的平等自由要求，最终实现个人在社会中的最大发展，从这个角度看，习惯法行为的选择是自然理性选择，较少受到外力强制。

所以，“和”的习惯法可以说是历史与现实有机结合的产物。这种“和”的习惯法虽是不同于国家法的知识系统，但对今天国家的社会治理却利多弊少，无害社会。它在国家制定法尚未很好深入民间，不能有效调节社会矛盾时，在民族地区形成一种保障秩序的规则系统，具有康芒斯所谓“隐行的制度”之特征，发挥着对乡村社会的治理功能，维系着乡村社会和谐，② 即使在将来国家法普及

① 见龙大轩：《和合：传统文化中的国家法与民间法》，载《西南民族大学学报》，2007（6）。

② 见冉瑞燕：《民族习惯法对乡村社会的治理——以湘鄂西民族地区为例》，见《民间法》第八卷，济南，山东人民出版社，2009。

乡村后也仍然可为国家法的有效实施作出贡献。

四、民谚作为行为习惯法载体的启示

民谚作为习惯法规范，通俗易懂、生动形象，便于传播，关键是其自然形成源于社会有关的人都参与对民谚规范的感知、对话与讨论之中，是真正的“话语民主”。德国哲学家哈贝马斯认为，商谈与讨论的目的就是为了共同寻找真理，对所争论的社会规范寻求一致性的意见。交往者通过商谈和讨论，不仅对自己和他人的行为动机、所提出的行为要求进行批判性审议，而且更重要的是要对行为规范的合理性与有效性进行反复的论证，形成社会共识。这就为我们立法和普法提供了一条新的路径，立法、普法要进入民间必须让社会广泛深入商谈讨论，形成通俗易懂、简洁明快的民间语言，而不是只有专家才懂的法言法语。

民谚作为习惯法是我们研究国家法与民德关系的新窗口，国家法只有与民德相联系才有社会根基，才能进入民间，内化为社会信奉的习惯法。哈贝马斯认为，任何一种共识都是建立在主体间对于可以批判检验的有效性要求的相互承认基础上的；其前提是交往行为者能够进行相互批判。[①] 承认、重视并遵守共同的社会规范，是实现交往行为合理化的基本前提和条件。民谚的存在是因为民谚包含的是最佳理由和最佳论证的“强制”，因而实质是无强制，是在道德主体之间建立的一种相互平等、不可分割的关系，让人们在“相互理解”基础上“达成共识，取得一致”。因此，社会参与者就能够将自己的行为自觉纳入这种社会规范之下，并通过接受规范指导而使自己的行为合理化。

① ［德］哈贝马斯著，曹卫东译：《交往行为理论：行为合理性与社会合理化》，118页，上海，上海人民出版社，2004。

土家族西兰卡普纹样解读

——以中南民族大学民族学博物馆馆藏织锦为例

王瑞莲[①]

土家族织锦又名西兰卡普，也叫织花布，在土家族多姿多彩的民族艺术中，以“西兰卡普”最具有代表性。通过这些绚丽多彩而又粗犷淳朴的土家织锦，我们能窥视出这个古老民族曾有过的生活习俗，了解其特有的民族精神与性格，发掘那隐藏于形式美背后丰富的民族文化内容。要想真正了解土家族织锦的精髓，就得从其千变万化的图案入手。图案是民族服饰的重要组成部分，在民族服饰乃至整个民间美术体系中都起着传情达意的作用，它不是简单地模拟对象形体的外形，而是通过色彩及纹样等外在造型形式反映其内在性格、精神、本质，传达物化于其中的人的思想情感、精神追求、审美观念、文化传统等，将造型语言形式化、人格化，形、意交融于一体，抒发人的情感，展现实用功能和审美意念的和谐统一，满足人们的物质生活和精神生活更高层次的需求。

中南民族大学博物馆收藏有土家族织锦大约 180 余幅，主要为 20 世纪 50 年代初从湘西一带收集，20 世纪 90 年代的时候又补征了一批。

---

① 王瑞莲（1964—），女，苗族，中南民族大学民族学博物馆副研究员。

一、西兰卡普的图案构成

关于西兰卡普图案的分类，有很多种，有的从图案表面形式来分类，如已故著名的美术史家阮璞先生在《土家美术史》中的分类，他把西兰卡普图案分为自然物象图案、几何形图案和文字图案三大类。[①] 也有的从西兰卡普图案的内容题材来分类，如湖南研究者认为应分六大类：动物题材，植物题材，日常用具题材，抽象几何纹，文字题材，天象题材。[②]，分类最细的当数辛艺华、罗彬著的《土家族民间美术》，该书把西兰卡普的图案分为八类：花草类、鸟兽类、家具用具类、钩花类、天象类、地舆类、意象吉祥类、字花类。[③]，也有的学者分四类：鸟兽类、家具类、意象吉祥类、文字类。按照图案内容题材分类，总有遗漏之处，不能够完全包括土家织锦的所有图案。

从中南民族大学博物馆收藏的西兰卡普的图案进行统计，土家织锦的图案大约有200余种，比较常用的有120余种。从本馆收藏的土家族织锦看，其图案的构成可以分为以下几种：自然物象类、抽象几何类、文字类三大类。其中自然物象图案占绝大多数，并且往往与抽象几何图案交融在一起，互相衬托，自然物象通过提炼趋向几何纹图案，几何纹图案也有许多自然痕迹可见。

自然物象类的图案包括了植物纹、动物纹、日常用具纹、故事题材纹、日月星辰纹等等，是西兰卡普纹样中最丰富多彩的一类。其中植物纹有：小白梅、九朵梅、莲蓬花、韭菜花、岩墙花、大刺花、藤藤花、大烂枯梅、南瓜把、牡丹花、苗花、八瓣花、柴蔸花、金勾莲花、八角香花、枫叶花、麻阳花等，动物纹有：马毕

---

① 阮璞：《土家族美术史》，上海，上海人民美术出版社，1989。
② 左汉中：《湖南民间美术全集：民间织锦》，长沙，湖南美术出版社，1994。
③ 辛艺华、罗彬：《土家族民间美术》，武汉，湖北美术出版社，2004。

花、石毕花、阳雀花、燕子花、龙纹、蛇花、猫脚迹、狗脚迹、虎脚迹、蝴蝶纹、凤鸟纹、喜鹊、鹭鸶、台台虎、虎头花、猴手纹、螃蟹花、虎皮花、蟋蟀花、狗骨头花等，日常用具纹有：桌子花、椅子花、豆腐架、粑粑架、桶盖花、船船花、龙船花、锯齿花、梭子花、神龛花、背篓花、灯笼花、小背斗花、窗格花、玉簪花、凳子花等，故事题材纹有：喜鹊闹梅、四凤抬印、八狮抬印、土王五颗印、老鼠嫁女、迎亲图、野鹿含梅、鲤鱼跃龙门、狮子滚绣球、龙凤呈祥、小马拉车、八凤祝寿等，现代新增加的图案中多属此类，日月星辰纹有：太阳纹、月亮花、梭罗花、梭罗丫、云勾花、整月花、半边月、满天星等。自然物象图案约70余种，占到传统图案的一半以上。

抽象几何类的图案是西兰卡普纹样中最变化多端的，也最能够体现土家姑娘的纺织水平，如四勾花、单八勾、双八勾、妥毕八勾、单十二勾、双十二勾、二十四勾、四十八勾、七十二勾、秤勾花及勾纹的变种纹饰。纺织这种抽象几何纹饰，不仅需要一般的纺织技巧，还需要具有一定的数学几何知识，如何在一块不大的锦上有规律地排列这些几何图形，做到既有整体感，有可以单独成图，确实需要有一定的数学几何功底。

变形文字类的图案稍少些，主要是一些寓意吉祥的文字，如福禄寿喜、万字流水、一品当朝、田字纹、福字纹、寿字纹、禄字纹、喜字纹、王字纹、十字纹、米字纹、井字纹及变形的寿纹，等等。

二、西兰卡普典型纹样解读

从西兰卡普的纹样含义分析，西兰卡普的纹样内涵主要来源于对祖先的崇拜，对历史的回忆，对自然万象的模仿，对未来生活的美好祝福等等。下面就对一些典型的图案进行分析。

1. 图腾崇拜的印记

台台花：也叫台台虎，主纹是虎头形的动物纹，“台”在土家语里为“条”的意思，虎头形纹样呈二方连续展开呈条状。在这一纹样中，动物鼻眼的图形清晰可辨，中间的矩形与倒三角合成虎的鼻子，两块小的菱形为虎的眼睛，最上边的菱形为虎的额头，长方形两边的细条纹则为虎的胡须，一幅虎的头形完整展现在织锦上。台台虎纹样的织锦，专用于做小孩的盖裙，是外婆看（望）月时必须送给小外孙的礼物。盖裙不但美观漂亮，而且实用，在家时是包裹婴儿的襁褓，婴儿睡觉时是覆盖小摇篮上的窝窝被，出门在外时又是贴身的软背兜，这里寄托了外婆的心愿，期盼小外孙健康平安的长大。

台台虎织锦之所以在土家人心中有如此高的地位，这与土家族的图腾信仰有关。土家族地区历来都有“崇白虎”和“赶白虎”的习俗。具体而言，湘西一带的土家族是赶白虎的，他们相信在每个月的寅日即虎日，有栏路白虎出现，专叼 12 岁以下小孩的魂魄，故当地民间在这样的日子是忌小孩走亲戚、出远门的。“有这种小孩的人家在每年秋收以后，要请土家巫师赶一次白虎”。在湘西，“凡婚丧喜庆和节日，则于门口画一白虎，又画一副弓箭，引弓欲射白虎。有人害病时，由土老师念咒语在屋里赶白虎，并用草扎一只白虎烧掉，作为禳灾避邪”。[①] 追根溯源，这与土家族族源的一支——板楯蛮有关，传说板楯蛮是以狩猎为生，善射猛虎。据《后汉书·南蛮西南夷传》记载：“板楯蛮夷者，秦昭襄王时有一白虎，常从群虎数游秦、蜀、巴、汉之境，伤害千余人。”昭襄王于是招募板楯蛮夷射杀白虎，并免去其族人田租，伤人者论罪，杀人者可以用钱赎死。张雄先生认为，这些“专以射白虎为事”的“阆中夷人”也世号“白虎复夷”或“弓弓头虎子”。“白虎”也成了板

① 何光岳：《南蛮源流史》，408 页，南昌，江西教育出版社，1988。

楯蛮夷的族徽。[①]

在鄂西的土家族地区，土家人是敬白虎的。许多人家在家中敬奉坐堂虎，喜欢给小孩戴虎头帽。这与土家族族源的另一支——廪君蛮有关，根据廪君蛮的传说，巴氏首领廪君死后魂魄化为白虎，其后人以人祭祀白虎，并以白虎为图腾。虎被做成各种器物的装饰物，在鄂西及重庆发现的许多船棺葬中，出土的兵器有虎纹及手心纹，虎纹最为常见。[②]。还有虎钮錞于，更是巴人的典型器物。这一切，无不说明了虎在土家人心中的崇高地位。

石毕花：石毕是一种小动物，有的认为是小马，也有的认为这就是小老虎。从其图形看，更像顽劣的小老虎。图案由多个倒"V"形组成，头部有两个倒"V"形和一个三角形组成，三角形为虎头，两边斜垂的为双耳，尾部一个倒"V"形是虎的尾巴，下方两个倒"V"形组成了虎的四条腿，躯干由一个长方形和三角形组成，整体像一只小老虎迈着有力的双腿，栩栩如生。主体纹样斜向排列。这种图案也是虎纹的一种，其涵义与台台花相同。

2. 生命起源的隐喻

大蛇花：大蛇花由单边勾及万字流水做边饰，呈锯齿状，蛇身由规则的小三角形和菱形排列组成，呈连续不断的"S"形，似蛇身卷曲之状，白、黄、黑三色组成蛇身，恰似蛇身的斑纹，档头一般为寿纹。

蛇在许多的古老民族中都有着特殊的意义。传说中中国古代的始祖伏羲女娲，即为人首蛇身，尾部缠绕盘曲，喻示着人类始祖男女交合而产生人类。蛇象征着生育、繁殖，在民间，至今仍然流传着女子梦见蛇会怀孕的说法。中国的龙图腾，实际上是对蛇崇拜的最高境界，是对蛇的升华与神化。在古代的巴人中，也有崇蛇的传

① 张雄：《中国中南民族史》，62页，南宁，广西人民出版社，1989。

② 四川省博物馆编：《四川船棺葬发掘报告》，88页，北京，文物出版社，1960。

说。据《山海经·海内经》记载："西南有巴国，太皞生咸鸟，咸鸟生乘厘，乘厘生后照，后照是始为巴人。"而太皞氏是以蛇或龙为图腾的远古部落首领。《左传·昭十七年》记载："太皞氏以龙纪，故为龙师而龙名。"太皞氏的旧址原在今河南淮阳县，其后人经过漫长的辗转迁徙，其中的一支"降处于巴"，到达了今鄂西渝东之地。①，可见，这是土家族族源的另外一支，与崇虎的廪君蛮和赶虎的板楯蛮都有区别。这个崇蛇的部族，最后也融入土家族中，并把他们祖先的图腾通过织锦的方式保留下来。另外，在贵州的土家族也传说蛇与鹰是他们的祖先。远古时，虎部落与蛇部落发生战争，蛇部落战败，只剩下一名叫佘香香的姑娘，后来是岩鹰救了她，并与她生下一男一女，由于临潭而生，便以谭（潭）为姓。后来兄妹两成婚，繁衍后代。这部分土家人相信蛇是他们的祖先，凡在七月间或祖先诞生日这天，如有蛇进屋，便认为是他家祖先的化身，禁止任何人毒打，只能让它自己退去。②，古文字学家认为，古"巴"字在象形文字中就是一条蛇。可见蛇在土家人心中有很重要的位置。蛇崇拜是土家族生殖崇拜的反映，是土家人对繁衍后代，子孙万代不息的愿望寄托。

勾花："勾花"土家民间艺人也称其为勾心纹，是土家织锦纹饰中最常见的抽象纹样，并由此衍生出一系列的勾纹，有单八勾、双八勾、十二勾，二十四勾、四十八勾、七十二勾，其中四十八勾是勾纹最具代表性花纹，也是土家织锦中最有代表性的花纹，民间有"四十八勾名堂大"之说，说明其织造过程之难。其特点是中心扩散法，边勾层层套连，层层换色，六边形的勾花外沿，用龙牙齿、狗牙齿及锯齿纹套边，整个锦面如同闪耀着光芒的太阳，令人头晕目眩。在民间，对"四十八"勾有多种解释，有的说这是对生

① 张雄：《中国中南民族史》，54页，南宁，广西人民出版社，1989。

② 辛艺华、罗彬：《土家族民间艺术》，72页，武汉，湖北美术出版社，2004。

长在山野间的勾藤树的模仿，也有的说这是蜘蛛，还有的说这是模仿太阳的光芒。

笔者认为，勾纹是隐喻生命的延续不断，隐喻男女欢愉的爱情。以四十八勾为例，最中心为万字流水纹，以此为中心用勾纹向周边扩散，万字代表子孙万代，勾纹由中心向四周扩散，表示子孙不断发展、壮大，勾勾相连，寓意代代相传，延续不断。此类纹锦多用于新姑娘出嫁的被面中，结婚本身就是直接与传宗接代、繁衍子孙相联系，这类纹锦出现在这种场合，其中寓意生命繁衍、代代相传的含义显而易见。民间也有说法："四十八勾勾小姑，土家被盖巧功夫，郎若看得新式样，陪装嫁奁中意不?"可见四十八勾纹锦是土家姑娘结婚用的典型纹样，在这种场合用的东西，往往不外乎两个意思，一是多子多孙，二是夫妻长久。勾勾也喻示着夫妻感情和睦，相互结合紧密，勾勾越多，感情越深，夫妻越长久，而这仍然是与生命的延续有关。

岩墙花：岩墙花颜色鲜艳，边上的多层锯齿纹像岩石缝隙的边缘，中间的花朵由三角形、长方形和菱形组成，每朵花形稍有区别，成纵向排列。在土家织锦中，岩墙花是属于最难织的一种。关于岩墙花图案的来源，有一个传说：从前有一位土家姑娘，坐在织机前苦思冥想新的织锦花样，突然发现家中院子的石围墙上有一朵野花开得正艳，粉红的花朵从石墙的缝隙中顽强地生长出来，姑娘被这朵野花所感动，于是织出了美丽的岩墙花。也有说岩墙花是模仿岩石砌的墙所产生的花纹而织成。不过看岩墙花的图案花纹，更像石墙中怒放的花朵。岩墙花所表达的是土家儿女对顽强生命的崇敬，是面对艰难的自然环境所采取的积极态度，有了这种顽强的拼搏精神，土家人民才能够把荒山变良田，荆棘变家园。

3. 祖先历史的刻印

船船花：船船花由六边菱形块组成，每单元格内由水波纹、小方块和"V"形纹所组成，湘西民间有船船相合之意。湘西、鄂西的土语，喜欢称小船为船船。在土家人生活的武陵地区，由于交通不便，河流也不大，小船是经常使用的交通工具。而土家姑娘要把小船织进锦里，却是因为要把对祖先的记忆永久保留下来，小船与土家族的历史有着非常紧密的关系。

著名的土家族族源传说廪君蛮的故事，就与小船有关。据《后汉书·南蛮西南夷传》记载："巴郡南郡蛮，本有五姓，巴氏、樊氏、瞫氏、相氏、郑氏。"五姓相约以掷剑的方式选出君长，结果巴氏首领务相独中，又约定各姓首领各乘土船，能够浮起来的就立为君长，还是务相一人的土船浮起来了，于是五姓共立务相为首领，即为廪君。廪君带领五姓蛮乘土船从夷水迁至盐阳，在盐阳打败盐水女神，并以此为都城，建立国家。传说廪君死后化为白虎，其后人便以白虎来祭祀他。可见土船在廪君的建国过程中起了非常关键的作用，后人为了纪念祖先的创业史，便把土船织进了织锦里面。另外，在土家族先民居住的鄂西、渝东一带，发现有大量的船棺葬，如1954年在重庆巴县冬笋坝和昭化县宝轮院，曾经出土船棺葬，"船棺葬者，若不是长于舟楫和傍水居的民族，想绝不会把葬具费偌大功夫来凿成舟形。船棺墓中的独木舟，从其大小及制作来看，是完全可以实用的"。[①]。三峡地区的考古资料证明，在三峡地区的悬棺葬中，很多棺木为船形，"单船棺为整木挖凿而成"。[②]。可见船在土家先民生活中的重要性，把船抽象化变成美丽的织锦图案也就不足为奇了。

土王五颗印：此锦是移植挑花纹样的产物，上下配以帷幔吊帘式的挑花纹，外档采用常见的猴手纹，窗格嵌花似的方印纹已变成了一种对称形的图案，印与印之间以莲花纹衔接，方印内的图案由万字纹和蝴蝶纹组成，整幅锦面显得既雅致又庄重。该锦纹饰，从

① 四川省博物馆编：《四川船棺葬发掘报告》，88页，北京，文物出版社，1960。
② 邓辉：《土家区域的考古文化》，274页，北京，中央民族大学出版社，1998。

取名就可以看出是为了纪念土司王的。

湘西土家族自五代后晋天福五年（940），经宋元明到清雍正的800年间，一直处在彭姓土司王的统治之下。后晋天福五年，溪州刺史彭士愁与楚王马希范在溪州一带大战，各有伤亡，双方停战议和，马希范承认彭士愁在湘西的统治地位，并享有军政特权，彭氏也承认马希范的楚国，并履行下属的某些义务，双方永不犯边，并立溪州铜柱为证。这次事件确立了彭氏在湘西的统治地位，这也可以看做是湘西永顺彭氏土司之始，彭氏土司王朝800年历史就是从这时开始计算的。明朝鼎盛时，湘西的三大土司——永顺宣慰司、保靖宣慰司、桑植安抚司均为彭氏家族的后人掌权。永顺土司为湘西最大的土司，明朝时下辖三个州：南渭州、施溶州、上溪州，六个长官司：腊惹洞、麦著黄洞、施溶洞、驴迟洞、白崖洞、田家洞。土司官职世袭，内部机构完整，拥有当地的军、政、财权，与中央的关系表现在“纳贡”与“回赐”上。但土司的承袭、升降、裁革和机构的置废，都必须听命于朝廷，土司所领土兵，必须服从中央的调遣。土司制度的历史与土家族的历史紧密相连，土司首领在土家人的心中就是王爷，就是“土皇帝”，土家人把土王当神一样供奉，把土王的印章织进织锦里，永久纪念。

4. 自然万物崇拜

梭罗花：梭罗花、梭罗丫、梭罗树，这三种纹样都是同一系列的变形，梭罗花的织盘中有四朵花，梭罗丫的中间是八朵花，梭罗树的中间是九朵花，花形似冬季天空飘舞的雪花。梭罗树在土家民间指生长在月亮中的神树，土家民间有谚语“梭罗花，梭罗丫，梭罗树上开桂花”。可见这与嫦娥奔月故事中月亮上的桂花树相符，表达了土家人对宇宙的无限遐想和美好情怀。

太阳花：太阳花纹中间为“王”字纹，围绕“王”字的是红色锯齿纹，象征熊熊火焰，朵花呈纵向排列，以菱形及狗牙齿围边。太阳是万物的主宰，万物的枯荣、大地季节的变换、昼夜晨昏的交替，无不与太阳有关。太阳崇拜在世界各民族中都有流行，并产生出形形色色有关太阳的神话。土家族也不例外，太阳在他们心目中是至高无上的，对太阳的崇拜也反映在各种传说故事中，如太阳妹妹、月亮哥哥的故事。

白果花：白果花纹呈菱形斜向排列，菱形内可见上下两片白果银杏叶，左右为花蕾形。白果花与著名的西兰卡普传说直接关联，传说中的女主人公西兰就是为了要织出白果花而惨遭兄嫂毒手，这一家喻户晓的传说，在民间广为流传，西兰也成为土家姑娘效仿的榜样，西兰没有织出的白果花，也由她的姐妹们完成了。①

其他还有很多织锦图案，其中都寓意着丰富的民俗文化内涵，如万字流水纹寓意千秋万代，阳雀花是为了纪念死后变为阳雀的西兰姑娘，还有许多从汉族民俗文化引用过来的图案，如老鼠嫁女的故事、鲤鱼跃龙门、八凤祝寿、凤穿牡丹等等。

土家人通过丰富多彩的织锦纹样，表达了自己的审美情趣，展示了本民族在发展过程中的历史轨迹，展现了本民族的风俗文化，用特殊的语言解释了对生命的理解。因此，对织锦的研究，不应该仅仅是从美学艺术上进行研究，同时也是对一个民族的心理意识、民俗文化和民族历史最深层结构的研究。

① 汪为义等：《湖湘织锦》，75页，长沙，湖南美术出版社，2008。

三峡巴东天子岩岩画的发现与初步研究①

杨　超②

一、概　况

天子岩属于恩施土家族苗族自治州巴东县，位于东经110°04′~110°32′，北纬30°13′~31°28′。巴东，自古以来历史悠久，原为巴国故地，西周时期为夔子国地，秦时属巫县。南朝宋景平元年(423)置归乡县，北周改名乐乡，隋开皇十八年（598）更名为巴东。巴东县南北狭长，县境地处长江三峡中段，重峦叠嶂，万壑千岩，地形复杂。2009年11月21日，笔者与巴东博物馆馆长向勇先生和三峡大学艺术学院陈文武教授一同去巴东考察天子岩岩画。我们6：50出发，乘着小船沿着长江行进了两个多小时，才进入通向天子岩的小溪河，又过一个小时，才到达小溪河渡口，也就是天子岩的脚下。沿途风景优美，山清水秀，令人陶醉。天子岩可以沿着长江的支流小溪河（或称天子河）进入，到达一个叫做篨叶塘的地

---

① 基金项目：湖北省民族宗教事务委员会基金项目（HBMW200928）

② 杨超（1973—），男，岩画学博士，三峡大学长江三峡发展研究中心副教授。

方，即是天子岩岩画之所在。

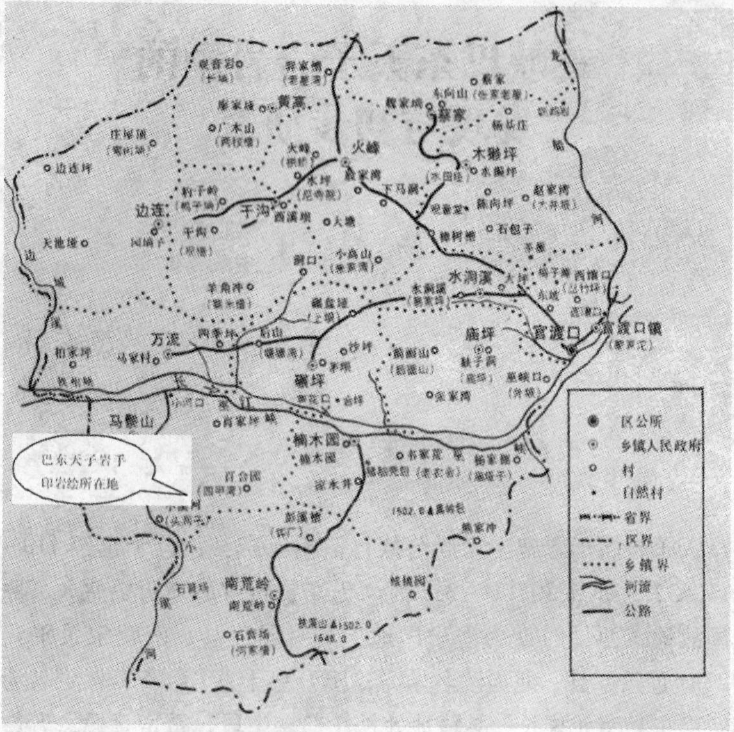

图 1　天子岩所在的位置

图2 远眺天子岩
(2009年11月21日 杨超摄)

图3 巴东天子岩岩绘
(局部，2009年11月21日 杨超摄)

天子岩，因其崖面非常笔直又叫做斧砍岩，又叫手巴岩，顾名思义，是因岩石表面有手印而得名。它是一面笔直的石崖，其面朝北，位于南部山脉的阴面，对面是北边的山脉，两道山脉之间即是小溪河。天子岩的崖面可以说是一道绝壁，下面是万丈深谷，直接通向小溪河谷，形成了一个“T”字形，视野非常开阔。

手印岩画被当地老百姓叫做“血手印”、“红掌印”、“手板印”、“岩板印”等，当地人认为手板印是从岩石里长出来的，并且认为这个地方有某些神奇的功效，至于这些手印到底是什么时候“长”出来的，预示着什么，没有人能说得清楚。整个崖面呈冷灰色，东西走向，长约 20 米。岩画位于岩石表面的中部，与地面形成 30 度夹角，距地面平均约 2.6 米。整幅岩画由左右两个部分组成，现存的手印岩画总数达 394 枚，如果加上已经脱落的岩画，岩画数目应当在 400 枚之上。左边的岩画分布在长 1.7 米，宽 0.5 米的范围内，数量较少，仅有 20 枚手印，其中 16 枚右手手印，1 枚左手手印，3 枚模糊不清，这些手印分三层依次排列。此外，两枚手印是被横向印在岩石上，手指的方向直指左方。右边是整个岩画的主体，达 374 枚，尤其值得注意的是，其中包括 59 枚手印拉痕岩画。这样数目集中的岩画在中国，乃至世界上其他地区都非常少见。这近 400 枚手印分布在长 7.3 米，宽 1.4 米的范围内，大部分是右手手印，5 枚左手，6 枚断指，40 枚模糊手印，单个手掌印长 16 厘米，宽 13 厘米。上下左右排列规则有序，中间手指拉动平行线条的手指拉痕，分布地点非常集中，此区域长 1.4 米，高 0.7 米，手印拉痕 59 枚，分五排布列：第一排 4 枚、第二排 11 枚、第三排 14 枚、第四排 8 枚、第五排 19 枚，横着的手印拉痕 3 枚，边缘形态清晰干净。手印所处的位置距离平地约 1.5 ~ 2.6 米左右的崖壁上。崖壁的下方有一块宽约 20 米的平地，可供许多人活动，崖壁明显是由于断裂而成，崖壁面的断层非常明显，在其周围的地面上和脚下的山坡上有许多自然脱落的小石块，当是当时山崖断裂时残留下来的。总体来说，岩画虽然历经风雨，绝大部分保存完好，只有少部分因为自然风化、岩石脱落以及人为破坏原因，有了一些残破的现象。

二、巴东天子岩岩画年代的初步探讨

现已发现的手印岩画遍及世界各地，从制作方法和分布地点来说，主要表现为两种形式：一是在露天的岩石表面，出现在这些位置的岩画，要说区别的话，仅仅表现在岩石面的角度不同，或在岩壁上，或在倾斜的岩石表面，或在平坦的岩石上，一般都是采用凿刻、磨制、雕刻的方法来制作。通常情况下，这些手印岩刻都伴随着其他的形象出现，几乎没有独立以手印为主题的作品。手印岩刻制作精美，被凿刻成阴型，部分手印岩画是断指或者缺指的，也有些表达夸张和奇特的手印。从世界范围来看，以凿刻形式制作的岩画数量较小，在我国分布也不广，主要分布在北方：宁夏贺兰口，这里的手印是和人面像相伴出现；新疆的库鲁克塔格是和狩猎的场景、各种动物形象和人物形象一块出现；昆仑山和内蒙古的阴山也有发现。另外一种形式通常分布在洞窟、岩阴下，只是洞窟中深浅不同而已。欧洲的手印岩绘一般都处于较深的洞窟，保存较好，需要借助人工照明才能看到。我国发现的手印岩绘，从目前的情况看，主要出现在两种位置。北方的手印岩绘，出现在洞窟里面，如内蒙古阿拉善地区，洞窟较浅，通常只有几米，开口较大，借助自然光可以看到岩绘。南方主要分布在岩阴下，以云南地区的沧源和耿马为主，位于倾斜的岩壁上，崖壁的下部向里凹进，上面向外凸出，可以遮挡风雨。三峡巴东天子岩手印岩绘也属于这种类型。作品制作上表现为两种，一种是阴型手印，通常把手置于岩石表面，用动物的骨管在手周围吹喷颜料与岩石表面的颜色形成对比制成阴型手形。还有一种直接用手蘸上颜料，按在岩石表面形成阳型手印，有些手印甚至还可以看见指纹。

岩绘的颜料通常选用动物的脂肪、骨髓和矿石粉末调和制成，颜色以红色和黑色居多。从世界各地发现的情况来看，手印岩绘是手印岩画的主要形式，无论是数量和分布的范围，在这类题材中占据有绝对优势。如西班牙加斯特罗、法国的科斯凯、阿根廷巴达克尼亚、澳大利亚卡卡杜国家岩画公园、中国内蒙古阿拉善右旗等地的洞窟岩画，中国云南沧源和耿马岩画等岩阴艺术，以及刚刚发现的三峡天子岩的手印岩绘，都是这种形式。

在岩画研究领域，目前还不能直接获得其创作的具体年代，尤其是岩刻，基本上都是根据其他因素间接（遗留物、岩画图形的叠压、岩画图案与其他图案的对比、岩画中某些消失动物或者植物等）考证作品产生的时间。而岩绘，采用碳 14 测定的方法进行断代基本上已经成为国际科学界通行的做法。一些地区已经根据这种方法对岩绘进行了断代，如阿根廷的巴达克尼亚手印岩绘被测定为43 000年前，法国的科斯凯测定为25 000年前的作品，西班牙的加斯特罗（castllo）岩绘也被测定为属于同一个时期，澳大利亚的卡卡杜被认为是20 000年前的作品。中国的洞窟手印岩绘，盖山林认为阿拉善地区雅布赖山的几个手印洞窟岩绘是旧石器晚期的作品，[①]宁夏白芨沟洞窟中的手印岩绘也被认为是旧石器晚期产生的。[②]就目前发现的这些洞窟岩绘来说，洞窟中手印岩画可能是时间最早的，有时候和最古老的动物在一起，被认为是属于奥瑞纳初期的作品，甚至可能比动物图形还要早。[③]

① 盖山林：《阿拉善雅布赖山手印岩画的初步研究》，载《文艺理论研究》，1991(3)。

② 束锡红、李祥石：《贺兰山岩画与游牧文化》，88 页，上海，上海古籍出版社，2007。

③ 陈兆复：《中国岩画发现史》，333 页，上海，上海人民出版社，2009。

表1　世界著名手印岩画比较

地方	位置类型	岩画类型	手印类型	形状	式样	颜料	颜色	共存图像	保存情况	创作时间	表达场景
西班牙加斯特罗	洞窟	岩绘	阴型	向上伸开	有断指	矿石粉末和动物骨血结合	红色和黑色	阴型手印和大型动物	清晰	约25 000年	早期狩猎者岩画
法国科斯凯	水下洞窟	岩绘	阴型	向上伸开	有断指	有断指	红色	阴型手印和动物岩刻和几何符号相伴	腐蚀严重	约25 000年	早期狩猎者岩画
阿根廷巴达克尼亚	洞窟	岩绘	阴型	向上伸开	手指齐全	无	红色	阴阳型手印和其他动物人形图案相杂	清晰	约43 000年	早期狩猎者
阿拉善右旗地区	洞窟	岩绘	阴型	向上伸开	有断指	赤铁矿粉和黏合剂	红色黑色	阴型岩绘	多数清晰少量模糊	旧石器时代晚期	早期狩猎者岩绘
宁夏贺兰口	露天	岩刻	阴型	向上伸开	手指	无	无色	阳型图案和人面像、人形岩刻相伴	清晰	约3 000年	复合经济型岩刻
宁夏白芨沟	洞窟	岩绘	阴型	向上伸开	有断指	矿石粉末	红色	阴型图案和动物图案以及符号相杂	不清晰	约20 000到10 000年	早期狩猎者岩绘

续表

地方	位置类型	岩画类型	手印类型	形状	式样	颜料	颜色	共存图像	保存情况	创作时间	表达场景
新疆的库鲁克塔格	露天	岩刻	阴型	向上伸开	有断指	无	无色	阳型手印和其他动物、人形以及植物相伴	清晰	约2200年	复合经济型岩刻
云南的沧源和耿马	岩阴	岩绘	阴型	向上伸开	手指齐全	赤铁矿和牛血调和	红色	阴阳型手印和狩猎场景以及动物相伴	清晰	约2000到1000年	复合经济型岩绘
三峡天子岩	岩阴	岩绘	阳型	向上向左伸开	有断指	页岩粉末和动植物尿液合成	红色	阳型手印岩绘	多数清晰少数模糊	?	复合经济型岩绘

从这些洞窟岩画展现出的题材来看，都是一些大型的野生动物——动物形或者拟人的动物形状。通常情况下，人形都会戴有面具；场景一般比较简单，偶尔也出现了复杂的场景，但是非常少见，一般都是单一的形象组合；风格上普遍表现为自然风格和简单的符号；制作技术上盛行雕刻之后给岩刻涂上彩绘，总体制作岩绘的技法较为单一，在某些具体的地方仅仅表现为岩绘，不用雕刻之后再进行绘制；一般出现在垂直的岩石表面、洞窟的顶部。具有这

些基本特征的作品被阿纳蒂教授认为是早期狩猎者的岩画，[①] 是岩画年代序列中最早出现的。这一时期以西班牙、法国的洞窟岩画为代表，是属于人类早期的创作，通常被认为是旧石器时代末期以前的作品，西班牙、法国、阿根廷、澳大利亚和中国宁夏、内蒙古的洞窟岩画从题材、场景、风格、制作技法和所出现的位置都符合以上的特征（见表1）。而最近发现的天子岩手印岩画场景非常简单，仅仅是单一的手印，没有其他的大型动物形象相伴。在式样上有断指，但是相对数量较少。手印的颜料均是红色，描绘的方法是先蘸上颜料，然后直接拓在岩石表面，呈现出阳型手印。三峡天子岩岩画与早期洞窟岩画对照发现，早期的洞窟手印一般出现在墙上凹进去的地方，手印呈现出阴型，很少有阳型的手印，左手比右手更为普遍（皮特曾经对西班牙加斯特罗的岩画做了统计，是 159 比 23）[②]。天子岩手印岩画既不在洞窟，也不具有早期手印岩画的特征，笔者认为是较晚的，至少要比中国内蒙古的阿拉善地区的手印岩绘要晚。当地流传的神话传说中有关赵匡胤与手印岩绘的关系也从某种程度上说明，天子岩的手印岩绘也是非常晚的。中国境内经过考证较晚期的手印岩画，如中国新疆的库鲁克塔格、宁夏贺兰口的手印岩刻，云南的沧源和耿马岩绘，从岩画的类型、手印类型、形状、式样、颜色构成、共存的图像、表达场景等几个方面来看，库鲁克塔格、贺兰口、沧源和耿马的岩画表现出与早期洞窟岩画更多的共性（见表2），应当说它们从时间上更靠近一些。而这几处岩画和天子岩岩画在风格、场景和出现的位置上具有相同或者相似的特点，说明三峡天子岩岩画产生的时间更接近于这几处岩画点，

---

① 阿纳蒂认为岩画的有四种年代序列，早期狩猎和采集者，进化了的狩猎者和采集者，畜牧者岩画和符合经济型岩画。具体参见 Anati，World Rock Art – The Primorodial Language，Edizioni Del Centro，1994，pp47.

② Peter J. *Ucko and Andrec Rosenfeld*，*Palaeolithic Cave Art*，World University Library，1967，pp99.

天子岩手印岩绘很可能和这些岩画是同一时期的作品。

表2　天子岩手印岩画所具有特征与阿纳蒂教授所总结的一般特征之比较

地点	题材	场景	风格	制作技术	位置
云南沧源和耿马	阴型手印、符号、动物、残缺的人形建筑物	复杂场景，抽象的叙述	抽象的，隐喻的	手印是吹喷制成、其他的符号、动物人形和建筑物是用刷子绘制	垂直岩石表面
贺兰山贺兰口	阴型手印、鹿、羊、马、人面像	叙事的场景	抽象的、隐喻的、和具体的	凿刻	接近垂直的岩石表面
新疆库鲁克塔格	阴型手印、动物、人形、植物和建筑物	具体的叙述的场景	具体的、隐喻的	凿刻	垂直的岩石表面
三峡天子岩	阳型手印	抽象的场景	隐喻的	手蘸上颜料，按在石面上	垂直的岩石表面
阿纳蒂总结复合经济型岩画	人、动物、建筑、工具和武器。表意型和图画型岩画占绝对优势	复杂的场景和组多重场合的景，神话的场景分布广泛	简略和抽象的，大量使用隐喻的描述	岩刻为主的技术，在某些地区岩绘略胜	平面、倾斜的和垂直的表面。地点的变化更优于其他类别

云南沧源和耿马手印岩绘产生的年代经过和云南的青铜器铜鼓图像的对比，同时根据岩画所反映的习俗和有关文献的记载，邻近

地区岩画关系的分析，认为是从汉代开始到明代15世纪的作品。也就是说这些岩画最晚也是600年前人们的创作。[①] 汪宁生先生认为这些手印岩画最晚应当是1000多年前的作品，宁夏的手印岩刻据考证大约在3000年前左右，新疆库鲁克塔格手印岩刻约在2000年前左右。[②] 这几处岩画在题材、场景、风格、制作技术、位置和阿纳蒂教授依据世界上同类型岩画（复合经济型岩画）的普遍规律经过比较发现：这些岩画点所呈现出来的特征除岩画地点的不同和三峡地区仅仅以手印为主题的单一题材之外，其他几乎是相同的。这些岩画点都体现了复合经济型岩画的基本特征，暗示这些岩画点所出现的作品在创作时间上和复合经济型岩画一致，属于岩画出现最晚的一个时期。因此，上面列举的手印岩画可以这样认为：洞窟手印岩画要早于岩阴和岩石表面的岩刻手印岩画。从我国目前发现的手印岩画来看，内蒙古阿拉善地区和宁夏白芨沟洞窟手印岩绘创作的时间最早，然后是云南沧源和耿马、宁夏贺兰口、新疆库鲁克塔格手印岩刻和三峡地区手印岩绘。它们之间产生的时间跨度较大，相差一万多年，期间手印岩画在岩画创作的历史是缺失的，直接从早期狩猎者岩画到了复合经济型作品。同时，依据已知新疆、宁夏和云南手印岩画的时间，其中云南沧源和耿马的手印岩绘最晚，约距今2000多年到1000年之间。依据表2，可知天子岩手印岩绘更接近于云南沧源和耿马岩画，但是从云南和天子岩岩画两者分别与阿纳蒂的复合经济型岩画的特征比较得知，云南沧源和耿马岩画具有更多的相同或者相近的特点，也就是说，天子岩手印岩绘应当在云南沧源和耿马岩绘之后。又，当地老百姓中间依然流传的赵匡胤出生传说，也可以从某种程度上给我们暗示，天子岩应当是

① 汪宁生：《云南沧源崖画的发现与研究》，115～117页，北京，文物出版社，1985。

② 陈兆复：《中国岩画发现史》，115、156页，上海，上海人民出版社，2009。

1000 年前的作品。

三、意义试解

1. 颜料问题

一个有关岩绘的故事更能说明颜料在岩绘作品中所表达的意义。18 世纪 70 年代，一个南非布须曼人讲述了一个男孩子和女孩子在制作岩绘之前的一段对话：

I have got some hara（black pigment），so I will paint a gemsbok.（男孩子说，“我得到了一些黑色的颜料，所以我要画一个大羚羊。”）

His companion replied, I have got some tó（red hematite），so I'll paint a springbok.（他的同伴回应说，“我得到了一些红色的颜料，所以我要画一个跳羚。”①

这则对话说明：在布须曼人的眼中，不同的色彩背后隐藏着不同的意义。“在赞比亚，红色传统上用来描绘的动物，偶尔伴有人形，一般这些动物被由点组成的线条覆盖，这种表现形式几乎成为传统象征的一部分。根据已知的情况，这种用红色颜料表现动物的方式通常是以岩绘的形式来展示的。这些动物的形象非常不写实，常见的形态是肚子的尺寸极度夸张，短腿、短尾和小头，甚至多数时候头是被忽略的。由于它们体形的比例严重失调而导致很难辨认动物的类别。现在一般根据岩绘所属地的动物来确定动物的种属，作为主题广泛分布的动物有：大象、犀牛、狮子、豹子、水牛、长颈鹿、大角斑羚羊、扭角条纹羚、鬣狗、疣猪、野猪和鸵鸟。在这些动物里面，羚羊好像是岩画中表现最广泛的题材。……红色题材的另一种形式表现为几何图形，典型的图形包括圆形、同心圆、残

① Jean Clottes, *World Rock Art* , The Getty Conservation Institute , Los Angeles, 2002, pp77.

缺的圆、内部有射线的圆、梯形、线条、一组平行的线条。它们在岩绘和岩刻中普遍存在，只要它们（几何图形）被绘制在那里，那儿主要的颜色总是红色”。[①] 红色基本上用来绘制东西，可能他们并不尽知其中所蕴含的意义，但是在实践中，他们照样会遵从。在亚洲的印度皮摩波特卡，旧石器晚期的地层中，发现了用绿色石头做成的绿色颜料，但是这种绿色崖壁画通常固定地表达了舞蹈和狩猎活动，还没有发现有此颜色描绘其他的活动作品。[②] 在赞比亚发现的岩绘与印度的这种绿色岩绘有着异曲同工的妙用。

一般来说，在岩画的创作中，颜色也是多种多样，但是却通常以红、黑、白三种色调为主。在这几种颜色的搭配中，有时候会发现其中一种颜色与另外一种相比较，在岩绘作品中占有主要的位置。学者们发现有几个主要的原因：一是经济的原因，这些颜料本身比较昂贵，不易获得；二是可能会考虑其不易褪色的特点；三是产生这种现象是与颜色本身的含义有关。

天子岩发现的手印岩绘呈现出红色，颜料经过化学检测是从天然赭石中提取的，构成赭石是氧化铁和不纯的土质，在颜色上呈现出色度不同暖红色，保存的时间与岩石一样久远。[③] 为什么用红色来表现呢？除了可以就近提取颜料之外，主要还是与颜料颜色本身所象征的意义有关。可以说，史前人类对颜色的使用是非常敏感的，使用的颜色几乎都有某种象征，其中包涵有一定的意义，颜色使用的得当与否直接与他们的命运以及生活息息相关。直至今日，人类学的研究资料表明，在非洲的一些部落之中，和以下三种颜色相联系的一些典型的经验依旧在社会关系的实践中发挥着作用：

---

① Benjamin W. Smith, *Zambia's Ancient Rock Art*: *The Paintings of Kasama*, National Heritage Conservation Commission Heritage House, 1997, pp12 ~ 13.

② 陈兆复主编：《岩画》，102 ~ 103 页，北京，中央民族大学出版社，1995。

③ 笔者的博士论文：《圣坛之石——意大利梵尔卡莫妮卡岩画研究的现状以及启示》，33 页，2009 年。

白色：(1) 表示精液是和男人与女人的交媾相联系；
(2) 表示乳汁是与母子相联系的。

红色：(1) 表示母亲的血是与母子相联系，也是和群体以及社会过程有关；
(2) 表示流血是和战争、夙愿、冲突、社会的不稳定有关；
(3) 表示动物食物的获得或者制作，进而表示狩猎者与畜牧者的社会地位，在性别劳动分工中男性的主导生产者的角色；
(4) 表示血脉的代代传承，进而表示排泄物或者肉体的消亡，进一步表示从一个社会的人转变为神秘莫测的死者。①

黑色：表示下雨的云或者肥沃的土地，进而表示最为广泛地分享同一价值观的统一体。

在岩画的色彩中，红色是作画主体——人制造出的，因而也融入了更多的主体情感的色彩，也因此而获得了观念的意义。② 红色，如朱砂、赤铁矿粉、动物血、甚至还有人血，在原始人葬俗中被普遍使用。原始人认为人的死亡与缺乏红色（血液）有关，生者给死者抹上这种近似血色的颜色，即使不能使死者复活，至少也表示出生者的一种强烈的情感倾向，意在呼唤生命延续，这是一种巫术信仰的继承。③ 澳洲的土人今天还有在用赭铁石粉（红色）涂抹身体，作为增强力量的象征。尼安德特人还在死者尸骸的周围放有石

---

① Victor Turner, *The Forest of Symbols: Aspects of Ndembu Ritual*, Cornell Universit Press, 1967, pp89.

② 张连生：《中国岩画色彩小议》，载《南京艺术学院学报（美术与设计版）》，1991（9）。

③ 陈明：《云南文山岩画红色主题浅说》，载《民族艺术研究》，2006（4）。

制的生产工具和撒有红色的碎石片。中国北京山顶洞人的原始人在发掘的死者的尸骸上，也发现撒有赤铁矿粉，这些赤铁矿碎块最大的有20厘米，在不同地点发现的碎块能相互对接，并能看出人工打制的痕迹。所有这些都表明，红色已经在很早时期的远古人那里已经被赋予了某种涵义。在原始人的眼里，红色是火、血、生命和温暖的象征，撒上它就等于给死者输血，死者因此就有可能再生。因而撒在逝者的周围可能代表血液，在岩绘中可能与绘制的形象联系在一起才能表示某种涵义。不同的形象和红色联系在一起应当表示不同的意思，可能表示生命或者生命之火等等。现代学者研究表明，“常在红色背景中生活和工作的人在记忆、校对等准确性测试方面得分较高，而在蓝色背景下生活和工作的人则表现出了出色的想象力和创造力”。① 研究人员曾经对于不同的颜色做了实验，“找来了208名大学生，先要求他们在2分钟内记住呈现在计算机屏幕上的36个词汇，过20分钟后请他们回忆。结果发现，当计算机屏幕呈现红色时，这些词汇被回忆出来的数据的准确率明显高于蓝色屏幕”。② 可见，考虑到红色在试验中所表现出来的意义，红色在岩画中的运用，应当还有一个能让其永久留在人们记忆中的效果。如果考虑到当地神话传说中有关赵匡胤出生的情况，笔者认为在天子岩发现的红色手印岩绘应当具有两方面的意义，一个方面预示着新生命的生生不息和不断延续，另一方面在于使其保留在人们的记忆之中，作为一种永久的记忆。

2. 环境的意义

岩画从某种程度上来说，是环境的学问。世界上一些著名的岩画点均是奇异景观出现的地方。例如，今天意大利梵尔卡莫妮卡两边的山脉经常云雾缭绕，美轮美奂，特别是山雨要来的时候，这个

① 杨先碧：《颜色决定命运》，载《科学之友（A版）》，2009（4）。
② 杨先碧：《颜色决定命运》，载《科学之友（A版）》，2009（4）。

位置也恰好是许多岩刻分布的地方，最低的在海拔大约360米，最高超过海拔1000米。[①] 法国的贝格山区海拔2000多米的地方分布着成千上万的岩刻，有着极为壮观的气候变化，并在夏天的时候可以引来暴风雨，这些自然现象让当地人们产生了某种恐惧，认为是某种神奇的力量，因敬畏而产生了许多岩刻。[②] 在巴东天子岩的岩画点，笔者发现与意大利梵尔卡莫妮卡和法国贝格山岩画点具有异曲同工之妙，也经常产生一些非同寻常的现象。2009年11月21日，午时刚过，太阳穿过厚厚的云彩透射下来，道道玄妙的光柱恰好落在崖壁前面的山谷之中，给人以奇异神秘之感。后来，笔者曾经询问向导和距此不远的住户王国安老人，他告诉笔者，这种太阳的现象除了阴天和下雨天，几乎天天都会在午后出现。现在可以想象，“艺术家”在选择岩画创作地的时候，很可能把这种奇异的景象作为因素之一加以考虑。

此外，据当地人讲，天子岩下面的山坡上，每当草木茂密的时候，站在山下朝天子岩观望，会发现在天子岩脚下的那块山峰上，绿色的树木之间会自然而然地裸露出天然形成的三个字，即“天子岩”（见图2），他们认为这是天子（赵匡胤）在那里显灵的缘故。这种有些神话色彩的因素给天子岩增添了更多的神秘色彩，这些神秘色彩可能也是岩画被创作于此的又一个因子。

3. 巴东天子岩岩画的意义

关于巴东岩画所表现的意义，是很复杂的，需要从多个方面来考察。笔者认为，我们首先从天子岩岩画的传说进入，对手印岩画做一个初步的认识。

---

① Anati Emmanuel, *Capo di Ponte*, Edizioni del Centro, 1975, pp19.

② Jean Clottes, *World Rock Art* , The Getty Conservation Institute , Los Angeles, 2002, PP58.

传说唐末的时候，社会动荡不堪，老百姓到处流浪。有一天，一个怀孕的妇女逃亡在这片崖壁（天子岩）之下，在崖下的岩石遮蔽处休息，又困又饿，不久就睡着了。当天晚上做了一个奇怪的梦，梦见自己所在这片山崖突然之间倾倒，自己便在慌乱之中用双手支撑崖壁，惊惧之间猛然清醒了，发现自己身下有一男婴，这就是赵匡胤。若干年之后，赵匡胤统一了天下，坐了大宋的江山，生他的这块岩石便被叫做“天子岩”，崖下的那条小河也被叫做天子河。(报道人：王国安，81 岁)

无独有偶，在今天意大利的梵尔卡莫妮卡山谷的小镇卡波迪蓬特（Capo di Ponte）蕾·圣德（Le Sante）教堂附近矗立的一块巨石上刻有六个手印，传说是三个圣徒的手印，它们可以神奇地阻止由山体滑坡而导致毁坏村庄的事情发生。

从这两则相距遥远，却表达同样意思的神话传说来看，它是否真是被许多人认为的那样，是滑稽可笑而毫无根据的神话传说呢？英国人类学家爱德华·泰勒认为：“神话的虚构，也像人类思想的一切其他表现一样，是以经验作基础的，神话为研究人类的想象以及其规律提供了依据，神话的可靠性并为此变为社会公论。”① 英国作家阿姆斯特朗也在其著作《神话简史》中说：“在古代社会，‘神祇’很少被解读为超自然的、非人格化的存在，或是生活在与人间完全分离的形而上空间。用时髦的观点来表达，就是神话并非神学，而是人类经验的总汇。人们曾经认为，神、人、动物和自然是密不可分的一体，他们遵守同样的法则，并由同样的身形物质所构成。在人的世界和神的世界之间，并不存在所谓的本体论鸿

① ［英］爱德华·泰勒著，连树声译：《原始文化》，223 页，桂林，广西师范大学出版社，2005。

沟。”[1] 可见，神话传说并非是我们印象中通常认为的那样，是虚构的、不可信的东西。它从某种程度上表达了当时人们根据自己的生活经验所展现的一种真实的存在。

那么出现在天子岩的这近400枚手印到底表示什么呢？综合世界各地的学者对手印岩画的意义的阐释，有关手印的意义主要表现在以下几个方面：

（1）作为一个艺术家单独的签名或者是为了记录一次到访；

（2）作为一种纪念，是对逝者的哀伤；

（3）祖先神灵的信息；

（4）其他土著人世俗的消息；

（5）历史事件的记录；

（6）在神圣地点作为记录故事的方式；

（7）在施巫的地方，是能够发挥巫术力量的途径；

（8）表示占有的意思；

（9）驱邪的手势；

（10）战争之后，用敌人的血印上自己的手印表示胜利；

（11）用来记录部族成员参加仪式的人数；

（12）用五根手指中的“五”表示多，或者全部。

天子岩的手印究竟表达上述的哪种意思呢？结合前面的神话传说，以及颜料色彩的含义，笔者认为首先很可能代表是对新生命的崇尚。红色，在原始人（或者史前人类）那里一直表示的火、血、生命以及生命的延续，具有强烈的感情色彩，或者意在生命的不灭。在当地有关赵匡胤出生的传说中，传说其母生之于崖下，是梦中推崖壁而留，那么这些红色的手印当是赵匡胤母亲沾有一个新生命的血迹留于崖上；从另外一个角度讲，应是其为延续新生命而作

① ［英］凯伦·阿姆斯特朗著，胡亚豳译：《神话简史》，6页，重庆，重庆出版社，2005。

的抗争。同时，值得注意的是，巴东天子岩岩画多为右手手印，人类通常靠右手来获取劳动的果实，这点更加重了其对生命之火呵护的意味，这是其意义之一。

图4　断裂的天子岩（2009年11月21日　杨超摄）

其次，天子岩岩画点周围开阔的山谷，每天午后准时出现的奇异太阳光柱，都为岩画的制作暗合了不可多得良好场景，岩画点前一块平整的岩石表面，给巫术活动提供了活动的“舞台”。笔者曾经仔细观察过天子岩的岩石表面，整个高几十米、宽三十多米的崖面，是由于断裂而致，至今依然是裸露的岩石，寸草不生。崖下碎石很多，笔者和其他几位陪同人员在向天子岩正面脚下攀爬的过程中，发现脚下多是碎裂的岩石，跟天子岩下的碎裂岩石相同，这些破碎的岩石应当是天子岩在断裂之后，滚落在山坡之上的遗留物。这点恰好证明了在岩画创作的那个年代，此地发生过震撼人心的崖面断裂现象，给当地的部族或者古人群，产生某种心理的恐惧。这些手印正像当地神话传说之中所描述，赵匡胤的母亲梦见崖面倒塌，自己急迫之中用手来推阻崖面，以使其母子安全。虽然，这个神话传说被当地人认为是荒诞的，不可信的，但是从侧面却告诉我们，这些手印是表达了一种愿望——借助巫术的力量，而获取自己居住地的安全。广西的左江岩画学者认为岩画并不是随意而作，而具有非常强的功利目的：消除旱涝灾害，保障人丁兴旺和保佑战争胜利三种目的。① 贵州岩画被认为在文化上具有巫术的功能等，②宁夏、新疆、青海等地的一些岩画也被认为具有巫术的成分。因而，出现这些手印应当是居住在此地的族群中具有施巫能力的巫师，或者部族的首领，希望借助这种途径，获取某种对抗自然的破坏力量，来求得生存环境的平安。

再次，发生在天子岩的手印岩画是与赵匡胤出生的神话传说联系在一起的，可见这里的手印可能具有生殖崇拜的意义。在非洲的坦桑尼亚巴赫岩画点，出现的三枚盖手印岩绘被当地人认为是生殖力的象征。③ 宁夏贺兰口发现的一处动物手印也被学者认为具有生殖的意义，认为“在‘神手’的作用下，通过一系列的巫术仪式，使自己占有的动物能够顺利生产，从而维系部落的生存和发展”。④这些岩画点的意义恰好给天子岩的手印岩绘提供了证据，同时结合赵匡胤的神话传说，笔者认为天子岩的手印岩画应当也具有生殖崇拜、祈求丰产、多子多福的意义。

---

① 杨清平、何安益：《广西左江流域崖壁画功能的文化人类学考察》，载《花山文化研究》，130～140页；覃彩銮：《左江崖画艺术寻踪》，南宁，广西人民出版社，1992。

② 王良范：《贵州岩画——描述与解读》，106～116页，贵阳，贵州人民出版社，1997。

③ Mary Leakey, *African's Vanishing Art – The Rock Paintings of Tanazania*, The Railbird Publishing Group Limited, 1983, pp48.

④ 李成荣主编：《贺兰山岩画精品解读》，银川市贺兰山岩画管理处编，70页，2009。

图5　天子岩的手印拉痕（2009年11月21日向勇摄）

最后，岩画中出现了世界上非常少有的手印拉痕（见图5），多达59例。在以往发现的手印岩画中，发现的手印岩画通常表现为用吹管喷出的阴型手印，或者是在手掌上蘸有颜料，直接拓在岩石表面两种形式，而手指拉痕还没有出现，这给我们传达一种新的信息。它表示推阻崖壁的力量，好像有点牵强附会的嫌疑。神话传说中，赵匡胤母亲在恐惧之中产了男婴，这种情绪表现在两个方面：一是对梦中倒崖的恐惧；二是对新生命延续的焦虑。表现了在发生危机之时，作为母亲对新生命所面临灾难的绝望和母性的一种本能的情绪反映。其中这些手印拉痕之中红色，当时预示着生命之中的血液，在绝望之中那种刻骨铭心的情感表露。而这多达59例的手印拉痕，它不断在崖壁上重复出现，则在暗示情绪的长度和绝望情形之深。另外，在岩石表面还存有七例断指，这里很明显并不表示欧洲岩画断指之中的对逝者的哀悼和某种疾病的表达，它依然表示的是在绝望境遇之中，人对自身的伤害，和手印拉痕一样，是情绪的宣泄。因而，天子岩岩画还有一种意义，就在于传达一种情绪。

结　语

本文通过天子岩岩画与世界一些著名岩画点和中国同类型岩画的比较，笔者认为天子岩岩画创作时间较晚，距今约 1000 年左右。对于天子岩岩画意义笔者从神话、环境和颜料多个视角相结合，认为天子岩岩画主要表现了四种意义，首先是对生命延续的渴望和呵护；其次是一种巫术的力量，目的在于阻止自然的破坏力量；再次这些手印岩画具有生殖宗拜的意义；最后是一种情绪的宣泄。总之，从考察和研究的结果来看，我们必须承认，天子岩的手印岩画并不是随意而为的无意涂鸦之作，它是古时人们对生活经验的总结和历史事件的刻意记录，我们应当也有义务保护好这份文化遗存，为了解先人的生产、生活以及思想活动保留证据。

土家族原生态音乐的文化价值与保存模式[①]

熊晓辉[②]

土家族主要分布在武陵山脉的高山地带，由于历史原因，土家族居住在靠近中原地区的内陆山地，处在云贵高原的边缘，处在湘鄂渝黔四省（市）地区。土家族先民是以擅长巴渝歌舞闻名的，他们的原生态音乐具有南方山地的风采和民族特色。根据联合国教科文组织的《保护非物质文化遗产公约》、国办发［2005］18号（附件《国家级非物质文化遗产代表作评定暂行办法》）文件、《国家级非物质文化遗产名录分类体系》等，依据非物质文化遗产资源价值评价原则，土家族原生态音乐作为古老的民族音乐文化遗存，显然是非常重要的非物质文化遗产，属于口头传统类。在土家族非物质文化遗产保护工作中，土家族原生态音乐是最具有代表性的，它从远古时期一直保存至今，经历数千年之久，被称为“音乐的活化石”。保护好土家族原生态音乐，是一项传承人类优秀精神遗产的

① 资金项目：国家社科基金艺术科学课题“湘鄂渝黔边区少数民族艺术研究”(05BA009)

② 熊晓辉（1967—），男，湖南凤凰人，吉首大学师范学院民族文化研究中心主任、教授。

文化工程，能让土家族古老的民族艺术激发人们热爱祖国、热爱民族文化的情怀，同时也能促进文化产业的发展与地方经济效益的提升。

一、土家族原生态音乐资源现状

土家族原生态音乐资源尚处于原生形式，散布其居住的偏远山寨之中，分别保存于湘、鄂、渝、黔四省市接壤的内陆山地溪谷之间，呈高密度流布状态。土家族原生态音乐是一个具有相对稳定性和完整性的地域范围文化，土家族历代祖先创造的这些文化财富，经过几千年积累和传承遗存到现代，它们是土家族弥足珍贵的历史文化见证。

1. 土家族原生态音乐的生成环境

土家族世世代代生活在湘、鄂、渝、黔边邻地区，这里原始的生态环境神秘无比。千百年来，土家族先民们在这里开荒种地，由于林密山高，人烟稀少，野兽成群，他们就在这样的自然生态环境中写下了自己民族悲壮的历史，并保存和发展了自己民族独特的文化与艺术。

湘鄂渝黔地区堪称“到处都是山”，这些山的高度相差很大，主要的山脉有武陵山、大娄山、大巴山等，其中武陵山脉分布的面积最广。① 张正明先生曾指出：“北起大巴山，中经巫山，南过武陵山，止于南岭，是一条文化沉积带。古代的许多文化事象，在其他地方已经绝迹或濒临绝迹了，在这个地方却尚有遗踪可寻。土家族正好分布在这条文化沉积带的中部，所保存的古代文化信息特别丰富。”② 这已经非常清楚地表述了土家族人分布区域和生态环境。土家族是一个勤劳、智慧的民族，他们祖先沿着奔腾的酉水、澧

① 刘孝瑜：《土家族》，6 页，北京，民族出版社，2004。

② 张正明：《土家族研究丛书》，5 页，北京，中央民族大学出版社，2002。

水、清江、娄水、武水、乌江、郁江、贡水、唐崖河等一步步艰难地迁徙进来，他们就生活在这片人烟疏少、鸟兽横行的自然生态环境中。有趣的是，我们发现土家族先民在与自然环境的抗争过程中，顽强地寻求对乐观生活的艺术表达。为了驱赶鸟兽，土家族人打锣击鼓，边唱边干活，有节奏的薅草歌能驱赶野兽，也能激起人们的劳动热情。在民族的生死关头或在与野兽残酷的厮杀过程中，土家族人能感受得到音乐所带来的震撼的精神与力量，找到了民族的自信与生存价值。远古时代，土家族先民过着渔猎为主的生活，尽管生产方式随着时代的演进历经着变革，而他们渔猎风气却世代相传。进入农耕时代后，渔猎一直存在。在土家族原生态音乐中，音乐内容与表演形式就与此息息相关，如土家族民族器乐“打溜子”，其称谓可能就源于原始渔猎时代，因人们猎获了动物，为庆祝和助兴，大家敲起渔猎工具和锅、碗、盆、罐等“家伙”，为欢乐助兴。在与环境和谐相处的过程中，人们感受到音乐所传送的身心宽慰和愉悦，找到艺术的体验与表露。因此，土家族人对音乐的钟爱与热情仿佛与生俱来，在与自然作斗争的同时，找到自然和朴实的美感，从表现反映的情节和动作的表现形式上看，人们找到了生命的意义，音乐自然成了土家族适应自然生存环境的产物。

2. 土家族的文化背景

土家族聚居于湘鄂渝黔四省市边邻地区，是一个地地道道的山地民族。在武陵山区这样一种自然环境中产生的文化，它不同于其他文化，显然具有山地文化特征。潘光旦先生在《湘西北的“土家”与古代的巴人》一文中，证明了土家族就是当年巴人的后裔，当年巴人所建立的巴国奠定了巴文化与土家文化的厚实的文化底蕴。在土家族地区，特别是澧水流域和沅水支流酉水、武水流域，巴文化的影响是较大的。据《后汉书・南蛮西南夷列传》记载：“巴郡、南郡蛮，本有五姓，一为赤穴巴氏，四为黑穴樊氏、瞫氏、相氏、郑氏，皆出于武落钟离山。”[①] 武落钟离山就在现今湖北长阳县境内，古代巴人向其他地方散布时，首先就是在鄂西南的这一片地方。在土家族地区，巴文化与楚文化有着不可分割的联系，它们的交往在周朝时期就开始了，因此，我们在考察时发现，在巴文化中有某些楚文化因素，在楚文化中则又有某些巴文化因素，从文化因子的构成来看，当今土家文化的主体，实质上就是巴楚文化。在文化艺术上，明显突出了巴楚文化特征。据《文选》录宋玉《对楚王问》载：“客有歌于郢中者，其始曰《下里巴人》，国中属而和者数千人。”可见楚俗喜歌，特喜巴歌。又如歌舞，据《蛮书》卷十引《夔府图经》载：“夷事道，蛮事鬼，初丧，鼙鼓以道哀，其歌必号，其众必跳，此乃槃瓠白虎之勇也。”又谓：“巴氏祭其祖，击鼓为祭，白虎之后也。”今天仍流行于土家族地区的祭祀舞蹈，基本上保留了巴人祭祀仪式舞蹈的传统，但已蕴含了楚文化的成分。[②] 巴人早期南迁，后进入了湘、鄂、渝、黔边区地带，在当地考古文物中，可以看出早期的巴文化发展的脉络。土家族文化是古代巴文化的承接，从土家族文化所反映的一些特征来看，它体现了古代巴人精神生活和物质生活方面的主要面貌，也是古代巴人族源、文化发展演变的重要线索。根据历史资料显示，土家族居住环境与古代巴人的居住环境基本是一致的。宋元时期，土家族还是以渔猎生产为主要方式，原始的采集经济和现代的农耕经济同时并存，随着人口的增多，牛耕和铁制农具被广泛使用。宋以后政府采取“招人耕垦”的办法，土家族的农耕经济在巴人的基础上得到很大发展。[③] 古代早期的巴人作为土家族来源的主要成分在古史文献

① 《后汉书·南蛮西南夷列传》，129 页，上海，上海古籍出版社（二十五史本），1986。

② 郑英杰：《文化的伦理剖析》，66 页，贵阳，贵州民族出版社，2000。

③ 熊晓辉：《论早期时代巴文化与土家文化之融合》，载《三峡大学学报》，2007（4），12 页。

及神话传说中都有描述，其活动是我们了解土家族起源的重要依据。今天，人们在湘、鄂、渝、黔边区发现并出土了战国西汉时期的虎钮、錞于、巴氏矛、巴氏剑等文物，从这些巴人文物的出土，说明了这些地方是古代巴人活动的地方。可见，早期巴文化的一些文化特征后来一直保留在土家族文化之中，巴文化对后来土家族文化的形成起着直接作用。

在土家族的民族音乐艺术中，有许多内容都和早期巴人的生活方式有关，这也是巴文化的一个显著特征，巴人把农耕、渔猎、采集相结合，巴人劲勇尚武。经过调查，我们发现巴人“锐气喜舞”,[①] 他们的舞蹈大部分都跟宗教祭祀有关，虽然舞蹈形式已向自娱及娱人发展，但其根源都是以祭祀为目的的。巫师这个角色，在古代巴人中是非常有权势的人，土家族称巫师为“梯玛”，有趣的是，“梯玛”作法事时运用的许多法器后来都成了土家族乐器，如“司刀”、“牛角号”、“钹”、“锣”、“八宝铜铃”等等。土家族文化是古代巴文化的必然承接，他们的文化因子有着千丝万缕的联系。

3. 土家族原生态音乐资源遗存

土家族原生态音乐内容丰富，形式多样，在中国民族音乐中占有十分重要的位置。据不完全统计，至今已收集到的土家族民歌有800多首，民间器乐20余种，独奏、重奏、合奏乐曲100余首，歌舞19种，戏曲、曲艺10种，其中很多是集歌、舞、乐、说为一体的综合性艺术。根据《非物质文化遗产资源价值评价指标体系》以及土家族原生态音乐功能、类别等，我们对土家族原生态音乐资源遗存情况进行了盘底与分类，归纳起来，土家族原生态音乐分为六大类：一是祭祖仪式类，包括土家族舍巴日（摆手活动）演唱，原始舞戏毛谷斯，梯玛神歌、跳马表演等。二是民族习俗类，如生产

① 段超：《土家族文化史》，19页，北京，民族出版社，2000。

习俗、婚丧习俗、自然崇拜与图腾崇拜，它们有薅草锣鼓、哭嫁歌、廪歌、撒叶儿嗬、摆手歌等。三是民族史诗类，如土家族迁徙叙事歌、起源歌。四是民族舞蹈类，如摆手舞、铜铃舞、盾牌舞等。五是稀有剧种类，如傩戏、花灯、土地戏、酉戏。六是民间文学类，如土家族神话传说、情歌等。

根据民族民间音乐的体裁划分，我们把土家族原生态音乐分成了五类：一是民歌类，如山歌、号子、小调、古歌、习俗歌等。二是歌舞类，如劳动歌舞、娱乐歌舞、祭祀歌舞、作战歌舞等。三是器乐类，如打击乐、吹奏乐、弹弦乐、合奏乐等。四是戏曲类，如傩戏、花灯、酉戏、土地戏等。五是曲艺类，如三棒鼓、九子鞭等。土家族原生态音乐资源从名称上看，各类文献所载有所不同，笔者结合实地调查，将其列表如下。

土家族原生态音乐资源分类及名称表

类型	名称
民歌类	山歌、祭祀歌、打闹歌、风俗歌、丧歌、情歌、石柱罗儿调、利川灯歌、薅草锣鼓歌、舞手歌、哭嫁歌、廪歌、梯玛神歌、傩歌酉水号子、沅水号子、南溪号子、巴东峡江号子。
歌舞类	摆手舞、铜铃舞、围猎舞、梅嫦舞、跳马舞、团鸡舞、八幅罗裙舞、造旗舞、龙舞、合飞舞、花灯舞、撒叶儿嗬、毛谷斯、耍耍、肉连响、莲花十八响
器乐类	咚咚奎、唢呐、钹、大鼓、土号、野喇叭、小鼓、渔鼓、锣、牛角、铜铃、司刀、竹卦、土胡、横箫、月琴、铰铰板
戏曲类	傩戏、北河江剧、阳戏、南戏、高腔、花灯、狮子灯、喜花鼓、围鼓、木偶戏、坐堂戏、酉戏、金钱杆、土地戏、地龙灯、文琴戏、鹤峰柳子戏
曲艺类	三棒鼓、渔鼓、莲花落、九子鞭、丝弦锣鼓、南曲、恩施杨琴、满堂音、利川小曲

以上土家族原生态音乐分别保存在土家族聚居的乡镇，横贯湘、鄂、渝、黔边邻地区，它经过数千年的传承与积累，是土家族

十分珍贵的文化遗产。20 世纪 60 年代，土家族原生态音乐经受了一次又一次浩劫，剩余的品种日渐稀少。时代的演进，文化的冲击，传承人的锐减和因为少数民族地区经济落后，财政贫困而导致保护机制的脆弱，种种现实正在加速这些遗产的濒危与消亡。

二、土家族原生态音乐的主要特征

土家族在长期的生产劳动与社会实践中，创造了丰富多彩的音乐文化，这些音乐在长期的历史发展过程中，无论在音乐艺术的创造上，还是表情达意的方式上，以及音乐的体裁、形式、内容、功能和其他各种表现手段上都形成了自己鲜明而浓郁的风格特征。

1. 音阶、调式特征

土家族原生态音乐音阶大多属于五声调式，音阶齐全，结构完整。但是，有的音乐（如傩仪音乐）则属于不完整的调式音列，三音列、四音列占相当大的比例。由于历史的原因和人们长期分散居住在半封闭或全封闭的山区，土家族缓慢地发展着自己的音乐文化，并根据五声调式演化了许多调式种类，如三声调式、四声调式、五声调式、各种宽调式六声音阶等。从调式与音阶来看，土家族原生态音乐的大部分音阶调式是完备的五声调式，与之相反，有部分音乐（如傩仪音乐）的音阶调式主体则是三音列、四音列，两者调式形态反差大。正因为如此，土家族五声调式原生态音乐的调式主音比较稳定，支柱音与调式音组齐全，说明其调式发展成熟。而如土家族傩仪音乐则属三音列、四音列构成，其音阶结构明显地或缺宫音，或缺角音，这种调式形态虽然在其他少数民族音乐中也有，但对土家族来说，它出现在大量的傩仪音乐中就绝非偶然现象，同土家族原始音乐形态必然有着某些历史性的联系。[①]

① 邓光华：《贵州土家族傩仪音乐地域性与跨地域性研究》，载《中国音乐学》，1997（3），57 页。

2. 节奏特征

从发生学的角度来看，土家族原生态音乐的节奏及韵律都是来源于人们的日常生活，在日常的劳动生活中形成了自己独特的节奏特点，它是土家族人生活与劳动中的律动时艺术化的反映。从音乐节奏本身的组合形式来看，土家族音乐的节奏可分为均分律动与非均分律动两类。在均分律动的节奏组合中分为单一节拍和混合节拍，且多数是混合节拍。在土家族民歌中可以清楚地看到土家族民歌中各个不同的种类其节奏型是有很大区别的，同类歌乐往往又有近似之处。在非均分律动的节奏组合中又分为语调化单一型和混合型，在土家族的山歌中也可清楚地看出其单一型的语调化特征，速度时快时慢，随语言的起伏，节奏显得突出。笔者认为，土家族原生态音乐的节奏主要有两方面特点，一是它从语音节律的基础上提炼而来，土家语音本身的律动美就是土家族原生态音乐旋律形成的基础。二是由于受人们长期的劳动生活的影响而形成的，劳动、祭祀、舞蹈等活动本身的节奏特点形成部分音乐的基本节奏。如号子的节奏与所从事的劳动有关，节奏规整，节奏型的顿逗适合劳动的气息运用，节奏重音突出。山歌的节奏大多自由、灵活。小调节奏、节拍既规整又灵活多变。

3. 旋法特征

土家族原生态音乐多以羽调式、商调式为主，旋律简朴、单纯，以级进为多见。在旋律发展的过程中，一般的音列是以 so、la、do、re 为基础，旋律进行以级进、三度小跳为主，间以四度或四度以上的大跳的旋法为多，同时出现同音反复或舒而不展，形成一种平稳、怡然自得的旋律走向。加上迂回润色，形成了动人的、十分有特色的旋律。土家族原生态音乐同其他民族的音乐一样，一般分为起、承、转、合四部分，不论民歌、戏曲还是器乐曲，都是如此。土家族音乐运用起、承、转、合的布局通过转部来丰富调式和节奏，使音乐节奏发生对比性的变化。起、承、转、合也是土家族原生态音乐发展的基本原则。

4. 曲体特征

土家族原生态音乐有着固定的曲体形态，但有时曲体也相当自由。一般有单句体、双句体、四句体、由引子不断重复或变化重复构成的多句体结构。从音乐形态及音乐织体上考察，土家族的梯玛神歌、山歌、小调、田歌、号子、风俗歌等，绝大多数属于单声性织体，但在器乐演奏曲及上述的号子、田歌中也存在着不少多声部织体的体裁。在土家族傩仪音乐中，我们发现其中有的傩歌是以一个核心乐句为基础不断循环往复的曲体，仿佛是回旋曲式的萌芽。而这些乐句或乐段之间都是由锣鼓来衔接的，它既起到了伴奏作用，也起到了过渡、帮腔和调节充实作用。在土家族的一些戏曲音乐中，唱段除了少数唱腔是属于三个乐句的一段式之外，其他基本上是属于上、下句结构的一段反复式。

三、土家族原生态音乐的文化价值

土家族原生态音乐历经几千年而不衰亡，它们世代相传，被人们誉为土家族音乐文化的“活化石”。对土家族原生态音乐的传承和保护，不仅具有很强的现实意义，而且还有重要的文化价值，它对民族文化的可持续发展起到启示性作用，同时对推动和促进文化交流、民族团结、经济社会发展产生积极影响。

1. 从文化人类学的角度来考察，它是一笔丰厚的古老遗产。

土家族原生态音乐代代相传，流传有序，依然保持着原生态。土家族音乐具有浓厚的民族文化精神渊源，在历史发展过程中，已体现为一种具有特定内涵指向的民族艺术。在土家族地区，地形复杂，层峦叠嶂，武陵山脉地势由西北向东南倾斜，西北依渝鄂屏山，这种山区的居住环境给土家族原生态音乐具有地域性特征奠定了基础，从而使土家族原生态音乐内容有了独特的地域色彩，它具有丰富的土家文化内涵。土家族原生态音乐是土家族文化传承的载体，几千年来，经世代传承，使得其成为一部典型的土家族文化艺术“百科全书”，在民歌、戏曲、歌舞中，理应找到“中国民族音乐源起”的实证。中国艺术研究院副院长冯其庸先生实地考察了土家族的毛谷斯、傩戏、摆手舞等表演后，赞其为“中华古文化之遗”。在民族艺术的历史发展过程中，土家族社会已发生了变化，但其原生态音乐仍然呈现着其原始文化状态，存留着原始音乐艺术的原生形态，难怪人们称它为民族艺术的“活化石”。

2. 从音乐发生学来说，有些品类是中国民族音乐的古根。

在土家族聚居区，从文化遗址考证来看，是在人类最初阶段，这里就有古人类活动，而且长期在这一带繁衍生息。土家族原生态音乐富有原始宗教、习俗特点，为我们研究中国音乐演化史、宗教起源、民族形成、民族迁徙以及人类学、社会学、艺术学等方面提供了活生生的例证。从土家族的梯玛神歌、摆手歌、毛谷斯等表演中，可以找到音乐艺术的虚拟性、写意性、抽象性、模仿性等特征，以及这些特征的创始缘由和载歌载舞表演形式的基因。土家族原生态音乐至今还以顽强的生命活跃在土家族地区，人们在今天还能看到中国民族音乐发展初级阶段的某些原始面貌。因此，有些音乐家赞它为“中国音乐的最远源头”。土家族原生态音乐包括土家族民歌、戏曲、器乐、宗教音乐、歌舞、曲艺等诸多方面，这些音乐带有强烈的民族习俗特征，追寻源头，它们有的产生于生产劳动或古代军事活动，有的产生于对神、祖先的崇拜，它们与宗教信仰、神话传说息息相关。在土家族地区，人们都经历着迁徙、融合、演变的生活方式，其文化大致呈现出由渔猎文化到农耕文化的趋势。在很长的时间内，土家族一直居住在这里，尽管有许多古代民族（如巴人、濮人等）今天已经不再存在，然而他们留下了非常深厚的文化基础。从音乐文化的源流上看，土家族原生态音乐与古代土家人的宗教信仰、生活习俗、祖先崇拜、民族性格等之间有着密切的联系。土家族音乐注重民族文化内涵，同时也具有浓厚的社会伦理倾向和社会功利作用，它在发展过程中因循守旧，继承性与连续性远大于变异性与创新性。

3. 从舞蹈发生学来说，有些品类是我国民族舞蹈的古根。

从艺术形态上观察，音乐与舞蹈是不能分开的。在古代，歌舞往往是相伴产生，舞蹈离不开音乐。早在20世纪50年代，土家族毛谷斯舞就被人们称赞为“中国舞蹈的最远源头”，它实录了土家族地区原始毛人的生存繁衍状态。土家族不少祭祀类舞蹈和音乐，实录了上古时代直到五代时期湘、鄂、渝、黔边界地区土家族的生产生活、婚姻、习俗状态。古代巴渝舞、盾牌舞、战争舞及许多习俗类舞蹈等内容，包含了载入史册的三千年前的武王伐纣、七百年前东南抗倭的英雄业绩以及土家人千百年来的军事、宗教和民俗生活。土家族祖先巴人能歌善舞，巴人尚舞在《华阳国志》中有记载：“巴人勇锐，歌舞以凌殷人，前徒倒戈，故世称之曰武王讨伐、前歌后舞。”就拿土家族摆手舞来说，摆手舞产生于远古时代，它虽然是土家先民祭天的舞蹈，从内容上观察，它脱离不了和战争、生活、土王淫乐的关系，在摆手舞中，人们时常会看到将帅拔剑、娱神娱人、男女爱情、狩猎耕种等动作，土家族人在舞蹈中赞美人性，通过舞蹈形式，展示出他们的人生观与生命意识。由于土家族文化、历史与艺术审美的因素，土家族舞蹈通过叙事性的表演方式，构成自己独特个性，它通过一个个生动的舞蹈动作，再现了土家族人生活、劳动的图画。

4. 从宗教学的角度来考察，不少音乐品类保留了土家族人自然崇拜、图腾崇拜、祖先崇拜等上古遗存的种种精神符号，其巫词、巫术、巫歌、巫舞、巫咒、巫祀是人们研究上古时期宗教根源及宗教艺术的珍贵“活化石”。

比如土家族《梯玛神歌》，它作为土家族歌乐文化的代表，虽然是宗教祭神所唱的一种歌体，但它贯穿着整个土家族历史，是一部反映土家族历史进程的史诗。由于土家族人崇尚万物都有神灵的理念，那么《梯玛神歌》的内容自然充满了宗教巫风色彩，也可以这样说，《梯玛神歌》是土家族一部宗教巫术史。

在土家族文化中，巫风色彩非常浓厚，这主要是由于其受到了巴楚文化的影响。[①] 根据有关文献资料记载，在湘、鄂、渝、黔边邻的土家族人聚居区，必定是歌舞之乡，我们在考察土家族音乐时，发现这里保留了较多原始宗教和自然宗教的文化遗留，有的学者则称它是一种巫风尤盛的附魅文化。在土家族仪式音乐中我们可以发现，土家族宗教音乐主要来源于人们对白虎崇拜和向王崇拜，他们运用宗教与艺术相结合的形式，通过图腾崇拜和祭祀仪典，完成宗教音乐施法过程。巴人事鬼，民俗学家们已达成共识。在土家族地区，巴人事鬼风俗极为浓厚，巴楚文化中这种浓厚的巫风色彩对土家族文化产生了极大的影响，也使土家族文化深深打上了巫风的烙印。在过去，土家族人的音乐活动都是以祭祀乐舞为主，这也是土家族音乐文化的重要特征。

5. 从民族民间文学的角度来考察，土家族音乐是一个个庞大的载体，汇聚了丰富的民歌、民谣、民间故事，它们从不同的角度记载了土家族英雄人物的故事。

土家族的《梯玛神歌》、《廪歌》、《摆手歌》、《起源歌》、《丧歌》等都是一部部民间叙事古歌的鸿篇巨制，也是土家族原始宗教文化、民族文化、艺术文化的综合体。比如《梯玛神歌》，它是土家族人民在认识自然、改造自然的长期历史发展过程中所积累的长篇古歌，内容涉及天文、地理、历史、民族、民俗、生产、生活、婚恋、生育等各方面，被人们称为土家族的一部百科全书。土家族的哭嫁歌是土家人的抒情长诗，也是土家族人集体智慧的结晶。土家哭嫁歌以哭诉为手段，成为土家婚俗中最为质朴的礼仪和习俗。

---

① 熊晓辉：《土家族巫文化的人类学考察》，载《贵州民族研究》，2006（6），91页。

哭嫁歌的歌词由女子信口唱出，内容天然朴素，句式长短不同，再加上排比、反复、夸张、比喻等的运用，形成了自己独特的艺术个性。哭嫁歌的演唱哀婉动人、催人泪下，它以哭伴歌的形式表演，曲调低沉，被誉为“中国式的咏叹调”。土家族原生态音乐一直流传于湘、鄂、渝、黔边邻的土家族地区，以其民歌为列，人们在表演时用土家语、汉语演唱，而土家语是一种无文字的语言，全靠口耳相传，如今已逐渐失传，土家语已成一种“濒危语言”，因而以土家语为载体的民歌则成为一种濒临失传的非物质文化遗产。可见，土家族原生态音乐不论在内容方面还是形式方面，都具有非常重要的文化价值。

四、土家族原生态音乐的保存模式

对土家族原生态音乐的保护必须用严谨、科学的态度去进行，必须建立科学的保护模式。对土家族原生态音乐的保护能让世人熟知土家族音乐的形式与内容，展示土家族音乐的魅力和艺术价值，弘扬民族文化，培养、提高民族心理素质，增强民族自尊心、自豪感和凝聚力，促进民族地区文明建设，引导民族艺术的创作、研究潮流，具有重大的社会意义和现实意义。

1. 加强土家族文化发展模式研究

在土家族非物质文化遗产的保护中，应更新观念，提高认识。土家族文化发展是一个动态的积累、扬弃过程，应顺应时代潮流，注入新的文化因子，在不失去本民族固有的文化要素的同时，不断地获得新的发展。① 根据实际情况，在发展土家族文化过程中，应重视自己优势产业（如旅游业）的积极作用。人们应该注意到，申请进入国家、联合国人类口头和非物质遗产名录，是解决民族文化

① 石亚洲：《土家族非物质文化遗产保护的思考》，载《中南民族大学学报》，2008（3），69页。

发展的重要推动因素，但并不意味着社会发展和文化遗产保护矛盾的完全化解。有学者撰文指出："在当今中国，地方政府申请文化资源成为联合国人类口头和非物质文化遗产，大多以发展经济、提高知名度为主要目的。这种'文化搭台、经济唱戏'的简单发展思路，反映出文化产业发展模式的单一与肤浅。"① 因此，民族文化发展必须要用新的视角和新的理论进行研究，并在实践上进行不断总结与探索。对民族文化及原生态音乐的保护，必然会面临保护模式的选择，就是用文化、经济、科技的手段保护民族文化所采取的对应措施。民族文化保护是全人类面临的课题，用经济、科技手段保护民族文化是在市场经济条件下文化保护的重要途径。当前，国际主要的文化产业及民族文化发展模式有：其一，制度支撑下的资本主导型模式。如美国的动画片《花木兰》，花木兰是发生在中国的故事，是中国文化资源的组成部分，但美国电影业利用其创新能力、市场运作能力，将花木兰演绎为一部动画片，获得了极高的收视率和票房价值。其二，政府支持下的资源依托型模式。如德国，德国的剧院与乐团每年获得公共资助达40亿欧元，德国6万名职工都依靠公共资助而维持其就业。其三，产业政策推动模式。如韩国政府1998年就提出了"文化立国"的方针，他们围绕"培养创新能力、发展文化产业"出台了一系列政策扶持文化产业的发展。② 笔者认为，土家族原生态音乐的保护模式应走"以文化资源为依托的需求导向型模式"的道路。土家族地区有厚重的文化资源，必须发挥土家族音乐资源的比较优势，以需求为导向，引进先进技术，注重人才培养，保证资金供给，政府提供优惠政策，这样，土家族原生态音乐的保护工作才会走向良性循环。

---

① 周冰琦：《"藏彝走廊"民族音乐遗产及其保护研究》，载《云南社会科学》，2007（2），112页。

② 冯子标、焦斌龙：《分工、比较优势与文化产业发展》，74页，北京，商务印书馆，2005。

2. 加强对非物质文化遗产保护的理论研究

土家族原生态音乐属于土家族非物质文化遗产，对非物质文化遗产保护需要理论支撑，需要理论工作者的理性思考和智力支持，因此，伴随着人们对非物质文化遗产的保护，必然会出现一个全新的理论与保护模式。根据国外与国内发达地区非物质文化遗产保护的经验，人们都非常重视非物质文化遗产理论研究。从中央音乐学院音乐学研究所王玮的研究成果来看，他对非物质文化遗产理论提出了六种研究方法：实践方法与理论方法相结合的方法，地理学与民俗学相结合的方法，艺术学与人类学相结合的方法，社会学与地理学相结合的方法，系统的宏观把握与具体的微观分析相结合，实地调查与文献资料整理相结合。[①] 如今，非物质文化遗产理论研究在国内尚处于薄弱环节，但人们逐渐认识到非物质文化遗产理论研究的重要性，如2008年5月的“2008年音乐非物质文化遗产保护国际艺术研讨会”就集中讨论了“音乐类非物质文化遗产的概念”、“音乐类非物质文化遗产保护的基本理论与保护方法”、“我国非物质文化遗产保护的现状及相关问题的宏观研究”等问题，为非物质文化遗产的保护和可持续发展寻找理论保障。作为非物质文化遗产的土家族原生态音乐越来越被人们重视，学者们也常以民族民间音乐为个案，力求从学理与社会价值的角度探讨保护非物质文化遗产的重要性。加强非物质文化遗产的理论研究，对非物质文化遗产保护具有重要的指导和借鉴意义，无论从理论方法和研究实践，还是具体抢救、保护工作，都能给予我们启示和指导。

3. 必须对土家族原生态音乐进行立法保护

对土家族原生态音乐进行保护必须纳入法律程序，立法保护是国家对非物质文化遗产开展有效抢救工作的重要保障。按照《国务

① 王玮：《江苏第一批音乐类非物质文化遗产的保护与传承的思考》，载《中国音乐》，2009（1），195页。

院关于加强文化遗产保护的通知》精神和有关要求，认真贯彻国务院“保护为主，抢救第一，合理利用，传承发展”的工作方针，防止对非物质文化遗产的误解、歪曲或滥用。近年来，国家和地方政府先后颁布了对非物质文化遗产的保护条例，土家族原生态音乐正式立法受到保护。湘西土家族苗族自治州的保护经验是：立法保护，加大宣传，展示文化遗产的特色、价值，激发人们对遗存的口头非物质文化遗产的关爱之情。对土家族原生态音乐进行保护，必须健全法律保护机制，必须纳入法制轨道。国家颁布的《中华人民共和国文物保护法》、《中国民族民间文化保护工程实施方案》、《国务院办公厅关于加强我国非物质文化遗产工作的意见》、《中华人民共和国民族区域自治法》等法规已经包含有关内容，基本做到非物质文化遗产保护有法可依。学者们也建议，湘、鄂、渝、黔边邻的土家族聚居区应该充分发挥少数民族习惯法作用，从而把对土家族原生态音乐的保护工作日常化。

4. 建立原生态音乐文化窗口展示机制与精品承续机制

展示土家族原生态音乐是保护与开发土家族音乐的重要方法，土家族地区属于经济欠发达地区，音乐资源又是该地区发展经济的优势条件，如果建立一些展示原生态音乐的窗口，不仅可以展示、宣传和保护土家族原生态音乐文化，而且还能带来可观的经济效益。在对土家族原生态音乐的保护过程中，注重突出“保护”、“保承”、“利用”六字方针，紧扣主题，保护是手段，通过保护，达到与旅游业发展的相互作用，盘活旅游业市场，“利用”是最终目的。利用民族节庆、各种展演和对外文化交流等活动，传承音乐文化精品，增强其艺术魅力和生命力。目前湘西土家族苗族自治州已发掘整理了一批鲜为人知的原生态古典曲艺、曲种和曲目。2010年7月，湘西州组织的四个土家族原生态音乐类节目参加上海世博会演出，这又是将民族艺术精品遗产推向全国乃至全世界的一项举措。

5. 建立联合开发机制与规划管理机制

以湘西土家族苗族自治州为例，湘西州已与中国艺术研究院等单位联手建立研究基地，实行资源共享，建立联合开发机制，推出一批科研成果。出版《民族文化遗产丛书》、《湘西民族民间音乐》等。对民族文化进行联合与合理开发，既可以拯救和保护散落于民间的民族艺术瑰宝，也可以使民族文化更全面、更系统，形式更完善、史料更详尽。在联合开发的同时，建立科学的规划管理机制，全面调查民族文化资源，对所得的资料进行整理、归类，建立重要遗产图文信息库和保护档案，并实现数字化管理。

6. 发挥政府和相关部门的主导作用

在土家族原生态音乐的保护开发过程中，一定要发挥政府和相关部门的主导作用，以便更好地做好保护和开发工作。保护土家族音乐和发展民族文化，离不开政策环境，随着国家西部大开发战略的实施与地方实施文化强省、文化强市（州）、文化强县战略，给民族文化的发展带来了很好机遇。目前，湘、鄂、渝、黔边区各地政府已形成了“政府主导，公司运作，群众参与”的文化发展模式，注重优化环境，积极营造发展文化产业的良好氛围。现今他们的基本做法是：加大经济扶持力度，对与保护有关的项目给予一定的经济支持；关心传承人、民间艺术家，对民族音乐传承发展作出过突出贡献的传承人和民间艺术家给予一定数额的经济补贴；积极开展资料的整理与搜集工作；开展丰富多彩的活动。

7. 建立多层保护机制

多层保护，就社区而言，在保护区内划分保护带、研究基地和特色村等三个层次。建立多层保护机制，有利于形成文化传承人和特色品种的保护网络，摸索民族音乐文化在现代语境下的传承办法与经验。就级别而言，分为国保、省保、州（市）保、县保四级。在建立四级保护机制的同时，从观念入手，通过选拔、培训，使国家、省、州（市）、县四级官员具备较深厚的人文素养。同时，可以发挥县、乡民族文化建设的基础作用，从各地、各民族文化资源的实际出发，强化民族文化村寨特点。建立四级保护机制，有利于疏通集资、融资渠道。

8. 建立集资、融资机制

通过多种渠道筹集保护资金，以保证这项工程顺利有效地推进。其资金来源主要分五个渠道：一是国家投入的项目资金；二是省、市（州）、县的财政列项；三是向公司企业招商；四是借助名人效应，扩大资金积累；五是发动民间投资。

9. 建立保护基地与人才培养基地

建立保护基地，确定非物质文化遗产重点保护区，运用法律法规与制度保护现有的文化遗产与环境。依托地方高校，把音乐文化遗产纳入高校民族音乐教程，建立土家族原生态音乐的保护基地和人才培养基地。这样，既能发挥学校的传承优势，又能使学校为土家族传统音乐文化的保护和传承起到推动作用。2009 年 9 月，湖南省吉首市矮寨中学把民族音乐与现代教学手段结合起来，使音乐类非物质文化遗产进入课堂，取得了良好效果。

10. 建立网络档案与博物馆

对土家族原生态音乐资源进行全面盘底，对所得资料进行整理、归类，建立重要遗产图文信息库和保护档案，并实现数字化管理。在土家族地区，应筹建一些非物质文化遗产博物馆。湘、鄂、渝、黔边区非物质文化遗产丰富，有许多品类都进入了国家级非物质文化遗产名录，筹建非物质文化遗产博物馆对全国非物质文化遗产保护工作必将产生更大的品牌效应。

11. 保护传承人，支持民间剧团

在人们对原生态音乐文化日益认同的今天，一些原生态音乐的传承人相继离开人世，如今，在土家族地区的音乐传承人存在严重断层现象。做好非物质文化遗产保护工作，传承人是关键，因此建立和做好保护传承人制度是非常必要的。专家们也在呼吁加大对传承人的保护与资助力度，给予他们相应的经济和政治待遇，使他们衣食无忧，并鼓励他们多收徒授徒，培养更多的文化传承人。民间剧团是传承民间文化艺术的最佳场所，民间剧团也是传承非物质文化遗产的主要载体。政府部门应考虑民间剧团的出路，应在资金上给予支持，必须转变思想观念，把市场运作作为龙头来舞。扶持民间剧团可采取引资、入股、贷款等融资手段，面向市场，保证剧团正常运转。

土家族原生态音乐的保护与利用必须根据实际情况和资源条件来发展与实施，因地制宜，不断研究市场规律，使土家族地区的文化产业迅速发展，只有科学地开发土家族原生态音乐资源，使其具有充分的利用价值，我们的非物质文化遗产保护工作才能达到真正的目的。

土家族二声音列民歌研究

邹永红①

土家族二声音列民歌是土家族多种音乐形式中最具代表性和普及性的音乐品种，在土家族地区，二声音列民歌经过几千年世世代代传承和发展，逐渐走向完善。土家族二声音列民歌具有独特的风格和特点，而且在民间，约定俗成的表述风格与唱段、唱腔自成体系，它们重复、变化、对比、分合，在土家族民歌演唱中有整体安排、布局，形成了土家族民歌独有的风韵。对土家族二声音列民歌研究有利于探讨和总结我国少数民族民歌唱腔及音乐结构形式，揭示民歌何以产生、何以发展和演变的根据。

一

土家族同其他民族一样，由于民族风俗、地域之间的差异而产生其独特的民族音乐。《华阳国志·巴志》载："武王伐纣，实得巴属之师，著乎尚书。巴师勇锐，歌舞以临，故世称之曰，武王伐纣，前歌后舞。"土家族诗人彭施铎在《竹枝词》中曾写道："福石城中锦作窝，土王祠畔水生波，红灯万盏人千叠，一片缠绵摆手

① 邹永红（1966—），男，土家族，吉首大学音乐舞蹈学院副教授。

歌。”[①] 由此可见，土家族人民能歌善舞，并承习衍展、喜好集会而唱歌的历史确实十分悠久。土家族二声音列民歌是土家族古老的民歌形式，它历经多少次起起落落，起源时间恐怕很难考证，但近一个多世纪来的发展状况却是尽人皆知的。由于地域原因，土家族人生活的地区除了江河小溪，便是山谷，绝大多数农活都在山里进行。因此，山歌成了人们的亲密伴侣。“土家族的山歌曲调非常优美，并且紧密地与土家族语言相结合，曲调近乎于朗诵调，在句末或腔末使用下滑音，形成自己鲜明的特征”。[②] 我们研究土家族民歌，发现民歌中时常出现二声音列结构，这种二声音列结构也许就是土家族民歌具有独特风格的重要因素。

土家族民歌中的二声音列结构，它是由两个音构成，因而句幅短小，在两个音的运动下展开乐思，同音重复的现象较多。土家族二声音列民歌同汉族民歌相比，缺少迂回婉转、跌宕起伏的旋律，句式结构也相对自由些。

对于土家族二声音列民歌的起源，笔者赞同土家族学者杨昌鑫的观点，杨昌鑫在《土家风俗志》一书中这样论述：“据《来凤县志》载，土家族人以管山为业，种小米及包谷杂粮，满山满岭，每逢薅草季节，为抢天气火色，争节令，就必须相互换工；为调节劳逸，提高工效，打鼓踏歌，鼓劲加油，形成歌乐之农俗。”[③] 如这首流行于今湖南省龙山县境内的二声音列民歌《犁辕歌》：

① 张子伟：《中国傩》，长沙，湖南师范大学出版社，1994。

② 熊晓辉：《湘西土著音乐丛话》，北京，中国文史出版社，2004。

③ 杨昌鑫：《土家族风俗志》，北京，中央民族学院出版社，1989。

犁辕歌（龙山）（彭梦麟记谱）

耕地、犁田是农活中的重体力劳动，在这首犁辕歌中，我们却并未感受到劳动时的那种苦累，更多的是体现出劳动的欢慰与自信，特别是“我把地皮翻转来”一句，勾勒出一个土家汉子敢于征服自然、蔑视困难的一个活生生的形象。这首二声音列民歌简单地只用两个音，表述了人们在田野中紧张的劳动，并且干劲十足埋头苦干，有时甚至与薅草的节奏相吻合。

土家族二声音列民歌起源于何时，史书上没有明确记载，但据熊晓辉老师考证，二声音列民歌在汉代已流传于湘、鄂、渝、黔边区的土家族地区了。唐代刘禹锡曾道：“蛮俗好巫，每淫祠鼓舞，必歌俚祠。”我们翻开《后汉书》则发现，其已将土家族先祖巴人划归为“南蛮西南夷”，这表明“淫祠鼓舞”确为土家族承袭的传统之俗。在土家族居住的地区，山高人稀，生产、生活落后，在这种条件下，人们为了调节劳逸，提高工效，便结队成群，打鼓踏歌，进行集体生产劳作。这样，原始形态的民歌便形成了。

在土家族民间音乐中，二声音列音阶，在某种程度上表现出比较单纯的形态、功能和色彩特征。这种音阶类型常常寄存于某些古老而寄存性强并于较狭窄区域内所产生的曲调之中，具有较为古朴、单纯的原生性、文化性和地域性音乐文化风格。[1]二声音列风格在土家族“摆手舞”音乐中能找到对应的影子。“摆手舞”是流

① 田世高：《土家族音乐概论》，北京，中央民族大学出版社，2002。

传久远的一种土家族风俗歌舞，分别在农历正月和三月举行，场面宏大，盛世空前，在古籍中曾有“红灯万盏人千叠，一面缠绵摆手歌”的记载。在龙山县西湖乡卸甲村，保留着三月十五日跳摆手（人称“三月堂”）的习惯，跳摆手时需要锣鼓伴奏，平时人们都是用二声音列的歌腔，将跳摆手时的锣鼓敲击谱背诵下来向后代子孙传授，在当地附近的土家族村寨里，这种二声音列的摆手舞锣鼓谱，实际上已变成了一首家喻户晓的民歌在人群中广为流传。如这首流行于湖南省龙山县西湖乡的二声音列民歌（彭梦麟记谱）：

梯玛是土家族最具宗教意义的一种民族文化现象，土家人的各种祭祀活动均由梯玛（土老司）主持。在作法事的过程中，梯玛手持师刀，摇着八宝铜铃，哼唱着神歌，这些神歌的音调与语言的声调综合非常紧密，其中的许多片段，都是以二声音列构建而成，如这首流行于今湖北省来凤县境内的《偿兵》：

偿兵（彭梦麟记谱）

这种音调在铜铃和师刀那种特殊音响伴奏下，更增添了几分神秘色彩，这种二声音列曲调，恰如其分地表现了当时的环境气氛。

从我们对土家族地区音乐的了解情况与深入进行调查采风所收

集的音乐资料来看，土家族民歌是由山歌、号子、小调、长歌、风俗歌、田歌等结合而成的。在土家族民歌中，我们发现二声音列音阶普遍存在，在其旋律成型过程中的二声音列使曲调更生活化，表现出土家族人民男耕女织时的那种乐观之情。如这首表现土家风俗的二声音列民歌《山啄娘》（流行于今湖南省龙山县境内）：

山啄娘（彭梦麟记谱）

这是一首二声音列的土家族民歌，它用拟人的手法，将“山啄娘”这种鸟儿的生活习性形象地表述出来，流露出一种对自然界的亲近、热爱之情。如这首流行于湖南省龙山县境内的《反白歌》：

反白歌（龙山）（彭梦麟记谱）

这首歌之所以称为“反白歌”，是因为它所表述的事实在生活中不可能存在，因为没有偷烂缸的贼，既然是聋子，他就不可能听到贼人偷东西时发出的声响，至于瞎子、瘫子，他们的行动表现更是一种无稽之谈。这样一首由成年人唱给儿童们听的歌，它的社会功能就在于有意识地在培养孩子们的逆向思维，从错误的肯定中求得正确的否定。

二声音列音阶民歌在土家族民歌中，有时为了加强情节的气氛，带有浓厚的五声性的固定模式。在考察中，我们发现土家族二声音列民歌的旋律是依附于歌词内容的，人们在劳动过程中总是把歌词内容掌握得明白、透彻后才进行山歌吟唱或创作。在湘西土家族地区，几乎到处都可以听到节奏自由而绵长的二声音列的民歌，它程式简练，语言简洁，旋律优美。对土家族的艺术审美，应来自于人们对生活的感悟及山歌内容的体验。当代法国美学家罗兰·巴尔特曾指出：“音乐语言在构成上有一致性，音乐音调展示出情绪因素，音乐结构体现出音乐风格及音乐作品的精神特征，音乐内容包括了感情和思想意识的具体意义。”可见，土家族二声音列民歌符合罗兰·巴尔特所提到的音乐特征，在实际的运用过程中，为了表现姿态万千的不同生活内容，在歌手和民歌传承者眼中，民歌程式可能有不断创新的表现手法。

二

土家族二声音列民歌是土家族民歌的母体，二声音列民歌在土家族地区千百年来经久不衰，它的这种顽强的生命力，全在于其语言声调结合紧凑的关系，可以说二声音列歌曲是本地区语言声调的加工和音乐化。二声音列音阶是土家族民歌结构形式的最小单位，从曲式上观察，土家民歌多有四句以上的复套唱段，少则为单板式的一句式唱段，它们重复、引申、对比、分合，形成了土家二声音列民歌的独有风韵。

在土家族民歌的旋律发展过程中，民族语言声调的这种运动规律为旋律的发展提供了依据。因此，二声音列民歌的曲调，较多地在小三度和同音重复中进行，充分体现了语言声调的规律。这就是土家族民歌中小三度和同度音重复较多的一个主要原因。同时它也和其他民歌一样，在长期流传过程中经历着变化、发展、完善。二声音列民歌毕竟只有两个音，加之句式短小，表现力有很大的局限。因此，民歌旋律发展必然要在二声音列的基础上，将其二声扩充，首先是在

“$\underset{\cdot}{6}$1”两音的上方增加一个邻音“2”，再就是在这两个音的下方增加一个邻音“5”，我们把这种手法称作“邻音引申”。

（一）重复模仿、邻音引申

根据土家族民歌旋律的特点，旋律在结构内部可采用重复旋律的手法，使演唱的旋律对内容的发展深化起着积极推动作用。旋律在发展过程中，二声音列采用了邻音引申的方法，将二声音列音阶作了扩充。如这首流行于湖南省保靖县境内的民歌《土家人民多欢乐》（龙泽瑞记谱）：

土家人民多欢乐（保靖）

土家族傩戏中，大部分唱腔都有二声音列结构现象。由于土家族傩戏中的大部分唱腔没有乐器伴奏（有时为了使上、下两个唱段相互连接才加上锣、鼓等打击乐器），从头到尾都是“清唱”，这就要求声腔的旋律及板式必须固定，要求有一个统一的板式。由于傩戏在演出中唱腔不像其他艺术形式那样，有乐器伴奏，它缺少了用乐器渲染、烘托气氛的环节，歌曲唱腔一开口就要溶入基本的“腔板”，这样才能做到“走腔”。如这首戏腔《安神歌》（彭梦麟记谱）：

戞麦翁（安神歌）

在湘西土家族地区，人们喜欢用山歌的形式来传递思想感情，所以土家族地区的山歌是土家族民族音乐文化中最具有代表意义的形式之一。土家族山歌曲调优美，曲调近乎朗诵调，它们的句式与句式之间经常运用重复模仿的原则，大部分属于模仿重复类型，唱腔旋律句式时而扩充、变化、紧缩，邻音引申比较突出，在结构上具有明显的个性特征。如这首山歌《冷水泡茶慢慢浓》（邹永红记谱）：

冷水泡茶慢慢浓

（二）分合对比，起承转合

土家族民歌的对比、分合是土家族民歌旋律发展的主要手法，在二声音列民歌中，对比主要是在句式和段式之间，常见为上、下句对比呼应，这种手法可塑造不同的人物形象，在唱腔上有鲜明、丰富的色彩变化。二声音列民歌中，旋律对比在技术上体现在旋律线和句尾落音上。如这首流行于湖南桑植县境内的民歌《何日得团圆》（彭梦麟记谱）：

何日得团圆（桑植）

在土家族民歌中，对比引申手法也时常出现，这种手法是前几种引申、重复手法的综合使用，即将“6̣1”的上方音“2”和它的下方音“5”同时运用在一首歌曲中，极大地丰富了曲调的乐思，表现力也随之增强，这种手法的运用，使一大批土家族民歌得以广泛流传。如这首流行于湖南龙山、永顺等地的摆手歌《社巴歌》（彭梦麟记谱）：

社巴歌（摆手歌）

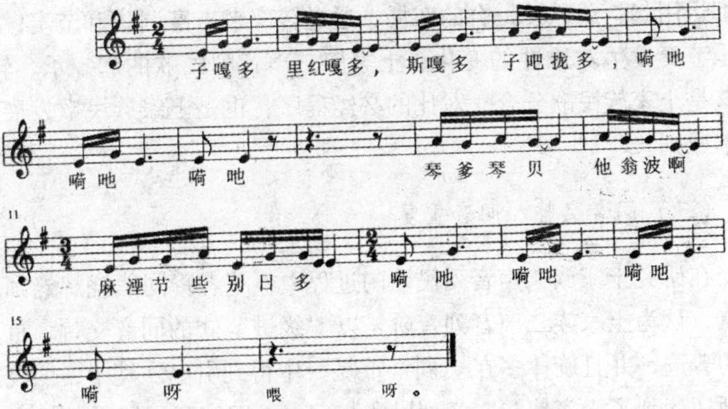

在土家族风俗歌《哭嫁娘》中，二声音列民歌分合的原则主要是在乐句中加垛，这和其他民族歌曲的形式极为相似。但土家族民歌中分合与其他民歌分合不同的是，土家族民歌在带有本民族民歌母体的基本特征条件下，经过加工、创作，久而久之，形成了自己独有的旋律发展规律。无论怎样分合，艺术唱腔的分合形式都不可能脱离分解与综合的原则。如这首流行于湖北省来凤县境内的《哭嫁娘》：

哭嫁娘（邹永红整理）

二声音列民歌在传承和发展过程中，和其他民族民歌一样，有时都运用起、承、转、合的布局，通过转部来丰富调式和节奏，使音乐节奏发生对比性的变化。土家族二声音列民歌的起、承、转、合，是土家族民歌分合、对比的必经程序，也是土家族民歌发展的基本原则。

（三）同音交替、同音重复

在研究土家族二声音列民歌的过程中，笔者赞同熊晓辉老师的观点，认为土家族二声音列音阶是以"级进"式的同音交替、重复较为普遍，并且旋律多在"同音重复"中得到引申。其中，熊晓辉老师还谈到了土家族二声音列民歌与三声、四声音列民歌的结合问题，他认为土家族二声音列民歌是建立在三声、四声音列民歌的基础上，借用其基本特征，然后加以改造、发展，从而确定了土家族二声音列民歌的独特个性。如这首流行于湖南桑植县境内的民歌《郎姐相伴早有缘》（彭梦麟记谱）：

郎姐相伴早有缘（桑植）

土家族二声音列民歌的同音交替、重复，主要是靠唱腔中相同音乐旋律的变化或重复，在句式的内部突出交替和重复。在这些旋律中，以"级进"式的"同音交替重复"较为普遍。如这首流行于湖南桑植县境内的民歌《越打越团圆》[①]：

越打越团圆（桑植）

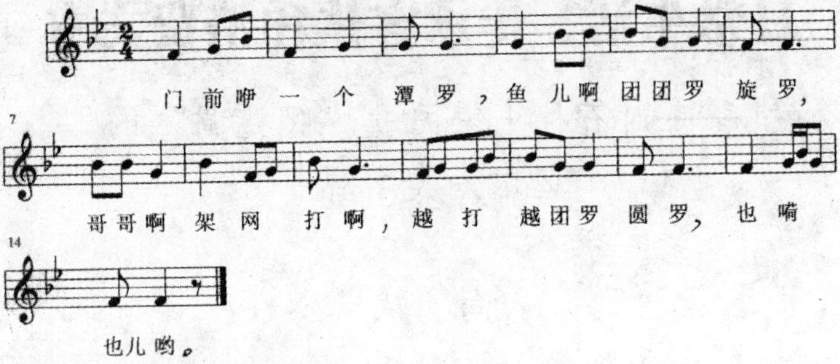

在旋律运动中，由于增加了调式主音上方五度音，它使该旋律调式更明确了，旋律进行时，每个音重复的次数也就越多，“5 5”、“6 6”、“11”这种同音连缀在一起的旋律结构总是连续交替出现，可以肯定，先出现时重复音起着引申旋律向前推进的引导作用，这个音在不稳定中得到暂时稳定，随之又用别的音为破坏这种稳定状态造成新的不稳定感觉，使唱腔旋律得到延伸。

综上所述，我们发现二声音列民歌在土家族音乐中是以一种母体状态而存在的，它对土家族民歌的影响是显而易见的，由于它的存在孕育出一大批土家族民歌，在土家族聚居区广为流传，我们应把它视为一份珍贵的民族文化遗产加以保护，并努力认真地去学习研究。

① 苏璇：《湘西金曲》，长沙，湖南文艺出版社，1998。

日常生活、传承客体和消费文本

——对石柱土家民歌“啰儿调”的艺术人类学观照

向　轼①

1986 年首版的《麦克米伦人类学词典》“艺术人类学”词条对该学科基本含义作了一个较有权威性的论证：“人类学家们把注意力集中在无文字社会的艺术的研究上，并且也研究那些属于民间文化或者属于某种有文字的优势文化里面的少数民族的艺术传统。”首次给艺术人类学下了一个正式的文本概念。② 我国一些学者也对艺术人类学进行了“旧式”与“新式”之分，如郑元者教授，“以研究无文字社会的艺术为主旨的艺术人类学属旧式的艺术人类学，新式的艺术人类学作为一门有系统的学科，唯有在学科内涵上重新注入一些昭昭有光的真切深厚之旨，才能有效地应对和担当自身在新世纪的学术使命”。③ 并对新式的艺术人类学的学术追求作了表

---

① 向轼，女，中南民族大学民族学与社会学学院博士生，重庆文理学院非物质文化遗产研究中心助理研究员。

② Charlotte Seymour-Smith , *Macmillan Dictionary of Anthropology* London and Basingstoke, The Macmillan Press LTD, 1986, p16。

③ 郑元者：《艺术人类学的生成及其基本含义》，载《广西民族学院学报》，2006 (4), 5 页。

述，“艺术人类学的研究对象是‘全景式的人类艺术景观’，学科目标和使命是‘直面人的存在，直面艺术的真理和人生的真理’”，试图把艺术人类学定位成一门立足于人类学的立场和方法、从艺术的角度研究人的学科。[①] 经历一个多世纪的发展，艺术人类学关注起艺术的各个因素及其相互作用，着重对艺术生态、艺术过程、艺术情景作全面和动态性的描述和分析。笔者曾于 2007 年 4—5 月赴重庆石柱土家族自治县对当地的民间音乐“啰儿调”进行田野调查，本想对濒临失传的“啰儿调”进行考察，没想到去了石柱后，却见证到传统“啰儿调”在新的社会形势下的重构和再生过程。本文试图从艺术人类学视角对笔者所了解的传统“啰儿调”和见到的“啰儿调”进行观照和分析。

一、传统“啰儿调”的生存情境和演唱场景

（一）生存情景

“啰儿调”是发源于重庆市石柱土家族自治县，流传于渝东南一带的土家族民歌，因歌中有大量衬词“啰儿”而得名。石柱土家族自治县位于重庆长江南岸，地处温带地区，在三峡库区腹心地带，是三峡地区唯一的少数民族自治县，境内山脉纵横，溪流交错，主要山脉有方斗山，属渝东平行岭谷，与山脚下的长江平行，呈东北—西南走向；七曜山在县境东部，山体巨大，属于武陵山区的北部。石柱夹在两山脉之间，形成“两山夹一槽”的特殊地型；主要河流有龙河、官渡河和油草河，属长江水系。另外有马武河和毛滩河，属乌江水系。[②]

---

① 郑元者：《艺术人类学的生成及其基本含义》，载《广西民族学院学报》，2006(4)，5 页。

② 有关石柱县县情的介绍大多由石柱县县志办提供。

石柱县地处川鄂交界，现有人口52万人，有土家、汉、苗等9个民族，其中土家族人口占72%，是古代巴人的后裔。石柱古为洪荒之地，是巴蜀古国最边远的山区，古称“九溪十八峒”。历代王朝都规定“蛮不出境”，被圈定在大山里过着自给自足的农耕生活。明净秀美的山水、悠久古朴的文化共同孕育了世世代代的土家族民创造和传承文化的热情，这块美丽的土地上至今仍可见到很多文化遗存。土家土司四合院、吊脚楼、土家绣品、民间吹打、土家斗锣等土家族文化事象在此地仍可见到。

石柱由于得天独厚的“两山夹一槽”、与外界相对隔绝的特殊地理环境和历代管理政策的影响，孕育了五彩纷呈的民族文化。同时这种地理环境和人文政策又使得境内少数民族文化事象较少受外界浸染和影响，保存相对原始和完整。张正明先生曾对武陵山区的文化遗存进行过分析：“连山叠岭和险峡急流，地僻民贫，易守难攻，历史的节拍比外围地区舒缓。北起大巴山，中经巫山，南过武夷山，止于南岭，是一条文化沉积带。古代的很多文化事象，在其他地方已经绝迹或濒临绝迹了，在这个地方却尚有遗迹可寻。”①自然山水的天然屏障作用加之历代管理政策的实施，有效地减缓了石柱民族文化被外来文化同化和变迁的进程。

（二）演唱场景

笔者认为：“场景”所指的范围和场面要大于“情景”一词的所指；“场景”一词是一种立体的氛围，笔者所指相当于布迪厄所定义的“场域”，“在各种位置之间存在的客观关系网络，或一个构型”，② 而“情景”则仅仅局限于“场景”中的某个组成部分。

---

① 张正明：《土家族研究丛书总序》，见朱炳祥：《土家族文化的发生学阐》，北京，中央民族大学出版社，1999。

② ［法］布迪厄、［美］华康德著，李猛、李康译：《实践与反思》，4页，北京，北京，中央编译出版社，2004。

“啰儿调”也因其演唱场景的不同而被分成了许多不同种类，如放牛歌、薅秧歌、船工号子、情歌等。尽管武陵山区能寻到其他地方不能见到的少数民族文化遗存，但是仅仅是“遗存”而已，要重见这些“文化遗存”的原始生存环境也还是较为困难的。“啰儿调”的演唱情境只能从当地的老人口中略知一二，旧时的农民大都经历过这些劳动场合和情境。以下是笔者对几位老人对他们旧时演唱情境的回忆所做的笔录。

A君，男，67岁，家住距离石柱县城约100公里的枫木乡。“五六十年代搞大集体、兴吃大锅饭，好多人一起农业生产时，都要唱山歌（那时不叫“啰儿调”），那场合简直热闹得很。记得众人一起薅秧时，田边还要支口大鼓，请一个能跟上人们节奏的劳动力来打，田里做活路的人随着鼓点子，边做活路边喊歌，都不晓得累。”

B君，男，63岁，家住石柱县县城所在地南宾镇。“那个时候，家家屋里的娃儿都要守猪、放牛、砍柴，做不完的事，那都非常愿意去，为啥子？三个一群、四个一档在一起相互唱歌取笑、闹骂、猜谜语，硬是好玩。只莫上山，一上山就听得到山歌，隔它几多远都听到有人在喊歌。”

C君，男，64岁，家住距离石柱县县城60公里的马武乡。“一到晚上，哪像现在都坐到屋头看电视喔，我早都出门到村头有宽院坝的地方去唱山歌了，一听有人唱歌，四面八方的人都赶来，唱的唱、和的和，场面真是热闹。”

据说那个年代时时处处都能听到山歌，没有人刻意去学，就自然而然会唱，歌者也形形色色、不论男女老幼、贫富贵贱。“啰儿调”在当时调动了人们的劳动热情，驱走了人们在崇山峻岭中的寂寞和恐惧，是人们唯一的娱乐方式，也是凝聚人心的精神内核。

在20世纪80年代之前的石柱，由于崇山峻岭的环抱，加之自古是巴蜀国最边远的山区，远离中心，受官方文化和主流文化影响较小，在这样一个少受外来教化的“小型社会”的乡村民众中，一切都显得那么自然和谐，那个年代的人们，不懂得什么是“啰儿调”，更不知道什么是“艺术”（当地村民语），只知道后来被冠名为“啰儿调”的山歌跟他们的生活有着不可分割的、紧密的联系。在他们眼里，日常生活处处充斥着艺术，艺术和生活没有区别，没有界限。

通过大量人类学的田野考察资料，我们可以得知，在没有文字的时代和没有文字的民族或不常使用文字的乡村民众中，艺术和人们的日常生活、礼仪生活、祭祀生活、节日庆典生活等，有着紧密的联系。在我们的眼里，那是一个没有艺术但又无处不有艺术的时代，一个没有艺术但又无处不是艺术的世界。① 因而，“啰儿调”的演唱场景就是他们的生活场景，唱山歌成了他们生活中跟吃饭睡觉一样自然而然的事情，成了他们不可或缺的一种生活方式。“民众日常生活的实践就是特定艺术的生成，而民族艺术的延续就是特定族群具体生活的实践”。② 不论高山平地，不论屋檐田野，处处都是演唱情境，处处都是传承场所；不分性别年龄，不分贫富贵贱，人人都是歌者，个个都是受众；“啰儿调”以一种生活方式为石柱村村寨寨的族民沿袭着，人们甚至没有“传承”这一概念。随着现代化和全球化的兴起，“啰儿调”进入了“传承”时代。

二、“啰儿调”的传承时代

如前文所说，此行调查目的主要是对“啰儿调”的传承情况进

① 方李莉：《走向田野的艺术人类学研究——艺术人类学研究的方法与视角》，载《民间文化论坛》，2006（5），133页。

② 吴晓：《民族艺术的消费社会境遇》，载《民族艺术》，2007（4），26页。

行了解，因而对“啰儿调”的几位权威传承人（分别被评为国家级、县级的非物质文化遗产传承人）进行了深度访谈。这里有必要对传承和传承人进行说明。据查，“传承”和“传承人”这两个概念是在联合国教科文组织颁布《保护非物质文化遗产公约》之后，才屡见我国政府、民间和媒体措辞当中，传到石柱这个偏远的县城也就自2003年后的这几年时间。

“传”与“承”历来在中国的词库里都没有形成一个固定词语，其单个字的意思，中国人都不会陌生。“传承”这一组合，据祁庆富先生考证最早出现在1996年版《现代汉语词典》中的词条：“传授和继承：木雕艺术经历代传承，至今已有千年的历史。”[①] 鉴于非物质文化遗产的存在和传承离不开人，因而“传承人”这一概念也随之产生。

所谓“非物质文化遗产传承人”，是指在文化遗产传承过程中直接参与制作、表演等文化活动，并愿意将自己的高超技艺或技能传授给政府指定人群的自然人或相关群体。[②] 自2003年联合国教科文组织颁布《保护非物质文化遗产公约》以来，各级政府都认识到了非物质文化遗产传承人对保护非物质文化遗产的重要性。我国民间文艺家协会主席冯骥才呼吁：“我们在调查中发现，民间文化处于最濒危的现状有两种，一种是少数民族民间文化；另一种是传承人的问题，而传承人濒危现象又在少数民族地区最为明显，极需关注。”[③] 2005年3月，中国民协启动中国民间文化杰出传承人调查认证和命名项目，公布100名中国民间文化杰出传承人。要保护濒临失传的非物质文化遗产的一个有效措施就是对传承人的保护。

---

① 祁庄富：《论非物质文化遗产保护中的传承及传承人》，载《西北民族研究》，2006（3），40页。

② 苑利：《非物质文化遗产传承人保护之忧》，载《探索与争鸣》，2007（7），115页。

③ 新京报：《民协将评民间文化传承人》，2005年3月23日，66版。

石柱土家“啰儿调”传承人情况是本次调查的重要内容。前文所提到的A君、B君、C君都被授予国家级、县级的“非物质文化遗产传承人”称号。A君的家因为位于枫木乡集镇上，有两间街面门面房，自己拿一间趁赶集时给村民理发，另一间出租给别人，租金加上自己理发所得完全可以让老两口过上衣食无忧的舒心日子（子女相继成家另立门户）。A君对唱山歌特别感兴趣，还是年轻时会唱的“啰儿调”，他精心地把一些歌词记在一个本子上，约有七八千字，再配上自己会唱的曲调，他是至今会唱最多“啰儿调”曲目的国家级非物质文化遗产传承人。枫木乡有“黄水国家森林公园”，A君每年还可以去参加旅游节，给游客唱“啰儿调”，每年也可以挣2000元左右，此外，各地来调查民歌的学者也会出钱请他唱山歌。被授予“国际级非物质文化遗产传承人的A君，名气大振，还被请到了重庆市区的一个高档宾馆里唱歌，收入较以前大大增加。A君还具有传承意识，为了能对唱情歌，他发展了自己的女儿和妻侄女来作为自己演唱时的搭档。

C君就没有这么幸运，他位于马武乡一个山头上的家距离石柱的各处旅游景点都较远。作为国家级非物质文化遗产传承人，他也有被邀请到旅游景点为游客演唱的时候，只是山高路远，来回很累，也很费时间，所以这样的机会也逐渐少起来。但他是一个退休教师，退休金足够自己生活，只是老伴多病，生活也捉襟见肘。由于是知识分子，还是有些远见。早在教书的时候常想着还是把这曾经给自己带来无限乐趣的“啰儿调”传给学生，可是有些“啰儿调”歌词太直白赤裸、怕给学生带来不好的影响；教给学生的一些曲目，学生又觉得太“柴”（当地方言，“土气”的意思），不愿意学，因而学生中也没多少会唱的。C君有时候遇到一些时事政治话题，也会编入“啰儿调”，如“三个代表”和“八荣八耻”等。

三、作为消费文本的“啰儿调”

石柱由于其得天独厚的自然环境和浓郁的民俗风情自然也受到旅游者的青睐。有眼光的决策者们在石柱开发出了“黄水国家森林公园”等旅游景点，并在景区举办一年一度的“啰儿调”民歌演唱节。每逢旅游旺季来临或有外地学者来访的时候，几位权威传承人便穿上县里文化部门定制的演出服装，在景区或是在采访场所便吼起山歌来。另据文化局介绍，每隔一两年，由政府出面还会举办“啰儿调”演唱比赛（笔者去调查那年的春节，就举办了一次，但冠军被县剧团的一位年轻女演员获得，A君也参加了，但只拿了个第二）。这些年，随着“啰儿调”的申遗成功，为了有效地让濒临失传的“啰儿调”得到有效传承，石柱县政府把“啰儿调”列入“文化广场”表演项目，并逐渐引入中小学课堂。这些活动固然给传承人也给石柱县带来了丰厚的经济收入，同时也对当地的文化传统也带来了变化。

首先，这种变化把传承人从普通大众中分离出来，唱“啰儿调”成了一种有偿劳动。传承人由于距离旅游景点远近而造成收入不平衡，打破了以往演唱者之间没有任何贫富和收入不均现象。笔者调查时，一路寻访传承人家庭住址时，村民均露出对“唱山歌也能挣钱”的羡慕。而以往“啰儿调”歌者人人平等，没有任何优势和特权。

其次，传承对象“啰儿调”被抽离出原先的生存情境，而成为旅游景点、采访地点、舞台上的专场表演。为满足大众的消费需求，原本作为生活方式的“啰儿调”演化为特定场景的“景观”。“吼山歌”、唱“啰儿调”不再是人们日常生活的一部分，而是需要付费方能观看的一种娱乐消费和舞台表演，成为大众的消费文本。

再次，“啰儿调”的原始功能也在悄然转化。原来的“啰儿调”具有消除寂寞、调动劳动热情、协调劳动节奏、相互娱乐打趣等功能，现在逐渐转化成了人们工作劳动之余的一种娱乐方式，不同的是，先前的娱乐中的快乐是演唱者在其文化语境中自己体会到的快乐，而后来的娱乐却是传承人为了满足给付费消费者的需求而带给他们快乐。笔者采访传承人时，他们都相继在采访地点，模仿着劳动场景做了表演，但都觉得“再也找不到以前那种感觉”。

纷至沓来的消费者和旅游者、研究者，已经说明了这些变化已经被大众所接受，但“啰儿调”在受到众多消费者青睐，成为大众消费文本的同时也失去了其原本的生活场景，传承人也被隔离出原先的劳动者群体，因会唱“啰儿调”而被标榜出与众不同的社会地位。

可以说现代社会人们眼中的“啰儿调”经历了一系列的流变，今非昔比。到底是什么导致这一系列的变化呢？

四、“啰儿调”再生之探析

（一）社会结构的改变，促成“啰儿调”的再生

伴随着人类社会的发展，人类的文化也经历了不同的发展阶段。学术界对于人类文化发展阶段的划分大多倾向于原始文化、人文文化（民族文化）、科学文化的三分法。[①] 贝尔则认为，在农业文明中，由于生产力的低下，人类对自然的依赖相对紧密，所以，此时人类的主要任务是与自然的接触和较量；在工业文明中，随着人类加工制作技术的发展，人类对于自然资源的开发和利用更加高端化，于是此时人类的主要任务是对制作加工后的人工制品的较

① 林文勋、施维达等主编：《民族文化学》，北京，中国社科出版社，1998。

量；而后工业社会则是一种“人际活动”。[1] 依笔者的理解，在贝尔的农业文明、工业文明和后工业社会人们所创造的文化对应为原始文化、科学文化和人文文化。后工业社会中的“人际活动”应是一种在人工创造的“第二自然”中的文化活动，即以文化建构文化的人文文化活动。弗雷德·詹明信认为“后工业化社会”的根本标志就是“自然”已经一去不复返的消失，整个世界已不同以往，成为一个完全人文化了的世界，“文化”成了实实在在的第二自然。一切都被纳入了人的视野、人的认识，换句话说，就是这个世界整个的被知识化、话语化了。[2] 随着全球科学技术的进步和发展，中国大部分农村的农业社会结构正在发生急剧改变，其相应的文化事象和类型也在转型。“啰儿调”的再生是一种适应社会结构改变的文化类型的转变。“物竞天择，适者生存”，这在当今弱肉强食的文化生态中也不失为真理。只有在传承中不断适应瞬息万变的社会，才会找到新的生存空间。为适应当今社会的转型，“啰儿调”无论从演唱情景、传承人还是自身唱词和曲调的改变都不失为明智之举。

（二）文化产业的开发和旅游业的繁荣，促使演唱“啰儿调”商业化

经济和科技的发展，已经解决了人类本身的生存问题，人类更高的精神需要则需要发展文化来满足。“随着科学技术的高度发展，在发达国家，物质需要已趋饱和，非物质的需要正在逐渐增加，同时，随着环境污染、自然生态平衡破坏加剧，工业社会初期的以‘大量消费物质为体面’的拜物教思想开始淡漠，同时，对消费知

① 见盛宁：《人文困惑与反思——西方后现代主义思潮批判》，38 页，北京，生活·读书·新知三联书店，1999。

② 见盛宁：《人文困惑与反思——西方后现代主义思潮批判》，55 页，北京，生活·读书·新知三联书店，1999。

识的欲望却增强了。也就是说，在对物质产品的需要减弱了的同时，对服务和精神产品的需求却增强了。于是，物质优先被‘非物质’优先取代，硬件优先被软件优先取代，大量消费物质而体面的生活方式被‘大量消费知识受到尊敬’的生活方式取代”。[①] 这一种消费取向日趋全球化，人们更倾向于与自然亲近，热衷于了解与自己民族截然不同的文化。于是人们保护文化遗产的热情高涨，“自然遗产”、“文化遗产”、“森林公园”、“民俗风情园”等成了热门追踪话题。越来越多的人涌入一些尚未开发的、保存较为完好的自然环境和较完整的民族习俗与传统当中，去体会截然不同的民俗风情和自然风光。“文化搭台、经济唱戏”，对当地文化遗产进行包装和和开发，满足汹涌而至的游人的好奇心，这些举措为当地带来了经济效益，也有效地改善了当地人的生活。

笔者认为这是最为重要的两个原因，其他因素还有多种，如政府的引导，强势话语的入侵、某些个人因素等。其个中原因还需作进一步探讨和分析。

结　语

如前所述，在社会变迁迅速的今天，传统农业文明的产物“啰儿调”在众多因素的影响下，获得再生，重新焕发出生机。现在的石柱县城，走进校园，能听到孩子们唱改编之后的“啰儿调”曲目“太阳出来喜洋洋”，茶余饭后的广场上也是一片“啰儿调”歌声。再生后的“啰儿调”呈现出诸多喜人之势，诸如：越来越多的人参与传唱“啰儿调”，其传承危机降低；每年以“啰儿调”为主题的各种文化创意也为该县带来可观的经济效益等，“啰儿调”自身在瞬息万变的社会中得以站稳脚跟。但是在其再生过程中，也还有很

① 方李莉：《从艺术人类学视角看西部人文资源与西部民间文化的再生产》，载《民族艺术》，2006（1），9页。

多问题存在：传承的人是越来越多了，但很少有知道“啰儿调”的文化内涵，他们所接受到很多的“啰儿调”有很多是经过改编的；在“啰儿调”再生过程中，传承人一直是处于被动地位，他们的自觉意识还要加强；在“啰儿调”的再生过程中，其生存情境没有受到足够重视。正如著名民俗学家乌丙安先生所言，“民俗是活鱼”，鱼儿离不开水，民俗离不开人们的日常生活，非物质文化遗产也离不开创造它的人民大众和生存情境，无论它再生还是重构，人民是它的主人，人民才有发言权。

试论土家族原始宗教舞蹈艺术的具象性与象征性特征

陆　群[①]

如果你目睹一个土家老梯玛神情庄严而虔诚地“跳神”，模仿生活的“打粑粑”、“钓鱼”、“捞虾”、“打莲花闹”，看到他凝神沉思，口诵祝咒，那么，相信你一定不会无动于衷，你一定会觉得老梯玛表演的这些动作不是普通的动作，在经过了如此这般的一整套严格规范的程序和咒语之后，已经发生了质的变化——它不再是简单的生活的再现，而是一套承载着丰富精神内涵、具有特定指意之“灵”的无限神秘之“象”的行为体系。是的，一个看起来普通的形象背后，因为注入了宗教观念，便不再是一个普通的感性直观形象。反过来，宗教观念往往会寻找感性直观的表现形态，使其真实地呈现在人的感官之前，成为群体社会共同礼拜和体认的对象。

象征一方面是一种在外表形状上就可暗示某种思想内容的符号，另一方面它又能暗示普遍性的意义。黑格尔在论象征时规定了

① 陆群（1969—），女，土家族，湖南古丈人，吉首大学历史文化学院教授。

两个方面的特征：形象与意义的统一，内在精神与外在形式的统一。[①] 湘西原始宗教艺术的象征性是指湘西原始宗教艺术形象能体现事物本体的实质，并且足以暗示出它所具有的宗教意义。“象征不仅意味着象征物含藏着一定的意义，而且代表着意义的转换，它拥有不属于它本身内涵的某些东西”。[②] 土家族原始宗教舞蹈艺术的具象性又可称之为直观具象性，是指土家族原始宗教舞蹈艺术具有运用物质媒介以其生动具体的感性形象为主体感官所感知的特性，亦即把具体可视或可触的形象直接呈现在观众面前，引起观众情感的共鸣和审美的愉悦。

土家族原始宗教舞蹈艺术在表达方式上的具象性与象征性特点是由土家族原始宗教的基本特性决定的。土家族原始宗教是巫术宗教，巫术宗教表达方式的基本特性就离不开具象性和象征性。原始宗教观念不论多么神圣，都必须化为能为广大信众所体认和接受的表达方式，这种表达方式主要有两种：一是用象征性的语言去形容、模拟和描述想像中的神灵，说它如何如何，像什么东西，像这个，或像那个……所谓“像什么”，就是用某个具体形象之物，作为其崇拜对象的“象征”，[③] 如各种灵异神话，就体现了这种象征。原始先民的神灵观念和神性观念无论多么粗陋，但总是被人赋之以超人间、超自然的权能，以超自然的方式决定着个人和社会的吉凶祸福，激发起关于神灵之神力异能和神迹异事的想像，原之为语言的象征性描述，逐渐发展为讴歌神灵之事功，感谢神灵之恩德的神话传说和宗教文学，如《梯玛歌》、《廪歌》等。兄妹婚前的占卜，从兄妹婚前占卜的形式看，有滚磨重合形式，有燃火堆烟连一起的形式，有穿针引线形式，捉迷藏追赶形式等等。作为对兄妹婚配的

① ［德］黑格尔著，朱光潜译：《美学》（第二卷），11 页，北京，商务印书馆，1979。

② 蒋述卓：《宗教艺术的象征：意义的蕴藏与转换》，载《民族艺术》，1996（2）。

③ 吕大吉：《宗教学通论新编》，797 页，北京，中国社会科学出版社，1998。

一种天意，一道神谕，卜婚形式无疑带有性暗示的作用。为什么人们喜欢选择以滚石磨来卜婚？这是因为，与滚石磨卜婚形式相比较，其他卜婚形式都不如滚石磨重合的象征意义那样来得直率与真实。完整的石磨必有上下两半，上下相合，中间以一短轴使之凹凸相连接而运作。绝大多数的兄妹卜婚都要通过这一形式，其暗示交媾的意图是十分明显的。[①] 二是把想像中的神灵观念物态化，或者直接指认某个自然物体（一棵大树，一个怪石，一座高山……）作为神灵的寓体和象征，如湘西各地以“祖公山”与“祖婆山”、“公公岩”与“娘娘洞”等等命名的山川地貌，往往都是附会上生动的神话，是神灵观念的物态化；想像中的神灵观念还可以图形化、形制化为绘画、雕刻、面具、神灵偶像等，这些绘画、雕刻、面具、神灵偶像都是一种符号，一种象征模式；或者物态化的象征表现发展为造型艺术，如宗教建筑，神坛和庙宇等。[②]

土家族原始宗教表达方式的具象性和象征性往往是联系在一起的，以具象性实体传达象征性指意。具象性与象征性是土家族原始巫术宗教在表达上的内在要求。其直接结果是使土家族原始宗教舞蹈艺术一方面具有形象生动的艺术可感性，一方面具有神圣意蕴的宗教领悟性。土家族原始宗教表达方式的具象性和象征性，是土家族原始宗教艺术传达“灵”之密语的基本方式。

在人类学研究视野中，宗教仪式往往被视为是一个社会或社会成员生存状态和生存逻辑的凝聚点存在。宗教仪式，通常被界定为象征性的、表演性的、由文化传统所规定的一整套行为方式。宗教礼仪及其由此演化而成的宗教艺术，它本质上是人类特有的一种意指性的象征活动。“原始舞蹈往往是充满图腾崇拜观念的巫术仪式

① 章海荣：《西南石崇拜——生命本原的追思》，75页，昆明，云南教育出版社，1995。

② 吕大吉：《宗教学通论新编》，797页，北京，中国社会科学出版社，1998。

中的一个重要组成部分，是主客体间进行神秘互渗交往的一种媒介”。[①] 仪式行为就其本身而言，它具有动作性、装饰性和表演性的特点。最早的仪式行为常常由歌舞和表演动作组成。如果从艺术发生学上看，不管是“模仿”还是“表现”，都带有具象性与象征性的色彩。一些具有巫术性质的求雨仪式、狩猎仪式，多采用模拟和象征的手法，既是具象化的模拟，又是符号化的象征。以艺术性的方式沟通神的世界。这种象征手法的运用常常能使人产生对神诚服、敬畏的神妙感受。

由宗教观念激发而起的宗教热情，外在化为象征人神交际的仪式活动。信仰者用象征性的身体动作来展现和宣泄其内在的宗教感情，发之为表达心声的音调和手舞足蹈的动作，这就促进了原始时代音乐和舞蹈等艺术形式的发展。巫术在这过程中起了特殊的作用。

作为一种巫术宗教，土家族原始宗教的巫术仪式在表演过程中从情节到道具往往是对现实生活的模拟和再现，构成具体可感的审美形象。具象性表达最大的特点在于真实地反映自然形态的美。在以人物、动物、植物、矿物或自然环境为元素的造型中，以写实性与装饰性相结合，令人产生具体清晰、亲切生动和信任感。如古丈县太平村“跳马”中的“西可乐”表演（“西可乐”，土家语，汉译为西灯或邪灯，含义还无法确定。现有四种说法可供参考。“西”意为“铁”，“可乐”即“垦荒”，连起来意为用铁制的生产工具去开垦荒山）。模仿祖先的生产劳动，以祈求祖先神灵保佑生活中真实的生产劳动的顺利和丰收愿望的实现。表演者主要为男性，有的头戴罗皮帽，有的用帕子遮着脸，有的倒披蓑衣，装扮成一群山鬼子呐喊着冲进土地坪，表明山鬼子也高高兴兴地参加土家跳马盛会。他们在灯笼火把油香的映照下，在坪场当中分头同时表演打粑

① 郑海：《原始舞蹈初探》，载《云南社会科学》，1986（1）。

粑、钓鱼、扎篆、捞虾、打卦、打莲花闹、送春、打九字鞭、打溜子、吹木叶、春牛耕田等妙趣横生的原始艺术，并与观众交流感情。所用道具全部是生活中真实的工具，表现远古时期土家先祖披荆斩棘砍火畲挖土时的欢乐情景，在动作上模仿，有所夸张，以逗起围观者的笑声。例如“打粑粑”，两个男人倒披蓑衣，用勾勾槌向粑粑槽使劲反复锤去，扮演妇女的在一旁作击坨、做粑动作，并向围观人群送粑粑：“你一砣，他一砣，中间还有一大砣。”如“钓鱼”，扮演钓鱼的人手拿钓竿，伺机向围观的人群中抛饵，猛扑向某人（一般是逗惹年轻妇女或小孩）声称抓到一条大鱼。捞虾者多系苗家妇女，她们背着小孩，手拿三角捞兜，腰箍篾篓，穿行人缝间，作掳虾、捉兜、捧虾、装虾等连续舞蹈动作，天真烂漫，滑稽可笑。又如“春牛耕田”，饰演牛的（一人或二人）皮褂子反披着，用枇杷叶作牛耳，用稻草扎两只牛角，在前面爬行，摇头摆尾作拉犁状，另一农户戴着斗篷蓑衣，一手掌着木犁（去掉铧口），一手拿竹鞭驱牛耕田，喝骂之声不绝于耳，把田间劳动情趣表现得淋漓尽致。有时，两头牛碰在一起，表演激烈诙谐的牛打架，惹得观众捧腹大笑。

“西可乐”表演常带有浓厚的对生活场景模拟的纪实性，还不乏一定的虚拟和抽象，使“西可乐”表演具备了作为一种宗教艺术表演的“可感性”和“领悟性”。在这个过程中，感应巫术中的模拟至少从两个方面启发和推动了原始宗教艺术，一是感应巫术的模仿为实用目标集中起来了那些必不可少的种种具体素材和细节，二是又抛弃了那偶然的、庞杂的东西，在模仿过程中使细节连为一个整体。这也是审美模仿所要达到的那个境界和结果，[①] 使原始宗教艺术呈现出明显的具象性与象征性特点。

在人类意识的蒙昧时期，对生活的感知投射在人们心里，内化

① 张晓凌：《中国原始艺术精神》，59页，重庆，重庆出版社，2006。

为相应的心理表象，并经由表象和意象的“类化”而产生为人们所共同体认的图像和符号。这些图像符号，以直观的“象征形态”表达着神之“灵”性。在这个过程中，他们所选择的表现和传感也是具体形象的，他们思维却延伸到超越日常的理想意义世界。

巫术的本质特征之一就是相信象征性的模拟行为与所期望的目的有直接的因果关系。不管是“模仿”还是“表现”，都带有象征的色彩，如狩猎舞、求雨舞，既是模拟，又是象征。一个少女用树枝沾满水洒在人们身上，象征着真正的雨降临。装扮成野兽的人故意落进网里，象征着第二天人们能真正打到猎物。在泰勒看来，宗教仪式有它的实际目的和象征目的。宗教仪式在理论上分为两部分：一部分具有重要造型的或象征的意义，是宗教思想的戏剧性表现或宗教的哑剧语言；另一部分则是跟灵物交际的手段或影响它们的手段。由于信条和崇拜正如理论和实践那样是彼此相关的，这两部分实际上也是相互结合在一起而发挥出实际意义的。①

湘西梯玛“渡儿”的巫术仪式，通过具象和象征的表达方式，营建了一个亦真亦幻、神圣与世俗莫辨的时空场所。“渡儿”，其目的是求神赐一个健壮的后代。不少村落在演出“打粑粑”一段剧目时，竟然在仪式场上直接引入了蒸糯米、打糍粑环节，为的是让所有村民都能吃到神粑，分享神的赐予。这些粑粑多被称为“喜粑粑”，又称“娃儿粑粑”，形状多是男孩样，每个灵婴的胯下现出特大的男女生殖器。仪式中梯玛身着妇人衣，扮演求子的妇人，把喜粑粑放在衣服上兜着，一步三摇，边走边唱“求子歌”，那情态，既有女人的羞涩娇弱，又有男人的滑稽有趣。一阵摆弄之后，见他跪地祈祷，那神情，仿佛神灵已经来到。他向神说着自己对孩子的渴望和祈求。神答应她了，“她”起身谢神。之后梯玛几个步法转

① 见孙亦平主编：《西方宗教学名著提要》，60页，南昌，江西人民出版社，2002。

身即表现出怀孕的含羞之态和步履艰难之感。梯玛从盘古开天唱起，叙述远古洪荒，大水导致人类毁灭，龙巴洛里、麦巴洛里这两位制天制地的神灵，设计用葫芦船救出善良的人种补所、雍妮，用滚磨、劈竹、烧烟、跑趟等办法促成兄妹成亲。补所、雍妮被土家人奉为天地公、天地母，成为人种再造之神。后来由于受汉文化的影响，部分地区的梯玛神歌中出现了"到观音菩萨那里烧香去，到送子娘娘那里求子去"之类的词儿，但梯玛神图上的"渡男渡女桥"、梯玛神歌中的"三十六天故王坡"之类的地名却锁定了梯玛"求男求女"的特殊位置。① 仪式中扮演孕妇的梯玛慢慢走入一间用凉席围成的"产房"，"产房"在堂屋一角，用席子围成，布景简单，但很有现场感。之后，听到从"产房"中咿咿之声，小孩的啼哭代表着婴儿的降临，这孩子，有时是一个枕头，有时是一个真实的婴孩。梯玛又给"孩子"洗澡抹脸，小心翼翼，倍加疼爱。产妇临盆分娩挣扎的苦情，得到孩子的喜悦，表演得惟妙惟肖，令人捧腹。

在仪式过程中，引入生动可感的形象，始终未放弃对自然物象的具象性，不仅使参与者和观赏者更易深刻地领会到仪式所要表达的宗教内容，而且使仪式过程本身获得一种形象性的表达意义。抽象的神灵观念在具象性的表达中一目了然，即使是未受过任何教育的乡野百姓，也能从这种形象直观的表演中看出该仪式所要表达的真实内容。传说过去有家殷实猎户，没有儿子，张榜求巫，能祈送子者偿金酬银。土老司揭下榜文，赤身裸体、浑身上下画得花里胡哨，敲锣打鼓，又是打跟斗，又是倒立，乱跳乱唱，五奇八怪，一片喧嚷，这样，惊动了天地公、天地娘打开南天门观看。他们看着这稀奇古怪的表演，看得迷了神。天地娘忘了怀抱个月伢崽，竟撒手也舞起来，将月伢崽从天上掉落下来。土老司见天空落下个伢

① 刘能朴：《梯玛》，157 页，北京，中央民族大学出版社，2009。

儿，连忙用八幅罗裙接住，欢天喜地抱给了那家富户。[1] 从此以后，土家族祈子就兴起了跳土老司。

作为象征物的原始宗教艺术往往包含了它自身以外的一些涵义，在意义上能将它与神圣连在一起，并赋予宗教的思想与精神。原始宗教艺术对象征的使用，使原始宗教思想变得更为简括、凝练，更易于为信众接受。原始宗教艺术中的符号和代表某种意义的标志就是象征的表现。许多符号都是从原始宗教崇拜演化而来的。原始宗教艺术中充满了既好意会又可言传的具象与象征性呈示，以象征来表征和浓缩神的观念，使抽象的宗教神灵观念形象化和直观化。

所以我们才可常常发现，在巫术仪式中，巫师总是选择用象征性的身体动作和巫术语言模拟性地表现他与鬼神交往的过程以及如何运用法术降魔驱邪的过程，而这过程中不免引入具体可感的审美形象，这种模式一直持续到现代。这样的例子不胜枚举。如湘西土家族认为，孩子一生的成长非常不容易，常有“三十六关、七十二煞”。所以每遇“关”、“煞”都得延请梯玛“架桥”作“解”。仪式开始前，梯玛在堂屋中摆两条长凳，那凳紧挨着一张大桌子，上面点起许多香烛，中间则放着一个无底的甑饭的甑子，仪式开始了，只见梯玛摇摆着“八宝铜铃”，亦歌亦舞，歌舞中，请东西南北四方的桥梁土地，向他们说清情由之后，求他们开恩。在演唱过程中，梯玛还会停下来，让孩子从甑子中钻过。然后致谢各路土地，给钱烧纸、功果圆满拿着三魂七魄转回家中。在这里，长凳、甑子、“八宝铜铃”、梯玛的歌舞，都具有特定的象征含义。长凳象征接儿接女的桥，甑子象征着“保郎桥”的桥洞。“保郎”即是保护孩子无病无灾之意。梯玛摇摆着“八宝铜铃”，梯玛的歌舞象征驱鬼避邪，孩子从甑子中钻过，象征难关已脱，刑煞解除，从此百

---

① 杨昌鑫:《湘西巫传说、故事谫析》，128 页，北京，民族出版社，1980。

病消除，长命富贵，顺利成长。

从仪式中我们看到，一方面尽可能是具体的生活映象；另一方面，梯玛的歌舞，激起神秘的情绪，感染弥漫在整个仪式过程，使参与者确信通过仪式达到了他们所期待的与外在神秘力量相交的境界，“他们的注意力暂时不是集中在生活本身上，而是集中于生活在这里所呈现出的反映上……”① 在对生活模仿的过程中，情感性得到了充分的激发，成为通向艺术的重要因素。就这样，巫术模仿在这方面形成的完整形式有可能促进了艺术模仿的情感性发展，“巫术的辩证特性使得在巫术模仿的外衣下形成和提高了模仿的艺术才能和随之而来的艺术感受力”。② 正因为如此，宗教艺术可以说是一种典型的象征艺术。

土家族原始宗教艺术的具象性与象征性特点还在“送瘟头神”时“玩草把龙”、梯玛法事之“扫邪术”等“解邪”类巫术中得到体现。湘西民间偶染怪疾，或疯或痴，或有不祥之兆，或有口角之争，都认为是有邪气缠身或冤魂索债，轻则对天赌咒或面神许愿，重则临时把巫师请到家中，兴师作法，除妖斩邪，此仪式即为“解洗”。对这些仪式，围观的群众，甚至是表演者本人也可能不知道其间的各个环节具体是什么含义，说不出个所以然来，但却大致知道这些仪式的目的是“避邪的”。就是因为仪式的道具或者动作非常形象生动，与日常生活的取意紧密联系在一起，“它是具象的，或者说，它更是象征的、神话的和宗教的，它所以可以用乐舞的或仪式的形式表现”。③

① ［匈］卢卡契著，徐恒醇译：《审美特性》，331 页，北京，中国社会科学出版社，1986。

② ［匈］卢卡契著，徐恒醇译：《审美特性》，332 页，北京，中国社会科学出版社，1986。

③ 周楷模：《祭舞神乐——民族宗教乐舞论》，25 页，昆明，云南人民出版社，2000。

这些具象性的象征表达了原始宗教的内涵，从而指向或进入到复杂的意义世界。“象征能够使平常隐藏在日常俗务中的价值和意义显示出来，从而让人面向这些价值和意义”。[①] 在原始巫术活动中，象征意义的实现往往依赖于具象而得以实现，而具象的目的往往指向象征的意义。芝加哥大学的斯洛特金教授认为，宗教礼仪之所以具有象征性意义，是因为人对环境关系的调整。当人无法改变环境适应环境时，人们就象征性地去适应，并由此希望得到改变。至少在心理上他们取得了一种平衡。礼仪的象征意义虽然是虚幻的，但在施教者看来却是真实的，它反映出崇拜神灵者对神灵的敬畏感和希企感。他们觉得通过这一仪式即可进入神灵的世界。[②] 原始宗教从终极意义上说是超越的，但其选取的形式却是具体的、感性的、形象的，由此，“艺术形式”得以多角度的展现和多方面的使用。人们舞之蹈之，歌之吟之，还要把理解中的神灵的神性和神能，通过一系列象征性的语言传达出来，由于其表达过程始终不离开具体的生活实际，所以，其表达方式在自觉不自觉中充满了现实生活的具象的美感，呈现出生动可感的审美画面。

① 孙亦平主编：《西方宗教学名著提要》，484页，南昌，江西人民出版社，2002。
② 蒋述卓：《宗教艺术的象征：意义的蕴藏与转换》，载《民族艺术》，1996（2）。

土家族摆手活动中祭祀神祇的历史考察

黄柏权①

“摆手舞”，有的地方调年，土家语称“舍巴巴”、“舍巴日”、“舍巴罗托”、“舍巴格蚩”、“月梯黑”，意即玩摆手。关于摆手舞的来历，民间有诸多说法，方志也有较详细记载。乾隆《永顺县志·风土志》卷四说：“又一土俗，各寨有摆手堂，每岁正月初三至初五六之夜，鸣锣击鼓，男女聚集，摇摆发喊，名曰摆手，盖祓除不祥也。”光绪《龙山县志·风俗》卷十一也载：“土民赛故土司神。旧有堂曰摆手堂，供土司某神位，陈牲醴。至期，既夕，群男女并入。酬毕，披五花被锦，帕首，击鼓鸣钲，跳舞唱歌，竟数夕乃止。其期或正月、或三月、或五月不等。歌时男女相携，蹁跹进退，故谓之摆手。”光绪《古丈坪厅志·民族下》卷十载：“土俗各寨有摆手堂，每岁正月初三至初五六夜，鸣锣击鼓，男女聚集，摇摆发喊，名曰摆手，以祓不祥。此旧俗，今亦不尽有此堂。”通

---

① 黄柏权（1962—），男，土家族，湖北咸丰人，三峡大学长江三峡发展研究院院长，教授。

观以上诸条记载，基本可以看出跳摆手舞时，男女老少伴随锣鼓点子蹁跹进退、摇摆呐喊的热闹场面。这里有三点特别值得注意：一是摆手时间有正月、三月、五月等；二是摆手都以袯除不祥为目的；三是所祭之神是已故土司。

本文仅对摆手活动中祭祀神祇进行考察，试图厘清土家族摆手活动中所祭神祇发展演变的脉络。

根据民间传说和方志记载，土家族摆手活动中祭祀的神祇各个历史时期、各个地方都有所不同，其祭祀的对象与人类的认识水平、生活环境、社会历史条件有密切的关系。通过考察，摆手舞祭祀对象发展脉络如下：

最初是对神树的崇拜。同治《来凤县志》录《湖广通志》说："施州漫水寨有木，名普舍树。普舍者，华言风流也。昔覃氏祖于东门关伐一异木，随流至那车，复生根而活，四时开百种花。覃氏子孙歌舞其下，花乃自落，取而簪之。他姓往歌，花不复落。尤为异也。"来凤县民间流传的《摆手舞与普舍树》可以进一步补充说明这一记载：传说很久以前的一场春雨造成酉水流域水灾。一天晚上，顺水飘来一异木，在一覃姓门前生根。次日晨，覃家老人惊见此树青枝绿叶，满树花苞，不知是福还是祸，急召老小在树下跪拜，结果洪水消退。此事一传开，周围乡邻齐拥树下跳跃，满树花苞遂生出无数红绿白花。晚上，覃氏老人又梦见三人：一是戴凤冠的长者，一是披甲执弓的武士，一是身穿朝服，手拿书卷，颇类文官。三人暗示老人将神请到高山上去。梦事传开，众人以为是彭公爵主、向老官人和田好汉显灵。各姓为了纪念神树和土王，共同凑钱捐粮在高山上修建一座青石板屋，内供彭公爵主、向老官人和田好汉雕像。但神树无法搬到高山上。一天晚上，覃氏老人又梦见一白胡子老汉，他告诉覃氏老人，那树就是普舍树，只要心诚，它的枝丫一插就定根。第二天，覃氏老人砍来一普舍树丫插在石板屋门前，一夜工夫，果然生根发芽了。后来得知，这位白胡子老汉就是土地菩萨。覃氏老人就在摆手堂旁边用石板盖了个土地堂。自此土家人每逢过年，吃团年饭后，就背起猪头、团馓、糍粑，打着各式各样红红绿绿的灯笼去敬土王、土地菩萨和神树，围着普舍树跳舞。这就是现在土家人跳的摆手舞。[①] 这个传说虽然把对彭公爵主、向老官人和田好汉的崇拜融入进去，但仍然可以看出早期跳摆手舞祭祀普舍神树的信息。据舍米糊摆手舞掌坛师彭昌松老人介绍，以前舍米糊摆手堂中间有一株大杉树，后来被砍掉，大家在春节期间围绕大杉树跳摆手舞。后来人们又在舍米糊摆手堂内植一杉树，指挥摆手舞的大锣就挂在杉树上，摆手活动时人们仍然围着杉树跳舞。以前许多摆手堂中间都有一棵大树，应该是早期祭祀神树的遗存。

龙山洗车河流域也有相同的传说。相传有一年洗车河涨大水，从上游漂来一根青㭎树，冲到伯那寨的深潭打转。一位老人路过此地，用力去推，青㭎树仍在里边打转转。于是寨上的人就请土老司查看，土老司作完法事后说："这树是八部大神的大哥附的体。八部大神的大哥爱吃狗肉；一年四季在外面找狗肉吃，害得他的婆娘在家守活寡。不久，她就和二哥私通了。从此，大哥没有落脚之处，于是附在青㭎树上，流到这里，是他看得起伯那的风水，这里的人又是土家的子孙，要伯那人修个庙，让他安身。"于是寨上的人就修了一座庙，用冲来的青㭎树雕了一尊八部大神的神像。由于庙是三月十五日修成的，于是就在这一天摆手、祭祀。[②] 这个故事虽然把青㭎树说成是八部大神大哥的化身，但神树崇拜的影子仍然十分明显。

从以上两个传说可以看出，摆手舞活动中最初崇拜的应该是树

① 田诗学、肖本正、杨孝慎主编：《来凤民间故事》，22～24页，武汉，湖北人民出版社，2007。

② 《龙山洗车伯那村的三月堂》，见彭继宽、彭勃选编：《土家族摆手活动史料辑》，25～26页，长沙，岳麓书社，2000。

神。土家族作为生活在武陵山区的山地民族，森林和树木对他们的生活至关重要，生活资料大多从山林中获取，建筑材料和燃料取自山林，特别是大树强大的生命力更是让他们产生敬畏。因此，在土家族民间，各地都有崇拜大树的习俗，他们在大树上挂上标志，不让人砍伐；给大树披红挂彩，节日加以祭奠；小孩拜祭大树，祈求古树的保佑；向古树求药治病等。对大树、石头等自然物的崇拜，是人类最早的崇拜方式，摆手舞作为祭祀性的舞蹈最初祭祀的神祇为树神是十分自然的事。

第二阶段是对虎神的崇拜。由于对土家族的虎崇拜问题历来都有争议，所以在研究摆手舞祭祀对象的时候，忽视了祭祀活动中对虎的祭奠。1997 年 2 月 10 日（农历正月初四），笔者到湖南龙山县贾市乡的兔吐坪作民俗调查，观看了一场原始古朴的摆手舞。据老坛师彭祖岸老人（当时 86 岁，现已去世）讲，跳摆手舞时，一只老虎就来到神堂（即摆手堂）的中间，男女分成两行围圈而跳，老虎也不伤人，跳一会老虎就悄悄离开了。当地老人彭必祖也证实了这一传说。为了把这条十分珍贵的文化信息保存下来，我们录了音、摄了像。可以想见，摆手舞开始前，老虎悄悄来到摆手堂，显然是来接受人们的奉祭。因此，最初的摆手舞，就是对虎神的祭祀。乾隆《永顺县志》记载："六月中早谷初熟，炊新米，宰牲，名曰祭鬼，亦民间荐新之意。"此种祭祀习俗就是文献记载的就是膢祭，也称为腊祭，也就是吃新祭虎。土家族有两个新年，一个是夏天（七月一日）的吃新之祭，是为保护农作物立下汗马功劳的虎行祭；一个是在正月初。两个新年与土家族摆手舞在几个时间进行有关，五月或六月举行的摆手显然是"荐新之意"，炊新米、宰牲祭鬼是摆手中的程式之一，祭鬼即膢祭，也即是祭虎。为什么方志的作者不说成祭虎，而说成"祭鬼"，显然是编写方志的人没有深入民间调查。早在宋代，中原文人就把"土人"的祭虎活动称为祭鬼。摆手堂有的地方也称为"鬼堂"，在民间往往是鬼神不分，所以有此称呼。据龙山县苗儿滩镇尚星亮老人介绍，洗车河流域的尚家寨以前玩摆手分别安排在每年的正月初一至十五和六月初六，全族人到神堂（即摆手堂）跳舞，然后全族畅饮。并且很有可能，摆手舞最初起源与吃新腰祭有关，最初的摆手是在夏天农作物刚成熟时，后来，由于冬天农闲，才把跳摆手舞及其祭祀活动移到了农历正月。

土家族跳摆手活动祭祀老虎还有一个有力的佐证。在龙山县长潭的坐落湖流传着《敬奉老虎》的传说，相传长潭有一个土家族村叫坐落湖，原来这里的名字叫捉老虎。坐落湖的土家先人来到这个地方准备修神堂时，这里突然出现了一只大老虎。人们因为害怕，就派旋鹰、鹞子把老虎打死了。神堂修好后，当地人认为修神堂突然出现老虎，这只老虎一定是神灵，应该供奉。后来雕了一只老虎，供奉在神堂内，敬八部大神后均要在老虎雕像前插上一炷香。[①] 坐落湖所在地区是土家族文化保留最完好的地区，当地的大摆手舞也十分有名，摆手堂至今保存完好，摆手活动也流传下来。摆手堂的修建与老虎的出现有着明显的逻辑关系，因为准备在此修建摆手堂才出现虎神显灵，因此，摆手堂修建完工后，在神堂里供奉老虎的神像加以祭祀是自然的事情，由此也表明跳摆手舞与祭祀老虎的密切关系。

此外，在以前，摆手舞的祭祀活动中，供桌上都要铺上一张虎皮。在供桌上供奉虎皮用意也很明显，也就是把虎作为神灵供奉起来，没有真实老虎，即用虎皮替代，其象征效果一样。

土家族对虎神的崇拜源于其先民巴人，巴人及其后裔对虎的崇拜作为民族的精神信仰积淀下来，并融入到民族的重大庆典活动中，随着社会的发展，对虎神的信仰慢慢隐退，被新的崇拜物所取

① 田永瑞：《中国故事集成・湖南卷・龙山县资料本》（内部资料），彭善佑讲述，张伦绪收集整理，流传在龙山长潭、岩冲一带。

代，但最初的崇拜并没有完全消失，通过口传的方式，或者祭祀活动中的一些象征物保存下来，使我们今天仍然能够窥见土家族摆手活动中对老虎祭祀的情形，坐落湖摆手活动中在祭祀了八部大神后，必须敬奉虎神像即是最好的诠释。由于清朝方志的编撰者没有进行深入的调查，即便知道这样的传闻也不便记载；建国后调查人员也忽视了这个信息，以至于把土家族摆手活动中一些珍贵的信息未能记录下来。试想，跳摆手舞时老虎悄悄来到摆手堂中间睡下，在接受人们祭拜后又悄悄离开，反映了一种怎样的心态？明明是崇虎的土家人在祭土王和祖先之时，从未忘记民族的图腾神——老虎，反映出崇虎意识一直存在于土家人的心底。

第三阶段是对八部大神的崇拜。八部大神是酉水流域土家族共同信奉的神祇，在土家族民间广泛流传着关于八部大神的神话与传说。如《中国民间故事集成·湖南卷·湘西土家族苗族自治州分卷》就收录有《八部大王》的神话。《摆手歌》和《梯玛歌》也有关于八部大神的故事，如《摆手歌》第四部分英雄故事歌中《洛蒙挫托》颂扬八部大神的颂词唱到：

他们样样都不要，
卵特巴心里发愁。
妹妹扯过卵特巴，
讲了一阵悄悄话：
八个哥哥非凡人，
云游天下显威灵。
八个哥哥本领大，
善不欺负恶不怕。
八尊大神封他们，
封他八个真正神。
毕几卡的儿和女，

世世代代来供奉。
正月日子正好耍，
年年给他们做社巴（摆手）。
卵特巴心里开了窍，
八个哥哥受了封，
个个脸上露笑容，
从此成了八部神，
毕几卡世代都供奉，
每年到了正月里，
摆手堂里闹得欢，
跳的跳哩唱的唱，
人也喜来神也欢。
风调雨顺年成好，
年年摆手庆丰年。

可知土家人跳摆手舞祭祀的神祇有八部大神。过去在酉水流域建有许多八部大神庙，供奉八部大神。保靖县拔茅乡沙湾村八部大王庙大门的一副对联写到："勋犹垂简片驰封八部灵爽式斯土血食千秋"。直至今日，农车、坐落湖土家人跳大摆手舞还要祭八部大神，梯玛作法事也要挂八部大神的神图。在个别地方，还同时供奉一位女神。如在龙山县坐落湖的八部大王庙里，在八部大神的中间坐着一位女神像，传说是八部大神大哥的老婆，也有认为是八兄弟共同的老婆。[①] 女神出现在摆手堂中，应该是后人想像的结果，是人们按照人常伦理添加的一个神仙。八部大神是酉水流域土家族共有的族神，或者是部落神。从八兄弟共有一个老婆历史背景看，八

① 《龙山坐落湖的抬猪神及摆手活动》，见彭继宽、彭勃选编：《土家族摆手活动史料辑》，87 页，长沙，岳麓书社，2000。

部大神的崇拜是民族血缘社会的产物，其产生的时间应该较早，最迟产生在羁縻州郡时期。八部大神作为民族共同信奉的英雄是土家人在与外来强权势力的对抗中形成的。

第四阶段是对五谷神和土地神的崇拜。土家族是一个山地农耕民族，农业对这个民族生存发展至为重要。因此，摆手活动中所祭祀的神祇中有五谷神和土地神。如保靖县夜咱村在摆手调年活动要举行隆重的祭祀活动。祭品有香、米、酒、油、糍粑等，祭祀五谷神和与农事生产活动有关的神祇。① 土家族民间有许多关于五谷神的传说，如《五谷神》、《五谷娘娘》等。直到今天，洗车河流域土家人在春节等节庆时还要祭奠五谷神，其神位在堂屋的檐柱上。

土地神是中华民族普遍敬奉的神祇，土家族摆手活动中也祭祀社神。如古丈茄通乡马达坪是土家族的聚居区，过去村民都讲土家语。村内有一个神堂，也叫摆手堂。神堂内供有土地公公、土地婆婆。摆手活动的时间是正月十五日以前，具体时间是村里择好日子进行的，活动只有一个晚上。活动这天晚上，村里人拿来香蜡纸张酒肉之类祭品，齐集神堂，由村里一个老人主持祭祀。② 有的地方将土地神位放在彭公爵主、向老官人、田好汉三个神像的旁边，有的把土地神位置于摆手堂之外。

土家族摆手活动中祭祀五谷神是在农业生产发展起来后出现的。土家族聚居在广袤的武陵大山中，渔猎、采集在较长时期内是人们的主要生计来源，农业生产发展缓慢。据乾隆《永顺县志》载，五代以前土家族地区仍是“鸿蒙未辟，狉狉榛榛”。常建在《空灵山应田叟》诗里写道：“湖南无村落，山舍乡黄茆；淳朴如太古，其人居鸟巢，牧童唱巴歌，野老亦献嘲。泊舟问溪口，言语

① 《保靖夜咱村的调年节》，见彭继宽、彭勃选编的《土家族摆手活动史料辑》，143页，长沙，岳麓书社，2000。

② 《古丈马达坪的摆手活动》，见彭继宽、彭勃选编：《土家族摆手活动史料辑》，156页，长沙，岳麓书社，2000。

皆哑咬。土俗不尚农，岂暇论肥硗？莫徭射禽兽，浮客烹鱼鲛。”这首诗，生动地反映了湘西土家族在唐朝时仍处于采集和渔猎阶段。到五代，土家族地区农业才较快地发展起来，但仍“喜渔猎，不事商贾”，[①] 宋初仍是“不通牛犁，惟伐木烧畲，以种五谷”。[②] 北宋中期才开始出现牛耕，明清以后才引进苞谷、红苕、马铃薯等适于当地种植的作物，直到“改土归流”前，土家族许多地方仍是“刀耕火种、猎耕互济”的生计方式。因此，土家族在摆手活动中祭祀五谷神的时间应该比较晚，大约产生于明清时期，是农业生产作为主要生计方式后的产物。

土家族摆手活动中祭祀土地神是在中原文化的影响下滋生出来的信仰。土家族摆手活动中祭祀土地神只是个别现象，不具普遍性。其产生的时间应该是在土家族地区农业生产发展起来后，甚至比五谷神的信仰还要晚。

第五阶段是对土司王的崇拜。前面所举方志已明确地记载了摆手舞是祭祀已故土司王的情形。摆手舞所祭祀的土司王大多数地方是彭公爵主、向老官人、田好汉，酉水流域的摆手堂多供奉这三个土司王的神位。如来凤舍米湖摆手堂和龙山吐土坪摆手堂都是供奉的彭公爵主、向老官人和田好汉。有的地方还在摆手堂里供有彭公爵主的老婆。如保靖县起泽村的摆手堂里就供奉有彭公爵主的老婆。摆手堂中供奉彭公爵主的老婆，而没有向老官人和田好汉的老婆，说明彭公爵主地位的至高无上，是土司统治时期等级制度在人们精神生活中的反映。有的地方是在八部大王庙的门口供奉三位土王的神位。如在龙山县的坐落湖八部大王庙的门口修有一个小庙，里面供奉土王和土王的婆娘。传说土王比起八部大神只是一个小小

① 范成大：《桂海虞衡志》。

② 《太平寰宇记·施州》。

的神，没有资格和八部大神坐正殿。[①] 此种神位的差序安排，一是说明八部大神崇拜比土王崇拜的发生时间早；二是说明八部大神的认可度比土王的认可度高。因为在土司统治时期，湘西除了永顺、保靖两大土司外，还有许多小土司。在土家族地区有大小土司50多个。土司之间有的相统属，有的则不相统属。因此，才会出现摆手活动中所祭祀的神祇不一致的情况。

在对土司王崇拜的同时，摆手活动中也有对英雄人物的崇拜。建国前，酉水流域几乎所有的土家族村寨都建有摆手堂，这些摆手堂除供奉彭公爵主、向老官人、田好汉三位土司王外，还有供奉土家族敬重的英雄人物。如在永顺一些地方把科洞毛人和努力夹巴供奉在神堂里进行祭祀。传说，科洞毛人是一个力大无比的人，在对抗客兵和征辽西过程中立下大功，后来牺牲在辽西战场。[②]。努力夹巴是土王的一个武将，力大无穷，后来在比武中牺牲。[③] 人们为了纪念他们，就将其奉为神灵，加以祭奠。在保靖的仙仁岩，摆手堂所敬的神是墨胡卡替，有的地方叫磨亮卡替。传说墨胡卡替是仙仁坡上的大力士，土家族的英雄人物，对土家人有功，而且是土司王的死对头。[④] 土家族是一个崇尚武勇的民族，力量大、勇敢的人受到普遍的尊重，于是产生了英雄崇拜。这些被民众尊重的英雄也被请进摆手堂，作为神灵加以祭祀，反映出民众英雄崇拜的心理趋向。

由此可见，土家族摆手舞活动中所祭祀的神祇有一个不断整

---

① 《龙山坐落湖的抬猪神及摆手活动》，见彭继宽、彭勃选编：《土家族摆手活动史料辑》，87页，长沙，岳麓书社，2000。

② 《科洞毛人》，见永顺县民间文学集成办公室：《中国民间故事集成·湖南卷·永顺资料本》，22~23页，1987。

③ 《努力夹巴》，见永顺县民间文学集成办公室：《中国民间故事集成·湖南卷·永顺资料本》，56页，1987。

④ 《保靖仙仁岩的社巴日》，见彭继宽、彭勃选编：《土家族摆手活动史料辑》，128页，长沙，岳麓书社，2000。

合、演变发展的过程。最初祭祀的是自然神——树神，然后祭祀图腾神——虎神，羁縻州郡时期在与去强权势力的对抗中产生了对八部大神的崇拜，当农业生产发展起来后，又祭祀五谷神和土地神，元明清（清朝前期）土司统治时期祭祀土司王。我们今天看到的摆手堂里大多供奉的是土司时期的三位土王，一是因为土家族聚居区土司统治时间长，土司政治对土家族社会影响深远；二是作为摆手活动祭祀的神祇，土司王相对来说离我们最近。因此，对土王的祭祀最为普遍、也最为深远。土家族摆手活动所祭祀的神祇的发展演变，与人类的认识能力，与土家族历史发展进程、民族心理认同和文化交流等有密切关联。

土家族跳丧习俗形成的楚巴文化背景及盛行的原因简论

向柏松①

一、跳丧习俗是长江流域丧鼓习俗的变异形式

跳丧是在清江流域土家族丧事活动中的一种载歌载舞的祭祀仪式，属于在长江流域广泛流传的丧鼓葬俗的一种变异形式，源头可以直接追溯到楚人庄子的鼓盆而歌。据《庄子》记载，庄子的妻子去世后，庄子不仅不悲伤，反而鼓盆而歌，反映了庄子对待死亡的一种达观的态度。庄子的鼓盆而歌，如果只是个人行为，那就很难形成民俗，因为民俗是大众创造的。但庄子的行为既有文化渊源，又有楚文化的背景，所以形成了民俗——丧鼓葬俗。庄子鼓盆的行为可以追溯到《诗经》和《周易》所记载的击缶行为。(2008 年北京奥运会开幕式所用的就是这种击缶活动，是张艺谋有意识采用古老的中国元素，体现开幕式的中国特色的一种做法）缶是一种小口、大腹的瓦器，或可称瓦盆。击缶，就是击瓦制乐器。《诗经·

---

① 向柏松（1956—），土家族，湖北省建始县人，中南民族大学教授，武汉大学博士研究生。

陈风·宛丘》记载："坎其击缶，宛丘之道，无冬无夏，值其鹭羽。"讲的是游荡荒淫无度者的尽情欢乐。《周易·离》："日昃（仄）之离，不鼓缶而歌，则大耋（迭）之嗟，凶。"黄昏时分有倪虹出现，不击鼓歌唱去驱除，老人悲叹，灾祸就要降临了，是一种驱邪巫术。庄子的鼓盆，一是欢乐，二是驱邪，有招魂之意。楚地盛行招魂习俗。楚辞中有《招魂》一诗，即是行招魂活动时所唱的歌。招魂民间歌谣至今在民间仍有传唱。当地文化工作者在民间还搜集到了这类民谣。楚人庄子鼓盆而歌与楚地招魂习俗结合起来，就形成了为亡人超度的丧鼓习俗。丧鼓习俗在湖北及其更为广泛的地域传承下来，又形成了不同的分支。有所谓坐丧，只唱不跳，但照样要击鼓。还有所谓跳丧，又唱又跳，还要击鼓。后者即是楚地传统丧鼓习俗与土家族跳舞祭祀白虎仪式相结合的产物。《夔府图经》载："巴人尚武，击鼓踏歌以兴哀……父母初丧，鼓以道哀，其歌必狂，其众必跳，此乃盘瓠白虎之勇也。"《归州府志》也载："巴人好蹄踏，伐鼓以祭祀，叫啸以兴哀。"《湖北通志·舆地志》载："荆楚之风，夷夏相半，有巴人焉，……巴人好歌，名踏蹄白虎事，……伐鼓以祀，叫啸以兴衰。"这些典籍记载丧葬仪式击鼓边歌边舞的特征，正好与当今仍在土家族部分地区流行的跳撒叶儿嗬相符。而且，典籍已经明确指出这种丧葬祭祀仪式，与白虎崇拜相关，最早是祭祀魂归白虎的始祖廪君的仪式。丧鼓在土家族演变为跳丧，是与土家族文化传统相结合的结果。楚俗丧鼓流传久远，影响深广。荆州的鼓盆歌，松滋、荆门、江陵的丧鼓歌等都属坐丧之类，巴东土家族的跳撒叶儿嗬，建始土家族的闹灵歌等都属跳丧之类，但两者均出于楚文化一源，可谓同源异支。

土家族部分地区称跳丧为跳撒叶儿嗬。撒叶儿嗬是跳丧中丧歌的和声，可能是土家语的遗存，其确切意义已无从知晓。跳丧在死者灵前或花圈前举行。各地跳丧的形式千差万别，称谓也不一样，仅建始县一个县的跳撒叶儿嗬就有很大差异，有边歌边舞的，叫跳丧鼓；也有只唱不跳的，叫坐丧鼓，与荆州一带的习俗相似；还有只击打乐器，表演者以变换队形来举行仪式的，叫转丧鼓。在清江中游的建始、恩施、巴东、鹤峰、长阳等土家族地区有着传承悠久的跳丧习俗。“文化大革命”时曾一度中断。改革开放以后逐渐恢复，

纵观各地跳撒叶儿嗬，可以归纳为三大部分。第一部分为“开场”。是丧鼓歌舞开始部分。或念或唱，各地做法不一，但大都起一个开场白的作用，表明要用丧鼓歌舞来祭祀亡灵，慰问死者家人。如：有的开场白唱：“开场，开场，二斤四两。深更夜寂开个歌场，开个长的半夜三更，开个短的夜近深更，开个不长不短的，相陪亡者到天明。”有的开场白唱：“一对鼓槌光溜溜，孝家请我起歌头，双手拿起鼓槌打，丧歌儿唱出了口，来为孝家解悲愁，我们要热呀闹嘞。”第二部分为“正场”。这部分是跳撒叶儿嗬的主要部分，但是其中的内容随意性很大，舞步、曲牌可以随便更换。经常唱的歌曲有十月怀胎、十想、十画、十梦、十劝、绣香袋、荷包歌等，很多是日常生活中唱的歌，其他还有各种内容的五句子歌，更是随心所欲，其中特别是情歌，往往即兴而歌，更为自由灵活。可见跳撒叶儿嗬歌唱内容涉及广泛，十分丰富。第三部分是“收歌场”，是跳撒叶儿嗬的结束部分，称为“送鬼”、“送郎歌”、“送庄子”、“刹鼓”等，在天亮时举行。有歌唱道：“天上锦鸡叫，地上子鸡叫，看看天大亮，正是收场时。歌郎送出门，庄子返天庭，亡者安葬后，孝眷万年兴。”

二、跳丧习俗盛行的原因

跳撒叶儿嗬这种古老而鲜活的祭祀仪式在当今仍十分盛行的原因，除了与长江流域至今盛行丧鼓习俗的大背景有关外，还有如下几个方面的原因：

其一，跳撒叶儿嗬具有深切悼念死者，寄托生者哀思的功能。

应该说，无论歌唱的内容音乐如何，都带上了一层哀伤的色彩。而且，其中一些内容，像十月怀胎等，具有追思死者养育之恩的意义。同时，通宵达旦的祭祀活动，由于有说有唱，大家都可以加入，就有了吸引四邻八乡的乡亲们来参加活动的功能，无形之中起到了聚集众多乡亲参加祭祀活动并守灵的作用。在清江流域的土家族，周围的人家有老人过世，人们往往都要积极地前往参加祭祀活动。有一首民歌就反映了这种情况："半夜听到丧鼓响，不知南方是北方。你是南方我要行，你上北方我要行。打不起豆腐送不起情，打一夜丧鼓陪亡人。"跳撒叶儿嗬所形成的较大的祭祀场面，是对死者最隆重的悼念，也是对生者最好的安慰。

其二，跳撒叶儿嗬在悼念死者之时，又能使人哀而不伤，深受人们的喜爱。这是因为祭祀仪式除具祭祀功能外，还具备娱乐功能、情感宣泄功能和交际功能。以娱乐功能而论，跳丧舞蹈和歌谣本身就带有娱乐性。参加那种轻快跳跃、晃晃悠悠的舞蹈，能够使人获得一种飘然超脱的愉悦。而其中的歌唱部分，或幽默，或逗乐，或言情，或讲古，或竞唱，也给人种种快乐，能缓解死者亲属的悲哀甚至使他们暂时忘却悲哀。在清江流域的土家族，撒叶儿嗬因其特有的娱乐功能而受到人们的喜爱。在跳丧中人们唱的一首歌就表达了这种喜爱："半夜听到打丧鼓，床上我跳起二丈五，翻穿衣来倒趿鞋，爹妈骂我不成才，我说人人都有父母在，我去玩哈就回来。"撒叶儿嗬歌舞情感宣泄功能也表现得非常突出，人们参加跳撒叶儿嗬，和着锣鼓载歌载舞，众人助威呐喊"撒叶儿嗬"，近乎狂态的舞蹈动作，喧闹的锣鼓，随心所欲、百无禁忌的歌唱，响遏行云的吆喝，能将人们因老人的逝世带来的哀伤宣泄殆尽。撒叶儿嗬还具备交际功能。平时分散居住在各个山落的乡民，能借此机会，汇聚一堂，对歌嬉戏，相互沟通。特别是青年男女也能借此机会相识交往，借情歌谈情说爱。不少青年男女就是通过跳撒叶儿嗬结为夫妻的，有所谓一夜丧鼓定终身的说法。跳撒叶儿嗬的这些功能冲淡了丧礼的悲伤气氛，给死者家属带来安慰，让人们在轻松愉悦中送走死者。

其三，清江流域土家族的跳撒叶儿嗬灵活多变，随意性强，易于大众性流传。这也是这种丧礼仪式得以代代传承的重要原因。各地土家族的跳撒叶儿嗬的名称不一样，形式也有很大区别。恩施地区叫做跳丧鼓。在死者的灵堂，一般为四人舞，其中两人要拿着孝帕，另有一人击鼓，一人筛锣，一人唱歌，众人相和，歌者每唱一句，众人和“哟嗬也—撒也嗬哇”，疑为“撒叶儿嗬”的变异。鹤峰县称打丧鼓。在家中棺材前举行。有两人对跳，也有三人跳，四人跳。锣鼓合拍，锣鼓伴奏，歌师演唱，众人应和。表演者多系男子，应和者多为女子。表演动作主要有美女梳头、犀牛望月、燕子衔泥、连枷筋斗、飞蛾扑壁、牛擦痒、袖底抽刀等。具有代表性的动作有：盖掌晃手跳、掏手摇摆跳、箭指挽手跳、扣手相对跳等。舞蹈动作基本特点是踩步是升子底，跳脚是颤颤步。巴东县野三关称为跳撒叶儿嗬，其俗尤为隆重。分为九个舞段：待尸、摇丧、吆女儿合、哑谜子合、怀胎歌、燕儿衔泥、幺姑子姐筛锣、螃蟹歌、哭丧等。待尸、摇丧、哑谜子合，基本上重复待尸的动作。待尸舞步为一拍一步的行进颤步，即每步落地时，由膝部松弛而带来的轻微的上下起伏。吆女儿合和哭丧的表演是，二人并排反向而立，单手搭背走半圆。怀胎歌的舞蹈则是两人相对而立，模仿怀胎女子的形象，用类似小跑的步子，时进时退交替换位。螃蟹歌则需要四个人表演。各站一方，相对交替换位。吆姑姐筛锣表演则为：二人相对来回穿插。有时又一起抓起锣鼓做上步翻身动作。燕儿衔泥又称要五巾，一人边走边敲锣，另一人甩五巾，五巾为撕成五条的一块布，情绪高涨时就将五巾丢在地上，模仿燕子的动作，下横叉，俯上身，用口把五巾咬住。敲锣鼓者则配合舞蹈者的表演，锣鼓敲得时缓时急，时轻时重。建始县安乐井称为跳丧鼓。器乐有小鼓、锣、钹。歌者分领唱与合唱。该地的跳丧没有严格的程式，比较随意，没有开场，也没有收场，直接表演，非常自由。舞蹈有双人舞，三人舞，群舞等形式。双人舞，一人筛锣，一人双手各执一手巾，伴随着锣鼓节拍模仿女性动作要手巾，动作多为脚尖、脚跟点地和摆臀部，筛锣鼓者对舞时则多有背相靠相擦的动作。三人舞，即在双人舞的基础上，设一专门领唱者，可在一旁频频扭动身躯，但不加入双人舞。群舞，以锣鼓击打为节拍，群体以大幅度的队形变化为主，只舞不唱，主要队形有“马五破漕”、“水波浪”、“太极图”等。建始车云的跳丧鼓在舞蹈的序列中加进了一系列念白，仪式的意味更浓了。如开歌场、进十贡、土地给孝官进酒、收歌场等。开歌场，由表演者中较有威望者用韵白来说明表演者来自何方，去向何方，为了何事以及途中见闻等等，有问有答。收歌场，是结束的仪式，多为祝颂之辞。进十贡在舞蹈中穿插进行。有表演者将香、花、灯、水、果、茶、米、珠、宝（银元）衣等十样贡品分别陈列在棺材两侧，一边五样。土地给孝官进酒，由歌师担任，头戴面具，手拄拐杖，扮成土地神，唱“酒曲子”祝颂孝子发财。建始车云跳丧鼓的舞蹈有两人表演的升子底，三人表演的三友和、三妖出洞，四人表演的四友和。表演程序一般为：开歌场、绕棺、三妖出洞、升子底、猛虎下山、凤凰闪翅、牛擦痒、飞蛾爬壁、犀牛望月、三友和、进十贡、狗连裆、甩手、野猫上树、靠手、燕儿衔泥、美女梳头、苏秦背剑、招手、鳊鱼泅水、收十贡、土地给孝官进酒、四友和、收场歌。其间的舞蹈顺序并不是固定的，是可以随意调换的。

跳撒叶儿嗬的祭祀功能、发泄功能、娱乐功能、交际功能以及随意性的特点，使得这种民间艺术充满蓬勃的生机。新时期以来，随着专家学者和文化工作者对跳丧鼓研究的逐渐深入以及研究成果的传播，在清江流域，这种文艺形式在丧俗中越来越盛行了。即使使用现代丧葬礼仪的人家，也往往掺杂进一点跳丧活动。尤其令人注目的是，长阳文艺工作者还将丧鼓舞改编成一种老少咸宜、随时可跳的群众性舞蹈，得到广为传播。此举为民间文艺顺应时代在创新中寻求生机作出了有益的探讨。

土家族撒叶儿嗬仪式变迁研究

谭志满[①]

“打丧鼓”是鄂西南清江流域土家族地区特有的一种丧葬习俗。打丧鼓又叫“跳撒叶儿嗬”，由于“撒叶儿嗬”是土家族丧葬习俗中众人皆知的曲牌名，所以民间多以“撒叶儿嗬”来指称打丧鼓的整个仪式过程。

前辈学者从不同角度对清江流域土家族丧葬习俗做了一些调查研究。从已有的研究成果看，学者们大都注意对撒叶儿嗬仪式过程的描写，对撒叶儿嗬仪式中歌舞艺术的研究，对撒叶儿嗬文化事象传统功能的考察。但是，已有的成果对撒叶儿嗬仪式的现代性变迁研究却比较少见。近5年来，湖北民族学院南方少数民族研究中心对土家族撒叶儿嗬仪式进行了持续的观察，积累了大量的调查材料，2008年暑期，湖北民族学院南方少数民族研究中心“清江流域土家族文化变迁研究”课题组又在清江流域的巴东野三关、清太坪、杨柳池一带进行了为期半个月的撒叶儿嗬仪式观摩和人类学调查。本文在多次田野调查基础上，结合文献资料，对土家族丧葬文

---

① 谭志满（1969－），土家族，湖北巴东人，博士，湖北民族学院研究员，硕士生导师。

化中撒叶儿嗬仪式的现代性变迁做一些探究，期望对清江流域土家族民间信仰的变迁以及传统文化传承机制的探索有所裨益。

一、撒叶儿嗬文化事象的基本情况

1. 撒叶儿嗬分布的地域

撒叶儿嗬是鄂西南清江流域土家族典型的传统文化事象。撒叶儿嗬仪式主要分布在长江流域的一级支流清江中上游一带，上至建始县景阳河，下至长阳县资丘，主要分布的县市为建始、巴东、五峰、长阳等县，鹤峰县靠近清江流域的地方也有零星的分布。撒叶儿嗬仪式尤以长阳的资丘、鱼峡口，巴东的杨柳池、清太坪、野三关等镇保存最好，在民间一直有“跳丧南不到长阳资丘，北不到巴东茶店”的说法。撒叶儿嗬仪式的分布地域范围与土家族祖先古代廪君巴人的居地相吻合，史书记载古代巴人的发源地——武落钟离山就在长阳县境内。据前人考证，史书上提到的姓氏郑、黄、覃等与现在这里居住的土家族大姓有渊源关系。同时，考古工作队在清江流域的鱼峡口、景阳等地出土了距今约 4000 多年的古代巴人文物。现在这里主要是土家族的聚居地。

2. 撒叶儿嗬的班子

撒叶儿嗬仪式的传承呈现开放性，其班子成员组成较为松散。在清江流域土家族地区，只要是男性，不论尊卑以及长幼，都会在特定的场合即在亡人家举行撒叶儿嗬仪式活动，年轻人只要自己愿意，可以向年长者随意学习撒叶儿嗬仪式的唱词以及唱腔，学习撒叶儿嗬仪式的舞步以及手势动作。一般情况下，年长者在跳撒叶儿嗬的时候，年轻人则在旁边摆弄动作进行模仿，并可上场参与其中。撒叶儿嗬仪式过程中，一人“掌鼓”，多人跳丧，由于掌鼓之人高亢以及富有韵味的唱腔，社区中的人们往往对其评价较高，被称为“歌师”；歌师往往以受到东家以及前来参加撒叶儿嗬仪式的人群格外“关注”而感到莫大荣幸，人们也很愿意当歌师。民间还有“听到丧鼓响，脚板就发痒”以及“打不起豆腐送不起情，跳一夜丧鼓送人情”之说。可以看出，撒叶儿嗬班子的成员并不固定。我们在近几年的调查中发现，每次在跳撒叶儿嗬的时候，不分年龄与老少，人们随时参与随时解散，并随意组合。在实地调查中总听到有人说，“只要是相互认得，都可以在一起跳，但如果认不得，一般不在一起跳”。

二、撒叶儿嗬习俗的功能及其变迁

1. 传统功能

撒叶儿嗬仪式的产生与原始宗教密切相关，体现出以图腾崇拜和祖先崇拜为核心的民间宗教信仰特征。从宗教人类学的角度看，宗教是指人类对超自然存在的信仰和仪式行为。[①] 当早期人类企图把握那些无法用逻辑思维以及实践活动来认识的那些对象和力量时，人类就创造了宗教。在长期的生产生活以及认知过程中，土家族先民以图腾崇拜与祖先崇拜为核心，创造了其载体——撒叶儿嗬仪式。尽管撒叶儿嗬仪式历经变迁，但今天仍可以探寻到其图腾崇拜与祖先崇拜的印记。

撒叶儿嗬仪式体现土家族白虎图腾的特征。人类最早的图腾是动物，而作为图腾的动物与人们早期的生存环境密切相关。[②] 研究者认为，作为一个山地民族，土家族先民在心理上建立了自身与虎的亲缘认知，产生了对虎的某种恐惧和敬畏心理，于是把虎推置于能够决定种族和个体命运的图腾位置。从文献材料看，清江流域土家族一直存在白虎信仰，白虎是土家先民构拟的族群标志。《后汉书》载：“廪君死，魂魄化为白虎，巴氏以虎饮人血，遂以人祀焉。”这里的“巴氏”，是指巴务相廪君的后裔，即清江流域一带

① 朱炳祥：《社会人类学》，159 页，武汉，武汉大学出版社，2006。
② 何星亮：《图腾与中国文化》，9 页，南京，江苏人民出版社，2008。

的土家人。《夔州图经》载："巴人尚武，击鼓踏歌以兴衰。……父母初丧，击鼓以道哀，其歌必狂，其众必跳，此乃白虎之勇也。"从目前的民族学田野调查材料看，撒叶儿嗬仪式中的唱词有"白虎坐堂是家神"，"三梦白虎当堂坐，不是家神是财神"。在撒叶儿嗬仪式的舞蹈动作和造型中也充满了极强的虎图腾崇拜色彩。例如，在表演跳丧舞蹈时，舞者一般都保持一种弯腰、弓背、曲膝、臀部向下颤动的姿态。表演者双手握空拳左右晃动很像老虎脸；有节奏地左右转身像"猛虎摆尾"；跳跃掀翻，屈腿躬身形似"猛虎下山"；相对逼视，轮臂撞肘时神似"猛虎扑食"。同时，也有不少历史史料记载，鄂西土家族的跳丧习俗，源于巴人及其后裔对白虎的崇拜。由此可以推知，撒叶儿嗬仪式中的舞蹈就是由巴人的"踏歌"、"踏蹄"等用以祭祀白虎的"虎舞"演化而来的。①

撒叶儿嗬仪式还体现了土家族的祖先崇拜观念。祖先崇拜的目的就是强化血缘意识，协调以及规范族群内部成员的关系和行为。在土家人看来，对待死者的态度就是对待祖先的态度。向王天子是土家族远古祖先，新近的家先也是土家族的祖先，他们都是土家族祖先崇拜的重要对象。撒叶儿嗬仪式的《开场歌》唱道："先民在上，乐土在下。向王开疆辟地，我民守土耕稼。"土家族深信自己的祖先——向王天子能够保佑自己的子孙，希望亡人"埋在龙头生贵子，埋在龙尾出宰相，一下埋在龙身上，状元榜眼探花郎"。清江流域土家族广泛流域流传着"向王天子一只角，吹出一条清江河"的传说。可以看出，祖先崇拜是土家族民间信仰的核心，也是撒叶儿嗬仪式得以长期传承的基础之一。

2. 功能的变迁

随着社会文化的变迁，撒叶儿嗬仪式的传统功能正在发生改变，原来以图腾崇拜和祖先崇拜为核心的民间宗教信仰特征逐渐向

---

① 宋仕平：《鄂西土家族跳丧习俗的文化意蕴》，载《青海社会科学》，2005（3）。

教育以及娱乐功能演变。现在，撒叶儿嗬仪式中歌词的内容十分广泛，其中包含教化的内容很多。“歌师”成了土家族传统社区的老师，鼓槌犹如教鞭，歌师的领唱可以使前来参加吊唁人们的聪明才智相互启发并得到充分发挥。歌词更多时候是人们的即兴创作，其内容涉及社会历史、生产生活知识、传统伦理道德等很多方面。如仪式中《姐劝郎》唱词有“一杯茶劝郎，劝郎进书房。诗书勤苦读，文章可在身。……三杯茶劝郎，劝郎在家乡。劝郎多种田，坪田多打埂，天干水不欠”反映的是在农耕社会中土家族女性希望自己的意中人以耕读为重的传统伦理观。唱词“周秦汉魏宋齐梁，人生哪个得久长?”“暑往寒来春复春，世上难活百岁人”是让人们知晓历史规律以及自然法则，对人们进行的历史观以及人生观的教育。

撒叶儿嗬仪式是土家族丧葬习俗中的核心部分，它不仅是民间宗教信仰的载体，同时还兼有娱乐功能。撒叶儿嗬仪式作为人生的通过仪礼，起初只具备祭祀性质，具有敬神娱神的作用。随着历史的演进，撒叶儿嗬仪式在娱神的过程中也娱人。撒叶儿嗬仪式中，跳丧的人在一种既歌又舞的氛围中感到轻松愉快，举行仪式的人们由死想到生，由亡者想到家族以及民族，想到男女情爱与婚姻，想到社区传统的传承，人们在其中得到精神上的解脱与平衡，感到愉悦与痛快。也正是于此，只要听说哪里有老人去世，无论距离的远近，人们便会在傍晚来到亡人家并通宵达旦地既歌又舞，甚至孩童也参与其中。人们把能否跳丧以及跳丧中歌喉高亢、舞姿优美与否来评价一个人的聪明才智和审美情趣。如，杨柳池的丧鼓词中有“不会跳丧不要来，该在家里打草鞋”，歌词还挖苦那些不会跳丧的男人，“不会跳丧的挨门站，眼睛鼓起像鸡蛋。灶屋一声喊吃饭，肚子胀得像油罐，亏你还是男子汉”。[①] 这些内容体现土家人对生

① 田万振：《土家族生死观绝唱》，82 页，北京，中央民族大学出版社，1999。

活中艺术的执著追求。被誉为民间艺术大师的黄在秀（土家族，55岁）说，“跳丧是一门艺术，鼓打得要出神入化，要自我陶醉。在跳丧时，有时自己与别人很难跳得合拍。觉得在跳的艺术传承方面没有继承人，在自己的队伍里，有一个人鼓打得比较好，但跳得不那么好。自己打算60岁以后，把自己收集起来的东西整理一下，作为对自己的总结，至于其他的，看破了红尘，也别无追求。”这些都表明，撒叶儿嗬仪式由于在很大层面上关注现实社会中的人们，关注人们的精神生活，由此成为土家人的一种特有生活方式。

三、撒叶儿嗬仪式组织形式的变迁

1. 时空性及其变迁

撒叶儿嗬仪式具有很强的时空性。作为一种丧葬习俗，撒叶儿嗬仪式具有很强的时空特征。撒叶儿嗬仪式一般是在亡人家的堂屋设置灵位，跳丧只在灵位前进行。时间方面，仪式在埋葬亡人的前夜举行，称之为“闹大夜”。在这个晚上，亡者的各路亲戚以及亡者的家族“陪”亡人玩最后一个晚上。但是，在调查中，我们发现，在野三关、清太坪一带，撒叶儿嗬仪式举行的时间有时会连续达两个晚上甚至更长时间。村民们的解释是：“主要为了热闹，还有主要是大家都想跳丧，机会难得。只要老了人，在晚上的时候，想跳丧的人都要往那里赶。”事实上，村民们在撒叶儿嗬仪式这个特殊的场合上露面，更多的是加强邻里之间以及亲族之间的联系。

除了撒叶儿嗬仪式举行的时间方面有所变化外，举行的场景也在不断变化之中。根据调查，由于参与跳丧的人较多，堂屋空间有限，跳丧往往会在大门前的阶沿上进行。现在，地方文化部门常常组织撒叶儿嗬仪式班子在广场以及舞台上表演，这不能不说是土家人神圣空间的一个置换。如，野三关镇的民间艺术大师黄在秀常常接到许多邀请去各种场合表演撒叶儿嗬歌舞，为此黄在秀还专门组织几个相对固定的班子来回应他人的邀请。但是这种情况在民间却有些微词，一些老人说，“只有死人了才跳撒叶儿嗬，没有死人去跳就不好。”

2. 禁忌及其变迁

由于撒叶儿嗬仪式的文化底层具有浓厚的民间信仰特征，所以撒叶儿嗬仪式存在很多禁忌，而这些禁忌在当下却正在发生变化。遵照传统，女性不能参与跳丧。在野三关、金果坪的调查中，老人们普遍认为，妇女跳丧对东家来说不吉利。民间流传的说法是，“男跳死一个，女跳死一窝”。“男人越跳越旺，女跳家破人亡”。所以东家是很忌讳妇女来参与跳丧的，不过农村妇女也“比较知趣，从不参与跳丧”。但是，野三关文化站在20世纪90年代为了把撒叶儿嗬包装成文化品牌，曾经组织过撒叶儿嗬培训，当时有女孩子参加。2008年，黄在秀组织了两名女性学习跳丧，并参加了有关部门组织的演出。2008年中央民族大学下来采风的4名女生在野三关镇观摩并学习跳丧。2008年暑假野三关镇张家村一老人过世，在得到其家人同意后，中央民族大学采风的4名女生进行了跳丧活动。在2008年7月31日野三关石马岭村一黄姓老人去世后，一个刚刚初中毕业的女孩与黄在秀的跳丧班子一个年轻成员交流中，女孩表示愿意跟随黄在秀组织的撒叶儿嗬班子学跳丧，要成为“第一个跳丧女”。黄在秀也认为“这叫做创新”。

撒叶儿嗬仪式作为信仰民俗的载体只为特定的人举行。土家族的生死观主要体现在，人的生与死是一个连续的过程，死是生的希望，人们觉得老人死亡是一件很正常的事情，不必过分的悲伤。清江流域的土家人把老人的死亡叫做“顺头路”，与婚嫁等喜事同等，只不过把老人的死亡叫做“白喜事”。撒叶儿嗬仪式的举行一般只为老人举行，亡人的后代可以参与到撒叶儿嗬仪式中来，大家高高兴兴一起把老人送一程。

20世纪80年代，在土家族社区，中年人死亡也可以举行撒叶儿嗬仪式。举行仪式的前提条件是必须亡者有后人，因为撒叶儿嗬仪式不仅是“陪”亡人，更重要的是让亡人以及远古祖先通融，希望他们能够保佑后人，让后代兴旺发达。90 年代以后，撒叶儿嗬仪式所依存的地域范围不断扩大，长阳县城一带、巴东县城一带以前从来没有撒叶儿嗬仪式，后来也兴起撒叶儿嗬仪式。由于撒叶儿嗬仪式歌舞的吸引力，人们为了“混夜”已经不再注重亡者是否是顺头路，有时也为夭折之人举行撒叶儿嗬仪式。夭折之人在清江流域一带叫做“化生子”，人的夭折是一件极其不幸的事情，为化生子举行撒叶儿嗬仪式恰恰是传统社区中最忌讳的事情。调查中，金果坪江家村民袁丹建（59 岁，土家族）说：“老人（即人死）了，都要跳丧。非正常死亡的，只要有儿女们，就要组织一场丧鼓，热热闹闹陪亡人玩一夜。即使亡人的上人还在，也可以跳丧，但不能为化生子跳丧。”

跳丧用的丧鼓作为一个象征符号，反映出一个社区组织结构的变迁。以前，丧鼓的制作、保管以及借用十分讲究。丧鼓是传统社区家族或者邻里共有的财产，大家约定一户人家来保管丧鼓，保护丧鼓的东家住所一般位于所有共鼓人户的中间。当老人去世后，事主家派人去保管丧鼓的东家借用。撒叶儿嗬仪式结束后，不能将丧鼓直接还给东家，必须先把丧鼓放在东家的住所附近，几天后，东家再把丧鼓收到家里。如果把丧鼓直接送到东家屋里，出于不吉利的考虑，东家就会骂人，人们都很忌讳这样的事情发生，而现在一般是直接把丧鼓还与东家。丧鼓实际上是一个社区相互联系的符号，它反映的是社区的边界以及宗族邻里之间的相互关系。金果坪江家村民袁丹建（59 岁，土家族）说：“丧鼓是牛皮绷的。在 20 世纪 70—80 年代，每家平均出钱 2 元。一个鼓有好几家割户，这些割户一般都是一个家族或者邻里之间，割户的户主名必须写在鼓边上，非割户需要用丧鼓的，一次交 2 元钱、或 4 升苞谷、或一把面条、或一把草烟也可以。90 年代以后，鼓就多起来了，现在好多人家里都有鼓。”从以前大家共一面鼓到现在大家纷纷自己制作以及购买丧鼓，可以看出，不仅关于鼓的有关禁忌被打破，而且也是随着人们相互联系方式的变化以及为了生活中的更加便利而得到一些改变。可以说，现代生活方式对传统社区的民间信仰在一定程度上产生了较大影响。

3. 传承及其变迁

由于丧葬活动群众参与性强，致使撒叶儿嗬仪式的传承呈现出开放性的特征。如前所述，在清江流域土家族地区，都会在特定的场合即在亡人所在家庭举行撒叶儿嗬活动，年幼人向年长者学习撒叶儿嗬的唱词以及唱腔，学习撒叶儿嗬的舞步以及手势动作。黄在秀说："我从 12 岁起就学跳丧，没有固定的师傅。以前根本没有人规范仪式的动作以及唱词，唱什么、跳什么，完全自己掌握。绿葱坡镇、大支坪镇的人觉得撒叶儿嗬很有趣，到野三关来学，建始县高坪镇的人又从大支坪那里学。野三关范围内跳丧人们参与性较强、互动也比较多，金果坪一带跳丧的人多，普及程度很广。"撒叶儿嗬歌师谭明锐（80 岁，土家族，野三关电影院退休职工，清太坪人）说："我从 15 岁起开始跳撒尔嗬，也曾学过 3 年道士，玩过 3 年灯。打过莲香。撒叶儿嗬是混夜，不是挣钱的。50 岁以下的人死是一个惨事。自己觉得与别人跳的不一样，有的村的丧鼓打得不规矩，不像自己搞的。如果你是清太坪核桃、水井里面的人就和他们搞一下，主要是搞得合拍。鼓点要打得刚劲有力，要一颗一颗的，有些人打鼓像拍簸箕。会掌鼓的人差不多死完了，长阳的鼓打得就跟我们的不一样。人们相互之间也愿意学习。你的歌好，别人就想钻到（学习）。"这足以证明，撒叶儿嗬仪式的传承没有规范可以遵循，人们相互观摩，根据喜好来调适自己的唱腔以及舞姿。歌师谭志祥说："自己年轻时最喜欢跳丧，别人说是好这一口，自己认为也是，就是喜欢跳。并且现在喜欢召集年轻人去跳，只要听说方圆 20 里之内的老人去世，自己就想方设法与几个年轻人去跳。"

撒叶儿嗬仪式的曲牌比较固定。解放前，主要的曲牌有带事（待师）、打哑谜子、螃蟹歌、凤凰扇翅、猛虎下山、虎抱头、犀牛望月、燕儿衔泥等。如果是女性老人去世，一般不跳猛虎下山、虎抱头等曲牌，也不准唱风流歌，不准带“姐”带“郎”歌词内容出现，主要原因是“太粗暴的动作，太下流的语言，对女性老人显得不尊重”。在2008年暑期的田野调查中，我们发现，撒叶儿嗬仪式中，猛虎下山、虎抱头等曲牌以及带“姐”带“郎”内容的风流歌已经不分亡者是女性与否。撒叶儿嗬仪式中唱词的内容大部分与解放前是一样的，“但现在很有一些创作在唱词里面，其他的内容就跟书本一样，比较固定”。

四、结论与思考

在当下，民族传统文化的前景令人担忧，文化部门以及许多学者表现出对撒叶儿嗬格外关注。长阳、巴东两县先后把撒叶儿嗬成功申报为国家级非物质文化遗产名录，政府还命名了一批“民间艺术大师”，一些区域被定为撒叶儿嗬保护基地。但通过调查后我们发现，作为土家族丧葬活动中的撒叶儿嗬仪式不会在短时期内消失，其主要原因在于撒叶儿嗬仪式的底层体现着图腾崇拜以及祖先崇拜的文化意蕴，其传承与流变又体现着对现实生活中人们的关注。正如调查中村民们所言：“自己年轻时一搞（跳）好几夜。在那个时代（改革开放以前），不准跳丧，我们就半夜以后跳。”“能够跳一次丧就好比打一次牙祭（吃肉）。”“我今天与他（亡人）玩最后一夜，无论以前关系怎样，今晚只见得到最后一面了。”

与其说撒叶儿嗬仪式适应了人们的生活，倒不如说人们根据生活的需要不断创造了撒叶儿嗬仪式，这也许就是现代化背景下传统文化特别是民间信仰变迁的一种趋势。作为一种民族信仰载体的撒叶儿嗬仪式，通过调查后我们也不得不产生一些思考，撒叶儿嗬仪式在当前文化部门的推崇下，通过组织撒叶儿嗬班子，改编曲牌，培训跳丧人员，以迎合文化部门以及文化人的审美倾向，这种加工后极具功利性的艺术反过来对民间的撒叶儿嗬仪式已经产生了深刻的影响，这就可能导致撒叶儿嗬仪式离本来的面目以及原有的功能越来越远。

鹤峰屏山土家族招赘婚姻的延续与变迁

姜　爱①

一、问题的提出

土家族是一个历史悠久的民族，主要集中在长江以南，湘、鄂、渝、黔四省市交界处，独特的地理环境及生计方式孕育了土家族独特的民族文化及婚姻习俗。虽然目前学术界对土家族婚姻家庭方面的研究成果很多，但招赘婚姻还没有得到应有的关注，几乎还处于空白状态。2007 年底，笔者有幸进入鹤峰屏山做田野调查，意外地发现这里的招赘婚姻很盛行。这种婚姻模式从改土归流以前一直顽强地发展到现代社会，在当地居民生活中一直发挥着重要作用。为什么它会长期延续？在 200 多年里，土家族招赘婚姻又发生了哪些变迁？有鉴于此，笔者两次进入鹤峰屏山进行了为期一个月的田野调查，对招赘婚姻在当地的变迁历程及其长期延续的原因进行了描述与分析。

---

① 姜爱（1981—），女，湖北荆门人，湖北民族学院南方少数民族研究中心。

二、田野调查地概况

屏山社区是湖北省恩施土家族苗族自治州鹤峰县城郊的一个村落，距县城12.5公里，面积40平方公里。屏山境内坪坝与大山交织，四面绝壁，是一个天险绝境，平均地势北高南低，南北长近20公里，中部东西宽不到5公里，境内最高海拔1911米，最低海拔550米。屏山境内有面积30 934亩，耕地面积2003亩，林地面积1900亩。这里属于亚热带季风山地气候，雨量充沛，年降雨量1800毫米左右，年均气温14℃，无霜期220天以上，适宜各种经济作物和农作物生长。屏山历史开发较早，曾经是容美土司控制的核心区和司署所在地，田氏土王世袭相承，繁衍生息了200多年，他们经营修建了规模宏大的爵府等建筑群落，这些建筑现大都已经荡然无存，但遗迹遍布整个屏山。

屏山辖10个村民小组，360户，总人口1300多人，95%以上的人都属于土家族。土家族的来源主要有两种：一是世居本土的本地人，二是在“改土归流”前后从土司以外地区迁入居住的。土家族大姓主要有田和向，除此之外，还有易、张、徐、陈、王、宁、鲁、周、黄等姓，不过人数较少。在改土归流以前，土家族地区宗族文化在社会中的影响力是比较小的，后来在流官政府及汉人的影响下，他们的思想发生了变迁，逐渐有了宗族意识，开始和汉人一样建祠堂、立墓碑、修族谱，禁同姓为婚，并且明确规定了本族的派行，在墓碑上只能用自己的派行名。不过与汉族地区不同的是，他们的父系观念不强，姓氏、财产可以由女子来继承，女子的名字也可以上墓碑，女子和男子具有同等的地位。村里广泛存在的墓碑上有“婿”和“壻”两种字体，村民解释说，招进来的女婿是土旁“壻”，姑娘嫁出去的才是女旁“婿”，因为招郎进来的女婿可以分田地，“田”就是“土”。由于屏山的上门女婿要承担养老责任，所以他们有权分得女方财产。屏山老碑新碑上都能清晰地看到不少这样的“堉”字，这证明了“招赘婚”的长期延续性。

屏山生产力水平十分低下，经济发展相当缓慢，明末清初时才开始从以耕猎为主逐渐向农业经济过渡，他们长期过着“刀耕火种”的生活。改土归流以后，汉民族较为先进的农业生产技术迅速传入，促进了农业发展。现在，屏山村民的收入已经有了很大提高，主要收入来源有烟叶、魔芋和生猪，外出务工的也很多，占到总人口的30%以上，均以45岁以下的年轻人居多，他们主要分布在四川、广东、福建、浙江、江西、山东等省。

三、鹤峰屏山土家族招赘婚姻的延续与变迁的历程

吴永章先生在《中国南方民族文化源流史》中指出：“在母权制社会中，因本氏族的男子，都‘出嫁’于外氏族，而本氏族的女子，则‘招赘’于外氏族。我国南方民族如苗、瑶、壮、侗、黎、高山、彝等，都存在崇俗赘婿之俗，此乃族外群婚制残习之表现。”① 土家族有语言而无文字，由于文献的欠缺及本人能力的限制，屏山的招赘婚具体形成于什么时候我们已经无从考究，但可以从地方志里清楚看到的是它从改土归流以前一直顽强地发展到现代社会。

（一）改土归流前后的屏山招赘婚姻

汉族流官毛峻德自雍正十三年（1733）出任鹤峰第一任知州之后，连续以知州名义发布了2个《文告》、1个《条约》、1个《指示》、4个《禁令》、3个《劝告》，共11个文件，他推行“以汉变土”的政策，试图将土家族的婚姻纳入封建礼治化轨道。他认为婚姻应遵父母之命、媒妁之言，“如有议婚者，请凭媒妁，两家通知

① 吴永章：《中国南方民族文化源流史》，246页，南宁，广西教育出版社，1991。

明白，必各情愿，然后行聘。”① 认为婚姻礼节必须要完备；他禁婚龄悬殊，“男女婚配，必须年纪相当”；禁大宴宾客，认为土家族人的全族庆贺是恶习；此外，他还变革了传统迎娶方式，特“捐置帏轿六乘”而代替当地的背负习俗……关于招婿，《条约》中规定：“养老之婿亦异姓也。旧日土民无子，即以婿为子。今凡有招婿养老之家，如无子孙，仍按律于同宗应继者，立一人为嗣，家产均分，不得以有婿不必另立，绝其宗祀。又律载止有壹子者，不许出赘，违者法究。”②

从这些禁令中，我们可以看出在改土归流以前容美土司地区的婚姻具有以下一些特征：

第一，土家族有自己的续宗方法，他们没有父系宗族观念。“旧日土民无子，无论异性，即立为子。有名系祖孙，父子，实贰叁姓者”。③

第二，招赘婚姻盛行，有重婿之俗。“旧日土民无子，即以婿为子”，招郎上门的男方，要随女姓，他们完全把女婿当做自己的儿子看待，不受歧视，因此有的家庭只有一个儿子，也让他出去做上门女婿。此时的女大招郎，不是以女家有没有兄弟为限，而是以男女双方自愿为原则。只要男女双方同意，女方就可以招婿。

第三，男女婚姻自由，不凭媒妁。这时婚姻的缔结非常简单，无须遵循什么礼节，也不需要行聘礼，男女择偶自由，也无需婚龄相当。

第四，盛行“还骨种”和同姓为婚。史载“本州土俗，不知

---

① 中共鹤峰县委统战部县史志编纂办公室：《容美土司史料汇编》，78 页，内部资料，1984。

② 中共鹤峰县委统战部县史志编纂办公室：《容美土司史料汇编》，78 页，内部资料，1984。

③ 中共鹤峰县委统战部县史志编纂办公室：《容美土司史料汇编》，77 页，内容资料，1984。

家礼，娶妻不论同姓，又异性姑舅姊妹，罔顾服制，否则指云让亲”。①

第五，女子地位高，没有礼教约束。她们可以自己选婿，可以“与男子同坐”，“男女交谈，毫无避忌”，②“旧日土民妇女，以夫家贫寒，或以口角细故，背夫逃回。而女家父兄不加训诫，以女为是，收留经年累月，纵其所为”。③

很显然，这些特征与汉族地区的封建宗法制观念是相悖的。汉族地区实行宗法制，它源于父权家长制家庭。随着社会发展，漫长的原始母系氏族社会逐渐被父系氏族社会取代，并最终确立了父权在家庭中的统治地位。这是一种非常复杂的制度，其主要精神为“嫡长继承制”，这是一种以父系血缘关系为准绳的“遗产（包括统治权力、财富、封地）继承法”。宗法制按照血统远近以区别亲疏，只有儿子才能婚后留在家里，延续家族姓氏，照顾老年父母并继承家庭财产，从而保证家族的纯洁、完整。

毛峻德是鹤峰改土归流后的第一任知州，是汉族统治阶级的代表，当然深受《朱子家礼》的影响。儒家以其道德观为唯一或最理想的文明秩序，视不合此秩序之习俗皆为值得悲悯的野蛮落伍行为。受封建宗法制观念支配的毛峻德不理解土家族地区的文化传统，他对鹤峰当地土著的风俗习尚，表现出强烈的不满，特颁布文告让土著去除一些“恶习”。他推行汉族的续宗方法，“嗣后有无子者，照律先立同胞子侄，次于嫡堂从堂，再从堂依序立侄为嗣。

① 中共鹤峰县委统战部县史志编纂办公室：《容美土司史料汇编》，68页，内部资料，1984。

② 中共鹤峰县委统战部县史志编纂办公室：《容美土司史料汇编》，75页，内部资料，1984。

③ 中共鹤峰县委统战部县史志编纂办公室：《容美土司史料汇编》，78页，内部资料，1984。

如无侄可立，方於远房及同姓中照世次择立，承奉宗嗣，传授产业”。[①] 改变土家人的立婿为子的制度，同时改变土家族的婚姻习俗，废除姑表亲及同姓为婚，主张汉族的迎娶方式，要求婚姻需凭媒妁，要行聘礼，礼节必须完备。

经过流官所代表的国家力量的规范以后，土家族传统的婚制和习俗发生了较大的变迁，姑表亲及同姓为婚逐渐消失，婚姻礼节也慢慢完备。屏山村民把汉文化同自己的传统文化体系相结合，重构了一种新的土家文化。在这种新的文化体系内，他们构建了父系和母系两套系统，既有一套按照父系的婚姻仪礼和姓氏、财产继承规则，也有一套母系的相应规则，他们把纳婿的男子当做女子一样，结婚礼仪正好颠倒过来。据了解，发生变迁后的上门女婿的婚礼前后要经过以下 17 个程序：

（1）访亲。女方父母暗中进行调查，看看哪家有适合的男子，这里就要考虑几个因素：首先是看对方家庭是否有多个儿子，家里条件如何；其次要考虑是否年龄相当、体贴孝顺、能干；最后还要考虑“八字”是否相合。当然也有男方兄弟多的家庭暗中访问女家的情况。

（2）请媒人。人看好了以后就去请媒人“讨口气”，双方都熟悉的就可以直接订下来，有的还要经过考验。媒人一般是本组的，有些知识，很会说。还没有结婚前两家对媒人都是很尊重的，当地流传这样的话语：“新人没过房，媒人蛮要紧。新人接过房，媒人甩过墙。”招女婿的一般都不请“双媒”（两个媒人）。

（3）认亲。媒做成以后，女方就拿东西到男方家认亲，一般是去 8 人，媒人是必须去的。必须要带肉（至少两斤）、面条、酒等礼品，其他的也可以带些饼干之类的东西。

① 中共鹤峰县委统战部县史志编纂办公室：《容美土司史料汇编》，77～78 页，内部资料，1984。

（4）看家。男方家父母及相关至亲若干人到女方屋里摸情况，详细考察。在屏山招婿的话，这一步多是暗中进行的。女方不需要给男方打发钱。

（5）订婚。过去都是包办婚姻，嫁娶婚里很多都是一、两岁就订婚，男方每年都要来拜年，等到女方长到 15 ~ 16 岁时就结婚。招女婿的没有提前那么久订婚的，最多提前两年，这两年里男女双方像亲戚一样走动。时间差不多了，就要选日子，选日子也要依据男方、女方的生辰八字。

（6）男方讨事。男方请媒人向女方要茶食和衣服，衣服要八套、十套不等，看主要亲戚有多少，但只能缝双套，不能缝单套，衣服讲布料和做工。男的也跟女的缝，他就不讲数量和质量了，但也不能缝单套。

（7）准备嫁妆。上门的女婿也要有嫁妆，这就主要看男方的能力，一般是一套箱柜、帐子、铺盖，家庭条件差的只来个人的也多。“只能求贵（人），不能求富”。像娶媳妇的话，一般嫁妆要办得多些。

（8）接亲。结婚时男女方同时摆酒席。女方派人去接亲，以前道路不通，上门女婿一般是骑马或骡子过来，也有步行的。如果路途很远，接亲的一般都是前一天晚上到男方家，新娘是不去接的，只去媒人，兄弟姊妹去一个和帮忙抬东西的人。不过新郎需要两个没有结婚的男孩接。出门时，新郎不要人背，也不要人抬。新郎先要祭祖，向父母行礼，磕头，表示“我今天要走了”。上门女婿出门是不哭的，认为哭不是好事。男方家送亲的一般都是弟兄姊妹，也有好朋好友送亲的，幺姨、娘娘（姑姑）也可以，有三代不送的风俗，就是婆婆那一辈的不送亲，父母也不送。

（9）送恭喜。上门女婿到女方家后，女方屋前院子里要放一张桌子，上面摆有双壶酒、瓜子、花生等等。女方父母要给那边送亲的人“送恭喜”，要鞠躬，东边打一躬，西边打一躬，也可以摸自己的肚子。后女方的父亲、叔叔、伯伯们给男方男送亲的人“送恭喜”，母亲、婶婶们给女送亲的人“送恭喜”，女的给女的送，男的跟男的送。

（10）抢金垫。新婚夫妇进门时，门口有个垫子，垫子打开，看看夫妻谁先踩上去，先踩上去的表示以后的生活中就占据主导地位强些，此时都管要讲“散开金垫结合良缘，双方全和富贵双全”。

（11）拜堂。两人到堂屋举行婚礼，这与一般的拜堂程序无异。所有人按照男左女右坐在堂屋里，男方坐堂都管主婚，喊礼：“新郎新娘就位”“典礼仪式开始”“一拜天长地久，二拜地久天长，三拜荣华富贵，四拜金玉满堂”（喊法很多，还如一拜媒人穿针引线搭鹊桥，二拜父母大人操心劳思办喜事，三拜各位亲朋好友里里外外来帮忙等等）“典礼已毕，长发吉祥，户外鸣炮。”

（12）抢床。拜堂完后，就要到洞房抢床，谁先坐到床上的就算赢，在今后的生活中就强一些、占主要地位。和抢金垫一样，这也是争地位的象征。

（13）喝交杯茶。一个人用茶盘端来两杯茶先给女的一杯，再给男的一杯，然后把女的一杯拿过来给男的，把男的给女的，再都拿来放在茶盘里，都不喝，拿来倒在床头，这表示两个人和气。

（14）闹洞房。这和一般的无异，同辈人都可以去闹。老表、同伙讨喜糖，玩一些如“咬苹果”之类的游戏。不过上门女婿一般不闹洞房的居多。

（15）送歇。原亲婆点一对红蜡，放在柜子上，把新娘的扣子解两颗，然后就出来。不过新人晚上也有同睡和不同睡之分。

（16）陪十弟兄、十姊妹。第二天早上，第一轮席就是陪十弟兄、十姊妹。也有放在前一天晚上的。十人一桌，上下三人、左右两人，坐席的都是没有结婚的年轻人，且不能有上下辈，只能是平辈。厨房里要送点东西，花、肉、糕点、糖果之类。端出去的人就讲：“此花此花，花是山中百草芽，花梗梗儿花枝枝儿，花叶叶儿，开花花儿，结果果儿，花结果，果团圆，花果团圆万万年。”吃肉喝酒的要给钱，钱归厨房得。另外，这些坐席的年轻人每喝一杯酒还要说一些奉承话，讨个吉利。

（17）回门。三天以后，夫妇一道回门。目的是让娘家看一眼，让娘家人放心。上门女婿也可以过一个星期再回门。新人要带葵花子、花生、喜糖回娘家，代表婆家东西吃不完用不尽。回门当天要回来，新房不能空，怕老鼠啃铺盖、箱柜，也有的是开始夫妇没有同房，现在两人要回家一起睡。

（二）新中国成立以后至改革开放以前的屏山招赘婚姻

新中国成立以后，封建制度被彻底摧毁，以前的父系宗法制失去了法律支持。新的婚姻法提倡男女平等。婚姻法明确规定：登记结婚后，根据男女双方约定，女方可以成为男方家庭的成员，男方也可以成为女方家庭的成员。封建包办婚姻逐渐被新式婚姻所取代，赘婿的地位也得到了法律的认可，新的婚姻法得到屏山群众的普遍欢迎和广泛执行，他们把招婿当做是他们这里的一项风俗习惯，是婚姻自由、男女平等的表现，选择这种婚姻模式的人数也很多。

20 世纪 60 年代以前，屏山过来上门的男子一般都要改姓氏，比如男子田秀梅在胡家做女婿，换姓就叫胡秀梅。在他们眼里，只有改了姓才能死心塌地地待在女方家中，就算发生什么变故也不会引起后代姓氏等方面的争议。不过据村里老年人讲，这种改姓的情况并不普遍，1985 年由于发行了身份证，改姓还要去登报，他们都觉得麻烦，就更没有上门女婿改姓的这种情况了。

“文化大革命”时期，由于国家经济困难，人们普遍都比较穷。在这段时间选择招赘婚姻的屏山人一共有 22 对，和当时选择嫁娶式婚姻的人数几乎一样多。在调查中我们发现，这 22 对中有 18 对都没有整酒请客，嫁妆也非常少。加上毛主席要实行简化，不允许铺张浪费，因此婚姻礼节也很简单。但是婚姻礼节不论怎么简化，人们都没有把“请媒人”这一步省掉，这说明毛峻德所发布的文告“议婚请凭媒妁”在当地产生了深远的影响，他们响应了大传统的要求，变更了自己的小传统。

（三）改革开放以后的屏山招赘婚姻

改革开放以后，人们生活状况好转，人口流动加剧，土家族男女思想更加开放，屏山土家族招赘婚姻也发生了一些变化，我们可以从以下几个个案来看：

个案1：丈夫：余F，40岁，小学，土家族，咸丰人。妻子：徐CN，36岁，小学，土家族，屏山四组人。两人是1989年结婚的，当时是男方请的媒人到女方提亲的。订婚后两人出去打了三年工。结婚前双方互送了2000元，后来女方给男方亲戚送去了20多床两件套（50元一床的）。男方的嫁妆有矮组、沙发、电视、洗衣机、热水器、厨房的一套、十把椅子、四床棉絮。是媒人、女方的两个妹妹和一个亲戚去把他接过来的。送亲的有他的叔叔、舅舅、婶娘、兄弟姊妹。晚上没有闹房。第二天，客走完了，回门，带回家腊肉5~6斤，一床两件套，吃了饭当天就回来了。

个案2：丈夫：代DW，34岁，汉族，高中，福建人。妻子：徐X，32岁，土家族，中专，屏山一组人。男方是从福建来的，他到这里砍木材的时候两人自己认识的，后来请了个媒人，两人于1998年结婚。他家里有两弟兄，一个姐姐，觉得屏山这里条件好些就愿意上门。结婚前徐X到福建，给男方父母带去了两套衣服，一套400多（元），还带了一些礼品。男方家里给女方买了金银首饰，还给了两万元钱。回来以后，女方父母给他们两人一万元。由于男方家里相隔太远，结婚时他们省去了其他步骤，就只在女方家摆酒席接客、拜了堂。

个案3：丈夫：刘BC，26岁，土家族，初中文化，来自燕子乡新寨；妻子：徐L，22岁，土家族，屏山一组人，初中文化。两人于2007年结婚，是通过别人介绍后认识的，那时徐L才17岁，她觉得男方人好，能力也强，就同意了。刘BC在城里搞铝合金生意的，存了一些钱，每次过来都带东西，什么都买，给父母的礼品呀，给女方的衣服啊，化妆品啊等等。两人是2005年订婚的，订婚是在男方家，女方给男方父母一人买了一套衣服，一套600多元，还给了5000元钱。男方给徐L送了两套衣服，一对耳环和戒指（1875元），一部手机（1600元），还有1万元钱。结婚时女方家给男方买了两套衣服，一套1200元，一套800元，父母一人一套衣服，一套400多元。另外，他们还带去了两条新鲜肉（用红纸包着的），两壶酒，两条烟（红金龙的，50元一条的）。他们给女方一条项链（一千多元），两套衣服，一套700多元。男方办的嫁妆有床、电视、沙发、茶几、功放音箱、数码相机、衣柜、十床棉絮。男方父母都是老实人，没有什么钱，这些东西全是他自己存钱后买的。刘BC父母很舍不得他走，还偷偷哭了的，因为他们家虽然有三个儿子，可就数刘BC最能干也最孝顺。

从以上几个个案中，我们可以看出屏山土家族招赘婚姻发生的变迁主要表现在以下几个方面：

（1）通婚的地域范围有所扩大。以前，屏山没有通公路，当地土家族人的招赘婚姻都局限在本村和周围村庄的范围内，但改革开放以后由于交通的便利，青年人的交往范围已不再局限于狭小的空间，他们的通婚范围也得到扩大，与本社区以外的村镇通婚的人越来越多。

（2）择偶标准的更新。改革开放以前，年轻人看中对方的条件主要限于“长相好”、“家庭条件”、“贤惠温顺”、“忠厚老实”、“孝顺父母”几项，改革开放以后随着市场经济的发展，“忠厚老实”一项不再是人们择偶的标准，越来越多的人从经济因素考虑，他们更看中的是对方的能力和品格。

（3）仪式的简约化。改革开放以后，屏山经济条件改善了，年轻人通过学习，知识面拓宽了，视野也开阔了，受外地的影响觉得没有必要把传统的复杂仪式都捡回来，所以传统的婚礼程序已趋于简单化，许多繁文缛节弃之不顾。

（4）结婚花费大大增加。以前男方家里只需要准备两床棉被作为嫁妆就差不多了，但改革开放以后，女方自见面后就要给男方打发，婚礼前要装修房子，给男方送衣服，还要送给双亲及近亲长辈衣服及礼品。婚礼时男女双方都要宴请亲朋好友及乡邻，酒席开销很大。

在近期，屏山村委会组织评选“好上门女婿”，他们评选的条件是“勤劳致富、家庭和睦、孝顺父母、会搞建设、子女教育得好”，这些地方政策使上门女婿看到希望，他们通过努力完全可以得到村民的认可。

鹤峰屏山土家族招赘婚姻从改土归流以前一直延续到现代社会，虽然在不同的时期，由于生产力水平和国家政策的不同，招赘婚姻在婚礼仪式、择偶标准、婚礼消费等方面发生了不同程度的变迁。然而人们对待招赘婚姻的观念一直没有改变，招赘婚姻一直在屏山村民生活中发挥着重要作用，是当地一种重要的婚姻制度。

四、屏山土家族招赘婚姻与社区环境的适应

布朗认为：“在一个社区内，社会生活的各方面都密切地相互关联，而结成为一个整体。因此，在研究任何一个方面时，必须研究它与其他各个方面的关系。”① 他主张在研究任何“风俗”或

① 见宋蜀华、白振声：《民族学理论与方法》，45 页，北京，中央民族大学出版社，2003。

“信仰”的功能时，必须把社区看做是一个统一的体系，然后再确定它们在这个体系中所据的位置。招赘婚姻的长期延续与屏山社区的生态环境、经济状况和政治环境是密切联系在一起的。

（一）招赘婚姻与屏山社区生态环境相适应

屏山社区的生态环境特点主要有三个：一是屏山森林覆盖率高，气候适宜，自然资源丰富。鹤峰地处亚热带，属大陆性季风湿润气候，雨量充沛，四季分明，适宜多种农作物生长。尤其是中屏山和上屏山的气温适宜种植烟叶，投入少、收入高、所需时间也不长。另外，屏山野生动植物种类丰富，野生可以食用的植物有薇菜、蕨菜、香菌、竹菌、葛、板栗、核桃、猕猴桃等，可供捕获的动物有野猪、鹿、香獐、野鸡、兔及各种鱼类。在过去生产力不发达、地主盘剥和自然灾害的特殊年月，这些资源具有极大的吸引力。

二是屏山交通闭塞，长期与外界隔绝。屏山铁索桥是 1970 年修建起来的，在这之前，村民要想走出屏山村，必须进入到海拔 1000 米以下的谷底，再从谷底慢慢爬到海拔 1000 多米的另一座山上。此时如果谷底有水，要想通过那是根本不可能的。屏山村里的公路一直到 1985 年才修建起来，直到此时才可以使用交通工具。在这种封闭的环境下，屏山土家人不得不更多地选择村内婚。有的家庭儿子多，如果都在家里娶亲，每一个小家庭可以分得的资源就相对有限。同时，那些没有儿子的家庭如果把女儿全部嫁出去了，自己的家庭又缺乏劳动力，年老了又没有依靠。此时，招赘婚姻充分满足了人们的需求，使双方家庭得到了照顾，也使整个社区的资源得到了充分利用。另外，这一封闭的地理环境对汉文化的流传也有较大的阻碍作用，是其招赘文化得以保存的重要因素。

三是地域广阔，土地资源丰富。招赘婚是一种增加人口的婚姻方式，每招一个上门女婿就意味着在社区里增加一个新的家庭，会形成资源的争夺。在大部分中国农村，土地资源是比较稀少的，因此一般有儿子的家庭都不再把女儿放在家里招婿。而屏山境内面积30 934亩，人口却相对偏少，山大人稀，土地资源相对丰富，自实行家庭联产承包制以来，每户人家都承包了大面积的土地，现在村里也不定期调整土地。这样，是否采取招赘婚姻被认为是家庭自己的事情，村委会也不会干涉。在这种优越的自然环境下，即使增加一些外来人口，对当地环境的承载力也不会产生太大影响，对当地原住居民不会构成生存威胁。

（二）招赘婚姻与屏山经济状况相适应

容美虽然被雍正皇帝说成是“最为富强”的土司，但其实生产力水平非常低下，经济发展缓慢。“鹤峰是鄂西最穷苦之县。平日生活无油盐者，十户而居七八；衣不遮体，食不充饥，住不避风雨者，不知凡几”。[①]“入赘在中国法律上虽则有合法的地位，但是因为和单系的宗法体系相冲突，在财产较多的上层社会中不易发生”。[②] 屏山的情况刚好相反，经济贫困发生招赘婚姻的可能性也就大很多了。

在改土归流以前，屏山的农作物仅有苦荞、甜荞、大豆、小麦和少量水稻，多系刀耕火种，水田极少，生产能力很低。由于农业产量低，屏山人的食物来源除了依靠种植的少量农作物以外，还要依靠饲养、采集和捕猎物。在那时，屏山的男子既要应征打仗，还要到司署服役，平时的主要任务就是捕猎了，其他的种植、采集、饲养基本上都由女子来承担。在家庭中男子的优势没有明显体现出来，女子具有与男子同等的地位。在容美土司时期，女子可以“与

① 湖北省鹤峰县志编纂委员会：《鹤峰县志》，103页，武汉，湖北人民出版社，1990。

② 费孝通：《乡土中国生育制度》，265页，北京，北京大学出版社，1999。

男子同坐”，在婚姻中可以自由表达自己的意愿，出嫁后如果夫家贫寒，可以“以口角细故，背夫逃回”这种平等的男女地位必定会反映在他们的婚姻生活中，女方可以出嫁到男方，男方也可以到女方家去做上门女婿。

另一方面，招赘婚姻比嫁娶式婚姻消费低，这也是与部分屏山人的穷苦生活相适应的。改土归流以后，屏山土家族传统的婚制和习俗发生了很大的变迁，婚姻礼节增多，必须凭媒妁、行聘礼。改革开放以后，随着市场经济的发展，农村生活水平的日渐提高，婚姻消费也大大增加。在嫁娶式婚姻里，男方需要准备一定数额的彩礼，女方需要备置嫁妆，如果办得不体面，年轻夫妇不会满意，村里人也会笑话。而在招赘式婚姻里，由于许多程序都可以省略，开支也要低很多，就算不摆酒席村民都习以为常，更不会责怪结婚是否办得体面。这样就可以减少双方家庭的开支，部分贫困家庭也不会担心儿女的婚事。

（三）招赘婚姻与屏山政治环境相适应

国家的政治局势、政策对招赘婚姻的影响也是非常大的。容美土司时期频繁的战争对男子伤亡很大，在“湘鄂苏区”时期，屏山经历了震撼湘鄂边的最惨烈的血与火的大比拼，屏山有很多男子也直接投身于战斗，因此有女无儿户的家庭是比较多的，这种情形使得招赘成为社区的一种需要。在新中国成立以前，国家的政治局势一直不是很稳定，残酷的战争和自然灾害，加上地主盘剥、官府捐税，残酷的环境造成婴儿成活率极低，人口增长缓慢，劳动力缺乏。此时，招赘婚姻满足了社区人口增长的需要。

据屏山村民介绍，屏山的计划生育实行得相对较晚，政府抓得松。那时屏山属于下坪管，干部都在下坪，“山高皇帝远”，屏山哪个怀小孩、生小孩他们管不到。小孩生得多些，儿子就多，就可以随便出去一个当女婿。在“文化大革命”时期，国家遭遇了自然灾害，人们都吃不饱，政府管得很死，屋边的土地宁可空着都不允许人们种，不然就要批斗。而屏山山高路险，政府管得要松些，加上屏山还有鱼、野果、猎物可以吃，所以外面的一些男人都愿意去屏山做上门女婿。

屏山的上门女婿地位高、不受歧视，目前村委会还组织评选“好上门女婿”，上门女婿凭借自己的能力完全可以得到村民的认可，这为招赘婚姻的实行提供了宽松的政治环境。屏山一组的田ZQ 是从燕子新寨来的上门女婿，在屏山当了 10 多年的书记，后来去世了。如今 10 年过去了，村里还有很多人怀念他，他们都说田书记是屏山的书记中最有能力的，他既会写又会说，做事情很有魄力，别人也服他，屏山修公路就是在他的带领下办成的，他为屏山做了很多事。

五、结　语

屏山土家族的招赘婚姻从改土归流以前一直顽强地发展到现代社会。在改土归流以前，屏山社区男女平等，婚姻自由，没有父系宗族观念，女子可以出嫁到男方，男子也可以到女方家做上门女婿，没有儿子的家庭就以婿为子，此时招赘婚姻非常普遍。改土归流以后，这种婚姻模式遭到汉族流官的强烈反对。在汉文化的影响下，他们虽然重建了自己的文化系统和礼仪制度，不过由于传统观念的影响，他们依然排斥汉族的父系血缘制度并保存了招赘婚姻。新中国成立以后，招赘婚姻得到了法律的许可，屏山当地人把招婿当做是他们这里的特有的一项风俗，是婚姻自由、男女平等的表现。

在招赘婚姻的延续与变迁中，我们至少可以得出以下结论：

第一，虽然随着社会的变迁，鹤峰屏山土家族的招赘婚姻也有所变化，但变化的只是一些形式，如婚礼仪式、婚礼消费等，其传统核心内在的东西基本保留下来：招赘婚姻一直在屏山村民生活中发挥着重要作用，人们对招赘婚姻的观念与态度一直没有改变。

第二，屏山土家族招赘婚姻的长期延续与当地男女地位平等、父系家族观念不强有关，同时也是对社区生态环境、经济状况和政治环境适应的结果。虽然在不同的历史时期，它发挥的功能有所不同，不过都维持了社区的社会秩序和整合，使土家族社会结构保持稳定。

第三，改土归流以后，在汉文化的影响下，屏山土家族的婚姻发生了变迁，然而这种文化变迁是强制性的变迁，并不是土家人自觉自愿的选择。"在涵化过程中，由于相互接触的各方文化差异程度的不同，以及变迁一方文化内部选择的不同，都有可能呈现不同的过程和出现不同结果。"① 一般认为，文化涵化可能会出现三种情况：一是接受，二是适应，三是抗拒。在这里，由于政治上处于支配地位的汉文化压力太大，土家人不可能不接受汉人的文化观。他们把接受过来的各种文化成分同自己的传统文化体系相结合，重构了一种新的土家文化，延续了招赘婚姻。

第四，在现阶段低生育条件下，屏山村民为了自己家族的血脉得以延续，既不想女儿嫁出门也不想儿子入赘别家，"两来两走"的招赘婚姻模式正好可以满足他们这一愿望。这也从另一个方面说明，招赘婚姻在屏山还存在巨大的发展空间。

① 林耀华：《民族学通论》，北京，中央民族大学出版社，1997。

民族文化与社会和谐

——土家族传统文化思想及其当代价值

王希辉　黄　金[1]

土家族是聚居在我国武陵山区的一个内陆山地民族。在千百年的历史长河中，面对恶劣的自然条件和独特的社会环境，勤劳勇敢的土家族创造了丰富多彩的民族文化，形成了独具特色的传统文化思想，对于人与自然、人与社会，人与人相互关系的处理，以至于当前建设和谐社会，都有重要的意义。

一、土家族传统文化思想的文化生态

文化生态是影响文化生存、发展的各要素的有机统一体，包括文化的自然生态（或称自然环境）和社会生态（文化生态、社会环境）两方面。其中，自然生态包括地理环境、气候条件、生物状貌等，文化生态包括科技水平、生产方式、生活方式、政治制度、社会组织、社会思想等要素。文化生态是少数民族文化赖以生存的

① 王希辉（1980—），男，土家族，湖北恩施人，长江师范学院讲师。黄金，长江师范学院。

基础，每一种文化都是在特定的文化条件成长起来的。[①] 在漫长的社会进程中，土家族之所以能形成独具特色的民族传统文化，这与其所处的特殊文化生态息息相关。可以认为，特殊的自然条件与社会环境，是土家族传统文化思想形成的重要前提和依据。

第一，自然环境。人总是要在一定的环境中才能生存并进而创造自己的历史文化，而不同的环境则会对不同的文化产生深远影响。土家族世代居住的武陵山区沟壑纵横，高山大谷，山高坡陡，地势不平。对土家族所处的自然环境，周兴茂就曾作了总结："其一，山，是土家族聚居地的主要特点之一……其二，土家族聚居地的四省市边区属内陆地区，在全国少数民族地区都比较少见。"[②] 因而，以山为中心的自然环境使得土家族不得不靠山依山，吃山住山，也不得不爱山护山，与大山和谐相处。甚至可以认为，武陵山区的山地特征造就了土家族与众不同的民族特性。

第二，社会条件。从地理位置看，土家族聚居的武陵山区是我国西部与中、东部的交接地带，也是西南文化与中原文化、荆楚文化的交融地区。

从民族关系来看，作为中华民族大家庭中人口超过百万而聚居于祖国内陆的少数民族，土家族及其先民较好地处理与周边民族的关系，这不仅是地缘政治的需要，更是现实生存的迫切需要。历史证明，土家族不仅能和其他民族和睦相处，而且还对其他地区民族关系的处理有一定借鉴作用。甚至可以认为，土家族这个内陆少数民族，为中华民族多元一体格局的形成作出了特殊贡献，起到了一定的凝聚和促进作用。

从民族源流看，土家族主要有两个源头，即伏羲氏族的巴人与

---

① 段超：《再论民族文化生态的保护和建设》，载《中南民族大学学报》，2005，(4)。

② 周兴茂：《土家学概论》，146页，贵阳，贵州民族出版社，2004。

湘西地区土著居民，这两个主要源头在历史进程中又融入了少量他民族成员，特别是在黔东北和川东南融合了较多类别的其他民族，而在唐宋年间形成了较为稳定的民族共同体——土家族。[①] 可见，土家族来源不仅有伏羲氏族的巴人与湘西土著居民，而且还有黔东北和川东南较多的其他民族，是一个由多个族群经过较长历史时期的融合而形成的一个新的人们共同体。

从现实角度来看，武陵山区是我国经济社会的地理分水岭，是西部开发和中部崛起的交汇之地，更是我国西部大开发的前沿和中部崛起的后沿地带，全国重要的连片贫苦山区之一。

因此，不管是从历史还是从现实角度，武陵地区都是一个多文化、多民族思想交融互汇的文化带，不同的思想和观念在此碰撞交汇和激烈冲突。这样一个多文化富集地区，各种不同的文化和思想造就了土家族善良宽容、和谐友好的民族心态。

第三，生产力水平。历史时期，土家族先民长期从事采集、渔猎活动，进行原始的刀耕火种和原始畜牧业生产，生产力低下。千百年来，土家人用自己的勤劳与智慧，推动了武陵山区的经济社会发展，取得了很大成就。但时至今日，基于独特的山地环境，土家族仍还维持着牛耕铁犁的农耕生产模式，生产力水平仍然不高，效率低下。因而，在利用自然、改造自然的历史进程中，面对恶劣的自然环境和特殊的地理条件，为了民族的生存与发展，土家族及其先民就逐步形成了一种团结互助、和平友爱的协作精神，逐渐铸就了互相帮助、热爱集体、尊重多数的淳朴的集体观念和意识。

第四，国家政策。历史上，土家族地区社会经济文化发展较为缓慢。晚至清雍正年间，中央政府实施的大规模改土归流，是土家族历史上的一件大事，极大改变了土家族地区的社会文化面貌。伴随着改土归流，中央政府在土家族地区实施的一系列政策措施，使

① 曹毅：《土家族族源再探》，载《湖北民族学院学报》，1991（4）。

以封建礼教为核心的汉文化逐渐渗入到土家族社会生活的各个方面。新中国成立后，中央政府在土家族聚居区逐步推行了民族区域自治政策，民族平等、团结、互助、和谐的社会主义新型民族关系逐渐形成。随着民族区域自治政策的实施和中央政府对土家族地区的大力扶持，新中国成立60年来土家族地区已发生了翻天覆地的变化，经济与社会发展取得了巨大进步，各项社会事业欣欣向荣。因而，在国家政策的引导下，土家族的文化生态面貌也随之发生了很大变化。

二、土家族传统文化思想的主要内涵

在漫长的历史进程中，土家族在利用和改造自然的实践中，逐步形成了一套独具特色的处理人与自然、人与社会以及人与人相互关系的思想与意识，形成了较为完备的思想文化体系。

第一，天人合一：土家族处理人与自然关系的重要伦理观念。在土家族文化体系中，神话传说和图腾崇拜是较为重要的内容之一，而这些神话传说与图腾崇拜生动地反映了土家族及其先民处理人与自然关系的重要观念。在众多民族起源神话中，土家族先民认为自然界的某种动物或者植物就是他们的祖先，如白虎、枫树、马桑树、牡丹花等。在他们看来，祖先是保佑民族风调雨顺、避祸遭灾的神灵，必须要虔诚加以膜拜和保护，不能得罪。

关于白虎的神话传说，是描述土家族民族起源的重要口传资料，在土家族神话传说体系中占有重要地位。《后汉书》载："廪君死，魂魄化为白虎。"廪君死后，巴人认为其魂魄化为白虎，故而，廪君就成为了土家族先民巴人的祖先形象，白虎也成了土家族崇拜的对象。在湖北恩施土家族地区，当地群众十分崇拜白虎，正所谓"白虎当堂坐，白虎是家神"，作为家神加以膜拜。同时，土家族地区流传的神话传说《虎儿娃》，也讲述了土家族是老虎与人结合的后代繁衍生息的故事。老虎与人结合后生下了一个孩子，他的脸半边虎形半边人形，既有虎一般的勇猛又有人一般的机灵。在他的成长过程中为当地人做了许多好事，后来他与魔王搏斗救了三公主，并与三公主结婚，繁衍的后代就成了土家人。这则神话中传递了“人虎合一”的思想，体现了土家人与老虎的和谐统一，也体现了土家人生态的意识：人与虎的生态平衡。[①] 此外，在土家族《摆手歌》当中，也深刻描述了植物创造人类的观点。在土家族先民看来：（土家族）人体结构是植物变化而成，骨架是竹子所变，肠子是豇豆所变，肝肺是荷叶所变，肌肤为稀泥所变，汗毛为茅草所变，脑袋为葫芦所变。可以认为，这种植物造人观在某种程度上是土家族认识到了人的生命与植物、特别是农作物关系的体现。这些神话传说和图腾观念，就深刻揭示了土家族及其先民在群体意识上与自然界动植物之间的亲近关系。

同时，在乡规民约中，土家族及其先民制定了很多保护自然、维护生态平衡的条款。贵州土家族就认为，地方的兴衰与林木是否繁盛的关系至为密切，民间有“山清水秀、地方兴旺；山穷水尽，地方衰败”之说，十分重视养育和保护森林。因而，封山育林的条款就定得十分具体，条款的执行也严格彻底。“凡封山地区，都插上禁碑或围上石墙，标明四界。封山的期限，一种是永久性的，也有封十年、二十年的。凡封山地段，自宣布之日起，公推专人看管。在封山区内禁止放牧牛羊，禁止拾柴割草，禁止扫叶烧灰，禁止铲土积肥，禁止砍伐一竹一木。把封山区封成真正的禁区，三五年内，蔚然成林”。所以，在封山育林的规约中，风景林、地边林、古庙林、墓地林及井边、路边、凉亭边的树木等等，都在保护之列。如是插上草标的树，都不准伤害一枝一叶，违者要按条款处置。

---

① 冉红芳：《土家族传统文化中的生态意识探析》，载《湖北民族学院学报》，2005，(4)。

对于经济林的保护，则更为严格和具体：油桐树、油茶树、木油树、五倍子树、漆树等五种树，不准砍作柴用。即使枯死，也不准树的主人随意砍作柴烧，要按统一规定的时间，即农历七月十四、十五、十六三天，作为经济林清理枯树的放款日。定这三天是因为一般树子绿叶青葱，与枯死的树容易区别。事前由看守员把枯死的树子画上记号，然后鸣锣示众，在三天内把枯树背回家去。谁若不遵守规定的办法和时间，要与砍生树一样受到惩罚。①

从乡规民约来看，土家族与自然界之间存在着一种相互依赖的密切关系。在土家族及其先民看来，树木的繁育与民族的兴盛息息相关，只有森林茂盛繁密，民族才会发展壮大、兴盛，地方也才会安定、团结。

可见，不管是神话传说与动植物崇拜，还是乡规民约的规定与实施，都体现了土家族敬重自然、善待自然的朴素的自然观，充分体现了土家族要求人与自然和谐相处、追求天人合一的生态观。

第二，和谐共生：土家族处理人与社会关系的重要准则。历史上，土家族聚居区主要是高山深谷，野兽经常出没，生存环境恶劣。因此，为了应对自然灾害的冲击和保障民族的生存与繁衍，土家族及其先民就逐渐形成了一些特殊的宗族观念、村落习俗以及民间习惯法，并通过这些观念、习俗和习惯来规范人们的行为，维持社会秩序，促进人与社会的和谐共生。

在恶劣的自然环境下，为满足社会生产、生活以及安全的需要，土家族及其先民就不得不聚族而居，并在共同语言、共同血缘以及公共利益和汉族宗族观念的影响下，逐渐形成了土家族宗族和宗族制度。宗族制度和宗族观念的形成，对规范和促进土家族地区个人与集体、个人与社会之间的相互关系，起到了一定的作用。湖

---

① 周兴茂：《土家族的传统伦理道德与现代转型》，251页，北京，中央民族大学出版社，1999。

南湘西土家族族谱《瞿氏族谱·睦宗族》中就规定，礼上敬宗，书先睦族，良以有也，支分派别，实为木本水源。当亲无疏，宁后勿薄。生我同宗，恤寡怜孤，有无相通，患难相倾。疾病相扶持也。万望族内人等，谨记在怀。凡般争论，一切胥泯。族谱还规定，族中婚丧嫁娶等大事，族中之人都应该积极参与，对于族中的孤儿寡母和其他贫困人家，宗族有赈济的义务，对因遭受天气变化等外部因素引起的生存危机和宗族成员生老病死这样的内部事故，也都要提供帮助和救济。①

同时，族谱中还将调整家庭、宗族与他族、他乡、社会与国家的关系作为一项重要内容加以规范。在土家族看来，远亲不如近邻。因此，他们在族规中要求家人、族众对待乡邻务必和睦宽容，缓急相济，有无相通，不以小忿而生嫌隙，以致发生争斗。对于个人与国家关系而言，瞿氏族谱就要求族人绝对服从国家，按时缴纳国家税负，做个安分守己的人，处理好与社会、国家的关系。② 在这种宗族观念和汉文化冲击下，土家族有着强烈的爱国思想。“赶年”习俗就真实再现了土家族先民抗敌报国的故事。明代土家族代表秦良玉以女儿之身，英勇奔赴沙场，报效国家。新民主主义革命和抗日战争时期，土家族儿女也是前赴后继，不畏枪林弹雨，奔赴战场报效国家，很多人血洒疆场，为国捐躯，把自己的生命和青春全部献给了国家。

土家族多以村落为单位聚族而居，因此，在长期的生产、生活中就逐渐形成了特殊的村落习俗。土家族村落是因地缘关系把若干不同家庭、亲族集团组合起来或者由家族、亲族或者其他家庭集团结合地缘关系而成的生活共同体，是固定的特定地方的更大范围的

① 田永红：《走进土家山寨——贵州土家族风情录》，170页，贵阳，贵州人民出版社，2001。

② 瞿州莲：《一个家族的时空域——对瞿氏宗族的个例分析》，贵阳，贵州民族出版社，2002。

社会单位，俗称“同乡”、“乡亲”的都属于这种关系。[1] 在土家族村落中，村落习俗的集体性与社会性特征非常明显。基于村落的地缘关系特征，土家族村落就形成了极具凝聚力的内部约定俗成，内部互助习俗就成为土家族村落的重要习俗之一。在村落内部，很多生活生产、生活活动都是单个家庭无法承担的，需要集体的力量予以支持。因而，在生产上，在平等、互助和互利的基础上，同姓同宗或异性土家族个体家庭间会互相提供无报酬的劳动互助，以弥补个体家庭劳动力之不足。这种互助行为，既保证了个体家庭春耕秋收农忙季节不误农时，而且还在一定程度上为土家族村民之间交流劳动技能、技巧提供了空间，促进了劳动技能、技巧的积累和发展，有利生产力的提高。在生活上，个体家庭的修屋建房、婚丧嫁娶、生老病死等重大事情，都必求助村落社会群体的帮助。在某一家庭需求帮助的情况下，几乎所有的个体家庭都会抽出一定的人力、物力予以资助，鼎力相帮，进而帮助当事家庭渡过难关。此外，在村落内部，修路架桥、开沟挖渠等公益活动，个体家庭或者村民均会无条件出资出力，因为，在土家族看来，这些公益事情都是造福积德的好事，人人都会献计献策。

可见，村落习俗不仅在维持土家族个体家庭生产、生活方面起到了一定促进作用，而且还是加强个体家庭联系、巩固个体成员友谊和维护村落成员和谐的重要手段。

此外，土家族地区普遍存在的乡规民约和民族习惯法在维护和促进土家族个体成员或个体与集体、社会之间和谐相处等方面起到了重要推动作用。土家族居住地一般都较偏远，因而为了维护众人的利益和良好的生活环境，便在各种信仰与禁忌的基础上，制定出必须共同遵守的各种乡规民约和民族习惯法。这些习惯法是以村寨

① 周兴茂：《土家族的传统伦理道德与现代转型》，112 页，北京，中央民族大学出版社，1999。

为单位，是由全村寨人共同制定和共同遵守的一种行为职责。全村寨的人，不分族别、不分姓氏、不分男女，均须户户遵守，人人执行。①

在一些经济发展相对繁荣的集市，土家族及其先民则制定出了一系列具有强制性的集市俗规，借以稳定社会秩序、繁荣民族经济与促进社会和谐。很多土家族地区的集市往往人多货足，生意兴隆，然而也总有地痞流氓行凶作乱，欺行霸市，或奸淫赌博，为匪作盗，严重影响了土家族地区的社会和谐与安定团结。鉴于此，土家族及其先民就制定了很多行之有效的集市习俗，以净化社会风气，维护社会稳定与团结。在贵州省沿河土家族自治县淇滩乡场镇上就有一块刻于清朝光绪三十四年（1908）的“化行俗美”石碑，上面刻着很多倡议场规的条款：禁当场赌博，以务正业；禁当场打架，以免酿祸；禁当场磕碰，以安良善；禁当场抢劫，以正地方；禁窝留匪患，以清盗源；禁酗酒发疯，以复古道。以上禁约，祈各凛遵；倘若故违，扭送公庭，清治重罪，休怪无情。②

可见，“化行俗美”碑严厉禁止赌博、打架、磕碰、抢劫、窝藏匪患、酗酒等恶劣行为，这对于维护社会治安、稳定集市秩序、引导人们正确处理社会行为等方面意义重大。

此外，家规家训、家法也是规范人们行为的重要手段。家训是土家族头人统治家族、家长训导子弟的法规，是一种维护家族血缘、保证家风纯正的手段。土家族家训的主要内容有戒偷盗、戒游荡、戒赌博、戒争讼。主张孝敬父母，尊老爱幼，兄弟友爱，父慈子孝，邻里和睦，教育子弟，劝习正业，敦肃门风。

土家族使用家法的目的也是为了奖励良善，警惕丑恶，教化子

① 瞿州莲：《一个家族的时空域——对瞿氏宗族的个例分析》，128页，贵阳，贵州民族出版社，2002。

② 田永红：《走进土家山寨——贵州土家族风情录》，253页，贵阳，贵州人民出版社，2001。

孙。湖北鹤峰土家族就规定：凡分家另居，儿女如不照料父母衣食，鞭杖一百板；背夫私逃妇女，抓住后鞭打百板，如有父兄纵容包庇，打八十板，并枷号示众；在族内如有奸淫男女，抓到后，背上捆绑石板，双双沉坑或沉河。在家法刑具上，主要有鞭子、竹棍，往往修建地牢或者处罚犯人的刑堂，备有特制刑具。如古丈坪土家族土司用来夹人的铁链，其形粗壮，约百十斤重。①

第三，友好和睦：土家族处理人与人相互关系的基本原则。武陵地区山大人稀，环境恶劣，土家族及其先民明白，只有人与人之间互相友好、亲善，民族才能生存和发展。因而，在长期的历史进程中，土家族逐渐形成了处理人与人的的基本原则：友好和睦。这种友好和睦的基本原则，主要体现在以下几方面。

首先，淳朴耿直，热情好客。文献载：土籍者悍而直，过客不裹粮投宿，寻饭无不应者。土家族先民往往是“让居推食，不德于色”，并且山“愈深，其俗愈厚”。土家族人心地善良，往往对人是将心比心，对远方来客热情相迎，周到照顾，逐渐形成了热情好客的传统。土家人看来，不管族别、不管远近，均过门为客。如是秋冬季节，主人会立即把你请进侧屋，请上火铺，立刻倒上一碗热乎乎的罐罐茶递上，先暖身子，在递来烟杆及两片叶子烟。如是夏日，主人会用凉水泡上一碗米酒给你解渴消暑。② 在重庆彭水，凡是有客人来，（土家族）主人除了双手敬酒、送茶水外，还有递上一些小吃，并把家里最好的平时舍不得吃的东西拿出来待客。③

其次，以诚相对，恪守信誉。土家人多老实忠厚，待人接物，很讲诚信，人与人交往中往往是将心比心，注重礼尚往来。土家人常说“人心都是肉长的”。在为人处事上，土家族十分讲究信誉。

---

① 彭继宽：《土家族传统文化小百科》，133～134 页，长沙，岳麓书社，2007。

② 田永红：《走进土家山寨——贵州土家族风情录》，241 页，贵阳，贵州人民出版社，2001。

③ 丁世忠：《重庆土家族民俗文化概论》，131 页，重庆，重庆出版社，2006。

湖南湘西瞿家寨土家族借别人东西，说什么时候还就什么时候还，决不拖欠，万一有困难也难得向借方说明理由，请求延期，如对方不答应，借也得借着还。正所谓“有钱，钱交结，无钱，话交结”。他们在为人方面有一个原则：许人的事情一定得办到。因而，跟土家族交往时候，往往很有安全感和信任感，村寨内部也都彼此互相信任、尊重、恪守信誉。① 在土家族地区，生意人之间做买卖，不能弄虚作假，不能恶意坑人，言谈必须和颜悦色，即使是洽谈不好，也是“生意不成仁义在”。②

最后，平等相待，为人友善。在土家人看来，人与人之间是平等的，不能以强欺弱，以富欺穷。在乡规民约面前，人人平等，任何人都不得有特权。由于等级观念和门第观念淡薄，所以土家族对于社会交往，往往是不问贫富、不问贵贱出身，更不论亲疏。村寨内的亲戚、朋友、邻居等只要有婚丧嫁娶、生老病死的大事，几乎所有的家庭都会备上一份礼物或者礼金前去祝贺或者吊唁。在渝东南地区，土家族亲朋邻里，不问贫富，不论亲疏，遇到婚丧建屋等喜庆，或遇天灾人祸之时，大家相互体贴，相助相济，忧人之忧，急人之急，乐人之乐。农忙时节，割麦插秧，打谷扬场，见劳力弱者，主动相帮，主人仅供食物。薅玉米时，数家人薅完一家，复趋一家。互相关心，互相帮助，千百年来，蔚然成风。③

三、土家族文化思想的当代价值

作为聚居于祖国腹地的一个山地民族，土家族形成了独具特色的传统和谐思想。深入认识和研究土家族传统文化，对于正确处理人与自然、人与社会以及人与人之间的相互关系，都具有重要的现

① 田永红：《走进土家山寨——贵州土家族风情录》，194 页，贵阳，贵州人民出版社，2001。

② 冉春桃、蓝寿荣：《土家族习惯法研究》，51 页，北京，民族出版社，2003。

③ 李绍明：《川东酉水土家》，210 页，成都，成都出版社，1993。

实意义和理论价值。

第一，对于应对当前全球生态环境恶化，保护自然生态环境，共建人类美好家园具有重要现实意义。随着工业化进程的不断加快和人地矛盾的日益突出，环境破坏越来越严重，已严重威胁全人类的生存与发展。

土家族及其先民在认识自然和改造自然的历史进程中，形成了一种依靠自然、利用自然与保护自然的朴素的生态观念和生态智慧。[①] 这些土家族及其先民世代积累下来的、具有本土实践经验的生态智慧和生态观念，对于应对当前日益恶化的生态环境，面对越来越显得捉襟见肘的科学技术，可谓是人类的宝贵财富。

第二，深入分析和总结土家族传统文化思想，对推动土家族历史文化研究发展，建构土家学，有着积极的促进作用。自 20 世纪 50 年代土家族被确认为单一民族以来，学术界在土家族研究领域取得了较多成果，出版和发表了一系列土家族研究专著与学术论文，为土家学的建构作了充分的理论准备和坚实的物质基础。但一直以来，学术界较为忽视土家族传统文化思想与和谐文化研究，研究成果较少。因而，强化这一领域的研究，对于推进土家族历史文化研究的深入发展，积极建构土家学学科，有着重要的推动作用。

第三，深入分析和总结土家族传统文化思想，对探索和总结我国少数民族文化内涵，丰富和发展少数民族文化研究等具有重要意义。我国少数民族众多，民族传统文化底蕴丰厚。在我国少数民族文化体系中，有着内涵丰富的思想与文化体系。因此，深入分析与研究土家族传统文化思想，对于积极建构少数民族文化体系建设，丰富少数民族文化内涵，有重要理论价值。

第四，深入分析和总结土家族传统文化思想，对建设社会主义和谐社会和推动社会主义新农村建设有重要的实践价值。在坚持科

---

① 王希辉、余平：《土家族的生态观及其当代意义》，载《前沿》，2009（8）。

学发展观、建设社会主义和谐社会的背景下，深入分析与研究土家族传统文化思想，对于引导和规范人们正确处理人与自然、人与社会以及人与人之间的冲突与矛盾，预防与化解因社会矛盾而引发的群体性公共事件，对促进民族地区经济发展、民族团结与社会和谐起到积极的推动作用。

鱼与三峡文化

曾　超①

三峡地区有着非常丰富的鱼类资源，在漫长的岁月中，人们在长期的社会生产生活实践中，人们不仅以鱼为美味佳肴，而且将鱼用在更为广阔的领域，如神话、传说、诗歌、丧葬、占卜等，反映在民族的渊源、发展中，极大地丰富了三峡文化的内涵，可谓是形成了鱼文化丛。故这里主要以鱼为考察、研究的对象，以借此管窥三峡文化的丰富多彩。

一、三峡饶鱼

在我国，有海洋和淡水鱼类约 2000 多种，占全世界鱼类的五分之一。在三峡地区，究竟有多少种鱼类？目前尚无准确的调查和统计，只有一些零星的地域性的统计数字。如据湖北省统计，全省共有鱼类 176 种，主要分布在长江中游，其中国家一级保护鱼类有中华鲟、达氏鲟、白鳍豚，二级保护鱼类有江豚、胭脂鱼、大鲵等。据宜昌地域统计，宜昌有水域面积 170 余万亩，有鱼类 152 种，占长江鱼类总数的 75%，名贵珍稀鱼类 10 余种，观赏鱼类近

① 曾超（1966—），男，重庆黔江人，博士，长江师范学院教授。

20 种。另有媒体报道，每年通过宜昌江段的鱼类多达 150 余种。而据《长江三峡工程生态与环境问答》，“在长江上游（宜昌南津关以上)，包括各支流及其河源，共有鱼类 230 种，其中分布区仅限于上游水域的特有种类多达 103 种。分布于三峡库区干支流的鱼类有 140 种，其中有 47 种是上游的特有种”。据《四川资源动物志》，在万县专区（今万州、巫山、奉节、云阳、开县等）有鱼类 92 种，涪陵地区（今涪陵、南川、武隆、黔江、石柱、酉阳、秀山等）有鱼类 91 种。这些统计虽然不能反映三峡地区鱼类的全部，但由此可以想见三峡鱼类之丰富多样。

据《三峡秭归民俗》介绍：“说香溪鱼类繁多，一点也没有浮夸。可以说，长江里所有的鱼类，在这里都见得到它们。诸如个头较小的俗称‘杂鱼’的鲫鱼，寸多长的千年划子，两、三寸长的小鱼子、土爪子，四寸左右，二两多重肉较厚实、双眼有金边的佃鱼子，与佃鱼子大小差不多的岔口瓣、桃花瓣，比佃鱼子稍大的麻花鱼、碎骨闹儿、出水烂、鲫壳儿、酮杆子，几斤至几十斤的有鲤拐子、编鱼、俗称季花鱼或季荷包的鳜鱼，还有胖头儿、肥头儿、乌棒、横插子、鳄嘎子、乌赠（又称黑鱼)、青脊、大头儿、皖鱼(即草鱼)、青鱼、姑鱼。还有一些小而有趣的鱼，如像姑鱼的黄骨头，小于黄骨头、口部有六根肉须的烧火佬，形似比目鱼的岩爬，暗河中被水冲出来的银白色的洋鱼（也许因像西洋人的肤色)，也称银鱼，还有会在陆上爬行的大鲵，俗称‘娃娃鱼’。当然这并不是香溪河鱼类的全部，因为有好多鱼根本叫不上是什么名字。”这也足以说明三峡地区产鱼、多鱼。

二、鱼与三峡文化

三峡地区产鱼、多鱼，鱼在三峡民众的生产生活、社会交往、科学文化中占有至为重要的地位，人们养鱼、捕鱼、食鱼、用鱼，人们以鱼入诗入赋，以鱼占卜……形成了内涵丰富、意蕴深远的鱼文化丛。

（一）鱼与民族

古代民族多以对本民族有重大影响的动植物作为民族的图腾，反映民族的起源或由来，体现该民族与某种动植物的特殊关系。透视三峡地区的古代民族，很多都与鱼有着难分难解的渊源，充分表明了鱼在这些三峡古代民族中的重要地位和影响。

1. 鱼与夏人

夏人本不属于三峡地区的古代民族，但是夏人善于治水，因大禹治理三峡，从而，夏人与三峡结下了不解之缘。大禹之父为鲧，据东汉许慎《说文解字》："鲧，鱼也。"古代很多学者多以为鲧就是"玄鱼"。鲧因治水失败而遭虞舜屠戮，其子大禹继鲧之业，而禹亦和鱼有着密切的渊源关系。所以，顾颉刚说："鲧为水中动物，古代已有此说。禹继鲧而兴，自与其相类。""《天问》言治水事，有'鸱龟曳衔，鲧何听焉，应龙何画'之问；《山海经》本此，言'禹治水时有应龙以尾亘地，即水泉流通，禹因而治之也'。可见治水的神话中水族动物极多。"

2. 鱼与楚人

鱼与楚人的祖先亦有着极深的渊源关系。《山海经·大荒西经》就记载："有鱼偏枯，名曰鱼妇，颛顼死即复苏。风道背来，天乃大水泉，蛇乃化为鱼，是为鱼妇，颛顼死即复苏。"这说明已死的颛顼，托鱼（鱼妇）之躯体而复苏，鱼遂与颛顼合为一体，成为楚人的祖先大神。

3. 鱼与鱼人

据《奉节县志》载：奉节历史悠久，夏、商时为荆、梁二州之域。公元前 1006 年，周灭商，奉节乃巴之属国——夔子国属地。前 633 年，夔地并为庸国之鱼邑，属楚。公元前 601 年，庸叛楚，楚联巴、秦共灭庸，三分其地，鱼重归于巴。公元前 316 年，秦灭巴，鱼邑属秦。公元前314年，秦于巴国之地置巴郡，领11县，鱼邑改称鱼复，序列第九。公元前216年，鱼复隶属益州之巴郡。公元194年，刘璋分巴为三郡，鱼复属固陵郡。201年改固陵郡为巴东郡，郡治鱼复。216年恢复固陵郡名。221年，复巴东郡名。222年，刘备从夷陵败退白帝城，改鱼复为永安县。583年改永安为人复，属信州。619年改信州为夔州。649年改人复为奉节。历史上，奉节有鱼邑、鱼腹、鱼复、人复之称，还有鱼复浦遗址，位于奉节县城东一公里、白帝城西五公里处，临长江左岸的第一级阶地上，是一块东西长2500米，南北宽800米的碛石沙滩，夏季被洪水淹没，冬季露出水面。长江自西向东流经本县，在县城东向南转了一个弧形大湾，致使碛坝呈两端尖、中部圆，北高南低状，远处看去犹如鱼腹，为一天生校场。这更足以说明鱼人与鱼关系非同一般。其实，奉节乃是古鱼人的居地，并且是三峡古代方国——鱼国的立国之地。

4. 鱼与巴人

鱼与巴人的民族关系更是非同一般。张勋僚《古代巴人的起源及其与蜀人、僚人的关系》的长文，充分利用现代民族学材料与研究成果，其第一部分专门讨论了“古代巴族‘巴’字的意义和巴族得名的由来”，强调：“根据大量民族学和民俗学材料，我认为它应该是我国南方壮傣语系民族中‘鱼’的读音，‘巴’就是鱼。”这就是说巴就是因鱼而名。

历史上，巴人是一个支系众多的民族共同体，而很多支系均与鱼有密切关系。鱼凫巴人，又称为鱼巴或巴人鱼凫部，原居于重庆奉节，被认为与鱼复、鱼腹、鱼国等有渊源关系。该支巴人以饲养鸬鹚（鱼鹰）捕鱼而闻名，依据奉节鱼复县、奉节鱼复浦、乌江巴涪水（巴涪江）、合江巴符关、南溪鱼凫关、宜宾鱼符津、乐山鱼涪津（鱼凫津）、彭山鱼涪津、彭山鱼凫山、温江鱼凫城等所展示的地名线索，知鱼凫巴人曾经沿长江西进，并抵达川西坝子，建立了蜀鱼凫王朝。所以，扬雄《蜀王本纪》、《华阳国志·蜀志》等均称“蜀之先称王者”有鱼凫。

鳖灵巴人，原居于三峡奉节一带，以鳖为名，实乃以鳖为图腾。鳖虽然非鱼，但是它们均为“水族”，且鳖以鱼为部首，很显然鳖与鱼关系密切，所以，两汉时期的字典《尔雅》将爬行纲、龟鳖目均列入《释鱼》篇，清代训诂学家郝懿行《尔雅义疏》云：“兹篇所释兼鳞、介之属”。依据《蜀王本纪》、《华阳国志·蜀志》、《水经注·江水》引来敏《本蜀论》等记载，该支巴人亦曾沿江西行，并在今贵州遵义地区建立了鳖国，其范围大约北面包括今重庆綦江流域，南北包括今遵义地区大部分。该支巴人还曾继续西进，也抵达川西坝子，并取得杜宇王朝，建立了蜀开明王朝，直到公元前316年为秦所灭。

弓鱼巴人，本不在三峡地区，而是集中居住了今天陕西宝鸡、城固、洋县一带，该支巴人以弓鱼为名，这仍然可以说明鱼在这支巴人中的重要性。而今，在陕西宝鸡、城固、洋县一带发现了数量极多的弓鱼巴人墓葬。

白虎巴人，这是巴人的王室世系，它们崇拜、信奉的图腾是白虎，好像与鱼没有多大的关系，其实鱼在这支巴人中的地位也显得相当特别。《后汉书》卷86《南蛮西南夷列传》在谈到廪君率领巴蛮五姓迁徙到盐水流域，定都夷城时就特别强调了“鱼”和“盐”的重要性，鱼成为白虎巴人发展过程中最为基本的生活资料。

（二）鱼与生计

鱼，相伴人类走过了五千多年历程，与人类结下了不解之缘，成为人类日常生活中极为重要的食品与观赏宠物，在人类的社会生产生活中占有至为重要的地位，人们养鱼捕鱼、烹鱼食鱼、观鱼赏鱼，鱼与人类发生着密切的关系。这里仅谈捕鱼。

古代，捕鱼捞虾是人们最为基本的生计方式之一。鱼性居水，善游，为了充分而有效捕捉到数量可观的鱼，解决丰富的食物来源问题，人们总是想方设法，追求实效，因此，创造了很多的捕鱼方法。

在古代，三峡地区最为有名的捕鱼方法当为鱼凫捕鱼法。鱼凫，即鱼鹰，学名鸬鹚，是一种能入水捕鱼的水鸟。《尔雅·释鱼》郭璞注："鸬鹚也，嘴头曲如钩，食鱼。"其捕鱼之方法，据明代徐芳《鹚说》云："鹚，水鸟，状类凫而健啄者也，善捕鱼。河上人多蓄之，载以小桴，至水停伏鱼所聚处，辄驱之入。鹚见鱼，深没疾捕，小者衔之以出，大者力不胜，则碎其翅，呼类共博，必噎之乃已。而渔人先以小环束其颈间，其大者既不可食，得之皆攫去，小者虽咽至环束处，鲠不可下，渔人又辄提而捋之，鱼累累自喉间出。至榜极乃稍以一二饲之，而又驱之。"

随着社会的发展，三峡地区的发展，人们更是创造了诸多的捕鱼方法。据《三峡秭归民俗》一书介绍，有：沿溪舀鱼法、筐鱼法、撮鱼法、签鱼法、搅浑水法、摸鱼法、砸鱼、炸鱼法、垂钓法、拦溪放钩法、放吊钩法、鼎锅渔法、叉鱼法、拦坝叉鱼法等。如沿溪舀鱼法：它是人们在一定季节里拿着特制的网沿着溪流河边边走边捕。筐鱼法：近似舀鱼，不用网。晚春、初夏的小暴雨时节，坡上水流向山沟或小溪里。水浑浊使游移于水之鱼晕头转向，呼吸不畅，遂随激流而下，集合到平缓处稍息。妇女、儿童即可至沟、溪平缓处去用筐捕捞。捕捞工具多用鸡罩和背筐。撮鱼法：夏天暴雨有区域性，上游山坡雨急，下游晴天白日，嫂子、大姐洗着衣物，突见水浑，准备鸡罩等物不及，便将所洗长裤扎裤脚，提裤腰向上游，兜着水流，提起沥干，即可得鱼。签鱼法：这是用竹蔑签子装鱼法。签子是一种口小腹粗，圆柱有底，长四尺多的壶状器，内壁留有很多向下的蔑头。使用时先在沟、溪中垒堰扒汊——将水流归至一签，使水面上部平缓，至此突然成瀑布式下跌。签子签于跌水口上，鱼被水流冲下，进入签子。签子一般夜晚签上，早晨收取。

三峡人民以捕鱼为生，这得到了现代考古的充分证明。“在新石器时代和夏商时期的遗址地层中，普遍都发现有大量鱼骨，不少遗址中甚至还堆积成了一个个被考古发掘者称之为‘鱼骨层’、‘鱼骨坑’的遗迹，而且此种现象往往时代愈早愈显突出”，如秭归朝天嘴遗址（1985—1986 年）、巴东楠木园遗址（2000—2003年）、丰都玉溪遗址（1998—1999 年）、宜昌中堡岛遗址（1979年）、巫山大溪遗址（1959、1975 年）、秭归旧州河遗址（1998年）、宜昌路家河遗址、秭归卜庄河遗址、秭归何光嘴遗址、长阳香炉石遗址等。“在一些新石器时代和夏商时期遗物中普遍都发现有捕鱼工具，主要有网坠、鱼钩、鱼镖、矛等，种类多种多样。”据杨华研究，从三峡地区新石器时代遗址地层中出土的鱼骨标本来看，三峡东部地区的鱼种主要有草鱼、青鱼、鳙鱼、鲢鱼、鳜鱼、黄鳝鱼、鲟鱼等，爬行类有龟、扬子鳄。三峡西部地区的鱼种主要有草鱼、青鱼、鲟鱼、鳙鱼、鳜鱼等，爬行动物有龟、鳖等。

（三）鱼与文学

鱼不但是三峡人民的重要生计来源之一，而且长期以来，它一直是人们吟诗作对的对象，许多文人雅士、骚人墨客将其入诗入赋，表达自己的感情世界。

屈原：在《九歌·河伯》中云：“波滔滔兮来迎，鱼鳞鳞兮媵予”；“鱼鳞屋兮龙堂，紫贝阙兮珠宫”；“乘白鼋兮逐文鱼，与女游兮河之渚”。为我们展示了绚丽多彩的水族世界。在《招魂》和《大招》中，人们将“臛蠵”、“胹鳖”、“臇凫”、“鲜蠵”、“鲷鳙”、“煎鲼”等奉祭神灵忠魂，体现了“无鱼无鳖不成席”的食鱼文化。在《天问》中，“鲮鱼何所?”提到了三峡怪鱼——鲮鱼。

宋玉：在《高唐赋》中对三峡江段水产分布情况进行了最真实、最典型、最生动的描述。“于是水虫尽暴，乘渚之阳，鼋鼍鳣鲔，交积纵横，振鳞奋翼，蜲蜲蜿蜿。”《六臣注文选》云：“水虫，鱼鳖之属，……巫山所临之渚，阳水北暖，言鱼鳖游焉”。

贾谊：在《吊屈原赋》中云：“彼寻常之污渎兮，岂容吞舟之鱼？横江湖之鳣鳞兮，固将制乎蝼蚁！”以名贵之鱼比拟君子，隐喻屈原，表达对屈原的哀思。

王褒：在《九怀·通路》中云：“鲸鲟兮幽潜，从虾兮游陼。”以鲸鲟喻君子，以从虾喻小人，“《九怀》者，谏议大夫王褒之所作也。怀者，思也，言屈原虽见放逐，犹思念其君，忧国倾危而不能忘也。褒读屈原之文，嘉其温雅，藻采敷衍，执握金玉，委之污渎，遭世溷浊，莫之能识。追而愍之，故作《九怀》，以裨其词。”同样反映了对屈原的哀思和怀念。

郭璞：在《江赋》中对于三峡的鱼类，可谓是信手拈来，如数家珍。“鱼则江豚海狶，叔鲔王鳣鹕鰊鲉，鲮鳐鲶鲢。或鹿觡象鼻，或虎状龙颜。鳞甲鑴错，焕烂锦斑。扬鳍掉尾，喷浪飞唌排流呼哈，随波游延。或爆采以晃渊，或吓鳃乎岩间。介鲸乘涛以出入，鯼顺时而往还。”

唐代是中国诗歌的巅峰时期，诗人们以鱼入诗，创作了不少的鱼诗。在唐代，“以鱼（鱼、渔人、渔父、渔具）入诗”的诗人就有：宋之问、李峤、刘希夷、张循之、贺朝、王维、崔颢、李颀、王昌龄、刘长卿、孟浩然、李白、岑参、杜甫、钱起、韩翃、独孤及、韩愈、白居易、李商隐、温庭筠、陆龟蒙、唐彦谦、和凝、徐铉、刘戬、韦道逊、法振、王绩、张说、李嘉祐、严维、李端、司空曙、刘禹锡、卢仝、李群玉、方干、郑谷、崔道融、苏拯、张泌、谭用之、元结、张志和、权德舆、元稹、杜牧、罗隐、许棠、杜荀鹤、钱珝、孟宾于、陈陶、李中、贯休、李半符、孟彦深、章八元、张南史、张籍、皮日休、沈彬、廖融、刘兼、皎然、子兰、齐已等。吟咏的对象细分则有：鱼、鱼鳞、海鱼、鲙鲤、鲈鱼鲙、鲈鱼、鲙、游鱼、汶鱼、锦鳞、鲈鲙、鲤鱼、鲂鱼、赤鲤、鳣鲔、小鱼、大鱼、白鱼、鲜鲫、跳鱼、黄鱼、手鲙湘波鱼、武昌鱼、蒲鱼、洞庭鱼、金鳞、锦鲤、小鲵、冰鲤、银鲙、曲池鱼、泉鱼、莲鱼等。诚然，这里并非只是反映三峡，但是足可说明鱼之入诗之影响广泛。仅在《宜昌府志》、《归州志》、《东湖县志》等地方志中就载有明清以来文人墨客赞美桃花鱼的诗赋有数十篇之多。

文学的类别甚多，绝非诗赋所能包容，在神话传说、民间故事、地名掌故中就有不少有关“鱼”的。《山海经·大黄西经》就有“鱼妇化为颛顼”的神话；扬雄《蜀王本纪》、《华阳国志·蜀志》、《水经注·江水》载有“鳖灵之尸”的神话；《太平广记》引《三峡记》的“美人鱼”传说；《太平广记》引《录异记》有“唐蜀民”的故事；清江“飞鱼”成为红鱼寨、白鱼寨的传说；奉节“鱼复”的地名掌故、“秭归”的得名、江北“鱼嘴”的来历、“涪陵”名称的来源等。如清江“飞鱼”成为红鱼寨、白鱼寨的传说。相传清江古代多有飞鱼，曾有一红鱼飞至长阳成为红鱼寨；一白鱼飞至长乐（今湖北五峰）成为白鱼寨。又如《太平广记》引《三峡记》的“美人鱼”传说。云：“明月峡中有二溪东南流。宋顺帝升平三年，溪人微生亮钓得白鱼长二尺，投置舡中，以草覆之，及归取烹，见一美女在草下，洁白瑞丽，年可十六七，自言高唐之女，偶化鱼游，为君所得。亮问曰：既为人，能为妻乎？女曰：冥契使然，何为不得？其后三年为亮妻。忽曰：数已足矣，请归高唐。亮曰：何时复来？答曰：情不可忘者，有思复至。其后一岁三四往来，不知所终。”又如奉节“鱼复”的地名掌故。关于鱼复的名称，有一段悲凄感人的传说。战国时候，爱国诗人屈原受奸臣陷害，遭贬官放逐，他悲愤至极，投湖南汨罗江而死。汨罗江中有一条神鱼，十分同情屈原，它张开大嘴吞下屈原的尸体，从汨罗江进入长江，再溯江而上。把屈原的遗体送往他的故乡秭归。当神鱼游到秭归时，百姓们拥到江边，失声痛哭。神鱼越发受到感动，泪水模糊了它的视线，它早已游过秭归，还在继续往上游，直到撞着了瞿塘峡的滟滪堆，才猛然醒悟。神鱼急忙掉头往回游，将屈原的遗体送到了梯归。就这样，人们将神鱼从滟滪堆往回游的地方叫做“鱼复”。

（四）鱼与科技

鱼是水生动物，能够体察天地阴阳之气，反映气候的变化，因此，鱼与科技有着密切的联系。

1. 鱼与生物物种、生命演化

各种生物的出现是不一致的，其演化也不完全一致。研究三峡之鱼，可察生物之演化。汉代《尔雅》载有：“鱀，是鱁”。晋代郭璞注说：“鱀，大腹，喙小锐而长，齿罗生，上下相衔，鼻在额上，能作声，少肉多膏。胎生，健啖细鱼。大者长丈余。江中多有之”。鱀就是白鳍豚。它是濒危的国家一级保护动物，被誉为“水中熊猫”、“长江女神”，据专家介绍，“白鳍豚是我国特有的珍稀水生哺乳动物，属鲸目、齿鲸亚目、淡水豚总科、拉河豚科。它在地球上出现于几千万年前的中新世，比大熊猫的出现要早得多。因此可以说白鳍豚是比大熊猫更古老的动物，是现存于世的‘活化石’。从进化的角度看，白鳍豚属‘二次入水’动物，它与陆生哺乳动物一样，具有恒温、胎生和哺乳等特征。但其身体呈流线型，后肢退化，体毛消失，同时具有发达的声纳定位能力等，使它适于水下生活”。

全世界有鲟科鱼类 27 种，在我国有 8 种，而中华鲟是我国特有的珍稀鲟科鱼类，主要分布在长江水系。中华鲟同扬子鳄、白鳍豚一样是中华国宝。它为白垩纪古棘鱼的后裔，距今已有 1.3 亿年历史，有“活化石”之誉。它的奇特之处在于它保留着远古遗留的特征，身披五行坚硬的骨板，背面一行有 12 块骨板组成，身长 2.5～5米以上，体重数百斤至上千斤，有“长江鱼王”之称。这对于古生物进化的研究有着极为重要的价值。

《山海经·中山经》和屈原在《九歌》中均言及“文鱼”。据刘不朽推究，文鱼可能就是长江所产的胭脂鱼，峡中人称为火烧鳊。幼鱼体色桃红或墨绿，身体两侧各有三条黑褐色斑纹。成鱼通体呈猩红色纵纹，鱼体背部鳍条活像帆船，故称“一帆风顺”，好似涂抹胭脂一样，因称胭脂鱼。胭脂鱼被誉为“长江骄子”，它不仅是名贵的经济鱼类，而且有重要的观赏价值。1989 年，新加坡举办国际观赏鱼博览会，胭脂鱼获得银奖，现在国家将其列为二级保护野生动物。全世界有胭脂鱼类约 13 属 65 种，胭脂鱼是胭脂鱼科在亚洲大陆公布的惟一一种，因此，它有着极为重要的科学研究价值。

三峡还出产有珍稀水生动物大鲵，对此，汉代《尔雅·释鱼》、唐代段成式《酉阳杂俎》、宋代《太平御览》等书均有记载。大鲵，古人又称为“人鱼”，三峡民间俗称为“娃娃鱼”，属于两栖纲大鲵科，主要生长在三峡两岸之山溪，一般长 60～70 厘米，体重数公斤。最大的大鲵可长达 1 米以上，体重 10～20 公斤。巫山竹贡乡还产有一种袖珍娃娃鱼，长 16 厘米，重 100 克左右。在大老岭国家森林公园则产有一种体色绛红的红鲵，它是当今世界上现存最大的两栖动物，已被列为国家二级保护动物。

三峡还产有一种名为桃花鱼实为“桃花水母”。桃花水母属肠腔动物门水螅虫纲。全世界约有水母类 1200 多种，绝大多数分布在海洋之中，只有水螅水母的极少数种适宜淡水生活，因此，淡水水母为世界稀有动物。我国对桃花鱼的记载远在 400 多年前，明代万历二十九年（1609 年）《归州志》即有记载，清代道光十九年（1839 年）记载更详，比英国 1880 年首次发现淡水水母——索氏桃花水母早 270 多年。1907 年，日本井川正方于宜昌附近长江沿岸采得淡水水母标本，经丘浅次郎研究，1922 年定名为宜昌桃花水母，这被认为我国有淡水水母的首次记录。据学者们研究，我国发现有桃花鱼分布的地方有 13 个省 50 个县市，在三峡地区，宜昌以上的秭归、巴东、重庆等地均产桃花鱼。桃花鱼“桃花开时始见，有红白二种，花落后即无”，往往给人以美丽的遐想，故历代骚人墨客多以之入文。《宜昌府志》、《归州志》、《东湖县志》等就载有明清时期文人们赞美咏叹桃花鱼的诗赋多达数十篇。

关于三峡之珍的珍稀鱼类，远远不止上述所列，但这足以说明这些鱼类在生命科学研究中的重大价值。

2. 鱼与水标

在鱼与科技中，我们不能不说到涪陵白鹤梁题刻。滚滚长江水，造福中华儿女，然有时危害亦深亦大。为了警示后人，人们遂在洪水到处刻石题记，这就产生了长江水文石刻。长江水文石刻中最著名的就是三峡水文石刻。它石刻众多，既有洪水石刻，又有枯水石刻；在枯水石刻中，有名的就有江津莲花石、重庆朝天门灵石、涪陵白鹤梁、巴县迎春石、丰都龙床石、云阳龙脊石等，被誉为“三峡水文石刻文化长廊”。在这些众多的枯水石刻中，最有名的就是白鹤梁题刻。

白鹤梁，位于涪凌城北长江之中，是一道长 1600 米、宽 10 ~ 15 米的自西向东延伸的与江流平行的天然石梁。自唐朝广德年起，历代达官显宦、士子名流、骚人墨客和乡邦土著围绕“石鱼出水兆丰年”的传说，“行舟来往停舟觑，节使周沉驻马镌”，于此题刻题名、题诗题记、描图钩鱼，遂成为著名的白鹤梁题刻近 200 则，如《李宽观石鱼记》所言：“钜卿骚人墨客，悉皆有诗有记，银钩铁画，瑗章玉句。隐江波之中，历数千载而不磨灭，盖天地间一奇迹也。”白鹤梁题刻以其悠远的历史性，丰富的人文性，高妙的艺术性，巨大的科技性而震惊寰宇，得到了人们的充分肯定。

就白鹤梁题刻的科技性而言，主要表现在：(1) 富有民族特色的科技反映形式。白鹤梁题刻以鱼为水标，反映长江水文科技，极富民族特色。“白鹤梁石鱼题刻，是勤劳智慧的中国人民与大自然作斗争的科学记录。它证明了至少在距今 1200 多年前，就创立了富有民族风格的古代‘水尺’，开创了立‘尺’以记水文的新纪元。可以说，白鹤梁石鱼题刻是目前发现的最早的一座长江古代的

‘水位站’”。(2) 涪陵零点水位标尺。清康熙二十四年（1685年）涪州牧萧星拱仿“唐鱼”重镌了双鲤，经过科学测定，唐鱼鱼腹平均高程为吴淞基面137.86米，鱼眼平均高程为137.91米，鱼脊平均高程为137.92米，其腹高相当于长江历年枯水位的平均值。萧星拱重刻的石鱼，其鱼腹平均高程为吴淞基面137.90米，鱼眼平均高程为137.95米，鱼脊平均高程为137.99米，其双眼的水位标尺相当于川江航道部门当地水尺零点。更令人惊叹的是唐鱼鱼眼平均高程比黄海海拔零点水位落差137.85米仅差1厘米，而唐鱼、萧星拱石鱼的三鱼眼高程与1865年英国人首先在武汉首设的长久水尺零点相当，但白鹤梁题刻的石鱼水标则早于英国人1102年。“唐代所见鱼的腹高，大体上相当于涪陵地区的现代水文站历年枯水位的平均值。而康熙二十四年刻鱼的鱼眼高（即中线）又大体相当于川江航道部门当地水位的零点”。(3) 丰富的水文资料。白鹤梁题刻170余则，其中与水文有关者共计103段，记载了唐代广德二年（763年）以来72个年份的枯水水位高程数字。至此，三峡工程和川江航运部门就得到了1200年来的可靠的历史枯水水文数据。因之，白鹤梁被誉为“长江中最古老的水文站”、“世界第一古代水文站”、“长江水文资料的宝库”、“世界水文史上的奇迹”。1980年被定为四川省重点文物保护单位，1988年被国务院公布为全国重点文物保护单位。（4）重大的科技内涵。白鹤梁题刻以“石鱼出水”记载了长江上游枯水涨落的实际情况，借以体现水量、水温、流速、降水量等情况，以此决定农时分配、农事安排，以此预测庄稼丰歉、年岁好坏，体现出极大的科学性。诚如有人所言：“鱼出水兆丰年，也确有它一定的科学性。根据有关部门对近百年来长江干流实测水文记录的分析……这种水位的变化，很大程度是反映在降水量的增加上，而降水量的增加无疑是农业丰收的有利条件。建国后，已有了三次即1953、1963、1973年石鱼出水，当年的降雨量的确较充足，农业也获丰收。由此看来，石鱼题刻在某种程度上也是历史上长江上游农业丰收的记录。”（5）水文数据的利用。石鱼题刻告诉我们，长久每三、五年就会出现一次枯水位，十几年或几十年就会出现一次大枯水位，大约六百年左右则会出现一次极枯水位，这就是长江水文变化的规律，这对于考察长江上游的自然灾害情况，利用其水文数据，总结其水文变化规律意义非凡。1974 年中国代表团于法国巴黎召开的国际水文工作会议上提交的有关白鹤梁题刻的水文报告备受关注，震惊寰宇。我国修建的葛洲坝水利枢纽、三峡大坝工程均充分利用了白鹤梁题刻的水文数据。正因如此，我国耗巨资修建了白鹤梁水下碑林博物馆，以保护这一珍贵的世界文化遗产。

（五）鱼与艺术

在三峡文化中，鱼与艺术的结缘始于新石器时代。从出土的考古资料中，我们能够看到诸多陶器上的鱼纹刻画符号。在三峡地区大溪文化类型的诸遗址中，往往会见到一些彩陶，如在巫山大溪、秭归玉种地、老坟园、龚家大沟、柳林溪、朝天嘴、宜昌中堡岛、伍厢庙、杨家湾、清水滩、路家河等遗址中都有出土。其彩陶的“花纹图案组合比较复杂，依其花纹的纹样来看，见有平行条纹、横带纹、水波纹、卷云纹、横人字纹、弧线纹、草叶纹、圆点纹、三角形纹、锯齿纹、菱形纹、鱼纹、羽毛纹、近‘S’形纹、陶索纹、涡纹等”。随着现代考古的发展，在三峡地区的考古中，考古工作者就曾发现过一种造型比较特殊的陶塑人像，往往是陶塑人物双手环抱一条大鱼。1983 年，在宜都王家渡出土一件陶塑人像，泥质红陶，捏制，抱长形器（鱼），盘坐式，头残，右肩窄，左肩宽，身着长袍。腰前托长形器（鱼），右手前抱，左手后托。下底内凹，参高 6.4 厘米。这种陶塑人像在天门石家河遗址则屡有出土。其陶塑“鱼类：最常见于陶人腹前，呈长条形，剪尾。单独的鱼造型少见。全身呈扁棱形，背腹部有鳍，头部两侧有小而突出的双眼。高 9 厘米，宽 5.5 厘米”。1982 年，在洞庭湖流域华容车轱山遗址也出土有陶塑人像，“红陶，头残，坐式，双手抱一物似小儿（鱼）形状，人体轮廓分明，造型生动，形象逼真”。随着社会的发展，人们不仅烧制或煅制了诸多的鱼形器物，更创造了众多的与鱼相关的或因鱼而生的鱼性艺术。

在鱼与艺术中，最值得探究的还要提到白鹤梁石鱼题刻。

石鱼图：石鱼水标是三峡人民的科技表现形式，而石鱼图则是三峡人民的艺术表现形式。早在唐代，三峡人民就镌刻了石鱼。历经 1200 多载风霜，人们先后在白鹤梁上镌刻了 18 尾石鱼。如郑令珪石鱼（唐鱼）、张八歹石鱼、李宽双鱼、萧星拱双鱼（萧鱼），董维祺石鱼、范锡朋石鱼、浮雕石鱼、民国石鱼等。其中最有名的就是唐鱼和萧鱼。唐鱼是一对雌雄鲤鱼，每条鱼身有 36 鳞，双鱼共计 72 鳞，因之，唐鱼多为人们吟咏之对象。如《刘忠顺等唱和诗》云：“七十二鳞波底镌，一含蓂草一含莲。”《何宪盛辛唱和诗》称：“职课农桑表勤惰，信传三十六鳞中。”惜唐鱼今已不存，然萧星拱于康熙二十四年（1685 年）仿唐鱼重镌双鱼。新镌双鱼，一衔莲花，一衔灵芝，分别称为莲花鱼和灵芝鱼，二鱼首尾相随，溯江西上，极富幻想色彩。

秤斗图：依据北宋开宝四年（971 年）《谢昌瑜题记》、明代永乐三年（1405 年）《雷懿题记》和民国四年（1915 年）《施纪云题记》等记载，唐代涪州团练使、涪州刺史郑令珪还在双鱼旁边刻有一杆秤和一个斗，合称秤斗图。

白鹤时鸣图：1937 年，涪陵著名书法家、画家刘冕阶镌刻，白鹤图构思精巧，刻工线条简练，用夸张手法传神达意。其布局别致，白鹤独立，展翅欲飞，昂首长鸣。白鹤时鸣图堪为白鹤梁石鱼题刻的艺术精品。

鱼刻：白鹤梁题刻又称为白鹤梁石鱼题刻，除石鱼图、白鹤时鸣图、佛神像、秤斗图等外，还有众多的诗文题记。就类型来看，它有题名、题记、题诗等形式。就文字而言，不仅有众多的汉字题刻，还有少数民族文字（蒙古文、八思巴文）题刻。从书法的角度看，篆书、隶书、楷书、行书、草书诸体皆备，虞体、褚体、颜体、柳体、欧体、赵体、黄体各派并存。题刻精工，文辞优美，达到书法、文辞、艺术三绝之境，被誉为“长江一绝、中国一绝、世界一绝”的水下碑林。

（六）鱼与信仰

鱼对三峡文化的生成和影响是多方面的、全方位的，在信仰文化、精神文化领域同样有着极大的影响，这充分反映在三峡人们的对鱼的崇拜和利用上。

1. 鱼与崇拜

（1）动物崇拜。鱼之美者出自三峡，鱼之奇者出自三峡，鱼之神者亦出自三峡。鱼在三峡人民的生产生活中具有举足轻重的地位，因之，人们敬鱼崇鱼，从而产生了鱼崇拜。三峡民众对鱼的崇拜主要是对怪鱼、大鱼的崇拜，古籍中就对巴人的鱼崇拜多有记载。《太平广记》卷470引《广异记》云：“唐天宝中，荆州渔人得钓青鱼，长一丈，鳞上有五色圆花，异常端丽，渔人不识，以其与常鱼异，不持诣市，自烹食，无味，颇怪焉。后五日，忽有车骑数十人至渔者所。渔者惊惧出拜，闻车中怒云：‘我之王子，往朝东海，何故杀之？我令将军访王子，汝又杀之，当令汝身崩溃分裂，受苦痛如王子及将军也！’言讫，呵渔人，渔人倒，因大惶汗。久之方悟，家人扶还，便得癞病。十余日，形体口鼻手足溃烂，身肉分散，数月方死也。”《蜀水经》卷6亦云：“宋淳祐十年六月，黄华洲石出双鱼。安原白作《金鱼堡记》云：云中常候守皇华，于朝天门外，建大堡，忽有石破，隐出双鱼，鳞鬣悉具。”荆州和黄华洲古为巴人居地，这里所产之怪鱼，让人心惊肉跳，故只好敬若神明。这种对鱼崇拜的现象至今仍保留在巴人后裔土家族的民俗文化之中。

（2）生殖崇拜。世界上任何民族均有着不同程度的生殖崇拜，毕竟生殖繁衍问题是人类发展的一大母题之一，三峡地区也不例外，其对鱼的崇拜也还有生殖崇拜的内涵。据学者研究，鱼是生殖崇拜的象征。赵国华在1988年发表的《生殖崇拜文化略论》一文中就认为鱼纹是生殖崇拜的象征。“从表象观察，是半坡先民崇拜鱼类；从深层分析，则是他们将鱼作为女阴的象征，实行生殖崇拜，其目的是祈求人口的繁盛。”其实，人们对鱼的生殖崇拜，一源于人们对鱼与女阴形象的比拟，一源于对鱼的强大生殖力的崇拜。在三峡地区有鱼人、鱼妇、鱼国，是否具有生殖文化的韵味呢？这值得思考。即使延绵1200余载的石鱼题刻所反映的对降雨量的渴求，恐怕仍有生殖崇拜的意蕴。

（3）图腾崇拜。图腾（totem）是原始人群体的亲属、祖先、保护神的标志和象征，是人类历史上最早的一种文化现象。社会生产力的低下和原始民族对自然的无知是图腾产生的基础。图腾就是原始人迷信某种动物或自然物同氏族有血缘关系，因而用来做本氏族的徽号或标志。从前面已述的鱼与民族中，我们就能清晰地看到三峡民众多以鱼为图腾。如鱼人、弓鱼巴人当以鱼为图腾，鱼凫巴人当以鱼凫为图腾，鳖灵巴人曾以鳖为图腾，三峡地区的夏人也以鱼有着密切的渊源关系，更有人认为巴人就是以鱼而名。

2. 鱼与占卜

古代三峡地区，巫风至为浓郁，巫卜文化极为发达。仅占卜的形式就有鞭石求雨、灵石占卜、石鱼占卜、瓦卜烧畲等，涉及城建、祈雨、制盐、丧葬等诸多领域。其中，与鱼相关者就有龟卜、鱼骨卜和石鱼占卜，从而，极大地丰富着中华占卜文化的内涵。

（1）龟卜。古代三峡地区盛产乌龟，左思《蜀都赋》就云：“山棲鼋龟，水处潜龙。”龟在巴人的社会生活中占有极为重要的地位，《六臣文选》刘注“鼋，大龟也。谯周《异物志》曰：涪陵多大龟，其甲可以卜，其缘中叉，似瑇瑁，俗名曰灵叉。”《华阳国志》卷1《巴志》记载巴地特产有“灵龟”，其涪陵郡云：“山有大龟，其甲可卜，其缘可作叉，世号‘灵叉’”。其巴东郡朐忍县又云：“朐忍县西二百九十里……有……灵龟。咸熙元年（264年），献灵龟于相府。”《尔雅·释鱼·灵龟》晋郭璞注云：“涪陵郡出大龟，甲可以卜，缘中叉，似玳瑁，俗呼为灵龟。”

生活在三峡地区的巴人占卜用龟，已经得到考古的证实。1987、1988、1995年对长阳香炉石进行了考古发掘，巴人甲骨的发现主要集中在第4~6层，总计40枚，其中第6层出土卜甲3件。第5层出土卜甲（龟腹甲）12件。第4层出土有卜甲（龟腹甲）5件。2001年宜昌博物馆对大梁尾遗址进行发掘，在灰坑（H3）中发现龟腹甲2件，另出土龟背甲1件。1960年中国科学院考古研究所长江三峡工作组对秭归鲢鱼山遗址进行试掘，在两条探沟内“出土了数片方凿卜甲，凿的排列较整齐，灼痕不显”。2000年吉林大学考古学系对秭归石门嘴遗址进行发掘，在编号H10的灰坑内发现龟腹甲6枚。1999年中国社会科学院考古研究所对巫山双堰塘遗址进行第3次发掘，发现龟甲板1块，龟卜甲4枚，卜甲均为龟腹甲残片。1998年、1999年上海大写考古队与复旦大学考古队于此仅两年就发掘出数量众多的两批甲骨。1988年发现的均为龟腹甲。1999年发现的卜甲上多为长方形钻孔，条形凿槽与短边平行。2006年武汉大学考古队对丰都旧县城遗址进行发掘，出土甲骨多枚，材料均为龟腹甲。

（2）鱼骨卜。巴人还利用大鱼的鳃盖骨进行占卜，成为鱼卜或鱼骨卜，这是巴人甲骨占卜的一种形式，也是巴人甲骨占卜最有特色的一种形式，体现了中国南方甲骨占卜的传统。

巴人用鱼鳃骨进行占卜，同样得到考古材料的充分证实，主要见于在湖北长阳香炉石遗址、宜昌朱家台遗址、秭归石门嘴遗址、忠县瓦渣地遗址和重庆万州麻柳沱遗址。如长阳香炉石遗址，依据《湖北清江香炉石遗址的发掘》所言，巴人甲骨的发现主要集中在第4~6层，其中第5层出土有卜骨1件。卜骨为鱼的左鳃盖骨，均有钻孔，钻孔大多为椭圆形，圆形和长方形的各有2件。一般凿槽较深，有少数已凿穿，烧灼痕迹明显，有部分可见兆纹。第6层出土有卜骨19件。卜骨为鱼的鳃盖骨。除卜骨1件为椭圆形钻孔外，余皆为长方形钻孔，均有凿槽，烧灼痕迹明显，有的可见兆纹。又如宜昌朱家台遗址，1986年湖北省博物馆三峡考古队对宜昌朱家台遗址进行发掘，于该遗址第3层发现卜骨2枚，材料均为鱼鳃骨，时代为春期早中期。其中1件在鳃盖内面靠近侧缘处有两排长方形钻孔，上排3孔，下排5孔，孔呈口大底小的方斗形，以铜刻刀凿槽。

（3）石鱼占卜。石鱼占卜属于三峡地区盛行的灵石占卜。古代三峡人民以巴人的灵石卜为基础，利用涪陵民间“石鱼出水兆丰年”的传说，创造了石鱼卜的形式，成为巴人鱼卜与灵石卜的有机结合。在白鹤梁题刻中关于石鱼出水兆丰年的记录极多。最为特别的是白鹤梁题刻镌刻石鱼，利用石鱼作为标志，观测晴雨，预示丰稔。

3. 鱼与丧葬

对于三峡地区的民众而言，人生时鱼是重要的生产生活资料，人死后鱼则是极为重要的随葬品。早在大溪文化时期，三峡地区的先民们即以鱼随葬。大溪文化从1959年被发现以来，先后发现300余座墓葬。其中有几座墓里发现整条鱼骨和龟甲，有的把鱼摆放在死者身上，或是置于口边，也有的是两条大鱼分别垫压在两臂之下。如1959年发掘的M3墓，鱼的“放置部位是在人骨架胸腹之上的两侧，鱼头向北，尾端于人骨架口中”。1975年清理的墓葬有7墓以鱼随葬，4墓以龟随葬。“鱼有的放在肩上，有的在脚旁，有的含于口中”，其中M106墓脚下放鱼各2件；M153墓双臂下各有鱼1件；M138墓头下有鱼1件，胸部有骨矛1件，左肩下有鱼1件，左手处有鱼2件，右脚下有鱼3件。这种以鱼随葬的现象，在中国新石器文化中尚属少见。这充分说明在三峡地区存在着中国南方随葬品传统。

大溪文化用鱼随葬，引发了学界深深的思考，那就是鱼如何防腐和保鲜的问题。对此，任乃强先生在《说盐》一文中进行了深入的说明，他说："直至今天，从事地下发掘的考古学者，除在封建社会遗址中发觉有盐渍殉葬品外，没有在原始社会遗址中找到盐来。""使我开始注意这一问题的启发者，是近年在巫山县大溪沟考古发掘中，发现旧、新石器时代的墓葬里，每有大量的鱼骨。我想：鱼是易腐之物，鲜鱼死去两三天便会发臭腐烂，非用盐腌制，不可用于殉葬。大量鱼骨，等于葬时大量使用了食盐。""可知用大量食盐腌鱼殉葬，是只有巫臷之民才能做到的。大溪沟在瞿塘峡口，东循江一百里至巫山峡口。巫溪在此合江。……此地是与巫溪盐泉区同在一个峡江内的自然区。正是巫臷文化的核心地区。他们是食盐有余的。所以稍有地位的人，都能用大量的盐腌鱼殉葬。"

4. 鱼与祭祀

据《华阳国志·巴志》记载，汉晋时期的巴人，其祭祀之诗是："惟月孟春，獭祭彼崖。永言孝思，享祀孔嘉。彼黍既洁，彼牺惟泽。蒸命良辰，祖考来格。"獭祭本是汉人郊祀的一种祭祀方法。《汉书·郊祀志》就云："祀者，……旁及四夷，莫不修之；下及翁兽，豺獭有祭。"对此，颜师古注云："獭，水居而食鱼，祭者，谓杀之而布列以祭其先。"可见，獭祭实即鱼祭，主要用于祭祀祖先。《华阳国志》所载当为三峡地区的巴人古俗的传承。

总之，鱼对三峡文化的生成、发展、演变有着极为重大的影响，极大地丰富了三峡文化的内涵，充分反映了三峡文化的博大精深。这里只不过是对鱼与三峡文化之间的关系略作说明而已，只期引起更深入广泛的研究。

土家族梯玛阶层的社会特征

——基于母语存留区的田野考察

刘伦文[①]

在土家族社会历史进程中，随着生产力的发展和社会分工的出现，分化出一些有明显职业特点的社会阶层。如以土王为代表的社会管理阶层，从事医疗服务的药匠阶层，从事房屋修造和生产工具制作的木匠、石匠、铁匠、篾匠、瓦匠等匠人阶层，从事宗教活动的梯玛阶层等等。他们在土家族社会历史舞台上扮演着不同的角色，都有着重要影响。梯玛是土家族传统社会中专门从事宗教活动的神职人员，有较丰富的文化知识和专业技能，充任人神之间中介，为人表达企盼、消灾治病，解除痛苦，替神传达神意、控制人们的精神世界，依靠或部分依靠职业收入来维持生计。由于梯玛为人们处理宗教事务，提供信仰、心理、医疗和精神文化方面的服务，在土家族传统社会中享有特殊的地位和声望。那么，梯玛作为土家族传统社会中一个职业阶层到底有哪些社会特征呢？本文通过母语存留区的田野调查资料对此进行初步分析。

---

① 刘伦文（1964—），男，土家族，湖北利川人，湖北民族学院教授。

一、梯玛阶层是土家族传统社会中掌握知识的精英群体

从其职能看梯玛是土家族社会中分化出来的职业巫师，是人神之间的中介人物，是神灵的化身，能上天入地沟通阴阳和掌控现实人文社会世界与虚拟的鬼神世界的神职人员。梯玛作为职业巫师从什么时候产生无从考辨，但梯玛阶层是自发形成的具有专门知识和技艺的职业群体。在土家族历史上，梯玛是知识精英和重要的社会上层人物，在土家族政治社会生活中起着广泛作用。有的学者认为在土家族历史上有很长一段历史是政权和神权合一时代，梯玛和土王一体，酋长、首领同时又是梯玛，只是到了明清时期，梯玛和土王才开始分离，土王是政治领袖，梯玛是宗教领袖。[①] 从一些民间传说里似乎可以找到巫师与土王关系密切的影子，如坡脚民间关于英雄人物田好汉和向老官人的传说，他们既是土王一类的统治者，又都是精通法术、善于巫道、富于智慧的人。在土家族进入现代社会之前的几百年间，梯玛信仰广泛存在，梯玛是土家族社会中地位显赫的人物，后来演变为“土王崇拜”及其相关民间信仰仪式的主持者。[②]

在“土王崇拜”时代，梯玛是未脱离生产的世俗的民间宗教职业者，受人延请，走村串户，施行巫术，并从中获取相应报酬。梯玛的职司广泛，土家人凡祭祖、祭祀土王、敬八部大神、赶鬼、驱邪退煞、婚嫁、丧葬、求子、治病、卜算问卦、仲裁、求雨、观象、建房仪式等无不由梯玛主持或参与。《梯玛歌》里记载，梯玛内部有一定分工，有骡子梯玛、蜂子梯玛、抱人梯玛、赶肉梯玛、药匠梯玛等等，不同梯玛擅长不同的法术和拥有相应的专业知识。

① 张应斌：《土家族土王与梯玛关系管见》，载《中南民族学院学报（哲学社会科学版）》，1994（5），44～47。

② 李绍明主编：《川东酉水土家》，成都，成都出版社，1993。

在民间宗教仪式中，梯玛要唱诵神歌，讲述人类的起源、民族的迁徙、开疆拓土、生产生活和生育繁衍的知识。一些梯玛还具备一定的医药知识，替人治病往往是神药两解。所以，在土家族传统社会里，梯玛是掌握知识的百科全书式的人物，他们不但控制着虚拟鬼神世界的秩序，同时通过掌握的知识、神秘的法术和借助神意控制影响现实社会秩序和人们的幸福安康。正是梯玛阶层在民间的影响力很大，改土归流后屡遭国家力量的打击，尤其是由梯玛主持的大型调年摆手敬土王仪式，被官府严令禁止，各地土王庙逐渐废弛。在国家行政力量强行干预下，梯玛的职能逐渐退化，演变为替家庭和个人许愿还愿、赶鬼驱邪、禳除祈福、消除病痛、求子等有限范围。梯玛借用一些汉族民间宗教成分和端公法术，糅合进道教、佛教的神灵，适应了主流文化的规范，在基本保留传统法事的基础上以一些适应性改变生存下来，直到晚近时期，在土家族母语存留区仍然是不可或缺的重要社会角色，遍布各个村寨。虽然梯玛的职能范围大大缩小，但“仍然比其他人掌握着更多的土家族传统文化，更熟悉土家族的历史、神话与传说、且能歌善舞、解药通医，为土家族中很有学问的人而在民间受人尊敬”。①

1989年出版的《梯玛歌》前言中提到在20世纪80年代仅龙山县就还有50多个掌坛梯玛。一个掌坛梯玛还有三五个帮师梯玛或徒弟，估计当时梯玛总数不下200人之多。可见，梯玛在土家族母语存留区社会结构中的地位和影响力。不过，随着现代性的渗入，最近几十年来，梯玛已出现传承危机，掌坛梯玛大多年事已高，并逐渐故去，有影响力的存世梯玛寥寥无几，极少有新梯玛产生。能够开展完整的大型仪式活动的梯玛班子只有在土家族母语存留区极少数村落社区中能够找到。梯玛作为一个社会职业阶层如今

① 李星星：《曲折的回归：四川酉水土家族文化考察札记》，74页，上海，三联书店上海分店，1994。

已经走向了彻底边缘化，随着现代知识的广泛普及，梯玛已经失去了历史上作为知识精英且职司广泛的显赫社会地位。

二、梯玛阶层有自己的特殊信仰

梯玛除了与一般民众一样信仰鬼神之外，还有自己作为宗教职业者的特殊信仰。随着梯玛宗教职业的形成和发展，梯玛神职观念在从业者头脑里确立，逐渐形成了适合梯玛宗教职业特点和需要的保护梯玛活动和利益的神灵。这些神灵是梯玛信仰的对象和力量的源泉，是梯玛阶层赖以传承和发展的精神支柱。梯玛阶层信仰的特殊神灵主要有祖师神、护法神、法具神灵等等。

祖师神是梯玛职业者的谱系中可供追溯的观念中的神灵和梯玛世系中代代相传的师傅师祖神灵。观念中的祖师神，是梯玛们的共同祖师，由于年代久远，他们说不清到底是怎样的祖师，但有很多传说赞扬其法力，其地位往往与土王相联系，几乎与土王同类。如我们跟踪调查的湖南内溪乡卡洛坪彭继龙梯玛班子，每次法事活动请师都是从“龙盔彭法徒”开始。传说龙盔彭法徒是土王的第一个大弟子，他自己一个徒弟也没带，他的影身（化身）集在法器和铜人铜马上面。他的法力了不得，传了好多代才传到现实能记忆的梯玛祖师那里。观念上的师傅说不出名字的或者不能一一列举，请师护法时就笼统地唱“阴传阳教师傅、水传梦教师傅，太公曹里兵夫，府公曹里兵马”。在梯玛世系里，梯玛们能清晰记忆有姓名和法名的祖师是本家族的坛门祖师。在土家族传统社会里，一些家族被认可、从其某代开始从事梯玛职业活动，在民众中形成了梯玛信仰。几乎人口集中的村寨或联系紧密的几个村寨都有这样的家族。这些家族有从事梯玛神职活动的传统，世世代代执掌梯玛之职。被称为祖师的梯玛就是各梯玛家族中已故的先祖，同时又是生前传教下一代子孙从事梯玛活动的师傅。他们的灵魂被梯玛后裔奉为神灵加以崇拜，一方面作为祖先神保佑其子孙后代繁衍兴旺，另一方面作为职业守护神保佑后代梯玛法事顺利和宗教仪式成功举行。也就是说，梯玛祖师神具有祖先神和职业神的双重性质。梯玛首先是家族成员，然后才是梯玛。梯玛一般在家族内部传承，形成一个个梯玛世家或老坛。①

在梯玛歌中相当一部分内容是请师，呼请观念上的祖师和本家族历代梯玛祖师神莅临享祭助法，保佑法事和宗教仪式成功举行。梯玛信仰中重视血缘的传承和延续，强调对与自己有血缘关系的梯玛祖师的信仰，可能是土家族祖灵信仰和梯玛职业活动结合的产物，其作用在于确立和巩固梯玛父子血缘关系，保证其神职地位和梯玛身份在本家族内的传递和继承。每个梯玛坛门在自己房屋旁或堂屋内专门设立祖师坛（有的地方称为“秀生堂”,）来供奉祖师神灵。② 掌坛梯玛每当出门作法事和法事活动结束回来都要到秀生堂里告祭祖师神灵。每逢年节，梯玛们都要专门祭祀历代祖师神灵。尤其是腊月三十日早晨，梯玛们要在秀生堂里举行祭祀祖师仪式。由掌坛梯玛主持，本坛的其他梯玛一起参加，他们各自从家里端来祭品，如腊肉、豆腐、糍粑、团馓、米酒、果品、草纸、香蜡、鞭炮等，叩头礼拜，并摇八宝铜铃请师并打卦为凭请祖师们来享祭。

梯玛除了信仰与自己有血缘关系的历代祖师神灵外，还普遍信仰在土家族历史上闻名遐迩的其他村寨的不同家族的梯玛祖师神灵。他们往往是在梯玛宗教职业发展史上有特殊贡献和影响力的人物。如内溪乡彭继龙梯玛班子作法时呼请的祖师还有附近五官村的梯玛祖师太婆十罗、传河南法有功的四拐端公师以及其他村寨梯玛家族中有影响力的梯玛祖师。在梯玛们的社会记忆里，他们有奇异

---

① 雷翔：《梯玛世家——土家族民间宗教信仰的田野报告》，载《民间文化论坛》，2007（3），75～80页。

② 雷翔、刘伦文、谭志满：《梯玛的世界：土家族民间宗教活态仪式“玩菩萨”实录》，北京，民族出版社，2006。

技能、非凡业绩、功勋卓著和崇高德行，他们既是各家族的祖先神，也是土家族社会中的英雄人物和精神领袖，在梯玛法事活动中，要呼请他们来护法助威，保佑仪式成功。但他们不是本家族的梯玛祖师神灵，因此，在呼请本家族的祖师时要加唱一句“本堂本殿的师傅”以示区别。① 这种超越血缘家族的梯玛祖师神灵界限，而以梯玛职业的业绩和功德为基础的社区性的梯玛祖师神灵信仰，显然带有英雄崇拜和职业神崇拜的双重性质，其对梯玛职业活动的意义在于可以激发和增强后世梯玛们的敬业精神，鼓励梯玛们以这些著名梯玛为榜样，潜心梯玛宗教事务，好学上进，追求卓越的业绩。

护法神是指帮助梯玛作法的神灵。这些神灵比较多，往往是抽象化的观念中的保护神，多与自然崇拜和佛教、道教以及其他民间宗教的神灵有关。就我们跟踪调查的内溪乡彭继龙梯玛班子来说，护法神主要有张天师及张天师的兵夫、李天师及李天师的兵马，天府天门土地、地府地门土地，阴兵土地、阳兵土地、骑龙师傅、骑凤仙女、洞府仙人、搬云驾雾师傅，搬天救地师傅、扯风叫风师傅、扯雨叫雨师傅，楠木金带师傅，泡木阴教师傅，公王大神、龙王二神、卧龙三神、黑宝四神、灰龙七神、天鹅鹭鸶兵夫、罗天盖子兵马，野猪哈猪兵夫、水獭庙尔兵夫、上洞梅山赵大王、下洞梅山李大王、中洞梅山胡大王，等等，还有诸多的五猖和五驼等鬼神。

梯玛对所用法具也有特殊信仰。梯玛作法事离不开法器，通过一套法器表现法事神圣性和象征虚拟的鬼神世界。越是祖传的法器越认为具有无限法力和灵性。因此，梯玛们特别珍惜祖师传下来的法器。梯玛法器很多，作用很大，甚至可以说，梯玛沟通阴阳的能力，就是凭借法器来实现的。梯玛所用法器主要有神图、凤冠、铜

① 彭荣德、王承尧整理：《梯玛歌》，长沙，岳麓书社，1989。

人铜马、法印、法衣、八幅罗裙、八宝铜铃、司刀、长刀、牛角、筶子等等。在一般人眼里，那些东西不过是些简单的器物和图画。但在梯玛头脑里是极为神圣的，有灵性的，法器的制作、收藏、使用有他们的规定和禁忌，容不得玷污和损坏。每当作法事时，梯玛对使用的法器要经过一定念咒程序赋予神力。同时通过法器来“封禁”，彻底肃清仪式堂殿，严防邪神野鬼、邪教坛门来干扰法事活动。

土家族有语言但无文字，因此，梯玛也没有发展出成文的经典。土老司作法不用经书，梯玛的宗教性祷词是以歌谣形式师承流传。梯玛全凭口传心授、强行记忆传承历代梯玛累积唱诵的神歌，后世文人将其称为“梯玛神歌”或“梯玛歌”。梯玛歌一般不随便唱诵，只有在仪式场合才唱诵。学徒也是在仪式场合记忆师傅唱的神歌。我们跟踪所调查的梯玛班子之后整理出了详细的仪式唱词记录，出版后反馈给他们时，他们并不在乎，将文本化的经典随便送人。显然，在梯玛阶层中，文字记载的经典不被重视，也没有神圣的灵性。他们相信记忆的东西，通过口传的才有灵性，才能发挥宗教性作用。所以在民间有“客老司一本经，苗老司半本经，土老司无本经”之说。

三、梯玛阶层有一套不成文的宗教仪轨制度

梯玛从事宗教活动除过去的土王庙是固定场所外，一般没有固定的场所，也没有专门的神职组织机构，内部结构松散，只是有法事活动时由掌坛师临时组合仪式班子。但是，在长期的宗教实践中，为了维系梯玛共同体的存在和发展，指导和规范梯玛成员进行宗教神职活动，在梯玛阶层内部逐渐形成了一套不成文特殊的仪轨制度。这套仪轨制度与梯玛神职角色和宗教职业活动相联系，为梯玛成员的神职行为确定了标准和依据，主要内容有梯玛传承制度、法事仪轨、“土话”通神和酬劳制度等。

梯玛传承制度。从我们长期跟踪调查的梯玛班子的宗教活动得知，梯玛神职地位和身份的传承主要是家族内传承和度职认定制度。老一辈梯玛会不断衰老、死亡，这是不可抗拒的自然规律。任何社会团体都要有继替延续的制度安排才能保证其存在和发展。梯玛阶层有自己的一套传袭规则来吸纳和补充新成员。

一是传男不传女。虽然有学者认为梯玛源于女巫，但文献记载和现存梯玛阶层中没有发现女性梯玛，所有的梯玛都是男性。这与土家族传统社会的父系继承制度相适应，梯玛传承中奉行传男不传女的原则。一些梯玛世家无形中断，其中一个重要原因是家族中缺乏男性继承人。

二是“父不传子”与家族内部传承主导原则。梯玛的传承一般是在家族内部传承，虽然有“父不传子”的说法，但不管是阴传还是阳传，实际习得梯玛法事技法是在家族梯玛坛门内完成，只要是愿意学习和掌握梯玛法事技能从事梯玛神职活动的子孙，都可以成为掌坛梯玛的徒弟。所谓父不传子的变通做法是学徒要成为掌坛师必须邀请有交往的其他坛门的掌坛师来主持度职仪式，以获得梯玛阶层内部和社区民众的认可。

梯玛职业的具体传承有阴传和阳传两种。所谓阴传，就是一个男子没有经过拜师学法，突然有一天疯狂起来，神志不清，上蹿下跳，说胡话，等他从迷糊中清醒过来后，就说自己会跳梯玛了。择日请别的坛门的掌坛梯玛来度职后，他就可以成为梯玛新成员。阴传实际上是自学成才，作为梯玛世家的成员长期耳濡目染、观摩梯玛法事活动，掌握了仪式程序和法术。因某种偶然的因素刺激后，宣称自己得到了阴传。所谓阳传，是经过拜师学法，有明确的师承关系，徒弟跟师学习梯玛的宗教仪轨知识和唱诵梯玛歌，有法事活动时跟随观摩并充当帮师梯玛。到学成可以另立门户时，择日请另一坛门的掌坛师来主持度职仪式，度职后就成为正式掌坛梯玛中的一员。如我们调查的彭武庚梯玛班子，是梯玛世家，后继者彭继龙和彭继勋兄弟度职师傅都是邻村恒咱村的掌坛梯玛彭祖敬师傅，名义上是他来传的法，赋予梯玛新成员的合法性。度职传法只是象征性的，实际传法师傅是他们的父亲老梯玛彭武庚。虽然非家族成员也有被吸收为徒传承梯玛法术和继承梯玛之职的，但一般都是亲戚，也不是主导的惯制。例如保靖县马王乡现存世梯玛向宏清少时就是从其姑丈即本乡著名梯玛彭天禄学习梯玛法术成为梯玛的。彭天禄系世代祖传，法术高明，影响很大，被称为梯玛大王。梯玛传承的家族主导原则，具有一定的保守性和封闭性。

三是要成为掌坛师必须举行度职仪式并获得法名。梯玛职业作为代理人们与鬼神世界交通的神圣职业，是不能随便出入的。在就业方面有一定的习惯规定并伴有一定的仪式行为。无论是阴传还是阳传，都要经过长期的教育和培训。一方面学习有关梯玛从业活动的知识和技能，包括熟记梯玛神歌，熟悉仪式程序、各种巫术技能以及隐秘的法术和奉赠技巧。一方面熟悉梯玛道德规范，培养一定的角色认知。如果掌坛师认为其生徒自己能单独从事梯玛职业活动，可以出师，就必须举行出师的度职仪式。度职仪式相当于学徒的毕业典礼，邀请临近坛门的梯玛、亲友和村民参加，并请本家以外的一个掌坛梯玛来掌坛度职。仪式需要三天，掌坛师傅要象征性赠送法器和传法给生徒，教给他从业行规和道德，为其设立新的祖师坛并赐予法名，呼请祖师神、护法神、法器神灵莅临享祭和保佑新梯玛将来坛门旺盛。经过业师、梯玛阶层、神灵和社会多方面的认可，生徒才可以自立门户，组织自己的梯玛班子，受人延请从事梯玛法事活动。因此，度职仪式是将生徒获得新身份和职责的事实公诸社会，是新梯玛合法性的认同仪式和宣告仪式。没有度职的学徒，梯玛技法掌握再好，也不能揽活作法事，也没有人邀请，他只能跟掌坛梯玛帮坛。

2007 年 10 月我们观摩过内溪乡彭武庚老梯玛的幺儿子彭继勋的度职仪式，整个过程跟平时梯玛“玩菩萨”仪式基本结构差不多，所不同的是除了一些与度职无关的仪式细节减省外，掌坛师要加入“对口传法”、①“度桥”、②“上校场”、③“考验弟子”④等专门仪式。整个仪式期间宴请宾客，收人情礼账。亲朋好友和村民都来庆贺。彭继勋从小就跟着其父亲学法，在村民的眼里比他早已是掌坛师的哥哥彭继龙梯玛获得的真传多得多，至少赶白虎的法术就比他哥哥强。但他一直家境贫寒，也没有讨到老婆，无力承担度职仪式的花销，因此，他父亲在世时一直没能度职。没度职，他就不能独立掌坛从业。自他父亲2005年4月去世后，他一直很不安，甚至睡不着，头疼，常梦见父亲交代他一定要度职。后来在他姐姐的资助下，他才完成度职，成为正式掌坛梯玛。

四是梯玛职业终身制。梯玛一旦度职，就可以终身从事神职活动，也可以收徒为师直至死亡才退职。梯玛死亡退职有特殊仪式。如果老梯玛久病不愈，到弥留之际，后人和生徒就要为其举行送亡仪式，这与一般人的送亡仪式不同。首先在师傅未落气之前，后人和生徒将其扶到堂屋临时的柳床上，在屋顶上揭开三四瓦，垂一条白布于师傅面前，叫搭天桥，使师傅的灵魂能够升天；到师傅落气时，举行传法器，传诀法仪式；净身入棺后，举行送阴魂，销牌销票仪式，即将师傅灵魂送出家门，送到起夫曹，送到土地堂，送到天地公殿堂；接着敬土王和解一、二、三钱，团兵请师和交兵马钱；敬巴沙老母；到扬州度阴，将灵魂送到太平和事堂；散花解结，孝子给堂上祭司们送利什钱后跪着将祭司手中的丝帕的结解

① 龙泽瑞、龙利农：《牛角里吹出来的古歌——梯玛神歌》，北京，中国文联出版社，2003。

② 张子伟：《湖南省龙山县内溪乡岩力村土家族的还土王愿》，台北，财团法人施合郑民俗文化基金会，1998。

③ 刘伦文：《母语存留区土家族社会与文化：坡脚社区调查与研究》，北京，民族出版社，2006。

④ 《土家族梯玛“玩菩萨”仪式及其社会功能》，载《湖北民族学院学报》，2006(6)，1~8页。

开，象征亡师与弟子们永别；然后才是按一般人的丧葬模式由道士举行出丧、下葬仪式。所不同的是，送丧过程中，要举亡师生前用的五面旗在孝子队前引路，待道士做完仪式，将五面旗烧掉。亡师升天后就成了祖师，享受生徒和家族子孙血食祭祀。以后生徒作法事请师享祭助法时要呼请他保佑。

梯玛法事仪轨制度。法事仪轨制度是梯玛从事仪式活动必须遵循的仪式程序和特定的规定。梯玛的职司广泛，从事的法事活动很多，大致有三类：社区集体性质的以祭祀土王为主的“跳摆手”，家庭还愿性质的“做土菩萨”，个人驱鬼避邪的“解邪”和“赶白虎”。社区集体性“跳摆手”祭祀土王的宗教活动现在已不存。现今在酉水流域土家语存留区“玩菩萨”和“解邪”、“赶白虎”等仪式民间需求较多，梯玛的法事活动得到一定程度的“复兴”。这些梯玛仪式程序神秘繁琐，各地虽略有差异，形成所谓不同“流派”，但是，在长期的宗教实践和交流中，梯玛们的各种仪式活动和行为逐渐统一，形成了较为固定的程序和规定。从梯玛从事的各种宗教性仪式基本程序和结构来看，各地梯玛班子基本一致。如现今梯玛仍在进行的大型仪式活动是还愿的“玩菩萨”仪式。进出需要三天时间，基本流程是告请祖师，进事主家，报家先，敬土王、敬天子龙王，正坛仪式，赶白虎，回程并敬告祖师。正坛仪式基本程序是：立坛、看栏杆、出兵、解一钱、解二钱、解三钱、敬乌衣嘎白（巴沙老母、帕帕）、解邪或猜梦、求男求女、渡关、烧天钱回程，并撤下所有正坛布置，烧掉所有纸钱。祭祀的主要对象是土家历史上的领袖人物的神化象征（如母系社会的女祖先巴沙老母或以织锦四十八钩为象征，父权制时代的部落酋长八部大神或天子龙王、土王时代的彭公爵主、田好汉、向老官人等）、青天爷爷（可能是流官的神化象征）、土地神、四官神、白虎神、家先神等等。梯玛从事法事活动要择年、择月、择日、择时辰，有的是通过皇历查看，有的是卜卦来选择不犯格的良辰吉日。大型宗教仪式每年都在固定的时段举行，其他时间不作这样的法事活动。如“玩菩萨”仪式都是在秋冬季节举行，一般是在八月十五天门开始到十月十五天门关结束。我们调查的彭继龙梯玛班子每年第一堂“玩菩萨”都是在八月十三至八月十五日，冬月不能“玩菩萨”，腊月可以做到过小年。小型仪式，如各类“解邪”、“赶白虎”，根据事主需要选择特定的时日进行。梯玛仪式的牺牲也要讲究公母、色泽、大小、种类、数量。献牲的方式有血祭、生献、熟献、活献等，牺牲的数量在不同村寨也有不同的要求，在不同仪式和大型仪式的不同环节根据祭祀的主神安排牺牲的种类、大小，哪些地方可以用此牲替代彼牲，哪些地方不能替代，以及献熟和各个部位的切分都有规矩。不同目的的仪式所用法器、献牲、念唱的神歌、仪式结构和祭祀对象有所不同，都有一套约定俗成的规矩，梯玛们必须遵守。

“土话”通神是梯玛坚持的一个仪轨。土家族是有自己母语的民族，直到近代在酉水流域的土家族社区，土家语还是主要的交流工具或土家语和汉语在不同场合交替使用。现今土家族转用汉语速度加快，土家族母语在绝大多数地方已经退出日常生活。土家语已成为一种濒危语言。在母语盛行的时代和双语社区，梯玛作法事完全用土家族母语与神灵沟通，并且有一套特殊的与日常生活不同的宗教性话语。现存老梯玛们普遍认为只有用“土话”才能敬神。如今，土家语言已经退出日常生活，新时代的梯玛已经不会说土家语了，从先辈梯玛那里口承下来的神歌的土家语词汇只是生硬记下来用于仪式中，已不解其意。但他们还是觉得敬神要讲“土话”，才能与其沟通，尤其是敬家先、土王、天子龙王、乌伊嘎白等神灵以及给他们解钱时要“打土话”，因为他们在世时讲“土话”（土家语），听不懂“客话”（汉语）。即使是一点不会讲“土话”，梯玛在仪式中也要象征性说几句，仅仅按父辈梯玛的传教生硬记忆下来的说。这里梯玛追求的是民族母语的符号意义，只是作为人神交流的媒介，而不是语言实际语意。[①] 可见，在母语消失后，“土话”通神成为仪轨。

梯玛酬劳制度是梯玛职业活动的一项重要仪轨。回馈梯玛酬劳是对梯玛职业活动的承认和报答。梯玛获得的酬劳大致有三类：劳务、实物、货币。历史上梯玛从事法事活动的报酬一般是实物。仪式结束后事主会给梯玛一些粮食和肉作为酬谢，另外，祭神所用五谷、一块肉或猪头、一只鸡等归梯玛。所以，在历史上，梯玛确实过着上层人的生活，正如歌谣中所唱梯玛“不种田不种地，五谷杂粮吃三年”。但不同的性质、规模、用牲数量的仪式酬劳不同，甚至根据事主与梯玛的关系而定酬劳。但无论如何梯玛都有个祖训，作法事不与事主讲价，全凭主人家境和经济能力。没有能力不给报酬也要作法事替人消灾免难，困难的事主可用劳务即以换工的方式回报梯玛。梯玛活动的劳酬由掌坛梯玛分配。如今，在梯玛信仰复兴的地方，事主一般是按当地劳动力社会工资支付梯玛报酬，梯玛班子成员每人进出算三天，并回馈一部分仪式中使用的牺牲肉食、公鸡、五谷杂粮以及香、纸给掌坛梯玛，掌坛梯玛拿回敬祖师后自己享用。另外，仪式过程中的红包也归掌坛梯玛。梯玛收取报酬是梯玛阶层职业化的典型反映。

四、梯玛阶层有共同遵守的职业道德

梯玛职业活动除遵循上述宗教仪轨外，还遵循着一些作为宗教职业阶层的基本道德。在职业活动中，梯玛不仅与鬼神“交往”，更要与所服务的社区民众和梯玛阶层中的其他梯玛交往，从而形成三种职业关系，即梯玛与鬼神、梯玛与事主、梯玛与梯玛之间的关系。为了调节梯玛职业活动中的这些关系，维护梯玛职业信誉和神

① 刘伦文：《社会变迁中的土家语命运》，载《中央民族大学学报》，2005（4），64～73页。

职尊严，在梯玛阶层中逐渐形成了一些指导和约束梯玛法事活动的职业道德。

土家族民间信仰具有浓厚的功利性，人神之间是一种交换关系。人们崇拜土王、祖先和鬼神，目的是通过献祭祈求现世人生困扰的解决，获得平安和幸福。梯玛从事宗教职业，与鬼神打交道，不是为自己获得解脱、灵魂得救和死后进入天堂享受血食祭祀，而是为了满足世俗的愿望和企盼，是要帮助人们趋吉避凶、消灾纳福、实现五谷丰登、六畜兴旺、生子发人，发财致富，为人们生存和发展提供精神信仰、文化传承与娱乐、文化治疗与心理上的支持和满足。[①] 用梯玛们自己的话说，“我们是救人的”。因此，梯玛作为祭司，与其说是为神服务，对神灵负责而工作，不如说是他们为社区中的人们服务，为仪式的主人负责而工作。梯玛神职道德是基于梯玛的职业责任而建构的，是与梯玛的职业性质、特点紧密相连的行为规范。其主要内容有以下几个方面：

1. 热爱神职，忠于职守

土家族社会对梯玛的信仰和其职业活动的期待，要求梯玛成员对自己从事的宗教职业的社会价值有充分的认识，充满着对神职工作的热爱，形成一定职业荣誉感和从事神职工作的坚定志向。一个人一旦选择梯玛职业和度职掌坛，就得忠于职守，要有高度的责任感对事主负责，从选择仪式的时日，到仪式的每个细节，甚至牺牲的安排都要考虑得周到细致。他们明白自己“救人”之责，绝不偷懒耍滑、玩忽职守，仪式不能出现纰漏，否则会给事主家人甚至梯玛本人带来不幸和灾难。我们调查观看的每场仪式，梯玛们都是那样认真和投入，尽职尽责，不会减省仪式应有的环节。热爱神职，

---

① 谭志满、韩敏：《土家语的使用现状及其传承》，武汉，湖北人民出版社，2009；谭志满：《梯玛仪式与土家族语言文化的传承》，载《民间文化论坛》，2007(3)，41~44页。

忠于职守是梯玛从业的基本要求。

2. 一视同仁、平等待人

在人类走向文明以来的任何社会阶段，都存在这样或那样的不平等，存在着阶级阶层甚至等级分化，土家族社会也一样。在传统社会里，每一个阶级阶层的人都需要梯玛服务。人们可以选择法术高明、职业道德操守好的梯玛作法事，但不允许梯玛选择服务对象，不管是事主自己许愿还愿，还是请梯玛卜卦许愿还愿，他们必须有求必应。一视同仁、平等待人是梯玛重要的道德操守。不论有权势与否，不论贫富贵贱，只要被邀请了，梯玛必须提供相同质量的仪式服务，不能区别对待。即使是贫困者无力支付酬劳，梯玛都必须尽心尽责地做好仪式。如果嫌贫爱富，差别待人，就会受到社会的谴责和同行的非议，梯玛的声誉就会受损，他的坛门就会衰败，甚至失去从业的机会。梯玛之所以受人尊重，除了人们对其神性的信仰外，梯玛们一视同仁、平等待人的职业品质也是重要原因。

3. 诚实守信、遵守约定

诚实守信、遵守约定是由梯玛职业活动的特点决定的，也是社会对梯玛成员起码的道德要求。土家族的民间宗教仪式一般事先要请梯玛通过皇历或卜卦择年月和时日，一旦确定仪式日子就不能更改，这既是对神灵的约定，也是对人的约定。时间一到梯玛就要带着相应法器如约到事主家举行仪式。大型仪式带的法器较多，到约定时日，事主家会派人来接，梯玛必须提前敬告祖师和做好其他准备。梯玛职业被认为是解人之忧、救人之厄，无论路途多远、山路如何崎岖、天气如何恶劣，不管家中有多繁忙，都必须如约而至。梯玛必须言而有信，对神灵的虔诚就是对人的诚信，既不欠神账，也不食人言，以违约背信为耻。梯玛如果言而无信，既得不到神灵的保佑和社会的信任，日后也无人约请作法事，就会导致坛门衰败，失去梯玛应有的地位。

4. 尊重同行、互帮互学

尊重同行、互帮互学是梯玛阶层内部关系的调整规范。梯玛们相互学习仪式知识，切磋法术和歌舞技艺，以及个性化的奉赠言辞技巧，不断提高法术水平和娱神与娱人的歌舞水平，梯玛们尤其是注意向那些著名的梯玛学习技法。不但同一坛门的梯玛们要相互帮助，不推诿扯皮、要团结协作去作完每一场法事，而且不同坛门的梯玛们也要相互尊重，相互学习，在缺人手时，还会被邀请去帮坛助法，不同坛门的梯玛还相互被邀请参加自己生徒的度职仪式，见证新的执业梯玛的诞生。不仅如此，梯玛还善于与“苗老师”（苗族巫师）和“客老师”（汉族巫师）友好相处，学习他们的法术，在神歌里请师就有端公师和苗老师。有则传说也暗示梯玛与苗老师和客老师的关系。传说梯玛的八宝铜铃原本是八颗响铃，因为送给苗老师一颗，又送给土老师一颗，就只剩下六颗了。梯玛们相互尊重、相互学习增强了梯玛阶层内部的联系和团结，也增强了梯玛阶层自身的归属感和认同感。

5. 自我约束、遵守禁忌

梯玛作为人神之间的沟通使者，为了法术的灵验，顺利完成宗教仪式，在诸多方面都有一些超凡脱俗的禁忌，以体现梯玛的神圣，获得神灵的认可和人们的信赖。在语言上忌讳说不吉利的话，应说奉赠祝福的话，忌讳搬弄是非、随意攻击别人；在神灵面前严肃认真，不打诳言；在土家族社会心理中，认为“不说丑话敬不到神”，因此，在需要说“丑话”（围绕性交、生殖的玩笑话）的仪式中，不避男女老少尽力恰当地说“丑话”。在饮食上恪守一些禁忌，如禁吃五爪肉，包括狗、马、狐狸、白面、野猫等动物肉，禁吃斑鸠，吃了这些动物肉，梯玛就会请不动师、团不拢兵而丧失法力。在仪式中尽管可以饮酒但不酗酒误事。在行为上，要品行端正，不偷盗，不凌弱，不做伤天害理之事，禁忌使用邪法、阴招去干扰法事，对于此种情况，梯玛们必须严防和鼎力对付。忌讳两性关系上不严肃，在举行大型仪式前要禁房事，以免玷污神灵。忌到月母子家吃饭，否则永远作不得法事。忌在犯天格、神格的日子作法事，如还愿活动只在八月十五天门开后的九、十、腊三个半月。忌在无祭品时请师请神和散兵赏客，忌父传子度职。赶白虎时禁用黄脚公鸡，禁在堂屋里站人。

6. 吃苦耐劳、不贪钱财

梯玛职业是十分辛劳的职业。梯玛经常要行走夜路和羊肠山路去事主家作法事，大型仪式要持续几天几夜，精力体力消耗很大，没有充沛的体力和毅力难以承受。梯玛“玩菩萨”的还愿仪式和度职仪式就需要进出三天，很多仪式段落如落神、解钱、上校场等部分是要边歌边舞，唱跳难度很大，即使是寒冬腊月，梯玛们都跳得满头大汗、疲惫不堪，因此民间有“主人怕卜卦，梯玛怕落神”或“道士怕申发，老司怕落神”之说。正因为梯玛职业非常辛苦，能学成梯玛者并不多，有的学徒受不了其中的艰苦，往往半途而废。要做一个称职的梯玛必须有吃苦耐劳的精神和坚忍不拔的毅力。梯玛法事活动虽然很辛苦，但并不会因此而索取高额报酬，贪图钱财。梯玛为人消灾，禳除祈福，按照传统习俗收取合理报酬，禁止与事主讨价还价。即使贫困者付不起报酬，也必须为其作法事，同样要尽职尽责。禁止借助神的名义向主人讨打发和敲诈勒索。因此，现存的梯玛家境多不富裕，虽然能靠仪式收入来补充家庭经济，但不能靠仪式收入来维持生计，更不能发家致富。这也是目前梯玛职业逐渐衰落的原因之一。

总而言之，梯玛作为一个神职阶层，是土家族传统社会的特殊产物。在宗教职业活动中，梯玛阶层形成了自己一些特有的社会特征。现今，梯玛虽然衰落，大部分土家族地区难以寻觅其踪迹，主要残存在土家族母语存留区的少数村落社区里，但梯玛阶层在土家族历史上是一个掌握知识的地位显赫的精英群体，有其与神职活动密切相关的特殊信仰为精神支柱，有一套约定俗成的特殊的宗教仪轨制度作为生存和发展的保障，有共同恪守的宗教职业道德调节梯玛与神灵、梯玛阶层内部、梯玛与服务对象之间的关系。这些显著的社会特征是梯玛阶层在传统社会不断再生产的根源。梯玛虽然在现代社会逐渐边缘化，传承越来越困难，但他们的品质铸就的人文精神是值得我们崇尚现代生活的人尊重和汲取的。

土家族传统文化中的性别社会学研究

唐卫青①

土家族是一个人口众多、历史悠久的民族，主要聚居在武陵山区。张正明教授曾经说过："这里是连山叠岭和险峡急流，地僻民贫，易守难攻，历史的节拍比外围地区舒缓。北起大巴山，中经巫山，南过武陵山，止于南岭，是一条文化沉积带。古代的许多文化事象，在其他地方已经绝迹或濒临绝迹了，在这个地方却尚有遗踪可寻……土家族正好分布在这条文化沉积带的中部……"② 土家族研究的历史不算短暂，从土家族被识别为一个单一民族算起，至今也有半个世纪有余。土家族研究的专家与学者中，有的关注历史渊源，有的关注民间文化，有的关注宗教信仰，有的关注文化变迁，有的关注法制，有的关注政治制度，有的关注经济发展等等，可以说囊括了土家族文化的方方面面。不过，在这些研究中，似乎缺少了一点从性别社会学的视角来探讨与对话的研究。2009 年尹丹萍出版了《当代土家族女性婚姻变迁——以埃山村为例》著作，也仅

---

① 唐卫青（1969—），女，土家族，湖北恩施人，中央民族大学民族学博士生，湖北民族学院研究员。

② 张正明：《土家族研究丛书 · 总序》，北京，中央民族大学出版社，2002。

仅只是从婚姻变迁的视角探讨了女性角色的变化。

一、性别社会学理论概述

性别社会学是运用社会学的理论与视角来研究社会性别。性别社会学经过了从主流社会学到女性社会学、再到性别社会学的发展过程。在20世纪的60年代，由于女性主义思潮，传统社会学中兴起了女性主义社会学，从而带来了新的研究视角——社会性别的研究。性别社会学的主要内容有性别与文化、性别与婚姻家庭、性别与社会化、性别分层与流动、两性劳动分工与工作、性别与健康、性别与犯罪等等。① 性别社会学为我们提供了新的性别平等的理论分析途径。

性别社会学中，对于“女性”给予了一个文化的解释。波伏娃的《第二性》认为，女人是被社会造就的，不是天生的。女性的生物性与女性的性别角色和社会属性是不同的，也就是说女性的生物属性是自然的，而女性的性别角色与社会属性是社会建构的。②

正是基于以上的理论，笔者认为在土家族的文化中依旧也存在着被建构的女性的性别角色与社会属性。本文选取了土家族的传统文化事象——传世神话、哭嫁歌、梯玛等，试图从性别社会学的角度进行探讨。

二、土家族传统文化中性别社会学研究

（一）土家族创世神话中的性别社会学研究

土家族先民认为，宇宙先人存在，神灵也先人存在。在宇宙的初始阶段，已经有了天地，有了动物和植物，有了天神，但没有

① 祝平燕、夏玉珍：《性别社会学》，武汉，华中师范大学出版社，2007。

② ［法］西蒙·波伏娃著，舒小菲译：《第二性》，北京，西苑出版社，2009。

人。在宇宙黑暗以及宇宙再造阶段也没有人类存在。在宇宙再造完成以后，天神觉得“地上无人冷清清”，才命令张果老、李果老造人，于是有了从宇宙洪荒中最初产生的人。在宇宙洪水过后，除了一对兄妹之外，大地上的人全淹死了。兄妹成婚是神灵撮合，并通过滚石磨、烧烟等方式得到天神的赞许。兄妹结婚之后，生下了一个肉团。经天神指点，兄妹砍碎肉团，和三斗三升泥土撒出去，便成为土家人；和三斗三升树苗撒出去，便成为苗家人；和三斗三升沙子撒出去，便成为客家人（汉人）。

这个神话故事里，兄妹在成婚的过程中得到了天神的赞许，有神灵的帮助，这样兄妹才不得不成婚，从而有了人类的繁衍。

为什么故事中仅存的是男女各一人？为什么仅存的是兄妹？为什么生下的是一个肉团？为什么在成婚的过程中要滚石磨、烧烟等？在这个神话传说中，我们看不到男女的不平等，看不到男女的尊卑之分，看不到男女的社会属性的差别。

这个神话告诉了人们，人类的初始阶段男女二者是人类产生的不可缺少的条件。只有二者的共同承担才会产生人类。面对生活的磨难——生下肉团的时候，需要二者的共同劳动——和三斗三升泥土撒出去、和三斗三升树苗撒出去、和三斗三升沙子撒出去等，也正是男女的共同劳动才有了人类的繁衍与发展。

由于神话是后人构建的，兄妹成婚在后人的世界观里是不合常理的，所以有了“神灵”，这是天意，这是上天的安排。人类在初始阶段或者说原始阶段无法与天抗争，只能接受上天的安排。这正说明在人类社会还没有构建出性别的社会属性与性别角色差异时，男女之间是和谐与互助的、男女之间是平等与公平的、男女之间的共同劳动是合理的，也是存在的。

不过，随着时间的推移，社会分工的出现，男女的性别属性有了巨大的改变，也就出现了男女的差异与性别角色不同的定位。

（二）土家族哭嫁歌中的性别社会学研究

“古老相传，改土归流以前，土家青年男女从恋爱到婚姻是比较自由的”。在《鄂西土家族传统情歌》所搜集的332首情歌中，明显由女性所吟唱的有139首，占41.87%；没有明显性别特征、可由男女两性共同吟唱的有69首，占20.78%；由男性吟唱的有124首，占37.35%。通过数据我们可以看出在土家族的传统社会里，女性拥有着一定的自主权与主动权，否则，就不会透过声音表情达意。

改土归流以后，土家婚俗有了很大的改变，主要的倾向是汉化。不过，在婚俗中土家的哭嫁有着自身的特色。“哭嫁是许多民族都有的婚俗，可是土家的哭嫁非同凡响。土家的哭嫁，无论精度、难度和力度，都是任何其他民族比不上的。”① 在土家人的心里认为一个即将出嫁的女人在哭嫁的时候哭不好、唱不好，就不是好新娘。

哭嫁歌的内容广泛，包括哭母亲、哭哥嫂、哭姐妹等，几乎囊括了所有的人生内容。

由于哭嫁歌的首要内容是哭母亲，这也是每位新娘的必修曲目。通过哭母亲，我们不仅可以看见母亲的辛酸与艰辛，更能看到新娘的未来也是同样的结果。

我的妈呀我的娘，
您为女儿办嫁妆。
十天赶三场，
一月赶九场。
大路走成槽，

① 田发刚等：《鄂西土家族传统文化概观》，武汉，长江文艺出版社，1998。

小路跑起毛。
鸡子刚开口，
娘在路上走；
麻雀进了林，
娘在半路行；
喜鹊进了窝，
娘在半路摸。
红红绿绿几抬盒，
凑凑合合办得多嘞，
我的妈呀我的娘！

经过这场感恩的述说，女儿对母亲的情感淋漓尽致地得以显现。

母亲眼见自家的女儿出嫁到别人家，母亲给女儿一些劝告：

我的好闺女儿呐！
你到婆家要顺婆家的心嘞！
你只能墙上加得土，
雪上不能加霜嘞！
亲生的爹娘不要紧，
人家的父母脚下要小心嘞！
人家大声讲，
你要轻声应嘞！
我的好闺女儿呐！
金盆打水清又清，
你十分性情要改九分嘞！
铜盆打水黄又黄，
你十分性情要改光嘞！

我的好闺女儿呐![1]

这是母亲在歌声中告诉女儿一旦走出自家门走进婆家门，整个生活就发生了根本性的改变。母亲与女儿的歌声中，表达了难以分离的情感，但更多的是女人的生活的凄苦。

我国的传统思想向来注重以婚姻为核心的人文关系，在《易·家人》中所谓的“女正位乎内，男正位乎外，男女正，天地之大义也”，诸如现代社会中的“男尊女卑”、“男主外，女主内”、“嫁鸡随鸡，嫁狗随狗”等观点，无不使女性的地位与价值都附属于男人的世界，即使是女主内的家庭，女性也仅仅是奉献者与默默的劳动者，男性依旧是家庭的支柱与主宰。男女的不平等在哭嫁歌中被歌声所传唱，一代一代地传唱着。

自从西周父权制度的确立，女性就成为了家庭的附属品，在婚姻中，“一夫多妻”与“一女不侍二夫”成为鲜明的对照。女性的被压抑、女性的被控制是何等的严厉。在家庭中，女性不仅要侍候丈夫，更是婆婆发泄的对象。同时，在妻妾成群的家庭中，女性的等级更是男性通过对女性的控制而评定。

难怪在出嫁的时候，女性的哭嫁歌是如此的凄凉与悲哀。女性一旦成为人妻，就被加上了无数的无形枷锁，牢牢地锁上。这样的生活怎能不让女性哭泣？女性的价值被男性左右，女性的地位依靠男性才能得到。

这种传统的婚姻制度就是丈夫对妻子的统治，也是父权制的坚实基础。女性的性别角色与社会属性是在父权制度确立后被重新构建的，女性并不是天生就是附属品。

英国政治学家、经济学家和哲学家约翰·穆勒在其《妇女的屈从低位》一书中指出：“我确认，规范两性之间的社会关系的原

---

① 董珞：《巴风土韵》，武汉，武汉大学出版社，1999。

则——一个性别法定地从属于另一性别——其本身是错误的，而且现在成了人类进步的主要障碍之一。”① 社会的发展与进步需要男女两性的共同发展，男女的不平衡将会成为发展与进步的阻力。

（三）土家族宗教信仰中的性别社会学研究

土家族的各种宗教信仰，大都伴有祭祀活动，而许多祭祀活动，也需要巫师执掌。他们是神灵鬼怪与凡人的沟通者，能请神驱鬼、治病救人，在社会上威信极高。土家族的巫师，各地称谓不同，土家语称“梯玛”，后来称“土老师”、“端公”、“老司子”等等。梯玛有特殊的服饰、固定的法具和古老的神歌。从事宗教活动时，他们头戴封官帽子，身穿八幅罗裙，手持八宝铜铃，吹牛角，挥法刀，唱神歌，跳巫舞，行动癫狂，如痴如醉，这种神秘的表演，使人以为其真能与鬼神交往而笃信不疑。②

据说，最开始的时候既有女梯玛也有男梯玛。从梯玛身穿八幅罗裙的服饰中，可以看见女性梯玛的痕迹。只是现实的梯玛世界均是男性的天下，男性是神界与凡人的中介。男性成为人们精神生活的掌控者或者说是寄托者。梯玛角色的男性化，让女性不仅在神的世界失去了话语权，更让女性在现实社会与生活中失去了话语权，让女性失去了说话的机会，失去了表达自我需要的机会。梯玛角色的转化过程，正是男权势力的扩大，女性群体的被压制、被边缘化的过程。

在世界的三大宗教——基督教、伊斯兰教、佛教中，对于女性有着尊重与平等的思想与教义。在社会文化的过程中，我们看到的依旧是女性被歧视、被压制，女性的命运并没有因为宗教的教义中

① 转引自尹旦萍：《当代土家族女性婚姻变迁》，北京，社会科学文献出版社，2009。

② 陈方：《全球化、性别与发展》，天津，天津大学出版社，2009。

的尊敬有所改变。正如土家族的梯玛世界是男性的世界，女性仅仅是为梯玛服务的对象，有时甚至成为梯玛的工具。

宗教社会的男女性别属性的不同，同样是因为宗教的教义与思想不能脱离社会现实。社会现实的男女不平等、男女的地位悬殊被深深地烙在了宗教的教义与思想中。

三、小　结

全球化的今天，当代中国面临的最严峻的挑战之一就是消除女性边缘化的现象。为此，性别社会学中的“妇女参与发展理论”认为：首先，绝大多数发展项目存在着对妇女的歧视，这使得妇女的经济参与受到忽视和削弱；其次，由于妇女的现实处境没有在政策上和发展干预行动上得到足够的重视，导致了“贫困女性化”这一趋势；最后，妇女参与发展理论在强调妇女在经济发展中作用的同时，并不赞同为了单纯追求经济利益而将妇女作为未被充分利用的劳动力，因为这样会加重她们已经非常繁重的劳动负担。[①] 我们只是希望妇女能与男性一样进入社会的各个体制，在机会均等的条件下同男性公平竞争。

土家族文化中的创世神话告诉我们，人类的始祖是男女平等、男女和谐的世界。到了父权社会，男性是占有、支配、刚强、主宰等主体地位，所有的制度充满男性的话语。可以说，女性在社会中遭遇的不平等是社会历程发展的劣势积累。这种男女的不平等不仅长期存在，而且在父权文化的控制下被合法化，直接或间接地影响着一代又一代的人们。妇女的主要角色是母亲与妻子，主要的活动范围是家庭，妇女的劳动不是家庭的主要经济来源，因此，妇女在家庭中是弱者，不会得到家庭的重视与关注。所谓弱势，就是指在社会资源的分配上不具有平等性，甚至还遭遇贫困与压制。

① 刘霓：《西方女性学》，北京，社会科学文献出版社，2007。

随着社会的发展，人类社会的性别属性发生了重大的改变，女性成为了家庭的附属。不仅现实社会如此，就连宗教领域里，女性也成为被边缘化的群体。由主流价值观建构的关于婚姻与家庭的道德屏障将女性这一人数占50%的群体隔离在婚姻与家庭的主体之外，构成了婚姻与家庭的隔离现象。正是这种隔离使得女性群体在婚姻与家庭的地位、获得、交流等方面一直处于被剥夺、被排斥的状态中。

社会性别是一个变化的社会化的概念。社会性别概念主要有如下的基本含义：第一，人们现有的性别观念是社会化的产物，男女之间的社会差异主要是由社会性决定的而不是由生物性决定的；第二，认为制度因素和文化因素是造成男性和女性社会角色和社会行为差异的原因；第三，社会性别概念认为社会和文化对女性角色和行为的预期往往延伸和扩展了女性生理性别角色；第四，社会性别概念认为，既然两性的社会性别角色和社会行为不是由生理性别决定的，是后天学习和适应得来的，那么它就是可以改变的。正如女性的生活空间可以分为自然空间与社会空间两类。自然空间指的是女性生活中所涉及的空间，主要指家庭，具有很明确的实体性。社会空间指的是人文的构建，也就是在社会文化中，被认知的文化建构，这是一种精神层面的所指，对于女性来说，是无形的规范。

正是如此，我们说，男女不是生来就不平等的，而是因为社会发展过程中，父权制度确立了男性的主宰地位。

综上所述，研究少数民族的女性与两性文化有利于今天的和谐社会的建设，更有利于男女的平等发展。

鄂西土家族吊脚楼民居特征在新农村建设中的运用

林毅红[①]

土家族传统聚落是在长期的农业社会发展中形成的，土家族村寨的主要特征是吊脚楼，吊脚楼是民族文化的重要载体，也构成了我国丰富多彩的建筑文化。吊脚楼民居主要分布于湘西土家族、苗族聚居地的武陵山区以及湖北省境内的鄂西土家族苗族自治州“施鹤八属”的南四县咸丰、来凤、宣恩、鹤峰等地。[②] 鄂西土家族吊脚楼由落地建造的座子屋与架空的横屋组成的“半干栏”，是我国南方干栏式建筑一个独特的类型，或称井院式干栏。

一、土家族村寨民居特征

1. 村寨选址和整体布局

土家族村寨选址皆恪守“重土轻居”的思想，村寨紧贴后山或顺山而建，选址一般近山而远水，不占或极少占用平坝，选址皆灵

---

① 林毅红（1973—），女，湖北宜昌人，中南民族大学博物馆副研究员。

② 谭绍国、杨介明主编：《宣恩县志》，武汉，武汉工业大学出版社，1995。

活取势，不拘一格，利用地形，不择朝向，尽其条件。[①]（如张家寨坐南朝北，彭家寨背北向南，皆因各自地势条件所致）凡村寨周围皆草木繁茂，水源洁净，生态良好。

2. 空间形态及其层次

土家族吊脚楼民居是干栏式建筑的一种类型，半干栏半合院。其空间上最鲜明的特征是横屋出龛即所谓吊脚楼架空。架空层上部多作女儿卧室（当地称姑娘房）或绣房。正屋中堂屋主要用作祭祖。火塘（有的称火铺、火笼屋）是土家人生活中的重要部分，起到客厅的作用，农闲时亲朋好友在此或烤火或烹茶，气氛亲切而融洽。从堂屋到火塘进卧室，内外有别、功能清晰，层次分明，而且，光线也随之由明至暗过渡。屋外檐廊，不但作交通联系，在雨天则可做家务和手工农活，也是人们交谈扯家常的休闲场所。廊下场坝，既可晾晒农作物药材，又可摆席设宴，还可作小型农活。场坝之外有果园，屋后是竹林。[②] 可见土家民居空间形态主次关系、功能关系是明确的，有层次、有秩序，虽有一定程度的合院围抱感，但对绝对的围合还是排斥的，高罗乡的敞堂即可为例，这里绝无高墙深院，连自家的果园场坝也不愿作一点矮墙或护篱。土家民居总的来说是趋于敞向自然，直接贴近自然的。[③]

3. 别致的外形和风格具有审美价值

吊脚楼作为审美对象的建筑，它除了体现一般艺术所具有的审美个性品格外，更主要的是它们具有别致的形式美和丰富多彩的审美个性品格。土家吊脚楼外形多样，有单吊、双吊、两层吊等多种形式，千楼自别，相互竞秀，因各栋吊脚楼构架内部空间处理不一

---

① 马磊：《浅析鄂西土家族传统民居及聚落特征》，载《华中建筑》，1996（4），145页。

② 张良皋：《武陵土家》，北京，三联书店，2001。

③ 王炎松、袁铮：《鄂西宣恩县土家族吊脚楼民居特征及其保护研究》，载《华中建筑》，2005（7）。

样，即使是同一类型的吊脚楼，几乎都各有特色，风格别致，各有千秋。吊脚楼一般设有走栏，大多用镶花栏杆做作美人靠，走栏的吊柱悬挂于空，一般将其雕刻成金瓜或荷花，使之刚柔相济，和谐而优美。

吊脚楼的外部造型从纵向看，形成了“占天不占地”、“天平地不平”的剖面，这些剖面的形成多是采用架空、悬挑、掉层、叠落等手法进行处理，因此，在观察这些吊脚楼时，你会感到生动活泼，毫无生涩呆滞的痕迹。吊脚楼之所以会吊脚，就是因为在二层上出挑，一般出挑1～1.5米，然后再加上屋面的出檐，形成“头重脚轻”的格局，使人感到不稳定，但当它同建在实地上的正屋连在一起时则互相呼应，从而使整个建筑物轻重协调，形态庄重，富有弹性和节奏感，给人一种粗犷洒脱、淳朴深沉的艺术美感。

土家民居装饰具有简洁和轻盈的审美价值。吊脚的部位多在垂花（瓜柱头）、窗花、柱础、签子、屋角、屋脊等处。不论张家寨、彭家寨，还是凡高罗、沙道沟一带，都很少见到雕工细腻复杂的窗花，瓜柱头也可见斧痕，意到即止，屋脊处仅多覆数瓦，屋角均不见起翘，础柱也无多的线脚，整体给人一种简洁朴素的印象。

加上黑瓦褐身青石的色彩，楼下投射的光影，高高吊起的出兔，架空建筑的虚实变幻，隐身于芭蕉竹林之中，分外含蓄和飘逸。

4. 吊脚楼的文化现象

吊脚楼有着丰厚的文化内涵，除具有土家族民居建筑注重龙脉，依势而建和人神共处的神化现象外，还有着十分突出的空间宇宙化观念。土家族的吊脚楼不仅单方面处于宇宙自然的怀抱中，宇宙也同时处于宇宙自然的怀抱之中。这种容纳宇宙的空间观念在土家族上梁仪式歌中表现得十分明显：“上一步，望宝梁，一轮太极在中央，一元行始呈瑞祥。上二步，喜洋洋，‘乾坤’二字在两旁，日月成双永世享……”这里的“乾坤”“日月”代表着宇宙。[①]从某种意义上来说，土家族吊脚楼在其主观上与宇宙变得更接近，更亲密，从而使房屋、人与宇宙浑然一体，密不可分。

5. 灵活精巧的结构

土家人多亲自参与筑屋，在与木匠的合作中掌握了许多实际的经验和技术，几乎每个土家中老年男子都可称作半个木匠。土家民居为穿枋木结构，一般房有三柱四骑或五柱四骑等结构形式（柱落地、骑为不落地的童柱），出挑用曲拱，有的用到几层曲拱或板凳挑等。在正屋与横屋转折处（俗称“马屁股”），土家人匠心独运地用一根将军柱（又称伞把柱，当地称车心柱）支撑正脊、斜脊及横脊的交汇处，往往一柱承托三个方向的数根枋，解决结构的转换问题。但也有不少民居并不遵守此例，在其正脊与斜脊、横脊交汇处不设柱或有柱而不落地，有的斜脊与正脊并不交接而是与平行于正脊的第二根檩交接。有的地方柱与柱之间穿枋不做，似可称作“偷枋造”。[②]

自中央推进社会主义新农村建设以来，按照“生产发展、生活宽裕、乡风文明、村容整洁、管理民主”的目标和要求，少数民族和民族地区社会主义新农村建设取得了巨大成就。但是，在推进社会主义新农村建设的过程中，也出现了一些新的问题。极少数重点保护的村寨得到了较好的保护与利用，而绝大多数土家村寨随着新农村建设的推进，在所谓的现代化和主流建筑的冲击下，许多布局自然和谐、风格独特的传统聚落和乡土建筑变得面目全非，清一色的两层“小洋楼”已经和汉族无异。作为我国传统文化的一枝奇葩——土家族民族聚居的村寨目前正面临着被破坏和衰落的处境。如

① 谭绍国、杨介明主编：《宣恩县志》，武汉，武汉工业大学出版社，1995。

② 马磊：《浅析鄂西土家族传统民居及聚落特征》，载《华中建筑》，1996（4），145页。

何有效地使少数民族特色村寨在保护中得到发展呢？

二、土家传统村寨在新农村建设中彷徨与出路

1. 传统与现代的对弈

随着时代的进步和经济的发展，吊脚楼民居在当地也受到不同层程度的冲击，民居的发展及前景成了一个现实的问题。中老年农民仍认同吊脚楼的居住方式。他们认为木楼透气、凉爽，除湿好，特别是潮湿季节，对人的关节、皮肤都有保护作用，这是水泥“洋房”（砖混结构）所不具备的。另外，对以农业为主要生产方式的一部分村民来说，吊脚楼对牛、猪圈养十分方便，对农作物晾晒通风均十分有利，还可以蓄积牛粪、猪粪作为肥料。但他们同时也承认木楼在很多方面比水泥洋房落后，洋房方便安装各项现代设备，容易清扫和保持卫生，而且不像木楼那样要十分注意木材的防火防腐等安全方面的问题。从经济上考虑，盖同样面积的吊脚楼比盖水泥洋房贵，而且盖木楼需耗费大量木材，现使用木材受到限制，审批很严，而且粗木料、好木料更难筹集，大批量地建盖木楼已经很不现实了。

木楼的发展的另一个制约因素是当地年轻人的选择。出外打工回乡的年轻人受到大城市建筑理念的影响，均瞧不起祖宗留下的吊脚楼而另外择地建起了水泥洋房。于是在这些古朴自然的村寨里，冷不丁地就会冒出一栋新的瓦房或平顶楼，甚至有的还赶时髦装上卷闸门，可客厅里仍旧免不了是堆放农具、杂物而大煞风景。尽管政府已下文不准在寨上修建新房，可新房仍在不断修建中。因为这是一种显富的标志、现代的气息、居住观念的革新。建筑的随意性和无序性使传统的土家村寨变成了汉族村寨的翻版。

2. 传统土家吊脚楼的现代运用

传统的土家族吊脚楼，有其优越性，也有其局限性。在新农村建设中，只有保护和传承其优秀的建筑特征和文化内核，将其合理

的居住理念、方式和空间手法与水泥洋房的优点结合起来，特别是吸收传统木屋的生态内核，才能很好解决传统与现代的对立。

（1）传统生态布局与可持续发展相结合。从吊脚楼传统布局看，可称为不规则弹性组群，房屋布局自由灵活，层叠而上：有的绕弯溜脊，错落有致；有的背山占崖，居高临下；有的沿沟环谷，生动活泼；有的雄居山巅，气势壮观。加之这些吊脚楼多依山而建，山势的蜿蜒起伏常常使人领略到“山重水复疑无路，柳暗花明又一村”的意境，从而获得奇幻的视觉效果，这与我国园林建筑中“借景”手法有异曲同工之妙。因此，在新农村建设与规划中，既要注重房屋整体布局，更要吸收土家族自由灵活、错落有致的借景手法，使现代设计和传统美学融为一体，达到与自然和谐、统一的生态效果。

另外，土家族聚落的选址一般都建在略远离水源的地方而把耕地放在最接近水源的地方，这样不仅可以预防夏季洪涝带来的灾害，而且还能使农田得到良好的日照及灌溉用水。武陵山区少有平地，所以稍微平整一些的土地都会格外珍惜，用它来做最重要的事情——种植耕作。[①] 在新农村建设中，既要选择交通便利、生活方便、离农田较近的位置整体规划建设，也要善于利用自然条件，更要吸收传统生态内核，注重保护耕地、保护生态、保护水源，与自然和谐相处，才能可持续发展。

（2）传统结构美与现代材料互相取长补短。吊脚楼是长方形和三角形的组合，这种几何形体稳定而庄重，给人一种静而刚的感觉，这静表现了一种典雅灵秀之美，这刚则表现一种挺拔健劲之美。其内部构架，无论梁、柱、枋、檩，它们之间都是互为垂直相交的，构成了一个在三维空间上相互垂直的网络体系，整个屋盖从横向观察则是一个三棱体，屋顶的正脊虽然用的直线，但在复盖脊

① 陈刚伦、颜利克：《鄂西干栏民居空间形态研究》，载《建筑学报》，1999（9）。

瓦时，对正脊的两山头则加瓦起翘，从横向观察则变成了弧线，在视觉上给人端庄、雄健的感觉。①

这种干栏式半合院式结构是土家族先辈根据武陵山区的自然环境经过数千年的摸索、探究营造而来，可以说是经验的总结，具有现代“小洋楼”无法比拟的优越性。干栏式建筑结构的优越性体现在：一是吊脚楼结构紧凑、线条流畅、稳定庄重，具有艺术美感，同时由于吊脚采用榫卯结构，具有一定的抗震功能。二是架空的吊脚可以防潮、防霉、除湿、通风、防蚊虫，也可堆放杂物农具。三是二楼的美人靠有利于采光和晾晒。四是吊脚楼的斜坡屋顶有利用排水和隔热。现代“小洋楼”有明显劣势，一是冬冷夏热，由于砖混结构隔热和散热性都较差，造成冬如寒窑、夏如蒸笼，舒适性比传统木屋差，二是目前平顶房漏水问题至今还未彻底解决，三是“小洋楼’一般无架空层，山区梅雨季节潮湿，返潮易使家具、粮食长霉。现在很多南方大城市的建筑都有架空层或者地下层，可能就是从土家吊脚楼得到的启发吧，另外现代很多建筑“平改坡”可能也意识到斜坡屋顶在多雨的南方具有不可替代性。因此，土家族在新农村建设中如果完全摒弃传统的构造，一味模仿外来建筑，只能是东施效颦，适得其反，最终要付出反复拆建的代价。

但现代的建筑材料有其优越性，一是价格便宜，运输方便；二是建筑成本低，工序比建吊脚楼简单，很多出外打工学建筑回来自己也能建房；三是钢筋水泥牢固结实，防火防盗、防虫防霉，更重要的是现代建筑可以安装现代化的生活用具，如马桶、淋浴房、抽油烟灶台，能提高土家人的生活质量。

因此，传统的东西并不是完全过时落后，也有其利用价值，传统的只有在变革中才能得到发展和提升，革新是保护传统唯一的出路；现代的建筑也并不是毫无缺点，关键是怎样扬长避短，取其传

① 陈刚伦、颜利克：《鄂西干栏民居空间形态研究》，载《建筑学报》，1999（9）。

统精华，为我所用，使现代的建筑更加环保、生态、宜居。如今清江两岸的高山或半高山上，古老的吊脚楼仍在沿用，在长阳县城、五峰县城现在所建的高楼大厦也采用吊脚楼形式，只是建材应用钢筋混凝土，使建筑更加牢固和舒适，就是借用传统结构的现实案例。

（3）土家族吊脚楼质朴色彩和轻盈的造型与现代设计结合。如果仅仅运用了干栏式和斜坡顶的营造还不能完全说吸取了传统民居的精华，土家族的建筑色彩和造型也是现代建筑另一值得借鉴的地方。土家族传统建筑运用木料建屋，具有质朴和天然的本色。但完全采用传统的木料不太现实，对于林木的消耗非常大，不利于生态保护。因此，在新农村建设中，可采用半木制半砖混的结构，既一楼架空层运用钢筋水泥打地基，二楼保留木结构。如条件不容许，可以在局部运用木板、石材做装饰或者在色彩和外观上统一为仿木效果，显得古色古香，具有民族风情和独特的艺术效果。另外，现代建筑可就地取材，废物利用，运用青石等特征体现传统的艺术风格。山里石头随处可见，石头具有质地坚硬、容易打磨成型，不腐不霉等材料特征，同时也具有质朴、淡雅的风格，将青石加工成青石片，可做装饰和用于铺路，与绿水青山融为一体。忌采用花里胡哨各色马赛克和瓷砖装饰外墙，不仅不具有美感而且艳俗，和自然环境格格不入。可悲的是，现在很多农村已经大面积存在，已并以此为美，以此显得自家富裕和气派。

吊脚楼轻盈的造型亦值得现代建筑借鉴。在规划设计中，新建筑依据地势一半坐平地，另一半腾空而起，一侧横屋出龛，朝向一致的龛子并列起来，很有气势，也可借鉴宣恩彭家寨建筑格局，同一台地的几幢钥匙头，有的出左横屋，有的出右横屋，有的同时出一侧横屋，彼此犬牙参差，错落有致，体现出了现代的疏密和节奏设计理念。虽排布密集，前后错叠，远看似很拥挤，但由于前后高差较大，左右亦在吊脚楼下形成穿透空间，故各户都能在屋前建有或大或小的晒台场坝，不遮挡阳光，通风亦佳。村中均铺石板以解决交通，石板小路在两边木屋的缝隙之间挤出来，顺山而上，两边木屋深远的出檐将其大部遮住，行人可免受日晒雨淋。①

吊脚楼作为一种特殊的物质文化现象，犹如一部凝固的古歌，多层次、多侧面、多角度地反映出土家族的历史发展、文化心态和创造才能。民居形式不是一成不变的，旧的生产生活方式的改变必定带来作为其载体的人居环境的改变，这是历史的必然规律，也是建筑发展的内在规律，对建筑遗产的保护与利用不仅注意保持历史文化背景的真实性，还应考虑其发展和变革。吊脚楼不仅是历史的遗产，同样是文化和生态的遗产。它们的完整性、特殊性、真实性和历史性符合国际公认的文化与自然遗产的标准，特别是它们的生态性，它们不仅是武陵山区特有的干栏式建筑类型，而且也是现代建筑要深刻领会其宜居、宜人、宜劳作、宜环保的绿色建筑方式，这在当今是弥足珍贵的。单纯把吊脚楼作为一种空壳进行保护是不现实的，除非国家级历史文化遗产可以封存保护以外，绝大部分吊脚楼在土家山区生根开花，随着城镇化的进程，亦将有其寿终正寝的一天。因此，在新农村建设的规划中，我们应尊重传统、尊重历史、尊重生态，吸取传统精华，扬长避短，合理利用和改造，才可以促进其可持续发展，不断获得新生，才能在发展中传承传统文化的精髓和内涵。

① 陆琦：《土家族民居的特质与形成》，见《华中建筑》，1996（4）。

民族旅游内在矛盾与民族旅游规划管理研究

——以长阳土家族旅游为例

马晓京[①]

自20世纪90年代以来，开发少数民族文化，发展民族旅游，已成为我国许多民族地区实现现代化的手段之一。令人“好恶交织”的是，通过文化展示，民族旅游在促进当地经济发展，复兴传统，保护文化遗产，激活被开发族群的内聚力、自信心和自豪感，强化族群认同的同时，民族旅游也裹挟着一股引人深虑的潜在破坏力，稍有不慎，民族文化的商品化和市场化就会生成一系列社会文化问题，对当地被开发族群的社会文化、生活方式和族群认同产生不良影响，既涉及社区族群文化的保存和保护，也关乎族群认同的重构和文化价值观念的变迁。如何使少数民族旅游经济开发和文化保护之间的关系和谐，推动民族地区社会文化变迁的良性发展，已成为学界近年来的热点议题，积累了丰富资料。

如果民族旅游对民族地区社会文化变迁效应的两面性是一种本质属性，在“加快发展旅游业，把旅游业培育成国民经济的战略性支柱产业”政策指导下，民族旅游的扩大化和深化都将是未来许多

① 马晓京（1967—），女，回族，湖北省石首市人，中南民族大学教授。

民族出现的必然趋势，那么，对民族旅游的研究，在思想观念上应该尽早超越鼓吹、警示、适应阶段，进入以知识为基础的阶段。沿此思路，如何规划构建以更全面、更综合知识为基础的民族旅游，就成为新的重要议题。

根据布迪厄的场域理论，如果视旅游为一个场域，卷入民族旅游场域的社会关系众多，旅游与民族地区社会文化变迁的互动关系，并非长期笼罩学界的单纯的“东道主与游客”关系。在我国政府主导型旅游业的发展背景下，卷入民族旅游场域的社会角色和社会关系，或者用管理学的术语“利益相关者”表述，如政府、企业、旅游者和民族地区民众等，对旅游与民族文化变迁的互动关系及其走向，各自发挥着不同作用。这些社会角色之间错综复杂的关系所形成的合力方向就是旅游与民族地区社会文化互动、变迁的方向。因此，民族旅游要实现良性的可持续发展目标，在最初的旅游规划阶段，就要全面了解各主要利益相关者参与民族旅游的利益诉求和目标，以及对民族旅游社会文化效应的看法，在协调平衡各方立场的基础上，制定科学的民族旅游规划。

检索民族旅游文献时发现，少有学者根据利益相关者理论将民族旅游效应纳入民族旅游的规划过程之中，研究各利益相当者对民族旅游的不同立场，探索科学的民族旅游规划框架。本论文将做初步尝试，并以长阳土家族旅游为例，作一说明。论文写作之前，闻悉长阳2010年启动编制《长阳旅游发展战略研究》，为今后5～10年旅游业发展的方向规划蓝图。在此背景下，本议题尤具现实意义。

一、民族旅游规划的框架设想

首先介绍分析框架。该框架受美国旅游人类学家斯温（Swain）启发，将用来探索民族旅游场域中旅游与民族地区社会文化的互动问题，比较各利益相关者的态度与立场，展望民族旅游的科学发展战略。该框架由三部分构成：主要利益相关者、民族旅游内在矛盾、对策。

1. 所谓利益相关者，指任何能影响组织目标实现或被该目标影响的群体或个人。在我国，关于民族旅游的利益相关者研究很少，结合其他几位学者的研究，笔者认为民族旅游场域中的利益相关者最突出的有四个：各级政府、旅游企业、旅游者、民族地区民众。各利益相关者带着不同动机和不同目标投身民族旅游业，地位和作用各不相同，利益诉求也不一样，涉及政治利益、经济利益、社会利益和文化利益等。每种利益对不同的利益相关者影响不同，如对政府而言，政治利益诉求高于其他利益相关者；对旅游企业而言，经济利益诉求高于其他利益相关者。

2. 在民族旅游早期规划阶段，要高度重视民族旅游发展的内在矛盾，预见民族旅游发展可能出现的社会文化问题，强调少数民族文化保护。在实践中，民族旅游经常生成以下几方面的紧张关系：

第一，国家控制与民族自治相对其他旅游产品类型，民族旅游的特质之一是在国家控制与民族自治之间存在冲突。许多国家在开发民族旅游时并非毫无顾虑。政治影响旅游，旅游影响政治，这种博弈关系在许多国家民族旅游中表现特别明显。民族旅游有利于唤醒民族意识，增强民族自信与认同，同时又会对该民族的政治目标产生重要影响。如西方学者卡拉汉（Callahan）通过研究英国谢德兰群岛（Shetland）的民族旅游，发现谢德兰群岛出现了一种特殊认同现象，为小岛民众提供了具有政治意义的归属感。

第二，文化独特性与现代性民族旅游的主要内涵是异域风情，即对异地异民族异文化所产生的一种深层的、集体的或个人的心理或情感。但是，旅游者希望体验独具民族文化特色的旅游需求与社区东道民众对现代化的热切盼望，形成了一种张力。对于民族地区而言，独具特色的民族文化是最大吸引力，也是民族旅游发展的基础。但是，又有另外一股强大力量渗透民族地区各级政府，促使他们对少数民族地区实施政治、经济和文化等多方面的开发，导致文化独特性日渐消融，被纳入主流社会。再加之媒体宣介和市场经济的影响，民族地区少数民族群体也越来越渴望现代化的生活。

第三，经济发展与文化保护旅游是民族地区经济发展的有效工具。但是，发展会带来变化，并非所有的变化都是人们所盼望的。当民族地区社会发生巨大变迁时，文化保护问题变得至关重要。为何保护、为谁保护、由谁保护、如何保护、保护什么等问题，无论在理论还是在实践层面，都需要深入探讨。

第四，原真性与商品化。民族旅游是“人们远离现代社会而去追求原真性的世俗朝圣”。为了满足旅游者对原真性的需求，展现民族文化的吸引力，旅游生产者与民族社区东道主选择民族文化的某些元素，进行包装，创造了大量舞台化的文化表征和文化表演，或者说“舞台化的原真性”。但是，民族文化的商品化可能引诱当地人改变其文化行为以适应市场需求，原真性的民族文化日渐失落。

我们明确了上述几方面的紧张关系之后，有助于认识民族旅游发展的内在矛盾，全面理解民族旅游的社会文化效应。

3. 对策展望：在民族旅游的前期规划阶段，要重视上述几方面的紧张关系，弄清各利益相关者在诸种矛盾关系中的位置，综合考量各主要利益相关者的立场，以求尽可能减轻民族旅游的负面影响，实现经济利益与生态环境、社会文化的和谐发展。

二、长阳民族旅游场域中不同利益相关者观点之比较

长阳土家族自治县，位于湖北省西南部的清江中下游，全县总人口41万，其中土家族占50.3%。长阳旅游资源丰富，在《中国旅游资源普查规范》列出的6类74种基本旅游资源类型中，就有6类45种。长阳山水秀丽，风景优美，“八百里清江美如画，三百里

长阳似画廊”。长阳历史悠久，文化灿烂，是土家族的摇篮，巴人的故乡，数千年来，上古巴人及其后裔，创造出独具特色的巴土文化，其中山歌、南曲、“撒叶儿嗬”素有“土家三宝”之称，是著名的“歌舞之乡”。长阳的吸引力，借用长阳县委书记马尚云充满诗意的语言表达就是：“长阳之美，美在清江一泓水，美在文化惹人醉。”

长阳旅游业始于20世纪90年代初，经过近20年的发展，已逐步成为长阳国民经济的支柱产业。截至2009年底，长阳旅游企业职工数已达3510人，开发了9大景区31个小区46个景点，形成一点（龙舟坪镇）三线（清江线、中武线、丹水线）格局，可接待游客的宾馆饭店床位6000余张，星级宾馆4家、国内旅行社3家、游船69艘，旅游车辆363辆，旅游商品62种，以西兰卡普、清江奇石、根艺盆景、香椿、清江银鱼等为突出代表。“巴人故里·清江长阳”、“清江天下秀·长阳歌舞乡”、“中华巴土圣山”等旅游品牌在国内外享有盛誉，清江画廊风景区已成为国家4A级景区、国家森林公园，省级风景名胜区、省级旅游度假区、全省四大甲级旅游风景区、“全国民族文化旅游十大新兴品牌”。客源市场由以省内市场为主，迈向以省内市场为基础、华中市场为重点、北方市场和华东市场为新的增长点的新阶段。

长阳已成为湖北著名的旅游强县，旅游业呈现出持续、快速发展的良好态势。2007年接待游客108.8万人次，同比增长15.4%；实现旅游综合收入42 148万元，同比增长23.8%。2008年接待游客122万人次，同比增长12.1%；实现旅游综合收入50 375万元，同比增长19.5%。2009年长阳县旅游接待总人数达到135.8万人次，同比增长11.32%；实现旅游综合收入5.8亿元，同比增长15.31%，其中清江画廊风景区游客接待数和经营收入均同比增长了80%，旅游经济发展水平实现了新的突破，步入了省县级地区旅游业发展的前列，被省人民政府表彰为“2009年度全省旅游发展先进县”。2010年计划实现旅游接待总人数165万人次，旅游综合收入9亿元，分别比上年度增长21.5%和55%，全面推进“生态文化旅游名县”战略，“把长阳建设成为湖北民族旅游第一县和中国旅游强县”。

有观点认为民族旅游与社区社会文化发展之间很难建立起一种真正的合作伙伴关系。民族旅游的历史，特别是在初始阶段，或是旅游全面快速发展的阶段，一直是经济利益占据主导地位，以牺牲文化价值换取旅游收益最大化的历史。那么，长阳的民族旅游能否跳出这一怪圈？以下是研究结果。

（一）国家控制与民族自治

加快发展旅游业，包括民族地区在内的各级地方政府积极发展旅游。在长阳民族旅游发展中，长阳县政府起着决定性的主导作用，直接推动并参与民族旅游发展，既是长阳民族旅游的倡导者、鼓动者、规划者、投资者，也是民族旅游的监管控制者，在引导、规划、调控和规范层面上发挥了积极的作用。仅仅在2009年一年之内，长阳县政府召开研究旅游工作的会议就多达17次，并利用民族区域自治的优势，启动《长阳土家族自治县旅游条例》的立法工作，并于2010年5月27日由省人大全票通过。在我国，政府不仅是民族旅游业的发起者和控制者，也是少数民族身份的识别者和认定者。长阳县政府在鼓励当地民众积极参与民族旅游的同时，对少数民族的演出活动进行了严格限制。在我们的调查中，长阳一家民族文化艺术表演团负责人明确表示，他们“主要在县里表演。对于外出活动，县里是有限制的。主要用于对外宣传”。

旅游企业非常支持政府主导下的民族旅游开发。几乎所有的被调查者都认为，能否获得政府的支持，直接决定了他们的旅游投资能否取得成功。不论是国资、集体出资、个人投资，还是外资，都竞相与政府合作，以获取土地、税费方面的优惠和减免。对于少数民族自治问题，绝大多数外来的旅游企业持反对态度，在他们眼中，少数民族文化只是一种具有利用价值，可以获得利润的资源，只要有钱，谁都可以开发，他们基本上不愿意或是被迫与当地民众分享经济利益。

绝大多数旅游者认为民族旅游的开发，离不开政府的宏观控制，认为只有政府加强管理，才能保证民族旅游的产品质量，体验到"原生态的"、"土滋土味的"土家族文化。对于少数民族自治问题，绝大多数旅游者表示没有意识到这个问题，甚至有人回答从来就不知道还有此类问题。经提醒，有些人表示知道该问题的存在。只有极少数的旅游者表示知道该问题，并明确表示少数民族自治不应该违反国家政策。

当地土家族民众一般都很支持政府主导下的民族旅游开发，但对由外族人开发土家族文化发展则持保留意见。由于没有资金和相关知识，民众对本地的民族旅游发展基本没有或只有非常微弱的掌控能力，但是，当地民族群众还是有一种日渐增长的自治意识和愿望，希望政府能够与他们进行更有效的沟通，多听取他们的意见，赋予他们更多的自治权利，由他们自己来管理社区的资源，如赋予他们土家族旅游的独占经营权。调查中有老百姓不解地说："如果不是我们土家人自己搞，为什么还要打土家族的旗号?"当然，有些老百姓也表示，在自己不具备条件和资金时，也不反对外族人开发土家族文化。

（二）文化独特性与现代性

"保护和发展少数民族文化"、"加快少数民族和民族地区经济社会发展"是新时期中国的民族政策，各级地方政府在政策上既鼓励少数民族利用独具特色的民族文化发展旅游，加快发展现代化，也鼓励保持文化特色，保护民族文化。在处理文化独特性的开发利用与发展现代化的关系时，长阳政府经过了一段从"文化搭台、经贸唱戏”到“文化经济化，经济文化化，文化经济一体化模式”的探索过程。在长阳旅游开发的起步阶段，县政府依托长阳得天独厚的历史文化、民族文化资源与自然风光，确立“清江为体、文化为魂”的发展思路，以“人人都是环境，处处都是文化”为口号，开发以土家族族源神话廪君神话发源地武落钟离山为中心的民族文化旅游产业，全面开发包括历史、考古、自然、民俗、民间歌舞表演等等内容的土家民族文化资源。经过近二十年的发展，长阳不仅是“中国民间艺术之乡”、“全国文化先进县”，而且还是湖北省的旅游经济强县。

调查表明，在民族旅游场域中，对于界定少数民族文化原真性、选择复兴、开发和保存民族文化等问题，旅游企业发挥着主导作用。旅游企业对少数民族地区外在文化风貌如当地的建筑风格是否为传统的吊脚楼等，当地人是否穿民族服饰等很重视，而对当地社会风尚是否健康，是否良性发展，并不关注，甚至认为只要有特色，有市场，土家风情街即使是“处处麻将声，处处灯红酒绿”也无关紧要。

在旅游者心中，欣赏体验独具特色的土家族文化是他们选择到长阳旅游的重要原因之一。他们对土家族文化的认识是一种典型浪漫的“他者”想象。在回答“您了解土家族文化吗”时一些旅游者要么直接回答不了解土家族文化，要么就是回答只知道原始的、乡村的、传统的、甚至是落后的方面，只有少数游客通过长阳籍的流行歌手王丹萍知道长阳的山歌。由于绝大多数旅游者都是参团旅游，他们很少有机会和当地民众直接互动，对土家族文化的体验，多为观看舞台化的文化表演，主要是欣赏文化村的“下里巴人”歌舞表演，对真实的土家族传统文化与生活，基本上没有体验。

在当地老百姓看来，当前最迫切的愿望是赚钱和追求现代化的生活方式。只要有可能，任何独具特色的民族文化资源都能成为当地民众创收的方式。近年来，在长阳县城和乡以下个别集镇，兴起跳撒叶儿嗬的人统一着装，承包灵堂舞场的现象。他们一般都穿一身黄色或者绿色带花边的对襟装，活跃在灵堂舞场，孝家除供吃供喝供烟外，还给每人支付50～100元劳务费，报销交通费。据调查，有的艺人一年大约可以挣3000—5000元。当地艺人甚至开始利用自己所拥有的民族文化优势，走上文化打工之路，在三峡地区的旅游景区、宾馆饭店等地，到处可见长阳土家族艺人的身影。长阳贺家坪村的土家族农民王纯成《我为游客喊山歌》被录制成电台节目后，曾在十多家媒体播出。

（三）经济发展与文化保护

旅游以其“资源消耗低，带动系数大，就业机会多，综合效益好”的特质，被写进我国政府报告，也因其“保增长、扩内需、调结构等”方面的积极作用而受到各级地方政府的追捧。经济利益是地方政府发展旅游最重要的原动力，而独具地方特色和和民族特色的文化则是发展旅游的最重要吸引物。地方政府无论是在关于旅游的工作报告还是在对外宣传中，都要高调突出当地的民族文化特色。长阳县委书记马尚云多次发表文章指出：“长阳文化是旅游业发展的重要载体，更是旅游可持续发展的灵魂和生命，这也是长阳旅游发展的一个重要优势。”在对外宣传时更是激情洋溢地表示：“真正使旅游具有竞争力的是文化，我们将以灿烂的巴土文化为内核，着力打造清江旅游的航空母舰，让清江旅游成为一项富民富县的朝阳产业。”为此，长阳县政府在民族民间文化保护方面，也是不遗余力，采取了一系列措施，如颁布了中国第一部县级传统文化保护条例《长阳土家族自治县民族民间传统文化保护条例》，制定了《长阳土家族传统文化生态保护区总体规划》，积极开展“申遗”工作等，文化保护工作开展得风生水起、有声有色，取得了累累硕果。2005年，“撒叶儿嗬”被国务院列入中国第一批非物质文化遗产保护名录，以土家族撒叶儿嗬为创作元素的大型广场舞蹈

《土家族撒叶儿嗬》获文化部第十四届广场舞蹈比赛群星奖。2009年，孙家香、王爱民被评为第三批国家级非物质文化遗产项目代表性传承人。

毫无疑问，经济利益是驱动旅游企业投身民族旅游的内驱力。旅游企业是地方民族旅游发展的支柱，是当地财政收入来源之一。旅游企业在民族旅游发展中投入资本，其目的是获得利润，同时促进民族旅游的发展。从理论上讲，旅游企业从民族旅游中获利最多，理所当然地应该积极参与当地文化保护工作，但是，作为外来经济资本的代表，因价值规律的自发作用，旅游企业以在短期内追求利润最大化为目标，对自然资源和文化方面的成本不承担任何直接责任，在资源保护方面缺乏强制的约束和有效的激励，并存在过度开发民族旅游资源，有使民族文化过度商业化和庸俗化的倾向。在民族旅游的经营管理中，旅游企业对少数民族文化保护只是停留在口头和书面文件上。与他们交谈时，一些旅游企业家甚至直言不讳地表示：文化保护，那是政府的事。

如果说政府、企业参与民族旅游的驱动力是经济利益，那么，旅游者则是出于娱乐、休闲、体验异域风情等文化利益而参与民族旅游。旅游者在旅游过程中，关注旅游经历的“质量”和“满意感”。对旅游者来说，旅游活动中的文化表演看起来是真实的，有趣、好玩，关系到他们对自己旅游体验质量的评价。换言之，“在旅游业中描述一件文化或往事时，再制造某些使人相信的事件比某些事件的真实性往往更重要”。旅游者通过参与当地旅游活动和购买当地纪念品，为民族地区经济作出了重要贡献。至于文化保护方面，“由于作为临时观光客的旅游观看是非功利的、审美的、浪漫的、好奇的、欣赏的。这种旅游眼光之后潜藏着一种旅游者对某种异乎寻常的新奇之物或者是对某个可以短暂逃离并可纵情享受的‘乐土’的渴望与欲求。旅游者最关心的是自己在旅游途中的感受，如是否快乐愉悦，是否拥有高质量的服务，是否能度过一段美好的时光。因此，旅游者对目的地的观看是以旅游者自我为中心的，本质上是高度的自私自利”，对当地少数民族文化持的是消费态度，基本上不关心民族文化的保护问题。

总体说来，当地老百姓比较认可旅游的经济效应，绝大多数人都认为旅游促进了当地的经济发展，在当地经济生活中发挥了越来越重要的作用，也给他们提供了更多的赚钱机会。许多人表示如果没有开发旅游，外地人不会越来越多，当地的文艺演出队、奇石村、根艺盆景村不会像现在这样红火。当地人普遍认为旅游开发令当地的基础设施和城镇面貌得到了改善。许多人也认为外来人的增多，令当地的环境质量有所下降，如一些人提到清江边的许多酒店宾馆直接向清江倾倒未经处理的生活垃圾，清江的水没有以前清亮透明。对于当地出现的许多新现象、新变化，如每天晚上一部分群众在县城文化广场跳撒叶儿嗬，老年人比较关心，希望政府能够出面制止。但是，对于年轻人来说，他们就觉得无所谓，因为在他们心中，挣钱是第一位的事，有操别人跳撒叶儿嗬的心，不如想想挣钱发财的办法。

（四）原真性与文化商品化

在民族地区，对具有产业和市场潜力的传统文化资源，各级地方政府鼓励在国家政策支持下，运用市场和产业的手段进行保护、传承和发展，特别是和发展旅游业紧密结合的文化资源，开发文化产品。在民族文化商业化的过程中，政府充当了一个平衡调节旅游企业、旅游者和当地民众利益纷争的角色。政府严格监管民族文化的表征形式，在民族旅游的表述中，“政府呈现的是生活在统一国家里的不同文化交融的民族主义形象”。与学者观念不同，地方政府并不认为民族文化的原真性和民族文化商品化是一对矛盾。

旅游企业一般与政府关系紧密，是实施民族文化商品化的主力，他们控制着民族文化旅游资源，直接决定民族文化的旅游表达。在打造构建“原真性”民族文化形象的过程中，旅游企业是选择决定民族文化要素的最关键力量，其标准是娱乐性和吸引力。旅游企业对于民族文化的真正内涵并不关心，最关心的是能否满足旅游者的需求。为了满足旅游者对异域、异民族文化的浪漫想象，他们在对外宣传推广中，总是将当地民族文化描述为“原始的”、“原生态的”、“野性的”。为了满足适应特殊的旅游场景，旅游企业对民族文化要素进行了置换和重组，只有那些满足旅游者需求的文化要素才符合旅游企业家心中的原真性标准。换言之，对于旅游企业家来说，原真性并没有标准，或者只有一个标准，即能够吸引、娱乐旅游者，能够卖得出钱的文化要素就是原真的，否则，就不是原真的。

绝大多数旅游者对土家族文化知之甚少，对文化原真性要么不关心，要么根本就不知如何判断。如许多游客对土家族的认知停留在只知其名的水平上，但对于民俗村的文化表演和西兰卡普纪念品，他们又表现出极高的认可度，认为其演出背景虽然是人工的，演员的表演还是很真实的，表现了土家族的特色，他们也从中得到了娱乐和放松。当然，也有一些游客表示，“管它真不真呢，好玩就行了呗”。

在民族社区，民众对文化原真性的问题有强烈的感知。虽然绝大多数少数民族民众认为旅游使其文化商品化程度提高，但只有极少一部分人，主要是老人，担心舞台化的表演会降低文化价值。绝大多数人对文化商品过程中出现的新现象，或称“发明的传统”有比较高的认同度。如长阳自古以来就被认为是土家族先祖廪君的故乡，但旅游开发前，“廪君神话传说在民间流传的并不多，它实际上有很多东西是文化人杜撰出来的。特别是关于廪君和盐水女神的这个故事，它只是在文化界、文化人中间知道，在民间，人们并不清楚”。旅游开发后，“当地老百姓不仅向游客讲廪君故事，他们也讲给自已听，讲多了，慢慢地讲的人就越来越多了”。那些困扰研究者的所谓原真性问题，对当地人根本就不存在，他们认为越来越多的旅游者到长阳旅游，这本身就是长阳土家族文化中的“民族性”和“原真性”得以持续发展的一种证明。

三、对民族旅游规划的启示

各利益相关者出于不同诉求而投身民族旅游，立场各异。政府主要聚焦旅游开发的宏观控制与政策制定，旅游企业则将创造利润放在首位，旅游者因向往异域风情的少数民族文化而参与民族旅游，而民族地区民众则将发展经济和提高生活质量放在首位。旅游者对异域风情文化的向往与民族地区民众对现代生活方式的渴望形成鲜明对比，由此生成民族地区旅游开发的两难处境。旅游者希望体验民族传统文化，体验当地纯粹的日常生活，但当地文化的变迁可能会降低旅游者的兴趣。

政府、旅游企业和民族地区民众都积极投身民族旅游开发，过滤筛选民族文化的各种元素，生产原真性的民族文化体验，以满足旅游市场需求。但是，研究表明政府、旅游企业和民族地区民众之间存在不平等的权力关系。政府与旅游企业在民族旅游开发中权力最大，他们实施的行政管理措施与经济资本投入深刻影响景区景点民族文化的包装、表征及舞台化方式，并进一步影响民族地区的旅游实践。民族文化的原真性因素不是由民族文化的主体——民族地区民众自身决定，而是由政府和旅游企业决定。民族文化的商品化和民族文化节庆及旅游产品的生产都是为了追逐经济利益和政治利益。民族地区民众由于对民族文化资源和旅游活动的影响力有限，经常处于边缘化或是政治、经济方面的不利地位。

在民族旅游中，异域风情特质的民族文化是核心，却是最为脆弱的旅游资源，在旅游规划中需要引起特别注意。但是，民族地区的许多旅游规划都是以经济利益为导向，将关注焦点集中于鼓励投资，很大程度上忽视了环境与社会文化问题。虽然环境问题已被逐渐纳入规划过程，但社会文化问题经常被忽略。因此，规划者应该经常进行影响评估，确定并减轻由民族旅游生成的社会文化问题。民族地区的旅游发展具有巨大潜力，渐入佳境，但必须经过仔细规划、开发和管理，才能保证民族地区传统文化免受致命破坏，并保证民族地区民众从民族旅游中分享公平利益。

为了提供高质量的民族文化旅游体验，当地需要采取有效的文化保护措施，监控社区社会文化的变迁，定期追踪旅游发展效应，总结经验和教训，以便及时或提前应对。由于各利益相关者存在不平衡的权力关系，未来的民族旅游在规划之前，需要加强对各利益相关者的教育，增加信息交流，协商不同观点。虽说强势的利益相关者不会放弃权力，但至少可以制约其权力。自上而下和等级森严的规划思路应该由自下而上和参与式的规划思路取代。地方政府应该为不同利益相关者提供机会，特别是应该邀请当地居民、少数民族群体、私营企业代表等参与规划和决策过程。

为了更好发挥旅游的积极效应，政府应该仔细审视自己在民族旅游开发中的作用，制定更为有效的政策和未来发展规划，要特别强调民族地区民众对资源的控制、文化保护、公众参与规划和决策过程。民族地区民众能否从旅游发展中获利及获利多少，与其对旅游业的影响力及所有权直接相关。文化商品化与文化资源所有权之间相互作用的形式，对身处边缘的民族地区民众赢得或是保持对旅游发展的控制至关重要。虽然开发民族文化产品能够提高自我意识，增强民族认同和自豪感，但是，最为重要的并不是文化产品本身，而是这些文化产品属于谁，谁能从中获利，谁在付出代价。相比那些受教育程度更高、资金更为雄厚、更有市场经济经验的外来开发者来说，民族地区民众并无多少优势。政府应该为民族地区民众提供更多的培训和教育机会，帮助他们掌握与旅游相关的种种知识，并妥善处理因参与市场经济而出现的文化变迁问题，确保民族文化传统的延续。同时，政府还应该帮助民族地区民众自有旅游企业与外来旅游企业合作，生产多样化和高质量的民族旅游产品。当地民众从民族旅游中获利越多，自信心就会越强，也就越能承担责任，保护并传承其文化传统，维护其独具特色的文化认同。

旅游开发视野下非物质文化遗产保护与开发研究

——以土家族为个案

龙先琼[①]

近年来，非物质文化遗产的保护与开发已成为学术界讨论的热点问题，一些研究成果运用于实际工作，指导非物质文化遗产的保护与开发，取得了越来越显著的成效。但是，我们也应当看到，在旅游开发的驱动下，非物质文化遗产的保护与开发中各种盲目、无序、变形的行为和现象依然存在，有些地方甚至比较严重，其结果是对非物质文化遗产造成了不可挽回的损失和难以修复的危害。分析当前旅游开发进程中非物质文化遗产保护与开发中存在的种种偏差和失误，其中主要原因就是在理论上对旅游开发中非物质文化遗产保护与开发中的一些基本问题缺乏深入思考，以致认识上出现偏失。因此，很有必要就旅游开发中非物质文化遗产保护与开发中一些基本问题进行深入的理性思考。本文在学界已有的研究基础上，结合土家族个案，从旅游开发的角度非物质文化遗产的保护与开发问题谈几点自己的思考。

---

① 龙先琼，1963—，男（土家族），湖南保靖人，吉首大学历史与文化学院教授。

一、"旅游开发视野"的三个维度及价值取向

目前，民族文化旅游已成为旅游开发中的重点领域之一。尽管学术界对何谓"民族文化旅游"的概念尚未形成一致的界定，存在着诸如"民族文化旅游"、"民族风情旅游"、"民俗风情旅游"、"民俗文化旅游"等多种不同的表述，但是，从这些不同学术术语生成的共同特征来看，"它们都以某一地区的民族文化为基础，通过某种方式或从某种角度对民族文化形成及内涵加以产品化体现，构成为旅游者提供旅游经历的一种吸引物"。[①] 简单来说，"民族文化旅游"就是指民族文化资源成为旅游市场上的旅游产品引起旅游者的旅游消费。民族文化多样性是民族文化旅游的资源基础，而其差异性则是形成旅游消费品的根本条件，并不是所有的民族文化要素都可以成为民族文化旅游资源，也并不是所有的民族文化资源都能转化为民族文化旅游的产品。从经济学的角度看，任何旅游市场活动都是具体的历史产物。民族文化要素只有在特定的时空条件下才是一种旅游资源，也才能成为旅游市场中可以打造的民族文化旅游消费品。非物质文化遗产是各个民族历史存续的"活态"的文化要素，其显著的异质性、独特性和不可移植性成为吸引民族文化旅游消费的重要的资源要素，日益在旅游开发的大背景下"被"旅游开发着。作为民族历史存续中维系民族标识的重要的"活态"文化要素，非物质文化遗产的实质是作为本土文化与外来文化的文化互动的民族文化旅游开发中如何不会因社会发展的趋同性渐渐消失，而能够永续存留在民族的发展进程中，越来越为当下民族文化旅游开发中紧迫而重要的课题。

在理论思考的层面，从旅游开发的角度认识非物质文化遗产的

---

① 吴必虎、余青：《中国民俗文化旅游开发研究综述》，载《民族研究》，2000(4)，86页。

保护与开发，必须把握三个思维维度：旅游经营者、旅游消费者和旅游文化持有者。这三者在民族文化旅游开发经济活动中的地位和作用不同，因而对作为民族文化旅游资源要素的非物质文化遗产的保护和开发的价值取向也有差异。理解和处理好三者之间的关系，是正确处理好民族文化旅游开发中非物质文化遗产保护与开发问题的关键。

旅游经营者是旅游开发活动的主导者，一方面把民族文化要素转化成旅游经营活动中资源要素，并塑造成旅游产品，进而推销成为旅游市场的商品，从而带动民族文化所在地的发展；另一方面，把民族文化要素首先看成是旅游开发中的“经济”性资源要素，以潜在的市场价值预期来加工和打造民族文化资源要素，特别看重文化遗产的商品可塑性和直接的市场效益，其根本的价值取向是获利，这是旅游经营者在包括非物质文化遗产在内的民族文化的保护与开发中作为旅游开发活动的根本企求。旅游经营活动把民族文化带进市场，其获利性和发展效应是明显的，但也由于市场的功利性，使得民族文化旅游经营活动可能会存在种种短期行为、欺诈行为和粗制滥造行为。

旅游消费者是旅游开发活动中的市场主体，是民族文化旅游商品的直接消费者，一方面对民族文化旅游商品具有具体的市场价格要求；另一方面对民族文化旅游商品消费缺乏清晰的计量诉求，其主要的价值追求是通过消费民族文化旅游商品的独特的观赏性而获得精神上的愉悦满足。这种价值追求对于民族文化遗产来说，一方面明确了其在旅游开发中的条件和市场价值；另一方面由于旅游消费特别是民族文化旅游消费的预支成本较高，旅游消费者对民族文化商品消费的价值期望往往也比较高，这就与少数民族文化发展与现代化中趋同性特征不相适应。

旅游文化持有者是旅游开发活动中的对象人群，是民族文化旅游中的文化资源的持有者和文化旅游商品的载体。一方面作为民族文化持有者，他们按照自己的文化逻辑传续自己的文化；另一方面，他们在旅游开发中作为民族文化资源要素的有机载体和文化旅游商品的展销者，不断地被“开发”着。他们在旅游开发中的主要目的兼有被文化认同和市场获利的双重性。这种价值取向有维护文化生态文化多样性的积极一面，同时也难免会因强烈的文化认同意识和逐利心理而出现搜奇、编造民族文化要素的消极一面。

在旅游开发中，旅游经营者、旅游消费者和旅游文化持有者三者之间构成了一个旅游经营活动的体系，对民族文化旅游具有直接的支撑作用和重要的内在影响。但是，由于三者的价值取向有差异，因而在旅游开发中认识和对待民族文化遗产的保护与开发问题上表现出逐利、求异、趋奇的心理及行为特征，具有极端的市场功利趋向。这种趋向的存在，固然有现实利益追求的影响，但主要是对民族文化遗产，特别是非物质文化遗产的理论认识不清造成的，因而必须厘清这种认识。

二、非物质文化遗产的系统结构及特征

何谓非物质文化遗产？目前学术界普遍接受的是联合国教科文组织于2003年10月17日通过的《保护非物质文化遗产公约》对这个概念的定义。该公约界定的非物质文化遗产是“指被各群体、团体、有时为个人视为其文化遗产的各种实践、表演、表现形式、知识和技能及其有关的工具、实物、工艺品和文化场所”，具体来说，其内容包括五个方面：①口头传说和表述，包括作为非物质文化遗产媒介的语言；②表演艺术，包括音乐、舞蹈、戏剧、曲艺等；③社会风俗、礼仪、节庆；④有关自然界和宇宙的知识和实践；⑤传统的手工艺技能。[①] 从语言学的角度看，这个定义对非物质文化遗产概念的界定及表述是规范而明确的，从而确立了我们对

① 联合国教科文组织：《保护非物质文化遗产公约》，10页，2003。

于非物质文化遗产基本的认知趋向，即准确地把握其具体内容的基本事实存在，这对于我们在繁杂的“文化遗产”的研究中明确非物质文化遗产的研究对象无疑是很有价值的。但是，对于非物质文化遗产的认识，仅止于对其概念的定义看似肯定的语言表述上，其实是不完整的。这种对非物质文化遗产理解的不完整，既是认知上的局限，也是态度上的简单化，它必然导致行为上程度不同的理性缺失。因为，作为一种文化存在，“非物质文化遗产通常是指现存的民族传统文化，是以活的形态出现的，与人本身是密不可分的，是以人为本的活态文化。……更注重的是技能和知识的传承，它是人类历史发展过程中各国或各民族的生活方式、智慧与情感的活的载体，是活态的文化财富”。① 可以说，非物质文化遗产是“活”着的文化形态，是有“生命”的文化体系，是具有体系结构和丰富内涵的文化“生命”体。所以，我们应从文化形态的视角去认识和理解非物质文化遗产。从文化形态的角度思考，笔者认为非物质文化遗产的结构层次及其内涵应当包括三个方面：

（1）历史环境遗存。历史环境遗存是指非物质文化遗产的结构体系的外层形态，它包括历史地理特点、村（镇）落形态、房舍形制、街巷特色，活动场景、交往的方式及氛围等。一种文化遗产，无论是物质的还是非物质的，其作为一种文化存在形态绝不会是无依无据、无根无基地凭空产生和存在的，而必然是在一定的空间和时间、自然和社会以及历史和现实的共同营造中萌生和存续的，因而是环境的产物。由于非物质文化遗产更直接、更主要地体现其创造者的个性和特色，而其创造者本身又是特定历史文化环境中模塑的产物，并成为这种历史文化环境的组成部分，彰显具体的历史文化环境的个性特征，因而，从创造者活动及其结果来看，非物质文

① 何星亮：《非物质文化遗产的保护与民族现代化》，载《中南民族大学学报（人文社会科学版）》，2005（3）。

化遗产是特定历史文化环境中的人的文化创造，并与这种历史文化环境融为一体，在历史过程的演进中表现为一种具体的外显化的历史环境遗产。脱离历史环境遗存的非物质文化遗产是不存在的，而剥离历史环境遗存来谈非物质文化遗产也是十分可笑的。譬如说，土家族的“摆手舞”，是土家族的非物质文化遗产，但是，我们理解“摆手舞”就不能仅仅只看没有场境的“摆手舞”的表演动作，而必须把它与相适应的历史环境遗存相结合，都是“摆手舞”这种文化的一部分，换句话说，只有在特定的土家山寨的历史文化环境中仍然存活的“摆手舞”才能说得上是真正意义上的土家族非物质文化遗产的一种形态，脱离了特定的土家族山寨历史环境遗存的“摆手舞”的表演动作形式，就算不上土家族原真的非物质文化遗产，而只是作为真正意义上的土家族非物质文化遗产“摆手舞”的复制形式罢了。因此，历史环境遗存是我们理解非物质文化遗产内涵中不可忽视的重要方面。(2) 传承载体。这是非物质文化遗产的中间层。任何一种文化形态都依赖各种传承载体而存在，因而我们在认识文化遗产的时候，必须弄清其各种具体的传承载体。从非物质文化遗产概念的定义中，我们不难看到，语言、表演、风俗、礼仪、节庆活动、知识及其对应的实践方式、实体工艺品和传统的手工技能等都是非物质文化遗产的最重要和直观的“文化”内容，是与物质文化遗产的显性区别所在。物质性文化遗产是指静态的物质形态的文化遗存物，如文物、古迹、历史景观等，是不再传承和存活的静态的历史遗留物，它仅仅是告诉人们过去的历史。小到博物馆陈列的小件文物，大到历史建筑和人文景观，物质文化遗产延续不断的社会历史环境中不再自然存续的历史文化，是已往的特定社会历史环境中的历史文化。非物质文化遗产，并非是说这种文化形态完全没有必要的实物性呈现形式和物化的传承载体，而是强调这种文化形态的知识、智慧和情感等精神特征，是当代社会的社会历史环境中依然存活和延续的具体的知识、技能、艺术、风俗和情感等动态的历史文化，使人们看到历史的流传。它可以表现为实物性的存在形式，但这种“物性”存在必须是“活体性”的，是依然流传的，并且它是以知识、情感、智慧等精神原理为其存续的依据。例如，民间传统的剪纸和皮影戏，属于非物质文化遗产，它表现为物质的传承载体形式，是依然流传的民间艺术，其表达的民间剪纸艺术和皮影表演艺术所蕴含的性情、智慧和技能，反映了民间历史文化的本真原味。应当特别指出的是，在非物质文化遗产的各种传承载体中，最根本的载体是人本身，离开了人，非物质文化遗产的存续是不可能的。人不存在了，那么依托人存续的特定的非物质文化遗产也就消亡了。譬如，土家族的船工号子，是很有特色的非物质文化遗产，但随着为了生存同礁石险滩拿性命相搏的纤夫和船工的消失，如今便再也难闻那撼人心魄、浑厚壮美的土家族船工号子了。(3) 精神内质。这是非物质文化遗产的核心内容，是非物质文化遗产的根本价值所在。任何非物质文化遗产事象都蕴含着特定的精神内质，包含着一个民族或族群的智慧、心理诉求和价值观念，这种精神内质是民族文化的灵魂，是一个独特的精神世界，是非物质文化遗产多样性存在的根本依据。如土家族的“毛谷斯”，粗放、野性、雄浑，其极具象征意义的表演形式中蕴含的是土家族人对生命的赞美，是土家人对生生不息的生命之力的顽强追求。探索非物质文化遗产的精神内质，是我们理解非物质文化遗产必须达到的认识层次。我们认识的非物质文化遗产，只有结合历史环境遗存，认真研究各种非物质文化遗产具体的传承载体和方式，分析其中蕴含的精神内质，认识其所表达的民族的智慧和情感等精神特征，才能充分发掘和弄清其产生和存续的价值和意义。

准确而完整地理解非物质文化遗产的科学含义，还要求我们进一步认真思考非物质文化遗产的含义的三个层次的相互关系。历史环境遗存处于“遗产”的外层，是非物质文化产生和存续的时空和社会历史条件，是非物质文化遗产赖以生存的自然和人文基础，决定非物质文化遗产的传承载体和方式的特色选择，模塑并赋予非物质文化遗产的精神内质的个性特征；传承载体是非物质文化遗产的中间层，是历史环境遗存的特点最直观的反映，是非物质文化遗产得以存续的基本条件，是非物质文化遗产的精神特质的“活性”而生动的表现，它通过各种具象方式使非物质文化遗产表现为多样性的“活体”存在，是非物质文化遗产能够存续和可以保护与利用的基本依据；精神内质是非物质文化遗产的核心层，形成于历史环境之中，并通过各种传承载体表现出来，但它是一定历史环境中的文化特质的凝练，是各种生动而具体的传承载体内在的“活的灵魂”，是不同类别的非物质文化遗产的根本差异和区别之所在，体现非物质文化遗产的自然、社会、历史和民族的特征，决定具体的历史环境遗产和各种传承载体的保护与利用的差异性，是非物质文化遗产存在和变迁的根本依据。历史环境遗存、传承载体和精神内质是非物质文化遗产的三个相互依据、不可或缺的内容层面，是一个文化遗产整体，三者统一于具体的人的生产和生活实践之中。

深入分析非物质文化遗产的含义及其内在关系便于我们准确把握非物质文化遗产的基本特征。因为，任何一种“文化遗产”作为特定的文化形态，其不同于其他文化形态之处就在于它的内涵、结构及其表现形式的特殊性，这种“特殊性”是本真性的差异，是与他者相区别的独特之处，因而，也就成为我们识别“文化遗产”的标志。认识非物质文化遗产的基本特征，应当从它的内涵和内在关系结构及其存续的方式上去分析和识别其独特性。

对于非物质文化遗产特征的研究，学术理论界提出一些有价值的观点，如民间性、非物质性、大众性、活态性等，为进一步分析其基本特征提供了有益的启示。对非物质文化遗产的内涵及其存续方式严密的逻辑分析中，我们不难认识非物质文化遗产的基本特征：

1. 本土性

本土，这里指的是生存根基和空间范围。从本源来看，非物质文化遗产不是自外传入的文化“养子”，而是一定地域空间中土生土长的文化“亲子”，是特定历史环境遗存的结果，是“本地人”的文化创造，植根于“当地人”的生产和生活，成为一定地域空间中“本地人”的文化历史遗产。它说明，不仅不同民族的不同类型非物质文化遗产是不同的，而且就是同一个民族的同一类型的非物质文化遗产也往往因为地域空间的差异而具有不同的本土性差异。这一特征奠定了各民族的非物质文化遗产多样性的基础。

2. 民族性

文化是人创造的，人是文化的主体。人的存在及其活动是具体的、历史的实践方式，人的族类分别决定了人的实践活动方式及其结果的民族性差异，因而民族性是文化的基本特性。非物质文化遗产是具体族类的人的创造物，是特定时域中的文化形态，其本身固有的基本特征之一就是鲜明的民族性。譬如，同是民族舞蹈这种非物质文化遗产，土家族的摆手舞和苗族的鼓舞就有明显的民族性差异；至于语言、文字、风俗和技能等其他非物质文化方面，民族性差异也是显而易见的。由此可见，民族性是非物质文化遗产普遍存在的艺术特征，同时也是文化多样性的主要形态之一。

3. 整体性

这是从非物质文化遗产的内涵结构上来说的，非物质文化遗产作为一种文化遗产形态，包含历史环境、传承载体和精神内涵三个相互联系的内涵层次，形成一个有机的文化结构整体。任何一种非物质文化遗产都具有这种结构整体性，其内在的三层内涵构成一个文化遗产形态，缺少任何一个层次，就不可能形成特定的非物质文化遗产。这三层内涵相互依存、相互作用、共同统一于人的活动，形成有机的文化整体——一种非物质文化遗产形态，这是非物质文化遗产得以存续的内在规定性，也是我们在认识非物质文化遗产时必须认真注意的特点。

4. 传承性

与古迹、历史建筑、文物等作为过往历史遗留物的物质文化遗产不同，非物质文化遗产是仍在传承的文化事象，是依然流变着的历史的和具体的文化形态，是在特定群体中有存续生命力的历史文化“遗产”。这种“传承性”主要指的是非物质文化遗产的存在形态、变迁动力和内在精神。非物质文化遗产是正在传承的文化，它仍然在特定的人群中流变，是“活着”的文化遗产。如当今依然传承的民族语言、歌舞等。应当说明的是，作为历史的存在形态，非物质文化遗产在流变中不可避免地会发生变异，但这种变异是根植于特定文化主体的生存活动，因而是不会丧失的，也就是说本质上仍然是原真的，体现族内传承的特点。非物质文化遗产的“传承性”，还表现在其流变的动力上，这种动力就是特定的文化遗产主体生存的现实需要，一旦文化主体生存中现实的某种需要不存在，某种特定的非物质文化遗产便失去存续的动力，其流传和变迁就不再可能，而只会必然消失。譬如，土家族的船工号子，曾经在酉水流域源远流长，是因为纤夫生存的一种劳作选择，如今濒于消失，则是因为现在的船工不再像过去的纤夫那样生存了。所以说，文化主体生存需要的流变性决定了其非物质文化变迁动力的作用特点，从深层次上反映了非物质文化遗产的“传承性”特点。应当进一步说明的是，文化主体生存需要的变化，在文化上表现为特定社区族群的习性、情感、意志和价值追求等精神内质，这些精神内质的存续和变迁，从根本上体现特定的社区族群文化的流变，是非物质文化遗产存续的灵魂，是非物质文化遗产根本的生命特征。没有这种精神内质，非物质文化遗产就不再是“活生生”的“生命”存在。所以说，精神内质的存续，是非物质文化遗产“传承性”的核心依据和本质表现。

分析非物质文化遗产的基本特征，目的在于为有效保护和合理利用非物质文化遗产提供更扎实的理论认识基础，从而有利于深化对非物质文化遗产的保护和利用这一问题的认识。

三、旅游开发中非物质文化遗产的保护原则及开发方式

如前所述，非物质文化遗产是不同于物质文化遗产的一种现实存活的历史文化形态，具有值得认识分析和准确把握的存续特征。对于非物质文化遗产内涵和特征的深入思考，为非物质文化遗产的有效保护和合理开发提供了必要的认识基础。当前，无论是学术界，还是实际工作部门，在非物质文化遗产的保护和开发问题上都进行了一些重要的理论思考和有益的实践探索。但是，必须看到，文化事象上的就事论事的非理性态度和急功近利的短期行为仍然是不可忽视的问题。防止和纠正非物质文化遗产保护与开发中存在的理论与实践上的种种偏差，旅游开发中的旅游经营者、旅游消费者和旅游文化持有者应当在理论研究的基础上确认并坚守非物质文化遗产和保护与开发的基本原则及开发运作方式：

1. 主体性原则

有学者在谈到历史名城保护时认为，“历史保护是一个过程，在这个过程中，要把地方居民的主体性建立起来”。[①] 这个认识对于我们对待非物质文化遗产的保护是很有启发性的。非物质文化遗产的创造和传承主体是人，人的存在是非物质文化遗产能够“活性”存续的最根本条件。历史的、具体的人消失，就意味着非物质文化遗产的消失，这是由非物质文化遗产的特征决定的，因此，无论是从维护文化多样性，确立民族的文化认同、保护文化生态平衡上说，还是从民族历史文化资源的永续利用上看，我们在非物质文化遗产的保护与开发中必须坚持主体性原则。具体说来，这个原则体现在两个方面：一方面，保护非物质文化遗产的文化主体，尤其

---

① 张松：《历史城市保护学导论——文化遗产和历史环境保护的一种整体性方法》，91页，上海，上海科学技术出版社，2001。

对于一些濒危的非物质文化遗产，必须及时进行抢救性保护，培植非物质文化遗产的“本土文化人”；另一方面，在非物质文化遗产的保护中，要依靠“本土文化主体”，立足于“本土文化主体”的发展。保护的根本目的是为了促进人的发展，而只有充分依靠“当地人”，才能进行真正的保护。

抢救、保护与开发、利用，都是历史文化资源存续的基本方式，是历史文化遗产变迁中相互依存和相互作用的两个方面，不能把二者割裂开来，更不能对立起来。有效的保护是开发的基础，而合理的开发又有利于加强保护。对于非物质文化遗产的存续而言，我们应当把保护与开发有机地统一起来，在有效保护的基础上合理开发，在开发的过程中促进保护。应当注意的是，保护强调的是存在意义，而开发则着眼于价值意义，二者有不同功能趋向，因此对二者关系认识不清和处理不当，就会对非物质文化遗产的存续造成现实的损害。处理好保护与开发的关系，关键应解决好如何保护和怎样开发的问题。

对待非物质文化遗产，要在有效保护的基础上合理开发，一方面要选择适当的传承载体和方式，体现传承原真性，如土家族的“梯玛”文化遗产，文本传承和巫师传承，其传承效果的原真性就大不一样；另一方面，就是要选择开发的指向和度向。在非物质文化遗产中，有的文化遗产要素没有什么现实的功利价值，但有重要的历史文脉价值，因此，盲目地开发就意味着破坏，同时，有的文化遗产要素虽有功利价值，但依存于特定的非物质文化遗产的整体存在，孤立地对其开发，就会走样变形，反而会湮没了其本来具有的现实的开发和利用价值。此外，还有的文化遗产要素的功利价值只是某个层次或某种侧面性的，如果不恰当的“充分”开发利用，就会在其价值开发与利用上出现竭泽而渔的短期行为，造成非物质文化遗产的结构性损害，给保护工作带来巨大困难。现实中，这些教训确不少见。我们要尽量避免上述偏差，就要把握好非物质文化遗产开发与利用的内容指向性和度向的问题。

2. 保真性原则

文化的本真性是文化多样性的基础。一种文化一旦失去了自己的原形，丢掉了属于自己本真的特色，这种文化也就必然丧失了存在的理由和价值。而一旦失去了这种由各种文化本真性决定的差异性存在，其多样性存在就是不可能的事情，这样导致的最终结果也就是人类本身也走到了尽头。文化的本真性，就是文化的差异性，也即可识别性特征。

非物质文化遗产是各个民族群体历史地延续着的生存方式的组成部分，是维系特定的民族群体认同的价值系统，同时也是民族群体之间相互区别的重要标识和差异性存在的显著而直观的表现。因此，无论是从维护各民族群体的历史生存传统上说，还是从维系各民族的群体价值认同上看，抑或是从保护人类文化多样性来考虑，都必须从本真的意义上保持非物质文化遗产的存续，也就是说要着眼于民族群体的差异性存在来维系各民族非物质文化遗产的内容和特征，保持各民族非物质文化遗产的可识别性。

非物质文化遗产是"活着"的文化形态，是系统的文化结构。在非物质文化遗产的保护与开发中坚持保真性原则，我们应当充分认识它的传承性和结构性特点，认真分析它能够存续的本质内涵及其独特方式，区分并把握它不同结构层面的独特之处（包括功能、作用和表现方式），要切实搞清"保真"究竟是保什么，怎样"保"的问题。

在非物质文化遗产的保护与开发中贯彻保真性原则，要区分三种不同的基本方式：①原生态保护，这种方式的保真度最高，因为它植根于原住民的生存活动之中，融入于原住居民的日常生活，成为原住民生活方式的一部分，是原住民自己的行为。在非物质文化遗产中有的文化要求的保真从根本上依靠原生态保护。譬如，一个民族的祭祀习俗文化的保护，就不能脱离这个民族的原住民的生活方式，否则是无法做到保真性存续的。因而，对于民族祭祀习俗文化的保护就必须确立原生态保护。另外，民族语言文化的保护也是同样的情况。②复制性保护，这种方式对民族非物质文化遗产的保护具有一定的作用，但保真性降低。因为，这种方式脱离了原住民的生活方式，游离了原住民自然自在的生活场景和生存秩序，而是着眼于追求商业价值选择性地集中复制民族非物质文化遗产中一些具有较高的观赏价值、市场价值的文化要素，是复制者的行为。譬如，旅游开发和文化产业中，开发者选择一些典型的村寨民族向游客集中展示一些传统的民俗事象和技能等，以形成市场开发价值，这种方式以观赏性和娱乐性为选择标准集中复制民族传统的文化事象和技能，主观目的是为了追求市场开发效益，但客观上对民族的非物质文化遗产具有一定的保护作用。因为，任何民族传统文化事象和技能展示的观赏价值的形成和提高，都依赖于这种民族传统文化事象和技能的神秘性和独特性的存在，二者是成正比的。因此，任何开发者都应当认识到这种“复制”必须具有“保真性”，否则，就是杜撰，就是文化造假，也就是市场欺诈行为。应当强调指出，由于脱离于民族原住民的具体生活方式和生存场景，这种“复制”开发方式对于民族非物质文化遗产的某些文化要素而言，保真性是较低的（或者说容易失真），如民族的习俗礼仪等，而对于另一些非物质文化遗产要素而言，保真性要高一些（或者说不易失真），如民族的技艺杂耍等，因此，从保真性原则要求，在旅游开发中，开发者的市场开发重点应放在后者。③表演性保护，就是借助舞台形式艺术化地再现民族传统和非物质文化遗产和文化事象，如民族歌舞、习俗仪式等。它是对民族历史文化渊源进行旅游开发的常见方式。有人对这种表演活动传统文化保护作用不加分析地一概否认，笔者是不能苟同的。诚然，“表演”活动的确是一种商业开发行为，其对民族传统文化要求的艺术化再现也有失真、变形之处，但只要是真正的民族文化的“表演”活动，它就或多或少地保存了这种文化的本真性。例如，在旅游开发中，各地开办的民族风情园，这种舞台形式给客人展演的艺术化的民族歌舞、习俗仪式等非物质文化遗产的某些文化事象，尽管已不是原汁原味的东西，但在内容上、过程上或形式上存在不同程度的真实性，这也是各地民族风情园区民俗风情“表演”商业开发价值而得以存在的基本原因。问题在于，在这种“表演”活动中贯彻保真性原则，必须坚持艺术再现的原形真实性，坚持“表演”中要具有原形依据，不能无中生有，也不能随意歪曲和生造。所以说，非物质文化遗产的文化要素的舞台展演活动应当也必须体现保真性原则。

3. 系统性原则

非物质文化遗产是一个有机整合的文化整体，是一个系统生成的文化形态，其内涵是一个相互联系、相互依存的层次结构。“一个具有悠久历史的民族（社群），她所创造的非物质文化，是多种多样、丰富多彩的，虽然在具体内涵、形式、功能上有所不同，但它们都是该民族精神情感的衍生物，具有内在的统一性，是同源共生、声气相通的文化共同体。我们所要保护的，正是这样一个文化整体”。[①] 我们认识非物质文化遗产，就应当看到它是一个有机的整体，在保护中贯彻系统性原则，具有整体保护的视野和方法。

譬如，对于濒危的民族语言这种非物质文化遗产的保护，首先要保护它的传承载体，即传承人，但同时应当保护这种语言存续的历史环境遗存，否则，语言传承人也会逐渐失去这种语言。不仅如此，还要强化这种语言在该民族（情感、心理等）精神上的认同作用，这样才能维系传承载体和环境遗存的必要性和动力源泉。

又如，民族传统技艺这种非物质文化遗产的保护也是同样的道理。苗族的剪纸艺术，是苗族非物质文化遗产中的艺术瑰宝，是苗

① 贺学君：《关于非物质文化遗产保护的理论思考》，载《江西社会科学》，2005（2）。

族群众在其历史生存环境中基于特定的心理诉求而产生的生活实践活动中孕育并传承的艺术成果和文化遗产。对于它的保护，我们应当从苗族群众的历史与现实的生存方式中去理解和实践，从环境遗存、传承载体和精神特质的整体理解和维系上去思考和践行，唯有如此，这种剪纸艺术才能得到真正的保护，否则，脱离在民族文化遗产、传承载体和精神生活有机整体中有任何一个层面的缺失，作为苗族非物质文化遗产的剪纸艺术便不能得到有效保护，即使作为一种艺术形式保护了下来，也不是真正意义上的苗族剪纸艺术了。

所以，在非物质文化遗产的保护中，应当完整地理解非物质文化遗产的存在和传承，把非物质文化遗产看成一个有机的文化整体，用美的眼光和方法去看待和处理非物质文化遗产的保护问题，这是我们应当坚持一个重要原则。

关于非物质文化遗产，将是艺术界和实践领域长期关注的课题，其中许多问题有待于深入思考和不断探索。本文的几点理论思考，仅是个人不成熟的看法，请各位专家多多指正。

论土家族休闲体育及其开发利用

——以长阳土家族自治县为例

袁华亭[①]

一、土家族传统体育休闲化趋势

在我国，休闲之事早已有之，休闲与每个人的生活息息相关，“休闲娱乐是人类社会的一种十分古老而重要的活动形式，是构成人类生活的一个组成部分”。[②] 随着社会的发展，现代休闲一词的内涵已经被引申、发展和丰富了。有学者指出：“休闲是人在完成社会必要劳动时间后，为不断满足人的多方面需要而处于一种文化创造、欣赏、建构的生命状态和行为方式。”[③] 其内容更是涵盖娱乐、游戏、旅游观光、度假、体育活动，以及棋牌、书画等广泛休闲体验，成为人类社会生活的重要组成部分。

土家族传统体育具有鲜明的民族性、祭祀性、娱乐性和健身性，着重于人的身心需要和情感欲望的满足。其活动场地要求不高

---

① 袁华亭（1963—），男，中南民族大学副教授。

② 李茜：《休闲娱乐类民族传统体育的基本范畴及其特征》，载《北京体育大学学报》，2008（4）。

③ 马惠娣：《休闲问题的理论探究》，载《清华大学学报（哲学社会科学版）》，2001（6），72 页

和方式简便易学，老少皆宜，与民族文化紧紧相连，充分展现了土家族人民的生活情趣、民族个性特征。这种既有人类体育运动强身健体的共同特征，又有土家族所特有的思想观念、宗教信仰、价值取向、审美情趣的体育项目和休闲体育以身体参与为主要手段，以缓解压力、娱乐身心、调节情绪、强身养生为主要目的，可以说，土家族传统体育天然具备成为大众休闲体育的潜质。

由于体育活动一方面符合人的自然本性，另一方面又能够满足人的多种社会需求，因而无论是过去、现在还是将来，都能给人带来身心愉悦，成为人们休闲生活中不可或缺的主要活动内容。当前，中国社会转型带来的生活方式的变革几乎涉及土家族地区每一个家庭和每一个社会成员，土家族地区也正经历着生活方式的现代转型，土家族群众越来越多地追求生活的健康化、合理化，生活和休闲之间的联系日益紧密。他们把更多的财力和空闲时间用于各种休闲文化之中，借助休闲文化来修身养性、愉悦身心、陶冶情操并获得文化生活的满足，反映了土家族地区群众对休闲权利与休闲需要的诉求。

美国休闲学家杰佛瑞·戈比认为："休闲必须在特殊的文化背景下定义和理解。"[①] 随着中国民族传统体育以全民性为主体特征、以终身性为行为特征，以人为本的理念和以健康为目的的休闲发展定向渐显端倪。土家民众对土家族传统体育的休闲功能和价值认识也在不断深入，土家族传统体育已由过去满足土家族群众的生存需要的体育风俗习惯，逐步演变成为土家民众在闲暇时自愿参与、自主选择的各种土家族传统体育活动，即以恢复体力和精力、缓解压力、愉悦身心、修身养性为主要目的的一种休闲生活方式——土家族休闲体育。

---

① 转引自程遂营：《北美休闲研究：学术思想锐角》，97 页，北京，社会科学文献出版社，2009。

二、土家族休闲体育发展的历史背景

1. 道教与土家族传统文化的渊源

休闲学家杰弗瑞·戈比指出："休闲是从文化环境和物质环境的外在压力下解脱出来的一种相对自由的生活，并为信仰提供一个基础。"① 土家族先人对自然界的灾难和人的生老病死的无知，因而产生了对天与神的敬畏，巫便作为解脱恐惧、沟通人世与天神、阳间与阴间的原始宗教仪式出现，由于巫文化崇拜多神，主张诸神的平等，向往人神的平等，从而产生了以娱神而求神、人与鬼同乐为特征的傩文化，而傩文化将土家族崇尚自然、追求平等、向往自由的文化精神予以现实化、艺术化的处理，从而以民间宗教的形式成为从巫到道教的过渡性环节，"为道教形成自然、开放、宽容的文化精神与宗教品格提供了'雏形'"，使得土家族传统文化都带有道教信仰深刻印记。此外，"道教还通过实现宗教（道教）伦理化、幸福现世化、仪式地方化和信仰民间化影响土家族文化"。② 也使得道教成为与土家族民众息息相通的民间信仰，因而在土家族祭祀仪式中表现出来的向往和敬、媚鬼神的身体活动，以及祈望受到神的保佑而过上幸福的现世生活的理念，本质上与道教追求超越现世而永驻美好的"彼岸"的理念如出一辙，充满了对自由、现世幸福无限憧憬的情怀，与现代休闲思想相近。

2. 道教浸染的土家族休闲体育

有学者认为："所有土家族祭祀仪式中体现出来的理念上的向往和敬、媚鬼神的身体活动，都存在着内外两个方面的体育因素，一是以祈求得到体育理念和体育环境的内在因素在祭祀仪式中被人

① ［美］杰弗瑞·戈比著，康筝译，田松校译：《你生命中的休闲》，14页，昆明，云南人民出版社，2000。

② 邓红蕾：《论"土家道教化"与"道教土家化"的文化流变及其意义》，载《江汉论坛》，2000（3）。

们所追求而得到体现；一是在完成人神交流时人们所表现出来的身体活动方面的体育实践等外在因素在祭祀仪式中的具体表现。”①进一步说，所有土家族祭祀仪式中的娱神，如果从休闲文化的角度来认识，实际上是娱人，土家人希冀通过娱神克服因未知原由的天灾人祸带来的恐惧，得到心理慰藉和愿望满足。可以说，土家族带有原始信仰的愉悦身心的祭祀活动，与“人们在闲暇时间里自愿参与、自主选择，以身体参与为主要手段，以缓解压力、娱乐身心、调节情绪，强身养生为主要目的”的现代休闲体育思想一致，是受道教浸染的土家族传统体育禀赋的休闲思想具体实践的表现，其真正价值在于为土家先人构建了一个精神世界，让土家先人在追求个体自由人格的同时，也注重追求生命的超越。

三、土家族休闲体育现状

土家族休闲体育（如巴山舞、花鼓子、肉莲响、撒叶儿嗬、清江舞、摆手舞等）悠久的历史和本身所具有的群众性、简易性、健身性、娱乐性等特征，使其流传于土家族地区的民众休闲生活中，虽然满足了部分土家人日益增长的享受和发展的休闲生活需要，对土家族地区的休闲事业起着一定的积极作用，但其休闲价值和文化功能还远没有发挥出来，据此，本文以长阳县土家族休闲体育正在实现个人价值功能与实现社会价值功能的现状为依据，对影响土家族休闲体育运行的自然环境、经济环境、社会环境等条件进行分析。

1. 自然环境

长阳土家族自治县位于湖北省西南部的清江中下游，面积3424平方公里，属亚热带季风气候，雨量充沛。境内山峦起伏，沟壑纵

① 卢兵：《土家族、苗族祭祀仪式中的体育文化解读》，载《成都体育学院学报》，2004（3），9～12页。

横，清澈的清江及其沿岸葱绿的山峦层层叠叠，峡谷石壁峻峭，自然环境优美。全县绿化覆盖率40.8%，公共绿地面积39公顷，自然保护区面积10 700公顷。工业废水排放达标率100%，工业烟尘排放达标率100%，空气清新，气候宜人，非常适合休闲健身活动的开展。长阳县利用传统风俗等文化因素与自然资源结合，建设了如北纬30度岛、中华巴土圣山、天柱山、兰草谷漂流、土家风情街、亲水平台等一批休闲体育旅游项目，既丰富了休闲旅游的文化内涵，又保护和传承了土家族传统体育文化。近年来，以“清江水·土家源”休闲体育旅游为主题，成功举办了“中国长阳清江画廊横渡节”、三届“张健横渡队纵渡清江画廊挑战赛”和“全国第九届公开水域游泳公开赛”、“长阳龙舟旅游文化节”等活动，收到了很好的效果，2007年接待游客122万人次，实现旅游综合收入50 375万元。值得注意的是，由于在土家族休闲体育旅游开发中注入了很多的现代因子，而忽视了对土家族休闲体育中的土家族文化精髓的提炼，造成民族认同感欠缺。

2. 经济环境

土家族休闲体育是在与经济互动发展过程中形成和发展的一种经济文化现象，反映了当下土家民众、社会与经济、文化之间互动的独特而普遍的生活方式。2008年，全县国内生产总值48.67亿元，财政总收入达到3.53亿元。县城镇居民人均可支配收入10 056元，人均消费支出8400元；农民人均纯收入2969元，人均生活消费支出3075元。经济的不断增长，生活水平也不断提高，使长阳民众有更多的财力和空闲时间参与土家族休闲体育活动，同时，也为土家族休闲体育提供了物质保证。在2000年建成的长阳文化广场上早晚聚集了大量群众跳“巴山舞”，长阳体育馆成为市民休闲、健身的场所，2008年亲水平台的落成为群众提供了几万平方米的休闲场所，土家风情街也成了群众休闲散步的好去处。但从长阳县2008年完成固定资产投资来看，城镇完成投资104 624万元，农村完成投资36 878万元，反映在休闲、健身场馆设施和经费等方面，呈现出明显的城乡差异。一方面经济发达县城的土家族休闲体育发展较快，体育经费、场馆设施、体育人口、发展规模和发展质量等方面走在全县前列；另一方面，经济欠发达乡镇的土家族休闲体育发展缓慢，组织机构不完善、场地设施陈旧缺乏、经费严重不足等问题仍然很突出。

3. 社会环境

长阳县42万人口，其中土家族占总人口的51%，1998年被授予“全国民族文化先进县”称号。2000年巴山舞在全国第十届“群星奖”广场歌舞比赛中荣获金奖，2002年省体育局在长阳挂牌成立了“湖北省长阳巴山舞培训基地”，2005年巴山舞获得国家体育总局“全国优秀全民健身一等奖”，成为国家体育总局向全社会推荐的全民健身舞蹈。全县群众性土家族休闲体育活动开展较普遍，2002年以来县政府先后举办了多次职工巴山舞比赛、巴山舞之夜，土家族撒叶儿嗬大赛等大型群众性活动，这些活动丰富了土家大众的业余生活，一定程度上满足了他们的休闲需求，为普及提高土家族休闲体育创造了一定的条件。同时，乡镇文化节的影响也不断扩大，长阳11个乡镇都有自己每年一次的文化节，如火烧坪乡每年5月23日的赛马、都镇湾镇农历八月十五龙灯采莲船等。乡镇文化节继承、发展了土家族休闲体育文化，成为土家族休闲体育的发展重要载体。

令人担忧的是，土家族休闲体育群体多是群众自发组成，由于得不到必要的技术指导，缺乏专门活动场所等，因此难以满足更多群众的普遍要求，不利于土家族休闲体育进一步发展。由于休闲体育有很大一部分属于公益事业，因此，没有政府的有效参与和扶持，土家族休闲体育的发展前景堪忧。

四、土家族休闲体育开发利用的意义与对策

（一）土家族休闲体育开发利用的意义

在土家族传统体育原生态环境不断受到冲击，已呈现出相对弱势的情况下，提出土家族休闲体育概念，是对我国民族休闲体育研究理论和研究内容的进一步延伸和完善，也是人文体育观保护土家族传统体育资源的理念和模式的探索，更是中国民族传统体育文化从传统向现代转型的全球化语境中表现出的去中心化和差异性，可以成为中国经验应对全球化的应有之义。土家族休闲体育是土家族地区经济、文化、社会发展到一定阶段必然出现的一种社会现象。因此，研究土家族休闲体育与土家族地区社会发展的关系，满足土家族大众休闲权利及诸多需要，已成为目前土家族社会发展的新课题。

1. 土家族实施全民休闲事业的需要

学者胡晓风认为："体育以满足人类的生存需要进而发展成为满足人类的享受需要，这是一个很大的飞跃。"① 土家族休闲体育源于土家人的生活，其影响力也深入土家族人生活的各个领域，尤其是在今天，其休闲功能被越来越多的土家群众所接受和参与，他们在其中寻求情感的宣泄、精神的愉悦，充分体现了土家人作为精神个体存在的价值追求与作为社会个体的主体性和创造性，已成为闲暇土家群众追求身心健康、娱乐生活和平衡生活的一种重要方式，满足了土家族实施全民休闲事业的需要。

2. 地方旅游获得经济收益的需要

土家族休闲体育作为一种特殊的社会文化现象，来源于生活，

---

① 胡晓风：《以马克思主义为指导进一步提高对体育的认识》，载《体育科学》，1982（4）。

来源于群众，那它就必须为生活、为群众服务。土家族地区搞旅游靠的是土家族文化，自然资源只是外表，土家族文化才是内涵。利用土家族休闲体育文化资源与自然资源结合，以土家族地区文化旅游开发拓宽土家族休闲体育市场，在发展土家族地区自然风光旅游的同时，发展土家族休闲体育文化，使土家族休闲体育遵循市场经济的内在要求，与旅游经济的互动，成为地方旅游获得经济收益的需要。

3. 土家族传统体育传承与发展的需要

发展就要有创新，创新是一个民族发展的动力。在土家族传统体育原生态环境不断受到冲击，已呈现出相对弱势的情况下，将实现个人价值功能与实现社会价值功能统一起来，开发利用土家族休闲体育，是人文体育观保护土家族传统体育资源的理念和有效的模式，也是对土家族传统体育传承与发展路径的创新，体现了土家族传统体育自身文化传承与发展的需要。

4. 土家族构建和谐社会的需要

土家族休闲体育在土家族的社会与历史发展过程中有着极其重要的社会价值，是伴随着土家族这一民族共同体的共同语言、共同地域、共同经济生活和共同心理素质形成的一种群体的行为，其形式化、秩序化、规范化的功能可内化到人们工作、生活和学习中去，提供人的行为规范，使人日益成为社会认可的个体，形成群体的凝聚力，使相同文化背景下的社会成员有共同的文化心理基础，满足构建土家族和谐社会的需要。

（二）土家族休闲体育开发利用的对策

为了让土家大众更好地享受土家族休闲体育，使之成为土家大众自身生活状态、存在状态的一种表达。建议：一是当地政府应制定以土家族民众身心健康为本、可持续发展土家族休闲体育规划，并纳入土家族地区全民休闲事业中，使土家族休闲体育有活动之地、学习之处、展现之所。二是建立土家族休闲体育规划实施专项资金，将其纳入本行政区域国民经济和社会发展规划。对土家族休闲体育的民间组织和个人给予一定的资助，并依法享受国家关于加强少数民族文化事业发展的优惠政策待遇。三是将土家族休闲体育文化移植到景区，以土家族地区文化旅游开发拓宽土家族休闲体育市场，在满足人们旅游休闲需要的同时，实现土家族休闲体育文化与生态、旅游、经济的整合，获得环境效益、经济效益和社会效益。四是突出打造各乡镇土家族休闲体育的特色项目。各乡镇因土家族休闲体育特色而闻名，群众因关注本乡镇土家族休闲体育特色而更加热衷土家族休闲体育活动，形成有各乡镇特色的土家族休闲体育文化氛围。五是充分利用县、乡（镇）、村、文化中心户四级网络组织，从不同层面开展土家族休闲体育活动。一方面，成立长阳土家族休闲体育委员会，全面负责研究、协调土家族休闲体育工作，融入百姓休闲生活，扩大群众基础。另一方面，成立乡（镇）土家族休闲体育小组，由当地民族传统体育传承人或民族传统体育的热心人，利用集会、民间赶场、节庆，具体开展土家族休闲体育活动。

土家族非物质文化遗产教育自治权地方立法的完善

朱祥贵　余　澜[①]

《中华人民共和国宪法》、《中华人民共和国民族区域自治法》、《中华人民共和国立法法》等确认和保障民族自治地方制定非物质文化遗产教育自治权自治条例和单行条例的地方立法权，奠定了少数民族非物质文化遗产教育自治权的立法基础。民族自治地方自治条例和单行条例地方立法是非物质文化遗产教育自治权实现的保障。土家族民族自治地方已制定自治条例，并制定了如《恩施土家族苗族自治州民族民间文化遗产保护条例》（2005 年）、《湘西土家族苗族自治州民族民间文化遗产保护条例》（2006 年）、《长阳土家族自治县民族民间文化遗产保护条例》（2006 年）等单行条例，初步奠定了土家族非物质文化遗产教育自治权地方立法保障的基础。但土家族非物质文化遗产教育自治权地方立法在立法价值、权利主体、权利内容、权利保障等方面仍有不足，需从理论基础和制度建构方面来完善。

---

① 朱祥贵（1964－），男，湖北巴东人，三峡大学政法学院副教授，博士。

一、确认土家族非物质民族文化遗产教育自治权的法律地位

少数民族非物质文化遗产教育自治权是一项基本权利。国际法已确认少数民族非物质文化遗产的教育自治权的法律地位。2003年《保护非物质文化遗产公约》第二条第三款规定:"'保护'指确保非物质文化遗产生命力的各种措施、包括这种遗产各个方面的……传承(特别是通过正规和非正规教育)。"国内法亦确认少数民族非物质文化遗产的教育自治权的法律地位。《中华人民共和国宪法》第一十九条规定,民族自治地方"保护和整理民族的文化遗产,发展和繁荣民族文化",《中华人民共和国民族区域自治法》第三十八条第二款规定,民族自治地方"保护民族的名胜古迹、珍贵文物和其他重要历史文化遗产,继承和发展优秀的民族传统文化"。国内政策层面进一步确认少数民族非物质文化遗产教育自治权的法律地位。2005年国务院办公厅《关于加强我国非物质文化遗产保护工作的意见》第二条第二款规定:"工作指导方针:保护为主,抢救第一,合理利用,传承发展",第三条第四款规定:"建立科学有效的非物质文化遗产传承机制。……通过社会教育和学校教育,使非物质文化遗产代表作的传承后继有人。"

土家族非物质文化遗产教育自治权法律地位的确认是地方法律保护的前提。土家族民族自治地方的地方立法确认了土家族非物质文化遗产教育自治权的法律地位。《恩施土家族苗族自治州自治条例》第五十三条规定,"自治州发展民族教育和民族教育科学研究",第五十八条规定,"继承优秀的民族文化遗产",《恩施土家族苗族自治州民族民间文化遗产保护条例》第一条第三款规定,"为了保护民族文化遗产,继承和弘扬优秀民族文化",第十五条第二款规定"学校应多开展民族文化教育";《湘西土家族苗族自治州自治条例》第三十二条规定"自治州的自治机关积极发展民族教育",第三十八条规定,"收集、整理和编纂民族书籍,保护文物、

名胜古迹和其他重要民族文化遗产”，《湘西土家族苗族自治州民族民间文化遗产保护条例》第四条规定，“民族民间文化遗产保护工作坚持……传承发展的方针”；《长阳土家族自治县自治条例》第五十八条第二款规定，“保护民族文化古迹和重要历史文物，发掘和继承民族民间文化艺术遗产”，《长阳土家族自治县民族民间文化遗产保护条例》第四条规定，“自治县民族民间传统文化保护工作，实行……传承发展的指导方针”。土家族民族自治地方的民族立法对土家族非物质文化遗产教育自治权法律地位的确认，实现了土家族非物质文化遗产教育自治权从抽象权利向实然权利的转化，奠定了土家族非物质文化遗产教育自治权地位立法保护的法律前提。

二、确立土家族非物质文化遗产教育自治权的主体

法律主体是权利的享有者和义务承担者，是法律关系的前提要素。“教育权利主体是教育法律关系的参加者，即享有教育权利并且履行教育义务的自然人或法人”，[①] 狭义的教育权利主体指学校，广义的教育权利主体指学校、家庭、社会。国际立法和国内相关政策确认的少数民族非物质文化遗产教育权利主体包括学校、家庭和社会等广义的教育权利主体。土家族民族自治地方立法确认了土家族非物质文化遗产教育自治权的广义主体。

1. 学校主体

《恩施土家族苗族自治州民族文化遗产保护条例》第十五条第二款规定，“学校应当开展民族文化教育”；《湘西土家族苗族自治州民族民间文化遗产保护条例》第二十七条第一款规定，“州人民政府教育行政主管部门应编写民族民间文化常识读本，列入地方课程，作为中小学校素质教育和继承民族传统文化教育的选用教材”，第二款规定，“高等学校可以开设民族民间文化课程，培养民族民

① 杨颖秀：《教育法学》，65 页，北京，中国人民大学出版社，2008。

间文化的专门人才”；《长阳土家族自治县民族民间文化遗产保护条例》第二十二条第三款规定：“教育行政主管部门和各级学校应当逐步将优秀的、体现民族精神和民间特色的民族民间传统文化内容编入地方教材或者地方课程。”

2. 传承人主体

《恩施土家族苗族自治州民族民间文化遗产保护条例》第十五条第三款规定，“对熟练掌握一种或者多种民族文化技艺、且具有较高造诣和社会公认的民民，由自治州、县人民政府授予荣誉称号，颁发证书，发给津贴”；《湘西土家族苗族自治州民族民间文化遗产保护条例》第十六条规定了传承人的条件，第十八条规定了传承单位的条件，第十八条规定了传承人、传承单位的权利，第二十条规定了传承人、传承单位的义务；《长阳土家族自治县民族民间文化遗产保护条例》第十六条规定了传承人的条件，第十七条规定了传承单位的条件。

3. 社会主体

文化原生态保护区。《恩施土家族苗族自治州民族民间文化遗产保护条例》第十二条第二款规定，“县级以上人民政府对民族文化遗产原生形态保存完好的村寨、街巷，院落和基地特定场所，可以确定为民族文化遗产保护单位，采取相应的保护措施”；《湘西土家族苗族自治州民族民间文化遗产保护条例》第二十一条规定了民族民间原生性文化生态保护区的条件，第二十二条规定了民族文化艺术之乡的条件，第二十三条规定了民俗文化村（寨）的条件；《长阳土家族自治县民族民间文化遗产保护条例》第十八条规定了民族民间传统文化生态保护区的条件。

社会团体单位。《恩施土家族苗族自治州民族民间文化遗产保护条例》第十条第二款规定，“自治州鼓励民族文化遗产研究机构、其他学术团体、单位和个人从事民族文化遗产的考察、收集和研究”，第十一条第二款规定，“报纸、体育、电视、网络等大众媒体应当加强对民族文化遗产的宣传”，第十五条规定，“发挥博物馆、文化馆、图书馆、高等学校等单位在征集、收藏、研究以及展示本地区民族文化遗产中的作用”，第二十条规定，“鼓励和支持民族文化遗产开发与旅游资源开发相结合”；《湘西土家族苗族自治州民族民间文化遗产保护条例》第十二条规定，“鼓励民族和文化艺术研究机构、其他学术团体、单位和个人，从事民族民间文化遗产考察、收集、整理和研究”，第二十六条规定，“发挥各级民族民间文化遗产研究机构在征集、收藏、研究、展示民族民间文化遗产中的作用”；《长阳土家族自治县民族民间文化遗产保护条例》第十一条规定，“自治县鼓励各类文化单位、研究机构、学术团体、院校及专家学者，从事民族民间文化的考察，发掘、整理、传承、研究工作”，第二十二条第一款规定，“自治县人民政府应当重视和发挥文化馆，博物馆、图书馆等公共文化机构，在征集、收藏、研究和展示地方民族民间传承文化中的作用”，第二款规定，“新闻出版、广播电视、网站等公共传媒应当做好民间传统文化展示和传播工作，提高全社会自觉保护民族民间传统文化的意识”。

教育主体是教育活动的主导者，教育主体权利实现的关键是资格的法律确认。法律机制是将特定主体权利转换为法律的权利义务关系，实现其确认、保护、促进功能。土家族民族自治地方的民族立法对土家族非物质文化遗产教育自治权主体资格的确认，从法律上确立了土家族民族地区学校、家庭（个人）、社会等主体的地位，奠定了土家族非物质文化遗产教育自治权的主体法律基础。

三、确立土家族非物质文化遗产教育自治权的内容

少数民族非物质文化遗产教育自治权的内容包括教育语言、教育内容、教育机构、教育传承方式等自由权和请求国家保障实现社会权两个方面。国际立法已原则确立少数民族非物质文化遗产教育自治权的内容。《中华人民共和国宪法》、《中华人民共和国民族区

域自治法》、《中华人民共和国教育法》等法律确认了少数民族非物质文化遗产教育自治内容，但属于原则性和宣示性规定的间接保障模式，需要民族自治地方立法对权利内容的范围、程度、效力等具体化。土家族民族自治地方立法制定了相关自治条例和单行条例，通过民族自治地方立法使宪法和法律的基本权利具体化，使土家族非物质文化遗产教育自治权内容得到直接保障实现。

1. 母语教学权

母语教学权指土家族自主使用本民族语言教学的自治权利。土家族有语言无文字，土家语是土家族非物质文化遗产的载体，土家族母语教学权是教育传承土家族非物质文化遗产的媒介基础。土家族民族自治地方立法自治条例将土家族母语教学权具体化。《恩施土家族苗族自治州自治条例》第二十八条规定："在少数民族聚居地区推行少数民族语文和汉语文授课的双语教学"；《湘西土家族苗族自治州自治条例》第三十三条规定："招收少数民族学生为主的学校，可以同时采用汉语和本民族语言进行教学"。土家语是我国濒危语言之一，土家族民族自治地方母语教学权的立法确认，对于抢救濒危土家母语和教育传承土家族非物质文化遗产具有重大意义。

2. 教育机构设立权

教育机构设立权指土家族自主设立非物质文化遗产教育传承机构的自治权利。教育传承机构包括学校、家庭（个人）、社会单位等。土家族民族自治地方自治条例和单行条例将土家族民族教育学校机构设立权具体化。《恩施土家族苗族自治州自治条例》第五十一条规定："自治机关依照法律规定，决定自治州的教育规划和中等及中等次学校的设置，办学形式，招生办法及部分学科内容，自治机关开展民族文化教育科学研究，编印民族文化教材。"另外《恩施土家族苗族自治州民族民间文化遗产保护条例》、《湘西土家族苗族自治州民族民间文化遗产保护条例》、《长阳土家族自治县民族民间文化遗产保护条例》三个单行条例立法确立了家庭（个人）及社会主体教育机构的资格，主要包括传承人、传承单位、文化保护区等。土家族教育机构设立权保障了土家族非物质文化遗产教育传承的载体。

3. 教育传承权

教育传承权指土家族自主民族教育方式传承土家族非物质文化遗产的自治权。少数民族非物质文化遗产教育传承权是现代多元教育理念的体现，反对单纯的主流文化教育理念，有利于文化多样性生态平衡。土家族民族自治地方立法将学校、传承、社会单位等土家族非物质文化遗产的教育传承权具体化了。《恩施土家族苗族自治州民族民间文化遗产保护条例》第二章《保护与管理》专章规定了学校、家庭（个人）、社会单位等主体土家族非物质文化遗产教育传承权；《湘西土家族苗族自治州民族民间文化遗产保护条例》第三章《认定与传承》专章规定了学校、家庭（个人）、社会单位等主体土家族非物质文化遗产教育传承权；《长阳土家族自治县民族民间文化遗产保护条例》亦规定了学校、家庭（个人）、社会单位等主体的土家族非物质文化遗产教育传承权。

土家族非物质文化遗产传承的关键是教育，土家族非物质文化遗产教育传承权的地方立法的确认保障了土家族非物质文化遗产教育传承的手段。

4. 教育内容控制权

教育内容控制权指土家族自主确定土家族非物质文化遗产教学内容的自治权利。教育内容关系到教育传承的范围。土家族民族自治地方立法将土家族非物质文化遗产教育内容控制权具体化。恩施、湘西、长阳三个土家族自治地方立法规定了土家族非物质文化遗产内容的内涵与外延，基本与国际非物质文化遗产立法内容的内涵外延一致，并进一步将教育内容控制权具体化。《恩施土家族苗族自治州民族民间文化遗产保护条例》第十五条第二款规定“学校应当开展民族文化教育"；《湘西土家族苗族自治州民族民间文化遗产保护条例》第二十七条第一款规定："州人民政府教育行政主管部门应当编写民族民间文化常识读本，列入地方课程"，第二款规定"高等院校可以开设校民族民间文化课程"，第十九条第一款规定传承人、传承单位享有权利"开展传艺、讲学以及艺术创作、学术研究等活动"；《长阳土家族自治县民族民间文化遗产保护条例》第二十二条第三款规定："教育行政主管部门和各级各类学校应当逐步将优秀的、体现民族精神和民间特色的民族民间传统文化内容编入地方教材或者地方课程，聘请民族民间传统文化传承人为兼职教师，开展教学活动"，第二十条规定："民族民间传统文化的传承可按照传承形式传承，培养新的传承人"。

土家族地区基础教育内容基本使用全国统一的教学计划、教学大纲和教学教材，本民族文化内容处于边缘化地位，土家族非物质文化遗产教育内容控制权的确立，保障了土家族非物质文化遗产教育传承的范围。

四、土家族非物质文化遗产教育自治权的完善

土家族非物质文化遗产教育自治权民族自治地方立法，以《中华人民共和国宪法》、《中华人民共和国民族区域自治法》、《中华人民共和国教育法》等法律为依据制定了土家族自治地方自治条例和单行条例，将土家族非物质文化遗产教育自治权的法律地位、权利主体、权利内容等范畴具体化，初步形成了土家族非物质文化遗产教育自治权地方立法保障的框架性结构，对于土家族非物质文化遗产教育自治权地方立法保护具有重要的意义。但土家族非物质文化遗产教育自治权地方立法在法律体系、权利主体、权利内容等方面存在立法滞后和缺失，需从理论与立法方面进一步充实完善。

（一）健全立法体系

立法保护是法律保护的前提，健全的法律体系是立法完备的体现。我国民族自治立法以《中华人民共和国宪法》和《中华人民共和国民族区域自治法》、《中华人民共和国教育法》等基本法律为依据，《中华人民共和国宪法》和《中华人民共和国民族区域自治法》、《中华人民共和国教育法》等法律对少数民族非物质文化遗产教育自治权的立法保护仅有纲领性规范而没有专门的立法，具体规范散见于《中华人民共和国民族区域自治法》、《中华人民共和国教育法》等其他相关法律的零星规范，国家层面立法不完善导致土家族民族自治地方法律依据不足。土家族民族自治地方法对土家族非物质文化遗产教育自治权的地方立法亦没有专门立法，散见于自治条例和其他单行条例中，地方立法同样存在立法滞后和缺失。法律的形式合理性欠缺、使土家族非物质文化遗产教育传承权基本处于应然权利状态，没有通过立法转换为实然权利状态，宪法层面的权利无法得到实效。

“法律体系是一国全部现行法律规范按照一定的原则组合成若干法律部门和法律层次，形成一个相互协调一致、完整统一的有机整体”，[①] 土家族非物质文化遗产教育自治权法律体系的完善方面需要国家层面在《中华人民共和国宪法》、《中华人民共和国民族区域自治法》、《中华人民共和国教育法》等基本法律之下创制《少数民族教育法》，专门立法，按照国际法标准，借鉴美国《印第安人教育法》和《双语教育法案》、加拿大《多元文化法》、澳大利亚《土著民族教育法》、英国《种族关系法》、俄罗斯《民族文化自治法》等国外法律，对少数民族教育法的立法宗旨、价值、

① 陈立鹏：《中国少数民族教育立法新论》，144 页，北京，中央民族大学出版社，2007。

范围、权利主体、权利内容、权利救济、国家义务、法律责任等作出具体法律位阶的规范。另一方面土家族民族自治地方需根据上位法的规定，结合土家族民族自治地方实际专门制定单行条例层次的《土家族非物质文化遗产教育条例》，使土家族形成有序完备的立法层次体系，达到土家族非物质文化遗产教育自治权法律形式的合理性。

（二）完善立法理念

权利本位是现代法治的本质。土家族民族自治地方非物质文化遗产教育自治权利的地方立法理念是以公权管理本位，权利处于辅助地位，如《湘西土家族苗族自治州民族民间文化遗产保护条例》第一条规定："为了加强民族民间文化遗产的保护，继承弘扬民族优秀文化传统，繁荣发展民族文化事业"；《恩施土家族苗族自治州民族民间文化遗产保护条例》第一条规定："为了保护民族文化遗产继承和弘扬优秀民族文化，促进经济发展和社会进步"；《长阳土家族自治县民族民间文化遗产保护条例》第一条规定："为了保护、继承和弘扬民族民间文化，促进自治县经济和社会发展"。三个条例都站在政府管理权力角度保护与传承非物质文化遗产，单行条例设计以行政公权为主，私权保护为辅，缺乏权利本位。

土家族非物质文化遗产教育自治权的本质是文化自由与自治，"法律的目的不是为废除或限制自由，而是保护和扩大自由"，[①] 土家族非物质文化遗产教育自治权地方立法理念应确立权利本位，才能保障权利的正当性，防止公权力侵害和干预，要求公权力履行尊重、保护、实现土家族非物质文化遗产教育自治权的义务。

---

① ［英］洛克著：《政府论（英文版）》，36页，北京，商务印书馆，1983。

（三）充实立法权力内容

立法权力内容的完备是法治的实质合理性要求。土家族民族自治地方非物质文化遗产教育自治权的地方立法权力内容笼统性强而操作性差。首先表现为权利的原则性缺乏具体性。如《恩施土家族苗族自治州民族民间文化遗产保护条例》第十五条第二款“学校应当开展民族文化教育”；《湘西土家族苗族自治州民族民间文化遗产保护条例》二十七条“应当编写民族民间文化常识读本以列入地方课程”；《长阳土家族自治县民族民间文化遗产保护条例》第二十一条第五款“应当逐步将优秀的、体现民族精神和民间特色的民族民间传统文化内容编入地方教材或者地方课程”。上述规定仅有权利的原则性规定，缺乏权利的内涵与外延的划分和具体分解。其次，表现为权利设计的间接性，缺乏权利的直接渊源。权利来自自治条例和其他条例的间接引申，土家族非物质文化遗产教育自治权的解释主要来自相关法律的抽象与归纳，如从《恩施土家族苗族自治州民族民间文化遗产保护条例》第十五条第二款“学校应当开展民族文化教育”和《长阳土家族自治县民族民间文化遗产保护条例》第二十二条第三款“教育行政主管部门和各级各类学校应当逐步将优秀的、体现民族精神和民间特色的民族民间传统文化内容编入地方教材或者地方课程”中间接提炼出教育内容控制权，其他教育自治权基本也需间接提炼。再次，权利设计上雷同化，缺乏地方特色。土家族非物质文化遗产教育自治权立法内容基本上照搬《中华人民共和国宪法》、《中华人民共和国教育法》、《中华人民共和国民族区域自治法》等法律的规范，没有从本地的实际情况出发，不能体现土家族地区民族教育的发展特点，地方立法流于形式，“立法技术落后、脱离实际、照搬普通立法、没有很好地体现出土家族教育法规应有的特殊性”。[①] 土家族非物质文化遗产教育自治权立法内容完善应当权利内容上的权利具体化，权利来源上的权利直接化，权利设计上的权利特色化，使权利符合法治实质化性质，才能充分有效保障权利的具体性、妥当性、操作性。

① 蒋超：《中国民族教育法若干问题研究》，载《康定民族师范高等学校学报》，2001（3），45页。

民族区域自治制度发展与创新

——以恩施土家族苗族自治州为观察对象

龚志祥①

恩施州的前身是恩施地区，恩施各族人民早在1957年湘西土家族苗族自治州成立时就提出了实行民族区域自治的要求。在党和国家的关怀下，根据恩施地区各族人民的愿望，1983年8月19日，国务院批准同意撤销恩施地区，设立鄂西土家族苗族自治州。1993年4月4日，经国务院批准更名为恩施土家族苗族自治州。恩施土家族苗族自治州自建州以来，在党的民族政策光辉照耀下，各方面均取得巨大成就。尽管恩施州由于实行民族区域自治，政治经济文化教育等各方面取得很大的成绩，但自改革开放以来，我国的政治制度建设进程加快，经济体制进行了根本性改革，建立社会主义市场经济。在经济体制转轨和社会转型过程中，恩施州在实施民族区域自治制度过程中也面临许多问题，在建设和发展自治州过程中也存在一些现实问题需要去克服，需要根据自治州发展现状，完善民族区域自治制度。

---

① 龚志祥（1966—），男，土家族，湖北来凤人，中南民族大学副教授。

一、恩施州实行民族区域自治过程中面临的困境和问题

（一）自治权实现问题

一是自身条件不具备，能力不够。恩施州经济总量不大，2008年全州国内生产总值在省内只占2.19%（湖北省2008年国内生产总值11 330.38亿元）。从产业结构和行业构成来看，经济质量并不高，早期的卷烟工业小有规模，可以说较好带动了恩施州相关产业的发展，可是，由于国家烟草工业重组和湖北省重点放在武烟，恩施州的烟厂关闭，对恩施州的产业是一次很大的冲击，产业链的关键环节被斩断，虽然在财政收入上通过转移支付形式弥补，但对相关产业的带动和就业机会的减少是没有办法解决的，相应也引起社会动荡。恩施州除了电力工业初具规模外，其他产业仍没有很好地发育，抗击市场风险能力弱。经济总量上不去，经济质量不高，也相应制约了财政收入规模，导致人均收入低，2008年人均财政收入1025元，比全省平均水平低1322元。恩施州目前仍是贫穷型吃饭型财政，没有积累，60%支出需要上级帮助，税收占财政收入比重下降，1994年恩施州税收占财政收入的比重为99.5%，2008年税收占财政总收入的比重降到91.5%，财政风险高，政府外债高，主要包括世行贷款、亚行贷款、社会保障借款、政府担保等，2008年年底，全州累计政府债务高达38.18亿元，当年财政偿还债务46 577万元，偿债任务艰巨。由于自身能力的限制，法律规定的自治权无法实现或实现不充分。在合理调整生产关系和经济结构，发展社会主义市场经济方面，由于财力限制，政府调控能力弱，融资能力有限，就只能靠租售资源来带动地方经济发展，结果使政府在恩施州长远发展方面更加被动，受制于政府的一些短期行为带来的不利因素制约，影响恩施州科学发展。如恩施旅游资源的开发就存在这种情况，政府在这方面已经感觉到被动，在实施旅游兴州战略

过程中，在整合旅游产业过程中，政府将付出更高的成本，长期这样将会出现恶性循环，不利于自治州更好更快发展。在自主安排地方基本建设项目方面，由于没有财力，需要向上级申请项目，上级批准项目一般需要地方财政配套资金才能立项上马，这样导致项目无法立项；如果立项，由于地方承诺配套资金实现不了，导致工程质量下降，工程目标不能实现。在减免税方面，由于减免的是地方财政收入，恩施州本身是贫穷型吃饭型财政，减免税更是不可能。由于受制于地方经济发展，财力有限，在自主发展民族教育，举办各类学校方面也是无法充分实现，恩施州新建一所民族高中已经三年有余，至今未能完工，前期招聘的老师无法入校。

二是上级相关部门不同意授予变通执行和停止执行的权力。这个方面集中表现在经济领域和资源领域，表现在民族自治地方与上级有关部门争资源争经济利益方面。如，水资源费的收取方面，一些大中型水库的资源费都是省水政部门直接收取，地方无权过问，而库区的水土流失和环境保护由地方来负责，存在权利与义务的背离。恩施州更愿意自己行使州境内的水资源费的收取权利，然后用于水土流失治理和环境保护，由于上级不同意，变通执行成为不可能。

三是现行国家政策调整，自治权实现受到制约。如恩施州卷烟工业对恩施州产业发展贡献大，由于20世纪90年代中期国家烟草工业重组，恩施州的五家烟厂关闭，只有利川烟厂成为武烟集团的一个生产车间，对恩施州经济发展带来的消极影响至今仍在，产业链的关键环节被斩断，失业人员剧增，社会动荡，治理社会成本增大。恩施州电力工业初具规模，后由于省里托管，失去上市的机会，电力产业发展受制约，一些优势水电资源的开发问题由于融资所限，只好廉价出让，导致现在江河全流域治理困难重重。2009年6月22日财政部《关于推进省直接管理县财政改革的意见》目的在于推动市县政府加快职能转变，更好地提供公共服务，促进经济社会全面协调可持续发展，强化省级调控功能，增强县域发展活力，提高中心城市发展能力。这次改革虽未涉及民族地区，但增强县域发展活力，更好地提供公共服务，促进全面协调可持续发展也是民族地区需要实现的目标。民族自治地方在处理国家强县扩权和实现自治权方面面临挑战。恩施州在未来的发展过程中也面临如何处理强县扩权，增强县域经济活力，提升地方中心城市活力与自治权的实际问题。在国家未来的发展战略布局中，从生态角度出发，恩施州在国家发展功能分区中属于限制性开发地区，将保护环境放在第一位，严格限制土地、森林、矿产等资源的开发。作为民族自治地方的恩施州如何自主发展地方经济，如何实现自治权成为一个困扰恩施州发展的现实问题。

四是相关法律法规和政策过于抽象，没有配套的具体实施细则，不具备可操作性和执行性。《中华人民共和国民族区域自治法》关于自治权的规定共 27 条，全面而系统，但比较抽象，操作性不强。而湖北省实施《中华人民共和国民族区域自治法》若干规定就自治权方面如何实现、如何保障也没有明确界定，多在上级机关如何帮扶上规定多一些。鄂发［1995］26 号文件、鄂发［2006］3 号文件、鄂办文［2007］43 号文等均是在省委、省政府如何帮助恩施州进一步发展方面的政策措施，就保障自治权方面也没有规定，因此出台保障恩施州自治权实现的相关细则很有必要。

五是部分民族政策效应减弱，影响民族自治地方能力进一步发展。如恩施州考生高考时，享受 20 分加分的优惠政策，效果不是很理想，政策效应还赶不上武汉市的共建生政策。中南民族大学在恩施州招生的相对比例呈下降趋势，部分原因是由于中南民族大学是在湖北作为一本招生的学校。又如，民族区域自治法关于税收优惠政策，由于涉及民族地区财政减收、市场经济秩序和税收公平原则，执行起来难度较大。

（二）城市化与民族区域自治实现形式问题

一是面临着改自治州设立地级市，民族区域自治权的保障问题。随着恩施州工业兴州、产业兴州、文化兴州战略的实施，城市化进程必将提速。除恩施州外，湖北省原来的地区（行署）在城市化进程中均已改为地级市，较好促进了地方经济发展。恩施州位于重庆和武汉两个大城市之间，从城市布局来看，具有发展成中等城市的区位优势，现在的经济规模和发展态势也具备改自治州设立地级市的条件，但是民族区域自治的设置形式只有自治区、自治州、自治县（旗）三种方式，改州设市无法律依据，同时也会失去民族政策的支持，这是现在困扰恩施州发展的一个现实问题。

二是州辖县级市升格为地级市后的管辖权和自治权的实现问题。恩施州所辖利川市，素有“坝漆之乡”、“黄连之乡”、“水杉之乡”、“莼菜之乡”、“山药之乡”、“歌舞之乡”的美誉。建市20多年来，城市发展初具规模，人口80多万，拥有得天独厚的旅游资源优势，工业具有相当基础，利川至涪陵铁路、利川至万州铁路正在修建，上海至成都高速公路经过利川市，交通中心正在形成，升格为地级市的条件已基本具备，升格为地级市也有利于利川的长远发展。现在的问题是利川成为地级市后，管辖权将超出自治州范围，如何行使是一个现实问题。升格为地级市的利川市，恩施州如何行使自治权，是否会成为第二个张家界，这也是一个需要考虑的问题。

三是州市同城，州政府与市政府对城市建设的协调问题。恩施州政府与恩施市政府同在一个城市，在对城市的发展定位和管理上存在不同的理念，恩施州政府发展的着眼点更多地考虑全州，在城市设计规划、项目布局以及职能分工上均要考虑与其他县市的协调和谐问题，要建成州城。恩施市政府发展的着眼点更多地考虑恩施市的情况和当届政府的政绩问题，重点放在财源建设、土地变现和一些短平快项目建设上。简单地说就是州城与市城之争。

（三）民族干部培养任用问题

一是上级党委对民族干部培养选拔重视不够，对民族区域自治制度和民族政策了解不够，政策意识不强。如恩施州在1998年人大、政府换届选举时，在上级有关部门的人事建议方案中，人大正副主任的组成人员中没有自治民族（土家族、苗族）的公民作为正或副主任的候选人，此建议方案违背宪法和民族区域自治法。现任州政府班子构成中，七个副州长中只有两个少数民族副州长，达不到少数民族占恩施州人口总数的比例（2000年全国第五次人口普查资料，恩施州总人口377.52万人，少数民族人口199.16万人，占全州总人口的52.75%，），其中一个还是党外人士，另一个是女性，从干部配备要求来看，这两个副州长均是为了满足上级对州级班子配备对民主党派和女干部的要求。州人大班子的主任均是由州委书记兼任，而州委书记由州外选派，从1949年以来，只提拔了一名少数民族干部任州委（地委）书记，这也是自治州建立以后出现的。

二是从恩施州的现实情况来看，考虑干部成长的阶梯性，干部民族化应有所扩展，才有利于自治权的行使和保护少数民族利益。自治州所辖县市的政府机关和人大机关的组成人员对自治民族干部的配备应该有明确规定，这才有利于自治权的实施。相应地对乡一级政权在民族干部的使用上也应该有明确规定，这也是自治机关的权利在民族地区向下的自然延伸，与地方政权机关的延伸同步。而目前自治机关干部民族化在民族地区只是表现在上一级政权机关，而所属的下一级或更下一级政权机关在干部民族化方面没有法律要求，民族干部的培养和成长在连续性方面有所缺陷。

三是干部交流不对等，与州外其他市县和省直机关交流力度小，部分影响本地干部和民族干部的工作热情和事业心。近几年，州外干部到恩施州工作，一般都能提拔使用，或者从一般岗位到重要岗位，并且机会很多，仿佛他们到恩施工作是去吃苦，工作几年后就提拔回省城工作，而目前还没有留在恩施退休的，而恩施州的干部很少有机会提拔到州外其他地区从事领导工作，多数在本地休息，这从历届州人大、州政协班子领导成员构成就可以看出这种现象，现任州政协领导全是本地人，现任州人大除了人大主任是外地干部外（恩施州委书记兼任），其他班子成员全是本地干部。恩施州本地干部偶尔有机会去外地工作也是平调出去，即便是平调出去似乎是给恩施州的干部很大照顾。在省直部门工作的恩施州籍干部就更少。这种现象给恩施州本地干部和民族干部有一定消极影响，这种消极情绪在相当一部分本地干部和民族干部中存在，并且有扩大趋势，理应引起上级重视。

（四）区域自治制度的监督惩戒机制不健全

现行国家有关民族法律法规和政策的内容倡导性居多，原则性条款多，硬性条款比较少，缺少民族法律法规和政策的保障条款，对违背民族法律法规和政策的单位和个人没有制度约束，监督惩戒机制不健全。

对违反以《中华人民共和国民族区域自治法》为核心的民族法律制度的监督和处罚机制是目前的一个薄弱环节，有了法制而没有法治。谁来监督《中华人民共和国民族区域自治法》的执行，谁来处罚违法者，处罚的条文措施在法律上也没有明示，《中华人民共和国民族区域自治法》只起到一种宣示性的作用，对极有可能违背此法的政府官员、国家机关和有关部门没有相应的约束条款，存在法律缺陷。恩施州在民族干部选拔任用、自然资源开发、产业转型、教育等领域均存在这方面的困境。如恩施自治州卷烟工业的关停导致产业链中断，失业人数剧增，波及社会稳定，民族区域自治政策在产业政策调整方面无法作为。还有在干部交流不对等、民族教育经费被挪用等方面均无制约措施。

二、发展和完善民族区域自治制度的几点建议

一是根据《中华人民共和国民族区域自治法》关于上级国家机关职责的规定，通过立法形式出台帮助恩施州全面发展的具体政策措施，提升恩施州自我发展能力，保障自治权实现。针对如何帮助恩施州实现又好又快发展出台操作性强的实施细则，重点解决制约恩施州长远发展的因素，创造条件加快发展。实施细则需坚持长期与短期相结合，任务分解到各省直部门。对《中华人民共和国民族区域自治法》有原则性规定的条款，省相关部门需出台执行办法，放权让利，促进恩施州发展。湖北省产业转移和调整涉及恩施州相关利益的产业，需遵循恩施州各族人民意愿，调整方向应是促进恩施州更好更快发展。恩施州基础设施建设和项目立项等应该降低门槛，实行比省内其他地方更方便的准入措施。对于一些资金量大的项目，上级要求配套的项目资金，省应对恩施州的项目给予配套资金免除，通过其他方式强化项目责任。对恩施州争取到的中央项目和国际合作项目，其项目无法通过市场化方式进行融资的，尤其是基础设施项目和社会事业发展项目，其要求恩施州配套的资金建议由省里解决，以保证工程质量。湖北省在编制经济社会发展规划时，应同步编制民族自治地方经济社会发展规划，以促进民族地区发展。

二是为了应对恩施州城市化进程加快的现实问题，有必要创新自治州的行政设置形式和提升恩施州的政治地位。改自治州设立地级市的问题由于区域自治法没有相关条款，如果改州设市，面临失去民族政策支持的风险，应对这个问题有两条道路可走。一是走张家界市一县两区的道路，实行州市合并，成立地级市恩施市，但民族政策的全覆盖存在风险，尤其是民族干部政策，因此，由上级相关部门，尤其是立法部门给予规范和约束。二是可以撤销恩施市，

其相关职能归并到恩施州人民政府，恩施市所辖城区三个办事处升格为区（县级）人民政府，化解州市同城的矛盾，实行州管区、县的模式，有利于州城建设。实行州管区、县的模式，从形式上既维护了民族区域自治政策，从内容上适应了民族地区城市化进程的需要，同时恩施州在享受民族政策的同时，又可以得到上级有关城市建设的相关政策支持，与湖北省其他地级市同等享受城市建设的相关政策和项目支持。

恩施州所辖县级市利川市随着城市建设进程加快，有必要升格为地级市，问题是成为地级市后，其管辖权有可能超出自治州，同时也可能失去民族政策支持。为了应对这个问题，建议湖北省委提升恩施州的政治地位，恩施州党委和政府主要负责人实行高配，州委书记由省委常委兼任，恩施州人民政府州长享受副省级待遇，这样既可以很好解决利川市成为地级市的管辖权问题，又有利于民族干部的成长，也符合省委、省政府大力支持恩施州发展的精神，也体现国家对少数民族干部培养选拔任用的精神，从另一个侧面说明恩施州在党和国家的帮助下，政治、经济、社会事业发展进程加快。因为民族干部的状况又是衡量一个民族发展水平的重要标志。

三是关于民族干部的培养选拔和任用问题，根据湖北省干部管理权限和党管干部原则，建议省委出台《湖北省少数民族干部培养选拔任用条例》，以规范约束民族干部培养选拔任用工作中的随意性。完善民族区域自治制度、全面贯彻落实《中华人民共和国民族区域自治法》的关键，在于大力培养少数民族干部，加强民族地区的干部队伍建设。

自治权的实现程度与民族干部尤其是民族领导干部有很大的关联性。少数民族干部对做好少数民族地区的工作，对解决好民族问题，对处理好民族关系，对促进民族地区的发展有着不可替代的作用。省委、省政府在这方面需加大力度帮助，出台具体的操作性强的硬措施支持恩施州三支队伍建设，进一步提高恩施州民族干部队伍的素质，进一步提升各级民族干部的能力和信心。

省委、省政府出台《湖北省少数民族干部培养选拔任用条例》要能进一步提高恩施州民族干部队伍素质和改善民族干部队伍结构，从数量、质量和结构多方面保障民族干部队伍成长壮大。建议从七个方面着手：一是加大干部交流力度，恩施州的干部到省内州外其他地区任职的数量和职级略高于州外的干部到恩施州任职的数量和职级，至少应该相等。二是根据民族平等原则，选拔一批民族干部到省直机关工作，确定比例，其比例应略高于恩施州人口占全省人口的比例，实现每个厅局均有民族干部，均有少数民族的处长、科长等。一些厅局需增设民族工作处，如教育厅需有民族教育处、卫生厅需有民族医药处、文化厅处需有民族文化处、商务厅需有民族贸易处等，以加强少数民族工作。三是加强民族干部后备队伍建设。在武汉大学、华中科技大学等高校设立专门针对恩施州的预科班，培养恩施州急需的各类人才；在武汉市建立一所全免费的民族中学，面向恩施州招生；扩大湖北民族学院、三峡大学与恩施州的共建生指标。四是出台少数民族干部培养选拔五年规划，细化措施，增强操作性。如在招录国家公务员时，除正常录用外，为少数民族考生给予一定指标照顾。在省委公开选拔厅级干部时，除正常选拔外，应该给予少数民族干部一定指标。五是加强培训，提升民族干部队伍素质。充分利用省委党校、武汉高校为恩施州定期举办各类民族干部培训班，扩大培训面和专业领域，提高理论素养；通过省内挂职、国内外考察学习提高实践能力。六是设立少数民族人才成长基金，专门奖励有突出贡献和成就的少数民族人才，鼓励少数民族学生励志成才。七是坚持德才兼备，大胆使用民族干部。同等条件下，优先选拔使用民族干部；优秀人才破格提拔，不搞论资排辈；大胆选拔民族妇女干部；出台政策引进州外省外工作的恩施籍民族干部到恩施工作；只要符合党选拔干部的德才标准，民族干部可以就地担任县市委书记、县市长和州委书记。

恩施州应该根据《中华人民共和国民族区域自治法》，修订和完善《恩施土家族苗族自治州自治条例》，以立法形式规定自治州所辖县市人民政府县长和县市人大主任由自治民族公民担任，从干部任用方面体现自治权，也是自治权的自然延伸。在公务员招考和公开选拔领导干部方面，自治条例也应该有明确规定，以保障少数民族干部的成长。

四是建立健全同实施《中华人民共和国民族区域自治法》配套的法规体系和监督机制，使民族法律法规在建设有中国特色的社会主义事业中更好地发挥作用。

建立健全《中华人民共和国民族区域自治法》配套的法规体系，包括两个方面，一是民族区域自治法本身需要完善。《中华人民共和国民族区域自治法》的一些原则和条文已落后于形势发展的需要，有必要从当前的实际情况出发，适应依法治国和改革、发展、稳定的新要求，对以《中华人民共和国民族区域自治法》为核心的民族法律制度进行完善，以保障民族区域自治地方自治权。如民族地区的经济发展大大落后于东部地区，所以要求民族地区自主发展经济、教育和文化是不现实的，也是无法实现的理想。由于自主发展能力不够，相关法律法规在国家支持民族地区发展、资源开发的受益和保护以及东西协作方面需要增强刚性、具体化和可操作性。现在，国家从生态保护角度将全国进行功能分区，民族自治地方多属于限制性开发地区，将保护环境放在第一位，严格限制土地、森林、矿产等资源的开发，民族区域自治地方的自治权如何体现，需从法律角度建立健全。二是完善与民族区域自治法配套的法规体系构建一个完整的民族法律法规体系，包括国务院《实施〈中华人民共和国民族区域自治法〉若干规定》、中央各部委《落实〈中华人民共和国民族区域自治法〉实施细则》，各省市自治区《实施〈中华人民共和国民族区域自治法〉若干规定》、各省直部门《落实〈中华人民共和国民族区域自治法〉实施细则》，各级民族自治地方自治条例、单行条例和配套法规等。

《中华人民共和国民族区域自治法》是国家的基本法，各级党委也应该有实施《中华人民共和国民族区域自治法》的相关规定，根据党管干部原则，各级党委实施《中华人民共和国民族区域自治法》主要是明确民族干部的培养选拔和任用方面的职责。恩施州应该出台一部《恩施土家族苗族自治州民族干部培养选拔任用条例》以有利于少数民族干部队伍的成长。

《中华人民共和国民族区域自治法》对违法责任没有明确，削减了法律的效应，法律的权威性减弱。民族区域自治法需增加法律责任条款，明确监督主体、处罚措施等，以完善民族区域自治法的监督和处罚机制。如民族干部的培养配备、民族传统文化保护、民族经费的使用、民族用品生产、民族贸易、民族地区资源开发受益优先权、基础设施建设优先权等方面均需有相关法律责任条款。

土家族地区民间古籍的整理与保护研究

——对鄂西五峰土家族自治县的田野调查

李诗选

五峰土家族自治县地处鄂西南，原名长乐县，1914 年更名为五峰县，1984 年 7 月经国务院批准成立五峰土家族自治县。全县土地面积 2372 平方公里，辖 5 个镇、3 个乡，总人口 20.8 万人，其中土家族人口占 67%。根据境内出土文物可知，五峰的文化渊源可追溯到“大溪文化”时期，既有“巴文化”特点，又有“巴楚文化”及“巴蜀文化”碰撞、融合之后所积淀形成的具有浓郁容美土司特色的土家族地域文化，独特的地域和民族文化生态孕育五峰独特的民族文化资源。调查发现，五峰民间散落湮藏着大量珍贵的民族古籍与历史资料。本文是笔者 2004—2008 年在五峰进行为期 4 年的田野调查所取得的研究成果之一。在调查中，主要是采用民族学、人类学的参与观察和文献收集整理方法，同时灵活运用现代数码技术：一是通过各种方式获取民间古籍存在线索和信息，然后反复核实确证最后进入实地调查考证；二是在实地考察过程中，凡是有价值的古籍资料，均按规矩制作卡片存档，每件制作包括按项填卡、定稿简介及数码照片（黑白）附载，部分特殊件还附载抄录原文。迄今为止，对于调查的原始资料加以整理而归档的总共 221

件，在整理过程中，对于与“民族古籍”关联不大的20余件资料，果断做了摒弃处理。

一、土家族地区民间古籍的种类及其价值

（一）数量较大的民间族谱类

调查可知，五峰民间存藏有大量族谱是不争的事实。家族是社会的基本细胞，族（家）谱是社会史研究的重要史料。族谱资料的具体、详细程度是其他来源的史料所无法比拟的。据武新立统计，国内外收藏族谱42 993种。由于族谱的收藏极其分散，复本不多，不少是孤本，有的已损毁殆尽，亟待抢救。

五峰现存民间的族谱不下数十部，其最具文献价值的当推田氏、张氏、唐氏、覃氏等土官后裔族谱及地方强宗大姓向、骆、曾、黄、柳、李、胡、谭等姓氏族谱。长乐坪田培林手抄收藏的《田氏族谱》（容阳堂），共分8册，民国三十五年（1946）张西元撰，记述五峰（容阳堂）田氏土家族源流世系。全书分条规、祭礼、仪注、教家、祖宅、祖茔、墓田、世系启源图、土司职、事务考、御制碑、宗派、奏疏、详文、诰封、部覆、执照、计并、部院、谢陛等，是研究田氏土家族起源、形成及改土归流后之情形的重要资料，对研究土家族及容美土司历史尤具参考价值。

《张氏族谱》（清河堂）是张氏十四世裔孙张功绍于乾隆四十年（1775）初创，张世绳二修，清道光八年（1828）由张世锡抄录而留存。谱称张友富为其一世祖，元时（五峰）安抚司从此始；三世张再武因受向天富牵连而降为长官；五世张昊为容美土司所杀，因无嗣而推载张世瑛袭职；其八世张廷玉奉调征倭，为行营大总管，树有功勋；张廷碧买管长阳之安德乡芝麻坪以作衙基，严课子弟，文武兼修，与容美土司交往过节诸事，并附记土司五姓传。该谱是珍贵的五峰土司历史记录资料，对于研究五峰土家族源流历

史有文献价值，收藏于湖北省五峰土家族自治县长乐坪镇石桥沟村张国平处。

《唐氏三山族谱》（晋阳堂/湾潭）计有6册，清同治八年（1869）撰。是谱又名《麻寮所唐氏家乘》，为清乾隆五十七年（1792）十一月版续修本，由总序、支房分序组成。书称其一世祖为唐国政，未入版图（羁縻土官），殁葬大面（五峰湾潭）大木岭，后裔多有因功封受土官者；其次子唐治生育十五子，自大面雾江分支，散迁异地，至三世唐可，受水浕通塔坪（史载为土司长官司）等事。是谱对于研究唐氏土家族源流具有参考价值，收藏于五峰湾潭龙桥村唐怀云处。

五峰存有《向氏家谱》渔洋关、湾潭、仁和坪、傅家堰等地共4部，其中的渔洋关卷为继清道光三十年（1850）版重修本。全书分十部分组成，追溯了向氏历史源流，记载了宗派世系、祖功宗德及入山落籍，称乐邑（五峰）土著十大姓之首等事宜。是谱是研究向氏土家族起源、形成的重要参考资料，对研究土家族源流的多元一体化具有参考价值，收藏于本县五峰镇向国华处。

此外，从土家族源流的多元一体化视角看，亦有王氏、严氏、汪氏、康氏、聂氏、吴氏、申氏、杨氏、阎氏等谱。例如，今存五峰采花乡王姓处的《王氏族谱》（三槐堂），清光绪二十五年（1899）撰，为五省王姓总祠堂清查采花保王姓履历，所颁发以凭异日存验的大红族谱一册。谱记今采花、牛庄王姓系由湖南家鱼县迁湖北宜昌府长乐县，奉派当地族长、房长、刑长，颁授五省王姓六十字五行（金木水火土）派名，对三十八名当地王氏男性授以统一宗派序次等事。是谱为王姓源流世系的记录资料，对于研究王姓源流世系和土家族多元一体化具有参考价值。

（二）颇具文献价值的金石铭刻类

五峰土家族地区因为汉文化传入时间较短，土司时期又实行愚民政策，最底层的普通土民并无文化，因而民间传承文化的渠道亦很稀少，传承方式中，铭刻类仅次于族谱类。五峰最具文献价值的当属二碑一刻一牌坊，即百顺桥碑、汉土疆界碑、摩崖石刻《新改荒路记》和贞节牌坊。

1. 留存于民间的官方碑刻

百顺桥碑是清康熙二十九年（1690）田舜年撰文，记容美土司田舜年晋见康熙皇帝返司及建桥盛事。是碑因石桥建成，且司内“百事皆顺”，命名百顺桥而立。记述了容美土司疆域、沿革、著述、宗族、医巫和习俗、人丁、政治、经济、交通，由田舜年与属辖五十余人共同署名。是碑对研究土家族历史，特别是研究容美土司发展有史料价值，系湖北省级重点文物保护单位。碑在今湖北五峰湾潭锁金山村。汉土疆界碑，清雍正三年（1725）八月由湖广总督巡抚及荆州、枝江、宜都、长阳等地方官吏和容美宣慰使田旻如同立。记述自康熙二十七年（1688）以来，边界土汉互侵田土，悬议未决，争讼不休，经勘定后，竖立石碣，分定疆界，永息纷争，务各遵守等事。是碑对研究土家族历史，特别是研究容美土司发展有史料价值，系湖北省级重点文物保护单位。碑在湖北五峰竹桥、红渔坪二村。贞节牌坊是其裔孙覃南甫为报抚养深恩，恳请旌表而刊立。碑额刻有“圣旨/文经武略”及县令所题“乃见天日”等语。该牌坊是封建伦理对五峰土家族地区深刻影响的实证资料，对于研究土家族风俗习惯及伦理道德有参考价值，原物在湖北五峰采花楠木桥。

2. 民间古墓碑刻

五峰还有现存30余通具有参考价值的古墓碑刻。著名的有唐进宝、唐国政、桂崇皋、张彤柱、田劝、德犬碑等。如唐氏始祖唐进宝茔墓石碑，清嘉庆元年（1796）丙辰十月廿三日唐玉春撰刻。碑记墓主唐进宝为石门、慈利、桑植、鹤峰、长乐等处始祖，已历二十七代；为便利后人祭祀，其十五代裔孙唐玉春主持重立新碑，置于墓前。墓碑为唐氏土家族源流实证，对于研究唐氏土家族源流有参考价值，原物在湖北五峰湾潭锁金山村五组祠堂包。镇国将军唐国政墓碑，清道光十六年（1836）重新篆刻。是碑记述唐氏先祖于元末明初敕封为镇国将军，后裔遍及湖广、长沙、澧州、石门、慈利、桑植、鹤邑、长乐等地，于明洪武七年（1374）迁茔至长乐（五峰）大面，重修并与其金氏夫人合坟。是碑对研究唐氏土家族源流具有参考价值，墓在今湖北五峰湾潭锁金山村。容美副总兵官桂崇皋墓碑，清康熙五十一年（1712）仲冬由五峰安抚使田曜如撰文。该碑是佐证容美土司中后期历史的珍贵资料，对于研究容美土司及五峰安抚司的历史有参考价值，原物在湖北五峰采花白溢寨。

3. 筑路修桥类碑刻

五峰筑路修桥类碑刻 8 通，主要有漂水岩、裕安桥、水泯源、高桥和渔关中埠等。漂水岩要路重修功德碑，清咸丰二年（1852）为修路竣工而刊刻以记功德。碑记（长）阳、（长）乐交界之所漂水岩，乃往来要道，其崎岖难行较之蜀路更甚，早年曾修过人行道，因山水冲崩难通，爰集腋成裘，50 余人捐资鸠工重修后，使商人歌而农人喜。该碑是民间修路的原始实证资料，对于研究是时民间交通历史有参考价值。水泯源土地垭指路碑，记清乾隆二十六年（1671）腊月民间修筑道路事。碑叙自古大道由官修，小道全赖乡里；长乐总属山县，四路通备，西南深山有水泯源居民稠密，从土地垭出入，欲修道路；值北里坪欧某作弊被罚银七千吊而作为启动资金，乡邻 50 余人捐资襄助而成。是碑对于研究土家族地区旧时交通建设有参考价值，原物在湾潭茶园村三组（土地垭）。此外，还有星岩坪的裕安桥碑群、小河村的高桥重修功德碑、渔洋关河街的修建渔洋关中埠功德碑等等。

4. 寺庙捐修类碑刻

寺庙捐修类碑刻 10 余通（处），如白水观、圆通寺、独寨山、普济寺、三教庙等。白水观碑群有石碑 7 通，清乾隆三十九年

(1774)修建的白水观寺庙，为古长乐（五峰）名刹，曾经香火鼎盛，传说颇丰。是碑群为庙失之后所残存，碑群时期有清乾隆、光绪及民国不一；其中山腰处2通为“杨泗庙功德碑”，山顶5通中有观音阁下“修路功德碑”，馆庙正堂3通记载卖土捐地四界清晰，有“大湾土地原系田翁如之祖产”字样，碑额图形神奇怪异，有明显巴文化痕迹。是碑群对于研究土家族地区道教文化有参考价值，原物在湾潭锁金山村。香炉包碑群有石碑4通。清乾隆四十一年(1776)十二月至道光三年（1823）冬月撰文刻。该碑群地处湘、鄂两省三县（石门、鹤峰、长乐）交界处，边邻共集善款，同修泰圣古观，且公议永禁地方治安事项，后有湖南石门正堂亦奉宪示严禁。碑群是土家族民风习俗的佐证资料，对于研究湘、鄂西土家族地域疆界和民间习俗及民族团结均有参考价值。

5. 其他金石铭刻

其他的金石铭刻主要有：将军炮、虎钮錞于、甬钟、张公百忍刻板、关庙洪钟、英商招牌等。“甬钟”为战国时期青铜器，1978年5月出土。钟鼓身上部两面左右各有长方格，每小格各有乳丁纹3颗，周身共有乳丁纹40颗，钟重3.21公斤。该甬钟为战国时期军乐器物，是五峰土家族地区战国时期人类军事活动的物证资料，对于研究土家族地区人类文明及古音乐有实证价值，原物在五峰文物管理所。“头号青铜将军炮”是清嘉庆二年（1797）铸刻。炮身七节有字，重600余公斤，炮系清廷官军为镇压林之华、覃佳耀领导的白莲教义军所造。该炮是五峰土家族地区的珍贵文物古籍物证资料，对于研究五峰地区土家族人民反抗封建统治的军事斗争历史具有史证价值，原物在五峰文物管理所。“英商宝顺合茶庄”字号招牌为清乙亥年（1875）书刻。100多年前，英商在五峰专营采花茶，镌刻彩云镀金招牌，停办后，招牌随茶庄蒙尘，1984年出土复光。是牌对研究晚清外来经济对土家族地区的影响有参考价值，原物在采花茶业公司。

（三）稀少珍贵的文书类古籍

收录整理文书类古籍资料 43 件，有 39 件出自县档案馆馆藏。其中财产契约 16 份，值得重视的有《复约保产权书》4 份。《复约保产权文书》是民国二十五年（1936）四月撰发。该文书为是时反动政权支持地主恢复旧业所制。文书一例 4 宗，叙述“因时局变迁，红军迭扰，将原田约抄毁无踪”，时奉（伪）县政府指示，经本乡联保主任和保、甲长及相邻界人实地踏勘而制契约文书。该文书是土家族地区地主对土地革命进行反攻倒算的重要书证资料，对于研究五峰土地革命时期历史有史证参考价值。

具有地方文献价值的还有“政纲十条”、“鄂西会战调查表”、“控告卖放兵役状”、“泣请免征独子状”、“催办壮丁令”、“紧急转运军火令”等。“十大政纲”是 1931 年五峰第四区第三乡苏维埃政府书写的政治标语，主要有：推翻帝国主义，推翻国民党政府等内容。红军转移后，该政纲一度被反动政权用石灰毁盖，新中国成立初期被当地群众用清水洗刷而大部分复现。该政纲是土家族地区珍贵的土地革命斗争实证资料，对于研究五峰乃至湘鄂边土家族聚居区革命斗争历史有文献价值，现存渔洋关镇火田坑村。“人口统计报告表”是民国三十六年（1947）五峰人口状况调查统计表。是表详尽调查统计了五峰当年的人口性别、籍贯、年龄、教育程度、职业及婚姻状况。该表是五峰人口状况的历史资料，对于研究五峰土家族地区的历史、社会、人口问题有文献价值。“控告卖放兵役状”是民国三十五年（1946）三月，土家族农民向宏康状告白溢（现五峰镇境内）保长对富家子弟受贿卖放，捉穷人子弟当壮丁，致使“有钱则买闲在家，无钱则替人之死”事。该状词是穷苦土家百姓对黑暗统治的申控，对于研究土家族地方历史有史料价值。“泣请免征独子状”为民国三十七年（1948）三月，五峰忠孝乡（今五峰镇）七旬老翁张大富告状事。张因独子于民国二十八年

(1939) 被抓兵病故，依赖独孙子张祥林残喘余生，不料又被征（抓）到县城，因此告状泣请免征。该状纸是土家族农民对旧政权的血泪控诉资料，对于研究五峰土家族地区政治、历史有史料价值。

（四）传播广泛的讲唱类古籍

许多脍炙人口的讲唱类古籍在五峰土家族地区的民间广泛流传。如以刘德培为首的民间故事家数不胜数，最受欢迎的当属土家族的机智人物故事。《杜老幺的故事》，晚清时期机智人物杜老幺凭借聪明机智，伸张正义，勇斗糊涂官老爷、奸诈财主，戏耍酸文相公、贪财老板和对长工刻薄的老板娘等。《张士发的故事》，清末年间农民机智人物张士发其家贫困，以帮工种田为生，虽不识文墨，但机智过人，他装愚守拙，戏弄刻薄无情的财主舅父，流传下来一批舅甥关系为主的笑话故事。该人物故事对研究土家族民俗具有参考价值。

五峰的民间山歌浩如烟海，如“红军歌谣”、“土家情歌”、“劳动歌”、“婚嫁歌”、“丧葬歌”等就是其中的典型代表。如单就“红军歌谣”而言，第二次国内革命战争时期，五峰是湘鄂西苏区、湘鄂边革命根据地的重要组成部分。从 1928 年至 1935 年期间，红军在五峰转战八年，县内时有三万多（占当时总人口的 40%）土汉人民投入革命洪流，激情高涨，产生了大量革命歌谣，广泛流传；20 世纪 60 年代初期，地方政府组织收集整理其中 118 首，虽收少漏多，但演唱者多为当时苏维埃政权、游击队、童子团、农协会、妇协会幸存人员，歌谣从各个侧面反映了当时革命斗争史实。

土家族的民间戏曲类亦闻名。五峰南曲亦称丝弦，五峰南曲与长阳南曲同类同种。五峰南曲自容美土司改土归流（1735）后渐传入境，扎根土家山寨，深得民众喜爱，其传人众多，以五峰柴埠溪人杜海卿博采众长，师法诸家，自成一体，其唱腔委婉抒情，用方言吐字行腔，加花润色，词曲丰富，优美动听，颇具地方特色，尤擅长《红娘递柬》、《武松杀嫂》、《韩信拜将》、《扫松》等曲目，以演唱《赶潘》著称，在五峰、长阳曲坛均享有盛誉。该曲种体现民族嗜好，反映土家风情，对研究土家族音乐文化有参考价值。柳子戏初名扬花柳戏，为四川梁山调于明末年间传入域中后，与土家族民调音乐和方言俚语结合衍化，其风格玉润温柔，虽角色行当与其他传统戏剧相似，但其独特声腔为其他剧种无法替代；其唱法一用本嗓平腔，称作“老柳子”，一用真假声结合，句中及句尾落音翻高八度演唱，称作“新柳子”；其主腔有潼关调、狗狮羊等，有《琵琶板》、《满堂音》等曲牌20余个，传统剧目100余个；常演剧目有《打金钗》、《打芦花》、《宋江杀惜》、《蠢子回门》等。

五峰民间叙事民歌亦不在少数。如《向虚廷造反歌》、《幺姑看娘歌》、《杨柳叶儿青》、《十月怀胎歌》、《孙文十二月》等都各有深刻蕴义。就《十月怀胎歌》而论，该歌为道教坐丧鼓词，七言四句为一段（末段六句），歌颂娘亲十月怀胎之艰辛，念想娘亲分娩时“儿奔生来娘奔死，阴阳只隔一层纸”之险难，追忆娘亲哺乳、养育、扶持成家之深恩，以宣扬孝顺伦理。《十写孙俊峰》写于1930年春，贺龙率红军歼灭孙俊峰团防后，由县苏维埃主席易发琛作词，教民众传唱。歌以十写方式，每段七言四句，叙说孙作威作福，欺压百姓，后被红军歼灭、砍头示众事。这些对研究湘鄂西土家革命史都有其特殊价值。

二、土家族地区民间古籍调查整理的方法与手段

（一）对于有价值的古籍线索，要锲而不舍、穷追到底

《唐氏族谱》是一份颇具分量的古籍资料。早在1986—1990年，笔者任五峰湾潭镇党委书记期间，搜罗地方史料编撰《湾潭概况》时曾见到《唐氏族谱》，是从一同事处获得的。当时尚无太多

辨识经验，仅就部分内容作了利用后匆匆归还。15 年后，再想见到它却非常困难，历尽了周折。2004 年底，笔者把《唐氏族谱》列入收录民族古籍名录，循迹得知它已由湾潭村民 TXC 家收藏，可是谱书已经交给儿子 THY 保管，笔者找到 THY 家时，他在一个小时前出门去陕西打工了，据其家眷说要半年后才能回家。后来几次阴差阳错地与他擦肩而过，转眼一年过去，前后四次寻他不遇。2006 年春节刚过，笔者请他的同学——民宗局的 GHP 局长同行，冒着纷纷扬扬的大雪，驾着越野吉普车小心翼翼地爬过北风垭，踏着凌冰泥泞将 THY 堵在家里，终于再次得见《唐氏族谱》。《唐氏族谱》（晋阳堂）又称《唐氏麻寮家乘》，从其源流得知，唐氏元末明初进山，所有子孙分支湖广、长沙、宝庆、澧州、石门、慈利、桑植、鹤峰、长乐（五峰）等处，多系土家族聚居区。唐勇为麻寮所首任千总，与容美土司互为先后，至湘、鄂西土司改土殆尽，麻寮等卫所才呈请裁撤。因而，研究历时四百余年的鄂西南土司文化就不得不同时研究与其并存的卫所文化，而在正史不足的情况下，《唐氏族谱》即显得弥足珍贵。

《张氏族谱》是笔者从 ZZW 先生处得知的线索：他 1983 年曾在白鹿庄大湾发现《张氏族谱》旧卷。几经周折，打听到那一带张姓人家现在的家族主事人（亦有人直称其为“族长”）是笔者认识的 ZQG 先生，当即寻访上门。他将五峰、鹤峰张姓族人新编族谱借我，拜读之下更激起我想看到旧版张谱的欲望，于是他亲自陪伴我三次寻访他的族侄 ZGP。ZGP 先生被我们的诚意打动，丢下手中的生意，坐我的摩托车到大湾旧居取书，沿途笔者与他已经熟络，ZGP 给我取书时，又主动出示了一册清光绪年间的家教识字读本。倘若不是锲而不舍的追踪，可能至今我仍未能见到《张氏族谱》，也更不会见到那册识字读本。可见挖掘民间古籍资料必须功夫下足，否则是不会有所收获的。

（二）在县图书馆、档案馆内搜寻民间古籍文献

五峰县图书馆馆藏无法与山外相比，但在五峰却是唯一的知识殿堂。因有馆内诸好友的理解，使笔者成为享受特殊待遇的读者而查阅和借阅所需资料。用近两年的时间，笔者借阅二十四史、《湖北通志余》、《四库全书·湖广通志》、《四川通志》、《鹤峰州志》以及《土家族文化史》、《道教与土家族文化》、《土家族土司简史》、《五峰县政概况》等等，2005年春，完成地方馆藏搜寻，将读书摘抄、部分资料复制成册，题名《典海拾贝》。

县档案馆亦与上同，笔者所收录的41条文书类民族古籍多数源于县档案馆的馆藏资料，其中民间经济契约16件，这类历史文书档案真实地记录了晚清、民国时期民间经济往来的具体情况。如清同治九年（1870）二月李光森山田林产契约及验照一份，清晰地记录了晚清民间山田林产买卖事。业主李光森因家庭有难，父子商议将佃田一份、茅屋三间等祖业，以三十六串价钱出卖给何永照，并经秦道明等中人立字为据，契纸呈长乐（五峰）县衙登记用印，新业主又于民国三年（1914）九月，经湖北国税厅纳税验照。这份弥足珍贵的契约对研究晚清、民国时期的经济有很重要的参考价值。历史文献类19件，有许多资料也许都是世上的孤本独卷。例如民国三十三年（1944）的一份“鄂西会战调查表”，清楚地记录了日军入侵五峰暴行。是调查表为民国三十二年（1943）五月、十一月鄂西地区两次与日军作战，本县财产损失及被敌人屠杀人口的情况，同时对于研究土家族人民抵抗外来侵略具有文献价值。

（三）先进技术的引入和传统技术的运用

随着先进科技的广泛进步，田野采风或调查已不需要陈旧的方式方法，充分运用现代科技手段，可以事半功倍，提高工作效率，最大限度保留民族古籍物象的原状原貌。计算机技术运用于田野调

查，至少解决了两个方面的问题，一是便于网上资料查询，二是便于对调查资料的整理和存储利用等。田野调查所获得的原始成果往往要经过如下程序的整理：一是原始存档，如照片之类，一般是从相机拷贝转存入电脑所设“文件夹”，并稍作分类重新命名或编号。二是对于文字内容，则将手工笔记原文录入“调查笔记”，用图片或“录音笔”（后期增加）采集的文字和口头资料转化成文字记录。这些工作都要及时处理，以免时间长而造成混淆或损失浪费，尤其是有一定价值的古书籍，一般借出不方便或者主人不放心，就只能采取类似方法。例如2006年春节刚过不久，笔者到县牛庄乡，从乡政府干部SXC那里借出一套他珍藏的《申氏族谱》。那套老谱多达19册，厚可盈尺。我边读边夹纸条，打算第二天对重点复印。没想到翌日把书抱到街上唯一的文印室，由于天气太冷，复印机再怎么预热都不理睬，此后我用数码相机拍照了书中许多重要内容。2006年3月，笔者在仁和坪邂逅性格怪僻的LWM，当向他提出借阅向、胡两部族谱时，遭到他的断然拒绝，并明确表示要“书不离人，人不离书”。于是笔者提出变通办法：请他将书带在身边，晚上与我同宿镇政府招待所，然后我连夜拜读，确保他第二天我们分手时将书原样带走，他欣然接受了。当晚，我们同眠一室，他卷着叶子烟陪伴我直到深夜完成对两部族谱的抄录作业。三是对经过甄别筛选而可以入围的资料，严格按照学术规范要求制作卡片，备份存档，并汇编成易于档案保管存查的纸质文本。

（四）现代数码设备与特殊交通工具的使用

1. 录音笔和数码相机是必备工具

录音笔和数码相机是田野调查或田野采风的必备工具。单就利用数码相机而言，调查期间，笔者利用它采集了600余张图片。整理甄别筛选380幅存档。先进的工具，保存效果相当好。20世纪80年代，民族文化调查组曾用黑白胶片留下部分照片，其中部分因为保存的照片褪色，已很不清晰。如市级文物保护的“镇国将军唐国政墓碑”，就仅能识别正中间的墓主名讳，其他均难辨认。笔者第一次采风时虽部分抄录，但无法反映原貌。第二次集中采风，笔者专程再往，拍下了清晰的照片存档呈送，再无缺憾。在寻访到企望已久的容美宣慰使田舜年亲自撰文的摩崖石刻《新改荒路记》，它是继著名的“百顺桥碑”、“汉土疆界碑”之后，五峰境内再现的一通具有文献价值的石碑。当时就用数码相机从各个不同侧面留下了其真容原貌，如果用传统的拓片实在困难。

2. 特殊交通工具在田野调查中使用

笔者两次集中田野作业，共计 140 天，行程总计约 3000 公里，骑摩托车单车行程约 2200 公里，（第一期约 500 公里、第二次约 1670 公里）。以车代步约占 73% 以上。骑摩托车采风调查首先是节省时间，如果单凭步行这 100 多天仅够走路，而且体力消耗也很大。同时，骑摩托车行方便，如遇有价值的线索，临时处置调整行程的主动权完全由自己掌握，要较之搭乘公共交通工具灵活，更有利于采风调查这类作业。从节省费用开支来说就更不需赘言，比安排专用车辆节约四分之三，比搭乘客运车节省一半。当然，乘骑摩托车在山区单独行驶也有安全风险，必须谨慎驾驶，不可大意，特别是乡村小道，路况欠佳。骑摩托车采风还有一个好处，偶尔需要还可以捎带当事人或向导。2006 年 4 月 18 日，在百溢寨采访，76 岁的退休老干部 TCJ 为我向导，笔者用摩托车带着他在村级公路上跑上跑下，节省了时间、体力，同时也获得了丰硕的古籍资料。

（五）田野调查中对传统方法的坚持

田野调查不能投机取巧，坚持耳听为虚当线索，眼见为实重调查。“四勤”之法缺一不可，即腿勤、手勤、口勤、脑勤。腿勤就是要多往民间走，笔者作为“耳顺”之年的人，往往一天、几天跑下来，体力消耗很大，不及年轻人恢复得快，而且峒溪调查有许多不确定因素，有一定的安全风险，田野调查不能保障规律的吃饭、喝水，常常会忍饥挨饿，遭遇暴雨而无法躲避等。这些都需要克服，才能坚持下来。手勤就是不能存有侥幸，好记性不如烂笔头，特别有些细节，当时不记录完备就会造成后期遗留。口勤则指要嘴甜，多访、多问、多请教。脑勤就是在调查中要多思考，多动脑筋分析问题，寻找正确的手段与方法。

在传统方法的坚持方面，尤其是在收集整理铭刻类的古籍时最为典型，目的是以求“双保险”之功效。调查整理这方面的古籍，工具包括钢铲、竹刷帚、起子、粉笔、宣纸、墨托等，后来宣纸、墨托因携带不便且少用而以数码相机取代。另外，对于有价值的铭刻清理之后，正式抄录之前，最好都点燃一支香烟置于碑前。此举看似平常，但是却有多重实效：一者，表达本人对先贤的敬重。二者，可对随行或围观者传达教化。2008 年 5 月，笔者在鹤峰县屏山爵府抄录向日芳古碑时，陪同我们的两位向姓朋友，当即效仿我的动作，以烟代香，祭拜他们的先祖。三者，一般古墓皆年深日久，有野蜂、蜘蛛、虫蚁之类异物，香烟亦有驱赶作用。在香烟代作馨香的缭绕中完成作业，却也别有情趣。

三、土家族地区民间古籍的保护对策与措施

五峰是民族文化资源大县，民族古籍藏量十分丰富。县有关部门历来重视古籍保护工作，并取得了显著成绩，但我们也应清醒地看到，目前全县古籍保护工作还面临许多问题，尤其是少数民族古籍保护和整理人员极度缺乏，面临失传的危险，因而，必须站在对民族和历史负责的高度，充分认识做好古籍保护工作对促进文化传承、弘扬民族精神、维护民族团结及社会稳定的重要作用，进一步增强责任感和紧迫感，切实做好古籍保护工作，加大古籍保护工作力度，建立科学有效的古籍保护制度，提高全社会的古籍保护意识，充分发挥古籍在传承民族文化、增强民族凝聚力和促进社会主

义先进文化建设中的重要作用。然而，古籍保护的基本方针应当坚持“保护为主、抢救第一、合理利用、加强管理”，坚持依法保护、科学保护的基本原则，正确处理古籍保护与利用的关系，统筹规划，分类指导，突出重点，分步实施。笔者认为，五峰土家族地区民间古籍资料的保护，主要有以下从五个方面的对策和措施。

（一）制定民族文化发展大纲，全面开展民间古籍普查登记工作

五峰身为土家族自治县，保护利用民族文化是天经地义的正当事业，要制定科学的大纲，予以组织实施。今后的5～8年至关重要。在大纲的指导下，遵循总体规划、分步实施的原则，确立重点，先急后缓，制订出年度计划，并以民族研究会为纽带团结各界专家、学者，聚集力量，将任务协调到单位和个人，确属有价值的重大课题，可以组织力量攻关完成。凡大纲中要求成书的，一律进入丛书，一般情况下均组织内部出版，并积极向省民委推荐“湖北民族丛书”书目。

用3～5年时间，在全县范围内组织开展古籍普查登记工作，全面了解和掌握图书馆、档案馆等单位及民间所藏古籍情况。组织民间收藏的古籍登记、定级、著录。继续田野作业，社会调查，挖掘残存民间的民族文化遗产，搜集整理县内文化人士收藏的田野采风资料。继续寻访《世述录》、《二十一史纂要》、《田氏一家言》、《清江纪游》、《醉仙亭诗稿》、《绿绮堂诗集》、《渔洋小记》、《存真集》、《金钟楼诗文集》等珍贵古籍。

（二）建立《五峰珍贵民间古籍名录》，逐步形成完善的古籍保护制度

统筹规划，加强对珍贵古籍的重点保护，并以此带动古籍保护工作的有序开展。建立《五峰珍贵古籍名录》，经上级批准后公布。

对列入《五峰珍贵古籍名录》的古籍，各收藏单位要按照有关要求，完善保护措施，切实做好保护工作。政府要对此进行监督检查；改善古籍保管条件，命名“五峰古籍重点保护单位”，同时对“五峰古籍重点保护单位”应作为财政投入和保护的重点。对部分馆藏历史资料进行保护性修复或复制，进一步加强古籍的整理、出版和研究利用。

向社会和公众开放古籍资源，发挥古籍应有的作用。整理出版民族文化丛书。建议出版的纲目主要包括《长乐县志》（咸丰版校勘本）、《五峰古籍拾遗》、《鄂西深处的回声》（民族文论）、《民国五峰县情概况》校勘、《五峰民族志》、《渔洋古镇钩沉》、《新编五峰竹枝词》（诗文集）、《白云山子诗草》、《白溢寨传奇》、《五峰土家》（诗歌）、《仁和坪抗战记实》、《向虚廷传略》、《田泰斗研究》、《五峰强宗大姓族谱选编》、《民族传统体育项目研究》、《五峰土司及源流研究》、《五峰民间文化艺人》、《容美土司传奇三部曲》等。总体规模在400万字以上。若这套丛书三五年内得以付梓，将与此前出版的两套丛书构成史无前例的、最为完备的五峰民族文化工程，传之后世，馨香百代。

（三）加强领导，协同配合，共同做好民间古籍的保护工作

首先，建立由县文化局和民宗局牵头，发改局、财政局、教育局、科技局、新闻出版局、文物所等部门组成的“五峰民间古籍保护工作联席会议”。联席会议各成员单位要按照现有职能分工，认真履行职责，密切配合，共同做好古籍保护工作。各地、各有关部门要明确工作目标和任务，建立健全古籍保护责任制度和责任追究制度。成立由相关领域专家组成的“五峰古籍保护工作专家委员会”，充分发挥专家在古籍修复、保护、研究等方面的作用，推进古籍保护工作的有效开展。

其次，加大古籍保护资金投入与市场监管力度。财政部门要对

本地区古籍普查、修复、出版及数字化等工作给予必要的资金支持。要制定鼓励政策，积极吸纳社会资金参与、支持古籍保护工作，有关部门要依法规范古籍市场流通和经营行为，严厉打击盗窃、走私古籍等违法犯罪活动。依据有关法律法规追索非法流失境外的古籍。

再次，加强对古籍保护的宣传。图书馆、档案馆、学校、宗教机构、书店等要积极开拓文化教育功能，通过讲座、展览、培训、研讨等形式宣传古籍保护知识，促进古籍利用和文化传播。广播、电视、报刊、互联网等新闻媒体要加大古籍保护工作宣传力度，普及保护知识，展示保护成果，培养公众的保护意识，营造全社会共同保护古籍的良好氛围。

（四）开展工程项目保护，抢救和整理民间演唱类古籍资源

保护古籍文物遗址，主要采取申报保护项目、设置保护标志、复原、遮盖、复制、拓片等技术措施。五峰应当重点保护百顺桥碑、汉土疆界碑、新改荒路记（摩崖石刻）、古坟岭商周古文化遗址、土司帅府、土司城垣遗址、楠木桥贞节牌坊、龙洞（摩崖石刻）、镇国将军墓、桂崇皋碑、张彤柱碑、田海寿墓志、抗战阵亡将士碑、安化桥、汉阳桥、兴文塔、老衙门古墓群、曦和楼、圆通寺遗址、十大政纲、湘鄂西边区五县党代会会址、渔洋关市苏维埃政府旧址、青龙寺碉堡等。

挖掘整理特色文化，抢救民间演唱类古籍资源。如挖掘整理五峰的民间曲艺和传统戏剧作品并加以研究，主要有湾潭民歌、采花山歌、湾潭柳子戏、柴埠溪南曲和蒿坪吹打乐等。大多数民间艺术家都是年岁较高的人，他们每个人都是一卷“活档案”，人一旦作古，“活档案”随之灰飞烟灭。笔者接触的数十位民间民族文化传人，期间有“湾潭民歌手三姐”之一的万戌姐、传抄大型民歌词本和传承皮影戏的柳庆训、整理柴埠溪山歌故事的向家政等老人先后辞世，令

人扼腕叹息。从这个意义上说，抢救民族文化首先就要抢救传承人。另外，组织一些相关的民族民间文化表演，把一些年岁较大的绝艺传人请出来表演亮相，条件成熟时再以政府名义对“民间艺术大师”进行命名，让他们得到应有的尊重，调动他们的积极性。

（五）建立“校地合作”工作机制，制定和完善相关地方性法规

建立挂靠五峰县民宗局的“县民族文化研究会”与“民族古籍整理办公室”合署办公，搭建民族文化研究平台。以民族文化研究会为载体，建立和加强与邻边民族地区的联系交流；加强与中南民族大学、湖北民族学院、三峡大学等高等院校合作与交流，可以进行联合攻关重大课题；加强与民族学、人类学、民俗学、历史学等学科各级专家的联系，积极聘请知名土家文化研究学者担当顾问和指导。

选择适当时机，制定和完善关于保护利用民族文化的地方性法规，将这项工作纳入法制轨道。在日常生活中提倡民族习俗仪规；在学校、国家机关、社会各行业、文化界广泛展开传统民族礼俗文化教育和行为举止培训；在政府庆典、开幕式一类公共活动中，有意识地采用一些民族传统礼仪形式，以产生上行下效的影响。政府还可考虑制定系统的公民礼仪，譬如婚、寿、丧、祭、出生、成人、入学、交往礼仪以及服饰等等，以期在国家礼制框架里形成地方特色的礼仪性民俗。

巴土文化研究：理应注意的“十大关系”

邓和平

2002年至今，笔者本着“多读书，少说话，做实事，想问题”的态度，取得一点微不足道的成绩：《巴人源流研究》、《巴地域研究》、《长阳土司源流研究》、《深溪土司研究》、《麻寮与添平源流研究》、《容美纪游地理考》等，连同2002年前出版的《中国土家族源流研究》、《荆南土家族研究》、《松滋县土家族史考》等，巴土文化研究方面的著作，有十余部；加上地方专业史志、古籍整理、其他方面理论著作以及长篇小说、游记、报告文学等，已有25部书与读者见面，手头又有三本书稿成型，即将面世。

在完成上述著述的同时，笔者熟读古今有关史籍文献数百部，从中悟出有关巴土文化研究方面的一些体会，作为自己思考时的“遵循”，构架时的“先导”，研究时的“前提”，写作时的“参考”，以便使自己笔下作品“少走弯路”，极早与读者见面。今天，满堂盛会，“稗草先于稻抽穗”，笔者就个人所得，作一抛砖引玉。

关系一：议论表象与发掘本质

《土家族简史》于1986年由湖南人民出版社出版后，湘鄂渝黔不少州县编写了“土家族简史”，笔者有幸阅读甚多，从中发现：各州县所编“土家族简史”多为共性大，个性小，雷同多，特色少。以清江流域为例，有关廪君与盐神的传说、生产方式、风俗习惯等等，甲地与乙地“类同”，丙县与丁县“一致”。由于受其影响，笔者的《荆南土家族研究》、《松滋县土家族史考》中，也存在上述问题，我把它称为“议论表象”。

随着民族文化研究的不断深入，许多疑点需要我们去解答。以最后“落业”于松滋西南的深溪土司为例：《张氏家谱》记载其祖居“剑南”，《张氏家谱》称：“其祖于唐玄宗元年随高崇文讨伐刘辟有功，封为土司。”笔者抓住线索发掘考证，理出其姓氏来源、迁徙线路、征调驻防等大致情况：深溪土官先世，为云南大理白族自治州白族先民的一支；三国蜀汉时期，受诸葛武侯赐姓张氏，并封其首领龙佑那世袭酋长，从此这支白族先民部落称臣于蜀汉。首领龙佑那（亦称凤佑那、龙凤佑那）改称张佑那。

唐代时，这支白族先民首领张乐进及其后世，被征调荆楚，最早落业于长阳将军山至五峰岭、石板桥、深溪沟一带，成为后来五峰、石宝、深溪等土司的土官。据讨论发现，唐代的红崖峒、白崖峒，元、明至清初的白崖土司（鹤峰、龙山）也与其有渊源关系。有鉴于此，笔者将研究所得，运用于《深溪土司研究》一书之中，谓之“发掘本质”。

关系二：表述共性与讨论个性

当代，土家族研究“热”了湘鄂渝黔一方土地，毋庸置疑，这给当代经济发展起到了重大作用。但应看到，无数著述之中，表述共性材料，远远超过研究个性资料的数倍，甚至数十倍。究其原因，有客观的，更有主观的。

所谓客观原因，是国史、方志留下这方面资料稀少，每当人们去“读书”时，只能作有限引用，可能这只是一方面原因。关键在于许多民族文化研究者，仅注意就事论事，忽视了就事论理，对一些看上去有“矛盾”的资料，弃而远之未用的缘故。以麻寮千户所起源为例，《唐氏族谱》明显记载是东汉三国时期“征调荆楚”、“原居西蜀”，这是可信的。原居西蜀何处？再没有人去深究。正因为这一原因，许多研究麻寮千户所的文章，给人留下“知其然不知其所以然”的遗憾。

实际上，《汉书》、《后汉书》早有记载：白狼王唐菆等募化归义，作诗三章：《远夷乐德歌》、《远夷慕德歌》、《远夷怀德歌》，计44句，共177字。再考其后代唐缯，所居之地在今四川汉源县地带，属古代西蜀之地，联系《姓氏词典》“唐，古代我国南方少数民族有此姓，白狼王有唐姓”进行讨论，麻寮先世唐肇先原居西蜀，率部征调荆楚便一目了然。这不仅证明麻寮先世唐姓并非汉姓，更充实了古代“以夷治夷”、“以蛮攻蛮”之实质内容。

注意研究民族文化个性，便能使自己笔下作品各具特色。有关“源流”方面著作，笔者现有数本面世（《中国土家族源流研究》、《巴人源流研究》、《长阳土司源流研究》、《麻寮与添平源流研究》），各本书从内容到形式，从起端至目的均不相同，各篇各异，不相雷同，其重要一点，就是注意到“研究个性”而成书。

关系三：横向叙述与纵向讨论

当代，巴土文化研究著述颇丰，横向叙述巴族、土家族历史者约占九成以上。笔者通读、选读之后，受益颇多，对本民族文化由浅至深，所获启示非同寻常。也许是同仁也有类似之感，以致某县有人发出该地民族文化研究“可告一段落”的感叹！

若从“横向叙述”观念出发，上述感叹不为有过：民俗风情、地理位置、土司制度等，文献古籍所载有限；你言我语，相互引用，大呼小叫，彼此传抄，看了张本便知李书，如此下去也有“天下文章一半抄”之嫌。有关各地土司纵向讨论，目前也有，但未成“气候”，其重要原因是“资料缺乏”，“难度太大”。笔者认为，当代是研究民族文化的最佳时机，若不“知难而进”，势必有负先祖与后世，且不可畏缩不前。

笔者2002年考察长阳之后，花两年时间学习“二十五史”（含《清史稿》）与长阳和周边地区地方志、专业志，以及凡与长阳、土司等有关的著述，发现其境内玉江、麻栗（麻林）、施都（驰部）、长滩等土司资料较多，且考订出市备、意利等被“尘世掩埋”的土官，同时看到“古容米峒”许多未引起人们重视的材料。为了体现其各自特点，采用“纵向讨论”方式，理出各自起源（来源）、形成、变化过程。由于《长阳土司源流研究》（28.1万字）容量有限，关于“兹方”、“容米峒”、“麻寮与添平”、“百里荒千户”等仅作梗概反映，至于石宝、深溪、圆通、塔坪、下洞、平茶等土司，完全是“点到为止”，有待笔者或同仁们作后续讨论。

学术讨论是自由的，这是普遍认同的“号召”，他人作“横向叙述”无可厚非，然考虑到民族文化深入持久过程，笔者自我要求重视“纵向讨论”，至少有三大收益：一是迫使自己在课题研究上沉入“史海”，去发现鲜为人知的材料，促进自己刻苦钻研；二是从“一般”材料中强迫自己提炼“个别”特色资料，更大范围去探索有关“元素”，使笔下作品成册后不落“俗套”；三是对某一特定对象，提出“猜想”，自我加压地去找解答“公式”，寻求“答案”，提高自己研究水平与能力。

关系四：无序漫延与适度断限

巴土文化研究对比楚汉文化研究，起步特晚，许多巴土文化学者大力借鉴他人研究之法，这是“后来者居上”的一条捷径。

也许，因为上述原因，不少巴文化研究者套用楚文化研究方法，就巴人的“起点”定在巴国这一“中轴线”上进行讨论。笔者是巴土文化方面业余研究者，也拜读过许多楚文化方面书籍，略知楚国贵族源于北方，周代建国在南方；而巴人是“长阳人”的嫡系后裔，起源于南方，原始社会部落至周代建立巴国亦在南方，这是巴与楚的本质区别。所以，笔者的体会是：研究巴文化可借鉴楚文化研究的一部分方式方法，但不能“泥古于陷阱”之中。

目前，研究巴人者有两种倾向：一是把原始社会时期部落与周代巴国相等同，给人一种有巴人就有巴国的印象；再是有人把巴族这一概念，延至隋唐时期，把封建时代的“南郡蛮”、“巴蛮”包括其内。这两种倾向是否妥当，笔者不敢妄加评论，作为学术讨论自由者，本人在这方面保持一个观念：对巴人讨论不作“无序漫延”，而做到“适度断限”。

笔者在《巴人源流研究》一书中，采用划分四个大的时期立篇：氏族部落、部落联盟、巴方时代、巴国时期。其大致相处对应的是原始社会末期、夏代、商代、周代至春秋战国时期。巴人活动两千多年（原始社会末期至秦灭巴国），相当于秦统一时期至当今的时间跨度，笔者认为是不能用“巴人等于巴国”来代替的。再者，巴人，在四大时期的含义也不同：氏族部落时期，巴人是指巴部落的部众；巴部落联盟时期，巴人不仅包括巴部众，还包括融入该联盟的其他部落的民众；巴方时代，巴人含义涉及更广（详见拙著《巴人源流研究》“巴方时代”）；到了巴国时期，巴国境内各族均可称之为巴人。

有关“巴族”这一概念，有广义与狭义之分，狭义多指巴氏族、巴部族，广义则指巴民族。古籍文献多称秦灭巴国之前的巴国境内民众为巴族，其后称“蛮夷”。再者，巴国民众自此时期起，多融入汉族，余皆融入的少数民族有瑶族、侗族、壮族、苗族、水族、布依族、土家族等。也就是说，秦灭巴国之后，巴国民众作为一个统一的整体民族已不复存在。这便是笔者认为没有必要将巴族作“无序漫延”的理由和想法。

关系五：形象探索与逻辑思维

当代，不少研究巴史者，十分重视“形象探索”，对《后汉书》、《荆州记》、《太平寰宇记》、《通志》、《水经注》等方面关于“巴人”记载，从形象方面作了广泛讨论，其精神可嘉。笔者一度作过效法，无意中发现，有许多矛盾不知道是当代人忽视，还是有意回避，使人费解。例如，未有君长，俱事鬼神，乃共掷剑于石穴，约能中者，奉以为君。巴氏子务相乃独中之，众皆叹（《后汉书》）。又令各乘土船，约能浮者，当以为君。余姓悉沉，唯务相独浮。因共立之，是为廪君（《后汉书》）。

从“形象探索”考察，掷剑入穴中之为君，乘土船浮者为君。若从“逻辑思维”解剖，这至少两次而非一次。为求究竟，查阅《中国历史大辞典》等典籍，得知《后汉书》作者在“专传”中多为“以类相从”，即若干相同史料，一并整理入书的情节，证实古代廪君产生是在五姓氏中采用掷剑、乘船等不同方式选拔的。接着考订《太平御览》得知“凡五姓争神，以土为船，雕文画之而浮于水中，其船浮者，神以为君”之过程。由此得知，“掷剑石穴为君”、“乘船不沉为君”是不同方式的选拔，矛盾迎刃而解。

关于“土船”材质为何？有人用“形象探索”方式解答为木船，其理由是清江不适应陶船行驶，并提出当时已有独木舟的充分理由。仁者见仁，智者见智，人各有识，无须争执。笔者认为，当时五姓争神土舟为陶船，是从“逻辑思维”方面解剖的：大凡沉舟，无非两类，一是陶质，二是铁质。凡木质者，撞石触礁后，船破随涛飘散，仅乘客、货物落水或沉没。古今同理，历来皆然，既是沉者，古代便为陶质。若是木质，或翻或破，岂有“沉”字可言？

上述认识，亦有人驳之不妥，并以“廪君乘土船至盐阳”佐证，说明是本质船，且也有理。细加考察，皆因古代治史者“事以类相从”缘故。乘土舟至盐阳，当为部族活动，“五姓争神”驾土船，则是“竞技”比赛，虽记载同为土舟，且用途不同，场地有别。如我们看到今日竞技比赛的“采莲船”与湖泊实用的采莲船（亦称采菱船），前者为纸质，后者为木质，从中得到启示，“争神”的巫术施用“土船”（陶质）与部族活动实用“土船”（木质）不能不加以区别。

关系六：言必有据与据必可信

大凡治史者，立论引据无可非议。不少刊物以“有据”为标准登载，其中也不乏以貌取文的现象。作为“文责自负”的当代，笔者没有时间去讨论这种现象，但“据必可信”作为史家之德还是应该提倡的。

不久前，有人撰文考察“武落钟离山”并“赤黑二穴”，将《后汉书》本来不存在的一段文字，作为自己文章的“论据”，这便成了史家之大忌。其“引文”为“《后汉书·南蛮西南列传》记载：‘难留城山’，县西二百里，一名武落钟离山，交施南建始界”。这段文字是否存在？笔者查阅《后汉书·南蛮西南夷列传》全文，没有这段文字。是不是笔者孤陋寡闻？遍查三国吴谢承、东晋谢沉、东晋袁山松、商朝宋刘义庆、南朝梁萧子显等五种《后汉书》，全佚；再盘查与“后汉”有关史籍，《后汉书》另外八种注辑释本，也无这段所谓的“引文”，这能作为史家治史证据吗？显然不能！

上述这段“引文”，实际是历史上《长阳县志》意引《通志》两说并存中一说的所言一句话。《通志》的两说并成：一指县西七八十里，一指县西二百余里。笔者理解：前为狭义的“武落钟离山”，后为广义的“武落钟离山”（详见拙著《巴地域研究》，本文从略）。

有关据必可信，笔者力求采信第一手资料。在著述《巴地域研究》一书时，笔者将《荆州记》与《水经注》、《太平寰宇记》与《通志》之成书时间、承传关系、史学成分、文学价值等，作比较性讨论，对其可信程度均梳理出客观意见，然后慎重引入著述之中。在此，笔者自我要求通读原著，选读要点。以《太平寰宇记》为例：该书计二百卷。清四库全书著录时仅存193卷，江西万氏本及乐家祠堂本缺第四卷，共缺8卷。《古逸丛书》刊有杨守敬从日本抄回的5卷半，今实缺2卷半。其中第1卷至171卷，记载宋代11个道的情况，172卷至200卷，记载周边各族情况。记叙“道”的情况时，以府、州为叙述单位。当时有关长阳的记载，是放在“峡州”条目下记载的。笔者重点选读此段史料后，认为作者乐史以当时长阳龙舟坪为县城，说明狭义武落钟离山在县西七十八里，作为第一手“论据”置入《巴地域研究》中，觉得比直接引用《辞海》关于“武落钟离山”在今湖北长阳西北的可信度更高。

关系七：引文摘录与史料解读

民族文化研究，引用文献古籍重点句段，比一般意引更能说明问题。但应首先就其引文作认真考察，得出是否符合史实的结论后再运用于自己著述之中。因为，文献古籍成文之时没有标号符号，后世人由于理解有误而造成变更句意的现象不时出现。

笔者在著述《麻寮与添平源流研究》一书时，有两条资料摆在面前，不能不用：一是晋阳堂《唐氏族谱》云："唐肇先：世居西蜀成都府。值汉运衰微，群雄蜂起，于献帝初平元年（190年），征调荆楚，随诸葛武侯大会江夏，屯兵江北之咀，暮宿白竹之排川江。夜瀑风云骤集，既而湍洄枝江，屯兵一万三千于火田七丘，功服群寇，开平五溪三苗以辟土，永镇于是，诰敕扶国将军。"二是：《九溪卫志》云："麻寮所隘：肇自大汉延熙二年（239年），投诚诸葛武侯，因授世袭土职。"

这两段引文均提到诸葛武侯，当我对照《三国志》考订时，发现有问题：一是初年元年（190年），诸葛亮此时不过为刚满9岁的儿童；二是延熙二年（239年），诸葛亮已经病故五年（诸葛亮于234年故）。笔者对照未标点的《唐氏族谱》、《九溪卫志》原文与《容美土司史料汇编》对照，参照《三国志集解》历史记载，重新解读这两段资料，重新标点，情况大不一样：

一是："唐肇先，世居西蜀成都府。值汉运衰微，群雄蜂起于献帝初平元年（190年）。征调荆楚，随诸葛武侯大会江夏；屯兵江北之咀；暮宿白竹之排；川江夜瀑，风云骤集，既而湍洄枝江。屯兵一万三千；于火田七丘功服群寇；开平五溪三苗，以辟土永镇，于是诰敕扶国将军。"二是"《九溪卫志》：麻寮所隘肇自大汉延熙二年（239年）。投诚诸葛武侯，因授世袭土职"。

通过重新解读史料，弄清初平元年（190年），是指东汉献帝时群雄蜂起之时，延熙二年（239年），是指麻寮所隘土官先世始设土职之时。笔者如此作为，目的只有一个，避免以讹传讹（详见拙著《麻寮与添平源流研究》第一章《历史渊源》）。

关系八：世袭定居与举族迁徙

研究巴土文化，特别是土司历史文化方面，一般人多注意到世袭定居的结果，这种做法可避免许多不必要的争论，而且文献古籍有考。若从历史本来史实出发看问题，笔者认为仅此不够，且要注意其“举族迁徙”的另一面，否则，其历史不是全面历史，更有腰斩历史文化之嫌。

以容美土司及其先世为例：作为狭义巴人五姓中巴氏改称田氏（详见拙著《巴人源流研究》第十六章《田姓名义与来源》），巴人时代世居武落钟离山（广义）地带，活动于清江流域，早在汉代史籍便有征调川、湘记载，魏晋南北朝时期，羁縻柘州、羁縻资田郡的刺史或郡守，皆为田姓所担任，几度受诰敕为“清江王”；唐、宋两代，受封建王朝征调，其中有数部为川、渝、湘、鄂、黔羁縻府、州土官，历代史书记载颇多。即使容美先世一支，征调、升迁之地也并非限于今鹤峰、五峰等地，而是东至荆东，西达蜀中，北抵陕地，南至湘境，均有其土官足迹。

延及宋末，容美先世“镇南都督总管府”的职官涉及地，多在今宣恩至利川南沿湘西龙山等地，而当时长阳、五峰、石门及鹤峰南部等地，分别是征调荆楚的白狼王一部唐氏所领“四川六路都督（总管）府”、建宁国主张乐进后代“白崖州”等驻守，鹤峰北部、巴东南部等地，则是升迁相氏之后的“大盘峒”驻守之地等。

明至清初，容美土司世袭土地与人口，并非原来职官涉及地，也非原有所属部族，其中大部分系白狼王一支“征调荆楚”的后裔唐姓部族，羌人后裔一支“九溪部长”的后裔刘氏部族等。要说与其有一定关联的，那就是从云南大理“征调荆楚”的白族先民张佑那后裔的一支张氏部族。当容美田姓受敕为宣慰使司或宣抚使司时，所属四大安抚司分别为两唐、一刘、一张，均非其先世“镇南都督总管府”原部。其世袭土地，不仅失去宣恩至来凤到龙山的大片地域，就连利川的沙溪辖地，也不复其管，改为今鹤峰、五峰大部分地域为主，兼及周围边沿县市土地为世袭领地、属地。

当代，有不少研究“容美”历史文化的文章与著作，因种种原因，未谈元代及其以前的历史与地理，或误解明代至清初的容美土司地域等同于其先世“容米峒”、“柘溪”（州）之领属地，不能不说是一件憾事。有鉴于此，笔者主张在注重“世袭定居”的同时，更应强化其先民“举族迁徙”征调、升迁职官时的资料，深入研究湘鄂川黔渝土家族地区的民族文化，为发扬光大民族文化遗产而尽心竭力！

关系九：社会变革与族体变化

马克思主义哲学观点告诉我们，中国社会有史以来充满变化，汉族地区如此，民族地区依然。土家族、苗族为主的湘鄂川黔渝地带，虽然农奴制比汉族地区持续多达一千多年，而在这段时期内，特别是“改土归流”后，这些地方的社会、经济与文化发生深刻变化。变化后的状况，既有历史“原生态”痕迹，更有变化后“新生代”现象，如何运用历史唯物主义和辩证唯物主义观点研究民族历史文化，不能仅挂在嘴边，而要落实调研全过程。这里，最重要的是充分认识“族体变化”本质之所在。

当代，炎帝、黄帝的出生地，由于“族体变化”原因，完全失去当初“氏族部落”时期的“原生态”状况，“复原”中华民族的“母系氏族社会”，许多研究者到了四川与云南两省边界的泸沽湖西岸的永宁，对生活在那里的纳西族（自称“摩梭人”）去考察“走婚”现象；“复原”原始社会人类生活状况，有的研究者进入西南边疆珞巴族聚居地，目睹耳闻那里的老人介绍60年前的“不耕不织、穴处巢居、冬衣兽皮、夏衣木叶”的亲身经历（上述二例详见拙著《巴地域研究》“远古人类探”、《长阳土司源流研究》“‘长阳人’及其后代探索”)。然而，这二处因社会变革较之炎、黄二帝出生地则“慢”，“族体变化”所存“原生态”成分浓，是历史文化的反映，但不能因此而否定炎帝、黄帝出生地当时的历史文化。

无独有偶，巴人廪君出生地“武落钟离山”，土家族先民活动地由于历史、地理、社会等多种原因，导致“族体变化”而产生“新生代”现象较之湘西腹地浓，许多土家语言研究者便赴龙山、保靖、永顺等土家族聚居腹地，目的在于“复原”土家族先民“原生态”。如果我们用“原生态”文化浓厚作为依据，去否定廪君出生地“武落钟离山”，是否有曲解“社会变革”与“族体变化”实质之嫌？假若“此论”真能成立，以“此”类推，炎、黄二帝的出生地是否在纳西族（摩梭人）、珞巴族的聚居地？因而，笔者认为，一个地方的“原生态”文化现象浓厚与否，是与当地“社会变革”与“族体变化”有相应关系，不能以此作为某一种文化“源头”起始地。

关系十：局部分析与全面考察

笔者往年从网上发现，有人将巴人五姓说成是“巴氏、樊氏、覃氏、向氏、郑氏”。将《后汉书》中的“瞫”、“相”用“覃”、“向”二字替代。有人曰：覃、向二姓源于瞫、相；有人曰：许多著述认为二者有联系；更有人认为，覃姓就是瞫姓，向姓就是相姓。如此说法，笔者认为有悖于历史本来面目。

笔者从事民族历史文化讨论，至今已有二十余年，在巴人两千多年历史时期内，瞫相二姓记载颇多，却不见覃、向二姓只言片语（也许是未发现）。瞫相二姓延及东汉时期仍有，未被覃、向所取代。今有人就历史文化研究所得，发现谭、镡、潭、覃与古代巴人

“瞫”有关联；向、响等姓与古代巴人“相”有关联，其时间或在汉代，或在三国，或在唐宋等，但有一点相同，均不在古代巴人时代。

有关“向姓”出现，与土家族供奉“向王天子”有关。多言与向宠、向辅、向保胜有一定联系，笔者对三人身世作过考察，所处时代在三国时期及其以后（详见拙著《中国土家族源流研究》第53页）。有关覃姓一支来源，则是宋代由谭元虎去言改“覃”为源（详见拙著《麻寮与添平源流研究》第106页）。此为笔者“言必有据”之出处，也是坚持远古巴人没有“覃”、“向”二姓的理由。出现以“覃”、“向”二姓代替古代巴人“瞫”、“相”二氏的原因，笔者主观认为是由于有的人忽视了“全面考察”与“局部分析”之间关系，以偏概全导致的结果。

由于上述“以偏概全”在一些历史文化研究者中存在，也导致出现不少偏颇现象。例如土家族源考察，众说纷纭：有言土家族起源于巴人一支，有言土家族起源于鬼方之说，有人考证系濮人后裔，有人说巴人源于后照，有人又说巴人与修蛇有关，等等。若站在巴人不同时期，均有道理：巴国为周代封国，封其宗室姬姓为君，能与北方没有联系？往上推巴方之君系后照氏（后照与商君同源），说其源于羌人一支不无道理；再往上推，巴部落联盟时期，孟涂“司神于巴”，而孟涂氏即夏后启的舅族，有史为证；再溯至原始社会，巴人五姓争神，立“廪君”为祖。从原始社会至战国时期，巴人融合的部族与方国多达数十个，其中主要的有盐水神女、西陵氏、赤水女子献、兹人、毕方、鬼国、驩头国、盘瓠氏（犬我国一支）、濮人、虎方等。

某一地域将上述某一部族作为起源，是一种局部讨论的结果，站在巴人全面考察角度上，实际上讲的均属巴人后裔，犹如我们所说恩施市在清江流域，襄樊市在汉江流域，武汉市在长江流域，全面考察，皆属长江流域，这是因为长江是本源、清江和汉江为支流的缘故。但要说明的是，关于族源讨论时，区域性的起源不能替代土家族起源巴人这一本源，这与清江、汉江作为支流不能取代长江是同样道理：本源与支流不能等同，不然便有“盲人摸象”之嫌。

笔者非为科班出身，未就职高等学府，长期沉眠于基层，犹如井底之蛙，历数草根之见，不妥之处，敬请各位专家学者指正。

浅谈少数民族哲学史的书写方式

——兼评萧洪恩教授《土家族哲学通史》

张世保[①]

随着全球化进程的深入，人们对异质性文化的关注越来越强烈。全球化包含了特殊主义的普遍化和普遍主义的特殊化的双向进程。全球化导致全球的同质化，但这种同质化不能否认一个国家、民族和文化传统对特殊性（异质性）的诉求。历史的现实也证明：同质化的程度越高，对异质性的要求也就越明显。这种对异质性的要求与其说是反对同质化，还不如说是同质化加强的表现。各文化传统中的文化保守主义在全球逐步同质化的过程中得以兴起就是一个明显的例子。也只有在全球化的过程当中，“全球性的地方知识”才有形成的可能。文化保守主义的兴起乃是全球化本身的产物。全球化与民族文化呈现出这样的一种辩证关系表明：在全球化的进程中，中国少数民族的传统哲学不仅不会消亡，反而面临着空前的发展机遇。时下少数民族哲学与文化发展的繁荣就是证明。正是在这种背景下，对少数民族哲学的研究在近些年越来越受到重视。这种重视体现在两个方面：一是少数民族哲学的研究成果越来越多，有分量的成果也不断涌现，二是对少数民族哲学的研究得到越来越多

---

① 张世保（1974—），男，土家族，湖北巴东人，中南民族大学教授。

学者的认可，即便那些怀疑少数民族哲学合法性的学者也认可了少数民族哲学，并认为少数民族哲学研究是中国哲学研究不可或缺的重要部分。因此，我们可以大胆地说，少数民族哲学的研究在今后中国哲学研究中的地位将大幅提升，从而进入一个大发展的时期。但是，正是由于少数民族哲学研究面临着诸多机遇，在研究过程中需要重视的问题也就越来越多。本文以萧洪恩教授的《土家族哲学通史》（人民出版社2009年出版）为例，来谈谈少数民族哲学史的书写方式。

一、少数民族哲学何以可能?

在20世纪90年代少数民族哲学研究刚刚起步的时候，少数民族哲学本身的“合法性”受到质疑。这种质疑来主要自于中国哲学史学界。长期以来，中国哲学史学界所书写的哲学史一般都是以儒、释、道等为主要内容的汉族哲学史。细检各种中国哲学史著作，我们发现它们根本没有给少数民族哲学留下地盘。在他们眼里，少数民族哲学似乎上不了台面，根本没有研究的价值。不过，吊诡的是，在21世纪初，“中国哲学的合法性”也成了问题。其实，“中国哲学的合法性”问题由来已久，康德就说过孔子虽然是“中国的苏格拉底”，但他并非哲学家，在整个东方根本没有哲学。黑格尔重述了他们的观点，认为哲学的起点是思想的自由，只有当人类超脱了自然阶段而达到思想自由时才产生了哲学。黑格尔认为能称之为“哲学”的只有希腊哲学和日耳曼哲学。后来的德国哲学家文德尔班继续这种思路，竟将“东方精神”视为束缚个人创造性的思想的同义语。海德格尔也说过哲学是西方的专利，“常听到的‘西方—欧洲哲学’的说法事实上是同义反复。为何？因为‘哲学’本质上就是希腊的；‘希腊的’在此意味：哲学在其本质的起源中就首先占用了希腊人，而且仅仅占用了希腊人，从而才得以展开自己。……哲学本质上是希腊的，这话无非是说：西方和欧洲，而且只有西方和欧洲，在其最内在的历史过程中原始地是‘哲学的’”。不过，促成中国哲学合法性大讨论的是法国哲学家德里达，他明确地指出，“哲学”只是“与一种有限的历史相联，与一种语言、一种古希腊的发明相联”的东西，是欧洲和西方所独有的思想，中国历史上不曾出现这种形态的思想，因此“中国哲学”不是严格意义的“哲学”。“中国哲学”还是称为“思想”较为妥当。

西方哲学家将“哲学”严格地限定在西方的思想脉络中，更确切地说限定在近代西方哲学脉络中，当然是成问题的。首先从哲学的本义（即哲学乃是对智慧的追求）来说，中国哲学的合法性当然不成问题。另外，即便从近代西方哲学的脉络来看，中国哲学的合法性也不成问题，西方哲学家提出中国哲学的合法性问题，更多的是因为他们对中国哲学的无知，因为即便中国古代哲学也有其独特的概念系统和理论体系。当然，中国哲学合法性的讨论对于人们反思中国哲学的研究范式、重塑中国哲学的主体性等都是有好处的。

客观地说，“中国哲学合法性”的讨论对于少数民族哲学的合法性的确认是有帮助的。因为，中国哲学的合法性本身就受到了质疑，中国哲学史学界当然没有心情和底气去质疑少数民族哲学的合法性了。既然中国哲学要求别人承认自身的合法性，那么它为什么不先承认少数民族哲学的合法性？可以说，中国哲学界现在重视少数民族的研究与成果，与中国哲学合法性的讨论是分不开的。

那么，中国哲学合法性的解决是不是意味着少数民族哲学合法性的解决呢？可能还不能这么认为。必须要承认，文化有先进和落后之分。少数民族的文明程度总体上要低于汉民族的文明，同时各少数民族的文明程度也不可能是一致的，有的少数民族的文化中虽然有朴素的哲学思想，但也确实没有达到哲学理论的高度。如果要求这些民族也写出一本哲学史，可能就是强人所难。有学者从民族精神角度理解民族哲学：“哲学的民族性就在于哲学是民族精神的结晶；或者说，民族精神的自觉认识和理论表达就是该民族特有的哲学。”“任何一个民族都有自己的民族精神，但是，有的民族能自觉地认识和理论地表达出来，于是其就有自己的哲学（哲学学说）；有的民族尚未做到，或没有完全做到这一点，从而其只有哲学思想。由此我以为，有的民族有自己的‘哲学史’，而有的民族则只有‘哲学思想史’。”其实，我们还可以进一步指出，有的民族有自己的“哲学史”，而有的民族只有“思想史”，没有必要硬加上一个“哲学”的定语。须知，少数民族思想的价值不会因为贴上哲学的标签而变得更有价值，也不会因为没有哲学的称呼而减少其固有的价值。从这个意义上说，有的少数民族可以写出其哲学史，但不是每一个少数民族都必须要写出自己的哲学史。当然，有的少数民族可能在以前不能写出自己的哲学史，但随着视野的开拓和文献资料的进一步挖掘，可能现在就能写出自己的哲学史了。举例来说，通行本《中国少数民族哲学史》中没有土家族哲学的，而在众多土家族哲学研究论著的影响下，国家“十一五”重点出版规划项目《中国少数民族哲学思想史》中已列入了土家族哲学思想的专章，而现在萧洪恩教授更是撰写了《土家族哲学通史》的鸿篇巨制。

土家族哲学何以可能？这是撰写土家族哲学史之前必须回答的问题，特别是在“土家族哲学研究的学科地位没有确立起来，而且学理地位也还没有明确申明”的时候。萧洪恩教授对这一问题当然要作出自己的回答。萧洪恩教授从“理论”和“历史与现实根据”两个大的方面来对这个问题进行了回答。从理论上说，第一，哲学具有一般性与民族性。第二，哲学问题的展开方式具有不同的层次性，如既具有哲学本体论、认识论的问题，又具有历史观和文化观的问题，还具有政治哲学层面的问题。第三，哲学思维有理论表达与文学表达、历史表达之分。第四，哲学理论的阐明有理论阐释和理论运用两种形式。第五，哲学在存在形式上可分为学术的和日常的两部分。从历史与现实根据上说，首先，土家族哲学的合法性有土家族的历史成熟性支撑。其次，土家族哲学的合法性有土家族哲学史传统的支撑。再次，土家族哲学的实际功能对土家族哲学合法性的支撑。这些论证应当说较好地从外部论证了土家族哲学何以可能的问题。但要从根本上解决土家族哲学何以可能的问题，可能还必须从土家族哲学内部着手，要看其自身的内容是否承载了一般意义上的哲学思想。

总之，任何少数民族要写一部哲学史，都必须先回答该民族的哲学如何可能？否则，这一工作的展开就没有牢固的基础。

二、少数民族哲学史的写法：以哲学史为中心的思想史研究

如何撰写少数民族哲学史？是要采取还是拒绝“以西解中（少）”的写法？如果要拒绝，是不是还要拒绝“以中解少”，而进一步到“以少解少”？

在我们看来，要拒绝“以西解中（少）”的模式来撰写中国少数民族哲学史是不可能的。首先，哲学具有一般性，不能因为民族性的独特性而否认这个一般性，这个一般性是哲学的本性。本体论、认识论、历史观等都是任何哲学体系都要探讨的，只不过在特定时间或不同的哲学家那里侧重点有所不同罢了。其次，那种提出“以中解中（少）”，反对所谓的“文化殖民”的人，实际上没有看到文化的创造性的本性，而是把中国哲学看做是一个静止的存在。这种做法实际上是没有文化自信的表现。其实，“以西解中（少）”的过程，就是西方哲学中国化的过程，也就是中国（少数民族）哲学现代化的过程。从某种意义上说，“以西解中（少）”以成为中国文化的宿命，现在的中国人，如果要完全摆脱西方话语的影响，已经不可能开口说话！再次，如果说“以中解中”在学理上还可以成立的话，则“以少解少”确实很难成立。中国哲学自身确实有它自身的一套话语体系和概念系统，而少数民族哲学一方面在近代受西方哲学的影响，更主要的是受汉民族哲学，特别是其中的儒、

释、道哲学的影响极大，很难说有其独特的一套话语体系和概念系统，很多少数民族连自己民族的语言文字都没有，更遑论独特的话语体系和概念系统了。当然，有的少数民族的哲学话语和哲学系统可能有其自身的特色，在撰写这些少数民族的哲学史的时候，也要把这种特色体现和挖掘出来，要尽可能地使用具有特色的概念和话语。

以上是就研究模式来说，具体到少数民族哲学史的书写，则不能走纯粹观念哲学史或纯化哲学史的路子。一方面，纯粹观念哲学史的路子不能很好地揭示哲学问题，而缺乏历史感和现实性。另一方面，由于少数民族哲学自身的局限，如果要走纯化哲学史的路子，那将也是自揭其短。萧萐父先生就指出："鉴于哲学史研究曾羼入许多非哲学的思想资料，往往与一般思想史、学说史浑杂难分，我们曾强调应当净化哲学概念，厘清哲学史研究的特定对象和范围，把一些伦理、道德、宗教、政法等等非哲学思想资料筛选出去，使哲学史纯化为哲学认识史，以便揭示哲学矛盾运动的特殊规律。但进一步考虑哲学与文化的关系，文化是哲学赖以生长的土壤，哲学是文化的活的灵魂，哲学所追求的是人的价值理想在真、善、美创造活动中的统一实现；哲学，可以广义地界定为'人学'，文化，本质地说就是'人化'。因而这些年我们又强调哲学研究可以泛化为哲学文化史。以哲学史为核心的文化史或以文化史为铺垫的哲学史，更能充分反映人的智慧创造和不断自我解放的历程。"对中国哲学史的研究如此，对中国少数民族哲学史的研究更是如此。必须将少数民族哲学史泛化为哲学思想史或哲学文化史，当然，名称还是可以用"哲学史"，但内容一定是哲学思想史或哲学文化史。

李维武教授提出的以哲学史为中心的思想史研究这一研究方法，主要针对的是19—20世纪的中国哲学。这一方法首先在于扩大中国哲学研究的问题域，把那些处于哲学史与思想史之间的问题凸显出来，使之成为哲学史研究的重要问题，尤其是使那些直接来自中国文化历史大变迁的特殊提问方式和特殊问题，如全球性现代化运动在近现代中国所引发的中西古今文化关系问题、中国现代化道路问题、全球化问题、现代性问题、中国向何处去问题，进入哲学史研究的问题域，得到凸显和研究。其次，这一研究又可以扩大中国哲学研究的视野，关注中国哲学与中国思想世界的联系，而这一联系涉及中国思想世界三个层面的思想形态：一是属于精英文化的观念形态的思想内容，二是观念形态与实际运动相结合的社会思潮，三是属于下层民间文化的群体意识与观念。再次，这一研究还在于凸显中国哲学与中国文化历史环境的联系，这种联系既集中表现为近现代中国文化历史大变迁，所给予中国哲学发展的巨大而深刻的影响，又包括近现代中国文化历史中的一些具体的新因素新内容对中国哲学发展所投下的影响。实际上，这一方法对中国哲学史的研究都是适用的。

以哲学史为中心的思想史研究方法，是展开少数民族哲学研究的恰当方法。萧洪恩教授自觉地运用了这种方法。这体现在三个方面。第一，土家族哲学思想，往往不是由专业的哲学家提出，也往往不是由专门的哲学著述阐发，而是与其他思想内容、其他表达形式交织结合在一起，这就需要从一般意义上的思想史文献中发掘出其中所蕴涵的哲学思想。萧洪恩教授在这方面用力甚深，十分重视对诗文、史籍、方志、书信、日记、公文等文献的搜集和解读，发掘其中的哲学思想。如《田氏一家言》，本是由田氏几代人的十二卷诗集组成，并不是严格意义上的哲学著述，但萧洪恩教授正是通过对这些诗作的深入解读，发掘出蕴涵于其间的哲学思想，揭示出土家族哲学中的一个有代表性的思想传承。第二，20 世纪土家族哲学的开展，其代表人物或为政治家或为文学家，他们所接触和探讨的哲学问题，往往不是哲学自身发展所提出的形上问题，而是中国历史大变迁所提出的现实问题。对于这种哲学文化现象，萧洪恩教授没有硬把这些人物的思想往形上问题上拉，以加强其哲学味，而是明确指出，这些人物哲学思想的特点首先就在于：悬置本体论与认识论问题，重点关注历史观、文化观及政治哲学问题。这就使哲学原本处于哲学史与思想史之间的问题得以凸显，成为20世纪土家族哲学的主要问题，显示出20世纪土家族哲学的特点。第三，对于土家族知识分子的哲学思想与下层民间社会的精神生活的联系，萧洪恩教授予以了关注和研究，使之成为土家族哲学史的一个有机构成部分。我想，萧洪恩教授的《土家族哲学通史》为什么能对土家族哲学挖掘得比较深入且论述自成体系，跟他自觉地运用了以思想史为中心的哲学史研究方法是分不开的。

三、少数民族哲学史写作中要注意的几个问题

（一）处理好少数民族哲学史与中国哲学史的关系

少数民族哲学史是中国哲学史的组成部分，而现在的中国哲学通史著作中没有少数民族的地盘。那么，在少数民族哲学史著作中，如何处理与中国哲学史的关系？

首先，要强调少数民族哲学是中国哲学的有机组成部分，而不能有离开中国哲学这个整体去单独地讲某一少数民族的哲学史，“多”必须在“一”之下才能获得其意义。因为少数民族的哲学发展一方面受汉民族哲学的影响，如儒家思想对少数民族有很大的影响，一些重要的少数民族哲学家就是著名的儒家。另一方面，少数民族哲学之间也有很多交流互动，如藏族与蒙古族之间的哲学思想就有很多互通之处。实际上，少数民族哲学的发展也只有放在整个中国哲学史发展的大背景下才能获得真切的理解。

其次，撰写少数民族哲学史，不必要也不需要高扬少数民族自身的主体性和民族性。不能因为为了撰写自己民族的哲学史而把本来很为淡薄的民族意识“发现”出来而加以“扩大”，虽然民族哲

学与文化本身是在不断地创造与“想象”之中，但在中华民族这个大家庭中，我们更应注意增强中华民族这个总的民族意识。当然“一”与“多”并不矛盾，“一”要通过“多”体现出来，但是这个“多”是要实事求是的，不能作过度地放大。

萧洪恩教授的《土家族哲学通史》可谓很好地处理了这种关系。该书阐述了土家族在漫长的追求和发展中，既保持了自己的精神传统，又吸纳了来自汉族的儒道思想。这种与汉族文化的联系，导致了改土归流后土家族向华夏文化、特别是向儒家文化的认同。正是在这种认同的基础上，土家族的先进人物与中华各民族的先进人物一起，面对鸦片战争后的中国文化历史大变局，向西方寻求救国救民的真理，吸纳了包括马克思主义在内的新思想新哲学，促成了土家族哲学由传统形态向现代形态的转换。这种哲学的现代转型，使土家族出现了一批求索于中西古今文化与哲学之间的思想人物，他们的思想创造既对土家族的精神生活世界产生了深刻影响，又对20世纪中国哲学的开展投下了深刻影响。这样的一种阐述，就不是就土家族哲学而论土家族哲学，而是将之放到中国哲学发展的大背景下论述，很好地处理了“一”与“多”的关系问题。

（二）中国少数民族哲学史的内容选择问题

撰写一部哲学史，首要的问题是掌握大量的第一手文献资料，萧洪恩教授在这方面可以说用力极深。没有对土家族哲学资料的全面掌握与深入解读，是不可能撰就一部80余万字的著述的。但是与蒙古、藏等少数民族的文献资料不易引起争议不一样，有些少数民族的哲学文献存在很大的争议。

首先，中国有许多少数民族是在新中国成立后才识别的。实际上，很多现在看来是少数民族的，在当时根本没有民族意识和民族认同，即他们的所思所想，根本不是以这个（少数）民族为出发点的。那么，这些人的哲学思想能不能纳入该民族哲学史中？这是需要严肃对待的一件事情。我认为有没有民族身份意识与民族认同，是衡量一个人的哲学思想能不能纳入该民族的哲学史中去的一个重要标准。近代少数民族的出场，大多基本上不是以少数民族的身份出场的，而是以中国人的身份出场的。他们的哲学思想可以是中国哲学史的内容，但说成是少数民族哲学史的内容可能不妥。在一些少数民族哲学史中，我们发现在很多少数民族哲学家的思想中，很难看到他们本民族的意识。实际上，从他们的论述中，只感受到了他们的中华民族和炎黄子孙意识，甚至是汉族意识，而没有本民族的意识。将这些人的思想纳入该民族的哲学史中，争议是不可避免的。因此，我倾向于这样一个看法，除了少数几个少数民族的哲学史之外，一般少数民族的哲学史写到鸦片战争以前就可以了。因为在西方入侵之后，中华民族的意识逐步强化，大多数的（新中国成立后确认的）少数民族根本没有自己的民族意识。当然，随着新中国成立后民族政策的实施，少数民族的民族意识和民族认同感有所增强，这个时候是不是又形成了新的少数民族哲学传统，还是需要进一步讨论的问题。

民族身份有争议的应当不纳入到少数民族哲学史中，否则会引起不必要的麻烦与争论。一般来说，民族的划分是不会产生歧义的。但在多个少数民族聚居的地区，出于国家民族识别的政策，如果出现了文化名人之后，就很可能出现几个少数民族争抢一个文化名人的问题。有的时候可能该文化名人的民族成分已经确定，但另外的一个民族可能并不信服，而将之写到本民族的历史中。沈从文到底是苗族还是土家族就是这样一个问题。沈从文有汉族、苗族和土家族血统，但他自认为苗族，根据自愿原则，沈从文应当是苗族无疑。因此，将沈从文纳入土家族哲学史中来讲，就有很大的问题。萧洪恩教授“以其具有土家族血统，且受土家族文化影响较大，而将其作为土家族区域文化传承者的代表加以研究”，似有可商榷之处。

（三）中国少数民族哲学的评价问题

少数民族哲学作为中国哲学的重要组成部分，参与了中国文化的创造与发展，共同塑造了中国人的思维模式与价值观念，是中华各民族的精神家园，理应受到我们的重视与珍爱。但是，哲学是时代精神的精华，要随着时代的发展而不断创新与发展，而不能沉醉于哲学史上的成就。“以往的哲学家只是解释世界，问题在于如何改变世界”。这句话深刻地指出了我们在对待传统哲学时所应该具备的态度。

由于少数民族哲学自身的局限性是客观存在的，因此在撰写少数民族哲学史的时候，要避免过高地估价其在中国哲学史上的地位，特别是在“如何改变世界”的问题上，少数民族的传统哲学在当今发挥的作用的确是非常有限的。我们知道，自近代西方文化东渐，中国文化遭遇千古奇变，中国文化向何处去就成了中国人必须面对的时代问题，100 多年过去了，这一问题还没有得到完全解答。但是，中国文化要现代化，要在中国文化中确立现代性，则基本上是中国人的共识。另外，从世界文化发展趋势来讲，现代性是一个不会完结的过程，现代化本身也在不断地现代化。中国少数民族哲学对中国文化、世界文化到底起多大作用，应当放在这样一个大背景中来衡量：首先，要承认少数民族哲学自身产生不出现代性，也就是说，如果没有西方哲学的冲击，中国（少数民族）哲学就不可能自行开启现代化的历程。其次，中国少数民族哲学作为非西方文化，对现代化（现代性）的作用将主要体现在对现代性的反思上，也就是说，它主要是从外部对现代性文化进行反思，为建立理性的现代性作出贡献。再次，中国少数民族哲学中存在一些非现代性和反现代性的内容，对于它们我们也应区别对待：对于反现代性的内容，我们一定要加以剔除；对于那些非现代性的内容，我们则应当允许其多元地发展。

因此，我们除了加强对少数民族传统哲学的研究之外，更应当注重对少数民族近代精神传统的挖掘，挖掘其所形成的现代性精神传统。当然，正如前面已经指出的，由于在近代，除了少数的少数民族外，很多新中国成立后确认的少数民族在当时是没有各自的民族意识与民族认同的，能不能将之纳入各少数民族哲学史的内容是值得考虑的。因此，挖掘少数民族哲学的近代精神传统这件工作，可能也应局限在少数几个少数民族那里。

总之，萧洪恩教授的《土家族哲学通史》可以说别开少数民族哲学研究的新生面、新境界。在某些方面无疑为今后的少数民族哲学史树立了典范。但是，也正由于是补白之作，其中必然存在许多值得讨论的问题。把这些问题提出来，对于今后的少数民族哲学史写作是非常重要的。也正是在这个意义上，我们可以说，今后的少数民族哲学史写作，可以超过《土家族哲学通史》，但不能越过《土家族哲学通史》。

后 记

2010年8月21—22日，在中共湖北省委统战部的关心和指导下，在中南民族大学、湖北省民宗委和长阳土家族自治县党委、政府的共同努力下，为期两天的“社会转型与土家族文化发展”学术研讨会在长阳成功举行。

学术研讨会的召开正值全国上下学习、推广湖北省实施“616”工程对口支援民族地区发展经验之际。“616”工程作为湖北省委、省政府贯彻党的民族政策、大力推进民族团结进步事业的重要举措，是湖北省推动民族地区加快发展的有效载体和开展民族工作的品牌。中南民族大学作为长阳土家族自治县对口支援单位之一，积极响应省委、省政府的号召，结合单位自身实际，充分发挥高等院校“人才培养、科学研究和服务社会”三大职能，为长阳县经济、社会、文化发展献计献策，取得了良好的效果；研讨会正是学校落实对口支援计划的具体举措。湖北省委常委、统战部长苏晓云同志对会议的筹备作出重要批示，并亲临会场参与讨论。国家民委民族问题研究中心副主任杨盛龙出席会议，中南民族大学原校长彭英明教授对大会做了精彩的总结发言。中南民族大学副校长段超教授主持了会议。

长阳土家族自治县既是巴土文化的发祥地，也是从事土家族民间文化研究的富矿。长阳县对巴土文化的考察和研究成就不俗，近年来，多项文艺作品获全国大奖，先后出版了《巴土研究》、《夷水古风》等一批著作，涉及巴土历史、文学、艺术等各个层面。长阳县委、县政府历来有重视文化研究的传统，特别是改革开放以来，长阳县委、县政府在聚精会神抓经济、一心一意谋发展的同时，从提高文化软实力、硬实力和巧实力的战略高度，坚持文化先导发展战略，创新文化发展模式，积极推进民族文化的保护和发展，带动了全县经济社会的跨越式发展。王爱民、王爱华兄弟的山歌唱响了全国，张健清江挑战赛、山歌好比清江水等活动都取得了不错的效果，巴土文化研究如火如荼，成果迭出。长阳县也先后被授予“全国文化先进县”、“中国民间艺术之乡”的光荣称号。

在社会转型期，少数民族传统文化正遭受前所未有的冲击。深入挖掘、研究、整理，不断创新和发展巴土文化，丰富民族内涵，凝聚民族力量，振奋民族精神，进而为改革开放和地方经济建设提供强大的精神动力和智力支持，是历史赋予我们的神圣使命。本次研讨会的举办正是以此为目的，在全面总结土家族研究的成就的同时，以期更好地传播土家族文化，传承土家族文明，传递土家族地区发展信息。出席本次研讨会的有来自北京、河南、福建、贵州、四川、重庆、湖南、湖北、广东、广西等省区市以及日本的朋友共130余人，有公务员、教师、科研工作者以及研究生，特别是一些已经退休但是对土家族文化研究有着很大兴趣的老同志也参加了会议。还有许多朋友表达了参会的意愿，但因为各种原因，最终没有成行。虽然大家来自不同单位、不同地方，但每个人都对本次学术研讨会投入了极大的热情。大会共收到学术论文共180余篇，所收论文涉及了民族历史、民族语言、民族地区新农村建设、民族地区旅游开发、民族文化变迁、民族文化遗产的传承和保护等议题。

论文集是本次学术研讨会研究成果的总结与研究水平的体现。限于篇幅，同时考虑到论文的不同议题和作者的地域分布，此次仅选择部分编印成这本论文集。论文集编辑过程中，本着尊重作者原创的原则，编者对行文内容不作大的改动，仅对行文中的标点、注释、参考文献等，按照论文集体例统一规范的要求，做了必要的修正。三峡大学为本次学术研讨会做了周到的安排，不仅组团参加会议，还将参会者的论文单独编印成论文集。在此向相关学者表示真挚的歉意和真诚的感谢！

本论文集由湖北省委常委、统战部长苏晓云同志担任主编，湖北省民族宗教事务委员会主任谭徽在同志、中南民族大学副校长段超教授、中共长阳土家族自治县县委书记马尚云同志担任副主编。中南民族大学博物馆馆长柏贵喜教授、长阳土家族自治县县长吕学锋同志、中南民族大学研究生部部长李俊杰教授负责全书的统编。中南民族大学陈桂老师、皮鑫老师、骆帆老师，研究生李技文同学等为本书的编排审定做了大量的工作。民族出版社的虞农主任、向阳编辑本书的出版给予了大力支持和指导。在此向为本论文集的出版付出辛勤劳动的各位领导和同志表示衷心的感谢！

水平有限，经验不足，这本论文集肯定有许多疏漏和缺憾，乞望学界同仁不吝赐教。

“清江秀绝三巴地，草木香蒸二月天”。美丽的清江，神奇的长阳，在这块积淀着厚重历史、闪耀着现代文明之光的秀丽土地上，源远流长的巴土文化必将迎来新的生机和希望。

中南民族大学

2011.12

图书在版编目(CIP)数据

社会转型与土家族社会文化发展/苏晓云主编.—北京:民族出版社,2012.5

ISBN 978-7-105-12215-8

Ⅰ.①社… Ⅱ.①苏… Ⅲ.①土家族—民族文化—文化史—研究—中国 Ⅳ.①K287.3

中国版本图书馆CIP数据核字(2012)第114770号

策划编辑:虞 农
责任编辑:向 阳
封面设计:孟 龙
出版发行:民族出版社出版发行
地 址:北京市和平里北街14号
邮 编:100013
网 址:http://www.mzcbs.com
印 刷:北京市艺辉印刷有限公司印刷
经 销:各地新华书店经销
版 次:2012年6月第1版 2012年6月北京第1次印刷
开 本:880毫米×1230毫米 1/32
字 数:530千字
印 张:19.75
定 价:55.00元
ISBN 978-7-105-12215-8/K·2119(汉1183)

编辑室电话:010-64271909 发行部电话:010-64224782